A TORÁ

Dados Internacionais de Catalogação na Publicação (CIP)
(Câmara Brasileira do Livro, SP, Brasil)

Crüsemann, Frank
   A Torá : teologia e história social da lei do Antigo Testamento / Frank Crüsemann ; tradução Haroldo Reimer. 4. ed. – Petrópolis, RJ : Vozes, 2012.
   Título original: Die Tora.
   Bibliografia.

   2ª reimpressão, 2021.

   ISBN 978-85-326-2360-7

   1. Bíblia A.T. Pentateuco – Crítica e interpretação 2. Direito (Teologia) – Ensino bíblico 3. Lei judaica 4. Sociologia bíblica I. Título. II. Título: Teologia e história social da lei do Antigo Testamento.

00-1883   CDD-222.106

Índices para catálogo sistemático:

1. Torá : Interpretação e crítica : Antigo Testamento   222.106

Frank Crüsemann

A TORÁ

Teologia e história social da
lei do Antigo Testamento

Tradução de Haroldo Reimer

EDITORA
VOZES

Petrópolis

© Chr. Kaiser/Gütersloher Verlagshaus, Gütersloh 1992
Tradução realizada a partir do original em alemão intitulado *Die Tora*

© 2002, Editora Vozes Ltda.
Rua Frei Luís, 100
25689-900 Petrópolis, RJ
www.vozes.com.br
Brasil

Todos os direitos reservados. Nenhuma parte desta obra poderá ser reproduzida ou transmitida por qualquer forma e/ou quaisquer meios (eletrônico ou mecânico, incluindo fotocópia e gravação) ou arquivada em qualquer sistema ou banco de dados sem permissão escrita da editora.

CONSELHO EDITORIAL

Diretor
Gilberto Gonçalves Garcia

Editores
Aline dos Santos Carneiro
Edrian Josué Pasini
Marilac Loraine Oleniki
Welder Lancieri Marchini

Conselheiros
Francisco Morás
Ludovico Garmus
Teobaldo Heidemann
Volney J. Berkenbrock

Secretário executivo
Leonardo A.R.T. dos Santos

Editoração e org. literária: Orlando dos Reis
Diagramação: Sheilandre Desenv. Gráfico
Capa: Graph-it

ISBN 978-85-326-2360-7 (Brasil)
ISBN 978-35-790-5212-0 (Alemanha)

Editado conforme o novo acordo ortográfico.

Este livro foi composto e impresso pela Editora Vozes Ltda.

Sumário

Prefácio, 7

Prefácio à tradução brasileira, 9

I. A Torá no Pentateuco: desafio e questionamento, 11

II. O quadro histórico: crítica profética do direito codificado por escrito, 35

III. Monte de Deus e direito divino: o caminho da Torá no Sinai, 49

IV. Moisés como instituição?: A forma de organização do direito israelita, 93

V. O código da aliança: fundamentos, 159

VI. Deuteronômio: A formulação mais influente, 283

VII. O Documento Sacerdotal: A transformação necessária, 383

VIII. O Pentateuco como Torá: O caminho como parte da meta, 449

Referências, 500

Índice das passagens bíblicas, 575

Índice, 594

Prefácio

Este manuscrito começou a ser redigido no inverno de 1989/1990, sendo continuado nas férias semestrais. Os eventos da história mundial e da história alemã neste período nem sempre foram favoráveis ao estudo atento desta matéria. Mas os problemas que surgiam sempre mais claramente diante de mim me conscientizaram cada vez mais da importância que se deve dar aos fundamentos da ética bíblica. Uma última revisão e complementação aconteceu no período natalino de 1991/1992. É necessário entender o seguinte: muita literatura mais recente só pôde ser incluída parcialmente nos textos redigidos anteriormente e nem sempre foi possível aproveitar devidamente toda a nova literatura.

Há mais de dez anos, ao iniciar este trabalho com os textos jurídicos do Antigo Testamento, parecia possível e suficiente uma rápida pesquisa. No entanto, as perspectivas histórico-sociais e as questões teológicas fundamentais no contexto da necessidade de uma nova relação com o judaísmo, bem como as questões éticas prementes da atualidade, me fizeram avançar por novos caminhos. Vários fundamentos, que no início pareciam sólidos, tiveram que ser refeitos. Além disso, a tendência para uma especialização cada vez maior da pesquisa, como tem acontecido no âmbito do direito veterotestamentário nos últimos anos, mostrava-se ambivalente e contraproducente. Conceitos centrais, que se impõem a toda pessoa interessada e são fundamentais para qualquer concepção de uma história jurídica do Israel bíblico, entram cada vez mais nos livros didáticos e resumos populares. Isso muitas vezes implica uma colocação inadequada dos problemas. Assim, era um desafio inegável não perder de vista o conjunto dos problemas e tentar escrever de tal modo que pessoas teologicamente interessadas, mas leigas no campo das pesquisas em torno do Antigo Testamento, não ficassem confusas logo de início. É claro que neste trabalho não puderam ser tratados todos os aspectos da discussão sob todos os ângulos. Isso pode ser complementado e compensado com indicações para a pesquisa científica a respeito.

Muito tenho a agradecer, embora não a muitas pessoas. O trabalho surgiu em épocas e circunstâncias em que não havia nem férias semestrais nem outros tempos livres. Foi importante que muitas partes da obra puderam ser tratadas e discutidas em atividades acadêmicas na *Kirchliche Hochschule Bethel*. Muita coisa também foi apresentada e discutida em formas diversas em outros lugares. Meu assistente Mathias Millard leu e corrigiu o manuscrito. Todo o texto foi digitado por Marlene Crüsemann, sofrendo várias alterações e correções. Para isso ela deixou de lado trabalhos pessoais importantes. A sua avaliação teológica e suas multiformes motivações foram vitais para mim e para o livro.

Frank Crüsemann
Bielefeld, junho de 1992.

Prefácio à Tradução Brasileira

A presente obra surgiu primeiramente a partir do contexto teológico e eclesiástico da Alemanha e direcionada para ele. Agora, ao lado de uma edição em inglês, surge também uma tradução brasileira. Eu me alegro muito com isso, pois creio e espero que o seu tema – a redescoberta cristã da Torá – também possa ter importância para o contexto sul-americano.

Para grandes partes do protestantismo moderno na Alemanha vigorou durante muito tempo a concepção de que a lei do Antigo Testamento está ultrapassada. Acreditava-se que a Torá tivesse sido superada por Cristo, e esta parte da Bíblia parecia não ter mais nenhuma importância. No final da Segunda Guerra Mundial, tornou-se flagrante que os cristãos e suas igrejas se tornaram culpados na guerra e estavam envolvidos nos milhões de mortes de judeus e que somente poucos desenvolveram uma força de resistência. No início da pergunta pelos motivos do fracasso e por uma possível nova orientação, estava entre outras a teologia de Dietrich Bonhoeffer. Na cidade de Zelle, escreveu ele: "Quem muito rapidamente e direto demais quer ser e sentir-se neotestamentário, na minha opinião, não é um cristão". E argumentava isso da seguinte forma: "Somente quando deixamos a lei de Deus agir em nós é que podemos falar de graça"[1].

O caminho da Igreja e da teologia neste meio século desde então foi marcado por uma crescente inclinação para o Antigo Testamento e por uma nova elaboração e conceituação da relação entre cristãos e judeus. Nisso, ao lado de tradições de libertação como o êxodo e ao lado da profecia, também a Torá passou a receber nova importância. Reconheceu-se que a Torá já fala de perdão e ela própria já é uma expressão da graça. Sobretudo evidenciou-se que a crítica teológica da lei veterotestamentária significou um distanciamento das tradições bíblicas de jus-

---
1. *Widerstand und Ergebung.* 2. ed., 1977, p. 175-176.

tiça. O agir de pessoas cristãs e a proclamação da Igreja justamente agora em tempos de relações econômicas globais dependem cada vez mais destas tradições – por causa das pessoas que sofrem. O perdão de dívidas, na tradição do ano sabático veterotestamentário, ou a proteção de estrangeiros e fugitivos são exemplos atuais. Não por último, para tais orientações com vistas ao futuro é que o presente livro gostaria de fornecer um fundamento científico.

"Se não ouvem a Moisés e os profetas, tampouco se deixarão persuadir, ainda que ressuscite alguém dentre os mortos", afirma o Evangelho de Lucas (16,31). Isso deve ter acontecido em partes da história da Igreja. Em termos de conteúdo, trata-se do significado dos pobres para a salvação dos ricos. O evangelho do Novo Testamento, mas também as tradições históricas do Antigo Testamento como o êxodo e até a profecia, permanecem ligados à Torá como ao seu fundamento e sem ela acabam tornando-se mal-entendidos e com sentidos distintos. Espero que o presente livro possa contribuir para uma melhor compreensão desta tradição da Torá e com isso também de toda a Bíblia.

Por fim gostaria de agradecer de todo coração ao pastor Dr. Haroldo Reimer, em Niterói, Rio de Janeiro, pelo fato de, ao lado de suas tantas atividades na comunidade, igreja, universidade, pesquisa e família, ainda encontrar o tempo e as forças para a presente tradução de um livro, cujos inícios ele mesmo experimentou no tempo de seus estudos de pós-graduação em Bethel, Alemanha.

Frank Crüsemann
Bielefeld-Bethel, 18 de abril de 1999.

I
A TORÁ NO PENTATEUCO: DESAFIO E QUESTIONAMENTO

*"O maná, eis a questão,
'o que é isso?', eis a constante pergunta."*
M.-A. Ouaknin[1] segundo Ex 16,15

A palavra hebraica Torá é um conceito bíblico central, cuja recepção mal foi iniciada pela teologia cristã. O presente trabalho quer contribuir para que isso seja possível de forma mais ampla e teologicamente mais convincente. Para isso apresentamos uma interpretação dos mais importantes textos de leis do Antigo Testamento dentro do seu contexto histórico-social. É a tentativa de descrição e de reconstrução das linhas básicas de uma história jurídica veterotestamentária desde seus primórdios, na época pré-estatal, os quais só com dificuldades podem ser encontrados, até a conclusão do Pentateuco. Trata-se do caminho de Israel rumo à Torá. O desafio contido nestes textos e as perguntas mais importantes levantadas por eles serão mencionados de modo introdutório, tendo como pano de fundo o estado atual da pesquisa[2]. Em tudo isso, o ponto de partida sempre serão as características fundamentais da própria Torá.

1. Torá e teologia cristã

Tradicionalmente, a Torá foi entendida sob o conceito cristão de "lei". Com isso, muitas vezes acabou contraposta ao "Evangelho". Porém, histórica e teologicamente, há muito já foi reconhecido que tais oposições somente são possíveis através de uma deturpação do conceito bíblico de Torá.

---

1. Ouaknin, *Das verbrannte Buch*, p. 231.
2. Para uma visão de conjunto, cf. BOECKER, *Recht und Gesetz*; • PATRICK. *Law*; • CRÜSEMANN. *Recht und Theologie*. Sobre as questões em debate, cf. KNIERIM. *Problem*.

A palavra *tōrāh*[3] designa, em linguagem coloquial da época do Antigo Testamento, o ensinamento da mãe (Pr 1,8; 6,20; cf. 31,26) e do pai (4,1s.) para introduzir seus filhos nos caminhos da vida e adverti-los diante das ciladas da morte. Nisso, como em todos os demais usos, a palavra abrange informação e orientação, instrução e estabelecimento de normas, e, com isso, também promessa e desafio. Expressa igualmente o mandamento e a história da instrução, da qual emerge. A partir daí, o conceito Torá torna-se um termo técnico para a instrução dos sacerdotes aos leigos (Jr 18,18; Ez 7,26), mas designa também as palavras dos mestres da sabedoria (Pr 7,2; 13,14) ou do profeta (Is 8,16.20; 30,9) para os discípulos. No Deuteronômio, por fim, *Torá* transforma-se no conceito mais importante da vontade de Deus universal e literariamente fixada (p. ex. Dt 4,44s.; 30,10; 31,9)[4]. Aqui *Torá* abrange tanto narrações (esp. Dt 1,5) quanto leis (cf. esp. Sl 78,1.5.10). Mais tarde, esse conceito deuteronômico designa a lei de Esdras (p. ex. Ne 8,1), todo o Pentateuco[5], mas também a palavra profético-escatológica de Deus para os povos (Is 2,3 par.; Mq 4,2; Is 42,4).

O conceito abrange com isso os dois lados da palavra de Deus una. O que a linguagem da sistemática distingue como lei e evangelho, como promessa e desafio (e isso muitas vezes de forma contraposta), é mantido como uma unidade no conceito de Torá. O conceito designa a unidade de lei e evangelho e com isso também a unidade da palavra e da vontade de Deus. Quando as duas coisas tendem a se separar ou a possível tensão entre os dois é transformada em princípio do conhecimento teológico e da pregação eclesiástica, perde-se então uma das categorias bíblicas fundamentais.

Tais opiniões foram reafirmadas e claramente formuladas sobretudo no contexto do conflito eclesiástico alemão[6]. A visão exclusivamente negativa da lei, dominante durante muito tempo, foi em parte superada, pelo menos em princípio. A sua forma mais influente foi expressa por Julius Wellhausen[7]. Ele apresentava a

---

3. Cf. esp. Liedke & Petersen, Art. *tora. Para uma visão geral,* cf. CAZELLES, *Torah et Loi.*
4. Sobre isso, além de PREUSS, *Deuteronomium,* 195, cf. esp. LINDARS, *Tora;* • BRAULIK, *Ausdrücke,* bem como a seguir p. 286, 295.
5. Sobre os problemas da designação da lei de Esdras e do Pentateuco, cf. a seguir p. 451ss.
6. Sobre isso cf. NICOLAISEN, *Auseinandersetzungen;* • KRAUS, *Geschichte der historisch-kritischen Erforschung,* 452s.; • id., *Das Alte Testament;*• id., *Torah und Volksnomos;* • CRÜSEMANN, *Tendenzen.*
7. Esp. *Prolegomena,* p. 402ss.; sobre Wellhausen, cf. Perlitt e Vatke, bem como a discussão em *Semeia,* vol. 25, 1982; • SMEND, *Deutsche Alttestamentler,* p. 99ss.

lei como a forma do empedernimento judaico contraposto a uma anterior fé viva de Israel. Nele baseiam-se historicamente todos os conceitos negativos sobre lei e judaísmo no protestantismo e sobretudo a partir do iluminismo. Apesar de uma crítica fundamental, tais opiniões ainda hoje deixam suas marcas[8]. Dentre os trabalhos veterotestamentários, que evidenciaram historicamente a ligação intrínseca entre Torá e aliança (b^{e}rīt), destaca-se a obra de Martin Noth *As leis no Pentateuco*, de 1940. Ele evidencia que os conjuntos de leis do Antigo Testamento não são leis estatais, mas que somente podem ser entendidas adequadamente no conjunto da aliança fundamental de Deus — para ele, a sua origem está nos inícios da história do Povo de Israel. Conforme afirma na introdução de seu livro, Noth relaciona isso de modo indissolúvel com a importância contemporânea destes textos: "Não é por acaso que a pergunta teológica pela 'lei' voltou a ganhar importância hoje. Também aqui ocorre... que nas discussões do presente (1940! Frank Crüsemann [F.C.]) reaparecem decididamente em primeiro plano aquelas coisas que de fato são de importância fundamental e que sempre de novo devem ser enfocadas"[9]. Se a lei bíblica é parte integral da Aliança, então a frase seguinte de Noth também deve ter validade: "Se a ética teológica quiser ser mais do que uma ramificação da ética filosófica, o que ela de fato muitas vezes foi, deve tomar a revelação da lei no Antigo e no Novo Testamentos como a base do seu trabalho"[10].

As descobertas exegéticas de Noth correspondem àquilo que Karl Barth formulou sistematicamente sobre "Evangelho e Lei" com a ajuda da afirmação de que a lei é a forma necessária do evangelho[11]. Tanto o trabalho exegético[12] quanto o sistemático[13] desde aquele período confirmou e expandiu estes princípios. Com isso, na teologia protestante, começou a enraizar-se como um princípio

---

8. Sobre o enquadramento e crítica da posição de Wellhausen, cf. p. ex. LIEBESCHÜTZ, *Judentum*; • HOHEISEL, *Judentum*.
9. NOTH, *Gesetze*, p. 10.
10. Ibid.
11. BARTH, *Evangelium und Gesetz*.
12. Cf. p. ex. Von RAD, *Theologie* I, p. 203ss.; • ZIMMERLI, *Gesetz*; • GESE, *Gesetz*; • MARTIN-ACHARD, *La Loi*; • SIEGWALT, *La Loi*; • BRUNNER (org.), *Gesetz und Gnade*; • GROSS, *Tora und Gnade*; • BRAULIK, *Gesetz als Evangelium*; • RENDTORFF, *Bedeutung*; • KÖCKERT, *Das nahe Wort*; cf. tb. PERLITT, "*Evangelium*"; • KRAUS, *Telos der Tora*.
13. De forma exemplar podem ser mencionados KRAUS, *Systematische Theologie*, 159ss.; • WELKER, *Erwartungssicherheit*; • id., *Gesetz und Geist*. Obviamente, o conceito muitas vezes foi totalmente abstraído dos conteúdos veterotestamentários (cf. a visão panorâmica em H.-M. Barth, art. *Gesetz*, esp. p. 139s.). Sobre a teologia católica, cf. PESCH, *Begriff*; mas cf. tb. SOETE, *Ethos*.

uma visão da lei que é originária do judaísmo[14], que indubitavelmente corresponde aos textos bíblicos e pode ser reduzida à fórmula "Torá como graça"[15]. A exigência de uma "reintegração da Torá em uma teologia evangélica"[16] é a consequência teológica inevitável.

Esta discussão em geral, contudo, desenvolve-se em um nível bastante abstrato, isto é, sem uma relação com os conteúdos reais da Torá. Assim, o artigo de F.-W. Marquardt, onde ele coloca a exigência de uma tal "reintegração", finaliza com a significativa frase: "Mas nós, protestantes, ainda não chegamos ao ponto de fazer um estudo existencial das 613 *miṣwōt* (leis)"[17]. O presente livro quer dar uma contribuição à pergunta se esta frase constitui a formulação correta da problemática e como poderia ser uma tal recepção "existencial". A obra, porém, somente poderá realizá-lo se, desde o princípio, estiver clara a distância que nos separa da Torá. Contraditoriedade e ecletismo caracterizam a postura cristã em relação à Torá desde o início e durante todo o tempo. A partir do presente e de suas experiências, devemos mencionar dois círculos de problemas diferentes e mutuamente irredutíveis, constitutivos para o relacionamento entre Torá e fé cristã.

A lei de Israel e a vontade do Deus uno

A Torá trata da comunicação da vontade una do único Deus e criador de todas as pessoas a um único povo, Israel. A Torá inicia-se com a criação e a história das origens. Nela encontram-se também orientações para todas as pessoas (esp. Gn 9,1-7). A partir dos patriarcas, contudo, fala-se de um único povo, e somente para ele vale a aliança e somente nesta aliança a Torá tem o seu lugar. No Sinai, ela é comunicada a Moisés para Israel. Nestas disposições legais, sempre de novo se faz referência à história, sobretudo à história do êxodo.

---

14. Isso desempenha uma função importante nas recentes declarações sinodais e diocesanas quanto à relação com o judaísmo, por exemplo, na Declaração Sinodal da Igreja da Renânia (tese V; para isso, cf. RENDTORFF & HENRIX, *Dokumente*, p. 594s.) ou nas Teses da Aliança Reformada (frase programática V; cf. *Wir und die Juden*, p. 32s.).
15. Cf. WERBLOWSKY, *Tora als Gnade*; p. ex. também EHRLICH, *Tora*. Uma visão de conjunto sobre a Torá no judaísmo pode ser obtida em MAIER, *Torah*.
16. MARQUARDT, *Reintegration*.
17. MARQUARDT, *Reintegration*, p. 676.

Se, pois, a Torá foi dada e formulada exclusivamente para Israel[18], há nela, contudo, um lugar para orientações de Deus a toda a humanidade por ele criada. A aliança e os mandamentos de Gn 9 dirigem-se a toda a humanidade após Noé. Disso o judaísmo formulou o cânon dos sete mandamentos de Noé[19]. Nas regras do concílio dos apóstolos (At 15,20.29), a jovem Igreja sem dúvida fez referência a esses conteúdos[20]. Deles também se deduziram inter-relações com os direitos humanos comuns e os direitos da natureza[21]. Já é tempo de se admitir e se divulgar estas tradições de forma séria também na teologia cristã[22], uma vez que cada referência cristã à Torá corre sempre o perigo de perda da herança de Israel.

A maneira neotestamentária de se lidar com a Torá de modo algum se restringe a essas regras gerais para a humanidade. Nela espelha-se obviamente a contradição de que cada acesso ao Deus de Israel, por um lado, sempre constitui uma relação com a Torá que está indissoluvelmente ligada com esse Deus e que, por outro lado, esta Torá vale unicamente para Israel. Não é só Mateus que passa a ideia de que a Torá é a vontade perene de Deus, ao afirmar que nenhum i ou pontinho dela irá passar (Mt 5,17ss.) e que ela deve ser cumprida pelos discípulos de Jesus (p. ex. Mt 23,2). Também para Paulo[23], a Torá é "santa, justa e boa" (Rm 7,12) e de modo algum está em contradição com o evangelho a ele comunicado[24]. Através da sua proclamação, se estabelece a Torá (Rm 3,31), e a sua realização é possibilitada no amor (Rm 13,10). Por outro lado, a fé no Deus de Israel não transforma os gentios em judeus, e a realização da circuncisão seria uma invalidação do evangelho (Gálatas).

---

18. Mesmo assim, deve-se observar a dimensão universal da Torá; sobre isso cf. GREIDANUS, *Universal Dimension*; • LEVENSON, *Theologies of Commandment*, p. 25ss.
19. Sobretudo bSan 56 (zelo pelo direito; proibição da maldição de Deus, da idolatria, do pecado, do derramamento de sangue, do roubo e do alimento de um membro por um ser vivo), cf. tb. tAZ 8,4 e outros; sobre isso NOVAK, *Image*; • MILLARD, *Gebote*, p. 8ss.; • esp. MÜLLER, K. *Tora*, p. 14ss., 80ss.
20. Sobre isso Simon, *Apostolic Decree*; Flusser/Safrai, *Aposteldekret*; Pesch, *Apostelgeschichte* II, p. 68ss. (com literatura).
21. Assim já em COHEN, *Religion*, p. 143.
22. Cf. sobre isso, agora com ênfase, MÜLLER, K. *Tora*.
23. Do grande volume de literatura sobre o assunto, destacam-se para mim somente os seguintes trabalhos: STEGEMANN, E. *Der eine Gott*; • id., *Umgekehrte Tora*; • OSTEN-SACKEN, P.v.d. *Evangelium und Tora*; • id., *Heiligkeit der Tora*. Sobre o Novo Testamento como um todo, cf. o panorama geral em KERTELGE (org.), *Gesetz*.
24. Assim esp. OSTEN-SACKEN, *Befreiung*.

Toda referência cristã à Torá tinha e tem por isso sempre traços ecléticos. Ela vale e também não vale. Partes dela foram constantemente assumidas e outras não, e isso acarretou muitas arbitrariedades, e muitas vezes foi um processo incontrolável. O fato de o próprio M. Noth, que redescobriu a Torá como parte da aliança, ver no modo pós-exílico de lidar com a Torá um "caminho errôneo", um desvio da verdadeira fé[25], faz reviver perigosamente (1940! F.C.) o antijudaísmo protestante. Mesmo que isso tenha sido superado[26], o problema básico continua existindo. São clássicas as tentativas de fazer uma diferenciação na Torá entre lei cerimonial e lei moral[27]. Acreditava-se ter, sobretudo na verdadeira lei de Deus, no direito natural, um critério para aquilo que na Torá vale e não vale, para se distinguir entre a jurisprudência judaica e o verdadeiro mandamento de Deus[28]. Assim, da parte cristã, foi assumida sobretudo a parte inicial da Torá, o Decálogo, que foi separado do restante. Este modo de proceder cedo pareceu problemático ao judaísmo[29] e contribuiu para o grande distanciamento da tradição ética da Bíblia na história da Igreja e da teologia[30]. Também em outras partes, a arbitrariedade no manejo da Torá é espantosa, e sobretudo orientada por determinados interesses. Assim, por exemplo, o mandamento do amor ao próximo (Lv 19,18) torna-se central no Novo Testamento (Mt 19,19) e o mandamento do amor ao inimigo, que vem logo em seguida (Lv 19,34), praticamente é declarado irrelevante. Sem o contexto das leis econômicas, como a proibição da cobrança de juros, a proibição do roubo e a da cobiça sofrem restrições individuais. As leis políticas e constitucionais como o direito deuteronômico acerca do rei (Dt 17,14ss.) dificilmente alcançam validade. A lei penal, que busca a reconciliação dos contraentes, ou as regras de julgamento, que contrastam com a exigência da pena de morte, também permanecem sem validade.

Verifica-se sobretudo a perda moderna de um direito natural supostamente sempre válido, mas situado fora da tradição bíblica, mas pelo qual podiam ser medidas as verdades bíblicas. Esta perda torna teologicamente necessário um

---

25. *Gesetze*, p. 140; cf. p. 122ss.: a lei como a "grandeza absoluta na época tardia".
26. Cf. sobre isso KUTSCH, *Menschliche Weisung*; • KÖCKERT, *Das nahe Wort*, p. 503ss.
27. Cf. o extenso material em Diestel, *Geschichte*, p. 41ss.
28. Para uma correspondente posição de Lutero, cf. BORNKAMM, H. *Luther*, p. 104ss. Sobre o problema, cf. tb. BARR, *Biblical Law*.
29. Cf. a respeito VERMES, *Decalogue*; • STEMBERGER, *Dekalog*; • WEINFELD, *Decalogue*; bem como a seguir p. 480s.
30. CRÜSEMANN, *Tora*; • id., *Freiheit*.

acesso novo e modificado à Torá como o fundamento de qualquer ética bíblica, respectivamente do direito bíblico. Fundamentações racionais e coerentes ou uma suposta dedução de normas a partir do puro evangelho não conseguem oferecer um substituto neste particular. Se a Torá, por um lado, é fundamento do cânon e, com isso, também da ética neotestamentária, e, por outro lado, justamente não é universal, mas indissoluvelmente formulada para Israel, com isso está circunscrita a exigência teológica para o trabalho histórico-exegético: como estes textos devem ser entendidos teologicamente?

Atualidade surpreendente e distanciamento histórico

A referência à fé cristã contrária à Torá hoje é substituída por um outro tipo de referência igualmente contraditório, porém sobreposto e transformado. A dupla experiência seguinte vale para todos os textos bíblicos, para a Torá, porém, com rara perspicácia. Por um lado, certos conteúdos importantes da Torá aparecem fora do âmbito de transmissão da teologia e da vida eclesial no discurso profano e social e, com isso, evidencia-se uma surpreendente atualidade da Torá para problemas atuais fundamentais. Lembro as discussões acerca dos juros e do perdão das dívidas dos países endividados do chamado Terceiro Mundo, as exigências para a preservação do direito de asilo, a reivindicação de tratamento igual para estrangeiros e fugitivos face às crescentes diferenças sociais em nível mundial e à xenofobia decorrente. Lembro os atuais conflitos em torno do descanso semanal da comunidade e de toda a família, as sugestões de se instituir um ano sabático face aos minguados novos postos de trabalho e à necessidade de encurtar as jornadas de trabalho. Lembro também o problema do direito, tanto do direito intraeclesiástico quanto do estatal, o qual ainda não está teologicamente digerido e este direito positivo muitas vezes assume o papel da antiga autoridade divinamente sancionada. Não por último, lembro ainda a necessidade inadiável de se proteger juridicamente de forma nova animais e plantas e sua relação com toda a natureza, e acima de tudo deixá-los vir a ser novamente sujeitos de direito. Acerca de tais temas de nossa atualidade, existem na Torá princípios para uma ética autônoma, não somente circunstancial, mas uma ética biblicamente fundamentada. E tais problemas profundos, resultados da história de fracassos da teologia e da Igreja europeias, ajudam a transpor antigas e aparentemente intocáveis fronteiras como a contraposição entre leis cerimoniais e leis morais (no que os aspectos políticos da Torá sempre sucumbem por primeiro). Aqui talvez baste ressaltar a proteção da própria vida diante da intervenção humana, como vemos na proibição de derramar sangue na Torá. Esta lei faz parte das chamadas leis de Noé, constituindo, assim, regras humanas gerais (Gn 9,4).

Por outro lado, de modo algum podemos deixar de observar que na Torá estamos diante de textos de uma época bastante distante da nossa. Estes textos provêm de uma sociedade agrária pré-industrial, da qual somos sempre mais e mais rapidamente distanciados pelos processos tecnológicos e industriais. Em todos os lugares, deparamo-nos com esta distância dos tempos, tanto nas leis há pouco mencionadas que se referem a temas atuais quanto nas leis que sempre foram motivo de críticas. Entre estas, devemos mencionar as leis cultuais (as quais Israel não pode mais praticar desde a destruição do templo), as leis sobre as relações com os moradores originais da terra (onde o distanciamento já é intrabíblico e, aos poucos, no decorrer dos textos, o problema é trabalhado). Não por último, devemos também mencionar o âmbito assumido ininterruptamente pelo cristianismo que é o das leis familiares e sexuais, com a estrutura familiar patriarcal com as suas proibições rígidas por trás de cada comportamento desviante.

Toda interpretação deve levar em conta esta dupla experiência. Uma *Halachá* evangélica não pode aparecer como fundamentalismo.

Afastados da Torá por um fosso difícil de atravessar, ela mesma apresenta-se para nós como a vontade una do Deus da Bíblia e, em sentido literal, é necessária para a vida. A tentativa de reconstruir o caminho de Israel para a Torá constitui simultaneamente a pergunta pelo caminho que devemos trilhar para a Torá.

2. A Torá una e os muitos códigos legais

Até agora falamos da Torá no singular. Todas as tentativas, no entanto, feitas até o presente para entendê-la historicamente diluíram esta unidade e dissecaram a Torá em uma série de livros de leis e de fontes. A pergunta pelo que significa entender a Torá de forma histórica logo nos leva ao problema básico da exegese atual e sobretudo da pesquisa do Pentateuco: a pergunta pelas fontes e pelo texto na sua forma final, a pergunta pela análise sincrônica e diacrônica. Hoje, parece abrir-se uma alternativa, que, se a seguirmos, poderia significar renunciar à verdadeira tarefa da interpretação. De forma inversa: o problema metodológico e hermenêutico não se apresenta em nenhum outro lugar de forma tão acentuada como na exegese da Torá. O ponto de partida somente pode ser o que deve ser o objetivo de qualquer análise: o texto bíblico.

Aqui somente precisamos relembrar os traços principais. Segundo a narração do Pentateuco, a Torá foi dada ao povo de Israel no Sinai por Deus através da mediação de Moisés. Após a chegada do povo ao monte de Deus, acontece uma espécie de prelúdio, no qual é fundada uma organização jurídica (Ex 18). Logo após segue-se uma teofania (Ex 19), seguida pela comunicação do Decálogo na forma de uma fala direta de Deus (Ex 20). Por causa da manifestação do povo, que afirma não poder suportar a fala direta de Deus (Ex 20,18-21), Moisés recebe o primeiro bloco de leis, que, segundo Ex 24,7, chama-se Código da Aliança (Ex 20,22–23,33). Depois da festiva cerimônia de compromisso, que acontece com base neste código (Ex 24), Moisés recebe orientações especificadas para a construção de um santuário-tenda (Ex 25–31). Antes, porém, de a tenda sagrada ser construída (Ex 35–40), dá-se o episódio da feitura do bezerro de ouro. Neste contexto acontece a ameaça da destruição do povo por Deus, o que é evitado pela intermediação de Moisés. Após isso, segue-se a comunicação de um novo bloco de mandamentos divinos (Ex 32–34). A partir de Lv 1ss. até a partida do Sinai em Nm 10 encontramos uma grande quantidade de outras orientações de Deus através de Moisés. E, após a longa marcha através do deserto, quarenta anos mais tarde, Moisés comunica a "segunda lei" ao povo, antes da travessia do Rio Jordão, no longo discurso do Deuteronômio. Também aí ele transmite o que recebeu de Deus no Horeb (Dt 5,31).

Como se sabe, a pesquisa histórico-crítica em sentido estrito se iniciou com a dissecação do Pentateuco e a identificação de documentos mais antigos que teriam sido inseridos nele[31]. A lei do Sinai rapidamente foi incluída nesta pesquisa. A visão de uma comunicação da Torá como um conjunto, a qual até aí havia sido interpretada somente de forma pré-crítica, desfez-se em uma sequência de livros de leis originalmente autônomos. Ali havia o Código da Aliança (Ex 20,22–23,33) e a Lei Deuteronômica (Dt 12–26). Havia ainda uma série enorme de determinações cultuais e sacerdotais, entre as quais destaca-se o Código da Santidade

---

31. Sobre a história da pesquisa, cf., além das Introduções, KRAUS, *Geschichte*; • SCHMID, *Mose*, e sobretudo de PURY & RÖMER, *Pentateuque*.

(Lv 17(18)–26). Havia ainda outros textos menores como o Decálogo e aquela coleção de mandamentos cultuais em Ex 34,11ss., que J.W. von Goethe por primeiro identificou como sendo o conteúdo original das tábuas do Sinai[32].

Para a datação relativa e sobretudo absoluta, bem como para o enquadramento histórico, foi e é válida uma descoberta formulada por de Wette em 1805[33]. Segundo esta, com aquele livro da lei, que conforme 2Rs 22–23 teria sido encontrado no templo, no ano de 622 aC, sob o governo do Rei Josias e por ele transformado em código constitucional, somente se poderia estar pensando no Deuteronômio, respectivamente no seu núcleo literário original. E este não poderia ter surgido muito tempo antes destes episódios. Com isso, uma parte central da Torá foi identificada como não sendo da época de Moisés ou como não proveniente do Sinai/Horeb, mas afirmada como produto da época final da monarquia em Israel. O debate seguinte acerca do enquadramento histórico dos outros textos legais é levado a um termo relativamente decisivo por Wellhausen[34]. Decisiva foi a comprovação de que as muitas leis sacerdotais são mais recentes que o Deuteronômio, e que elas não determinavam a realidade na época da monarquia e, assim, vieram a surgir primeiramente na época exílica ou pós-exílica. No mais, este autor via os textos mais antigos como produto da época da monarquia, e justamente na seguinte sequência: Ex 34,10ss., Código da Aliança, Decálogo. Este resultado literário do século XIX não foi substancialmente modificado em seu cerne através das muitas tentativas de melhoria e correção no século XX, como bem o demonstram as discussões isoladas sobre a datação e o enquadramento histórico.

Na atualidade verifica-se uma profunda revisão do trabalho crítico-literário sobre o Pentateuco[35]. A força de convicção da clássica teoria das fontes desapareceu de forma surpreendentemente rápida depois de haver existido como uma tese incontestável por mais de um século. Mais e mais outros modelos explicativos vão se impondo, justamente tais modelos que supõem inúmeras ampliações e um crescimento gradativo em torno de um cerne, respectivamente em torno de vários cernes[36]. No entanto, para os textos de leis uma tal suposição é impro-

---

32. GOETHE, *Biblische Fragen*, aqui: "Was stund auf den Tafeln des Bundes?"
33. *Dissertatio critica*; sobre isso cf. SMEND, *de Wette*; • id., *Deutsche Alttestamentler*, p. 38ss.
34. WELLHAUSEN, *Composition*; • id., *Prolegomena*.
35. Para uma visão de conjunto, cf. de PURY & RÖMER, *Pentateuque*; • WHYBRAY, *Making*; • DE PURY (org.), *Pentateuque*.
36. Aqui podemos indicar sobretudo os trabalhos de BLUM, *Komposition*; • id., *Pentateuch*.

vável e até deve ser excluída[37]. Se olharmos somente para os três grandes códigos legais: Código da Aliança, Código Deuteronômico e Código da Santidade, devemos assumir que eles não podem ter sido concebidos como um sendo a complementação do outro, mas somente como um substituto do outro. Isso se evidencia, por exemplo, na estrutura relativamente idêntica, tendo as leis do altar no início. Estas leis acerca do altar se contradizem mutuamente (Ex 20,24s.; Dt 12; Lv 17,3ss.). O mesmo se dá com as sentenças de bênção e maldição no final (Ex 23,20ss.; Dt 27s.; Lv 26). Isso se evidencia sobretudo nas determinações muito distintas em vários âmbitos. Assim, as leis acerca dos escravos no Código da Aliança (Ex 21,2-11) são retomadas em pontos decisivos pelo Deuteronômio, mas são por este modificadas com relação à escrava (Dt 15,12-18). No Código da Santidade, por fim, os escravos por dívidas não mais serão libertos no sétimo ano, mas somente após 49 ou 50 anos (Lv 25,39s.) – para uma vida de escravo isso constitui uma diferença significativa. Os três códigos contêm calendários cultuais (Ex 23,15ss.; Dt 16; Lv 23), regras sobre sacrifícios (Ex 22,30; 23,18s.; Dt 15,19ss.; Lv 22), uma proibição de cobrança de juros (Ex 22,24; Dt 23,20s.; Lv 25,36s.), etc. Após a fragmentação do bloco de leis do Sinai, que parecia um conjunto unitário, surgiu uma sequência de livros de leis, que se contradizem em termos de conteúdo e que historicamente se seguem um ao outro. Nenhum caminho de pesquisa poderá retroceder nestas descobertas.

É óbvio que com isso, na melhor das hipóteses, percorreu-se apenas a metade do caminho. A reconstrução da pré-história não pode substituir a compreensão do documento originado. Até agora não se conseguiu responder suficientemente como e por que e através de que forças sociais a partir dos vários e sucessivos livros de lei surgiu a Torá una, o Pentateuco uno, que se tornou um cânon. Também aqui, o feitiço do historicismo é tão grande que ele próprio dificultou o trabalho da verdadeira tarefa histórica. Nisso tudo não se trata somente de uma pergunta ao lado de outras; trata-se *dos* processos literários que vieram a conferir ao Pentateuco a sua dignidade como Torá. Trata-se do processo de formação do cânon.

---

37. Aqui devemos lembrar que, no contexto da clássica teoria das fontes, estes textos de leis não foram atribuídos a nenhuma das fontes, ou, quando o foram, somente o foram de forma bastante hipotética. Cf. SOGGIN, Poetry; • também NOTH, *Pentateuch*.

As coisas, contudo, acentuaram-se durante o decorrer do século XIX na medida em que os livros de leis mais antigos, inicialmente tidos como unitários, sob o mesmo princípio metodológico, porém, de forma mais acentuada, foram subdivididos em uma série de camadas – ou pelo menos davam a impressão disso[38]. Muitos "relatos de pesquisa" parecem até dissolvê-los por completo em uma infinidade de camadas. De fato, os textos são subdivididos em pequenos e minúsculos fragmentos. Ao lado de um certo ceticismo quanto à cientificidade de tais métodos, ao qual sempre de novo vamos nos referir no que se segue, impôs-se uma certa peripécia da história da pesquisa. Somente o trabalho de J. Halbe sobre o Código da Aliança conseguiu demonstrar que neste texto estamos diante de uma composição unitária e intencional[39]. Este ponto de partida em uma determinada e comprovada composição deve ser complementado pela insubstituível pergunta histórico-jurídica pela intenção dos legisladores no processo de codificação[40]. Sentenças legais têm um sentido inequívoco unicamente através do conjunto dos textos de leis do qual fazem parte[41]. Não devemos aplicar cegamente supostos métodos de crítica literária[42]. O que é adequado é perguntar pela estrutura interna e pela estrutura jurídico-sistemática dos textos codificados. Como termos de comparação, devemos utilizar os códigos legais do Antigo Oriente e outros textos da Antiguidade[43].

A outra pergunta pela transição da sequência dos livros legais de diferentes situações históricas para a Torá não pode ser respondida unicamente desta forma. As correspondências acerca da aplicação de fontes mais antigas nos textos legais isolados não são suficientes para uma explicação. Deve-se constatar algo novo. A nova unidade, o Pentateuco, não surge como um novo livro de leis que utiliza materiais mais antigos. Ele surge através da justaposição de textos diferen-

---

38. Cf. a discussão sobre cada um dos códigos a seguir p.163ss., 287ss., 387ss.
39. Cf. Privilegrecht. Sobre a discussão que se deu em sequência a este trabalho, cf. a seguir p.164ss.
40. Sobre este problema e as suas dificuldades, cf. Knierim, Customs, 8ss. Sobre a questão se de fato se trata de jurisprudência, cf. a seguir p. 26ss.
41. Sobre isso cf. esp. OSUMI, Kompositionsgeschichte, 2ss.
42. A pergunta pela primazia ou dominância da pergunta crítico-literária ou histórico-legal é metodicamente um ponto de controvérsia na discussão atual. Cf. p. ex., por um lado, ROFÉ, Methodological Aspects, e, por outro, WESTBROOK, Studies (somente para mencionar dois autores fora do mundo linguístico germânico). Nesse modo de proceder – de forma manifesta ou inconsciente – a hipótese de uma determinada assepsia de estilo se transforma em princípio crítico-literário e o resultado é interpretado novamente de forma histórico-legal. Estas questões carecem de uma análise cuidadosa.
43. Cf. a seguir p. 29s.; para exemplos, cf. p. 113ss., 248ss.

tes de épocas distintas que até se contradizem entre si. Por mais importante que seja neste processo observar a composição literária, ela sozinha não basta para entender o que sucede aqui.

Neste particular, colocam-se questões em que a exegese está bem nos seus inícios. Devemos procurar reconstruir o caminho para a Torá. Deste caminho ainda encontramos vestígios na própria Torá. Devemos realmente procurar refazer corretamente o caminho de modo a captar bem o lado histórico do processo de transição do caminho para a soma dos caminhos andados, da transição do sucessivo para o simultâneo da sequência, da transição da multiplicidade para a unidade do múltiplo. Justamente quando conseguimos captar bem o problema histórico-legal que aí se coloca, isto é, quando perguntamos para que serve um código legal, talvez também tenhamos conseguido colocar uma base para uma compreensão do texto que tenha relevância para a atualidade. Pois a diferença de tempos na unidade é obviamente uma das características constitutivas da Torá.

3. A cultura legal do Antigo Oriente e a fé israelita

Em termos de conteúdo, a Torá apresenta uma amplitude surpreendente. Ela abrange sentenças jurídicas, morais, cultuais, religiosas, teológicas e históricas. Aqui não precisamos discutir sobre definições; as possibilidades tanto daquela época quanto de hoje em todo caso estão incluídas. Dificilmente conseguiremos mencionar aspectos, dimensões ou âmbitos da vida daquela época que não estão contemplados na Torá.

Novamente bastam algumas lembranças de conhecimento bíblico. No Decálogo, a proibição de adorar deuses estranhos como norma religiosa fundamental consta ao lado da proibição de matar, que, em todo caso, tem aspectos legais. Consta também ao lado da proibição de cobiçar, que em nenhuma sociedade pode ser cabalmente julgada. O seu sentido é interditar caminhos jurídicos legítimos para a apropriação de bens. No Código da Aliança, o primeiro mandamento se relaciona com a construção do altar (Ex 20,24s.), com muitas sentenças jurídicas que contêm determinações legais contundentes (p. ex. Ex 21,18s.), e também com sentenças nas quais pelo menos podemos duvidar que tenham tais consequências, como no caso da ajuda para os animais do inimigo (Ex 23,5).

No Deuteronômio ainda encontramos determinações constitucionais acerca da monarquia (Dt 17,14ss.) ou sobre a forma da organização judicial (16,18ss.). No Código da Santidade, ao lado de muitas regras cultuais sobre sacrifício (Lv 22) ou alimento com sangue (17,10ss.), encontramos outras prescrições que incluem comportamentos interiores como ódio ou sentimentos de mágoa (19,17s.), bem como o amor ao próximo e ao estrangeiro (19,18.34). Também em questões formais há uma grande variedade em termos de linguagem e de conteúdo. Fundamentações, narrações, reflexões vinculam-se com as sentenças normais entre si muito diversas.

Esta amplitude constitui algo muito admirável e de modo algum evidente em si. Isso ficou claro com a descoberta dos textos legais do Antigo Oriente[44] desde o final do século XIX[45]. Por um lado, estes textos evidenciam uma correspondência por vezes até literal com leis isoladas do Antigo Testamento[46]. Hoje se torna cada vez mais evidente que há relações muito estreitas no que se refere aos traços fundamentais do pensamento jurídico, na sistemática jurídica e na codificação legal[47]. Por outro lado, porém, em sentido restrito, estes códigos são seculares[48], de modo que neles se pressupõe uma distinção entre normas legais, religiosas e ético-morais. Os códigos de leis do Antigo Oriente não são direito divino[49] e, como é óbvio, não contêm

---

44. Comparada com o esboço geral do presente trabalho, a exposição a seguir é bastante restrita. Aqui também não vamos poder levantar a pergunta fundamental sobre a noção de temas como justiça (sobre isso cf. WEINFELD, Justice). Acerca disso há outras coisas mais importantes nos textos legais egípcios e a sua concepção acerca de Ma'at. Cf., p. ex. HORNUNG, Maat; esp. ASSMANN, Ma'at. Sobre a questão da relação destas concepções com a realidade há um trabalho recente de HELCK, Maat.

45. Para uma bibliografia e tradução dos textos orientais cf. BORGER, Akkadische Rechtsbücher; TUAT, p. I 17-125; cf. esp. DRIVER & MILES, Assyrian Laws; id., Babylonian Laws; • YARON, Eshnunna; sobre a tradução cf. tb. HAASE, Rechtssammlungen. Uma visão panorâmica podemos encontrar em HAASE, Einführung; • KOROŠEC, Keilschriftrecht; • THEODORIDES; ZACCAGNINI; • CARDASCIA & ARCHI, La formazione.

46. Para uma comparação, cf. a visão panorâmica em BOECKER, Recht und Gesetz (lit.), e agora também MALUL, Comparative Method; sobre os problemas teóricos e metodológicos, cf. JACKSON, History. Sobre a história da pesquisa, cf. OTTO, Körperverletzungen, p. 11ss. Otto tem uma visão bastante particular, dizendo que, apesar da grande semelhança, "as sentenças legais israelitas surgiram de forma independente em relação aos textos cuneiformes". Por outro lado, ele também diz que "as redações das coleções de leis têm parte na cultura jurídica dos textos cuneiformes" (Körperverletzungen, p. 169s., cf. ib., p. 170ss.). Essa visão supõe que o surgimento das diversas sentenças jurídico-casuísticas pode remontar para além das composições mais antigas a que temos acesso e que surgiram em uma época em que em Israel não havia ainda instituições da cultura jurídica compatíveis com o mundo contemporâneo da época. Sob o aspecto metodológico e também de conteúdo, isso é totalmente improvável. Cf. a seguir p. 215s., 235s. e outras.

47. Cf., p. ex., WESTBROOK, Studies; OTTO, Rechtsgeschichte der Redaktionen.

48. Cf. PAUL, Book of Covenant, p. 8: "a strictly secular institution"; • cf., p. ex., SONSINO, Characteristics, p. 205ss.

49. Sobre isso, cf. a seguir p. 31s.

nenhuma norma ético-moral, como podem ser encontradas, por exemplo, em coleções de sentenças sapienciais. Eles se referem a eventos religiosos, sobretudo em relação com instituições legais como o ordálio e o juramento, mas nunca encontramos neles qualquer determinação sobre temas como construção de altar, oferta de sacrifícios, tributos cultuais, regras sobre sacerdotes. Estes documentos obviamente também não contêm fundamentações teológicas[50] ou determinações constitucionais sobre a investidura de reis ou sobre os limites do poder destes.

No estudo do direito veterotestamentário, durante muito tempo foi de suma importância e profunda influência o trabalho de A. Alt *Die Ursprünge des israelitischen Rechts*, escrito em 1934. Neste trabalho, o autor aplicou de modo consequente em textos de leis o método da história das formas e da história das tradições, desenvolvido desde o início do século XX como resposta à problemática histórico-religiosa dos textos paralelos do Antigo Oriente. Foi decisiva a tentativa de investigar o que existe por detrás das formas escritas dos códigos e a distinção de duas formas jurídicas diferentes. Por um lado, existe o "direito casuístico", o qual, com as suas sentenças "se ... então ..." (p. ex. Ex 21,18s.20s.), está relacionado de forma bem estreita com o direito do Antigo Oriente e, no fundo, dele se origina. Tal direito tem o seu *Sitz im Leben* (lugar vivencial) na jurisprudência cotidiana praticada diante da Porta das localidades. Deste tipo de jurisprudência, Alt diferencia o "direito apodítico". Sob esta designação ele reúne diferentes formas de sentenças como mandamentos e proibições, maldições e sentenças jurídicas participiais. Segundo ele, esta forma de direito proviria no fundo do âmbito do culto de Israel e, com isso, do âmbito da religião. Neste tipo de lei ele vê o direito antigo e original de Israel, que tem "no deserto a (sua) origem"[51]. Para ele, este tipo de direito está "popularmente relacionado com o povo de Israel e divinamente relacionado com Yhwh"[52]. Tal forma de direito teria o seu lugar nas instituições do culto anfictiônico central na época pré-estatal em Israel, como destacam sobretudo os trabalhos de M. Noth.

---

50. Sobre isso cf. GEMSER, *Importance*; • RÜCKER, *Begründungen*; • SONSINO, *Motive Clauses*.
51. ALT, *Ursprünge*, p. 330.
52. ALT, *Ursprünge*, p. 323.

Essa tentativa de ver o específico de Israel em uma única parte dos livros de leis e aí novamente querer ver a sua originalidade dentro de um tempo determinado deve ser encarada hoje como algo superado. As concepções sobre os tempos iniciais de Israel, pressupostas neste tipo de visão, não podem ser deduzidas a partir das fontes. Tanto a tese de uma anfictionia quanto as concepções sobre aliança e justiça com ela vinculadas historicamente não são verossímeis[53]. A maioria dos supostos indícios para isso é tirada de textos relativamente tardios. A maior parte dos conteúdos do direito apodítico não tem raízes cultuais[54], e a idade dos mandamentos teológicos centrais (1º e 2º mandamentos, eventualmente o 3º mandamento) é muito discutida[55]. Em termos metodológicos, tornou-se questionável a prática de derivar formas de linguagem fixas a partir de situações vivenciais bem definidas[56].

Foi sobretudo essa última crítica que deslocou a discussão da reconstrução hipotética da história oral antecedente para os textos literários ora existentes. Com isso, também se passou a acentuar a comparação dos livros de leis. Nisso tudo, a pergunta pelo caráter dos códigos legais do Antigo Oriente desempenha um papel importante. Inicialmente, estes textos foram entendidos de forma irrefletida como livros de leis em analogia à jurisprudência posterior e vinculados com um poder catalisador destas leis. Essa tese – hoje defendida apenas como opinião de quem está por fora da discussão[57] – foi revista em seus fundamentos pela pesquisa[58]. Ao

---

53. Sobre a discussão acerca da situação de fontes e problemas da época inicial da história de Israel, cf. p. ex. DONNER, Geschichte I.
54. Isso foi muito bem demonstrado sobretudo por GERSTENBERGER, Wesen.
55. Sobre a discussão atual acerca da idade do chamado "monoteísmo" de Israel, cf. os volumes de artigos de KEEL (org.), Monotheismus; • LANG (org.). Der einzige Gott; HAAG (org.), Gott, der einzige. Além disso, cf. HUTTER, Monotheismus; • HOSSFELDT, Einheit; • SCHMIDT, W.H. Jahwe; • DE MOOR, Rise of Yahwism; • NIEHR, Der höchste Gott, e outros trabalhos mais.
56. Acerca da crítica e formulação da história das formas, cf. esp. HARDMEIER, Texttheorie. A partir de várias perspectivas tornou-se sempre mais claro o alto caráter especulativo e radical de muitas partes das suposições histórico-traditivas. Uma visão diferente dos textos-base também quanto à sua datação desempenhou um papel importante nesta discussão (avanços importantes com RENDTORFF, Pentateuch; • SCHMID, H.H. Jahwist). Também foi importante a tendência de analisar a forma final canônica do texto (esp. CHILDS, Old Testament), bem como a crescente descoberta da estrutura interna dos textos legais (esp. HALBE, Privilegrecht) e análises empíricas sobre a transição da tradição oral para a cultura escrita (p. ex. ASSMANN & HARDMEIER (orgs.), Schrift und Gedächtnis).
57. Cf. PETSCHOW, Beiträge; • id., Die §§ 45 und 46; • KLÍMA, Perspective historique; • DEMARE, La valeur. Para uma crítica disso tudo, cf. WESTBROOK, Origins.
58. KRAUS, Rechtsleben; • MAUER, Schreibübung; • WESTBROOK, Origins.

contrário dos editos imperiais[59], aqui não se trata de um direito positivo. Temos, na verdade, muitos trabalhos jurídico-científicos, que muito bem conseguem partir de julgamentos-padrão, mas que são resultado de trabalho teórico. "Os códigos de leis são descritivos e não prescritivos [...] No essencial são anotações do direito usual"[60]. Por isso, estes resultados de escolas de escribas não dão amarração à jurisprudência concreta, e eles também não são citados em lugar algum.

A pergunta pela origem e pelo surgimento daquilo que é o específico israelita, que se diferencia um pouco do restante da cultura legal do Antigo Oriente, deslocou-se hoje para a pergunta pela compreensão do mais antigo livro de leis do Antigo Testamento, que é o Código da Aliança. Neste, a pergunta, por sua vez, está centrada na origem e na inter-relação de partes tão distintas entre si, que, de forma genérica, correspondem à diferenciação entre direito casuístico e apodítico proposta por Alt. Os livros legais posteriores, isto é, o Deuteronômio e o Código da Santidade, já pressupõem o específico israelita e o representam, mesmo que em certas partes ainda devam muito à cultura jurídica do Antigo Oriente. O autor Westbrook, que é representativo para o debate atual, por exemplo, acha que o direito bíblico constitui "um outro tipo de fonte" diferente dos livros legais do Antigo Oriente, porque "aquele contém a voz do dissenso tanto quanto, se não até mais, do que a do *establishment*"[61]. Com isso, logo se indica uma interessante tese sobre a origem das diferenças. O específico da história do direito veterotestamentário manifesta-se, assim, mais no fim do que no início. Por isso é necessário analisar que circunstâncias e forças contribuíram para tal e como de fato se deu esse processo.

A pergunta pela manifestação da fé em Deus específica de Israel, que vai muito além da pergunta pela fé dentro da história jurídica e constitui um tema básico da atual ciência veterotestamentária, em geral é tratada sob o conceito de "monoteísmo"[62]. Na história jurídica, ela aparece como a pergunta pelo Código da Aliança, pela sua datação, por um lado, e, por outro, pela avaliação de suas partes constitutivas. Aqui verificam-se, de momento, duas posições contrárias. Para

---

59. Para os textos, cf. KRAUS, *Verfügungen*; acerca da história da influência, OLIVIER, *Effectiveness*; para uma discussão mais ampla, cf. WESTBROOK, *Origins*.
60. WESTBROOK, *Studies*, p. 5.
61. WESTBROOK, *Studies*, p. 143.
62. Cf. acima nota 55.

Westbrook, o Código da Aliança, e somente este, é parte integral da cultura jurídica comum dos povos do Antigo Oriente[63]. Este código não se diferencia daquela e deve ser interpretado em conjunto com aquela. Nesta tese, o autor avança até o ponto de dizer que a falta em Israel de determinados elementos comuns ao Antigo Oriente – como castigos deformativos, o que se queria esclarecer a partir da visão de ser humano do Antigo Testamento[64] – não permite nenhuma conclusão do tipo: "o direito bíblico não pode ser tratado como um sistema autárquico"[65]. Também no caso do Código da Aliança trata-se, para ele, de textos de ensino sem uma força comprometedora. Na teoria de Westbrook, não fica claro como se relacionam com isso as características do Código da Aliança, as quais são sobretudo religiosas, como seu caráter de fala divina, o início com o tema da construção do altar, a posição central do primeiro mandamento etc. Por outro lado, a monografia de Schwienhorst-Schönberger explica todas estas características jurídico-divinas como frutos de redações tardias, secundárias e, em geral, deuteronomistas[66].

A posição contrária ainda continua sendo defendida pelo trabalho de Halbe[67]. Para ele, o texto de Ex 34,10ss., que tem paralelos em partes do Código da Aliança, está no início da história jurídica escrita de Israel, à qual ainda podemos ter acesso. Trata-se do assim chamado "direito de privilégio", que tem origem na fé em Deus e no culto e que formula a fé de modo normativo. Todo o resto, isto é, sobretudo as partes que estão em íntima relação com o direito do Antigo Oriente, é classificado como integrado posteriormente a esse fundamento.

Essa discordância na história da pesquisa coloca de forma diferente as perguntas: quando, como, por que e sob quais circunstâncias surgiu na história jurídica de Israel o específico de Israel, sobretudo o assim chamado "monoteísmo", que se expressa de forma radical na formulação do primeiro mandamento? Também se coloca de forma nova a pergunta pelo relacionamento com os amplos elementos da cultura jurídica comum do Antigo Oriente.

Independentemente de como respondemos a essa pergunta, o problema histórico e teológico, até mais importante, ainda não foi tocado: como era o proces-

---

63. *Studies*, p. 134s. (resumo).
64. Especialmente GREENBERG, *Postulates*.
65. WESTBROOK, *Studies*, p. 134s.
66. SCHWIENHORST-SCHÖNBERGER, *Bundesbuch*, p. 38ss. Cf. o resumo na p. 43.
67. HALBE, *Privilegrecht*.

so, no qual tal específico era formulado de forma cada vez mais clara e mais abrangente? Independente de como tenha sido o seu início, o específico de Israel é a Torá como um todo com a sua amplitude temática que extrapola todas as dimensões e com a sua reivindicação teológica. Devemos buscar entender a inter-relação desse seu processo de surgimento.

4. História jurídica e história social

Como para a história social de qualquer período, para a história social do antigo Israel o direito não é somente uma fonte indispensável, mas, muito além disso, é parte desta mesma história. Para mim pessoalmente, ao começar o estudo intensivo do direito veterotestamentário havia sobretudo um interesse histórico-social. E é justamente a partir desta perspectiva que surge nova luz sobre perguntas até aqui levantadas.

Neste contexto, a relação entre direito e realidade, entre direito codificado e realidade social é muito complexa e multifacetária. As sentenças legais não podem ser tomadas como descrição fáctica da ordem social, como foi feito para o antigo Israel, talvez por falta justamente de outras fontes. O direito codificado também não pode ser simplesmente contraposto à realidade como um ideal e uma concepção reformista da sociedade. O que vale para qualquer tipo de direito, também o de sociedades modernas, complica-se ainda mais se levarmos em conta o referido caráter dos códigos legais do Antigo Oriente como produto acadêmico de escolas de escribas[68]. Será que tal premissa vale também para o direito divino do antigo Israel? No mundo dos povos vizinhos da época, este caráter não seria reconhecível sem os muitos documentos de casos jurídicos, contratos, acordos etc. que nos foram preservados, bem como o caso de contraste de determinações imperiais como força catalisadora do direito[69]. Tais fontes faltam quase por completo dentro do antigo Israel, e podem ser reconstruídas somente através de muitas precauções e intensiva análise histórico-legal de material narrativo[70]. Metodologicamente é por isso

---

68. Cf. acima p. 26s.
69. Cf. acima notas 59s.
70. Sobre isso cf. DAUBE, *Narratives*; • id., *Rechtsgedanken*. A isso deve-se contrapor a teoria de CARMICHAEL, *Law*, segundo a qual o direito codificado de Israel surgiu em relação com os materiais narrativos transmitidos. Essa teoria, porém, dificilmente terá plausibilidade.

importante fazer uso também de outras esferas do direito, sobretudo do direito grego[71], que sob muitas perspectivas é similar ao da Bíblia, e do volume de material da área da etnologia jurídica[72]. Isso ajudará a compreender melhor o próprio direito bíblico. No entanto, em lugar algum o problema se coloca com a mesma intensidade como no Antigo Testamento, onde para muitas sentenças legais falta qualquer tipo de fonte de controle, a partir da qual se pudesse estabelecer a relação com a realidade dada[73].

A partir deste contexto histórico, deve-se ver o grande peso dos muitos trabalhos específicos sobre o Antigo Testamento escritos em perspectiva histórico-legal. Sobretudo na linha da tradição da pesquisa judaica e anglo-saxã, encontramos pesquisadores como Daube[74], Falk[75], Yaron[76], Jackson[77], Westbrook[78] e outros, que ajudaram a elucidar a estrutura de textos legais do Antigo Oriente sobre o pano de fundo histórico-social do direito do Antigo Oriente e do direito judaico tardio. Os seus estudos foram assumidos dentro da ciência bíblica alemã só de forma reticente[79], o que sem dúvida tem a ver com o papel fundamentalmente diferente que a Torá desempenha no pensamento religioso e na ciência[80].

Se olharmos bem, todos estes trabalhos evidenciaram aspectos de uma história social[81]. Por vezes, constata-se que se trata apenas de diferenças de ênfase – se

---

71. Sobre isso cf. GAGARIN, *Greek Law*. Para uma comparação com o direito antigo-oriental e israelita, cf. o trabalho ainda atual de MÜHL, *Untersuchungen*. Também é importante a comparação com outras regiões do direito antigo. Uma boa visão panorâmica pode-se ter em Diamond, *Primitive Law*. Sobre o direito romano, cf. COHEN, *Jewish and Roman Law*.
72. Cf. sobretudo ROBERTS, *Ordnung*; • HOEBEL, *Recht*; • POSPISHIL, *Anthropology*; • além disso cf. adiante p. 101ss., 113ss.
73. Também a sociologia do direito ajuda um pouco neste caso (cf. p. ex. DUX, *Rechtssoziologie*; LUHMANN, *Rechtssoziologie*).
74. *Studies*; *Witnesses* etc.
75. *Hebrew Law* etc.
76. *Biblical Law*; *Evolution* etc.
77. *Theft*; *Essays* etc.
78. *Studies*; *Law Codes* etc.
79. De certa forma uma exceção constituem os trabalhos de Otto (p. ex. *Depositenrecht*; *Körperverletzungen*). Um ponto metodológico central de diferença, contudo, reside na evidente prerrogativa da crítica literária e da história da tradição na reconstrução de textos antes de sua interpretação histórico-legal (*Körperverletzungen*, p. 188 etc.; de forma semelhante também ROFÉ, *Methodological Aspects*). Como isso também vale para códigos de leis do Antigo Oriente, os textos que nos foram transmitidos de fato quase não recebem uma interpretação digna.
80. Assim também YARON, *Evolution*, p. 95.
81. Aqui devemos apontar sobretudo para os trabalhos de Jackson sobre a semiótica do direito bíblico (cf. *Semiotic Questions*; *Ideas of Law*; *Legalism and Spirituality*).

bem que algumas vezes com peso substancial. Isso se nota tanto quando se pergunta pela construção legal das conhecidas tradições jurídicas do Antigo Oriente como pelas transformações dentro do Antigo Testamento. O mesmo se verifica também ao levantar a pergunta se as fontes existentes de alguma forma permitem tirar alguma conclusão sobre o seu relacionamento com a realidade social de escravos e escravas na sociedade daquela época e se, assim, podem ser inquiridas quanto à sua intenção e influência no campo social. No presente trabalho, procuramos de forma contínua responder a esta última questão.

Mas existem também aspectos, e justamente aspectos fundamentais, nos quais a perspectiva histórico-legal em sentido restrito não é suficiente. Para deixar isso claro devemos partir mais uma vez de um fato evidente da Torá no Pentateuco. As leis são comunicadas por Deus a Moisés no Sinai. Moisés, por seu turno, comunica-as a Israel e, neste processo, também as codifica por escrito (Dt 31,9). Somente a tradição das tábuas de pedra tem ciência de um processo de escrita diretamente feita por Deus (Ex 32,16; 34,1; Dt 9,10 etc.). Trata-se, portanto, de leis divinas, que são comunicadas através de uma figura humana em tempos antigos. Isso, agora, é tudo menos algo óbvio. Aquela imagem simples que os textos contêm em si é, a partir de sua origem e composição, algo extremamente complexo – isso foi muito bem demonstrado pela pesquisa até aqui –, mas nesta imagem realiza-se algo totalmente incomum[82], que ainda deve ser melhor elucidado. Os textos do Antigo Oriente, que sob certo ângulo são muito próximos dos textos veterotestamentários e certamente até exerceram certa influência sobre eles, têm uma autocompreensão bem distinta. Qualquer comparação entre ambos terá facilidade em destacar as especificidades de Israel.

Os prólogos e os epílogos dos livros de leis do Antigo Oriente evidenciam que estes são obra de reis[83]. "(Estas são) as justas sentenças de julgamento, que Hamurábi, o rei zeloso, promulgou, (através das quais) ele deu ao país costumes e boa condução" – assim inicia a parte final do Código de Hamurábi (XLVII 2-8)[84]. Repetidas vezes, este rei se refere às suas leis como sendo a "minha coluna

---

82. Contrariamente a opiniões ainda aceitas de que o direito divino ou religioso estaria no início da história da jurisprudência, quase nunca no direito antigo isto ocorre; cf. DAUBE, *Narratives*, p. 1ss.; • DIAMOND, *Primitive Law*, p. 59; • RIES, *Prolog und Epilog*, p. 75ss.; • SONSINO, *Characteristics*, p. 202s.; • YARON, *Evolution*, p. 89ss. A figura mediadora fictícia de Moisés projetada num passado longínquo é ainda mais curiosa do que um legislador divino.
83. P. ex PAUL, *Book of Covenant*, p. 11ss.; RIES, *Prolog und Epilog*, p. 75ss.
84. Tradução segundo TUAT I, p. 75.

(de pedra)" (XLVIII 6s.10s.15 etc.). O fato de proclamar desta forma o direito codificado é parte da atribuição e da função que os deuses lhe atribuíram: "Quando Marduc me incumbiu de dirigir as pessoas e conceder condução firme ao país, eu coloquei direito e justiça na boca do país" (V 14–22). No entanto, as leis concretas e sua literalidade de modo algum chegaram ao rei através de revelação divina. Não se trata de leis divinas, mas de instituições reais. Isso vale para todas as formulações em particular e é destacado com sempre maior consciência. A "ordem correta", que transparece nestas leis e sua codificação através do rei, não remonta diretamente ao poder dos deuses e também não está submissa ao poderio e à arbitrariedade destes, mas é a instituição real que confere um caráter coercitivo às leis. Todas as leis do Antigo Oriente, portanto, apresentam o nome dos reis, em cujo nome foram codificadas. Também em outras regiões jurídicas da Antiguidade, o direito é codificação humana. Sob vários aspectos, esse tipo de direito é comparável com Israel, por exemplo, o direito da Grécia[85] e o de Roma[86]. O direito escrito concreto, bem como o ato de sua codificação e proclamação têm o seu ponto de partida em pessoas especialmente chamadas para isso[87]. Isso continua tendo validade independentemente de como nós concebemos o pano de fundo religioso específico.

A concepção israelita básica de que o direito é algo estatuído diretamente por Deus não é uma concepção comum dentro do mundo antigo. Tampouco é comum a ideia de que neste processo haja a participação de algum personagem de um passado distante. O fato de certas leis, durante séculos, serem transmitidas sob o nome de algum rei ou legislador difere visceralmente da situação de leis que – surgidas em época posterior – tiveram sua origem e autoridade projetadas no passado[88]. Tudo isso não é óbvio e necessita de uma explicação. Percebe-se que a provocação desta concepção chega ainda aos dias de hoje. Assim como no Antigo Oriente, entre nós hoje o direito é basicamente direito estatal. Em Israel, contudo, o direito se entende como surgido antes do Estado e colocado acima deste.

---

85. Cf. as jurisprudências antigas mediadas por Zaleukos (sobre isso Mühl, *Gesetze*); Drácon (Ruschenbusch, ΦΟΝΟΣ; Gagarin, *Drakon*); Sólon (Ruschenbusch, ΣΟΛΩΝΟΣ) e as leis de Gortina (Willets [ed.], *Gortyn*); sobre o todo, cf. GAGARIN, *Greek Law*; sobre o estado da pesquisa atual, cf. COHEN, *Greek Law*.
86. DÜLL, *Zwölftafelgesetz*; sobre isso cf. tb. EDER, *Political Significance*.
87. Cf. p. ex. SZEGEDY-MASZAK, *Legends*.
88. Aqui também poderíamos incluir o direito islâmico.

Se, agora, levantarmos a pergunta sobre quando e sobretudo como e por que se chegou a uma tal concepção, inevitavelmente colocamos a pergunta pelas instituições às quais remonta o direito escrito, bem como pela sua relação com Deus, respectivamente com Moisés. É um grande mérito da história das formas literárias tal questionamento. No entanto, as instituições usualmente propostas por esta linha da pesquisa, isto é, a instituição da "comunidade jurídica diante da Porta" e o "culto anfictiônico central", não são mais suficientes para dar uma resposta – mesmo que se pudesse concordar com a sua veracidade. Martin Noth só de modo bastante vago falou de uma continuação de instituições anfictiônicas na época da monarquia[89]. As muitas perguntas relacionadas com a origem e o pano de fundo das leis deuteronômicas mostram os problemas ainda não solucionados.

As relações estreitas entre o direito veterotestamentário ou grande parte dele com o direito do Antigo Oriente mostram que a resposta a tais perguntas é difícil, porém importante. Se lá provavelmente escribas reais ou escolas de juristas estavam por trás das formulações dos códigos de leis, no caso de Israel temos alguns problemas a mais: será que tais círculos poderiam realizar tal tarefa e, sobretudo, poderiam realizar semelhantes coisas sem a autoridade do rei? Ou será que as relações com o rei somente foram eliminadas mais tarde, talvez em época exílica ou pós-exílica?[90] E será que podemos contar com o trabalho de tais escolas cortesãs já antes do surgimento da monarquia em Israel?[91] São justamente os traços e os conteúdos distintos do direito israelita que apontam para os problemas específicos: será que as importantes tradições religiosas, as prescrições cultuais e as perspectivas teológicas poderiam ter sido formuladas pelos mesmos círculos que formularam as questões propriamente jurídicas? E o que significa neste caso o fato de os textos serem apresentados como fala de Deus intermediada pela figura de Moisés? Como é que um direito que reivindica autoridade pode fundar-se sobre um passado distante? Como pode apresentar-se como vindo do Sinai, um lugar fora da terra habitada desde séculos?

---

89. NOTH, *Gesetze*, p. 46ss.
90. Assim p. ex. WHITELAM, *Just King*, p. 218, etc.
91. Assim agora SCHWIENHORST-SCHÖNBERGER, *Bundesbuch*, p. 260ss., 271ss. Perguntas semelhantes são colocadas por OTTO, *Körperverletzungen*, p. 169ss. Ele quer fazer remontar à autoridade aldeã não as coleções de leis, mas as sentenças casuísticas isoladas.

Tais perguntas marcam o cerne do problema, que como problema histórico-legal é simultaneamente um problema histórico-social. No que se segue queremos levantar a pergunta pelas relações sociais do direito israelita. Igualmente vamos levantar a pergunta pelos círculos e instituições que estão por trás dos textos, bem como inquirir pelas suas intenções e influências sociais, pelos contextos sociais de suas fundamentações teológicas e ficções históricas. Com este questionamento queremos tentar obter mais clareza sobre os problemas do surgimento e da imposição desta especificidade de Israel, do encadeamento dos textos legais e da inter-relação dentro da mesma Torá. Igualmente queremos iluminar as exigências teológicas, diante das quais a Torá de Israel coloca a teologia cristã.

II
O QUADRO HISTÓRICO: CRÍTICA PROFÉTICA DO DIREITO CODIFICADO POR ESCRITO

> *"Rara é a poesia do profeta,
> duplamente raro é o que acontece."*
> J.W. v. Goethe[1]

Quando e onde se inicia a história da Torá escrita? Conforme a narrativa do Sinai, é Deus mesmo quem escreve os primeiros mandamentos – o Decálogo, ou as orientações de Êxodo 34 – sobre tábuas de pedra (cf. Ex 32,16-17; Dt 9,10; 10,4). Mais tarde, antes da entrada na Cisjordânia, Moisés escreve toda a Torá num livro (Dt 31,9), e Josué escreve a mesma coisa sobre pedras revestidas de cal no Monte Ebal (Dt 27,4; Js 8,32). Essas concepções, contudo, indiscutivelmente são parte intrínseca e central da localização histórica da Torá no início da história de Israel. É necessário entender o sentido dessa localização. Por isso, a reconstrução científica apoiou-se, de modo geral, na tentativa de uma classificação relativa e, também, absoluta das partes isoladas. Com isso se incluíram e se incluem nessa classificação histórica as conhecidas e multifacetadas inseguranças.

Obviamente existem textos que testemunham a respeito de um direito escrito em Israel. E a sua classificação é indiscutível. Metodologicamente, portanto, precisamos partir desses textos. Eles, por si só, podem fornecer uma moldura relativamente segura para a gênese da Torá. Trata-se de algumas passagens provenientes da profecia dos séculos VIII e VII aC (Os 8,12; Is 10,1-2; Jr 8,8). Na maioria das vezes, esses textos foram interpretados à luz das mais conhecidas hipóteses sobre a história do direito escrito. Importa, ao contrário, partir daquilo que eles mesmos, por si sós, com clareza ou com grande probabilidade, possibilitam reconhecer.

---

1. Prefácio (1814) às Profecias de Bakis, p. 241.

1. Prescrições cultuais escritas pelo próprio Deus no Reino do Norte (Os 8,12)

O mais antigo indício de prescrições divinas, em forma escrita, encontra-se em Oseias, portanto no Reino do Norte em Israel, no século VIII aC. Os 8,12 é parte integrante da composição de Os 8,1-14[2], que inicia com o som da trombeta diante de inimigos perigosos (8,1a) e que termina com o anúncio do iminente retorno ao Egito, como castigo divino (8,13b). A clamorosa reação de Israel (8,2) é desmascarada como "enganosa"[3], quando a acusação fundamental de que "Israel rejeitou o bem" (8,3) é desenvolvida com os temas da eleição do rei e do culto a bezerros (8,4-6), de uma política externa errada (8,7-10) e de um culto errado (8,11-13a). Dentro da última perícope consta, entre as alusões a altares (8,11) e sacrifícios (8,13a), a seguinte frase:

> Os 8,12 Ainda que eu lhe escreva de mil maneiras as minhas leis,
> elas são consideradas como algo estranho.

A análise do texto aponta para dificuldades textuais, as quais, porém, nos pontos decisivos, são solucionadas praticamente com unanimidade pela pesquisa[4] e por isso apenas afetam marginalmente as questões centrais de conteúdo. O texto massorético fala de "minha Torá" no singular. É possível, porém, que a palavra originalmente tenha figurado no plural[5]. Isso pode ser constatado pela pesquisa nas antigas traduções de Áquila e Símaco[6]. A leitura atual é uma adaptação deuteronômica ao v. 1b[7]. Na palavra anterior[8], em todo caso, pensa-se numa série

---

2. Sobre formação e estrutura, cf. especialmente JEREMIAS, *Hosea*, p. 102ss., o qual pensa que os v. 1b.6a.14 são secundários (p. 104; a respeito do v. 14, cf. especialmente EMMERSON, *Hosea*, p. 74ss.); cf. tb. GNUSE, *Calf*.

3. JEREMIAS, *Hosea*, p. 103.

4. Assim Robinson, Wolff, Rudolph, Mays, Deissler, Jeremias, Komm. sempre sobre a referida passagem. Especialmente NYBERG, *Problem*, p. 251ss.; • id., *Studien*, p. 65ss. Uma exceção formam, além de NEEF, *Heilstraditionen*, p. 160 (a esse respeito cf. nota 5), praticamente apenas ANDERSEN & FREEDMAN, *Hosea*, p. 509; no entanto, os motivos meramente de conteúdo para suas modificações textuais permanecem insuficientes.

5. Portanto, não é em primeiro lugar o verbo plural da frase seguinte que exige um plural, como supõe NEEF, *Heilstraditionen*, p. 160 nota 144.

6. Além de LXX, Vulgata, Siríaca, cf. especialmente Áquila (πληθυνομένους νόμους [μοῦ]) e Símaco (πλήθη νόμων μοῦ respectivamente πλῆθὸ νόμων μοῦ em Syh).

7. Ela talvez seja novamente ajustada para o verbo plural na frase seguinte, através do plural *rubbē*.

8. O qerē *rubbē* tem um plural de *rōb*, "plenitude", que só aparece aqui; ao contrário, o ketib se chama *ribbō*, um substantivo que no tempo pós-exílico significa "dez mil" (Jn 4,11; Ne 7,66.70-71 e outros), mas que com o Sl 68,18 provavelmente também pode ser entendido de forma mais ampla. Essa alternativa, portanto, não significa muita coisa.

de coisas[9]. Como *lectio difficilior* (leitura mais difícil) é melhor permanecer com a tradução "de mil maneiras".

Na pesquisa, é indiscutível que o versículo pertence à antiga tradição de Oseias. Com isso está evidentemente provado que Oseias conhece prescrições escritas que provêm de Deus e até são consideradas como escritas pelo próprio Deus. Esta é uma noção que *a priori* provavelmente não exclui a mediação humana, mas, mesmo assim, é muito estranha. Visto que gramaticalmente devemos excluir a existência de um *irreal*[10], conclui-se que tais prescrições de fato existem. Oseias não apenas as conhece, mas inquestionavelmente também as reconhece. Mesmo assim, elas são em vão – como todas as outras tentativas de Deus. Efraim considera as prescrições de Deus como estranhas (*zār*). Com essa mesma palavra, no v. 7 são caracterizados os estranhos/estrangeiros que devoram Israel. As prescrições escritas de Deus são tão pouco observadas como aquelas que são apresentadas através dos profetas.

Não com a mesma certeza, mas mesmo assim com bons argumentos, pode-se responder a algumas outras perguntas levantadas por este versículo. Até o presente, a pesquisa, na grande maioria dos casos, parte como que obviamente do pressuposto de que Oseias se reporta, aqui, a um antigo direito divino[11], no que se deveria pensar sobretudo no Decálogo, e inclusive em grandezas como o Sinai e Moisés. No entanto, nada disso está dito no texto. É muito improvável que o profeta formulasse algo assim se ele tivesse conhecimento de tradições desse gênero. Falta qualquer ligação com as tantas outras tradições históricas, testemunhadas em Oseias. As formas verbais utilizadas na primeira sentença e na sentença subsequente devem ser entendidas primeiramente no sentido da "regra fundamental" segundo a qual numa frase condicional "o imperfeito... serve para expressar a condição e a consequência pensada como *realizável* no presente ou no futuro, enquanto que o perfeito apresenta a condição já realizada no passado e a consequência existente como realidade consumada"[12]. Portanto, se o fato de Israel não observar as prescri-

---

9. Não é preciso mudar o texto por causa disso. Pode tratar-se, por exemplo, de um exagero intencionado, mas também de uma imaginável referência a muitos santuários (sobre isso, cf. MAYS, *Hosea*, p. 122).
10. Sobre isso, cf. GK § 159b; MEYER, *Grammatik* § 122.
11. O último a posicionar-se foi, por exemplo, DANIELS, *Hosea*, p. 113ss. Uma exceção é JEREMIAS, *Hosea*, p. 111, que fala de "prescrições sacerdotais".
12. GK § 159b.

ções já está claramente afirmado, o ato de escrever de Deus é visto como um momento de possível presente e futuro[13]. Oseias fala de prescrições que, como Palavra de Deus, podem tomar forma e corpo ainda em seu tempo presente.

O que é possível reconhecer sobre o conteúdo deste texto? As "prescrições" (hebraico: *tōrōt*) valem para ele, portanto para Efraim (8,11), para o povo como um todo. Isto exclui o fato de que esta "prova mais antiga para a fixação escrita de prescrições sacerdotais"[14] se refira, por exemplo, a um conhecimento profissional interno dos sacerdotes. As prescrições valem para o povo e devem ser praticadas pelo mesmo. A palavra usada *tōrāh* é usada em Os 4,6 no significado paralelo de "reconhecimento" (*daʿat*) dos sacerdotes, e refere-se, portanto, como também em outras tantas vezes no Antigo Testamento[15], a prescrições que sobretudo deveriam ser transmitidas por sacerdotes. Já essa designação torna improvável o fato de se pensar especialmente no clássico Decálogo. Esse nunca é designado como *tōrāh* – e muito menos como *tōrōt* – e as pretensas alusões a ele em Os 4,2 permitem reconhecer, antes de mais nada, que Oseias ainda nem sequer o conhecia[16]. E se Oseias, como também os outros profetas do século VIII, reconhece tradições éticas e legais por ele sabidas, então é completamente infundada a habitual naturalidade, com a qual, nesse caso, pensa-se num direito evidentemente escrito[17]. Também o contexto imediato permite pensar em conteúdos manifestadamente sacerdotais. Tanto o versículo anterior quanto o versículo posterior falam de temas cultuais em sentido restrito, de altares e de sacrifícios. Com isso, não devemos colocar no texto – à guisa de interpretação – uma contradição entre culto e ética, a qual não se encontra em Oseias. Portanto, as *tōrōt* escritas evidentemente contêm aquilo que os sacerdotes, conforme Os 6,4, esqueceram e com o qual o próprio Oseias também se sabe comprometido. Essas prescrições, porém, são vistas em Israel como algo estranho (*zār*). O próprio Oseias, em 5,7, designa com esse termo crianças ilegítimas, e nos textos sacerdotais do Pentateuco com o termo *zār* é caracterizado o culto ilegítimo, e, com isso, perigoso[18]. Tendo em vista o culto praticado em Israel (8,11.13, confira também 8,4b.5), as verdadei-

---

13. Assim também em grande parte a interpretação tradicional judaica. Cf. WÜNSCHE, *Hosea*, p. 361-362.
14. JEREMIAS, *Hosea*, p. 111.
15. A respeito da Torá sacerdotal, cf. LIEDKE & PETERSEN, art. *tōrā*, p. 1035ss. e muitos outros.
16. CRÜSEMANN, *Freiheit*, p. 23-24; • JEREMIAS, *Hosea*, p. 62, especialmente nota 4. Os motivos de NEEF, *Heilstraditionen*, p. 193ss. não convencem; ele mesmo somente pode falar de um "precursor do Decálogo".
17. Cf., p. ex., ZIMMERLI, *Gottesrecht*, p. 220ss.; • KLOPFENSTEIN, *Gesetz*, p. 287ss.; • também NEEF, *Heilstraditionen*, p. 175ss.
18. A esse respeito, cf. principalmente SNIJDERS, art. *zûr*, p. 560-561.

ras prescrições de Deus nesse âmbito somente podem aparecer como cultualmente ilegítimas. Tudo isso, então, com grande probabilidade, fala a favor de que o conteúdo das *tōrōt*, até onde isso pode ser reconhecido, diz respeito sobretudo ao âmbito mais amplo do culto.

Assim, para a história do direito escrito em Israel, Os 8,12 permite reconhecer o seguinte:

— Na fase final do Reino do Norte, existiam prescrições escritas, que estavam aí como palavras escritas por Deus a Israel, e que também foram reconhecidas por Oseias como sendo Palavra de Deus.

— Seu conteúdo referia-se com grande probabilidade a temas sacerdotais e cultuais, como altares, sacrifícios e eventualmente imagens etc.

— É improvável entender essas prescrições como se fossem uma uma transmissão antiga, oriunda da Antiguidade, que estaria relacionada com Moisés e o Sinai/Horeb.

O fato de Deus mesmo escrever suas prescrições está documentado apenas aqui e na tradição das tábuas de pedra. Isso é uma concordância que deve ser analisada[19].

2. Leis contra as pessoas mais fracas em Judá no século VIII (Is 10,1s.)

O "ai" em Is 10,1-4 muito provavelmente não fala de prescrições legais divinas, mas de leis bem humanas. Essa palavra termina no v. 4b, com o recurso do quiasmo também documentado em Is 5,25; 9,11.16.20. O fato de ela estar nesse lugar no final desse texto dirigido ao Israel do Reino do Norte, porém, somente se deve a um complicado processo de desenvolvimento histórico-redacional do trecho de 5,1–10,4. Isso é aceito praticamente como um consenso[20]. Mas nada fala a favor de se tratar de procedimentos ocorridos no Reino do Norte[21]. Tudo indica, porém, que, como em outros lugares da crítica social de Isaías, também

---

19. Cf. abaixo p. 87ss., p. 203.
20. Cf., p. ex., WILDBERGER, *Jesaja*, p. 186-187; • BARTH, *Jesajaworte*, p. 109ss.; • KAISER, *Jesaja*, p. 102ss., 211ss.; • VERMEYLEN, *Isaïe*, p. 169ss.; • L'HEUREUX, *Rédaction*.
21. Especialmente DUHM, *Jesaja*, p. 96s., por causa do contexto. Apesar de ter um princípio semelhante, PROCKSCH, *Jesaia*, 107, vê, p. ex., em 9,20 a passagem para a fala sobre Judá. De forma especial devem ser observados os diversos discursos sobre os órfãos e as viúvas (9,20; 10,2).

aqui esteja se tratando de Judá e de Jerusalém. Muitas vezes, Is 10,1-4a, como a sétima palavra de maldição, é considerado como o início ou o final original do conjunto de Is 5,8-24[22]. Para a questão que aqui nos interessa, Is 10,1-4a precisa – e pode – ser analisado isoladamente.

Is 10,1 Ai dos que promulgam leis iníquas,
    os que elaboram rescritos de opressão
² para desapossarem os fracos do seu direito
    e privar da sua justiça os pobres do meu povo,
para despojar as viúvas
    e saquear os órfãos[23].

O "ai" (*hōy*) típico dos rituais fúnebres normalmente é usado com relação a pessoas mortas. Aqui, no entanto, é entoado diante de pessoas que, através da escrita, causam desgraças através de procedimentos legais[24]. No v. 2 é nomeado o propósito, ou ao menos as consequências inevitáveis de tais procedimentos. O v. 3 e talvez o v. 4[25], que tantas vezes é literariamente separado do conjunto, indicam a desgraça futura anunciada por Deus. Is 10,1-4a deve ser entendido como uma palavra profética de juízo completa em si. A sua pertença ao conjunto das palavras do profeta do século VIII aC somente é questionada por aqueles que não contam com nenhuma tradição genuinamente isaiana[26], ou que aceitam somente uma pequena parcela como original de Isaías[27]. Sem entrar mais profundamente nessas teses[28], podemos referir-nos ao fato de que, em todos os casos, para Is 10,1-4a não podem ser mencionados determinados motivos, como, por exemplo, a linguagem deuteronomística, para, assim, afirmar uma datação recente. Já é uma afirmação bastante singular que a catástrofe nacional de 587 aC, vista em retrospectiva, seja remetida à legislação humana antissocial, ao invés da não observância dos mandamentos divinos, como normalmente é feito e como é presumido em outros textos. Assim, deve-se continuar partindo do fato de que em Is 10,1-4a se trata de uma parte da

---

22. Cf. acima, nota 20.
23. O texto massorético é bem compreensível, de modo que não se fazem necessárias as mudanças muitas vezes profundas que são feitas no texto (p. ex. Wildberger, *Jesaja*).
24. Para a compreensão dos "ais" e para a crítica à tradução que existe desde a LXX "Ai dos que...", cf. HARDMEIER, *Texttheorie*, p. 174ss., 375ss.; • VERMEYLEN, *Isaïe*, p. 161ss.
25. Para fundamentação, cf. HARDMEIER, *Texttheorie*, p. 272, nota 25.
26. Assim especialmente KAISER, *Jesaja*, p. 104.
27. Cf. agora também KILIAN, *Jesaja*, p. 79s.
28. Cf., de forma geral, RINGGREN, *Israelite prophecy*; sobre a problemática do método que se encontra na base, cf. HARDMEIER, *Jesajaforschung*, p. 13-19.

crítica social de Isaías. O texto, portanto, fala de acontecimentos em Judá, respectivamente em Jerusalém, nas últimas décadas do século VIII aC.

Claro está que, falando no plural, o profeta critica pessoas que são responsáveis por procedimentos legais através do uso da escrita. Neste sentido, a forma verbal de "escrever" (*ktb* pi.), a qual somente é documentada aqui, deve ser entendida em sentido iterativo; trata-se, pois, de procedimentos típicos[29]. No texto, porém, não se utiliza o termo usual e nem o título de funcionário "escrivão" (*sōfēr*). Os que são mencionados pertencem à camada dos proprietários judaítas (cf. p. ex. a riqueza [*kābōd*] mencionada no v. 3), e eles próprios tiram proveito das consequências sociais, mencionadas no v. 2, pois as "viúvas" tornam-se "seu despojo" (*š^elālām*), e eles mesmos também espoliam os órfãos.

É bastante aceita a tese de que aqui se trate de funcionários reais, que agem em nome do rei[30]. Isso, no entanto, não é dito explicitamente em lugar algum, e também faltam todos os típicos títulos de funcionários. Isaías, que parece conhecer muito bem a administração judaica, tanto aqui quanto em outros lugares, não responsabiliza o rei (cf. p. ex. Is 1,10.23; 3,2-3.14). Para ele também não se coloca a pergunta se essa gente age pura e formalmente por incumbência real. Justamente do ponto de vista histórico-legal, é importante insistir em que, aqui, um grupo da elite judaica aparece claramente legislando por conta própria.

Mas, do que se trata exatamente? Na literatura encontramos três concepções diferentes. Segundo tais opiniões, aqui se trataria de jurisprudência, de decisões jurídicas ou de acordos contratuais. Uma decisão somente pode ser tomada a partir da terminologia empregada, e esta, apesar ou justamente por se tratar da linguagem jurídica usualmente encontrável, permite fazer um julgamento mais ou menos claro. Em seu sentido básico, a raiz verbal *ḥqq* significa "gravar" e consta no início e é duas vezes empregada no texto, determinando, assim, o que segue. Também em outros lugares, essa expressão é utilizada para expressar procedimentos de escrita, mas se refere sempre a atos autoritativos de instituir, determinar ou ordenar, seja em acontecimentos da natureza seja em eventos jurídicos[31]. Com isso dificilmente podemos harmonizar a interpretação mais recente dada por Porath[32]. Ele quer entender aqui acordos escritos de caráter mútuo, os quais excluem os caminhos legais usuais, como afirma o v. 2a. Mas a palavra "es-

---

29. Sobre isso, cf. JENNI, Pi'el, p. 160s.
30. Assim, p. ex., WILDBERGER, *Jesaja*, p. 198 e muitas outras passagens.
31. Cf. HENTSCHKE, *Satzung*; • LIEDKE, *Gestalt*, p. 154ss.; • id., art. *ḥqq*; • RINGGREN, art. *ḥqq*.
32. PORATH, *Sozialkritik*, p. 160ss.

tatuir, ordenar" (*ḥqq*) nunca é utilizada para contratos de qualquer natureza. E como tais contratos não poderiam ser feitos de forma unilateral, deveria tratar-se de uma designação desqualificadora. Isso, por seu lado, também seria reconhecido no contexto pelos leitores da época. Mas também decisões jurídicas em lugar algum no Antigo Testamento são designadas com a raiz *ḥqq*. Algumas vezes, há referência a Jó 23,14[33], porém o texto pertence a uma época bem mais tardia, e o substantivo utilizado (*ḥoq*) não significa uma "decisão", mas o "adequado". Além disso, decisões jurídicas por escrito não estão atestadas em lugar algum para Israel, ou, em todo caso, o específico de tais julgamentos não residiria no seu caráter escrito. Se se tratasse de decisões, estas somente poderiam ser mencionadas quanto ao seu significado como precedentes para decisões futuras. Assim, por exemplo, afirma-se acerca da decisão de Davi em 1Sm 30 que ele a transformou em lei e direito (*leḥōq ūlᵉ mišpāṭ*) (v. 25). Com isso, porém, ficaríamos na pergunta secundária de como surgem as leis mais duradouras.

Com isso permanecemos com a antiga questão[34] segundo a qual aqui se trata de algo como *legislação*. Do ponto de vista textual, essa concepção não apresenta problemas. Ela somente se torna problemática, porque logo entra em conflito com as concepções usuais de um antigo direito divino codificado por escrito. Se de fato tomarmos isso como base para todo o direito em Israel, verdadeiramente temos que afirmar: "Não é concebível que o grupo de pessoas atacado por Isaías seja responsável por tais transformações na jurisprudência"[35]. Como não pode ser o que não deve ser, também exegetas, que normalmente trabalham com o postulado de jurisprudência, rejeitam logo fortemente este reconhecimento. Dietrich[36], por exemplo, acha que se trata de "ordens a serem cumpridas", que, na prática, transformam os antigos "direitos básicos" em seu contrário, mas formalmente não os revogam. Isso tem como consequência que terminologicamente não se falaria de "leis", mas de "ordenanças e prescrições"[37] ou de "decretos e ordenamentos"[38]. Mas tais diferenciações terminológicas do nosso direito atual não podem ser transpostas para o Antigo Oriente. A terminologia jurídica vete-

---

33. Assim sobretudo KAISER, *Jesaja*, p. 217; por primeiro FALK, *Terms*, p. 352; acerca de uma crítica, cf. LIEDKE, *Gestalt*, p. 167 nota 5.
34. Assim também KNOBEL, *Jesaja*, p. 78.
35. PORATH, *Sozialkritik*, p. 164s.
36. DIETRICH, *Sozialkritik*, p. 40; • cf. JACOB, *Isaïe*, p. 146, o qual fala de adaptação de leis antigas em circunstâncias políticas e econômicas modificadas.
37. DIETRICH, *Jesaja*, p. 40.
38. Ibid., p. 46.

rotestamentária, que em si é muito diversificada, não deve ser entendida no sentido de camadas hierárquicas (direitos fundamentais, leis, ordenanças e decretos). Ao invés disso, deve-se, de forma mais simples, partir do fato de que Isaías 10,1 fala da edição de leis escritas, portanto, de jurisprudência.

Para Isaías, no entanto, estas leis são de tal ordem que produzem desgraça (*'āwen*)[39] (cf. Is 31,12; Mq 2,1 etc.). O que se escreve é somente necessidade e opressão (*'āmāl*)[40]. Estas palavras que não fazem parte da linguagem jurídica são desdobradas duas vezes no v. 2. A expressão "a fim de" (*l'*) permite reconhecer a intenção dos causadores ou, em todo caso, as consequências das determinações jurídicas. As pessoas socialmente fracas (*dallīm*)[41] são por eles desviadas e afastadas (*nṭh* hif.)[42] do processo legal (*dīn*), e assim são roubadas (*gzl*) em sua justiça, respectivamente em suas reivindicações jurídicas (*mišpāṭ*)[43]. Isaías critica as leis de desgraça com conceitos jurídicos. O direito codificado por escrito, neste sentido, portanto, o direito "positivo", espolia o direito dos fracos e pobres. O v. 2b fala de viúvas, que se tornam espólio de escribas legais. Aqui talvez se pense em processos de escravização e de espoliação de órfãos[44]. Infelizmente, a relação entre o v. 2b e o v. 2a não é clara. O destino das viúvas e dos órfãos é uma consequência direta das leis ou é diretamente o resultado de que o direito dos pobres é roubado?

Na pesquisa, a maioria das tentativas de compreender o que exatamente se quer dizer aqui permanece relativamente vaga. Muitas vezes, postula-se que se trata de contendas sobre direito de dívidas ou direito fundiário, através das quais se aceleram ou se tornam mais efetivas a dependência social e os caminhos do status de liberdade para a escravidão por dívidas[45]. Mas também se pensou nos efeitos de impostos e tributos[46]. Com Schwantes, porém, deve-se ressaltar o fato de que o sentido muito preciso do v. 2a não deve ser diluído desta forma. As novas leis fazem com que os mais fracos não mais tenham a possibilidade de reclamar os seus direitos; "eles são excluídos da comunidade jurídica"[47]. Possibilidades jurídicas que até então eram direitos seus, são-lhes tiradas através de roubo (*gzl*).

---

39. Cf. KNIERIM, art. *'āwen*; Bernhardt, art. *'āwen*.
40. Sobre isso cf. OTZEN, art. *'āmāl*; SCHWERTNER, art. *'āmāl*.
41. Sobre a palavra e o significado, cf. SCHWANTES, Recht, p. 20ss.; • FABRY, art. *dal*.
42. Sobre *nṭh* hif. com min cf. esp. Jó 24,4; Is 30,11; sobre *dīn* cf. Hamp, art. *dīn*; Liedke, art. *dîn*.
43. Sobre o conceito, cf. LIEDKE, Gestalt, p. 62ss.; • id., art. *špṭ*; JOHNSON, art. *mišpāṭ*; • NIEHR, Herrschen.
44. Assim SCHWANTES, Recht, p. 106.
45. Assim, p. ex., WILDBERGER, Jesaja, p. 198; • LIEDKE, Gestalt, p. 179s.; • DIETRICH, Jesaja, p. 40.
46. Assim, p. ex., HOGENHAVEN, Gott und Volk, p. 176.
47. SCHWANTES, Recht, p. 104.

Assim, Is 10,1s. permite deduzir o seguinte sobre a história do direito codificado em Israel:

– No século VIII aC, um grupo da elite rica de Judá conseguiu, especialmente através de procedimentos legais escritos, aumentar a sua influência às custas dos mais fracos.

– Com toda probabilidade, trata-se de jurisprudência oficial (monárquica), de instituição de direito escrito.

– A consequência mais expressiva disso é que os fracos e os pobres são roubados nas possibilidades legais que até então lhes assistiam e (assim) as viúvas e os órfãos são explorados de forma mais acentuada.

A concordância patente entre o processo de supressão das possibilidades legais, denunciado por Isaías, e a relação fundamental de todas as coleções de leis pré-exílicas de Israel unicamente com a camada dos proprietários livres de Israel deve ser melhor analisada[48].

3. A Torá de Yhwh e os escribas do século VII (Jr 8,8s.)

Jr 8,8s. foi apontado como "uma das (passagens) mais importantes"[49], mas também das mais difíceis[50] do livro de Jeremias. Juntamente com o relato do achado do livro de leis de 2Rs 22s[51], mas menos controverso do ponto de vista dos resultados e da situação da pesquisa, este texto é um testemunho a favor da existência de uma Torá codificada por escrito em Jerusalém na época tardia do pré-exílio.

Jr 8,8 *Como podeis dizer: "Nós somos sábios*
    e a Lei de Yhwh está conosco!"
Sim, eis que atua para a mentira
    o cálamo mentiroso do escriba!
[9]*Os sábios serão envergonhados,*
    ficarão perturbados e serão capturados.
Eis que eles desprezaram a palavra de Yhwh!
    O que é a sabedoria para eles?

---

48. Cf. a seguir p. 237ss.
49. DUHM, *Jeremia*, p. 88.
50. Esp. NICHOLSON, *Jeremiah*, p. 86.
51. Cf. a seguir p. 292s., 297, 376ss.

A compreensão do texto em parte é influenciada por uma interferência desnecessária e irresponsável no v. 8: ao verbo "ele faz, atua" (*'śh*) acrescenta-se, em geral, um objeto direto através de uma mudança na pontuação do texto: "ele a faz", a saber: faz a Torá ser mentira. A concepção que está por trás desta interpretação, sobretudo em conexão com a equiparação da Torá com o Deuteronômio, ainda hoje pauta a discussão. Na literatura mais antiga, tal possibilidade era apresentada pelas possibilidades sugeridas pela gramática[52]. Hoje é apresentada sem fundamentação como se fosse algo óbvio[53]. Mas uma tal ideia tão incomum e importante de que a Torá como tal poderia ser transformada em mentira e engano, ainda sabendo que essa ideia provém do âmbito da crítica protestante da lei[54], não pode ser sustentada sem uma verdadeira base no próprio texto. E uma tal base não existe[55]. O texto hebraico é bem compreensível, ainda que dê várias possibilidades de tradução. E nenhuma outra versão permite reconhecer a existência de um outro texto hebraico[56]. Só quando se consideram as próprias conjeturas como acima de qualquer suspeita, é que se pode achar que as antigas traduções tenham sido uma falsificação[57]. Importante é que as antigas traduções judaicas somente representam tentativas de entendimento do texto massorético[58]. Para este a tradução acima feita com o verbo *'śh* no sentido absoluto de "trabalhar, fazer" (cf. Gn 30,30; Ag 2,4; Pr 21,25; 31,13; etc.)[59] constitui a possibilidade mais simples e por isso preferível.

"Todos os termos empregados são claros e não há palavras difíceis ou obscuras, mas o que significa o poema?"[60] Em todo caso, o mais importante pode ser reconhecido: aqui se fala de uma Torá de Yhwh, e ela existe em forma escrita,

---

52. DUHM, Jeremia, p. 88: GK § 91e; • CORNILL, Jeremia, p. 117: GK § 58g.
53. Assim RUDOLPH, Jeremia, p. 60; • WEISER, Jeremia, p. 70; • NICHOLSON, Jeremiah, p. 84; • CARROL, Jeremiah, p. 228; • MCKANE, Jeremiah, p. 185s. Sobre a influência desta mudança, podemos remeter para traduções como a "Züricher Bibel", a "Einheitsübersetzung" etc.; cf. tb. a "Lutherrevision" de 1964.
54. Cf. os tons correspondentes em DUHM, Jeremia, p. 88s.; • CORNILL, Jeremia, p. 116s.; • cf. tb. WEISER, Jeremia, p. 72 e outros.
55. Para isso, cf. toda a exegese mais antiga; • cf., além disso, KEIL, Jeremia, p. 129; • VOLZ, Jeremia, p. 75s.; • BRIGHT, Jeremiah, p. 61, 63s.; • SCHREINER, Jeremia, 63s.; • HOLLADAY, Jeremia, p. 274, 281s; • cf. CORNILL, Jeremia, p. 117.
56. LXX e Vulgata formulam de modo passivo; para o Targum Jonathan "escriba" é o sujeito do engano.
57. Por exemplo, CORNILL, Jeremia, p. 116; • RUDOLPH, Jeremia, p. 61.
58. Áquila lê εἰ ἄδικον ἐποίησεν γραφεῖον ἀδικία γραμματέων ("a injustiça dos escribas transforma a Escritura em algo injusto").
59. Cf. VOLLMER, art. *'śh*, p. 363.
60. CARROL, Jeremiah, p. 229.

pois os círculos de escribas com os seus instrumentos de trabalho têm algo a ver com isso. Ultrapassando a noção já existente em Oseias acerca da vontade de Deus una, entendida como uma totalidade[61], aqui está inequivocamente documentada a sua versão por escrito. Por mais questões que permaneçam em aberto, para a história da Torá esse texto tem uma função-chave.

Muito importante torna-se a pergunta pela relação com Jeremias e com isso também pela datação. Qualquer resposta está ligada à pergunta pelo surgimento do livro de Jeremias. Em Jr 8,4—9,26 temos basicamente palavras formuladas em estilo poético, portanto, segundo a visão clássica, palavras atribuídas à fonte A[62]. Por isso, elas foram vistas como sendo "genuínas"[63] e até como parte do "rolo original"[64]. Jr 8,8s. muitas vezes também foi visto como uma palavra isolada. Em uma análise mais detalhada, no entanto, percebe-se que ela está muito bem situada no seu contexto. A indicação do v. 8 acerca de uma posse da Torá é, no contexto, a resposta para a acusação do não conhecimento da ordem jurídica (*mišpāṭ*) de Deus (v. 7). As palavras que se seguem no v. 10s. ligam-se perfeitamente com v. 8s. A indicação leviana para a inexistência da paz (v. 11) é exatamente o desdobramento daquilo que está por detrás do indício de que a Torá serve como uma ideologia de segurança. Trata-se de algo mais profundo do que somente uma correspondência externa entre palavras. Aqui temos uma composição muito bem pensada. E se existiam palavras isoladas mais antigas, elas não mais podem ser reconstruídas. Como no caso de outros escritos proféticos, também aqui haveremos de perguntar se existe a possibilidade de retroceder para além desta composição.

Uma nova discussão acerca do texto poético do livro de Jeremias na melhor das hipóteses está apenas começando. Quase não se pode discutir o fato de Carroll indicar que por trás de tais composições pode, em determinadas circunstâncias, haver ditos de procedência anônima[65]. Decisivo, no entanto, é que aqui indubitavelmente se trata de linguagem não deuteronomista e, no processo redacional, também de linguagem e pensamento pré-deuteronomistas[66]. Isso se pode

---

61. Esp. Os 4,6; sobre isso JEREMIAS, *Hosea*, p. 66: "resumo das muitas ajudas vitais de Deus".
62. MOWINCKEL, *Komposition*, p. 20.
63. RUDOLPH, *Jeremia*, p. 60.
64. Por exemplo, HOLLADAY, *Architecture*, p. 97ss., 171ss.; • id., *Jeremiah*, p. 277.
65. CARROLL, *Jeremiah*, p. 47s.
66. Esp. THIEL, *Jeremia* I, p. 135ss.

perceber no uso do conceito da Torá. As passagens deuteronomistas falam de modo bem diferente desta grandeza[67]. A redação e composição deuteronomistas pressupõem também esta passagem poética. Se quisermos negar que Jr 8,8 pertence a camadas mais antigas, como faz Levin sem qualquer fundamentação, a consequência será que o texto aparecerá como "misterioso"[68]. Qualquer tentativa de tirar nossas palavras dos acontecimentos e conflitos das últimas décadas antes do exílio transformará este nosso texto em algo incompreensível. Quanto mais tardia for a datação deste texto, tanto mais "misterioso" ele será. Essa constatação fala de um modo irrefutável que em Jr 8,8s. estamos diante de formulações provenientes da Jerusalém pré-exílica.

Infelizmente, em muitas questões, o texto não permite tirar conclusões claras. Quem são as pessoas que com base na posse da Torá se autodeclaram sábias? Será que são idênticas aos escribas?[69] Ou será que todo o povo se autodesigna desta forma por causa da Torá?[70] Uma decisão clara é tão pouco possível quanto uma decisão sobre a questão central se a "palavra" (*dābār*) do v. 9 está em contraposição à Torá ou se é somente uma outra designação para a mesma coisa[71]. Todas as tentativas de interpretação no sentido de uma contraposição entre lei e profecia, discurso escrito/morto contra discurso oral/vitalizante[72], não estão no texto, mas são tomadas de modelos preexistentes. Também deve ficar em aberto o que exatamente os escribas têm a ver com a Torá. Todas as especulações se se trata do próprio Deuteronômio ou de suas partes de cunho cultual, se são ampliações ou interpretações e aplicações, não têm base no texto mesmo. Deve-se deixar em aberto o que está formulado de forma aberta.

Em todo caso, também aqui o mais importante é dito de forma clara: o que os escribas fazem produz mentira e engano. A palavra hebraica *šeqer*[73] é um termo central em Jeremias para as falsificações e autoilusões que caracterizam Judá

---

67. No mesmo trecho esp. Jr 9,12; além disso, 16,11; 26,4; 32,23; 44,10.23. Sobre isso, cf. THIEL, *Redaktion*, p. 101, 137s. Em lugar algum do espaço de reflexão deuteronomista há uma problematização tão grave da Torá como em Jr 8,8s.
68. LEVIN, *Verheissung*, 259 nota 11.
69. Cf. esp. McKANE, *Prophets*, p. 102ss.
70. Assim com ênfase WHYBRAY, *Intellectual Tradition*, p. 32ss.; • GILBERT, *Jérémie en conflit*, p. 111s.
71. Esp. GILBERT, *Jérémie en conflit*, p. 112.
72. Cf. por último CARROLL, *Jeremiah*, p. 229s.
73. Sobre isso, KLOPFENSTEIN, art. *šqr*.

e Jerusalém[74]. De modo algum, o termo no v. 8 pode ser diminuído para o sentido de "em vão"[75]. O próprio termo "pena da mentira" contradiz isso; e muito mais o uso da palavra no contexto. O v. 10 diz que "todos" estão envolvidos no engano: sacerdotes e profetas, gente grande e pequena e também os escribas. Os círculos que têm a ver com a Torá não constituem uma exceção, por isso a Torá não será nem poderá trazer nenhuma salvação. Há coisas que fazem alusão a que a posse da Torá seja imediatamente um indício para uma esperança de salvação e segurança, assim como a confiança no templo (7,4) em outros anúncios de salvação mais antigos (esp. 4,10). Lido desta forma, não há motivo para se entender Jeremias em oposição à Torá, da mesma forma como ele também não nega fundamentalmente o templo ou a vontade salvífica de Yhwh. Mas, para ele, tudo – inclusive o trato com a Torá – está envolvido nos profundos enganos acerca da situação, e até contribui para isso.

Jr 8,8s., portanto, permite reconhecer o seguinte acerca da história da Torá:

– Na Jerusalém pré-exílica já existe a vontade universal de Yhwh formulada de forma escrita e isso sob o nome de Torá.

– A Torá tem algo a ver com a atividade de círculos de escribas (e eventualmente também de sábios).

– Ela é entendida como um meio que garante sabedoria – e possivelmente também segurança.

O tema tão discutido da relação do texto e do profeta Jeremias com o Deuteronômio e com a reforma josiânica[76] deve ser retomado mais adiante[77].

---

74. Cf. esp. OVERHOLT, *Falsehood*.
75. Assim, p. ex., WEINFELD, DEUTERONOMY, p. 160, com referência a 1Sm 25,21. Cf. tb. a tradução da LXX bem como *Kimḥi*.
76. Cf. esp. Hyatt, *Jeremiah and Deuteronomy*; • ROWLEY, *Jeremiah*; • SCHARBERT, *Jeremia*; • CAZELLES, *Jeremiah and Deuteronomy*; etc.
77. Cf. a seguir p. 297s. etc.

III
MONTE DE DEUS E DIREITO DIVINO: O CAMINHO DA TORÁ NO SINAI

> "O lugar da trombeta
> no profundo incandescente
> do texto vazio."
> P. Celan[1]

Segundo a narração do Pentateuco, a Torá foi transmitida a Israel no Sinai/Horeb, tendo Moisés como mediador. O seu mistério está de certa forma vinculado com a ligação a este lugar. O fato de Israel entender o seu próprio direito não só como instituição de Deus, mas de algum modo de vinculá-lo com um determinado ponto de sua história anterior, constitui, sob o ponto de vista da história do direito e da religião, uma especificidade deste povo. O significado desta concepção aparece assim que se vislumbram as alternativas negadas com esta concepção. Aqui o direito não é formulado por um rei ou por um Estado, nem mesmo por um Estado sacral. Também não é, como na Grécia, obra de um legislador instituído para isso, mas também não é formulado pelo templo ou pelos sacerdotes. O fato de para Israel a vontade de Deus e a sua justiça estarem acima de tais instituições e interesses tem a ver com o seu lugar.

Para a pesquisa histórico-crítica há muito tempo está claro que estas leis ancoradas no Sinai e, assim, bem anteriores à tomada da terra, surgiram em época posterior. Mesmo as leis mais antigas pressupõem Israel já como povo camponês. Com isso se pressupõe também a sedentarização. Os textos proféticos acima mencionados em parte falam de mandamentos divinos – Os 8,12 até pressupõe que Deus mesmo escreve o direito –, mas em nenhum lugar se percebe qualquer

---
[1]. ZEITGEHÖFT, p. 42.

vinculação com Moisés ou com o Sinai. É evidente que os profetas falam de acontecimentos de sua própria época. Se as leis foram entendidas como parte de um passado distante, era um fato irrelevante para as perguntas levantadas sobre sua prática. A discussão atual não tratava disso. Como então chegou-se a este lugar histórico, e que papel isso desempenhou no surgimento da Torá? Havia tradições antigas que indicavam motivos, possibilidades e até necessidade de tal ordenamento? Será que os códigos legais já estavam relacionados desde o seu surgimento com Moisés e o Sinai ou foram aí ancorados posteriormente?

1. O problema literário da perícope do Sinai

Até hoje a pesquisa buscou dar uma resposta a essa questão unicamente através de uma análise da perícope do Sinai. A pergunta pelo lugar da Torá está por isso envolvida nos complexos problemas da crítica literária destes capítulos.

A narração sobre a permanência de Israel no Sinai no todo é estruturada de modo lógico e claro. Após a chegada ao monte e após a teofania, que passa a determinar o resto (Ex 19), acontece a comunicação do Decálogo como fala direta de Deus (Ex 20); as outras sentenças legais são comunicadas primeiramente só a Moisés (Ex 21–23). Com base neste fundamento acontece a cerimônia da aliança (Ex 24), ao que se seguem os preparativos para a construção do santuário (Ex 25–31). A virada se dá através do surpreendente e massivo afastamento de Israel através da adoração da imagem do bezerro de ouro (Ex 32). Somente longas intermediações de Moisés levam ao perdão (Ex 32–34). Esta ruptura, no entanto, determina todo o resto; pecado e perdão como possibilidades constantes estão colocados acima da construção do santuário e da instalação do culto. Por mais clara que seja a linha geral, bem como o seu sentido teológico, tanto no geral quanto nos detalhes, os saltos e as contradições na perícope do Sinai estão mais evidentes do que em qualquer outra parte do Pentateuco. Já em Ex 18, Israel encontra-se no monte de Deus, mas em Ex 19,1s. aí chega mais uma vez. Na pergunta central acerca do que estava escrito nas tábuas de pedra – o Decálogo de Ex 20 ou as prescrições cultuais de Ex 34,11ss. – será difícil alcançar uma clareza total. E em Ex 19 ou 24, somente precisamos prestar atenção no subir e descer de Moisés, no lugar a partir do qual Deus fala, ou na indicação de quem pode ou não estar tão próximo dele para perceber as contradições abertas. Nestes capítulos, o texto final canônico nem de longe evidencia aquele grau de harmonia como é o caso em outras partes, mesmo existindo algumas tensões. Contradições abertas são parte – pretendida?! – da versão final do texto. Se em algum lugar a crítica literária é necessária e inevitável, então aqui temos um caso evidente.

O trabalho científico secular conseguiu trazer alguns esclarecimentos sobre questões decisivas, isto é, também em questões a respeito do lugar literário e histórico das leis, mas não conseguiu dar respostas convincentes. O que se pode reconhecer claramente é o conjunto dos textos sacerdotais. Encontram-se nos dois grandes blocos de Ex 25–31 e 35–40, bem como a partir de Lv 1. Com certo grau de concordância também Ex 19,1(2a) e 24,15b-17(18) são considerados partes deste conjunto. O material não sacerdotal de Ex 19–24 e 32–34 é tido como pré-sacerdotal e se buscam nele as tradições antigas e as mais antigas. Isso obviamente acontecia em tempos passados quando se identificavam no Pentateuco as grandes fontes javista e eloísta, e não poucos ainda continuam a fazê-lo nos dias de hoje. Nesse âmbito, porém, duas camadas não sacerdotais não eram suficientes e as atribuições eram tão diversas e intercambiáveis entre si que elas mesmas se evidenciavam como não fundamentadas[2]. Se a teoria das fontes sucumbiu por completo em algum lugar, foi na análise desta perícope. E o que vale para o todo vale também para a ordenação dos textos legais segundo determinadas fontes. Qualquer análise mais detalhada mostrará que os textos legais estão ancorados de forma bem débil no contexto; poder-se-ia dizer quase de forma solta. Assim, após Ex 19,24s., de forma imediata e surpreendente, segue-se o Decálogo em Ex 20,1ss. Também a continuação em Ex 20,18ss. não o pressupõe. O Código da Aliança (Ex 20,22–23,33) se liga mais ou menos com Ex 20,21, mas por outro lado o mesmo não se dá com Ex 24,1. Assim está correta uma afirmação antiga e hoje ainda válida de que uma atribuição destas leis a determinadas camadas literárias, quer tenham os nomes clássicos ou não, é um ato de pura arbitrariedade[3].

Por causa disso, nas discussões atuais, a possibilidade de relacionar os textos legais com camadas literárias mais antigas foi muito questionada. Assim, Perlitt, pesquisando uma teologia da aliança, reavivou uma antiga afirmação de Wellhausen: "O verdadeiro e antigo significado do Sinai é totalmente independente de

---

2. Cf. já no trabalho de NOTH, Pentateuch, p. 6; espec. também PERLITT, Bundestheologie, p. 181s.
3. Assim já afirmava NOTH, Exodus, p. 124, 140; por fim esp. SOGGIN, Ancient Israelite Poetry.

qualquer legislação. Ele era o lugar da divindade, o monte sagrado"[4]. Perlitt identificava um cerne antigo e pré-deuteronômico somente na teofania do capítulo 19, bem como na "visão de Deus e na ceia da alegria" em 24,1s.9-11[5]. Somente as camadas da releitura deuteronômico-deuteronomistas teriam incluído a questão da aliança e do compromisso. Disso fazem parte também os blocos Ex 24,3-8, 19,4ss. e 32.34 com seus mandamentos cultuais[6]. Além da opinião de Perlitt, também as teses de Zenger dominam a discussão até os dias de hoje[7]. Na opinião de Zenger, todo o texto é primeiramente retalhado em pequenos e minúsculos fragmentos, chamados de "unidades", os quais são, então, ordenados para formar novos textos[8]. Dessa forma, o autor acredita poder combinar de modo novo pequenos recortes às antigas fontes javista e eloísta[9]. Segundo Zenger, o javista já teria falado de "aliança" e "compromisso", o que, no entanto, restringe-se à afirmação dos milagres anunciados em Ex 34,10. Segundo ele, a primeira inclusão de textos legais remonta ao jeovista, no final do século VIII aC, o qual em Ex 34,11ss. retoma um antigo direito de privilégio. Mas justamente para esse ordenamento sente-se a falta de maiores fundamentações[10]. Após o jeovista, poder-se-ia pressupor mais algumas camadas deuteronomistas com a inclusão do Decálogo e do Código da Aliança. Os trabalhos relativamente numerosos que se seguem a Zenger e Perlitt[11] não precisam ser analisados aqui de modo detalhado[12]. Nota-se que, para muitos destes trabalhos, Zenger fornece uma espécie de fundamento dogmático. Estes trabalhos, de modo geral, evidenciam uma boa parte de teologia deuteronomista na construção da perícope do Sinai e relacionam justamente com ela a inclusão dos textos legais. Em termos de época, com isso dificilmente se chega a um período anterior à época da monarquia tardia,

---

4. WELLHAUSEN, *Prolegomena*, p. 342.
5. PERLITT, *Bundestheologie*, p. 181ss., 190ss.
6. Ibid., p. 167ss., 203ss.
7. ZENGER, *Sinaitheophanie*; cf. id., *Israel am Sinai*.
8. Ibid., p. 55ss.; para uma conclusão, cf. 100ss.
9. Ibid., p. 119ss.; cf. esp. o resumo na sinopse, p. 164ss.
10. Também no seu trabalho mais recente "Israel am Sinai" o autor discorre na p. 155, de modo breve e em tese, sobre JE; as análises referem-se a formas anteriores a J.
11. MITTMANN, *Deuteronomium*, p. 145ss.; • PHILLIPS, *Fresh Look*; • LEVIN, *Dekalog*; sobre isso, criticamente, cf. DOHMEN, *Dekalogexegese*; • JOHNSON, *Decalogue*; • VERMEYLEN, *Sections narratives*; • WEIMAR, *Das goldene Kalb*; • RENAUD, *La théophanie*, etc.
12. HOSSFELD, *Dekalog*, esp. p. 163ss.; • DOHMEN, *Tafeln*; em parte já em id., *Bilderverbot*.

mas de modo mais contundente se aponta para o período do exílio. Veremos ainda que, por outros caminhos metodológicos, esta visão pode ser ratificada, e até mesmo radicalizada.

É comum também a muitos trabalhos mais recentes a predominância do método crítico-literário, sob cuja aplicação o texto em questão é dissecado em uma série de camadas e como tal acaba se dissolvendo. Já a análise e mais ainda a reconstrução de tais camadas – por vezes dez ou doze – contém um incrível grau de insegurança e até de arbitrariedade. Se olharmos com mais atenção, os motivos que se apresentam são praticamente insustentáveis e inexequíveis[13]. Onde as peças de um quebra-cabeça são recortadas de forma arbitrária, a imagem montada com elas deve ter outra origem. Mas este não é um processo criticamente refletido. Naturalmente não queremos negar que este processo contenha observações importantes e argumentos influentes. Trata-se antes de perceber que, em muitos desses trabalhos mais recentes, os limites do método crítico-literário são extrapolados. Quando os textos se "decompõem" com a aplicação da análise literária[14], é tempo de mudar de método. A discussão científica obviamente chegou a seus limites. Ninguém vai querer negar a necessidade e as possibilidades da crítica literária. No entanto, o instrumental da crítica literária de que dispomos não está à altura da complexidade dos textos do Sinai. Mais e mais a sua aplicação contribui não para a compreensão, mas para a destruição das estruturas dos textos dados.

---

13. Isso vale para a maioria das conclusões apresentadas. Sem perguntar pelo conjunto de um texto, por relações e problemas internos, o texto, palavra por palavra, frase por frase, é auscultado a partir de suas menores "tensões" e estas são logo avaliadas de modo crítico-literário. Ao meu ver, dois pontos mostram o caráter absurdo deste procedimento: sobre os resultados, isto é, sobre os textos reconstruídos como se fossem unidades originais, deve-se aplicar novamente e a qualquer momento os mesmos critérios da separação crítico-literária. Se acrescentarmos as expressões comumente utilizadas como "possivelmente", "eventualmente", talvez" etc., isto é, quando tomamos os próprios autores/intérpretes pelas suas próprias palavras, evidencia-se de forma escancarada a total inverossimilhança do resultado. Será que a ciência não deveria estar interessada em ganhar um terreno firme e evitar uma combinação de simples possibilidades? Se, por exemplo, analisarmos um achado arqueológico como os "ostraca" hebraicos com os mesmos métodos, estes achados imediatamente ficariam divididos em muitos fragmentos irreconciliáveis.

14. Assim LEVIN, *Dekalog* 185, sobre partes de Ex 19. Devemos refutar o cinismo e a ridícula suposta superioridade dos intérpretes modernos (cf. na p. 179 a expressão: "novamente ele [o redator] confunde a cena"). Isso não porque se trata de "escritos sagrados", diante dos quais se deva ter respeito, mas porque tal metodologia leva ao absurdo a tentativa de compreender estes textos a partir de uma outra época.

A partir de percepções semelhantes, recentemente E. Blum chegou a outras conclusões[15]. Ele quer se restringir à análise das composições maiores ainda perceptíveis dentro do conjunto. Sobre as formas anteriores a estas composições, na melhor das hipóteses poder-se-ia fazer aqui e acolá alguma observação. Na maioria dos casos, ele não vê mais nenhuma possibilidade de separar estas pequenas unidades através da crítica literária. Blum detecta no Sinai em particular, assim como no Pentateuco em geral, uma camada deuteronômica, a composição-D, a qual, posteriormente, foi complementada e corrigida pelos textos sacerdotais, donde se origina a composição-P. No entanto, a hipótese e a identificação de uma "composição-D" no contexto da perícope do Sinai choca-se com as mesmas questões básicas como a crítica literária tradicional. Blum vê as partes essenciais de Ex 19–24 e 32–34 como parte deste conjunto de textos deuteronomísticos. Por mais cauteloso e preventivo que seja em sua análise, ele só consegue esclarecer as massivas contradições através de incisivos cortes literários. As duas maiores contradições, a saber, a perícope sobre o monte de Deus antes do Sinai, em Ex 18[16], e a concorrência entre o Decálogo e Ex 34,11ss. no que se refere ao conteúdo das tábuas de pedra[17], levam ao fato de ele precisar contar com acréscimos pós-sacerdotais, os quais teriam sido sobrepostos, de modo prejudicial, à composição maior do texto final. Qualquer análise detalhada claramente mostra que não se pode ver nestes textos os textos mais recentes, mas justamente contar com a possibilidade de detectar aí fragmentos relativamente antigos, que se evidenciam como tendo sido inseridos no contexto[18]. O que levou Blum a descartar de modo não convincente textos tão importantes não foi de modo algum o texto como tal, mas a sua hipótese de uma composição-D, que, no essencial, seria unitária e, nas questões principais, sem maiores contradições.

O problema principal na análise da perícope do Sinai, portanto, reside no fato de que, face à complexidade dos textos, mais do que em outros casos, as res-

---

15. BLUM, Pentateuch.
16. Sobre isso cf. BLUM, Pentateuch, p. 153.
17. BLUM, Pentateuch, p. 67.
18. Assim também BLUM, Pentateuch, p. 155ss., conta com uma tradição pré-deuteronomista, a qual continha Ex p. 3s. e Ex 18, mas que só parcialmente foi assumida pela composição-D por ele suposta. Uma comparação com Dt 1,9ss. também mostra que no essencial Ex 18 é uma tradição mais antiga. Sobre o problema de conteúdo, cf. a seguir p. 75s., 127ss. Uma discussão sobre Ex 34,11ss. deve ser realizada em outro lugar. Cf. a seguir p. 167ss. Sobre a visão de BLUM, cf. id., Pentateuch, p. 369ss.

pectivas premissas e "preconceitos", tanto de ordem de conteúdo quanto de método, refletem-se no resultado. Unicamente a análise de camadas e a datação das camadas reconstruídas obviamente não são suficientes para esclarecer as questões do surgimento dos textos em questão. Por isso, para tentar abarcar as origens e as bases da relação entre Torá e Sinai – e somente isso deve ser o foco do trabalho – queremos aqui trilhar um outro caminho. Devemos estabelecer um ponto de partida seguro e externo ao texto. Este deverá ocupar o lugar das respectivas premissas e para ele deve ser orientada a análise do achado literário.

2. O monte da salvação: a tradição do Sinai mais antiga

a. A busca por um ponto de partida seguro para se compreender a tradição do Sinai e a perícope do Sinai deve começar com um dado negativo. Ele já é conhecido há muito tempo. Porém, só raras vezes recebeu a atenção necessária com relação às suas consequências. Trata-se dos textos do assim chamado credo histórico de Israel, no qual Gerhard von Rad, em 1938, pensava ter encontrado o esboço básico do Hexateuco e seu fundamento literário do javista[19]. Todos estes textos, seja Dt 26,5b-9; 6,20-24; Js 24,2b-13 ou os chamados salmos históricos 78; 105; 106; 135; 136; Ex 15, mencionam os patriarcas e falam sobretudo de opressão e libertação do Egito e da doação da terra prometida. No esboço histórico destes textos reconhecidamente falta a referência ao Sinai. Von Rad considerava a inserção da perícope do Sinai um dos mais importantes trabalhos do javista[20]. A sua explicação para essa lacuna refere-se, portanto, à transmissão dos materiais na fase pré-literária, para o que ele supõe um lugar vivencial distinto. A pergunta por que até a época do exílio, muitos séculos após o javista, ainda se poderia manter um esboço histórico sem o Sinai e sem a Torá, no fundo, não é formulada claramente nem por este mesmo autor.

O ponto de partida de todas as reflexões, contudo, deve ser a pergunta: como nos Sl 105 e 136, que são claramente pós-exílicos, ainda pode faltar o grande centro do Pentateuco? Como é que no Sl 106,19ss. este centro fica reduzido ao episódio do bezerro de ouro e aparece somente em Ne 9,13ss., isto é, em um texto pós-cronista, que "sem dúvida figura entre as partes mais recentes do

---

19. RAD, G. v. Hexateuch.
20. RAD, G. v. Hexateuch, p. 60ss.

AT"[21]? É surpreendente que a história da pesquisa posterior sobre os assim chamados "textos-credo" tenha acirrado ainda mais esta descoberta[22]. Ficou faltando, porém, uma solução mais convincente. Esse acirramento aconteceu sobretudo através da comprovação feita por L. Rost[23] de que em Dt 26 não se trata de um texto muito antigo, mas, sim, de um texto influenciado pelo pensamento deuteronomista. Rost considera somente Dt 26,5b.10 como uma antiga oração de colheita. Outros trabalhos consideraram o esboço histórico da maioria dos textos como produto da teologia deuteronomista[24]. Muito tempo depois da tradicional datação do javista, ao qual até os dias de hoje se atribui a tradição do Sinai, uma concepção histórica surgida na época monárquica tardia ainda não contém nenhuma indicação do monte de Deus e dos mandamentos ali promulgados. Também para Js 24 hoje dificilmente se atribui uma datação anterior ao movimento deuteronômico. Trabalhos mais recentes propõem uma datação na época exílica ou até mais tarde[25]. Face à tendência geral na pesquisa atual de datar os textos em épocas tardias, pode-se observar o seguinte: quanto mais tarde se datarem textos como Js 24 ou também Dt 6 e 26 – por exemplo, na época exílica ou pós-exílica – mais evidente e mais carente de explicação ficará a ausência da referência ao Sinai. Uma explicação de fato convincente desta observação não podemos encontrar nos trabalhos sobre os "textos-credo". Kreuzer, que por último examinou novamente todos estes textos, retoma a antiga solução de G. von Rad, afirmando que os conteúdos estariam vinculados a diferentes lugares vivenciais, e que o Sinai estaria mais fortemente vinculado com o culto do que com a história do êxodo[26]. Mas, desde o ponto de vista da época de formulação literária, isso é uma argumentação insuficiente. Além disso, Kreuzer conta com o fato de que houve várias formas anteriores do esboço do atual Pentateuco. No seu entender, justamente a partir de Dt 6,20-24, onde se deve dar uma resposta à pergunta pelo sen-

---

21. GUNNEWEG, Nehemia, p. 129.
22. Sobre isso cf. agora KREUZER, Frühgeschichte.
23. ROST, Credo.
24. De forma resumida, KREUZER, Frühgeschichte, p. 63ss. Contrário a isso DANIELS, Creed, conta novamente com uma base pré-deuteronomista com origem na época pré-estatal.
25. Cf. PERLITT, Bundestheologie, p. 239ss.; BLUM, Vätergeschichte, p. 51ss.: v. SETERS, Joshua, p. 24. Mesmo MÖLLE, Landtag, somente pode reivindicar partes muito pequenas para a camada pré-estatal por ele proposta. De forma geral, cf. agora KREUZER, Frühgeschichte, p. 183ss. Sobre uma visão geral da história da pesquisa, cf. KOOPMANS, Joshua, 24. A sua própria visão do texto como "poesia narrativa" pré-deuteronomista é tão pouco convincente quanto a junção estatística de palavras em SPERLING, Joshua, p. 24.
26. KREUZER, Frühgeschichte, p. 254s.

tido dos mandamentos divinos, não se poderia concluir que "o autor não conhece a tradição do Sinai"[27]. Mas isso é uma suposição que não pode ser fundamentada. De fato, aqui aparece a questão da entrega dos mandamentos e isso também tem de ser assim se a pergunta da criança colocada no v. 20 deve ser respondida. No entanto, os mandamentos são vinculados com o êxodo ou com a dádiva da terra, e isso vale em termos teológicos e de conteúdo, mas vale também em termos temporais. Acerca do Sinai ou do Horeb, contudo, nada se diz.

A partir desta observação pode-se, agora, tirar a conclusão de que o Sinai, com o tema da entrega das leis, até a época pós-exílica não fazia parte da concepção histórica deuteronomista. Se, mesmo assim, alguém perseverar na tese de uma tradição antiga ou pelo menos pré-deuteronomista do Sinai com os elementos de aliança e lei precisa de bons motivos para sua justificativa – e justamente motivos melhores do que os que podem surgir da problemática análise da perícope do Sinai.

b. Agora, seria o mesmo que jogar fora a criança com a água do banho se disso se quisesse tirar a consequência: "não se pode falar de uma antiga "tradição do Sinai" israelita!"[28] Muitas vezes, no contexto dessa discussão, fez-se referência à idade e ao significado dos textos Jz 5,4s.; Dt 33,2; Sl 68,8s.[29]. De fato significa renunciar a qualquer tentativa de compreensão histórica, por causa do sistema da própria hipótese, querer atribuir o surgimento destas formulações às cabeças imprevisíveis de "tardios compositores de hinos" (!)[30]. Para o caso do cântico de Débora, em Jz 5, mesmo os trabalhos mais críticos datam o seu surgimento em época pré-exílica[31]. Na verdade, também o v. 5s. fala a favor de seu surgimento em época bastante antiga[32].

---

27. KREUZER, Frühgeschichte, p. 146.
28. LEVIN, Dekalog, p. 189.
29. Cf. já o trabalho de VON RAD, Hexateuch, p. 27; • PERLITT, Bundestheologie, p. 234; • JEREMIAS, Theophanie, p. 11.
30. LEVIN, Dekalog, p. 190.
31. Esp. GARBINI, Il Cantico; • SOGGIN, Deboralied, esp. p. 635; • BECHMANN, Deboralied, p. 212s. O último pressupõe o surgimento entre a destruição do Reino do Norte e a destruição de Judá.
32. SOGGIN, Deboralied, p. 636 vê nos v. 2-5.9-11.13.(23) uma reelaboração do texto mais antigo e "laicista" (636) em época josiânica. Os argumentos apresentados, no entanto, não são sólidos; eles evidenciam justamente o contrário (cf. tb. AXELSSON, The Lord Came, p. 52). De fato não se pode falar de uma "teologia 'ortodoxa'" nestes textos (635). O contínuo paralelismo, e mesmo a conjunção do agir divino e do humano no início do cântico, no v. 2ss., como também no discurso sobre a justiça de Deus ($sdāqāh$), no v. 11, são tudo menos fraseologia deuteronômica ou deuteronomista (assim SOGGIN, Deboralied, p. 636). Tal linguagem dificilmente pode ser concebida em época pós-profética; em todo caso, o texto permanece sem qualquer paralelo.

Jz 5,4   Yhwh! *Quando saíste de Seir,*
             quando avançaste nas planícies de Edom,
       a terra tremeu, os céus gotejaram,
       até as nuvens destilaram água.
       ⁵ *Os montes deslizaram na presença de Yhwh, aquele do Sinai,*
             diante de Yhwh, o Deus de Israel.

O texto, que não necessita de nenhuma correção[33], também pode ser entendido em sentido presente[34], mas, pela sua função dentro do contexto, refere-se ao evento passado da salvação cantado no todo do cântico de Débora. Como é comum na descrição de uma teofania[35], a vinda de Deus é descrita em sua influência sobre a natureza, a terra e o céu, montes e nuvens. Assim como nos textos paralelos, esse Deus vem do monte Seir[36], que tradicionalmente é relacionado com o povo irmão Edom/Esaú (p. ex. Nm 24,18). Em textos semelhantes, menciona-se ao lado de Seir também Farã (Dt 33,2) e Temã (p. ex. Hab 3,3)[37]. Esta vinda é que traz a salvação cantada no hino.

No v. 5, Yhwh é designado como "aquele (do) Sinai" (*zeh sīnay*). Isso soa como se fosse o nome de Deus: Yhwh é "aquele (do) Sinai". Mais do que com outras regiões, que também indicam o seu ponto de partida, Yhwh está estreitamente vinculado com a grandeza Sinai – ou será que ele mesmo se chama "Sinai"?! Já se discutiu se a expressão hebraica *zeh sīnay* pode ser entendida como "aquele do Sinai" no sentido de "o Senhor do Sinai", como é o caso em outras línguas semíticas[38]. Nesse caso, deveríamos estar aqui diante de alguma glosa, que quer estabelecer alguma relação com a tradição do Sinai, respectivamente apresentar uma teofania do Sinai. Tomando só Jz 5, devemos considerar isso possível. Mas, na retomada e continuação do texto no Salmo 68,9, a mesma expressão está firmemente ancorada na estrutura e no paralelismo do texto. E já o fato de que uma eventual glosa

---

33. Cf. somente JEREMIAS, *Theophanie*, p. 7ss.; • LIPINSKI, *Juges*; • GLOBE, *Judges*; • AXELSSON, *The Lord Rose*, p. 51s.
34. LIPINSKI, *Juges*; • SOGGIN, *Deboralied*, p. 628.
35. Cf. esp. JEREMIAS, *Theophanie*.
36. Acerca da identificação, cf. por último GÖRG, *Seir-Länder* (com lit.).
37. Cf. AXELSSON, *The Lord Rose*; • WEINFELD, *Tribal League*.
38. Assim esp. BIRKELAND, *Hebrew zae*; sobre isso Allegro, *Uses*; sobre a discussão a respeito, cf. JEREMIAS, *Theophanie*, p. 8s., e especialmente o material em McDANIEL, *Deborah*, p. 173s.

por tal caminho tenha se transformado em designação de Deus e que ambos os textos tenham sido assim transmitidos e entendidos mostra que as contraposições filológicas não têm um fundamento muito firme.

No Sl 68,8s.[39] também se descreve uma vinda de Deus. Aqui, contudo, o fato decisivo é que Ele traz a chuva (v. 10).

Sl 68,8   Ó Deus[40], quando saíste à frente do teu povo,
avançando pelo deserto,
[9] a terra tremeu,
e até os céus gotejaram
na presença de Yhwh, o do Sinai,
na presença de Yhwh, o Deus de Israel.

Se em Jz 5 e Sl 68 encontramos um antigo título divino, em Dt 33 trata-se de uma indicação de lugar:

Dt 33,2   Yhwh veio do Sinai,
alvoreceu para eles de Seir,
resplandeceu do monte Farã[41].

O salmo que emoldura a bênção de Moisés (Dt 33,2-5.26-29) até o adendo no v. 4 é considerada como sendo muito antiga[42]. Jeremias considera-o como "o texto mais antigo do Antigo Testamento a falar do reinado de Yhwh"[43]. Novamente se descreve claramente a vinda de Deus em favor do seu povo a partir de uma região desértica. Por mais difíceis que sejam as particularidades da continuação, a consequência mais importante desta vinda é clara: ela oferece segurança diante da supremacia dos inimigos (v. 27-29).

"Na tradição do Sinai, o elemento constitutivo é a vinda de Deus"[44]. Podemos concordar plenamente com esta afirmação de G. von Rad obtida a partir dos textos aqui vistos. Só que ele não vem para o Sinai, mas a partir dele, e esta vinda

---

39. Sobre o Sl 68, cf. JEREMIAS, *Königtum Gottes*, p. 69ss.
40. Talvez no saltério eloísta o nome "Yhwh" seja original; cf. esp. v. 9.
41. Aqui não precisamos analisar a complicada continuação; • cf. a respeito JEREMIAS, *Königtum Gottes*, p. 83.
42. Esp. SEELIGMANN, *A Psalm*.
43. JEREMIAS, *Königtum Gottes*, p. 82.
44. RAD, G. von. *Hexateuch*, p. 27.

realiza a salvação para o seu povo. Até que ponto podemos entender outras tradições antigas a partir desta concepção?

c. Podemos encontrar em 1Rs 19 uma importante tradição pré-exílica sobre o monte de Deus. Segundo esta tradição, o profeta Elias foge como um desesperado para o monte de Deus e aí lamenta-se por causa da idolatria do povo e da sua própria perseguição. A narração direciona-se para uma tríplice atribuição de Elias: ele deverá ungir Hazael, Jeú e Eliseu como instrumentos do juízo. Ao mesmo tempo, porém, recebe a incumbência de deixar sobreviver sete mil em Israel, os quais não dobraram seus joelhos diante de Baal (v. 15-18).

O único autor que duvidou que a parte central deste capítulo seja pré-deuteronômica foi Würthwein[45]. Ele pretende ver o cerne antigo desta tradição sobre o monte de Deus nos v. 8*.9a.bβ.11aα*.13*. Isso é um fragmento, ao qual falta todo material decisivo. Os motivos de Würthwein, porém, não são de modo algum convincentes. Assim, simplesmente não é verdade que os v. 15-18 não fazem referência ao clamor do v. 14[46]. E justamente na resposta de Deus nos v. 15-18 não haveremos de encontrar uma versão deuteronomista, pois evidentemente nenhuma destas atribuições se realizará na sequência dos livros dos Reis na forma como foi colocada a Elias. Eliseu, como instrumento de castigo, seria uma concepção totalmente estranha às passagens deuteronomistas dos capítulos que tratam de Eliseu. Podemos de fato encontrar uma versão deuteronomista nos v. 9b.10[47]. Para a duplicidade com o v. 14, que embaralha um pouco toda a sequência, esta ainda é a solução mais simples e mais convincente[48]. No mais, em 1Rs 19,3b-18, somente se poderá contar com alguns poucos acréscimos (v. 1-3a são um gancho redacional para o cap. 17s., e os v. 19-21 devem ser vistos como uma história independente de Eliseu). Como acréscimo podemos considerar também a menção de uma aliança ($b^e r\bar{\imath}t$) no v. 14[49], e talvez também o nome do monte Horeb no v. 8[50]. Por vezes também os v. 15b-17 foram vistos como uma

---

45. WÜRTHWEIN, Könige II, p. 223ss.
46. Assim WÜRTHWEIN, Könige II, p. 226; também as outras contradições aí mencionadas não são convincentes.
47. SMEND, Wort Jahwes, p. 138s. em continuação a Wellhausen, Composition, p. 280 nota 1.
48. SCHMOLDT, Begegnung, quer ver nos v. 9-14 uma inserção posterior.
49. Assim, com base na falta na LXX, cf. STECK, Elia-Erzählungen, p. 22 nota 3.
50. P. ex. WÜRTHWEIN, Könige II, p. 224.

camada posterior[51]. Mas isso é totalmente inverossímil. Aqui dificilmente podemos encontrar pontos de relação para a composição de uma coleção pré-deuteronomista acerca de Elias. Não é adequado vincular os textos com 1Rs 19,19-21; 2Rs 8,7-15; 9,1-6.10-13, que lhe são muito próximos. Além disso, não existe a suposta contraposição com o v. 18[52]. Pelo contrário, tanto os v. 15-17 quanto o v. 18 são uma resposta insuficiente para a queixa acerca da idolatria e da perseguição. Assim, 1Rs 19 evidencia-se no seu cerne como uma tradição pré-deuteronomista, a qual, como mostram os v. 15ss., pelo menos conhece a época de Jeú e as guerras dos arameus. A tradição, portanto, pode ter surgido no final do século IX[53], em todo caso antes de 722 aC.[54]

Para a compreensão do relato acerca do Horeb, há tempo considera-se decisivo fazer uma comparação com a perícope do Sinai[55]. 1Rs 19 sempre foi considerado como uma espécie de "imitação" daquela história original considerada muito antiga[56]. E as semelhanças, por exemplo, com Ex 33, são evidentes. O pesquisador Steck, que, embora ainda considere Ex 32–34 como um ponto de comparação, já apontava para os problemas. Ele ressaltava sobretudo o fato de que a forma da tradição do Sinai nos é desconhecida[57]. Como de modo algum se pode ter certeza de que teriam existido anteriormente pelo menos partes de Ex 19ss., ainda que de forma oral, devemos renunciar por completo a tais comparações. Devemos antes decididamente buscar interpretar de forma decidida estes capítulos com base na única tradição do Sinai, à qual ainda temos acesso. E nisso se tornarão compreensíveis de modo convincente a estrutura e o conteúdo teológico de 1Rs 19.

---

51. Esp. HENTSCHEL, Elijaerzählungen, p. 56ss.
52. Assim HENTSCHEL, Elijaerzählungen, p. 58s.
53. Cf. STECK, Elia-Erzählungen, p. 95; • SMEND, Wort Jahwes, p. 152s.
54. Cf. p. ex. SEEBASS, art. Elia, p. 498.
55. GUNKEL, Elia, p. 23.
56. Além da literatura já mencionada, cf. as seguintes análises especiais: STAMM, Elia; • CARLSON, Elia; • SEYBOLD, Elia; • v. NORDHEIM, Prophet; • SEKINE, Elias Verzweiflung; • COOTE, Yahweh Recalls; etc.
57. STECK, Elia-Erzählungen, p. 112ss.

Em uma situação ameaçadora, o profeta foge para o lugar onde Yhwh está em casa; foge para o monte, de onde Deus veio para a salvação do seu povo. A situação, no entanto, é agora deveras diferente do que na época de Débora. A situação difícil de Israel não consiste em uma ameaça a partir de fora, mas está baseada na idolatria do próprio Israel. Sobre isso lamenta-se Elias (v. 14). Mais exatamente: se o narrador de 1Rs 19 tem em vista as dificuldades das guerras com os arameus, então o inimigo externo e a intervenção de Yhwh são interpretados de modo totalmente diferente. A diferença fundamental é o pecado de Israel. Todo o resto resulta disso: Deus não vem. Elias tem de ir a ele. Mas também a resposta de Deus ao lamento de Elias não é anúncio de uma teofania, mas o envio do profeta. A atuação de Deus é totalmente intermediada através de seus mensageiros humanos, em especial através de Elias. Em Elias, ocorre aquilo que antigamente era realizado através da aparição teofânica. Também haveremos de supor que a contraposição daquela "voz do silêncio nebuloso"[58], no v. 12, faz parte desta transformação da tradicional aparição teofânica. Em todo caso, nisso não precisamos de modo algum pensar em Ex 19; a comparação com Jz 5,4s.; Sl 29 par., bem como as correspondentes tradições sobre Baal[59] são suficientes.

Por mais que o Deus do monte de Deus atue aqui de modo diferente do que antes, o objetivo é o mesmo. O que Elias quer alcançar com o seu lamento no v. 14 nada mais é que salvação para si e para seu povo. E justamente isso acontece através do envio de Elias. Em uma situação de idolatria, a vinda de Deus somente pode significar juízo. Esse é o primeiro objetivo da atribuição dada a Elias. O juízo, porém, traz consigo simultaneamente a salvação; é o que afirma o v. 18: um resto em Israel, que não dobrou seus joelhos a Baal, não cairá diante das espadas dos terríveis instrumentos do juízo. Na situação da guerra com os arameus, na qual se conta tal história, isso significa consolo para aqueles a quem isso é contado: a ira manterá a salvo aqueles que são fiéis a Yhwh. Quase nem precisamos acentuar mais que 1Rs 19 não sabe nada de uma vinculação do monte de Deus com o direito e a lei. A idolatria é narrada sem qualquer referência a isso, embora facilmente se pudesse fazer tal relação. E mesmo que a fala sobre a aliança no v. 14 fizesse parte do texto antigo, nada mostra que tal aliança estivesse vinculada

---

58. Tradução (para o alemão) segundo Buber ("sussurro [ou murmúrio] de uma brisa suave" segundo a BJ e BV).
59. Sobre isso cf. p. ex. MACHOLZ, *Psalm*, p. 29.

com aquele monte. O que o texto conhece e atualiza em uma nova situação e em um outro tempo e lhe dá validade é a vinculação de Yhwh com este monte e a certeza de que desta vinculação é que vem a salvação em situações de grande perigo, e até em perigos provocados por pecados do próprio povo.

d. Por fim, mas não por último, devemos recordar a tradição do monte de Deus em Ex 3s. O seu significado para a questão em discussão dificilmente pode ser subestimado. Segundo esta narração, Moisés como pastor de ovelhas de seu sogro casualmente encontra o monte de Deus em Madiã; de dentro de uma sarça ardente, Deus fala com ele e incumbe Moisés de conduzir o povo oprimido para fora do Egito. E Moisés ainda é honrado com a revelação do nome divino.

Neste momento não precisamos discutir as complexas questões das camadas literárias e da origem histórico-tradicional deste texto. Pois se seguirmos a clássica divisão em uma versão javista e outra eloísta[60] – com muitos acréscimos e complementações – ou aceitarmos os convincentes motivos para a tese de que Ex 3,1–4,18, excetuando-se 4,13-16, constituem uma unidade literária[61], isso fará pouca diferença para o nosso estudo. Indiscutivelmente trata-se de uma tradição que no seu cerne é pré-deuteronomista. A essa tradição deve-se, em todo caso, atribuir a relação com Madiã, com o monte de Deus, com a tarefa da libertação/êxodo e com a revelação do nome[62]. O texto que ora temos na Bíblia, contudo, claramente encontra-se em forma e versão deuteronomistas[63].

As incisivas perguntas que Gerhard von Rad fazia com relação a este capítulo devem ser feitas novamente: "Como se explica que o evento narrado em Ex 3 não provocou uma confusão maior, pois qualquer criança sabe que Israel alcançou aquele lugar no Sinai somente após uma longa peregrinação e ali – como todo leitor percebe – experimentou algo decisivamente novo?"[64] Ele afirma que Ex 3–4 é um texto "totalmente fechado em si" e de modo algum está aberto *para*

---

60. Cf. por último espec. WEIMAR, *Berufung* (sobre isso criticamente MÜLLER, *Puppe*); • KOHATA, *Jahwist*, p. 15ss.; • SCHMIDT, W.H. *Exodus*, p. 106ss.
61. Retomando a observação de Wellhausen (*Composition*, 71), esp. BLUM, *Pentateuch*, p. 22ss.; • FISCHER, *Jahwe unser Gott*.
62. Assim apesar de toda cautela BLUM, *Pentateuch*, p. 42.
63. Em seguimento a SCHMIDT, H.H. *Jahwist*, p. 19-43, p. ex. SCHMIDT, W.H. *Exodus*, p. 137ss.; BLUM, *Pentateuch*, p. 26ss.
64. VON RAD, *Moseerzählung*, p. 194.

Ex 19ss.[65] G. von Rad fala, então, de "duas tradições do Sinai originalmente independentes entre si e muito diferentes no seu conteúdo"[66]. Destas, somente a primeira tem algo a ver com a aliança e a lei. Essa justaposição de tradições, com exceção de algumas opiniões mais recentes[67], é afirmada até hoje, sendo, contudo, muito questionável. Ex 3—4, assim como 1Rs 19, deve ser lido primeiramente à luz da tradição do Sinai mais antiga: o monte de Deus em algum lugar no deserto madianita está relacionado com o Deus Yhwh e por isso é o lugar de onde sai a salvação. Depois que Moisés, quase casualmente, encontra Deus e este monte, é que acontece a decisiva tarefa de conduzir o povo para fora do Egito. O evento decisivo do êxodo, portanto, é desencadeado a partir do monte. Com isso temos em essência uma estrutura semelhante à de Jz 5. O cântico de Débora, assim como outras tradições antigas, sabidamente ainda não conhece o papel preponderante do êxodo. Ao invés disso, o texto fala da mesma experiência de Deus, da salvação em situação de ameaça atual por inimigos mais fortes.

A partir de Ex 3—4, toda contraposição entre tradição do Sinai e tradição do êxodo torna-se problemática. Ao mesmo tempo, fica claro que ambos os eventos não estão no mesmo nível. O monte de Deus é o ponto de partida do Deus salvador, respectivamente dos que são encarregados desta tarefa. E este monte não é uma estação no caminho de Israel (excetuando-se primeiramente v. 12)[68].

Assim, pois, descreve-se o papel do Sinai/Horeb, desde a atuação de Débora até a certeza sobre a qual canta Dt 33; desde a incumbência de Moisés até a interpretação das guerras com os arameus. Em todas as tradições pré-exílicas, o Sinai é o monte da salvação, porque ele é o lugar do Deus salvador. Se a Torá está ancorada no Sinai, com isso ela é entendida como um feito de salvação. O evento do Sinai, portanto, não pode ser visto como alternativa para o êxodo, nem mesmo como consequência ou como aspecto do ato libertador. O evento do Sinai é a forma concreta do êxodo. Esta ordenação, contudo, de modo algum é um caminho óbvio e fácil.

---

65. VON RAD, Moseerzählung, p. 194.
66. Ibid., p. 197.
67. Cf. especialmente LEVIN, Dekalog.
68. Cf. sobre isso a seguir p. 75s.

3. Entre Mara e Siquém: afirmações deuteronomistas sobre a dádiva da Torá

Se analisarmos o caminho da Torá para o Sinai, deparamo-nos com uma série de textos que falam de sentenças legais (divinas), mas que não estão vinculadas ao Sinai/Horeb, e sim a outros lugares bem diferentes. Se olharmos bem, veremos que existe uma variedade muito grande de afirmações, segundo as quais Israel recebeu o direito e os mandamentos em lugares e momentos bem diferentes e até através de outras pessoas que não Moisés. Como estes textos em geral sempre foram lidos a partir do pressuposto da antiga e dominante tradição do Sinai, o seu significado foi reconhecido primeiramente por von Booij[69]. A amplitude desta concepção é admirável, justamente pelo fato de a maioria destes textos estar próxima ao deuteronomismo e não poder ser datada em época pré-exílica. Em termos de conteúdo, sempre se trata de uma vinculação entre êxodo e lei.

a. Logo no primeiro episódio após a libertação no mar dos juncos, isto é, bem no início da época do deserto, o tema já desponta. Em Ex 15,22-27, após três dias de migração pelo deserto, Israel chega às águas amargas de Mara. Como resposta ao clamor do povo, Deus "indica" (*yrh* hif.) uma madeira que torna a água potável (v. 25a). Após isso, encontramos de modo surpreendente e assindética a afirmação: "Foi lá que lhes fixou um estatuto e um direito (*ḥōq ūmišpāṭ*); foi lá que os colocou à prova" (v. 25b). O seguinte v. 16, em uma promessa condicionada de bênção, vincula o ouvir da voz e a observância dos mandamentos de Yhwh com a preservação diante das doenças do Egito. No v. 25, o sujeito muda várias vezes. A "indicação" da madeira e o colocar à prova supõem Deus como sujeito, mas o lançar a madeira e instituir o direito supõem Moisés[70].

Comumente se afirma que os v. 25b.26 constituem uma inclusão em uma narração mais antiga. Igualmente se diz que esta inclusão revela linguagem e teologia deuteronomistas[71]. Enquanto que para a formulação do v. 26 isso é evidente, a expressão do v. 25b somente aparece de novo em Js 24,25; Esd 7,10 e

---

69. Queremos destacar sobretudo BOOIJ, *Mountain*.
70. Cf. LOHFINK, *Jahwe, dein Arzt*, p. 19s., esp. nota 21.
71. Por exemplo NOTH, *Exodus*, p. 101; • FRITZ, *Israel*, p. 7s. (ali encontram-se também indicações para literatura mais antiga); • LOHFINK, *Jahwe, dein Arzt*, p. 29ss.; • BLUM, *Pentateuch*, p. 145s. Em contraposição a isso, MARGALIOT, *Marah*; • ROBINSON, *Symbolism*, consideram o texto como sendo unitário.

1Sm 30,25[72]. Alguns autores propuseram derivar a origem desta inclusão da atuação de círculos deuteronomísticos antigos[73]. Em um estudo mais detalhado, Lohfink propõe contar com círculos posteriores ao escrito sacerdotal, isto é, com deuteronomismos bem tardios[74]. Aprofundando mais, Blum recentemente propôs encarar v. 25b.26 como um dos acréscimos pós-sacerdotais mais antigos do Pentateuco e destacou a relação com outros acréscimos pós-sacerdotais em Ex 16 (v. 4s.28s.)[75].

Certamente a localização dentro do grande contexto de compilação é decisiva para qualquer entendimento do texto: logo no início do caminho através do deserto, após o milagre do mar, Moisés institui estatutos e direitos. A provação de Deus e a possibilidade de doença e saúde, vida e enfermidade, dependem da observância destes mandamentos. Como, porém, devemos entender uma tal dádiva da lei antes da Torá do Sinai? Para o atual contexto certamente pode-se dizer: "Cada perícope isolada sempre está relacionada com o todo e expressa o todo. O todo, porém, é o esboço da ordem de vida de Israel, é o Pentateuco como 'Torá'. Aí cada perícope, mesmo antes dos acontecimentos do Sinai, pode, se necessário, ser tomada como uma indicação do todo"[76]. Com isso, Lohfink aponta para glosas na história de Abraão (p. ex. Gn 26,5) e para as leis sacerdotais que já encontramos a partir de Gn 9. No entanto, na visão do escrito sacerdotal, o Sinai está vinculado ao surgimento do santuário e do culto. Antes disso, trata-se de algo totalmente diferente. E se o sentido das referências deuteronomistas à Torá antes do Sinai de fato devem ser entendidas assim, isso significa uma surpreendente relativização do papel do monte de Deus. Para essa visão, então, não existe uma posição de monopólio do Sinai no tocante ao direito e à lei. E isso ainda haveremos de encontrar de modo mais acentuado quando colocarmos Ex 15,25b.26 ao lado de outras afirmações deuteronomistas.

---

72. Cf. tb. Sl 81,5. É notável e importante a diferença em relação às expressões normalmente formuladas no plural. Cf. a visão geral em LIEDKE, *Rechtssätze*, p. 13ss.
73. Especialmente GESE, *Sinaitradition*, p. 32 nota 10.
74. LOHFINK, *Jahwe, dein Arzt*, p. 32ss.
75. BLUM, *Pentateuch*, p. 144. Sobre Ex 16, cf. sobretudo RUPRECHT, *Mannawunder*.
76. LOHFINK, *Jahwe, dein Arzt*, 70s.; de forma semelhante DIEBNER, *Exodus*, p. 15; • BLUM, *Pentateuch*, p. 144s., nota 184 ("se assim quisermos, o Horeb/Sinai visto como lugar da comunicação das leis, anexou à nossa 'forma final' (*Endgestalt*) todas as estações do deserto precedentes!").

Dessas afirmações deuteronomistas queremos destacar primeiramente aquela que é a menção mais tardia dentro do contexto narrativo. Terminologicamente ela é quase idêntica. Também nesta passagem se fala de instituição de estatutos e direito (ḥōq ūmišpāṭ), só que não através de Moisés, mas através de Josué; não no deserto, mas logo após o desfecho da conquista da terra. Em Josué 24,25s., afirma-se: "Naquele dia, Josué fez uma aliança com o povo; fixou-lhe um estatuto e um direito (ḥōq ūmišpāṭ) em Siquém. E Josué escreveu estas palavras no livro da Torá de Deus" (sēfer tōrat 'elōhīm). Aliança, direito e livro da Torá – tudo está aqui associado, como em geral, a Moisés. Menos do que em Ex 15, pode-se aqui falar de uma posição de monopólio do Sinai, e um tal monte também falta na longa listagem dos feitos históricos em Js 24. Sobretudo, porém, devemos acentuar a desinibição com que aqui se atribui a Josué em Siquém o que usualmente vale como feito de Moisés no Sinai. E Josué até escreve tudo dentro do livro da Torá de Deus (v. 26). A terminologia aqui utilizada leva a pensar que não se faz referência ao direito que pouco antes foi mencionado no v. 25[77], mas aos eventos que conduziram a isto[78]. Nesta notícia até já se quis ver o desfecho da composição do Hexateuco[79]. Nisso até poderia haver uma conexão entre Ex 15 e Js 24, dentro da qual se fala de uma época de transmissão da lei.

Aqui, contudo, não precisamos levar adiante a discussão sobre o lugar e a idade de Js 24. Em todo caso, hoje está claro que o seu surgimento não pode ser procurado senão no contexto do movimento deuteronômico[80]. A diferença entre uma datação antiga e uma datação tardia do deuteronomismo, isto é, entre o período anterior a Josias e uma época pós-sacerdotal, ainda é relativamente grande. E quanto mais tarde quisermos datar as afirmações do v. 25, mais surpreendente será o fato de que a aliança e a lei, e inclusive a elaboração de um livro escrito da Torá, de modo algum se restringem a Moisés no Sinai.

b. Entre o espaço temporal e local delimitado por Ex 15,25s. e Js 24,25, isto é, entre Mara e Siquém, entre o desfecho da libertação e da conquista da terra, há

---

77. E a afirmação de que antes do v. 26 alguma vez tenha havido a referência a um livro de leis (assim, p. ex. SCHMITT, Landtag, p. 13ss.) é totalmente especulativa.
78. BLUM, Vätergeschichte, p. 60.
79. Ibid., p. 60s.
80. Cf. acima nota 25.

ainda uma série de outras afirmações claramente influenciadas pelo pensamento deuteronomista. Elas vinculam a dádiva da orientação divina (muitas vezes com uma concentração no primeiro mandamento) com o êxodo.

Primeiramente temos algumas passagens do livro de Jeremias, que falam todas do "dia" da libertação/saída e fazem com que neste dia tenham acontecido as exigências divinas:

> Jr 7,22 Porque eu não disse nem prescrevi nada a vossos pais,
> no dia em que vos fiz sair da terra do Egito, em relação ao holocausto e ao sacrifício. [23] Mas eu lhes ordenei isto: Escutai a minha voz, e eu serei o vosso Deus e vós sereis o meu povo...
> [25] Desde o dia em que vossos pais saíram da terra do Egito até hoje, enviei-vos todos os meus servos, os profetas.
>
> Jr 11,3 E lhes dirás: Assim disse Yhwh, o Deus de Israel: Maldito o Homem que não escuta as palavras desta aliança, [4] que eu prescrevi a vossos pais, no dia em que vos tirei da terra do Egito, da fornalha de ferro, dizendo: Escutai a minha voz e fazei tudo como eu vos ordenei; então sereis o meu povo e eu serei o vosso Deus.
> [7] Porque eu adverti constantemente os vossos pais no dia em que os fiz subir da terra do Egito, e, até hoje, eu os adverti dizendo: Escutai a minha voz!

Acerca da nova aliança, a qual, em contraposição à antiga, será marcada com a Torá inscrita no coração, afirma-se:

> Jr 31,32 Não como a aliança que selei com seus pais no dia em que os tomei pela mão para fazê-los sair da terra do Egito...

Por fim, em Jr 34,13ss., no contexto da libertação dos escravos sob Sedecias, relembra-se a orientação correspondente:

> Jr 34,13 Assim disse Yhwh, Deus de Israel: Concluí uma aliança com vossos pais, quando os tirei da terra do Egito, da casa da escravidão, dizendo:
> [14] "Ao cabo de sete anos, cada um de vós libertará o seu irmão hebreu, que se tiver vendido a ti; por seis anos ele te servirá, depois lhe devolverás a liberdade".

Os aspectos comuns de todas estas passagens são evidentes. Todas elas fazem claramente parte da camada-D do livro de Jeremias. Em todas elas, a comunicação da exigência divina é vinculada ao "dia" da saída do Egito[81]. Nisso deve-se ressaltar a vinculação e mesmo a possibilidade de troca entre aliança e Torá. Em termos de conteúdo, em Jr 7 e 11 fala-se de mandamentos básicos. Ouvir a voz do Deus salvador é aquilo que interessa e o que, na fórmula de aliança, perfaz a mútua pertença entre Deus e povo. Em contraposição a isso, Jr 34 fala de uma única lei, e isso na versão do Deuteronômio (Dt 15,12ss.). E em Jr 31 temos a concepção de uma Torá escrita, a qual, contudo, no tempo salvífico futuro, será substituída por uma Torá inscrita no coração ao invés de somente estar inscrita no livro.

Os intérpretes em geral pressupõem que por trás destes textos haja uma tradição acerca dos eventos no Sinai e esta teria sido expressa de forma abreviada por Jeremias[82]. Mas isso de modo algum é evidente, e, no caso de Jr 34, dever-se-ia estar pensando no Deuteronômio e na sua comunicação em Moab[83]. A formulação acerca do "dia" da saída soa como se ela tivesse sido formulada de forma independente do conhecimento de uma aliança firmada em um determinado tempo histórico, a qual já estaria bastante distante do próprio êxodo. Em termos de conteúdo, tudo depende da vinculação mútua entre o êxodo e sua exigência. Libertação e mandamento são inseparáveis, também em termos de tempo. Sobretudo em Jr 7 e 11 torna-se evidente que a proclamação da exigência de Yhwh não permaneceu vinculada a este "dia". Ela aconteceu em uma continuidade ininterrupta desde então até "hoje" (*'ad hayyōm hazzeh*; 7,25; 11,7), desde a época dos patriarcas até ao momento presente, passando pelos profetas. Simultaneamente, todos os textos acentuam que Israel não observou, não ouviu os mandamentos e quebrou a aliança.

Em seus traços básicos temos ainda dois textos do livro de Juízes, que estão relacionados ao tema, e que são, ambos, influenciados pelo pensamento deuteronomista[84]:

---

81. Indicações detalhadas, bem como referências a uma literatura mais antiga podem ser encontradas em THIEL, *Jeremia I*, p. 121ss., 143ss.; • *Jeremia II*, p. 25ss., 39ss. Acerca das relações entre estes textos, cf. THIEL, *Jeremia I*, p. 148ss. bem como LEVIN, *Verheissung*, p. 75ss. – este último, no entanto, trabalha com uma crítica literária selvagem e conclusões demasiado amplas.

82. Uma exceção é LEVIN, *Verheissung*, para o qual Jr 7,22s. é o início de uma teologia da aliança concentrada no primeiro mandamento e dirigida contra a lei deuteronômica.

83. Sobre isso, cf. as reflexões complicadas em THIEL, *Jeremia I*, p. 146ss.

84. Sobre Jz 2,1-5 cf. os detalhes em VEIJOLA, *Verheissung*, p. 185 nota 25; sobre Jz 6,7-10, cf. esp. RICHTER, *Bearbeitung*, p. 97ss. Por último, vale a pena cf. tb. BECKER, *Richterzeit*, p. 49ss, 144s.

Em Jz 2,1ss. o mensageiro de Yhwh (*mal'ak-Yhwh*) diz em Boquim:

Jz 2,1b   Eu vos fiz subir[85] do Egito e vos trouxe a esta terra que eu
tinha prometido por juramento a vossos pais. Eu tinha dito: "Jamais quebrarei a minha aliança convosco. ² Quanto a vós, não fareis aliança com os habitantes desta terra; antes, destruireis os seus altares. No entanto, não escutastes a minha voz [...]"

A proibição de aliança com os moradores da terra tem relação estreita com as passagens de Ex 23; 34 e Dt 7[86]. Mas o que nestes textos aparece como palavras formuladas no Sinai ou em Moab, segundo a tradição de Jz 2, é exigido por Deus após a conquista da terra e com base tanto no êxodo quanto na entrega da terra. "A passagem fala como se o mandamento não tivesse sido dado no Sinai, mas somente após a entrada de Israel na terra"[87]. Js 24 o faz de modo semelhante.

Muito similar é um acréscimo na história de Gedeão. Em Jz 6,7-10, com base no clamor dos israelitas, por causa de Madiã, Deus envia um profeta (*'iš nābī'*), o qual afirma:

Jz 6,8b   Assim diz Yhwh, Deus de Israel: Eu vos fiz subir do Egito e vos
tirei da casa de escravidão. ⁹ Eu vos livrei da mão dos egípcios e da mão de todos os que vos oprimiam. E os expulsei de diante de vós, e vos dei a terra deles, ¹⁰ e vos disse: "Eu sou Yhwh, vosso Deus. Não venereis os deuses dos amorreus, em cuja terra habitais. Mas vós não me destes ouvidos".

Novamente a alocução acontece com base no fundamento do êxodo e da conquista da terra, e a sequência teológica também se expressa no decurso temporal: a variante incomum do 1º mandamento é comunicada somente na terra. Nesse contexto, ressalta-se novamente a constatação do fracasso.

Também a palavra divina do Sl 81 deve ser localizada no contexto da linguagem e da teologia[88] deuteronomistas:

---

85. Segundo Gesenius-Kautsch, 107b, a destoante forma do imperfeito é usualmente referida à longa duração do acontecimento. Mas será que não é melhor aceitar uma ruptura da configuração histórica e uma interpelação que tende a ser mais direta (cf. a seguir p. 71s. com referência ao Sl 81)?
86. Sobre isso com detalhes cf. SCHMITT, Frieden; OTTO, Mazzotfest, p. 203ss.; • HALBE, Privilegrecht; • BECKER, Richterzeit, p. 51ss.; • ACHENBACH, Israel, p. 239ss.; • cf. a seguir p. 180, 184ss.
87. SCHMITT, Frieden, 39.
88. Sobre isso KRAUS, Psalmen, p. 727s.; • JEREMIAS, Kultprophetie, p. 126s. Uma comparação com os textos acima mencionados pode-se encontrar em BEYERLIN, Rahmen, p. 28s.; BOOIJ, Background.

Sl 81,7 Removi a carga de seus ombros,
suas mãos deixaram o cesto;
⁸clamaste na opressão, e eu te libertei.
Eu te respondi, escondido no trovão,
e te experimentei nas águas de Meriba.
⁹Ouve, meu povo, eu te conjuro,
oxalá me ouvisses, Israel!
¹⁰Nunca haja em ti um deus alheio,
nunca adores um deus estrangeiro;
¹¹eu sou Yhwh, teu Deus,
que te fiz subir da terra do Egito.
Abre a boca e eu a encherei.
¹²E meu povo não ouviu minha voz,
Israel não quis obedecer-me.

Aqui, a reivindicação de Deus (v. 9s.), concentrada no 1º mandamento, está vinculada com a libertação do Egito (v. 7.11). Infelizmente, o texto não permite reconhecer uma sequência narrativa evidente; isso vale sobretudo para o v. 8. Será que a resposta a partir do trovão é uma alusão à tradição do Sinai ou será que ela se liga diretamente à provação em Meriba? (Ex 17,2-7). Se tal é o caso, então haverá aqui um estreito paralelismo com Ex 15,25b.26, e a exigência se vincularia aos acontecimentos na parada no deserto em Meriba[89].

Nesse texto, a relação entre o relato histórico e o discurso presente é mais clara do que nos textos anteriores. Não somente o *Sitz im Leben* (lugar vivencial) cultual e a introdução das palavras divinas no v. 6b ("ouço uma voz que eu não conheço") tornam claro que tudo está direcionado para a atitude de escuta no tempo atual. A acentuação do fracasso de Israel é simultaneamente estímulo e desafio para um comportamento diferente no presente. A contextualização histórica em relação com o êxodo, a peregrinação pelo deserto e a conquista da terra, por um lado, e o discurso atual em época exílica ou posterior, por outro lado, estão fundidos em uma unidade inseparável.

---

89. BOOIJ, *Mountain*, p. 14s.; • id., *Background*.

Neste contexto, precisamos, por fim, remeter a Ez 20. A sequência histórica proposta neste capítulo sabidamente difere daquela do Pentateuco, mas também da concepção deuteronomista[90]. Já no Egito há o discurso divino decisivo (v. 5), bem como a exigência de deixar de lado outros deuses (v. 7), e também já aqui o povo fracassa (v. 8s.). Então, no deserto (v. 10), Deus comunica ao povo estatutos e direitos (v. 11), dentre os quais se menciona especialmente o sábado (v. 12). Após a desobediência do povo (v. 13ss.), acontece um novo discurso à geração seguinte (v. 18ss.). Por fim, fala-se da dádiva de "estatutos e direitos ruins, segundo os quais não deveriam viver" (v. 25). Novamente a exigência fundamental de Yhwh e a dádiva de seus mandamentos estão vinculadas, temporalmente e pelo conteúdo, à estada no Egito, ao êxodo e à peregrinação pelo deserto. Mas parece que não se tem um único ato em vista, pois se fala mais vezes de uma comunicação de mandamentos divinos. Fica claro que aqui na tradição exílica de Ezequiel de modo algum se pode pressupor a concepção canônica do Pentateuco[91].

Resumindo, podemos dizer que tanto a tradição deuteronomista quanto a tradição de Ezequiel até a época exílica, e mesmo na época pós-exílica, não conhecem a elaboração de uma Torá no Sinai. O que estes textos conhecem é uma Torá que em termos de conteúdo e de tempo está vinculada ao êxodo e à dádiva da terra. Se alguns lugares são mencionados, eles preenchem todo o espaço entre o Egito e a conclusão da tomada da terra em Siquém. Fica claro, em todas as referências, que o fator primeiro é a vinculação temporal e local ao êxodo e à lei. Mas não existe uma determinação temporal e local exata, havendo antes uma grande variedade.

c. O texto mais importante neste contexto, contudo, ainda não foi mencionado: o Deuteronômio. A sua contribuição para a questão da relação entre Torá e o monte de Deus é de um peso não desprezível. Até onde posso avaliar, porém, na discussão atual esse texto não desempenhou papel algum.

O Deuteronômio está formulado como discurso de Moisés no vale do Jordão, em frente a Jericó (1,1-5 etc.). Isso se deduz não somente da introdução (1,1ss.), mas é um dado pressuposto ao longo de toda a obra[92]. Os capítulos 1–3

---

90. Acerca de diferenças e proximidades com o deuteronomismo, cf. LIWAK, *Probleme*, p. 155ss.; • PONS, *Vocabulaire*; e para uma visão geral, cf. KRÜGER, *Geschichtskonzepte*, p. 199-281; • SEDLMEIER, *Studien*, p. 212ss.
91. Como faz a pesquisa mais antiga (ZIMMERLI, *Ezechiel*; GREENBERGER, *Ezekiel* I), o que assim transforma Ez 20 em uma "paródia" de conceitos mais antigos (LUST, *Parodie*).
92. Assim com LOHFINK, *Kerygmata*, p. 90.

oferecem uma visão retroativa da época desde a partida do Horeb, enquanto Dt 4–5, bem como Dt 9–10, narram eventos no Horeb. Segundo esta narração, ali somente o Decálogo, como consta hoje em Dt 5, teria sido comunicado de viva voz por Deus e foi anotado por Deus em tábuas de pedra. Todas as demais orientações, a pedido do próprio povo (5,28ss.), são comunicadas somente a Moisés, que deverá ensiná-las a Israel (5,31), o que de fato ocorre antes da conquista da terra.

Esta imagem dos acontecimentos no monte de Deus constitui uma variante significativa em relação ao que é relatado desde Êxodo até Números. Não somente falta a grande massa das leis sacerdotais. Falta também o Código da Aliança, e falta tudo o que com base nele foi narrado em Ex 24. Mas deveremos ainda dar um passo a mais. Hoje dificilmente pode haver dúvidas de que em Dt 4 e 5, bem como em 9,7–10,11 temos uma camada posterior. Estes capítulos não fazem parte das camadas mais antigas do Deuteronômio[93]. Neste caso, sob o Deuteronômio mais antigo entendia-se somente uma comunicação dos mandamentos divinos a Israel, através de Moisés, em Moab, antes da tomada da terra. Se a retrospectiva para o êxodo é fundamental e constitutiva para a teologia deuteronomista, o mesmo não vale para os acontecimentos no Horeb. Estes acontecimentos são mencionados somente em um grupo de textos bastante limitado e de época posterior.

O Deuteronômio mais antigo entende-se, pois, como a decisiva comunicação dos mandamentos de Deus, e mais: como a primeira e a única. O fato de antes já ter existido algo similar no Horeb é desconhecido ou é conscientemente ignorado, ou até corrigido. Só que, com base na reflexão subsequente, a última afirmação é improvável para as camadas mais antigas do Deuteronômio. Se os redatores responsáveis pela localização do discurso de Moisés na Transjordânia tivessem conhecimento de uma relação da tradição da lei com o Sinai, respectivamente com o Horeb, seria absolutamente inexplicável localizarem o Deuteronômio tão longe disto. Se no tradicional monte da origem de Deus, respectivamente de sua presença, também acontece a fala comprometedora para o povo, então uma obra da envergadura e da autocompreensão do Deuteronômio jamais pode-

---

[93]. Cf. o resumo da discussão mais antiga em PREUSS, *Deuteronomium*, p. 48ss. Sobre Dt 4, cf. por último KNAPP, *Deuteronomium 4*; sobre Dt 5, cf. BREKELMANS, *Deuteronomy 5*; sobre Dt 9s., HOSSFELD, *Dekalog*, p. 147s.; para uma visão panorâmica, cf. tb. ACHENBACH, *Israel*.

ria ser localizada em um lugar menos importante e menos conhecido. Qualquer ligação do Horeb com a aliança, respectivamente com a lei, deveria fazer do Deuteronômio o que é segundo o nome até hoje: a segunda lei, algo secundário e ordenado posteriormente. Porém, segundo a sua intenção, é algo mais e diferente, a saber, como é chamada agora: a Torá una de Deus (4,44 etc.).

Já o fato de os autores do Deuteronômio terem localizado o discurso de Moisés na Transjordânia permite concluir de forma convincente que não havia uma tradição de peso conhecida por eles, a qual ligava o monte de Deus com a aliança e a lei. Dt 5 e 9,7–10,11 claramente são harmonizações posteriores. Neste processo, o Decálogo é situado ali e todo o restante do Deuteronômio é posto em relação com ele, aliás, lhe é posposto. A afirmação de Dt 5,22 de que neste lugar Deus não se apresentou para falar ($w^e l\bar{o}$’ $y\bar{a}s\bar{a}f$) permite reconhecer claramente que com isso o Deuteronômio reage e corrige outras concepções. Isso é uma crítica a uma outra concepção. Claramente se nega que algo diferente possa reclamar o direito de ter sido comunicado por Deus junto ao Horeb. O peso teológico do Deuteronômio dependia do fato de não ter surgido à sombra de uma outra lei que fosse a lei primeira e superior, porque teria sido comunicada diretamente.

Se pensarmos na amplitude das variantes, proposta pelos textos deuteronomistas mencionados, de uma comunicação da lei entre Mara e Siquém, entre o milagre do mar e o término da conquista da terra, então o discurso de Moisés no Deuteronômio situa-se, por assim dizer, na metade do caminho, após o deserto e a primeira parte da tomada da terra e antes da travessia decisiva do Rio Jordão. Obviamente esta localização de modo algum significava para o deuteronomismo uma concepção de uma fixação definitiva que excluía outras concepções. Quando aconteceu esta localização geográfica do Deuteronômio? Isso não depende somente de uma datação do Deuteronômio, mas sobretudo do fato de o Deuteronômio ser ou não a lei original de Josias, a qual ainda não apresentava essa moldura histórica[94]. Novamente podemos afirmar: se trabalharmos com o postulado de que o Deuteronômio foi elaborado historicamente como discurso de Moisés somente no contexto de sua inclusão na Obra Historiográfica Deuteronomista, a reflexão acima permanece válida. Aí deveríamos pensar na época exílica.

---

94. Assim, por ex., LOHFINK, *Kerygmata*, p. 90-92; • LEVIN, *Verheissung*, p. 85s.; cf. a seguir p. 294 nota 43.

4. Teses sobre a formação da perícope do Sinai

Partindo, por um lado, das tradições sobre o monte de Deus e, por outro lado, do lugar da comunicação dos mandamentos divinos, queremos, a seguir, fazer a tentativa de esboçar o surgimento da perícope do Sinai. Partimos do pressuposto de que um dado histórico-traditivo tão claro como o que encontramos aqui representa um fundamento firme para uma atribuição relativa e uma ordenação absoluta das muitas camadas e fragmentos dos textos do Sinai. Isso leva bem além das usuais observações linguísticas, as quais até agora pouco contribuíram para soluções convincentes. No esboço a seguir, porém, não podemos e não queremos fazer uma nova análise literária. O objetivo das seguintes quatro teses é unicamente determinar as camadas e fases mais importantes da inter-relação entre o monte de Deus e o direito divino.

a. *Não se pode esperar uma antiga narrativa pré-deuteronomista e pré-profética sobre a estadia de Israel junto ao monte de Deus com a comunicação das respectivas orientações divinas.*

Isso de modo algum é uma tese nova. Ela somente confirma mais uma vez o que já foi trabalhado em muitos estudos[95]. Talvez tenha existido uma narrativa de uma estadia dos libertados junto ao monte, do qual partiu a libertação – essa talvez tivesse ligação com a comunicação em Ex 3,12. Mas pode-se duvidar se, abstraindo de Ex 18, ainda poderemos derivar alguma coisa de Ex 19 e de sua confusão de camadas. E uma comunhão com Deus em seu próprio monte, como é narrada de modo singular em Ex 24,9-11 e muitas vezes é colocada como o ponto central de uma perícope do Sinai mais antiga[96], também não se deve esperar. Isso confirma o resultado de estudos mais recentes sobre Ex 24: os seus paralelos mais próximos, tanto linguísticos quanto de conteúdo, encontram-se em textos ezequielanos da época do exílio[97].

Aqui temos que discutir brevemente sobre um texto que, indiscutivelmente, é considerado como pré-deuteronomista. Trata-se de Ex 18, cujo significado his-

---

[95]. Cf. acima p. 51ss.
[96]. Especialmente PERLITT, *Bundestheologie*, p. 181ss.
[97]. Cf. esp. RUPRECHT, Ex 24; cf. tb. WELTEN, *Vernichtung*, p. 137ss. Sobre a compreensão de Ex 24,10 devemos examinar o texto paralelo de Ez 1,26ss.; 8,2s.; 10,1.

tórico-legal será considerado em outro espaço[98]. A primeira metade do capítulo já várias vezes foi considerada como o desenvolvimento narrativo da afirmação de Ex 3,12[99]. Ao lado do Deuteronômio, este capítulo é justamente o mais forte argumento para o fato de que não se pode contar, no que se refere aos tempos mais antigos, com uma tradição de comunicação de direito por parte de Deus junto ao monte divino. Em Ex 18,13-26, fala-se de atividades legais de Moisés. Na jurisprudência por ele exercida, ele inclusive inquire Deus e comunica ao povo sentenças jurídicas da parte de Deus ('*et-huqqē hā'elōhīm w^e 'et-tōrōtāw*) (v. 16). Mas o problema em torno do qual o texto gira é a sobrecarga de Moisés e com isso a necessidade de uma organização jurídica totalmente nova. E este problema não é resolvido nem por Moisés nem – e o que estaria mais próximo à luz de concepções posteriores? – por Deus mesmo à luz da referida inquirição (v. 15.19). O que ajuda é justamente o conselho de um sacerdote não israelita de origem madianita. Se tivesse existido alguma vinculação tradicional entre o monte de Deus e o direito de Deus, se, pois, o monte de Deus de alguma forma tivesse algo a ver com as ordenações divinas no campo do direito, uma tal narração seria incompreensível e sem sentido. Aqui se conhece um papel de Moisés como legislador, e dele faz parte inclusive a inquirição de Deus sobre problemas legais. Tudo isso, porém, fundamentalmente não está relacionado com o monte, no qual a narração se passa. O que de fato está interligado, como bem mostram alguns textos, é este monte e os madianitas[100]. Ex 18 deve provir de uma época em que uma ampla reorganização jurídica de Israel – e aqui trata-se nada menos do que disso[101] – encontra a sua legitimação onde mais tarde seria somente desqualificada: na boca de um sacerdote pagão.

Assim, pois, pode-se ver em Ex 18 um reforço decisivo dos outros indícios para a falta de qualquer "antiga" vinculação entre o direito divino e o monte de Deus. Ao mesmo tempo e pelos mesmos motivos, este capítulo deve ser visto como o cerne e ponto de partida para uma tal vinculação. É verdade que aqui tal vinculação é fundamental e diametralmente diferente do que em todo o restante

---

98. Cf. a seguir p. 126ss.
99. KESSLER, *Querverweise*, p. 188s., 229; • CHILDS, *Exodus*, p. 327; sobre a discussão a respeito, cf. BLUM, *Pentateuch*, p. 155ss.
100. Assim já GUNNEWEG, *Midian*; e também, fazendo um resumo, SCHMIDT, W.H. *Exodus, Sinai und Mose*, p. 110ss.
101. De forma básica, KNIERIM, *Exodus*, 18; sobre isso cf. mais de perto a seguir p. 129s.

da perícope do Sinai, mas mesmo assim as duas coisas estão aqui interligadas: no monte de Deus surge uma importante nova organização jurídica. Junto com a pressuposta autoridade de Moisés em questões de decisões jurídicas e junto com o papel das inquirições neste processo, há, no todo, certamente um ponto de partida, que deve ainda ser melhor averiguado.

b. *Não se pode esperar que a vinculação entre o monte de Deus e o direito divino tenha surgido ou que tenha sido formulada no contexto da teologia deuteronomista.*

Em contraposição à primeira tese, esta segunda tese diverge de opiniões fundamentais atualmente dominantes na pesquisa. Pois o amplo questionamento de camadas mais antigas pré-deuteronomistas em Ex 19–24; 32–34 hoje quase inteiramente coincide com a tese de que as partes fundamentais neste bloco devem-se à teologia e à linguagem deuteronomistas. Trabalhos diferentes na hipótese, no questionamento e no método neste ponto são praticamente convergentes[102]. Em especial, o enquadramento do Código da Aliança e do Decálogo na perícope do Sinai muitas vezes é atribuído a camadas deuteronomistas. Apesar de os textos até agora mencionados não poderem refutar tais postulados, o significado fundamental do Deuteronômio e a desinibição com que no deuteronomismo tanto antes quanto após a estada junto ao Sinai se fala de sentenças jurídicas, e não por último a discussão fundamental em Dt 5,22 de outros discursos de Deus no monte de Deus devem levar-nos a uma postura de cautela – e talvez como motivação para uma nova visão da perícope do Sinai.

Naturalmente não se pode negar o grande significado de textos deuteronomistas para a formação da perícope do Sinai. A abertura em Ex 19,3ss., assim como o ato central do desfecho da aliança em Ex 24,3-8, são totalmente deuteronomistas. E a formulação em Ex 24,3 pressupõe uma referência ao Código da Aliança, que o precede. Mesmo a fundamental proximidade do Decálogo e do Código da Aliança com a linguagem e a teologia deuteronômico-deuteronomistas deve ser aqui observada. Não se pode negar a existência e o peso de tais passagens. Ao meu ver, é o dado histórico-traditivo que dá margem para discutir de

---

102. PERLITT, *Bundestheologie*; • ZENGER, *Sinaitheophanie*; • HOSSFELD, *Dekalog*; • MITTMANN, *Deuteronomium*; • LEVIN, *Dekalog*; • VERMEYLEN, *Sections*; • RENAUD, *La théophanie*, e outros.

modo novo a *sequência* das camadas, que hoje, em geral, é pressuposta quase de modo dogmático.

c. *A organização deuteronomista da perícope do Sinai deve ser melhor entendida como reação à influência do escrito sacerdotal, que a precede.*

O ponto de partida quase inconteste da maioria das análises da perícope do Sinai é o postulado de que as partes não influenciadas pelo escrito sacerdotal em Ex 19-24; 32-34 sejam também anteriores ao escrito sacerdotal ou, em todo caso, tenham surgido de modo independente deste[103]. Afirma-se que o escrito sacerdotal já encontrou estas partes ou pelo menos a maioria destes textos e que, por seu turno, os complementou e corrigiu. Só que uma tal sequência de textos – primeiro D, depois os textos sacerdotais – já não se pode mais simplesmente pressupor hoje em dia. Há casos suficientes onde formulações deuteronomistas pressupõem e complementam textos sacerdotais. Um caso inequívoco temos em Ex 16 (v. 4s.28)[104]. Também Ex 15,25b pressupõe linguagem sacerdotal[105]. Justamente no âmbito da perícope do Sinai, a hipótese de uma composição-D completa e pré-sacerdotal conduz a aporias e leva a cortes crítico-literários pouco convincentes[106]. Uma vez que para ambos os textos se deve contar com um longo e multifacetado processo de crescimento, convém contar sempre com uma conjunção, com uma justaposição e até com uma contraposição de teologia deuteronomista e sacerdotal desde a época do exílio até a fase de conclusão do Pentateuco. As contradições abertas e de modo algum harmonizadas nos capítulos Ex 19 e 24 indicam conflitos que encontramos com brutal clareza também em outros textos (esp. Nm 16). Tais contradições parecem provir de contraposições dentro dos

---

103. É interessante observar com que naturalidade, mesmo com a hipótese de camadas tão profundamente diferentes como as de influência deuteronomista ou sacerdotal, conta-se com uma sequência básica deste tipo de camada.
104. Sobre isso RUPRECHT, *Mannawunder*.
105. Assim LOHFINK, *Jahwe, dein Arzt*; e acima p. 65s.
106. Assim BLUM, *Pentateuch*, que deve tirar de sua composição-D muitos textos considerados relativamente antigos e atribuí-los às reações pós-sacerdotais mais recentes (p. ex. Ex 18; 34,10ss.; os textos com *mal'ak*, e outros versículos em Ex 33 etc.). É difícil que desta forma se desloquem as maiores dificuldades e contradições para a última camada redacional. De certa forma, segue-se também – embora de modo distante – uma analogia à tendência do modelo das fontes, o qual atribuía a camadas redacionais posteriores e incompreensíveis tudo o que não se poderia abrigar em duas ou três linhas paralelas.

grupos, que, juntos, na época pós-exílica dão sustentação à Torá[107]. São os conflitos entre os círculos deuteronomistas e sacerdotais e suas respectivas teologias.

Como aqui não queremos fazer uma análise detalhada dos textos do Sinai — seria duvidoso saber se é possível sair do atoleiro de meras suposições — devemos nos restringir a poucos indícios de que a tese que se impõe a partir do dado histórico-traditivo tem sustentação nas estruturas literárias e de modo algum se contrapõe a elas. Em termos literários, pelo menos duas observações permitem deduzir um estágio precedente dos textos sacerdotais antes das passagens deuteronomistas mais importantes em Ex 19–24. Uma primeira observação é a de que em Ex 19,1s. temos uma formulação sacerdotal que estabelece uma diferenciação fundamental em relação à tradição pré-deuteronomista de Ex 18. Somente assim se torna possível o cenário tão diferenciado de Ex 19ss. em relação a Ex 18[108]. A outra observação é a estruturação em forma de quiasmo dos textos sacerdotais da construção do templo em torno de Ex 32–34. A ordem de construir o santuário dada a Moisés em Ex 25–31 não pressupõe que a execução em Ex 35ss. seja separada pelos acontecimentos marcantes em Ex 32–34?[109] Dificilmente podemos conceber aqui um texto, no qual a ordem de fazer seja seguida pela realização desta ordem sem haver qualquer cesura. E a discussão em torno destes textos sempre apontou para interligações inequívocas, embora preferentemente antitéticas, com Ex 32–34[110]: enquanto no monte Moisés fica sabendo tudo sobre o lugar de culto pretendido por Deus, o povo com Aarão constrói o seu próprio culto. Devemos pensar aqui nos sacerdotes aaronitas de Ex 29 e nos levitas de Ex 32, bem como nos dois santuários tão diferentes entre si, o sacerdotal e o de Ex 33, os quais ainda levam o mesmo nome (*'ōhel mō'ēd*).

---

107. Assim por último BLUM, Pentateuch, p. 333s. Sobre isso cf. a seguir p. 486ss.

108. ZENGER, Sinaitheophanie, p. 55ss. mostra que Ex 19,1.2a devem ser tomados como uma unidade, isto é, que ambas as menções do nome Sinai pertencem a P. Não há motivo algum para não se atribuir a P a frase "e eles acamparam no deserto"; os argumentos para isso não são convincentes. Mas já no v. 3b começa claramente a passagem influenciada pela linguagem deuteronomista. De fato, é preciso ter presente o modelo da teoria das fontes, e esta de forma inconteste, para, sobre um pequeno resto em 19,2b.3a (nisso, é até possível uma divisão entre v. 3a e v. 3b, mas de modo algum convincente, cf. Zenger, Sinaitheophanie, 57), construir a hipótese de uma perícope do Sinai pré-sacerdotal e pré-deuteronomista. E com que ela estaria conectada? Dificilmente se poderia ligar com Ex 18, mas aí novamente não se descreve a chegada a um monte importante. Em resumo: a nova cena, que se diferencia de Ex 18, é aberta com o texto-P de Ex 19,1.2a. E a versão deuteronomista justamente pressupõe esta abertura; uma outra hipótese não é possível reconstruir.

109. Aqui devemos renunciar a uma discussão das complexas perguntas sobre o crescimento dos textos da camada P, bem como sobre as camadas mais antigas em Ex 25–31 etc., por vezes amplamente aceitas (sobre isso, cf. FRITZ, Tempel, p. 113ss.; • UTZSCHNEIDER, Heiligtum; por último, STEINS, Struktur).

110. Por último UTZSCHNEIDER, Heiligtum, p. 82s., 86s.; • esp. BLUM, Pentateuch, p. 359, 333s.

Os mandamentos referentes ao culto em Ex 34,11ss. mostram que Ex 32—34 trata todo ele do verdadeiro culto e o escrito sacerdotal que emoldura estes capítulos tem conexão positiva ou negativa a respeito do verdadeiro culto. Mas devemos duvidar que a concepção sacerdotal, na qual todo o peso está colocado na instalação do verdadeiro culto, possa ser tomada como continuação literária e interpretação de uma comunicação legal que lhe seja precedente[111]. Em Ex 32—34 havia uma tradição mais antiga e pré-exílica, que trata essencialmente da questão do verdadeiro culto a Yhwh. Para o escrito sacerdotal tudo dependia da presença do Deus santo. Por isso era um passo lógico e próximo recorrer ao monte, do qual este Deus um dia havia saído. A partir daí, esse Deus poderia ser transferido para o santuário (Ex 40,34ss.).

Além disso, pode-se invocar o fato de que desta forma uma série de dados fundamentais pode ser explicada de modo mais convincente.

Isso vale, por exemplo, para a falta de uma concepção de aliança nos textos sacerdotais, observada pelos pesquisadores[112]. De uma forma massiva, um tal conceito só teria entrado tardiamente na perícope do Sinai, posteriormente à influência sacerdotal em Ex 19 e 24. De modo inverso, a falta de uma arca nos textos não sacerdotais[113] pode ser melhor explicada pelo fato de que estes em grande parte já pressupõem os textos do escrito sacerdotal. Na minha avaliação, não há nenhum argumento de peso que se possa contrapor à tese formulada a partir do dado histórico-traditivo de que — partindo da tradição mais antiga de Ex 32—34, que deverá ainda ser melhor analisada — foi o escrito sacerdotal que transformou o Sinai naquilo que ele é hoje, isto é, o lugar onde foram promulgados o culto e o direito. Assim não causa admiração que não são os textos deuteronomisticamente influenciados, mas justamente os textos sacerdotais, que perfazem a enorme quantidade das leis sinaíticas de Ex 35 até Nm 10. Se aceitarmos, assim, a tese de que partes do escrito sacerdotal são anteriores[114], como se explica, então, a or-

---

111. Assim especialmente UTZSCHNEIDER, *Heiligtum*, p. 278 etc. Sobre P, cf. a seguir p. 383ss.
112. De forma básica, ZIMMERLI, *Sinaibund*.
113. Sobre isso, cf. por último BLUM, *Pentateuch*, p. 137.
114. O modelo que está na base destas teses conta com a existência conjunta, simultânea e até contraposta de afirmações de D e P e suas respectivas ênfases dentro de um texto maior. Assim se poderia explicar o fenômeno, que dificilmente pode ser negado, de que tanto textos-P reagem a textos-D quanto também elementos-D reagem a textos-P. Isso corresponde sobretudo àquilo que pode ser historicamente aceito para a época pós-exílica.

ganização tardia e deuteronomisticamente influenciada do monte de Deus através do direito de Deus?

d. *A transposição da ênfase do culto para o direito está relacionada com o desenvolvimento na época persa e com a formulação do Pentateuco como fundamento legal do judaísmo na época persa.*

Na primeira fase da época pós-exílica, toda a ênfase está colocada na reconstrução do templo e de seu culto (Ag; Zc; Esd 1–6), e dificilmente haveremos de poder separar os textos sacerdotais sobre o templo desse processo[115]. A concepção de um culto não inaugurado pelo rei, mas, ao invés disso, de um culto ordenado pelo próprio Deus e um culto no templo sustentado pelo povo e pelos sacerdotes tornou-se a base da Jerusalém pós-exílica. Com exceção da posição do Trito-Isaías, as questões sociais e legais podem, neste período, ainda ser vistas como tarefas cultuais. Isso, contudo, modifica-se profundamente no tempo de Neemias e de Esdras. Aqui se trata da autonomia política e jurídica do judaísmo, respectivamente da província de Judá no contexto do Império Persa[116].

Desde já devemos saber que uma tal modificação temática também se refletiu nos próprios textos. Um fator decisivo é a ligação do Deuteronômio com o Tetrateuco a caminho da formação do Pentateuco. Uma tal unidade literária ainda não é pressuposta em Dt 1–3; 4; 5; 9s. Já antes de sua compilação, tornou-se necessário harmonizar pelo menos nos seus traços essenciais ambas as concepções com todas as suas particularidades. O mais tardar nesse momento, o Decálogo deveria ser colocado, no mínimo, à frente de todas as leis, como pressupõe o Deuteronômio. A sua inclusão muito solta em Ex 20 sinaliza uma redação bastante tardia[117]. Também a inclusão do Código da Aliança pode ser melhor entendida se a postularmos para o mesmo contexto temporal e de conteúdo. Colocado antes do material sacerdotal, o Código da Aliança funciona como uma espécie de reservador de lugar para o Deuteronômio vinculado com Moab. Assim, o Código da aliança pôde servir como fundamento para o decisivo ato comprometedor em Ex 24,3ss. Somente com esta estrutura o Sinai se

---

115. Cf. UTZSCHNEIDER, Heiligtum; • BLUM, Pentateuch.
116. Cf. CRÜSEMANN, Perserzeit; bem como a seguir p. 449ss.
117. Sobre isso, cf. a seguir p. 479ss.

tornou o centro do Pentateuco, tanto do ponto de vista deuteronomista quanto sacerdotal. Somente a partir daí estava aqui formulado o evento que também aparece na cadeia da história salvífica canônica, como é documentado em Ne 9. A ausência do Sinai ainda nas versões pós-exílicas do "credo" foi o ponto de partida de nossas reflexões – e qual outra explicação senão a que foi proposta aqui poderia realmente explicar todo o processo?

5. Palavra em pedra ao invés de imagem de bezerro: sobre a origem da lei do Sinai

A pergunta pelo que estava escrito nas tábuas de pedra é, desde Goethe, a pergunta-chave para o acontecimento no Sinai e para a origem da lei[118]. E ela continua sendo a pergunta-chave também hoje. No entanto, a situação da discussão é bem diversa do que naquela época. Se Ex 32, com a sua imagem do bezerro, durante muito tempo parecia "um estranho dentro da narração do Pentateuco"[119], porque não se podia negar a sua relação com os santuários do Reino do Norte desde Jeroboão I e porque uma fonte como o Javista tinha data muito mais antiga, esta relação transforma o capítulo de Ex 32 ou o seu cerne num ponto de apoio arquimédico na onda da discussão sobre o Sinai. Deve-se, pois, partir do ponto de vista de que é inadmissível que este texto entre na tendência geral da datação tardia. Em todo caso, a concepção geral da perícope do Sinai acima esboçada tentou evidenciar Ex 32–34 como o cerne pré-sacerdotal, em torno do qual cresceu todo o restante. Isso agora precisa ser confirmado nos detalhes, e sobretudo com vistas à pergunta pelas tábuas e seu conteúdo.

a. Ex 32 é um capítulo essencialmente pré-deuteronomista. Isso fica bem claro a partir do acréscimo dos v. 7-14[120]. O que Deus, nesta passagem, comunica a Moisés, o próprio Moisés descobre outra vez mais tarde por conta própria (v. 17-19). Se na maior parte se fala do castigo dos culpados (v. 33), ou até da puni-

---

118. GOETHE, Was stand; sobre isso cf. GALLING, Goethe; • EISSFELDT, Goethes Beurteilung; • SCHOTTROFF, Goethe.
119. NOTH, Pentateuch, p. 160.
120. NOTH, Pentateuch, p. 33, nota 113 e outras passagens mais. Sobre Ex 32,7-14 cf. agora AURELIUS, Fürbitter, 41ss. Sobre as teses de Vermeylen de que a camada básica já é deuteronomista (bem como também outras três camadas mais), cf. BLUM, Pentateuch, p. 73s. nota 127.

ção do povo como reação contra a idolatria da imagem do bezerro, também se trata aqui da pergunta pela continuação da comunhão com Deus. Nos v. 7-14, contudo, tematiza-se a possibilidade de uma destruição total (v. 9.12). A indissociável unidade narrativa de Ex 32 e 34 é decisiva. É verdade que alguns trabalhos mais recentes retomaram a antiga tendência de separar os capítulos 32 e 34 com base na atribuição do cap. 34 ao Javista[121]. Os motivos que Perlitt mencionou para a unidade de Ex 32 e 34 não precisam aqui ser repetidos[122]. Estes argumentos entrementes foram fortalecidos através de uma demonstração bem detalhada de que existe uma costura literária no ponto decisivo, isto é, entre Ex 34,8 e 9[123]. Além disso, a inter-relação concisa de todo o complexo de Ex 32–34 foi várias vezes bem descrita, de modo que não é necessário fazer grandes repetições[124]. Uma vez que o centro de nosso interesse é o lugar de Ex 34,11ss. – primeiramente sob a perspectiva literária – torna-se decisiva a prova de que Ex 32 e 34 constituem uma unidade indissociável, que trata do pecado e do perdão. Aqui pode permanecer em aberto a questão sobre quanta coisa em Ex 33 pode ou deve ser atribuída a uma tal narrativa pré-deuteronomista. Isto é, fica em aberto a duração da conversa entre Moisés e Deus, entre a primeira petição por perdão em 32,32 e a sua conclusiva repetição em 34,9 na narrativa original[125].

Importantes, contudo, são as discussões que giram em torno de Ex 34,11ss. e o motivo das tábuas. Isolar Ex 32 de Ex 34 não convence, porque o problema da culpa e do perdão de modo algum é solucionado com Ex 32,34s.[126] Mas se existe uma continuação, então também se deve esperar da lógica narrativa que deva ser retomado o motivo das tábuas, que em Ex 32,19, num primeiro momento, ter-

---

121. ZENGER, *Sinaitheophanie*, p. 227s.; • WILMS, *Bundesbuch*, p. 146ss.; • VALENTIN, *Aaron*, p. 214 (observem-se, porém, as delimitações cuidadosas e inseguras, as quais a maioria dos comentaristas já nem discutem mais); • DOHMEN, *Bilderverbot*, p. 66ss.; • WEIMAR, *Kalb*; • AURELIUS, *Fürbitter*, p. 58ss.
122. PERLITT, *Bundestheologie*, p. 203ss.
123. WALKENHORST, *Mose*.
124. COATS, *Loyal Opposition*; • DAVIES, *Rebellion*; • MOBERLY, *At the Mountain*; além disso, cf. BLUM, *Pentateuch*, p. 54ss.
125. Cf. especialmente BLUM, *Pentateuch*, p. 59. No contexto de uma reconstrução da composição-D, para Ex 32–34 ele levanta a "hipótese de trabalho" de que "o nosso texto principal Ex 32–34 de forma diacrônica deve a sua forma a uma continuação no cap. 32; em Ex 33, porém, a forma deve-se a uma reorganização (mais ou menos livre) e/ou uma reestruturação total (de uma tradição anterior)" (p. 75).
126. AURELIUS, *Fürbitter*, p. 60, considera Ex 32,34 como um desfecho válido de uma narrativa. Mas a destruição das tábuas é um argumento tão forte que deve ser retomado no contexto narrativo do perdão. Mas se quisermos reconstruir em Ex 32 uma camada sem as tábuas, falta o motivo para a presença de Moisés.

mina com a destruição das primeiras tábuas. Isso de fato acontece em Ex 34,1ss. Se a destruição das primeiras tábuas é uma expressão da ira, significando o fim da presença e do cuidado de Deus simbolizado pelas tábuas, o perdão não pode ser apresentado sem uma restituição das tábuas.

A pergunta, contudo, sobre o que as segundas tábuas significam e se elas estão relacionadas com os mandamentos comunicados em Ex 34,11-26 é respondida de forma muito diversa. Ao meu ver, deve-se partir da inter-relação dos v. 26-28. A partir do texto literal, não há primeiramente nenhum motivo para supor qualquer costura literária neste ponto. Aqui é dada a ordem de anotar por escrito as palavras precedentes, o que Moisés, então, acaba fazendo. Todas estas tentativas de supor algumas divisões neste ponto provêm do contexto maior, isto é, em especial do paralelismo no Deuteronômio – e disso não podemos falar aqui –, bem como de dois problemas na formulação. O primeiro problema reside na contradição entre as indicações de Ex 34,1, segundo as quais Deus mesmo quer escrever, como o havia feito nas primeiras tábuas (32,15s.), e a indicação em Ex 34,27s., segundo a qual Moisés mesmo escreve. O outro fator de confusão é a indicação de Ex 34,28 de que se trataria de "dez palavras" ($\'a\acute{s}eret\ hadd^e$-$b\bar{a}r\bar{\imath}m$). Essas duas formulações no v. 1 e no v. 28 são uma clara harmonização com a apresentação diferente no Deuteronômio, respectivamente com a referência ali feita ao Decálogo em Ex 20. Nisso tudo devemos supor em Ex 34,1 somente a mudança de uma única forma verbal ($w^e k\bar{a}tabt\bar{a}$ ao invés de $w^e k\bar{a}tabt\bar{\imath}$). E no v. 28 há claramente um perceptível acréscimo. Desde Goethe, que a partir do v. 28 queria encontrar em Ex 34,11-26 um decálogo, até Blum, que no contexto da cristalização de sua composição-D vê aqui uma referência a Ex 20 e, por isso, tenta tirar Ex 34,12-26 deste contexto e declarar o texto como sendo deuteronomista[127], as dificuldades residem somente nestas duas formulações, bem como no fato de que a pesquisa também continuou as suas ordenações, isto é, buscou harmonizar Ex 34 com o Deuteronômio e o Decálogo.

Exceto estas duas suposições sobre uma mudança textual em Ex 34,1.28 acontecida no conjunto da redação do Pentateuco, não há necessidade de outras mais. No contexto narrativo de Ex 32–34, contudo, deve-se esperar e até é necessária uma comunicação daquilo que primeiro Deus e depois Moisés escreveram

---

127. BLUM, *Pentateuch*, p. 67ss.

nas tábuas. Ex 32-34 não pressupõe uma comunicação anterior, p. ex., de mandamentos para o povo. Uma referência a uma revelação anterior existe somente e a partir do acréscimo em Ex 32,8. Se as palavras das tábuas já tivessem sido comunicadas antes e eram conhecidas do povo, a destruição da tábua, na melhor das hipóteses, poderia ter caráter marginal, porque a vontade de Deus em princípio ainda seria conhecida. A destruição das tábuas obviamente coloca o cuidado de Deus para com Israel em questão. Por isso, de modo algum, a atribuição de Ex 32,24 de levar o povo para longe do monte pode significar a solução do conflito. Enquanto o povo não conhecer a vontade de Deus, não pode comportar-se de acordo com ela e, portanto, fugir de catástrofes futuras. A concisão narrativa de Ex 32-34 exige a comunicação do conteúdo das tábuas assim como a renovação das tábuas destruídas, e não existe nenhum motivo literário que possa fundamentar a dissolução desta estrutura clara.

Quando surgiu esta narração? O ponto de partida seguro para isso é a relação da imagem do bezerro com os santuários de Jeroboão I e com isso com os santuários estatais do Reino do Norte. Isso é atestado pela identidade das formulações de Ex 32,4 e 1Rs 12,28. Trata-se deste pecado e de seu perdão. Isso forçosamente leva à situação posterior a 722 aC, após a destruição do Reino do Norte e a destruição dos seus locais de culto. Evidentemente já antes havia crítica a essas imagens, pelo menos desde Oseias (Os 8,4ss.; 10,5s.; 13,2). Em qualquer situação anterior a 722, uma teologia que vê este culto estatal como expressão do pecado de Israel somente poderia buscar acabar com o culto ao bezerro ou, então, estaria interessada nas consequências, portanto no juízo. Não estaria essa teologia interessada nesta tese tão amplamente apresentada aqui se existe um futuro com Yhwh e como tal futuro poderia parecer. Mas se o pecado e o futuro do antigo Reino do Norte são o tema desta narrativa, então deveria haver bons motivos para deslocá-la em um século e datá-la na época de Josias[128]. A inclusão de Ex 32,7-14 evidencia o capítulo 32 como pré-deuteronomista, e assim, como o capítulo 34, ele também não é deuteronomista. A afirmação de que Ex 34,11-26, tanto em conteúdo quanto em expressão de linguagem, é uma versão pré-deuteronomista dos mandamentos deverá ser evidenciada em detalhes em outro espaço desta obra[129]. Existem de fato pou-

---

[128]. Assim PERLITT, *Bundestheologie*, p. 211s. e outros lugares.
[129]. Cf. a seguir p. 167ss.

cos termos ou expressões que sejam típicas da linguagem deuteronomista[130]. Eles não performam nem a massa nem a substância. A influência deuteronomista também pode ter acontecido no contexto de uma reformulação posterior[131]. Devemos observar sobretudo o caráter não deuteronomista de Ex 34,11-26. De fato, não existe motivo para deslocar substancialmente a narração do lugar histórico, do qual ela faz parte. Pois a pergunta pelo futuro de Israel com seu Deus deve ter sido colocada imediatamente após 722, e por isso pode e deve-se ver aqui uma narração, que provém das duas últimas décadas do século VIII aC[132].

No conjunto de uma tal datação – e somente nela – decodifica-se o texto até as suas particularidades. Enquanto Moisés está no monte para receber as tábuas com as ordenações de Deus – falta o início da narrativa, que talvez possa ainda estar contida em Ex 24,12ss.; 31,18 – Aarão e o povo realizam a construção da imagem do bezerro. O culto estatal do Reino do Norte, sustentado pelos sacerdotes e pelo povo, é o pecado do qual se trata. Deus castigou o povo pelo seu pecado, como se lê em Ex 32,25, um versículo que já superou os limites da ficção literária. O povo deve agora tomar a água amarga de suas ações, isto é, suportar as consequências (32,20). É esse o contexto da longa discussão entre Moisés e Deus. Trata-se da pergunta como e se Deus vai continuar caminhando junto com o seu povo. Trata-se do futuro deste Israel pecador com o seu Deus. O referido perdão consiste de dois atos chamados de "aliança" ($b^e r\bar{\imath}t$). Deus se compromete a realizar milagres nunca dantes vistos (Ex 34,10). No contexto histórico, isso somente pode ser uma alusão a um esperado retrocesso político-militar dos acontecimentos de 722. A expressão "o povo, em cujo meio estás" (v. 10) é, por seu turno, uma formulação que no fundo rompe a ficção e somente é compreensível em uma situação em que Israel se encontra no meio de povos estranhos, o que dificilmente poderia ser dito antes de 722. Por outro lado, Israel se compromete a observar as palavras escritas sobre as tábuas (v. 27).

A contraposição, bem como a inter-relação entre a imagem do bezerro e as tábuas de pedra, deduz-se sobretudo a partir do conteúdo, pois Ex 34,11ss. trata

---

130. Assim, por exemplo, a expressão "povo de dura cerviz" (34,9 e já em 32,9; 33,3).
131. Como é aceito por BLUM, *Pentateuch*, p. 75.
132. Esta datação está próxima à chamada redação jeovista no final do século VIII, à qual ZENGER, *Sinaitheophanie*, p. 164s., faz remontar a primeira inclusão de um texto legal dentro da perícope do Sinai mais antiga, a saber, o texto de "direito de privilégio" de Ex 34,11ss. Cf. tb. WEIMAR, *Kalb*, p. 147s. etc. Mas os pressupostos metodológicos, bem como as delimitações literárias são diferentes.

essencialmente do serviço a Deus e do culto, exatamente como a antiga terminologia do "decálogo cultual" sempre afirmou. A alternativa não é culto ao bezerro ou ética, culto ao bezerro ou direito. A alternativa se coloca entre culto mais falso ou mais verdadeiro, culto ordenado por Deus ou culto auto-ordenado. O perdão se expressa na renovação das tábuas. Na medida em que o culto verdadeiro e pretendido por Deus é comunicado, para Israel se oferece a possibilidade de um futuro com este Deus. Os mandamentos cultuais formulam as condições da possibilidade da presença futura de Deus em Israel.

Esta narrativa é a primeira que fez a interligação do monte de Deus com a proclamação dos mandamentos divinos. O que foi fundamento e motivo para isso? Por que esta narrativa, que em termos de conteúdo trata da pergunta pelo futuro de Israel com Yhwh no final do século VIII aC, está situada na época das origens e colocada junto a este monte? Dificilmente só a imagem do bezerro terá conduzido a isso. Já em 1Rs 12,28, ela está vinculada ao êxodo, e haveremos de poder entender isso como uma descrição acertada do culto estatal oficial do Reino do Norte. Mas com isso as imagens ainda não estavam vinculadas a Moisés e muito menos ao Sinai. Não há nenhum indício de que em algum momento tivessem sido interpretadas em tal perspectiva. Visto a partir da tradição mais antiga sobre o monte de Deus, deve ter sido o problema central tratado aqui que trasladou as imagens para o monte de Deus: trata-se nada menos que da salvação de Israel. Trata-se da possibilidade, apesar da culpa que levou à catástrofe, de sobreviver ao domínio assírio. De forma resumida, assim como em Débora (Jz 5) ou em Elias (1Rs 19), trata-se da salvação, que tradicionalmente provinha deste monte. Ao invés de enviar um profeta para este monte, fala-se da estadia de Israel junto a este monte. Possivelmente havia ainda outros pontos de relação, por exemplo, a vinculação anterior do motivo das tábuas ou até a imagem do bezerro com Moisés, ou algo semelhante. Mas não temos mais nenhum indício neste sentido. Decisivo é o seguinte: a renovação das tábuas, e com isso a possibilidade de adorar este Deus conforme a sua vontade, é a forma que o perdão redentor assume concretamente. As palavras sobre as tábuas são a forma, na qual aparece a salvação de Deus após o fim do Reino do Norte.

b. Atualmente a pesquisa, de forma quase consensual, afirma que as tábuas de pedra do Sinai nunca existiram, nem vinculadas com mandamentos e muito menos com os de Ex 34. As possibilidades hoje defendidas[133] para a compreen-

---

133. Cf. a junção em DOHMEN, *Tafeln*, p. 10ss. nota 6 e também ZENGER, *Ps 87*.

são das tábuas vão desde particularidades geológicas[134], passando por tratados imperiais[135], oráculos de coroação[136] e tábuas de cidadãos e de vida[137] até a tese da aceitação de uma construção puramente teórica[138]. Recentemente, Dohmen tentou ver a sua origem na concepção de uma documentação pública do evento do Sinai[139]. Agora, toda pergunta por uma realidade histórica deve partir do lugar narrativo no qual ela se situa. E justamente isso é a narrativa de Ex 32–34 e com isso se desloca a alternativa entre culto de bezerro e tábuas de pedra.

A pergunta pelo que há de histórico por detrás do motivo das tábuas de pedra deve partir de duas reflexões. A primeira é a total inverossimilhança de que o narrador e os ouvintes não possam dar nenhuma resposta à simples pergunta infantil: "Onde estão elas?" O culto ao bezerro foi uma realidade em Israel, e também em outros momentos da época da monarquia existem objetos como a arca ou a serpente de bronze (Nm 21; 2Rs 18,3), que são retroprojetados até Moisés. Segundo o Deuteronômio, as tábuas são colocadas na arca, mas com isso elas não sumiram simplesmente, pelo menos não enquanto existiu a arca ou somente a lembrança dela. E esta comprovadamente existiu até os inícios da época pós-exílica (Ag 2,3). Na predominância de um pensamento fortemente etiológico, como está documentado várias vezes na época do Antigo Testamento, dificilmente, no caso de objetos de duração tão longa, pode ter-se tratado de algo simplesmente simbólico. Mesmo que se pense na época exílica como tempo do surgimento da narrativa, devemos contar com perguntas semelhantes. E em Ex 34 não se trata de uma escrita divina milagrosa como em Dt 9–10. As segundas tá-

---

134. LEHMING, Versuch, p. 37.
135. MAIER, Urim, p. 22ss.
136. NIELSEN, Gebote, p. 33 nota 3.
137. ZENGER, Ps 87.
138. Assim PERLITT, Bundestheologie, p. 210s.; • LORETZ, Gesetzestafeln.
139. DOHMEN, Bilderverbot, p. 132ss.; id., Tafeln, 19ss. Lembra documentos assírios (de compra e venda!), chamados de ṭuppu dannutu. Por isso, a expressão "tábuas de pedra" (lūḥōt 'eben) de 24,12; 31,18 deve, segundo o autor, remontar a uma determinada forma de publicação de um ato jurídico. Independentemente da questionável base literária, a tese já não pode ser mantida, porque ṭuppu dannutu significa um documento legítimo, isto é, juridicamente comprometedor (CAD III, p. 94s. s.v. dannu = "binding document, valid declaration"). A comprovação de que no hebraico se pode supor algo semelhante para o conceito "tábuas de pedra" (lūḥōt 'eben), Dohmen quer deduzi-la, por um lado, da equiparação de tais documentos com marcos de divisa de pedra (Bilderverbot, p. 135s.) e, por outro lado, da analogia dos documentos de pedra com os corações de pedra (Bilderverbot, p. 136 nota 211). Ambas as conclusões não têm argumentos suficientes. Além disso, a suposição de tábuas sem texto é altamente questionável. Em resumo: com grande estardalhaço, o autor se desvia de um fato arqueologicamente muito documentado para a época da monarquia, isto é, a existência de textos escritos sobre pequenos pedaços portáteis de pedra. Afinal, por quê?

buas foram escritas por Moisés (Ex 34,28) e, assim, são documentáveis. Mas onde estão elas? O outro pressuposto é a grande possibilidade de que em Ex 34,11ss. esteja citado um documento independente bem antigo. O texto não foi formulado para esta narrativa. O texto, sobretudo na sua primeira parte, onde se fala da interdição de fazer alianças com os moradores da terra, no fundo não tem ligação com o mundo narrado de Ex 32-34. Tudo fala a favor de um documento que sofreu poucas modificações e é anterior a essa narrativa[140].

A isso se soma um outro elemento, que no fundo não pode ser inventado: o número dois. Por que são duas tábuas e não uma ou três? As constantes tentativas de dividir o Decálogo em duas partes e o claro fracasso destas tentativas somente confirmam que a concepção originalmente não se vincula com o Decálogo. Ambas as coisas somente foram secundariamente relacionadas pelo Deuteronômio, respectivamente por certas camadas dentro dele. Mas já é uma informação preparada para o momento dizer que o número dois surgiu através de um erro anônimo de cópia ou através de mal-entendidos[141].

Logo após o fim do Reino do Norte, fala-se sobre duas tábuas de pedra portáteis e nas quais está formulada a vontade de Deus sobre o correto culto a Deus em lugar do culto estatal ao bezerro. O ambiente do qual se fala historicamente não é nenhum problema. Desde o calendário de Gazer até a estela/pedra de Meša[142] há suficientes analogias. Sobretudo textos legais da Antiguidade são publicados desta forma e da mesma forma também calendários, como mostra o calendário de Gazer. Restos de tais inscrições sobre pedras foram encontrados tanto em Samaria quanto em Jerusalém[143]. Por isso não existe motivo convincente para duvidar que tais tábuas de fato tivessem existido no Reino do Norte e que o seu conteúdo tivesse versado sobre regras fundamentais para o culto a Deus.

---

140. Sobre isso cf., a seguir, p. 167ss.
141. DOHMEN, Tafeln, supõe que no início esteja um "plural de gênero" (Bilderverbot, p. 137s.); disso uma antiga redação deuteronomista teria feito em Dt 9 um plural numérico (lûḥōt ha'abanīm); uma redação posterior teria, então, introduzido o número dois. Excetuando-se a questionável crítica literária, não é nada convincente o deslocamento do surgimento de motivos importantes para uma sequência de mal-entendidos de redatores supostamente idiotas (e também, por exemplo, a renúncia em sequer refletir a força da tradição).
142. Sobre o calendário de Gazer, cf. as figuras em AOB 609; Inscriptions Reveal n. 8. Sobre a pedra de Meša, cf. AOB 120.
143. Sobre a inscrição em pedra da Samaria: Inscriptions Reveal n. 43 = Samaria III, p. 33s.; sobre Jerusalém: NAVEH, Fragment.

A narração somente alcança um perfil de convencimento narrativo através da suposição de que as tábuas correspondentes de fato existiram no Reino do Norte. Nisso não é decisivo se um texto constava em duas tábuas, ou se existiram duas tábuas, por exemplo, em Betel e Dã ou em Betel e Samaria. A contraposição aqui narrativamente organizada entre o culto ao bezerro e as ordenações divinas fixadas por escrito sobre o culto corresponde exatamente ao que o profeta Oseias fala sobre os últimos tempos do Reino do Norte (esp. Os 8,12)[144]. O fato de que estas ordenações novamente continuam a valer se mostra na narrativa do perdão dado por Deus, o que abre um novo futuro para Israel (34,10).

O máximo que podemos é externar a hipótese de que tais tábuas de fato existiram pelo menos até o final do Reino do Norte e que elas estão por trás das *tōrōt* (leis) de Os 8,12, bem como das tábuas do Sinai e que nelas se encontrava o texto de Ex 34,12ss. ou uma variante do mesmo. Uma confirmação última somente poderia ser trazida a partir da arqueologia.

6. Resumo: como e quando a Torá chegou ao Sinai

a. Resumindo o que foi dito anteriormente, podemos observar pelo menos os seguintes passos sobre o caminho da Torá para o Sinai:

– Nos textos mais antigos, o Sinai é o monte de onde Deus vem para salvar o seu povo (Jz 5,4s. par.). A partir daí se inicia o êxodo (Ex 3) e daí se originam tanto o castigo quanto a salvação até a época da guerra dos arameus (1Rs 19).

– De Ex 19ss. não se pode reconstruir narrativas antigas sobre uma estadia de Israel junto a esse monte. A adoração de Deus neste monte mencionada em Ex 3,12 corresponde melhor a Ex 18. Neste capítulo reside a mais antiga vinculação entre o monte de Deus e uma questão de jurisprudência. Só que aqui a legitimação de uma instituição jurídica israelita remonta ao conselho de um madianita e já por isso está em oposição a todas as concepções (tardias) acerca de um direito divino.

– Os textos de Ex 32–34* devem ser vistos como ponto de partida para uma vinculação entre o monte de Deus e o direito divino. Ao culto estatal do bezerro,

---

144. Cf. acima p. 35ss.

no Reino do Norte, que ocasionou a destruição deste mesmo reino, contrapõe-se o culto instituído pelo próprio Deus. Isso se acha formulado nas tábuas de pedra. A renovação das pedras quebradas é a forma narrativa concreta do perdão. Isso abre para Israel uma nova possibilidade de futuro com Yhwh.

— Em torno deste cerne situam-se, não antes da época do exílio, os textos sacerdotais sobre o templo. Nas indicações arquitetônicas (Ex 25–31) e depois na construção (Ex 35ss.) da tenda da reunião e no seu culto centrado na presença de Deus realiza-se a salvação, em torno da qual gira a teologia sacerdotal[145]. O culto não instituído pelo rei estabelece os elementos essenciais de Ex 32–34 como ponto de partida e de ruptura, e torna-se, assim, o fundamento do templo pós-exílico.

— Uma linha teologicamente diferente reside nos numerosos textos deuteronômico-deuteronomistas. Aqui trata-se constantemente da vinculação entre êxodo, dádiva da terra e mandamento divino. A Torá é o outro lado do êxodo, a condição para a preservação da liberdade e da propriedade da terra. Para a realização narrativa e localização histórica da vinculação teológica há um surpreendente espaço à disposição: desde o "dia" da saída (ou até mesmo antes, conforme Ez 20) até a conclusão da conquista da terra. O exemplo de longe mais importante é a localização da comunicação do Deuteronômio em meio ao processo da tomada da terra, em Moab.

— A ampliação posterior do Deuteronômio em Dt 5 e 9–10 constitui uma reação que corrige a concepção de Ex 32–34 e talvez já a vinculação deste bloco com os textos sacerdotais. Aqui o Decálogo é colocado no lugar de Ex 34,1ss. e, assim, relacionado com as tábuas de pedra e com o monte de Deus. Ao mesmo tempo, os discursos de Moisés são caracterizados como uma revelação no Horeb e tidos como a única continuação legítima dos discursos divinos ali feitos.

— Uma última versão da perícope do Sinai aconteceu através das camadas deuteronomistas de Ex 19–24. Historicamente, por ocasião da interligação entre Tetrateuco e Deuteronômio para a sua transformação em uma base legal do judaísmo na época persa, estes capítulos, com ajuda dos textos mais antigos do Decálogo e do Código da Aliança, são colocados antes da massa das leis sacerdotais

---

145. Acerca do conceito de salvação neste contexto, cf. tb. UTZSCHNEIDER, *Heiligtum*, p. 80.

como uma espécie de sinal de interpretação e contrapeso. Somente uma estruturação tão tardia é capaz de explicar a ausência de uma legislação sinaítica ainda em textos pós-exílicos do "credo".

b. O que se realiza nesta gradual vinculação entre o monte de Deus e o direito divino pode e deve ser descrito e entendido no contexto da normalidade do Antigo Oriente. Na medida em que aí o direito não é simplesmente costume e tradição, ele tem no rei o seu ponto de partida. O que está por detrás do direito é a dignidade divina do estado. E para o culto vale algo semelhante.

Mas o Sinai é um lugar utópico, temporal e espacialmente fora do poder estatal. A relação do direito promulgado por Deus com este lugar realiza-se por etapas forçadas e possibilitadas pelas catástrofes do estado israelita. O Sinai transforma-se no ponto arquimédico de um direito que não está amarrado ao poder de um estado e, mesmo assim, não é mera expressão de tradição e costume. Tudo isso é relativizado.

O fim do Reino do Norte é o primeiro grande impulso. Depois segue-se o movimento deuteronômico que reage a este acontecimento. Aí vem o desafio teológico do exílio e, por fim, as possibilidades da autorização pelo Império Persa. Estas são as estações historicamente essenciais que estão por detrás dos passos da Torá a caminho do Sinai. Paralelamente ao surgimento dos textos, mas idêntico com este surgimento, cria-se um lugar para uma alternativa em lugar do direito divino e do culto real. Na medida em que o culto e o direito são situados no lugar de onde sempre saiu a libertação através deste Deus, a própria Torá torna-se uma forma decisiva da libertação. A sobrevivência real de Israel, apesar da subjugação através de grandes impérios, tem a ver com um lugar fictício de um passado fictício, o qual está fora do espaço de domínio de qualquer poder e por isso também está pré-ordenado a todo tipo de poder.

IV
MOISÉS COMO INSTITUIÇÃO?: A FORMA DE ORGANIZAÇÃO DO DIREITO ISRAELITA

> "O judaísmo é a
> humanidade que se
> encontra no limiar de uma moral
> sem instituições".
> E. Lévinas[1]

1. A pergunta por Moisés como pergunta pela organização do direito

A Torá é transmitida a Moisés por Deus no Sinai e chega a Israel unicamente por intermédio dele, excetuando-se o Decálogo. Nada evidencia tanto sua importância do que o fato de que a Torá pode ser chamada igualmente de Torá de Yhwh (1Cr 16,40; Ne 9,3; cf. Js 24,26 entre outras) e Torá de Moisés (2Cr 23,18; cf. 35,12; Js 8,31; 23,6 etc.). Quem é, quem foi esse Moisés? Essa pergunta foi um dos temas que desencadearam a pesquisa histórico-crítica e, provavelmente, jamais poderá ser respondida. Com raras exceções, a pergunta foi entendida exclusivamente como pergunta pelo Moisés histórico, pela figura que se encontrava no princípio e se tornou o desencadeador de tantas coisas. As respostas a ela são tão numerosas quanto os inquiridores e refletem – à semelhança do que acontece em relação a Jesus – o espírito dos mesmos[2]. Sob a influência dessa pesquisa, porém, encolheu-se a figura de Moisés. O gigante que dá o nome ao Pentateuco e coesão a todos os eventos desde a opressão no Egito até o início da tomada da terra, transformou-se em anão quase irreconhecível. Ainda que se possa perfeitamente ser cético em relação a muito ceticismo exagerado, segundo

---

1. LÉVINAS, E. Namenlos, p. 105.
2. Em relação à pesquisa sobre Moisés, v. SMEND, *Mosebild*; • OSSWALD, *Bild des Mose*; • SCHMID, H. *Gestalt des Mose*.

o qual, por exemplo, existia inicialmente apenas a tradição sobre uma sepultura[3] – desconhecida! –, não resta muita coisa historicamente palpável. O mais seguro ainda é o nome egípcio[4], e a partir dele pode-se, então, mais adivinhar do que propriamente reconhecer algo seguro.

Paralelamente à pergunta sobre o Moisés histórico, a inevitável contrapergunta ficou na penumbra: como, afinal, pôde desenvolver-se, a partir daquele início sobre o qual tão pouco sabemos, aquilo que a Bíblia associa ao nome Moisés? Uma vez chamada a atenção seriamente para esse problema, admira que tão raramente essa pergunta tenha sido levantada. O fascínio do historismo deve ter tido uma força admirável, quando se acreditava que com o início já se tinham também as consequências, e com a causa, o efeito. Por natureza, boa parte de toda pesquisa do Pentateuco se dedica sempre à história mais ampla da figura de Moisés. As questões sobre os processos históricos, porém, que dos inícios deduziam tudo o mais, desapareceram totalmente atrás dos problemas da reconstrução e do enquadramento histórico das fontes, bem como de sua respectiva intenção e teologia. Por que todas as leis foram associadas a esse nome e o que significa essa associação? Segundo todas as evidências, Moisés não redigiu nenhum dos corpos jurídicos israelitas, nem os fundamentou quanto ao conteúdo. Isso se pode demonstrar hoje como plausível também quanto ao Decálogo, inclusive quanto aos enunciados teológicos centrais como o 1º e 2º mandamentos ou quanto ao sábado[5]. Por que razão lhe foi atribuído tudo isso, de modo que o anão se tornou um gigante, maior do que tudo quanto existiu em Israel?

Essa pergunta leva – paralelamente à pergunta pela ligação com o direito divino e o monte de Deus – ao sentido de uma autoridade que pertence a um passado distante. No entanto, no caso de Moisés, a pergunta se coloca de outra forma e de modo mais maciço. Por princípio, a validade de direito está associada ao poder e à autoridade. Se um direito é atribuído a uma autoridade não presente na atualidade, surge inevitavelmente a pergunta: quem lhe corresponde na atualidade, quem o representa e aplica o direito na realidade? Mas a posição privilegiada de Moisés se revela especialmente importante em face desse questiona-

---

3. Assim NOTH, *Überlieferungsgeschichte*, p. 189s.
4. Cf. W.H. SCHMIDT, *Exodus*, p. 73s.; • DONNER, *Geschichte I*, p. 107ss.
5. Cf. quanto a isso acima p. 26s.

mento. Quem, afinal, pôde ousar falar e escrever em seu nome? E que isso aconteceu não pode ser assunto de controvérsia. "Na cadeira de Moisés estão assentados os escribas e fariseus", lê-se em Mt 23,2. E segundo a autocompreensão judaica, o sinédrio, por exemplo, fala indiscutivelmente com a autoridade de Moisés[6]. Também esse problema se nos apresenta, por natureza, de modo diferente do que no tempo do surgimento dos textos bíblicos. Quem, por exemplo, pôde ousar, e com que autocompreensão, redigir um texto como o Deuteronômio como discurso de Moisés? A pergunta pela pessoa de Moisés também é imperiosamente a pergunta pelas grandezas que, mais tarde, representam esse começo, que lhe correspondem, que agem em sua sucessão. Já a formulação objetiva do problema apresenta dificuldades, visto que já contém uma parte da resposta.

Todas as grandezas do passado de Israel têm seus representantes reconhecíveis e chamados como tais. No pensamento genealógico do gênero patrilinear, são os filhos[7]. Os filhos de Adão são todos os seres humanos, os filhos de Jacó são os israelitas, são o povo de Israel. Cada tribo tem seu ancestral, ao qual remonta e que a representa. E isso vale também para grandezas sociais que, conforme nosso juízo, não são constituídas por meio de parentesco: os filhos dos profetas são seus discípulos (1Rs 20,35 etc.)[8], os filhos de Davi são seus sucessores dinásticos, o grupo de cantores dos coreítas denomina-se "os filhos de Coré" (Sl 42,1 e outras passagens), e isso vale inclusive para guildas de artesãos (Ne 3,8, p. ex.). Segundo essa forma de pensar, dominante em Israel, representação e descendência formam uma unidade, e com isso se expressam simultaneamente identidade e distância. Isso vale também para o entorno de Moisés: os sacerdotes israelitas consideram-se filhos de Aarão, o irmão de Moisés (Lv 1,5 e outras passagens).

Somente para Moisés, a figura maior e mais importante, não existem esses "filhos". Nenhuma grandeza histórico-social em Israel leva seu nome e se encontra em condição de representatividade recíproca com Moisés. É verdade que em algumas poucas passagens se fala de filhos de Moisés (Ex 2,22; 4,20; 18,2-6) e provavelmente existiu no santuário de Dã um clero que, conforme alegavam, remontava

---

6. Cf. adiante p. 156ss.
7. Em relação ao pensamento genealógico, cf. esp. BLUM, *Vätergeschichte*, p. 485ss.
8. Documentação detalhada, p. ex., em HAAG, artigo *bēn*, p. 675.

a Gérson, o primogênito de Moisés (Jz 18,30)[9]. Tudo isso, no entanto, permaneceu um fenômeno marginal, e em Jz 18 "Moisés" foi corrigido para "Manassés". Um dos troncos principais dos levitas também se denomina Gérson, como o filho de Moisés, e, inversamente, aparece um tronco Musi entre o grupo de levitas dos meraritas (Ex 6,19), e supôs-se uma ligação com Moisés[10]. Moisés, portanto, não apenas é levita, mas talvez tenha desempenhado também um papel maior como ancestral de determinados grupos levíticos ou sacerdotais. Também é tão surpreendente quanto importante o fato de nos terem sido preservados, na melhor das hipóteses, alguns fragmentos de difícil aproveitamento. Se os considerarmos tradição antiga do tempo anterior à destruição do santuário de Dã (cf. Jz 18,30), está tanto mais confirmado que não foram ampliados com a ascensão de Moisés à figura intermediadora central do Pentateuco, e, sim, pelo contrário, foram castrados. Ao contrário do que aconteceu no caso de Aarão[11], por exemplo, a "ascensão" de Moisés não está acoplada à ascensão de determinado grupo ou de determinada instituição. Moisés faz parte do levitismo, mas os levitas não representam simplesmente a Moisés. Menos ainda esse é o caso com outros grupos como sacerdotes, profetas, jurisconsultos, sábios, ou outros que nos pudessem ocorrer. Moisés inicialmente não é um grupo em Israel, tampouco é sinônimo de Israel, como no caso de Abraão e Jacó.

Já se fizeram tentativas na exegese no sentido de perguntar por grandezas institucionais ligadas ao nome de Moisés. H.-J. Kraus, por exemplo, fala, em relação à época primitiva do anficionismo, de um ofício "munido da mais alta autoridade", de uma "instituição sacra", enfim, de um "ofício profético e mediador da aliança", que exercia funções de jurisprudência e legislativas no culto central dos primórdios em nome de Moisés[12]. A tese de Kraus encontrou pouca aceitação, até mesmo na época em que estava em voga toda sorte de ofícios anfictiônicos, e com o desaparecimento de tantas ideias difundidas sobre o tempo primitivo, ela caiu no esquecimento. Em todo caso: a insistente pergunta de Kraus pelo que se encontra, afinal, por trás dos muitos discursos de Moisés no Pentateuco, e seu alerta de que como resposta dificilmente seria suficiente a difundida

---

9. Segundo a costumeira correção do texto massorético com base na antiga tradução. No texto massorético consta Manassés (m^e *naššeh*) com nun-*suspensum*.
10. Cf. esp. SCHULZ, *Leviten*, p. 45ss.; quanto à relação Moisés e levitismo, cf. tb. SCHMIDT, W.H. *Exodus*, p. 65ss.
11. Sobre isso, p. ex., GUNNEWEG, *Leviten*, p. 81ss.; • VALENTIN, *Aaron*.
12. KRAUS, *Gottesdienst*, p. 130s.; • id., *Prophetische Verkündigung*. Kraus baseia-se em Noth, *Amt*.

afirmação de que "este ou aquele escritor teria colocado suas exposições 'sob a autoridade de Moisés', de que teria 'atribuído a Moisés' suas (próprias) palavras e discursos"[13], certamente têm mais peso do que muitas vezes se lhes atribui. Mas também a resposta de Kraus, inclusive independentemente da problemática histórica, é evidentemente vaga. E o mesmo vale também, por exemplo, para teses como a de Childs, que fala de um "*mosaic office*", associando a isso os verbetes "mediador da aliança" e "carismático"[14]. De peso consideravelmente maior são as exposições de Knierim sobre Ex 18[15]. Ele quer encontrar na organização jurídica, fundamentada nesse capítulo, uma etiologia para um ofício mosaico na Jerusalém da época dos reis. No entanto, não tira consequências para a tradição mosaica. Suas observações deverão ser analisadas a seguir[16]. Tomando-se o conceito "instituição" em sentido amplo[17], a pergunta por uma tradição mosaica não é despropositada de antemão. Isso o mostra, não por último, a já mencionada tradição pós-canônica, na qual existe algo semelhante. É preciso lembrar também que e como, por exemplo, o tratado Abot da Mishná também inclui na corrente dos sucessores de Moisés, ao lado de determinadas pessoas, "instituições" como os profetas e a "grande assembleia" (I1).

A pergunta por uma instituição mosaica[18] – portanto, pelas forças e procedimentos que falavam em nome de Moisés e elevaram a figura desse homem acima de todas as medidas humanas – depara-se, porém, com problemas quase insuperáveis do ponto de vista das fontes. Certamente já é muito se conseguirmos formular a pergunta adequadamente para as diferentes épocas e os diferentes aspectos. Essa pergunta, todavia, liga-se imediatamente a outra, na qual nos encontramos sobre um solo bem mais seguro. No caso de um direito que se apoia numa autoridade de um passado distante e tudo deriva exclusivamente dela, a pergunta pela representatividade dessa figura na atualidade também é a pergunta pela organização jurisdicional no todo. Não somente quem estatuiu e pôde estatuir direito em nome de Moisés, mas também quem exerce a jurisprudência é parte do

---

13. KRAUS, *Gottesdienst*, p. 130s.
14. CHILDS, *Exodus*, passim, esp. p. 351ss.
15. KNIERIM, *Exodus*, p. 18.
16. Cf. a seguir p. 126ss.
17. Quanto ao conceito "instituição", cf. esp. UTZSCHNEIDER, *Hosea*. Ele é usado aqui inicialmente num sentido semelhantemente amplo.
18. É a isso que visa a presente exposição. A pergunta quando e por que Moisés se tornou o "legislador", quando e por que se lhe atribuiu a mediação de textos de direito (cf., p. ex., NIELSEN, *Moses*; • TIMPE, *Gesetzgeber*), deve ser tratada no contexto dos diferentes *corpora* (cf. adiante p. 281ss., 332ss. *et passim*).

problema. Quem aplicava "Moisés", quem o interpretava, quem o usava no cotidiano da jurisdição? Aqui não se trata por último do fantasma da "teocracia". Visto que, em face de Estados modernos, sua jurisprudência se apoia em antiquíssimo direito divino e tem traços terroristas, a pergunta é inevitável[19]. Teocracia é a denominação atribuída por autores helenistas[20] à comunidade dos judeus, mais ou menos sem nacionalidade, e à sua singular jurisprudência. E tendo em vista que nela deveria vigorar somente o direito divino, o nome era inteiramente acertado. O conceito tem, todavia, desde o início, um sabor de "hierocracia". Pois Deus não governa diretamente e não é Ele em pessoa que julga. Tudo depende como e por quem Ele é representado. A pergunta pela organização jurídica é parte necessária da pergunta pelo sentido da redução de todo direito à figura de Moisés. Em ambos esses problemas intimamente relacionados de jurisprudência e legislação em Israel sob o nome de Moisés, está em jogo a relação entre atribuição histórica e prática atual.

2. Direito sem Porta: as origens em período pré-estatal

a) Sobre a crítica da pesquisa feita até agora

A imagem do direito do Israel pré-estatal que temos hoje apoia-se em quatro colunas, das quais nenhuma resiste a uma análise crítica.

Desde que Ludwig Köhler descreveu pela primeira vez, em 1931, a "comunidade de direito hebraica"[21], ela é considerada sem exceção como herdeira do tempo pré-estatal[22]. Muito difundidos são juízos como este: "A jurisdição nômade, respectivamente clânica, desenvolve-se em uma jurisdição local dos habitantes agora firmemente estabelecidos em terras cultivadas. Surge a afamada 'comunidade de direito' hebraica"[23].

---

[19]. Cf. quanto a isso WEILER, Theocracy. O livro é um "case study in political theory" (IX), escrito em face dos problemas do moderno Estado de Israel, que critica com veemência o conceito e com ele uma política religiosa de determinado cunho. Weiler considera os acontecimentos depois do exílio com Esdras e Neemias uma "depolitization", na qual Israel teria sido transformado "from a political nation into a holy community" (114). Com isso adota em grande parte a terminologia e interpretação de Max Weber; quanto à problemática no tocante às questões históricas do período persa, portanto, do período do surgimento da Torá, cf. Crüsemann, Perserzeit.
[20]. Pela primeira vez em JOSEFO, Contra Apionem 2, p. 65s.; quanto a isso, p. ex., MICHAELIS, artigo κράτος, p. 909s. Em detalhes, WEILER, Theocracy, p. 3ss.
[21]. KÖHLER, Rechtsgemeinde.
[22]. Descreveu a história da pesquisa: NIEHR, Grundzüge.
[23]. BOECKER, Recht und Gesetz, p. 23.

O quadro do tribunal "na Porta" dos povoados[24], para o qual se reuniam, em caso de necessidade, os homens livres, proprietários de terras, e no qual sobretudo os anciãos têm a palavra decisiva, oferece, em face das abonações mencionadas desde Köhler, um *mosaico* composto de informações avulsas de livros e épocas totalmente diferentes. A narrativa de Rt 4 forma uma espécie de estrutura, à qual se agregam abonações desde o Código da Aliança até Jó, desde profecia até narrativas. Nenhum dos textos aduzidos pode, hoje, ser considerado como de origem pré-estatal. Os elementos mais importantes para compor a tese de uma comunidade de direito hebraica provêm do tempo da monarquia israelita, especialmente da profecia. Aqui se poderá, com efeito, contar – numa coexistência de jurisdição régia e templária, pouco clara nos detalhes – com uma instituição dessa espécie[25].

É impressionante, no entanto, a naturalidade quase irrefletida com que esse processo judicial é retroprojetado para os primórdios, antes da constituição em Estado. Para isso de fato não se pode aduzir um único texto sequer, por exemplo, em que se relata uma atividade jurídica dos anciãos[26]. Todavia, Niehr acredita poder citar para isso alguns "indícios"[27]. Afora textos do Código da Aliança, que certamente deve ser datado em uma época posterior[28], ele cita apenas Gn 31. Segundo os v. 32 e 37, Labão deve apelar a uma "comunidade jurídica", que ele então denomina imediatamente de "tribunal"[29]. Mas, no caso, trata-se de "meus irmãos e teus irmãos" (v. 37), portanto dos respectivos contraentes[30]. Outras abonações para uma "comunidade jurídica" em época pré-estatal não são mencionadas por Niehr[31]. Portanto, a convicção com que se retroprojeta para a época pré-estatal uma instituição inequivocamente comprovada apenas para a época dos reis, de modo nenhum procede de textos veterotestamentários. Ela procede evidentemente apenas da convicção não verificada de que uma instituição jurídica basea-

---

24. Especialmente concisas são as formulações de HORST, *Recht und Religion*, p. 262s. Cf. tb. McKENZIE, *Juridical Procedure;* • MACHOLZ, *Gerichtsverfassung*, p. 158s; • THIEL, *Entwicklung*, p. 104; • KAISER, *Einleitung*, p. 68 entre muitos outros.
25. Sobre o quadro hoje difundido, cf. NIEHR, *Rechtsprechung*, p. 58ss.; quanto a isso, cf. adiante p. 116ss.
26. Assim, p. ex., WILSON, *Enforcing*, p. 61, 64; • NIEHR, *Rechtsprechung*, p. 42, 50; • THIEL, *Entwicklung*.
27. NIEHR, *Rechtsprechung*, p. 50.
28. Cf. a seguir p. 162s., 278 *et passim*.
29. NIEHR, *Rechtsprechung*, p. 51.
30. Cf. a seguir p. 104ss.
31. Sobre o livro de Rute, cf. a seguir p. 103.

da na autoridade de anciãos tribais, que na época dos reis se encontra em uma suposta concorrência com juízes reais, somente pode ser de origem mais antiga. É uma pretensa tensão na organização jurisdicional do tempo dos reis que leva a se considerar um dos lados como mais antigo.

Um pequeno, mas importante indício para a problemática dessa retroprojeção, que também deu o primeiro impulso para as seguintes reflexões, é o seguinte: as povoações israelitas dos inícios da Idade do Ferro não possuem fortificações e, portanto, também não possuem portas[32]. O típico "direito na Porta", portanto, ainda não pode ter existido.

O segundo acesso ao direito pré-estatal está relacionado ao conceito bíblico para esse período, a época dos "juízes". Consta há muito que o termo "julgar" (*špṭ*) de modo algum significa apenas "administração da justiça", ou algo semelhante. O termo significa sobretudo "governar"[33]. Enquanto os chamados juízes maiores, com exceção de Débora, têm a ver com esse "julgar" só através do contexto deuteronomista, para os "juízes menores" da lista em Jz 10,1-5; 12,8-15 consta apenas o verbo. Qualquer atividade concreta pode ser deduzida apenas hipoteticamente[34]. Restam apenas as notícias sobre Débora (Jz 4,4s.) e Samuel, respectivamente seus filhos (1Sm 7,15s.; 8,1-3). Mas também nesse caso é questionável, por um lado, se essas frases não surgiram apenas, por exemplo, por causa da sucessão nelas existente, no contexto de uma imagem posterior do tempo dos reis[35], e também se fosse diferente, nada restaria além do mero conceito "julgar" (*špṭ*). No caso dessas pessoas, pode-se ainda reconhecer o exercício de outras atividades. No caso de Samuel e seus filhos, verifica-se a atuação em determinados santuários. Débora é denominada profetisa em Jz 4. Caso nesse "julgar" se tratasse de atividades na área do direito, o que é duvidoso, não se pode mais reconhecer nenhum vestígio de conteúdos, procedimentos, competências etc.

---

32. Cf. FRITZ, Einführung, p. 142; WEIPPERT, H. Palästina, p. 403; • esp. tb. FINKELSTEIN, Archaeology, p. 261ss. Exceção constitui a disposição circular das casas em Bersabeia VII com duas edificações que são interpretadas como portas pelos escavadores. Cf. HERZOG, Beer-Sheba II, p. 25ss., 75ss., ibid. figura 34s. Herzog data o estrato em 1025-1000 aC (ib., 66-68), portanto, já na época da monarquia em formação. Antes disso, existe um muro somente em Gilo, cf. MAZAR, Giloh.
33. Esp. RICHTER, Richter; • por fim, NIEHR, Herrschen.
34. Para a discussão sobre os juízes, p. ex., SOGGIN, Judges, p. 1ss. As reflexões de MOMMER, Samuel, p. 215ss. são declaradamente generalizadas e quase em parte alguma recorrem a fontes.
35. Cf. BECKER, Richterzeit, p. 128ss.; • NEEF, Sieg Deboras, p. 40s.; • VEIJOLA, Königtum, p. 53s. Mesmo no caso de outro juízo sobre a tradição literária (p. ex., CRÜSEMANN, Widerstand, p. 60ss.; agora tb. MOMMER, Samuel, p. 81ss.), não existe uma fonte histórica direta para o período pré-estatal. Além do mais, trata-se, também, conforme a autocompreensão do texto, do precursor direto da monarquia.

Isso também vale em especial para a suposição de que aqui o "direito seria administrado por instâncias arbitrais"[36]. Jz 4,4-5, porém, de modo algum permite reconhecer qualquer atividade arbitral[37] e de jeito algum se pode concluir isso exclusivamente do caráter segmentário desta sociedade[38].

Não há mais necessidade de fundamentar que também a terceira fonte tradicional para o antigo direito de Israel, os próprios livros de leis[39], hoje não pode mais ser apresentada como argumento. Os textos como o Decálogo, Ex 34,11ss. e o Código da Aliança, tidos por muito tempo como antigos, são produtos da época da monarquia. Há inclusive quem os considere ainda mais recentes[40]. Pela história do direito e pela etnologia também está demonstrada como errônea a suposição, ingênua, mas comum, de que o direito divino seria típico de culturas primitivas[41]. Não obstante, também um autor crítico como H. Donner insiste na existência de um direito divino antigo: "[...] chama a atenção o fato de que todo o AT, não importando em que épocas e lugares, parte sempre da convicção básica de que todo direito procede de Javé, e é estabelecido por ele. Isso torna provável a suposição de que as raízes desse direito remontam ao período pré-estatal"[42]. Todavia, ele tem que acrescentar: "Infelizmente nos faltam conhecimentos exatos sobre o conteúdo do direito javista primitivo"[43]. Isso revela a fragilidade de sua argumentação.

b) Fontes e método

Segundo o estágio atual da ciência veterotestamentária, portanto, não existem fontes diretas do direito pré-estatal de Israel. Os poucos textos poéticos, a

---

36. Assim SCHÄFER-LICHTENBERGER, Eidgenossenschaft, p. 344.
37. Quanto a Jz 4,4s., cf. esp. NIEHR, Herrschen, p. 102f, que demonstra que a frase "ela julgou a Israel" (šop^eṭāh 'et-yiśrā'ēl) no v. 4b como intercalação (baseado em NOTH, Studien, p. 51; • HALBE, Privilegrecht, p. 473 n. 64 entre outras). O termo mišpāṭ (juízo), no v. 5b, deve, então, ser interpretado no contexto da atividade profética de Débora; trata-se de oráculos ou decisões não judiciais (NIEHR, Herrschen, 180). Niehr cita como analogia Jz 13,12 no contexto de um oráculo de nascimento (como KTU 1.124), bem como sobretudo Pr 16,33; 16,10.
38. Sobre isso cf. adiante p. 102.
39. Assim, p. ex., THIEL, Entwicklung, p. 152, 160 e outras partes, apoia sua imagem da forma social do Israel pré-estatal em surpreendente grande medida no Código da Aliança; analogamente, com vistas ao direito, NIEHR, Rechtsprechung, p. 43ss.
40. Cf. adiante p. 480 n. 132, 169(ss).
41. DAUBE, Biblical Law, p. 1ss.
42. DONNER, Geschichte I, p. 148.
43. Ibid.

respeito dos quais ainda é discutível se seu teor remonta, pelo menos em parte, àquele período, não contêm enunciados contundentes. Resta apenas a conclusão *a posteriori* com base em textos formulados e formados posteriormente. Esse recurso a antigas tradições, contudo, é muito problemático. Isso foi comprovado pela crítica de tantas hipóteses histórico-traditivas. Sem fontes independentes, que possibilitem um controle, são possíveis apenas suposições não comprovadas. Por isso é compreensível que a pesquisa tenha recorrido, cada vez mais, a materiais etnológicos para a elucidação das condições israelitas[44]. As sociedades acéfalas, que têm muitos traços básicos em comum com o Israel primitivo[45], oferecem rico material para isso e foram muitas vezes examinadas na etnologia do direito[46]. Até agora, no entanto, se o meu juízo estiver correto, esse material foi usado geralmente de tal modo que os traços elementares da "comunidade de direito hebraica" eram considerados como assegurados, sendo depois confirmados e concretizados por paralelos etnológicos[47]. Assim, por exemplo, Neu fala de uma "abonação empírico-etnológica de uma dessas assembleias" entre os tiv[48]. Mas esse paralelo de uma "assembleia de vizinhos e parentes que decidem disputas"[49] de modo nenhum é o modelo costumeiro ou até mesmo único da tomada de decisões em questões de direito. Antes, "os métodos tradicionais da superação de conflitos em sociedades não constituídas em Estado são muito diferenciados entre si"[50]. Por isso é preciso ter diante dos olhos todo o espectro do direito em sociedades não centralizadas, e isso vai desde os casos em que falta qualquer instância mediadora, passando por "mediadores" que se limitam à mera transmissão de mensagens e não tomam nenhuma iniciativa, até instâncias realmente mediadoras e de funções arbitrais[51].

---

44. Assim SCHÄFER-LICHTENBERGER, Eidgenossenschaft, p. 342ss.; • WILSON, Enforcing; • BELLEFONTAINE, Customary Law; • NIEHR, Rechtsprechung; • NEU, Anarchie, p. 302ss.
45. Em lugar de muita documentação, menciono aqui somente SIGRIST & NEU, Ethnologische Texte I, esp. p. 23ss. (sobre o direito, ib., p. 193ss.).
46. Na profusão da literatura, mencionem-se apenas os trabalhos mais importantes, que oferecem antes resumos e argumentam teoricamente: ABEL, Theories; • BARKUN, Law; • GLUCKMANN, Politics; • id., Reasonableness; • HOEBEL, Recht; • POSPISHIL, Anthropologie; • ROBERTS, Ordnung; • SPITTELER, Konfliktregelung.
47. Cf. os trabalhos mencionados acima na nota 44.
48. NEU, Anarchie, p. 308s., remetendo para Bohannan, Justice, p. 161.
49. BOHANNAN, Justice, p. 161
50. ROBERTS, Ordnung, p. 121.
51. Sobre isso, p. ex., o instrutivo resumo em ROBERTS, Ordnung, p. 120ss. com exemplos dos jale, maring, nuer, ndendeuli, arusha etc.

Por isso é metodicamente importante lembrar que, obviamente, os paralelos etnológicos jamais podem ter força comprobatória para as condições em Israel. Sua força reside em seu valor heurístico, isto é, elas podem elucidar-nos o sentido e o nexo de instâncias e "procedimentos" em sociedades que nos são muito estranhas, mas de modo nenhum podem substituir as fontes. Mas é preciso, de modo reiterado, ir em busca de abordagens veterotestamentárias do direito pré-estatal. Na verdade, não existem fontes históricas diretas, mas ainda assim é preciso chamar energicamente a atenção para o fato de que – excetuando-se os textos de direito retroprojetados para os primórdios –, as fontes aduzidas até agora pela pesquisa não apenas não se originam do próprio tempo dos juízes, mas *sequer afirmam* estarem enunciando algo sobre essa época. Em minha visão, todas as abonações aduzidas para a "comunidade de direito hebraica" falam de acontecimentos no tempo dos reis, se não de períodos ainda posteriores[52]. Parece que a única exceção é Rt 4, texto central para a tese. Mas, como se sabe, a afirmação de que o livro de Rute remonta à época dos reis é questionável. E os dez homens que aí são convocados para um ato jurídico têm a única função de serem *testemunhas*, e não de servirem como árbitros, menos ainda como instância judicial[53].

Existe, porém, outro grupo de textos veterotestamentários que ao menos relatam, segundo sua própria intenção, processos judiciais do tempo pré-estatal. Trata-se de narrativas de conflitos judiciais no período anterior à época dos reis. Do ponto de vista histórico-jurídico, até agora esses textos sempre foram aduzidos apenas sob o fascínio da tese dominante de uma "comunidade de direito" e depois, por exemplo, enquadrados como discussões "pré ou extrajudiciais"[54].

---

52. Mesmo que o livro de Jó, do qual se extrai surpreendentemente muita documentação (KÖHLER, *Rechtsgemeinde*, p. 153ss.), pretendesse desenrolar-se num tempo anterior ao reinado, não se pode esperar dele reminiscências históricas.

53. Quando não se pressupõe, como é de costume, a comunidade hebraica de direito como incontestável, de modo nenhum é óbvio que em Rt 4 seja descrita uma "sessão do tribunal dos anciãos", como ZENGER, *Ruth*, p. 80, formula em consonância com quase todas as interpretações (cf. GERLEMAN, *Ruth*; • RUDOLPH, *Ruth*; • WÜRTHWEIN, *Ruth*, ver as respectivas passagens). No texto, em todo caso, lê-se que as negociações são feitas "na presença destes" (v. 4), e no v. 9 eles são denominados expressamente de "testemunhas" (*'ēdīm*) e dizem isso a respeito de si mesmo no v. 11. Quanto a isso, cf. esp. Ringgren, artigo '*wd*, 1116. Cf. tb. Campbell, *Ruth*, 154ss., que remete com razão às portas arqueologicamente comprovadas (na época dos reis). Quanto à testemunha, cf. DAUBE, *Witnesses*; • SCHENKER, *Zeuge*. Os anciãos não têm aqui nenhuma função mediadora, arbitral ou até mesmo judicial.

54. Assim NIEHR, *Rechtsprechung*, p. 40s. É importante o fato de BOECKER, *Redeformen*, extrair suas comprovações para discussões pré-judiciais sempre de novo justamente de narrativas dessa espécie, que se desenrolam no tempo pré-estatal (p. 34ss.: Js 22; Gn 13; Jz 20; Gn 31 etc.), o que não vale desse modo para as "formas de discurso perante o tribunal reunido".

Do ponto de vista metodológico, no entanto, isso é questionável, sobretudo a partir das maciças transgressões do direito. No que segue, passo a citar quatro, respectivamente cinco dessas narrativas. Não há dúvida de que a princípio devem ser consideradas como produtos da época da monarquia. É preciso mencionar sempre o consenso predominante ou ao menos os argumentos mais importantes para mostrar que elas não podem ser datadas num período mais recente ainda. Esses textos mostram a imagem que Israel havia formado na época da monarquia sobre os procedimentos jurídicos no período anterior. Para mim é decisivo o fato de que daí resulta uma imagem surpreendente, bastante uniforme, que contradiz todas as suposições formuladas até agora, mas permanece inteiramente nos moldes do que se conhece nas demais sociedades segmentárias e só recebe um sentido exato por meio de paralelos etnológicos. Trata-se dos seguintes exemplos:

Gn 31: Sem dúvida, a narrativa é pré-exílica, com exceção de poucos versículos de data posterior. Tradicionalmente se afirmava que era constituída pelas fontes Javista e Eloísta[55]. Westermann supõe que existe uma camada básica uniforme (J), bem como uma série de acréscimos posteriores[56]. Mais convincente, porém, é a análise de Blum. Com exceção dos v. 3.17s.21*.33aβ (camada D, respectivamente P), o capítulo faria parte da camada de composição da história de Jacó, que ele data no tempo de Jeroboão I. Aqui, as mais antigas são uma narrativa de Jacó-Labão, que é aproveitada no contexto (sobretudo v. 19-23.25-29a.30-37), e uma tradição avulsa (v. 46*.51-53)[57].

A narrativa trata de um litígio intrafamiliar, tendo por resultado que, no final, por meio de um acordo, Jacó e sua família são reconhecidos como independentes[58]. O problema surge em consequência da retirada secreta de Jacó, levando consigo suas mulheres, filhas de Labão, bem como todos os seus bens. Como problema especial acresce o fato de que Raquel rouba os terafins (ídolos domésticos) de La-

---

55. Assim, p. ex., GUNKEL, *Genesis*, p. 340ss.; • VON RAD, *Genesis*, p. 247ss.; por fim novamente SCHARBERT, *Genesis*, p. 210ss.
56. WESTERMANN, *Genesis* II, p. 593ss. Ele considera como acréscimos posteriores os v. 3.5b.9s.12a.20.24.29. 45.46b.47.53a; além disso, há inserções menores.
57. BLUM, *Vätergeschichte*, p. 117-140. Sobre a narrativa de Jacó, cf. o resumo na p. 149ss.; sobre a camada K, p. 175ss.
58. Sobre essa linha-mestra cf. esp. MABEE, *Jacob und Laban*. Sobre a técnica narrativa, cf. SHERWOOD, *Examination*, p. 257ss.

bão (v. 19)[59]. Quando Labão recebe a notícia da fuga (v. 22), leva consigo "seus irmãos" (*'eḥāw*) e persegue Jacó. Por fim, ambos os grupos estão acampados um em frente do outro (v. 25). Chega a haver uma discussão, na qual Labão acusa Jacó por um lado de roubo de seu "coração" (v. 26; cf. v. 20). É acusado, pois, de ruptura ardilosa da unidade familiar (v. 26-30a). Por outro lado, é acusado do roubo de seus ídolos (v. 30b). Por sua vez, Jacó desafia Labão a procurar o roubo entre seus pertences, e isso "na presença de nossos irmãos" (*neged 'aḥēnū*, v. 32). Nesta oportunidade, na qualidade de *pater familias*, pronuncia uma sentença de morte sobre o roubo em potencial. Em vista do fato de Labão nada ter encontrado, Jacó contra-ataca (v. 36-42). Desafia Labão a apresentar a prova do roubo e a depositá-la "diante de meus irmãos e teus irmãos" (*neged 'aḥay wᵉ'aḥekā*, v. 37). Esses, então, deverão dizer o que é justiça "entre nós" (*ykḥ* hif. com *bēn*). Esse versículo desempenha um papel-chave não apenas no significado do verbo (*ykḥ* hif.), como também na tese de um grêmio arbitral no Israel primitivo[60]. Boecker é da opinião de que "em Gn 31,37 se trata de atribuir 'aos irmãos' o dever de pronunciar a sentença entre os litigantes. Isso significa concretamente, que eles devem constatar oficialmente quem dos dois está com a razão"[61]. Enquanto na única passagem paralela à expressão empregada (*ykḥ* hif. com *bēn*), em Jó 9,33, trata-se de uma pessoa mediadora entre os litigantes, isso não se pode pressupor em Gn 31. Não se trata de um grêmio neutro. Fala-se expressamente de "teus e meus irmãos" (v. 37). Labão havia levado "seus irmãos" para a perseguição de Jacó (v. 23), e eles constituem o poder com o qual poderia buscar seu direito, conforme constata ameaçadoramente (v. 29). Unicamente a intervenção oportuna de Deus (v. 24; cf. v. 29) o impediu. E justamente desse modo Deus já determinou o que é direito (*ykḥ* hif. no v. 42). Menos clareza temos sobre os "irmãos" de Jacó (v. 37.46). No entanto, aqui, como no contexto da história de Jacó, pressupõe-se que, ao lado de seus filhos, ainda outras pessoas faziam parte do séquito, por exemplo, escravos e criados. Portanto, o grupo que deve pronunciar uma sentença de modo nenhum é um foro ou uma instância de conciliação. Ele consiste antes no conjunto de homens de um e de outro lado. De modo nenhum está excluída a possibilidade de a

---

59. Cf. GREENBERG, *Rachel's Theft*. Para alguns problemas da narrativa ajudam as observações de FUCHS, *Way of women*. Ela acha que para Raquel faltam simplesmente alguns traços imprescindíveis para uma narrativa, como, p. ex., a motivação do roubo ou suas consequências, surgindo assim uma coesão insuficiente da narrativa. Como isso não se aplica do mesmo modo a homens, isso teria a ver com um desinteresse por mulheres.
60. Esp. NIEHR, *Rechtsprechung*, p. 50s.
61. BOECKER, *Redeformen*, p. 45; em conexão com isso, LIEDKE, artigo *ykḥ*; Mayer, artigo *ykḥ*.

decisão judicial ser decidida por meio de luta. Além disso, a proposta de Jacó, de qualquer modo, é apenas de natureza retórica, visto que já conhece o resultado da investigação (v. 33-35). A maciça acusação de roubo não pode ser provada. A retirada de Jacó, feita com o consentimento das mulheres, não pode ser castigada. E a intervenção de Deus compensou a evidente superioridade de Labão. Na parte final, chega-se a uma aliança e separação pacífica.

Gn 34: Do ponto de vista literário, é controvertida nesse capítulo a questão da unilinearidade ou bilinearidade. A antiga tese da ligação de duas fontes[62] foi retomada por Westermann. Ele, no entanto, não pressupõe um redator na presente redação final, e, sim, um "autor independente"[63]. Com efeito, as tensões existentes no texto podem ser explicadas de modo bem mais convincente pela tese de uma narrativa básica comum e que foi intensivamente reelaborada. Baseando-se em uma série de estudos mais antigos[64], Blum[65] postula, por fim, a narrativa básica nos v. 1-3.5.7.11-14.(15-17*?).18s.24-31, enquanto a camada de reelaboração se encontraria em v. 4.6.8-10.(15-17*?).20-23, acrescentando-se a inserção de "Hemor" nos v. 13.18.24.26, bem como algumas glosas. Importante é que a camada mais recente reforça tendências essenciais da mais antiga[66]. Mais importante, porém, para nossa questão é o problema da época de sua formação. Sobretudo com base na proximidade do v. 9 com Dt 7, Westermann pensou na formação de toda a narrativa no tempo pós-exílico e afirmou uma proximidade com Gn 14 e com textos do código sacerdotal[67]. Na verdade, a proximidade com Dt 7 pode ser constatada realmente no v. 9. A narrativa toda poderia ser compreendida, na melhor das hipóteses, como crítica a exigências dessa espécie e suas exorbitâncias. Mas também para isso não há motivo, visto que falta qualquer referência a uma norma divina para o ato de Simeão e Levi. Trata-se de uma violação e suas consequências, não do problema de um conúbio com cananeus

---

62. A saber, J e E, tese levantada pela primeira vez por WELLHAUSEN, *Composition*, p. 45ss., 314ss.; cf., p. ex., tb. GUNKEL, *Genesis*, p. 369ss. Com J e P trabalha, p. ex., PROCKSCH, *Genesis*, p. 199ss., 542ss., no entanto, com um ponto de partida para P consideravelmente diferente. Altamente complexa é a estratificação elaborada por LEHMING, *Genesis 34*. Sobre a questão histórica, que não precisa ser tomada em consideração, cf. por fim KEVERS, *Les Fils*.
63. WESTERMANN, *Genesis*, p. 653.
64. NOTH, *Pentateuch*, p. 31 n. 99; • EISING, *Jakobserzählung*, p. 295ss.; • NIELSEN, *Shechem*, p. 242ss.; • KEVERS, *Genèse XXXIV*; OTTO, *Jakob*, p. 172ss.
65. BLUM, *Vätergeschichte*, p. 213ss.
66. Ibid., p. 216.
67. WESTERMANN, *Genesis II*, p. 654; as primeiras redações, porém, datariam da época dos patriarcas, respectivamente da tomada da terra!

ou mesmo com samaritanos[68]. Nada mostra isso com maior clareza do que a rejeição do parentesco por casamento e o planejamento do homicídio serem descritos como dolo (*mirmāh*) no v. 13. Blum enfatizou com razão a tendência etiológica da narrativa, por meio da qual se quer explicar a existência particular das tribos de Simeão e Levi[69], visto que reagem de modo completamente inadequado ao ato de Siquém, bem como à sua oferta inteiramente respeitável, que corresponde exatamente ao direito israelita. Por isso, é forçoso considerar o capítulo como pré-exílico. Independentemente de uma camada deuteronomista posterior no v. 30s., Blum o considera parte de uma ampliação judaica da história de Jacó da época tardia da monarquia[70].

A narrativa começa com a violação de Dina por Siquém (v. 1s.). Depois, porém, Siquém se apaixona por ela. Quer casar-se com ela e oferece um dote de casamento de valor arbitrariamente elevado (v. 11s.). Isso está inteiramente de acordo com as exigências do direito israelita que conhecemos (Ex 22,15s.; Dt 22,28s.) e é isso o que a Tamar violentada exige em 2Sm 13,16. Como reação a esse "ato infame" (*nᵉbālāh*), ao ato que "não deve ser cometido", inicialmente Jacó permanece em atitude de espera (v. 5). Somente depois de seus filhos terem voltado do campo (v. 5.7), quando, portanto, está reunido um respeitável número de homens, começam as negociações (v. 7). Os filhos de Jacó reagem com exigências muito mais abrangentes (v. 14-17) a uma generosa proposta de reconciliação por parte do culpado (v. 8-12), com a qual este, na medida do possível, pretende reparar a injustiça cometida. Essas exigências se tornam a base para um acordo (v. 18s.). No entanto, da parte dos filhos de Jacó, o acordo é feito com dolo (*mirmāh* v. 13). E quando os moradores se sentiram enfraquecidos em consequência da circuncisão, Simeão e Levi rompem o acordo, entram na cidade, saqueiam-na, praticam um morticínio contra os moradores masculinos e escravizam as mulheres e as crianças (v. 25.28s.).

Os capítulos de Jz 17-18 e 19-21 obtêm sua coesão por meio de fórmulas que descrevem a situação (17,6; 21,25, bem como 18,1; 19,1), mas também constituem uma unidade sob outros aspectos[71]. A tentativa de Veijola no sentido de

---

68. Contra DIEBNER, *Genesis* 34. Ele não menciona argumentos específicos que ultrapassam o fato de que, por natureza, todos os textos puderam encontrar e encontraram sua interpretação em tempos posteriores.
69. BLUM, *Vätergeschichte*, esp. p. 217ss.
70. Ibid., esp. p. 228ss.
71. Cf. CRÜSEMANN, *Widerstand*, p. 162ss.

declarar essas fórmulas como deuteronomistas[72] deve ser considerada um desastre[73]. O importante é que sobretudo as análises individuais sempre de novo demonstraram a antiguidade dos textos, e não há necessidade de nos ocuparmos aqui com os problemas de alguns acréscimos possivelmente posteriores[74]. Niemann, por fim, apresentou uma análise crítico-literária de Jz 17s.[75] Segundo ele, uma antiga narrativa básica teria sido reelaborada duas vezes ainda em tempos pré-exílicos. Somente alguns poucos versículos (esp. 18,27aβ.b) seriam tardios e deuteronomistas[76]. Para Jz 19, a coesão interior foi mostrada convincentemente por Trible[77] e Jüngling. Este último presume que o texto tenha surgido no início da época da monarquia[78]. Tudo isso confirma observações mais antigas e mais recentes[79]. Também em relação a Jz 20–21 não existem razões para considerar tardia a substância narrativa ou o relacionamento com Jz 19. As narrativas remontam à época da monarquia[80].

Jz 17–18 começa com o roubo de considerável quantidade de prata. A mãe tem somente um recurso contra o ladrão, inicialmente desconhecido: a maldição (v. 2). Mais importante para nós é o roubo, mais ou menos violento, de objetos sagrados juntamente com o sacerdote levita em serviço, praticado pela tribo nômade dos danitas (18,17ss.). Ao descobrir o roubo, o proprietário dá o alarme e reúne os homens das casas vizinhas (v. 22). Eles se reúnem ao grito de socorro de Micas e correm em perseguição dos danitas. Esses se haviam precavido logo depois do ato consumado, colocando na dianteira as crianças e os bens que

---

72. VEIJOLA, *Königtum*, p. 15s. Cf. tb. DUMBRELL, In those Days.
73. Cf. esp. JÜNGLING, Richter 19, p. 68-73. A fórmula "cada um fazia o que achava certo a seus olhos" (p. ex., Dt 12,8), declarada como deuteronomista por Veijola, também encontra paralelos em literatura pré-deuteronomista (p. ex., Jz 14,3.7; 1Sm 18,20.26 etc.).
74. VEIJOLA, *Königtum*, p. 17-27, quer considerar 17,5.7bβ.13; 18,1b.19*.30.31b; 19,1b*.30; 20,4*.27b-28a como uma redação deuteronomista.
75. NIEMANN, *Daniten*, p. 61-147, resumo p. 129ss.
76. Entre eles figurariam os topônimos Saraá e Estaol em 18,2.8.11; bem como 18,12.13*.27*.28*.29* (resumo NIEMANN, *Daniten*, 134), além disso, mais alguns versículos de "idade não definível" (137).
77. TRIBLE, *Mein Gott*, p. 99ss.
78. JÜNGLING, Richter, p. 19, resumo p. 294.
79. Discussão de literatura mais antiga em CRÜSEMANN, *Widerstand*, p. 155ss.; agora também SOGGIN, *Judges*. Por fim, AMIT, *Hidden Polemic*.
80. Em contraposição, BECKER, *Richterzeit*, p. 226-299, considerou os capítulos deuteronomistas tardios (p. ex. Jz 17s.*), e até mesmo pós-deuteronomistas (p. ex. 19–21*), sendo que 19–21 faria parte de P, respectivamente do redator do Pentateuco (298). Aqui seria necessária uma discussão minuciosa, que não pode ser feita aqui. A mim não convenceram nem o método nem as observações pormenorizadas.

corriam risco, e os homens aptos para a batalha na retaguarda (v. 21). Quando os perseguidores os alcançam, ocorre a disputa (v. 23ss.). Micas exige a devolução de seus bens (v. 24), mas é repelido ironicamente com claras ameaças à sua vida e à sua casa (v. 25). Ao ver que eles eram mais fortes (*ḥazāqīm hēmmāh mimennū*, v. 26), ele volta para casa de mãos vazias.

Jz 19–21: O assunto aqui é o crime cometido contra a mulher (*pilegeš*) de um levita durante uma estadia como hóspedes em Gabaá. Durante a noite, os homens da cidade cercam a casa onde estiveram hospedados (19,22) e exigem a entrega do hóspede. O hospedeiro se recusa: "Não cometais nenhum mal... não pratiqueis esse crime (*nᵉbālāh*)" (v. 23). Para salvar o hóspede, oferece sua própria filha como substituta, mas o levita leva a eles sua mulher. No dia seguinte, ela é encontrada imóvel na soleira da porta (v. 27s.). O levita a coloca sobre seu jumento, vai para casa, retalha a mulher e remete os pedaços a todo o território de Israel. Chamando a atenção para a singularidade do ato (v. 30), todo o Israel é conclamado a intervir. Acontece uma reunião das cidades, na qual o levita relata o desenrolar dos acontecimentos (20,1-7). Ele denomina o acontecimento de "crime e infâmia" (*zimmāh ūnᵉbālāh*, v. 6), uma caracterização que é adotada por Israel (v. 10). A tribo de Benjamim, à qual pertencem os autores do delito, é intimada a entregá-los (v. 13), a fim de exterminar o mal em Israel. Benjamim, porém, está do lado dos autores do crime, como se isso fosse algo natural. Em consequência, acontecem conflitos armados que terminam com a morte de quase toda a tribo. Como poslúdio, é preciso raptar violentamente centenas de mulheres para os benjaminitas restantes.

2Sm 14: A narrativa faz parte da história da sucessão de Davi ao trono. Desde E. Meyer[81] e L. Rost[82], vê-se tradicionalmente nesta narrativa a obra-prima de uma narrativa histórica israelita dos primórdios da época da monarquia[83]. Somente v. Seters apresentou recentemente a tese de que se trataria de um "acréscimo pós-deuteronomista à história de Davi do período pós-exílico"[84]. Sua visão global procede de uma comparação, problemática em seus detalhes, com a historiografia grega, que, em todo caso, não é contundente. Em uma crítica a v. Seters,

---

81. MEYER, *Geschichte* II/2, p. 285.
82. ROST, *Thronnachfolge*.
83. Cf. CRÜSEMANN, *Widerstand*, p. 180ss.
84. Cf. SETERS, *Historiography*, p. 290.

O. Kaiser, que estabelece datas tardias por princípio, derivou a obra do período da monarquia, em todo caso da "época entre Ezequias e Joaquim"[85]. Em todo caso, uma origem deuteronomista ou pós-deuteronomista é altamente improvável. Agora, porém, segundo Würthwein, justamente 2Sm 14 não faria parte da história da sucessão ao trono[86]. Tratar-se-ia de uma intercalação sapiencial de uma redação posterior. Bickert assumiu essa tese que se baseia sobretudo no fato de que, já em 13,19, Davi está decidido à retomada. Segundo ele, no capítulo 14, uma anedota sapiencial foi reelaborada duas vezes em termos deuteronomistas[87]. No entanto, a meu ver, nem o ponto de partida nem a crítica literária empregada é aceitável ou convincente. Todavia, quero chamar a atenção para o fato de que, mesmo se quiséssemos seguir essa visão, os traços essenciais, que nos interessam no que segue, são de origem pré-exílica.

Em princípio, 2Sm 14 naturalmente não faz parte dos textos que aqui devem ser aduzidos, visto que se trata da intervenção da monarquia recém-instituída em um caso jurídico[88]. Justamente por essa circunstância, porém, o texto expõe de modo plástico o antigo como o novo. A fim de conseguir uma conciliação com Absalão, acusado de fratricídio, Joab envia uma mulher sábia a Davi, que lhe expõe um caso jurídico fictício (v. 5-7)[89]. Ela se apresenta como viúva, cujo filho havia assassinado o irmão. O fato se deu em campo aberto e "não havia salvador entre eles" (v. 6). A partir dos acontecimentos, não há perspectivas para uma conciliação judicial. Tudo indica que "salvador" ($maṣṣīl$) "é aqui, como em outras partes, um termo reservado para YHWH"[90]. A reiterada fórmula "mas não havia salvador" (w^{e}'$ēn\ maṣṣīl$) é precisada aqui pelo "entre eles" ($bēnēhem$), que ocorre somente uma vez. Depois disso, assim relata a mãe, levantou-se ($qāmāh$) todo o clã (kol-$hammišpāḥāh$) contra ela e exigiu a entrega do autor do crime, a fim de executar a vingança de sangue (v. 7). Deve tratar-se da família de seu marido falecido, que, desse modo, reivindica simultaneamente a herança para si. Ao marido falecido não restaria "nem nome nem resto" ($šēm\ ūš^{e}$'$ērīt$ v. 7) no

---

85. KAISER, Thronnachfolgeerzählung, p. 20.
86. WÜRTHWEIN, Thronfolge, p. 46s.
87. BICKERT, List.
88. Quanto a isso, BELLEFONTAINE, Customary Law.
89. Em relação ao diálogo que se segue, cf. esp. HOFTIJZER, David.
90. HOSSFELD & KALTHOFF, artigo $nṣl$, 574.

campo. A continuação dos acontecimentos é determinada pela intervenção do rei, a qual lhe é aqui solicitada, e que ainda haveremos de analisar mais de perto[91].

c) *Autoajuda e negociação*

Apesar de toda a diversidade dos problemas que surgem, os textos citados revelam uma visão impressionantemente unitária sobre a reação a massivas rupturas de direito. Essa visão pode ser caracterizada pelos conceitos de autoajuda e negociação.

Os conflitos aqui narrados surgem na parentela íntima (Gn 31; 2Sm 14), entre grupos, respectivamente tribos de Israel (Jz 18; 19s.), bem como entre israelitas e não israelitas (Gn 34). As contravenções vão desde violação de regras elementares de cortesia, respectivamente desde a briga em torno de direitos de posses familiares (Gn 31), passando por roubo e rapto de ídolos (Gn 31; Jz 18) até a violação (Gn 34), e violação com morte (Jz 19s.) e assassinato respectivamente homicídio (2Sm 14).

Quando ocorre uma ruptura das relações de direito, de imediato, quase automaticamente, formam-se determinados partidos. Os grupos se organizam segundo suas estruturas de parentesco. Até mesmo no caso de parentesco muito próximo, são os "irmãos" de ambos os lados que entram em oposição (Gn 31). Ou a família do marido falecido se levanta contra a mãe de seus filhos (2Sm 14). As frentes são mais definidas quando vizinhos se opõem a estranhos que estão de passagem (Jz 18), ou todo o Israel contra uma tribo isolada (Jz 19s.), ou israelitas contra não israelitas (Gn 34). No decorrer do processo, onde se exige a entrega dos autores, como no caso da mãe em 2Sm 14 e da tribo de Benjamim em Jz 20, revela-se que os parentes protegem e escondem os autores e fazem isso como se fosse algo natural.

A primeira reação da parte prejudicada é, em todos os casos, a organização do próprio grupo, a convocação da força disponível. Quer-se mostrar força e fazê-la valer. Labão reúne seus "irmãos" para a perseguição (Gn 31). Jacó espera até que os filhos voltem do campo, antes de tomar as primeiras medidas (Gn 34). Micas conclama os vizinhos (Jz 18), e, em 2Sm 14, "toda a família" se levanta contra a viúva. O levita de Jz 19s. acha até que tem que convocar inclusive todo o Israel contra os autores do crime.

---

91. Cf. a seguir p. 116s.

Sobre o pano de fundo da parentagem reunida, acontecem, em todos os casos, negociações e disputas mais ou menos detalhadas. Fazem-se exigências e propostas, fala-se e decide-se, ainda que, muitas vezes, com desfecho negativo. Conforme as circunstâncias, a parte prejudicada exige um acordo aceitável, por meio do qual a injustiça seja compensada na medida do possível com o castigo dos autores. Busca-se fazer justiça aos prejudicados e restabelecer a paz. Nisso se recorre às normas e aos valores em vigor[92]. Importante é que se relatam negociações mesmo quando acabam fracassando, porque os mais fortes rejeitam qualquer acordo (Jz 18) ou o boicotam (Gn 34), decidindo, no final, meramente o poder. Assim, os resultados das negociações vão desde o acordo bem-sucedido, que regulamenta as relações rompidas em nova base (Gn 31), passando pela retirada dos mais fracos (Jz 18), até conflitos armados (Jz 20s.). Em última análise, até quando o poder mais forte decide, tem-se em vista uma possível solução (Gn 34).

Um traço especialmente surpreendente em todos os textos é a falta de qualquer instância mediadora. Em parte nenhuma se cogita sequer a possibilidade de uma conciliação neutra ou da intervenção de terceiros. Os partidos podem ampliar suas bases, quando isso for considerado necessário. Assim, por exemplo, o levita em Jz 19s. pode convocar logo todo o Israel em vez de, por exemplo, somente sua tribo. E com os homens de Gabaá logo toda a tribo de Benjamim se declara solidária. Sempre, porém, existem somente os dois partidos, o da vítima e o do autor. Na melhor das hipóteses, em todo o caso com intenção retórica, pode ser convocado um grupo constituído de ambos os partidos para tomar a decisão jurídica (Gn 31). Mas também quando isso parece óbvio, a ninguém ocorre a ideia de invocar uma instância pública, por exemplo, os anciãos dos povoados envolvidos. Ao menos numa cidade como Gabaá poderia ter surgido tal ideia. No caso de 2Sm 14, nada teria sido mais óbvio do que intercalar um grêmio de anciãos no conflito legal existente, se tivesse existido algo nesse sentido.

Com base nos textos analisados, pode-se estabelecer a seguinte tese para o processo jurídico neles relatado e pressuposto: *No Israel pré-estatal, os casos de litígio, na medida em que não são da competência de determinado pater familias, não são resolvidos por meio de instâncias mediadoras de qualquer espécie, e, sim, unicamente por meio de negociações entre as partes envolvidas.* Esses partidos se formam sempre ao longo das linhas de parentesco. Já

---

92. Cf. a seguir p. 114s.

as negociações em si são influenciadas pela força física dos partidos. Em consequência disso, como primeira reação dos atingidos, reúne-se e envolve-se visivelmente a respectiva parentagem. Para o caso de fracassar a disputa, vale tanto mais a decisão pela força física.

O quadro que os textos oferecem tem que ser imediatamente ampliado em duas direções. Por um lado, é preciso lembrar que narrativas dessa espécie são obviamente relatos sobre casos excepcionais e não sobre o que é costumeiro, sobre conflitos dramáticos e não sobre conflitos cotidianos, sobre o insucesso e não sobre o sucesso sem qualquer elemento espetacular de soluções jurídicas. Pois essas narrativas sempre estão interessadas em determinados aspectos e determinadas pessoas, em resultados com efeito duradouro, e não no processo jurídico em si. Portanto, não se deverá considerar simplesmente como representativos os resultados negativos e a dominância da força. Por outro lado, é preciso lembrar que aqui tomamos como ponto de partida um pequeno número de narrativas. Elas são, a meu ver, as mais importantes que relatam sobre infrações maciças e suas consequências nestes tempos antigos. Naturalmente, porém, os resultados têm que ser examinados com base em outros textos eventualmente disponíveis. Uma revisão preliminar de todos os demais textos que entram em cogitação, todavia, não revelou traços basicamente diferentes.

E para dizê-lo mais uma vez, essa é a imagem que o Israel da época da monarquia tinha de processos jurídicos da época pré-estatal. Não é a imagem de uma comunidade jurídica na Porta. Os textos não são fontes históricas diretas, não obstante, são provavelmente os únicos que nos estão à disposição. Não admira que a pesquisa feita até agora não tenha visto nessas narrativas a expressão de um sistema jurídico real. O papel preponderante da força, a falta de qualquer instância mediadora, bem como a singularidade das normas empregadas, tudo isso não levou a ver aqui realmente processos judiciais. Preferiu-se ver aí disputas pré-judiciais ou então conflitos a serem descritos em categorias militares. E é justamente esse o lugar no qual o material etnológico recebe sua imprescindível função. Pois a imagem do direito pré-estatal de Israel, que aqui se nos esboça, reside de forma irrestrita no contexto das possibilidades demonstráveis para sociedades acéfalas[93]. Autoajuda e negociação, eis os dois conceitos aos quais se pode

---

[93] Cf. a literatura acima p. 102.

reduzir o direito de sociedades desse tipo[94]. Em muitos casos faltam, exatamente como no Israel antigo, quaisquer instâncias mediadoras[95]. Aqui não há necessidade de nos ocuparmos com a antiga controvérsia se nas superações de conflitos dessa espécie de sociedades não centralizadas se trata de direito ou não. São sobretudo questões de definição que levam a ela, e etnologicamente não há dúvida sobre essa questão[96]. A essência de todo direito, também do hodierno, é ser simultaneamente expressão e crítica das relações de poder existente[97]. Isso se expressa de modo especialmente claro num sistema jurídico no qual não existe uma instância com a aparência de objetividade e neutralidade.

d) Evidência de norma em vez de direito divino

Com a violentação de Dina, Siquém "cometeu um ato infame em Israel" ($n^e b\bar{a}l\bar{a}h$), pois "isso não se faz em Israel" (Gn 34,7). A característica de fórmula fixa dessa expressão mostra-se claramente no fato de que, na época da qual fala a narrativa, nem existiu um "Israel" e que, além disso, Siquém não integra essa grandeza. Expressões muito afins aparecem mais vezes. Assim, por exemplo, em Jz 19,23s., a iminente quebra do direito de asilo é considerada um ato infame ($n^e b\bar{a}l\bar{a}h$) desse tipo (cf. tb Jz 20,6.10). Em 2Sm 13,12, Tamar se defende contra uma violentação iminente, usando as mesmas palavras: "Isso não se faz em Israel! Não cometas essa infâmia ($n^e b\bar{a}l\bar{a}h$)!" De modo semelhante também se fala em outras passagens. Em Gn 29,26, Labão fundamenta a quebra de seu acordo com Jacó, que havia cometido com a substituição de Raquel por Lia, com as palavras: "Não é uso em nossa região casar-se a mais nova antes da mais velha". Em outras passagens, destaca-se a singularidade de um crime evocando lembranças históricas: "Desde o dia em que os filhos de Israel subiram do Egito..." jamais haveria acontecido algo semelhante (Jz 19,30).

Essas frases contêm as formulações de normas decisivas de nossos textos. Elas lembram a evidência das normas e apelam para sua vigência inquestionável. Não se cita nenhum mandamento, não se menciona literalmente nenhuma lei, me-

---

94. Cf. esp. SPITTELER, *Konfliktaustragung*, do qual adoto essa terminologia.
95. Exemplos esp. em ROBERTS, *Ordnung*, p. 120ss.
96. Um primeiro resumo sobre as discussões especializadas, p. ex., em ROBERTS, *Ordnung*, p. 17ss., 196ss.
97. Essa é uma combinação das máximas de GEIGER, *Vorstudien*, p. 350, e NOLL, *Diktate*, p. 23.

nos ainda entra em discussão um corpo jurídico escrito. Sobretudo falta qualquer autoridade que esteja atrás dessa espécie de normas. E seus conteúdos sequer são formulados e citados. Não se duvida que nesta sociedade também se rouba, se violenta, se mata, se viola o direito de asilo. As formulações pressupõem a validade. O conceito central do "ato infame" ($n^e b\bar{a}l\bar{a}h$)[98] ainda é usado ocasionalmente mais tarde. Nesse caso, porém, perde o caráter de remeter a coisas evidentes e que não carecem de explicação, que ele tem nessas antigas narrativas[99]. A fórmula "isso não se faz em Israel" (Gn 34,7; 2Sm 13,12; cf. Gn 20,9; 29,26) não ocorre posteriormente.

Esse levantamento confirma mais uma vez expressamente o que a história geral do direito[100], bem como estudos sobre o direito em Israel[101], perceberam muitas vezes: no início não existem ordens divinas. As normas éticas e jurídicas válidas em Israel foram formuladas paulatinamente e foram colocadas sob a autoridade de Deus. Isso, porém, não significa que essas normas não tivessem existido. Elas existiram desde sempre. A naturalidade da tradição vigente, o indubitável poder com o qual vigiam as regras para o casamento, o direito de herança, mas do mesmo modo a proibição do furto, do homicídio e da violentação, tudo isso se liga diretamente com sua indubitável evidência. Sua validade não depende de sua formulação por escrito.

Como no caso do procedimento na regulamentação do conflito, compreenderemos o sentido pleno dessa espécie de formulações de normas somente quando enxergarmos o problema no contexto etnológico. Sociedades não centralizadas indubitavelmente têm normas. No entanto, é característica de suas propriedades mais importantes que essas normas não têm formulação fixa nem são rígidas. "Onde ninguém tem o poder de dar uma sentença comprometedora e também de fazê-la cumprir, aí normas sociais do referido grupo não podem definir o desenlace de um processo com a simples clareza com que, teoricamente, isso é possível onde atua um juiz e uma instância com poder de impor as normas. Enquanto se pode alcançar a solução por meio de negociações bilaterais ou

---

98. Cf. PHILLIPS, $n^e b\bar{a}l\bar{a}h$; • MARBÖCK, artigo $n\bar{a}b\bar{a}l$: "um grave distúrbio da comunhão em assuntos importantes" (183).
99. Cf. Dt 22,21; Jr 29,33; além disso, Js 7,15; essas são três das nove ocorrências ao todo (Marböck, artigo $n\bar{a}b\bar{a}l$, 181).
100. DAUBE, Biblical Law, p. 1ss.
101. P. ex., GERSTENBERGER, Wesen und Herkunft, p. 110 e outras passagens.

com o auxílio de um processo intermediador, deve haver a possibilidade de manusear as normas com flexibilidade. Em caso contrário, falta a elasticidade necessária para aproximar as partes. Em sociedades acéfalas, as normas têm que ser compreendidas mais como diretrizes",[102]. A tese de Donner de que todas as partes do Antigo Testamento pressupõem sempre e somente a origem de todo o direito de Deus[103] é contestada por nossos textos. O direito primitivo não era direito divino.

3. A ambivalência do sistema de direito do tempo da monarquia

a) O problema: sobre o estado da pesquisa

À primeira vista, o caminho de um direito reconstruído desse modo para o direito mosaico parece extraordinariamente longo. De um lado, temos normas flexíveis, pouco explícitas; do outro, as formulações detalhadas da Torá escrita. Aqui temos somente autoajuda e negociação sem figuras mediadoras centrais; lá, uma corrente de instâncias em muitos sentidos perfeitamente ordenada. No entanto existe, por outro lado, uma continuidade surpreendente em muitos aspectos. Basta lembrar a participação e sobretudo a responsabilidade de todo o Israel pelo direito, ou o fato de muitas leis não se dirigirem a uma instância jurídica, e, sim, exclusivamente aos litigantes[104]. O direito pré-estatal, passando por muitas transformações, provavelmente acabou se tornando uma base da Torá. É o que examinaremos a seguir.

Como primeiro passo nesse sentido é preciso compreender a confrontação do direito pré-estatal com o recém-instalado regime monárquico e, portanto, sua modificação e transformação pelo Estado. É evidente que um Estado, com seu monopólio de poder, em grande escala, tomará em suas mãos a área do direito e lhe imprimirá suas características. Apesar da ocorrência de tribunais de anciãos e semelhantes, isso vale quase irrestritamente para todo o entorno de Israel[105] no Antigo Oriente, bem como para grande parte da história do direito. Nesse contexto, é preciso observar que a terceira coluna dos sistemas de direito

---

102. ROBERTS, *Ordnung*, p. 143.
103. DONNER, *Geschichte* I, p. 148.
104. Cf. esp. JACKSON, *Ideas of Law*, p. 197ss. ("selfexecuting law" = lei de autoexecução).
105. Sobre o sistema de direito do Antigo Oriente cf., p. ex., HAASE, *Einfürhrung*, p. 119ss.; • KRECHER, *Rechtsleben*; • v. SODEN, *Einführung*, p. 134ss.; • BOECKER, *Recht und Gesetz*, p. 15ss.; cf. tb. a seguir p. 124.

daquele tempo, o tribunal cultual-sacerdotal no templo, estava submetida em grande parte à influência do rei, exatamente como todos os templos[106].

O desafio que o surgimento do regime monárquico deve ter representado para o direito pré-estatal se evidencia com especial clareza na supramencionada narrativa de 2Sm 14[107]. O caso jurídico fictício de uma viúva, em que um de seus filhos mata o outro, é apresentado ao rei pelos principais envolvidos. Nada mais óbvio que, no caso de um litígio, a parte inferiorizada se dirija a uma instância mais poderosa, implorando ajuda (jurídica)[108]. Se o direito é determinado decisivamente pelas relações de poder dos partidos, como deve ocorrer necessariamente com maior frequência numa sociedade pré-estatal do que em outros tipos de sociedade, o novo poder central já é, por sua condição de superioridade, um momento decisivo histórico-jurídico. "From a judicial perspective, the case being considered consists of an appeal of a member of a 'clan'/village community to a third party above the group with both the authority to override customary law and local authority and the means to enforce compliance"[109]. ["De uma perspectiva jurídica, o caso em consideração consiste de um apelo de um membro da comunidade de um 'clã'/povoado a um terceiro, acima do grupo, que tem autoridade tanto para passar por cima da lei costumeira e da autoridade local quanto os meios para exigir obediência".] "The usurpation of the power of the local community over this particular case is total and final"[110]. ["A usurpação do poder da comunidade local sobre este caso particular é total e final."] Ao não se tomar em consideração esse nexo de direito e poder, certamente haverá interpretações equivocadas. Assim, por exemplo, não se trata simplesmente de um precedente insolúvel no direito antigo, que é levado ao rei para decisão[111], nem é adequado dizer que se "solicita a ajuda do rei, não por causa de seu poder judicial, e, sim, por causa de seus meios físicos de poder"[112] – como se fosse possível separar as coisas dessa maneira.

---

106. Cf., p. ex., LIPINSKI (org.), *State and Temple*; HELTZER, *Internal Organization*.
107. Cf. acima p. 109s.
108. Quanto a isso, cf. tb. BEN-BARAK, *Appeal*.
109. BELLEFONTAINE, *Customary Law*, p. 60.
110. Ibid., p. 61.
111. Assim MACHOLZ, *Stellung des Königs*, p. 166ss.
112. NEU, *Anarchie*, p. 317.

Pois, afinal, a narrativa revela com extrema clareza o dilema do regime monárquico – e talvez seja por isso que o narrador descreve um Davi que, inicialmente, hesita e vacila por longo tempo (v. 8-11)[113]. Em todo caso, a decisão finalmente tomada por Davi é altamente problemática. Será que realmente um irmão poderia matar o outro impunemente, pelo menos quando não existem outros irmãos? É verdade que, a princípio, trata-se apenas de um caso isolado e nada está sendo dito sobre uma decisão válida em princípio para todos os casos futuros, semelhantes a este – como, por exemplo, 1Sm 30,25. Acaso não poderão outros, não obstante, invocar o caso como sentença régia?

A narrativa mostra com especial clareza que o surgimento de um poder central numa sociedade acéfala iria, necessariamente, tanger automaticamente e de forma maciça o sistema de direito vigente. Isso corresponde à surpreendente constatação de que existe uma grande quantidade de textos que tratam de problemas de direito relacionados com o regime monárquico incipiente, e, em todos estes casos, é o próprio rei que toma a decisão e pronuncia a sentença. Casos semelhantes são muito raros em épocas posteriores[114]. É evidente que nisso se refletem problemas dos inícios do poder estatal em Israel. O problema fundamental da institucionalização do poder estatal na área de procedimentos jurídicos existiu desde o início.

Para a pesquisa é importante a pergunta pelo sistema de direito da época da monarquia, sobretudo a pergunta pela relação da jurisdição régia para com a jurisdição dos anciãos na Porta[115]. Por um lado temos a tese de Macholz, segundo a qual "o regime monárquico não" interferiu "nas competências da jurisdição local"[116]. Ele teria sido estabelecido ao lado desta, sendo responsável por grupos sociais e problemas novos, bem como pelo direito no âmbito do exército. Além disso, teria tomado a si casos "que não podiam ser resolvidos com os instrumen-

---

113. Quanto a isso, BELLEFONTAINE, *Customary Law*, p. 48s.
114. Dos 20 casos de jurisdição analisados pelo rei, que MACHOLZ, *Stellung des Königs*, p. 160-175, analisa, 16 são da época de Saul até Salomão, somente 4 (1Rs 20,38ss.; 2Rs 6,24ss.; 8,1ss.; 1Rs 21) são do restante período dos reis. Cf. tb. WHITELAM, *Just King*, que constrói sua imagem da jurisdição régia nos capítulos 4 a 8 em grande parte sobre casos da primeira fase da época dos reis. De forma semelhante também MABEE, *Problem of Setting*; • BEN-BARAK, *Appeal*.
115. Certamente BUCHHOLZ, *Älteste*, p. 55ss., esp. p. 83ss., contestou em princípio essa comparação para o tempo pré-exílico. Ele considera os anciãos como os únicos competentes na jurisdição. Juízes e funcionários públicos seriam acréscimos literários nessa área, ou competentes apenas para a administração, que ele quer isolar do direito. Quanto a isso, cf. a seguir p. 119ss.
116. MACHOLZ, *Stellung des Königs*, p. 181.

tos do direito tradicional, porque há normas de direito que colidem"[117]. Trata-se aqui de novos precedentes que surgem e, consequentemente, não por último, trata-se da continuação da redação do direito. Ao lado dessa difundida visão de uma coexistência essencialmente pacífica da antiga jurisdição leiga com a nova jurisdição régia, existe a outra que acredita numa submissão de instituições pré-estatais pelo Estado, existente desde o início, ou ocorrida paulatinamente. Whitelam, por exemplo, refere-se a isso em seu estudo sobre a *"Monarchical Judicial Authority"* nos seguintes termos: *"It appears that the monarchy had influence over local jurisdiction from an early date"*[118]. ["Parece que a monarquia teve influência sobre a jurisdição local desde muito cedo."] Em especial teria surgido, em consequência da reforma de Josafá, um sistema *"in which local and priestly judicial authority was made subordinate to that of the king"*[119]. ["no qual a autoridade judicial local e sacerdotal foi subordinada à do rei."] Segundo Neu, essa centralização do sistema jurídico encontra sua expressão na transformação do sistema jurídico tão radicalmente criticada pelos profetas sociocríticos do século VIII[120]. Agora são "os dominadores que cobram arrendamento e impostos [...] que mandam nos tribunais" (p. ex. Am 5,11)[121]. Nisso se revelaria um "contraste entre a jurisdição soberana na Porta, de tempos passados, e o novo sistema jurídico centralizado"[122].

Do ponto de vista da história da pesquisa, pois, é decisivo perceber que todas as suposições feitas até agora partem da ideia de que a monarquia se teria deparado com um sistema elaborado de jurisdição dos anciãos. Se essa hipótese for incorreta, porque essa forma jurídica não é comprovada e por ser improvável para o período pré-estatal, segundo as fontes ainda existentes, deve-se fazer nova abordagem do sistema jurídico da época da monarquia.

b) O tribunal dos anciãos na Porta: uma instância jurídica estatal

Ponto de partida para uma crítica das teses fundamentais levantadas até agora pode ser a recorrente observação de que "não se registra nenhum caso em que a ju-

---

117. MACHOLZ, *Stellung des Königs*, p. 177.
118. WHITELAM, *Just King*, p. 220.
119. Ibid.
120. NEU, *Anarchie*, p. 324ss.
121. Ibid., p. 325.
122. Ibid., p. 328.

risdição tradicional e a jurisdição régia se apresentassem como concorrentes"[123]. Isso, todavia, seria muito estranho, caso se tratasse de uma sobreposição de um sistema mais antigo por um sistema mais novo e superior. Não por último, 2Sm 14 mostra o contrário. Aqui se trata de um conflito, no qual se invoca o poder novo contra o antigo. O antigo, porém, não é a jurisdição dos anciãos na Porta. Se antes da monarquia não existiu uma jurisdição dominada por um grêmio de anciãos, impõe-se inevitável e forçosamente a tese de que justamente essa forma de jurisdição era uma expressão do sistema jurídico estatal na época da monarquia: a jurisdição por anciãos e homens livres na Porta dos povoados surgiu primeiro com e por meio da monarquia e é a forma mais importante do direito estatal em Israel.

Um rápido exame dos respectivos textos da época da monarquia, que, por um lado, revelam o caráter do direito na Porta e, por outro, o papel dos anciãos, pretende mostrar que a tradicional tese de uma sobreposição não aparece nos textos. Pelo contrário, eles revelam uma complementaridade e uma coexistência totalmente sem problemas entre os órgãos do poder estatal e a jurisdição dos anciãos e leigos.

Em primeiro lugar, temos a história do assassinato jurídico de Nabot, em 1Rs 21. Neste texto, até mesmo os críticos mais severos consideram no mínimo os v. 1-16 como uma "antiga novela norte-israelita, coesa em si"[124]. A eliminação do homem que se nega a vender uma vinha ao rei desenrola-se, como se sabe, da seguinte maneira: emitem-se cartas palacianas – no caso redigidas por Jezabel – "aos anciãos e aos notáveis" (*'el-hazz^e qēnīm w$^{e'}$el-haḥorīm*) de sua cidade (v. 8). Como reação a essas instruções por escrito, "os anciãos e notáveis [...] fizeram conforme Jezabel lhes havia ordenado" (v. 11). Com base no testemunho de duas testemunhas falsas, Nabot é condenado e apedrejado fora da cidade (v. 13). A partir das suposições costumeiras da história do direito, seria de esperar que a principal ênfase da narrativa caísse na maciça influência do poder real sobre o tribunal dos anciãos. Esse, porém, não é o caso. A pergunta por que os anciãos concordam sequer é levantada pela narrativa; eles o fazem como se isso fosse natural. Com a mesma naturalidade, a rainha pressupõe a obediência deles na imposição de seu "domínio real" (*m^{e}lūkāh* – v. 7). O problema, em torno do qual gira a narrativa, reside no conflito entre a monarquia e um agricultor israelita e suas

---

[123]. NIEHR, *Rechtsprechung*, p. 84.
[124]. P. ex., WÜRTHWEIN, *Könige*, p. 247.

terras[125], e não no conflito entre o rei (ou Nabot) e os anciãos. É verdade que, para conseguir a terra cobiçada, o rei tem que recorrer, em conluio com os anciãos, a falsas testemunhas e, assim, provocar uma sentença de morte injustificada. Mas o fato de os anciãos entrarem no jogo e obedecerem às suas instruções é uma questão que sequer se discute. Portanto, numa passagem onde seria de se esperar, mais do que em qualquer outra, um conflito entre jurisdição dos anciãos e poder real, tal coisa não acontece. E isso também vale para a continuação da história, muitas vezes considerada posterior, nos v. 17ss., com a intervenção de Deus, respectivamente de seu profeta. O julgamento anunciado visa apenas o rei e sua família.

Não são, porém, somente os anciãos que recebem as missivas do rei, e portanto exercem a autoridade judicial. As cartas dirigem-se também aos "notáveis" ou "nobres" (*ḥōrīm*). Não há razão para descartá-los através de crítica literária[126]. Ao lado dos chefes de determinados clãs, portanto, são as pessoas de influência e os poderosos da cidade que dominam a justiça. E esses estão igualmente conluiados com o rei e lhe são obedientes. Quando se lê 1Rs 21 sem a hipótese de uma antiga comunidade jurídica pré-monárquica, o capítulo revela um quadro perfeitamente coeso do sistema jurídico no Reino do Norte: os tribunais locais, constituídos de anciãos e poderosos, são os representantes do poder real no sistema jurídico e estão subordinados, ao menos em casos normais, às suas instruções. Para o narrador de 1Rs 21, nem mesmo a colaboração num assassinato jurídico constitui uma pedra de escândalo especial. Toda a crítica da narrativa visa unicamente a própria casa real.

As notícias que temos do Reino do Norte do século VIII aC sobre o sistema jurisdicional concordam com isso em princípio. Segundo Os 5,1, também a "casa de Israel" (*bēt yiśrā'ēl*) é competente em assuntos de direito (*mišpāṭ*), ao lado dos sacerdotes e da casa real[127]. Todas essas instâncias fracassaram e se en-

---

125. Sobre as questões ligadas ao traslado do terreno, cf., p. ex., TIMM, Omri, p. 123ss.
126. BUCHHOLZ, Älteste, p. 76, considera a menção dos *ḥōrīm* como um acréscimo deuteronomista. Por meio deles quer-se "estender a acusação, originalmente feita pela narrativa apenas contra os anciãos de Jezrael, de modo generalizado, a toda classe superior da cidade". Além de 1Rs 21, o termo *ḥōrīm* é empregado com frequência em textos da época pós-exílica (Ne 2,16; 4,8.13; 5,7; 6,7; 7,5; 13,17; Ecl 10,17; tb. Is 34,12) ao passo que aparece apenas duas vezes no livro de Jeremias (Jr 27,20; 39,6). Também quando se quer enquadrar essas duas ocorrências na camada D de Jeremias (assim, p. ex., THIEL, Jeremia II, p. 8ss., 54ss.), ainda assim *ḥōrīm* não é um termo tipicamente deuteronomista. Pois na Obra Historiográfica Deuteronomista, ele aparece somente em 1Rs 21, faltando nas passagens paralelas em 2Rs 25, paralelas às passagens de Jeremias no que diz respeito ao assunto. Ele também falta sobretudo em 1Rs 21,17ss., uma passagem muitas vezes considerada deuteronomista. Diante desses fatos, não há fundamento para a tese de uma revisão deuteronomista. Não há tensões no texto que permitam deduzir que haja acréscimos ou algo similar. Não há, pois, argumentos que justifiquem qualquer tipo de exclusão literária, a não ser pressuposições.
127. Cf., p. ex., JEREMIAS, Hosea, p. 74.

contram sob o anúncio profético do juízo (v. 2). As três formas de julgamento conhecidas já no Antigo Oriente, que também se encontram lado a lado no Israel do tempo da monarquia[128], constituem uma unidade interna para Oseias. E em *Amós* isso não é diferente. A injustiça e a exploração social, que ele toma por base para seu anúncio do juízo, ocorrem sobretudo na "Porta". E é na Porta, onde o direito e a justiça deveriam correr como água (5,24) e o direito deveria ser estabelecido (5,15), que se odeia aquele que quer trazer o direito (5,10) e o pobre é rejeitado (5,12, cf. 2,7). Os poderosos exploradores se impõem na Porta como lugar do direito. E o que acontece nos palácios da capital (3,10; 6,1ss.) e, portanto, também na corte real, está inseparavelmente ligado ao direito. A rica camada superior, atacada por Amós, que tem o pobre em seu poder, domina os processos judiciais na Porta. Ela não se encontra em nenhuma contradição visível à organização estatal, mas está intimamente relacionada com ela (esp. 5,10s.)[129].

Os profetas em Judá não revelam uma situação fundamentalmente diferente. Para Miqueias, "os chefes de Jacó" (*rōšē ya'aqōb*) e os "líderes da casa de Israel" (*q^{e}sīnē bēt yiśrā'ēl*) são responsáveis pelo direito (3,1; cf. 3,9). Esses dois grupos constroem Jerusalém com sangue e decidem nos tribunais mediante subornos, dando, portanto, preferência ao dinheiro e à influência. Os termos empregados aqui por Miqueias dificilmente podem ser entendidos de outro modo senão que os "chefes" têm sua função nos grandes clãs, os "líderes", porém, no Estado[130]. E para o profeta de modo algum os dois existem separadamente. Isso pode ser observado com clareza ainda maior em Isaías. Por um lado, ele conhece "juízes" (*šōf^{e}ṭīm*) e "funcionários" (*śārīm*) competentes em direito. Isso se evidencia com especial clareza em Is 1,21-26. Os funcionários (*śārīm*), porém, amam o suborno e correm atrás de presentes (v. 23). Depois do processo de purificação, porém, Jerusalém terá novamente "juízes" e "conselheiros" (*yō'ēṣ* v. 26), e isso "como antigamente", ou "como outrora" (*k^{e}bārīšōnāh/k^{e}bat^{e}ḥillāh*). Portanto, eles já existiram na cidade, agora, porém, estão corrompidos. Por outro lado, Isaías menciona os anciãos em 3,2s. no mesmo conjunto com militares, juízes, profetas, adivinhadores, conselheiros e diversos mânticos. Todos eles são

---

128. Para informação, cf. NIEHR, *Rechtsprechung*.
129. Os vocábulos raros usados em 5,11 (*bšs* e *mś'*) referem-se normalmente a tributos estatais (p. ex., WOLFF, *Amos*, 268, 290) e testemunham, no caso, uma relação muito íntima entre acontecimentos na Porta e o sistema estatal de tributos.
130. Cf. esp. WOLFF, *Micha*, p. 67s.; em relação a *rōš*, cf. Bartlett, *Use*; em relação a *qāṣin*, cf. SCHÄFER-LICHTENBERGER, *Eidgenossenschaft*, p. 303ss.

esteios e arrimos do sistema injusto, que Deus deixará ir à ruína. Analogamente, segundo Is 3,14, também os anciãos e os funcionários (*śārīm*) têm que ser vistos como uma unidade. Ambos exploram juntos a vinha, portanto, o povo, e o que roubaram dos pobres encontra-se em suas casas.

Em toda a profecia crítica do século VIII, vê-se sempre – apesar de muitas diferenciações na terminologia e na avaliação – toda a camada superior como uma unidade. Toda ela como um conjunto explora os mais pobres e fracos. Dessa camada superior fazem parte tanto os anciãos, portanto, os chefes dos clãs líderes, quanto os funcionários reais, os juízes, os militares, e, na maioria das vezes, também o aparato religioso. Entre os instrumentos de que dispõem e pelos quais executam concretamente a exploração consta, não por último, o direito na Porta. A partir do que revelam as fontes, não há nenhuma razão para jogar os anciãos e os órgãos judiciais instituídos pelo Estado uns contra os outros. Tampouco se poderá considerá-los como instituições claramente distinguíveis. Uma separação entre uma "administração oficial e a jurisdição na Porta, que trabalham de forma conluiada"[131], não pode ser verificada historicamente e essa separação entre administração e justiça sequer é historicamente concebível, sendo introduzida apenas recentemente.

A mesma situação se pode constatar em textos posteriores, como, por exemplo, Jr 26[132]. Sobretudo o Deuteronômio revela a mesma constelação. Nele, determinados casos são regulamentados pela instância dos anciãos[133]. Além disso, porém, diversas vezes mencionam-se paralelamente juízes[134]. A partir de toda a averiguação sobre a época da monarquia israelita não surge nenhum problema para essa coexistência, como seria de se esperar. Ambos os grupos são conjunta e concomitantemente competentes para a jurisdição. Nova e especificamente deuteronomista é somente a exigência da instituição dos juízes pelo povo (Dt 16,18)[135].

---

131. Assim BUCHHOLZ, *Älteste*, p. 99 *et passim*.
132. Nesse texto, chama a atenção a atuação conjunta de sacerdotes, profetas e povo, sendo que evidentemente os *śārīm* desempenham o papel decisivo. Sobre Jr 26, cf. agora HARDMEIER, Propheten, p. 174ss.
133. Dt 19,1ss.; 21,1ss.18ss.; 22,13ss.; 25,5ss.; • cf. PREUSS, *Deuteronomium*, p. 122 e BUCHHOLZ, *Älteste*, p. 60ss.
134. Dt 16,18ss.; 17,8ss.; 25,1ss.; • cf. BUCHHOLZ, *Älteste*, p. 88ss. Buchholz considera Dt 16,18 como texto deuteronômico posterior, que quer generalizar a atividade dos chamados pequenos juízes, e isso não teria fundamento na realidade pré-exílica. Sobre os problemas da estratificação no Deuteronômio, cf. p. 238ss.
135. Cf. a seguir p. 332ss.

O quadro de uma coexistência pacífica e sem qualquer problema entre anciãos e funcionários reais na jurisdição, que caracteriza o tempo dos reis israelitas, corresponde, em todos os sentidos, ao que sabemos também de outros lugares do Antigo Oriente[136]. Assim, por exemplo, reza um juízo sobre as condições jurisdicionais do tempo de Ur-III: "De um modo ainda não transparente [...], os processos também eram realizados na presença da 'assembleia', dos 'cidadãos da cidade', o que, todavia, não excluía a participação de juízes e a denominação da sentença como 'sentença do rei'"[137]. Algo semelhante também pode ser observado em outros lugares: um prefeito, por exemplo, pode presidir, na qualidade de funcionário do palácio, a jurisdição dos anciãos[138]. Justamente do âmbito cananeu também se conhece algo semelhante[139]. Também aqui a Porta é a sede da jurisdição real e estatal. Segundo o poema ugarítico *Aqht*, está sentado nela [a Porta] o Rei Daniel e ele julga as causas das viúvas e dos órfãos[140]. E para todo o Antigo Oriente vale: "'A Porta', isto é, um lugar ou um nicho na Porta, é mencionado com frequência como o lugar do tribunal"[141].

Deve-se, portanto, tomar como ponto de partida o fato de que a função dos anciãos no tribunal na Porta dos diversos povoados era uma instituição da época dos reis e, portanto, provavelmente a forma mais importante, por ser a mais difundida, de jurisdição estatal em Israel. Aqui os anciãos trabalham em perfeita harmonia, sem qualquer problema, com outros funcionários influentes. Não é possível reconhecer uma divisão exata das competências, e ela é inteiramente improvável. Não por último, é preciso observar que o funcionalismo, como os líderes militares, entre outros, é recrutado dentre os clãs mais importantes do país[142]. Do ponto de vista da profecia crítica, em todo caso, mas também do ponto de vista de narrativas como 1Rs 21, a camada social superior se apresentou como unidade em sua autoridade jurisdicional. Anciãos, funcionários e o rei formam uma unidade não questionada. É evidente que com essa tese se dizem coisas importantes sobre a estrutura e o modo de funcionamento do Estado em seu

---

136. Sobre o que segue cf. esp. WEINFELD, *Judge and Officer*, p. 81ss.
137. KRECHER, *Rechtsleben*, p. 341, baseando-se em V. DIJK, *Gerichtsurkunden*, p. 76.
138. WALTHER, *Gerichtswesen*, p. 8, 56ss.; • KRÜCKMANN, *Beamter*, p. 445; • resumo: NIEHR, *Rechtsprechung*, p. 28s.
139. LIVERANI, *Communautés*; id., *Royauté*; • cf. NIEHR, *Rechtsprechung*, p. 33ss.
140. KTU 1.17.V.6ss.; trad. ANET 151; Aistleitner, *Texte*, p. 70.
141. Assim V. SODEN, *Einführung*, p. 134.
142. Cf. p. ex. RÜTERSWÖRDEN, *Beamte*, p. 138 nota 57, esp. porém KESSLER, *Staat und Gesellschaft*, p. 192ss.

todo, mas isso não pode nem precisa ser explicitado aqui[143]. Depois dos conflitos iniciais, tanto o Estado israelita quanto o judaico puderam apoiar-se, não por último, nos principais clãs e especialmente em seus anciãos. Estes, por sua vez, tornaram-se uma parte importante do aparato estatal. O que eventualmente perderam em poder político[144], e que talvez reconquistaram somente no exílio[145], ganharam em importância na jurisdição. Por fim, é importante o lugar onde atua esse tribunal: a Porta dos povoados. O fato de também cidades menores estarem cercadas por muros e portas é um avanço da época da monarquia[146]. Vendo apenas os gastos e as dimensões dessas construções, devemos considerá-las como obras estatais, assim como outras obras urbanas. Não por último, a sua grande semelhança, que segue um modelo básico uniforme, confirma isso[147]. O tribunal que se reúne no ponto militarmente fortificado da cidade, portanto, no lugar de representação estatal-militar, já por essa única razão deve ser considerado plenamente como uma instância estatal.

É preciso, todavia, mencionar igualmente o caráter inteiramente ambivalente de uma jurisdição na Porta com esse tipo de funcionamento. Ele se destaca imediatamente quando se leem as determinações contundentes dos códigos jurídicos pré-exílicos sobre o processo judicial. Pois o Código da Aliança e o Deuteronômio não só colocam as determinações jurídicas detalhadas nas mãos da totalidade daqueles aos quais se dirigem em geral. Eles contêm igualmente determinações sobre o próprio processo jurídico. Assim, por exemplo, Ex 23,1ss. visa determinado comportamento nesse tribunal. Dt 16,18; 17,14ss., entre outras passagens, responsabilizam Israel inclusive pela instituição de juízes, bem como de outras instâncias. Visto que, por meio dos anciãos, os diversos clãs estão envolvidos no procedimento jurídico estatal, também todos os israelitas podem ser responsabilizados pelo sistema jurisdicional. Neste ponto também é preciso lembrar que um grêmio de anciãos está abonado em princípio também em ou-

---

143. Sobre isso agora KESSLER, *Staat und Gesellschaft*.
144. Sobre a posição dos anciãos no tempo pré-estatal, cf. esp. SCHÄFER-LICHTENBERGER, *Eidgenossenschaft*, p. 209s. Sobre os anciãos em geral no AT, cf. BORNKAMM, artigo πρέσβυς; • PLOEG, *Les anciens*; • McKENZIE, *Elders*; • ROEROE, *Ältestenamt*; • CONRAD, artigo *zāqen*; Reviv, *Elders*.
145. Sobre a especial importância dos anciãos no tempo do exílio, cf. BUCHHOLZ, *Älteste*, resumo p. 38ss.
146. Sobre isso esp. WEIPPERT, H. *Palästina*, p. 426ss.
147. WEIPPERT, H. *Palästina*, p. 427; cf. tb., p. ex., SHILO, *Town Planning*.

tros lugares como instância jurídica para sociedades pré-estatais[148]. A partir das fontes, isso deve ser negado em relação ao Israel primitivo. A existência de uma instância pública em si, um foro, diante do qual os casos jurídicos devem ser resolvidos, que pode ouvir testemunhas, propor sentenças, aplicar normas jurídicas e, desse modo, providenciar um equilíbrio entre as forças dos respectivos litigantes – eis a inovação decisiva que surge com o direito estatal. A função pessoal do rei como juiz, que desempenhou um papel especial nos inícios da monarquia, foi repassada por ele aos clãs, que a exerciam conjuntamente com os funcionários reais. Uma vez integrados desse modo na estrutura do Estado, os clãs mais representativos e seus representantes tinham simultaneamente, pelo menos potencialmente, poder no Estado e até mesmo sobre o Estado. Enquanto no século VIII os anciãos e os juízes são, para os profetas, parte da camada superior corrupta, existe, posteriormente, um movimento de reforma em Judá que parte justamente desses círculos[149]. A singularidade do direito mosaico em todo caso, no sentido de responsabilizar todo o Israel pelo direito e pela justiça e, desse modo, tirar o direito das mãos do Estado e confiá-lo ao povo, tem sua base social na comunidade de direito hebraica, surgida na época da monarquia.

c) Ex 18 e a questão de uma instituição mosaica

A imagem do sistema jurídico pré-exílico depende decisivamente do juízo que se faz das tradições sobre um tribunal central em Jerusalém em 2Cr 19 e Dt 17,8ss. Revela-se nisso a inovação essencial da história do direito da época dos reis, o passo decisivo para a estatização do direito?[150] Ou estamos diante de uma retroprojeção a-histórica, exílica/pós-exílica, portanto, diante de uma mera utopia?[151] Pela relação íntima desses textos com aqueles que falam de uma instituição de juízes por Moisés (Ex 18; Dt 1), ou de uma inspiração de anciãos pelo espírito de Moisés (Nm 11), a pergunta por um tribunal central está ligada com uma outra pergunta: existiu uma instituição mosaica ou uma instituição legiti-

---

148. Cf. acima p. 60.
149. Cf. a seguir p. 298ss.
150. Assim, seguindo a ALBRIGHT, Judicial Reform; • KNIERIM, Exodus 18, esp. MACHOLZ, Justizorganisation; • WHITELAM, Just King; • WILSON, Judicial System.
151. Assim segundo WELLHAUSEN, Prolegomena, p. 186, p. ex., NIEHR, Rechtsprechung, p. 114s., 121s.

mada por Moisés? Especialmente Knierim tomou o texto de Ex 18,13ss. como ponto de partida para a tese da existência de uma instituição mosaica na Jerusalém do tempo dos reis[152].

Segundo a narrativa de Ex 18,13ss., Moisés está assentado para julgar o povo, e isso ocupa seu tempo, da manhã à noite (v. 13). Questionado por seu sogro madianita (v. 14), esse "julgar" (*špṭ*) é definido mais detalhadamente por Moisés (no v. 15s.) como: a) consultar a Deus (*drš*); b) "julgar" (*špṭ*) no sentido de decidir ou conciliar entre dois partidos em litígio (*bēn ʾîš ûbēn rēʿēhû*); c) tornar conhecidos (*ydʿ* hif.) os decretos e leis de Deus (*huqqē haʾelōhîm wᵉʾet-tōrōtāw*). O madianita então aconselha delegar uma parte das tarefas a pessoas especialmente qualificadas, que são instituídas como funcionários ou oficiais (*śārîm*) sobre mil, cem, cinquenta e dez (v. 21). Sua tarefa é a de "julgar" (*špṭ*) o povo (v. 22). Que resta ainda para Moisés? Do processo de "julgar" restam os casos que são muito "grandes" (v. 22) ou muito "graves" (v. 26). Os juízes instituídos deverão assumir apenas as causas "menores". Conforme a proposta do v. 19s., Moisés fica, além disso, com a função de representar o povo perante Deus e de levar suas causas à presença de Deus (v. 19), bem como com a tarefa de ensinar e instruir o povo sobre os estatutos e ordenações de Deus (v. 20). Isso significa que, das funções de Moisés descritas inicialmente, ele fica com duas, e da terceira, a de resolver litígios atuais no povo, ficam-lhe reservados os casos graves. Apenas se lhe tira a massa das causas simples e menores.

É convicção unânime de todos os estudos recentes de que o presente texto trata da legitimação de uma organização jurídica. Quer-se fundamentar etiologicamente a instituição de juízes pela redução da carga de Moisés e assim legitimá-la. Controvertida, porém, é, por um lado, a datação do texto e da ordem jurídica na qual se baseia, e, por outro, sua uniformidade literária, no que diz respeito à atividade de Moisés, bem como à competência dos juízes.

A mais recente análise sobre a questão da crítica literária de Ex 18 é de Schäfer-Lichtenberger, que resume estudos mais antigos e os aprofunda[153]. Segundo ela, existe uma narrativa básica, complementada por três grupos de acréscimos, ou seja, pelos v. 15b.20b, v. 16b.20a e v. 21b.25b. O último grupo é concernente ao relacionamento dos juízes com a hierarquia militar articulada em grupos de

---

152. KNIERIM, *Exodus* 18.
153. SCHÄFER-LICHTENBERGER, *Exodus* 18.

centenas até milhares. Uma tese antiga já afirmava que aí se trata de uma complementação literária[154]. Isso efetivamente têm muitos argumentos a seu favor. Quanto ao conteúdo, não há nenhuma clareza sobre o que se quer dizer exatamente – uma série de instâncias, articuladas hierarquicamente em três níveis, por exemplo, em analogia à articulação militar? Do ponto de vista metodológico, é mais importante, a meu ver, a dificuldade do nexo sintático entre v. 21a e v. 21b. A princípio, o versículo, se tomado literalmente, diz que os oficiais seriam postos sobre os homens previamente escolhidos: "Estabelece sobre eles oficiais de mil..." A necessária retomada de um objeto, que todas as traduções introduzem ("e os colocarás sobre eles como...") não consta no texto[155]. Não obstante, certamente não é outro o sentido, especialmente tomando em consideração o contexto e especialmente o v. 25. Os juízes são, ao mesmo tempo, oficiais na estrutura costumeira do exército. Isso está ligado à sua designação como "homens capazes" = "homens do exército" (*anšē ḥayil*) nos v. 21 e 25[156], e se explica tanto pela costumeira estrutura do funcionalismo[157] quanto a partir de paralelos do Antigo Oriente[158]. A narrativa básica, contudo, colocou aqui outro acento.

A questão se também temos acréscimos nos v. 15b.16b.20 é de peso muito maior e também deve ser avaliada metodologicamente de modo diferente. Com isso, todos os aspectos da atividade de Moisés, ligados à consulta de Deus e à comunicação de instruções divinas, seriam de camadas posteriores. A argumentação para a fundamentação disso transcorre aqui exclusivamente em termos de conteúdo. O "processo" aplicado por Moisés seria diferente nos v. 15b.16b.20 do que no v. 13s.[159] Essas consultas a Deus (*drš*) seriam atribuição sobretudo dos profetas[160], e esses, por sua vez, não davam "consultas" regularmente. Portanto, as presumidas tensões no texto, que levam a operações crítico-literárias, procedem exclusivamente de suposições modernas sobre o assunto de que trata o texto. É certo que as atividades que aqui aparecem em conjunto são relatadas separadamente em muitas passagens. Isso, porém, não basta para separá-las em toda

---

154. JUNGE, *Wiederaufbau*, p. 57s.; • KNIERIM, *Exodus 18*, p. 155, 167s.
155. Cf., p. ex., NOTH, *Exodus*, p. 116.
156. Sobre o conceito cf. SCHÄFER-LICHTENBERGER, *Stadt*, p. 316s., com a tentativa de uma diferenciação de *gibbōr-ḥayil* e *bēn-ḥayil*.
157. Cf. RÜTERSWÖRDEN, *Beamte*.
158. WEINFELD, *Judge and Officer*, com muito material do Antigo Oriente e Israel.
159. SCHÄFER-LICHENBERGER, *Exodus 18*, p. 64ss.
160. Quanto a *drš*, cf. esp. WESTERMANN, *Fragen und Suchen*.

parte e em geral, pois nesse caso se tornaria incompreensível por que foram ligadas aqui. Mais: Schäfer-Lichtenberger chama a atenção inclusive para textos como Lv 24,10ss.; Nm 9,6ss.; 15,32ss.; 36,1ss.[161] Neles se trata sempre de casos jurídicos individuais, que são levados a Moisés e são esclarecidos por decisão divina[162], tendo como consequência que as sentenças se tornam regras gerais compulsórias. São precedentes, nos quais Moisés procede do mesmo modo como está descrito em Ex 18 e nos quais as três atividades de Moisés estão ligadas objetiva e organicamente de modo inseparável. Neste caso, porém, é inadmissível do ponto de vista metódico e como mera *petitio principii* desfazer essa ligação pela crítica literária no caso de Ex 18 – enquanto não existirem realmente indícios linguísticos para uma estratificação no texto, e esses não existem. O ofício de Moisés reúne aqui traços que em outras partes muitas vezes aparecem isoladamente e são exercidos por diversas personalidades, mas que também em outros lugares e justamente em Moisés aparecem reunidos e que, de certo modo, perfazem o específico desse "Moisés". Esse quadro também já se encontra na base de Ex 18. As atividades aqui reunidas – consulta profética ou sacerdotal a Deus, decisão judicial, instrução no direito – não estão ligadas por acaso. Isso é evidenciado por toda a estrutura do direito veterotestamentário. E o fato de tudo isso estar reunido em Ex 18 na atividade de Moisés evidencia o papel-chave do texto.

A datação de Ex 18,13ss. oscila entre o tempo de Davi e a época persa. Os argumentos aduzidos para essas exposições, contudo, são pouco convincentes e, na melhor das hipóteses, tangem questões marginais. Para a datação já no tempo de Davi[163] aduz-se o paralelo em 1Sm 8,10ss. Justamente ali, no entanto, os oficiais não têm funções jurídicas. Além disso, aduzem-se reflexões bastante gerais sobre a necessidade, já nos inícios, de uma organização jurídica estatal[164], que são contestadas pelas informações concretas sobre a fase inicial do tempo da mo-

---

161. SCHÄFER-LICHTENBERGER, *Exodus* 18, p. 64ss.; cf. tb. adiante, p. 146ss.
162. É certo que, em parte alguma, é empregado o termo *drš*, no entanto o significado da consulta a Deus está claro (cf. *prš* em Lv 24,12; Nm 15,34; *qrb* hif. em Nm 27,5; bem como *šmʿ* em Nm 9,8).
163. Esp. REVIV, *Traditions*, 568ss.
164. SCHÄFER-LICHTENBERGER, *Exodus 18*, critica a ligação feita por Knierim e outros com 2Cr 19 e consequentemente com a reforma de Josafá (79ss.). No caso de 2Cr 19, ela fala de três instâncias; ao lado do tribunal de apelação, também o rei deveria ter essa função (o que evidentemente contradiz a intenção do texto), e a distinção entre casos leves e graves teria sido omitida em 2Cr 19. Tudo isso indicaria uma "complexidade social mais elevada" (82) e, por isso, o evento que se reflete em Ex 18 deveria ser datado num período anterior. Além disso, ela indica (83) uma decisão judicial de Davi (1Sm 30,21ss.; 2Sm 12,5s. bem como 14,1ss.). Mas justamente esse tipo de textos mostra claramente que a tradição não conhece uma instância ao lado ou abaixo do rei, autorizada por ele.

narquia. Com efeito, é central para Ex 18 e singular no Antigo Testamento o fato de o impulso decisivo vir de um estrangeiro[165]. Mas nem por isso se deve pensar numa origem do ambiente babilônico ou do tempo dos persas[166], quando os impulsos para a organização jurídica intraisraelita também teriam chegado de fora. De acordo com tudo o que sabemos, este não é o caso. Pelo contrário, a política persa possibilitou uma organização jurídica autônoma, orientada nas próprias tradições[167]. Com efeito, uma datação de Ex 18 tem suas dificuldades. O texto se encontra isolado no contexto, emoldurado por trechos de cunho sacerdotal (P)[168], e a tradicional atribuição ao Eloísta não pode mais servir de base hoje. Ainda assim, tudo indica necessariamente que estamos diante de um texto pré-exílico e pré-deuteronomista. Nada nele aponta para uma linguagem ou uma teologia posterior. Ele terá que ter sua origem num tempo ou em círculos, em que um impulso gentílico para uma organização jurídica fundamental de Israel não constituía nada de negativo, apesar da tradição e do conhecimento de decisões jurídicas divinas. Também o nexo com Ex 18,1-12 fala a favor de uma datação não muito tardia na época da monarquia[169]. Algo mais detalhado decerto se poderá dizer somente com base nas estreitas relações com 1Cr 19 e na datação das organizações jurídicas aí testemunhadas[170].

Na época dos reis, portanto, Ex 18 testemunha a instituição de juízes no contexto de determinada organização jurídica e os legitima pelo argumento de que sua instituição remontaria a Moisés. A descrição dos critérios de seleção no v. 21 sugere que se trata de funcionários que têm relações com o serviço militar. Sua ênfase, porém, reside na organização da justiça.

A meu ver, é mais importante para a história jurídica de Israel a contrapergunta: *Quem é esse Moisés?* Pois das três funções atribuídas a ele, esse Moisés perma-

---

165. Sobre a interpretação posterior da incomum tradição, cf. BASKIN, *Pharaoh's Counsellors*.
166. Assim BUCHHOLZ, *Älteste*, p. 97s.
167. Cf. acima p. 81s e a seguir p. 456s.
168. Sobre ambos os pontos, cf. BLUM, *Pentateuch*, p. 153ss. Blum considera, por um lado, que Ex 18 se encontra fora de sua composição-D e por conseguinte como um acréscimo posterior no Pentateuco; por outro lado, supõe antigos nexos pré-deuteronômicos entre Ex 3s. e 18, de modo que resta apenas a conclusão de que uma tradição mosaica mais antiga foi "aproveitada parcialmente por K^D (Ex 3s.), mas que outra parte foi acrescentada somente numa nova redação posterior (Ex 18)" (122). Essa construção, ditada pelas coerções de uma composição-D uniforme, dificilmente pode ser comprovada.
169. Sobre possíveis nexos de sentido pós-exílicos, cf. BLUM, *Pentateuch*, p. 161s. No entanto, também para Blum isso não fala a favor de sua origem só nesta época, as diferenças são suficientemente claras.
170. Sobre isso, cf. a seguir p. 136ss.

nece inteiramente com duas e, no que se refere à terceira, cabem-lhe todos os casos importantes. Moisés representa uma instituição competente para casos especialmente difíceis, que não podem ser solucionados pelo direito ora vigente. Ele, portanto, toma a si precedentes jurídicos. Simultaneamente, porém, ele consulta a Deus, como fazem os profetas ou sacerdotes. Isso deve estar relacionado com os precedentes, mas dificilmente se restringirá a eles. A consulta a Deus e o juízo de Deus desempenham papel importante em Israel, como, aliás, em todo o direito do Antigo Oriente, e estão ligados ao âmbito do culto[171]. Além disso, em Ex 18 o povo recebe instruções sobre as leis de Deus. Não há motivo para separar objetivamente ou pela crítica literária essas diferentes funções – pois para entender Moisés é preciso perguntar, independentemente de Ex 18, com exatidão por *aquele* lugar em que todas essas funções se encontram unidas. Pois as leis do Antigo Testamento que remontam a Moisés contêm instruções jurídicas e cultuais e já são em si mesmas instrução em assuntos do direito. Portanto, a quem representa esse Moisés na época da monarquia israelita?

De imediato se poderia pensar no *rei*. Ao menos nos inícios da época dos reis, casos especialmente difíceis são resolvidos pelo rei, e existem tradições do Oriente Antigo que analogamente levam casos graves e difíceis das instâncias inferiores ao rei[172]. A consulta a Deus e a transmissão didática de sentenças divinas ao povo, para que as observasse para sempre, todavia não estão testemunhadas em outra parte. O rei, porém, é sacerdote e chefe supremo dos grandes santuários estatais e, conforme a autocompreensão da monarquia sagrada, ele está próximo de Deus e transmite suas decisões[173]. Afinal, também em outros textos se pretendeu encontrar traços régios na figura de Moisés[174]. No mínimo em relação a Jeroboão deve-se supor como certa uma expressa afinidade com a figura de Moisés[175]. Mesmo assim, deve ser considerado improvável que o rei israelita tenha exercido, em alguma ocasião, ou pretendido exercer as funções que aqui estão associadas ao nome de Moisés. Trata-se das funções do rei como juiz supremo e,

---

171. Cf. BOECKER, *Recht*, p. 19, 27s.
172. Sobre os exemplos especialmente da área hitita, cf. WEINFELD, *Judge and Officer*, p. 75s.
173. Basta aqui remeter à autocompreensão tal como ela se expressa nos salmos régios. Cf. Sl 2; 72; 110, e o.
174. PORTER, *Mose*.
175. Quanto à semelhança entre 1Rs 12 e Ex 5, cf. CRÜSEMANN, *Widerstand*, p. 176. Além disso, existem semelhanças tão grandes na descrição da atuação de ambos que se deve descartar isso como mera casualidade. Cf. p. ex. sua postura com relação à organização de corveia, ao atentado ou assassinato, fuga para o estrangeiro, retorno como libertador. No entanto, teria sido Moisés moldado literariamente segundo Jeroboão ou Jeroboão segundo Moisés? O primeiro caso deverá ser muito mais provável.

simultaneamente, das funções de um tribunal cultual no santuário. Em Ex 18, o nome Moisés reúne o que em outras partes é atribuído a figuras distintas. Somente numa visão de conjunto podem ser esclarecidos traços bem centrais do direito israelita. Se segundo Ex 18 os juízes oficialmente contratados são legitimados com a referência a esse Moisés, isso pressupõe a existência de algo como uma instituição mosaica.

Antes de continuarmos a analisar essa questão no contexto da instituição de um tribunal central, é preciso aduzir dois outros textos que confirmam a datação pré-exílica de Ex 18, por serem posteriores e dependentes dele. Em primeiro lugar, temos a variante em Dt 1,9-18[176]. Ela faz parte do prefácio deuteronomista do Deuteronômio em Dt 1–3[177] e se encontra no início do retrospecto sobre os acontecimentos desde a permanência no Horeb[178]. O elemento perturbador em Ex 18, isto é, a iniciativa de um madianita, desaparece neste texto. Igualmente a narrativa não acontece mais no início, como no contexto de Êxodo, mas no final da permanência no monte de Deus. Em Dt 1, o crescimento do povo é ponto de partida. Seu grande número, descrito por meio da comparação com as estrelas do céu (v. 10)[179], torna impossível que Moisés pudesse carregar sozinho "peso, carga e processos" do povo (v. 12). Por iniciativa própria, Moisés faz uma proposta para aliviar essa carga, a qual é aceita pelo povo (v. 13s.). As informações sobre os critérios de seleção, sobre o surgimento, bem como sobre as funções dos homens que devem desonerar a Moisés são tais que são dissecadas quase regularmente pela crítica literária. E, com efeito, a suspeita de que aqui estamos diante de uma estratificação literária é bem maior do que em Ex 18. Especialmente a formulação no v. 15: "tomei os chefes... e os constituí vossos chefes" parece pleonástica[180]. Novamente, porém, é preciso chamar a atenção para o problema me-

---

176. Sobre a semelhança, cf., não por último, a combinação de equilíbrio no Pentateuco Samaritano, e ainda TIGAY, *Empirical Basis*. Uma comparação detalhada de ambos os textos, bem como com Nm 11 é fornecida por ROSE, *Deuteronomist*, p. 226ss; cf. tb. PERLITT, *Deuteronomium*, p. 54ss.
177. Primeiramente NOTH, *Studien*, p. 12ss. Sobre Dt 1–3, cf. RADJAWANE, *Israel*; • McKENZIE, *Prologue*; • tb. PERLITT, *Deuteronomium* 1-3.
178. Sobre o texto, cf. esp. CAZELLES, *Institutions*; • V. RAD, *Deuteronomium*; • RADJAWANE, *Israel*, p. 118ss. A tese de LOHFINK, *Darstellungskunst*, de que Dt 1,9-18 seria uma intercalação tardia, que estorva o nexo, também não foi aceita por BRAULIK, *Deuteronomium*.
179. Sobre o caráter dtn/dtr da documentação, cf. KÖCKERT, *Vätergott*, p. 218ss.
180. Cf. BERTHOLET, *Deuteronomium*, p. 4; • STEUERNAGEL, *Deuteronomium* p. 51s. Intervenções muito mais abrangentes sobretudo em MITTMANN, *Deuteronomium*, p. 24ss. No entanto, cf. PERLITT, *Deuteronomium*, p. 55s., 69s.: "um adendo ... muito antigo" (70).

tódico de que cada uma dessas interferências pressupõe um conhecimento precedente sobre o que se quer dizer aí. De onde, no entanto, viria esse conhecimento? Uma tentativa no sentido de entender realmente o presente teor[181] também é imprescindível para a pergunta se realmente existem contradições – ou somente em nossa visão. Além disso, também é preciso compreender sempre o sentido de acréscimos, bem como do todo que surge desse modo.

Focalizando o presente texto, creio que aqui se diz o seguinte: Moisés conclama o povo a escolher homens sábios e ajuizados "segundo vossas tribos" (*lᵉšibṭēkem*). A esses quer então instituir como chefes do povo (v. 13). O povo, portanto, escolhe segundo as tribos e conforme o grau de entendimento, e Moisés institui os que foram escolhidos desse modo. Ele faz isso sem aplicar, por sua vez, critérios próprios ou algo semelhante, como, por exemplo, em Ex 18, onde ele mesmo faz a seleção. Depois que o povo aprova esse procedimento (v. 14), estranhamente se diz que Moisés toma os chefes das tribos, desde que sejam homens sábios e ajuizados, e os institui como chefes do povo (v. 15). O v. 15b acrescenta, então, assindeticamente a determinação: "oficiais sobre mil e oficiais sobre cem..." Tentando-se entender essas afirmações, pode-se dizer que já se encontram na liderança das tribos homens que satisfazem os critérios de sabedoria e entendimento. E esses são novamente instituídos como chefes por Moisés. Isso significaria: são confirmados na função que exercem ao serem legitimados mosaicamente. As tribos já têm na liderança homens sábios e ricos de conhecimento, e justamente esses recebem, de forma complementar, a legitimação mosaica. Visto dessa maneira, de modo algum é absurdo ou apenas contraditório em si o que está sendo dito aqui. Evidentemente, tudo isso é expresso de modo complicado, e nisso certamente a dependência da tradição mais antiga de Ex 18 terá tido sua influência. O procedimento em si, porém, tem plausibilidade interna, especialmente quando se vê espelharem-se nele problemas e acontecimentos do tempo do exílio, como se deve pressupor em relação a Dt 1–3 como introdução à Obra Historiográfica Deuteronomista. Conforme o que consta, as lideranças de Israel, nominalmente as de suas alianças tradicionais, assumem tarefas mosaicas. Chama a atenção o fato de que os juízes, dos quais se fala a partir do v. 16, não podem com isso ser identificados sem mais nem menos. Com isso se coaduna o fato de que na indicação do problema de Moisés, no v. 12, são abordadas ques-

---

181. Também as análises de CHRISTENSEN, *Prose an Poetry*; • SCHEDL, *Prosa und Dichtung*, centradas na questão: prosa ou poesia, não se viram obrigadas a fazer intervenções crítico-literárias.

tões jurídicas apenas com um dos três conceitos empregados (*rīb*). Julgar, no modelo de Ex 18, é o problema e o alvo do todo. Aqui, na melhor das hipóteses, ainda é uma parte das atribuições. Os juízes podem ter parte na legitimação mosaica, mas outros também a têm.

A modificação em relação a Ex 18 finalmente também se expressa na maneira como se fala aqui das atribuições reservadas a Moisés. Somente o v. 17b, uma única frase, restou para isso. Ela aparece somente depois de já haver sido formulada antes, na descrição das tarefas dos juízes, a importante frase: "pois o direito (*mišpāṭ*) pertence a Deus". Portanto, justamente na relação com Deus, no plano do direito, não se precisa de Moisés. Para ele fica somente o caso demasiadamente "difícil" para eles. Esse deve ser levado a ele, "e eu o ouvirei". Será que é casual o fato de se falar somente de "ouvir", portanto, de audiência judicial, mas não mais se mencionar o julgar e o decidir? Em todo caso, a tradição rabínica censurou Moisés por querer resolver esses casos sozinho, por meio de ouvir, sem a participação de Deus[182]. A diferença em relação a Ex 18, portanto, evidencia-se em muitos pontos, embora se trate evidentemente de uma variação da mesma tradição. Chefes de tribos, homens sábios, militares e juízes, todos eles têm a tarefa de Moisés, são selecionados pelo próprio povo, por ninguém mais, e não obstante – ou justamente por causa disso – têm parte na autoridade de Moisés, e isso vale também para a relação com Deus. Para o próprio Moisés quase nada sobrou.

Provavelmente temos outra variante, bem mais modificada em Nm 11,4-35. O texto deve ser considerado como literariamente coeso, embora se possa distinguir histórico-traditivamente uma versão da história mais antiga das codornizes (na maioria das vezes: v. 4-6.10.13.18-23.31-35) e sua interpretação pela história dos anciãos (v. 11s.14-17.24s.). As duas matérias, no entanto, "foram fundidas numa unidade inseparável"[183]. Há muitos argumentos a favor da tese de considerar essa narrativa como posterior a Dt 1 e como parte de uma camada de composição deuteronomista[184]. Assim como em Dt 1, aqui Moisés também não

---

182. Sifre Deut. § 17; quanto a isso WEINFELD, *Judge an Officer*, p. 65 n. 3.
183. NOTH, *Pentateuch*, p. 34 n. 119; cf. id., *Numeri*, p. 74ss.; de modo semelhante Fritz, *Israel*, p. 16ss., bem como AURELIUS, Fürbitter, p. 177s.
184. Tradicionalmente se considerava a história das codornizes como pertencente a P (diferentemente esp. SEEBASS, *Num. XI*; sobre isso tb. HEINEN, *Last*). No entanto, SCHMID, H.H. *Jahwist*, p. 72ss., mostrou a proximidade com textos de Jeremias e do Deuteronômio. Sobre o enquadramento composicional do capítulo, cf. BLUM, *Pentateuch*, p. 76ss. As razões para datar Nm 11 depois de Dt 1 são citadas, entre outros, por ROSE, *Deuteronomium*, p. 241ss.; • cf. tb. PERLITT, *Deuteronomium*, p. 59. Sobre as análises de JOBLING, *Sense*; • bem como FISCH, *Eldad*, cf. criticamente BLUM, *Pentateuch*, p. 79s. n. 151. Para a interpretação, também HEINEN, *Last*; • GUNNEWEG, *Gesetz*.

consegue mais carregar o peso do povo. Ele devolve, por assim dizer, a Deus o filho que Deus carregou durante a gravidez e depois pariu (v. 12). A dimensão da crise é formulada especialmente no v. 15: Moisés pede a morte a Deus. Estão em jogo simplesmente a morte do povo e a de Moisés. Consegue-se solucionar a crise quando Yhwh distribui parcelas do espírito de Moisés a 70 anciãos – e funcionários (v. 16: $šōṭ^erīm$)[185] – que depois disso passam a atuar como profetas. Uma explicação amplamente aceita fala de "profecia extática", que seria legitimada desse modo por Moisés[186]. Como, porém, indivíduos extáticos teriam condições de resolver os problemas de Moisés ou do povo? E por que justamente anciãos se tornam tais profetas? Ora, o verbo empregado (nb' hitp.) pode efetivamente significar êxtase (1Sm 10,5s.10; 19,20ss.), mas também pode designar – e isso preponderantemente em passagens posteriores – um discurso profético (1Rs 18,8.18; Jr 14,14; Ez 37,10) ou uma aparição profética (Jr 26,20)[187]. O especificamente extático tem pouca ênfase em Nm 11. Trata-se antes do caso em que anciãos, os representantes típicos de uma ordem tradicional, tornam-se profetas e concomitantemente carismáticos[188]. Aqui, os 70 anciãos são como, por exemplo, em Ex 24,1.9, os representantes do povo de Deus em seu conjunto. Se o texto fala desde a situação do exílio ou desde o tempo posterior ao exílio, ele faz, portanto, um enunciado inequívoco e importante: os anciãos têm que se tornar profetas dotados do espírito, a fim de impedirem a morte do povo e de Moisés[189]. Eles recebem o espírito de Moisés e ele "repousa" sobre eles, como em outra parte somente o espírito de Elias repousa sobre Eliseu (2Rs 2,15) ou o espírito de Deus sobre o rei do futuro (Is 11,2).

Para a compreensão não é sem importância o fato de que o espírito de Moisés repousa inclusive sobre duas pessoas ausentes (v. 26ss.). Decisiva não é a presença no santuário, e todas as tentativas de impedi-los são rejeitadas por Moisés (v. 28s.). Quer se pense na diáspora ou em outros grupos distantes de algum santuário, os enunciados são inequívocos. Sem qualquer preparo narrativo, mas decerto explicável a partir dos costumes do período exílico e pós-exí-

---

185. Aqui temos uma nítida glosa já a partir da estrutura da frase.
186. NOTH, Numeri, p. 79; • V. RAD, Theologie I, p. 303; • PERLITT, Mose, p. 601s.
187. JEREMIAS, art. nābî', p. 17; • MÜLLER, art. nābî', p. 156.
188. A terminologia de Max Weber, que aqui se oferece especialmente, já se encontra em NOTH, Numeri, p. 78.
189. Sobre essa compreensão cf. tb. WEISMAN, Personal Spirit.

lico, é a constatação de que os dois constam da lista dos inscritos (v. 26)[190]. E o objetivo se torna claro – para além da função representativa dos 70 – na resposta de Moisés no v. 29: "Oxalá todos no povo fossem profetas". Algo semelhante, certamente em época semelhante, existe somente na expectativa escatológica de Joel 3,1; Ez 39,29[191].

Resumo: Enquanto o objetivo do texto pré-exílico de Ex 18 é a legitimação da instituição de juízes públicos, ele mostra simultaneamente com clareza que atrás do processo se encontra uma autoridade denominada "Moisés", que liga a função jurisdicional do rei com a de importantes santuários e seus sacerdotes ou profetas. Nas variantes exílicas/pós-exílicas dessa tradição em Dt 1 e Nm 11, a colocação é diferente. Aqui se dá uma ênfase muito maior ao grupo instituído por Moisés ou dotado de seu espírito. Diferentemente de Ex 18, trata-se, em ambos os casos, de grandezas da tradição. Anciãos e chefes de tribos, que representam e conduzem o povo, recebem a legitimação e o espírito de Moisés para o exercício de suas atribuições. Moisés cede-lhes sua autoridade – na verdade, não no plano narrativo, mas no plano objetivo. As tradicionais lideranças do povo, e potencialmente todo o povo (Nm 11,29), devem tornar-se "Moisés", a fim de superar a crise e garantir a continuação da vida. Fica em aberto a pergunta se a grandeza que está por detrás do Moisés de Ex 18 pode ser identificada a partir daí.

d) *O supremo tribunal de Jerusalém e sua importância*

A pergunta por "Moisés" na época da monarquia é sobretudo a pergunta por instâncias legislativas nesse período. No ambiente do Antigo Oriente, essa instância é o rei. As leis de Israel, porém, decididamente não são régias, e permanece mera afirmação quando se diz que essa autocompreensão deveria ser atribuída tão somente a redações posteriores[192]. Para isso, ela está demasiadamente ligada à sua estrutura básica. O lugar ocupado ali pelo rei é ocupado por Moisés em Israel. A quem, portanto, devemos as leis pré-exílicas? Se não quisermos renunciar de

---

190. Cf. p. ex. Esd 2,62 e também GUNNEWEG, *Esra*, p. 65.
191. Sobre isso GAMBERONI, "... *wenn doch* ..."; e esp. BLUM, *Pentateuch*, p. 79s., 194s.
192. Assim, p. ex., WHITELAM, *Just King*, p. 218 et passim.

antemão a uma resposta a essa pergunta, resta somente um caminho: tomar em consideração a única instituição que pode ser mencionada aqui ao lado do rei: o supremo tribunal em Jerusalém. De acordo com 2Cr 19,5ss., ele foi instalado pelo Rei Josafá, no século IX, e, segundo Dt 17,8ss., seria parte constituinte fundamental da ordem de Israel em seu território. Certamente um supremo tribunal desempenha papel importante na vida jurídica, onde quer que exista algo semelhante, também para a ampliação da literatura jurídica e a coleta de casos etc. Por isso, faz-se necessário analisar a questão da existência, da estrutura e do modo de funcionamento dessa instituição e perguntar pelas possibilidades de uma relação com as leis pré-exílicas de Israel.

Já o problema de sua existência, no entanto, é objeto de veementes controvérsias. Isso vale sobretudo para o caso em que se aceita a existência de uma tradição confiável em 2Cr 19,5ss. Ver nesse texto um "relato histórico" já foi até tachado como o "erro fundamental da pesquisa da ordem jurídica em Israel"[193]. Até hoje, a discussão está sendo dominada pela afirmação de Wellhausen de que a reforma jurídica descrita em 2Cr 19 teria sido derivada exclusivamente do nome do rei responsável por ela: Josafá = "Yhwh julga"[194]. Desde então, a controvérsia não silenciou[195]. Na verdade, somente o fato de também os estudos críticos dos livros de Crônicas considerarem no mínimo uma pequena parte de sua matéria exclusiva como historicamente confiável pode ser o ponto de partida para a formação de um juízo. Isso vale, por exemplo, para 2Cr 11,5ss.; 26,6a; 32,30a[196]. Juízos globais não são objetivos; somente a análise do caso isolado pode decidir[197]. E aí foram aduzidos bons argumentos a favor da suposição de uma tradição anterior às Crônicas[198]. Esse número ainda pode ser ampliado, com a possibilidade de se chegar a um juízo bastante seguro. De início,

---

193. NIEHR, Rechtsprechung, p. 121.
194. WELLHAUSEN, Prolegomena, p. 186; sobre a crítica, cf. MACHOLZ, Justizorganisation, p. 320 n. 10a.
195. Mais no sentido crítico, expressam-se ACKROYD, Chronicles; • COGGINS, Chronicles; • BECKER, 2. Chronik; MOSIS, Theologie, esp. p. 177 n. 22; • WELTEN, Geschichte, p. 184s.; mais no sentido positivo: KITTEL, Chronik; • GALLING, Chronik; • RUDOLPH, Chronikbücher; • MICHAELI, Chroniques; • MYERS, Chronicles.
196. Cf. esp. WELTEN, Geschichte, p. 191ss. Sobre a história da pesquisa na questão fundamental, cf. JAPHET, Historical Reliability.
197. Assim esp. MACHOLZ, Justizorganisation, p. 319ss.
198. Esp. MACHOLZ, Justizorganisation, p. 319ss.; • WILLIAMSON, Chronicles, p. 267ss.

é preciso constatar que o tema da organização jurídica e da jurisprudência em geral não é importante para as Crônicas[199]. Ele não pode ser considerado como um "topos" de sua historiografia, e 2Cr 19,5ss. também contém outras coisas mais do que "instrução popular"[200]. Para Crônicas, o que vale em geral é a Torá; é preciso fazer com que ela seja respeitada[201]. Isso, porém, não acontece em 19,5ss. Ao invés disso, fala-se de conflitos entre a Torá e outras tradições jurídicas (*miṣwāh*, *huqqīm* e *mišpāṭīm* – v. 10), que dificilmente poderão ser consideradas como invenções do cronista. As ocorrências dos v. 5ss. encontram-se em nítida tensão com o conteúdo do v. 4; já isso é indício claro de que com o v. 5 inicia uma tradição própria[202]. Dentro do texto dos v. 5ss., os termos centrais no contexto não são cronísticos, porque ali nunca aparecem. Isso vale, por exemplo, para a "instrução" (*zhr* hif.; cf. Ex 18,20) e o duplo "tornar-se culpado" (*'šm*) do v. 10. A separação de atribuições sacerdotais e profanas dificilmente corresponde à teologia cronista. E o termo "exaltado" (*nāgīd*) da casa de Judá, mencionado somente aqui, chama a atenção. Não se deveria esperar aqui a expressão tão importante "exaltado da casa do Senhor" (*nāgid bēt hā'elōhīm*; 1Cr 9,11; cf. 2Cr 28,7; 31,13 e outras passagens)?[203] Por fim, é de especial importância a observação de que um tema comparável com 19,5ss. somente ocorre mais uma única vez em Crônicas, e isso em relação com o mesmo rei. De acordo com 2Cr 17,7-9, Josafá encarrega uma comissão de funcionários (*śārīm*), levitas e sacerdotes do ensino (*lmd* pi.) em Judá com base no "Livro da Torá de Yhwh". Isso é o que se haveria de esperar no cronista. Nesse relatório em 2Cr 17 somente se pode ver uma versão tipicamente cronista do que é relatado em 19,5ss. Um processo exatamente paralelo temos em 2Cr 32. Ali a notícia historicamente confiável e anterior às Crônicas no v. 30a é transmitida já antes

---

199. MACHOLZ, *Justizorganisation*, p. 319s.
200. A construção de Welten de um "topos" cronista "instrução popular" (*Geschichte*, p. 184s.) é questionada maciçamente por suas próprias considerações na nota 19.
201. Cf. WILLI, *Thora*; • SHAVER, *Torah*; • KELLERMANN, *Anmerkungen*.
202. Assim esp. WILLIAMSON, *Chronicles*, p. 287.
203. Sobre isso HASEL, art. *nāgîd*, p. 216s.

no v. 3s. em linguagem cronista[204]. Em face de todos esses argumentos, *deve-se* contar com tradições mais antigas em 2Cr 19,5ss.[205] Na verdade, o texto foi reformado pareneticamente (esp. v. 6s.9b.10b.11b) e não há necessidade de discutir aqui se estamos diante de uma formulação cronista[206] ou deuteronomista[207].

Todavia, permanece a pergunta se é correto atribuir essa tradição sobre uma organização jurídica a Josafá. A alternativa certamente seria uma ligação com Josias, sobretudo em virtude da proximidade com Dt 17,8ss.[208] Esse texto, porém, já pressupõe uma instituição desse tipo e não quer primeiro fundamentá-la[209], mas sim, como em todos os demais trechos em Dt 16–18, reformá-la. No mais, porém, vale a constatação – relacionada a outros trechos que não seja 2Cr 19 – de que os fragmentos da tradição em Crônicas "foram transmitidos em íntima conexão com o nome do respectivo rei". Por isso certamente "têm suas fontes... em anais"[210].

Conforme 2Cr 19,5, portanto, Josafá institui juízes em todas as cidades fortificadas de Judá ($b^e kol$-$\bar{a}r\bar{e}$ $y^e h\bar{u}d\bar{a}h$ $habb^e \c{s}\bar{u}r\bar{o}t$). Essa notícia não pode ser tirada de Dt 17, pois, segundo o Deuteronômio, devem ser instituídos juízes em *todos* os povoados (16,18). O texto de 19,5 lança uma luz especial sobre a relação entre organização militar e organização jurídica, conhecida também de Ex 18. Que se quer dizer exatamente? A discussão se caracteriza pela afirmação de que aqui se tem em mente um grupo próprio de "cidades fortificadas", que são de especial interesse para a organização militar[211]. Por isso, Macholz pensa que se trata da ampliação da jurisdição real no exército[212]. Ora, conforme nos informam achados arqueológicos, as cidades da época dos reis são fortificadas em princípio[213].

---

204. Sobre isso NOTH, *Studien*, p. 139s.; • WELTEN, *Geschichte*, p. 39.
205. Os contra-argumentos mencionados na literatura permanecem expressamente genéricos, com exceção de Welten. Sobre isso, cf. acima n. 200. Isso vale sobretudo também para NIEHR, *Rechtsprechung*, p. 121s., que renuncia a uma discussão dos argumentos citados por Macholz e Williamson.
206. Assim MACHOLZ, *Justizorganisation*, p. 321s., com uma tentativa de definir as partes cronistas.
207. Assim WILLIAMSON, *Chronicles* p. 287s., que considera, sobretudo a partir do v. 4, os v. 5ss. como trecho adotado, que tem acentuado cunho deuteronomista, mas que nos v. 5.8.11a contém um antigo núcleo pré-deuteronomista.
208. GALLING, *Chronik*, p. 124, e JUNGE, *Wiederaufbau*, p. 81ss. pensaram numa datação sob Josias.
209. MACHOLZ, *Justizorganisation*, p. 335 e a seguir p. 143ss.
210. WELTEN, *Geschichte*, 193s.
211. Assim esp. MACHOLZ, *Justizorganisation*, p. 324ss.; • cf. tb. PHILLIPS, *Criminal Law*, 18s. e muitos outros.
212. MACHOLZ, *Justizorganisation*, p. 324.
213. Cf. WEIPPERT, H. *Palästina*, p. 427ss., 440.

Um lugar não fortificado é um povoado e não uma cidade[214]. Já o grande investimento necessário para a construção de muros e a instalação de portas[215] sugere que essas instalações, que aparecem primeiro no contexto da formação do Estado e como decorrência dela, são elementos do programa de obras do Estado. Portanto, 2Cr 19,5 afirma que o rei institui juízes nas cidades de Judá. *Aqui está sendo instalado o que em outros lugares é denominado "tribunal na Porta"*. Pois a Porta é elemento constitutivo e de destaque das fortificações das quais se fala aqui. O tribunal e os juízes que se reúnem na Porta dos povoados são autorizados pelo rei. É o que diz nosso versículo. Eles exercem sua função em seu nome, e isso se espera de todas as demais fontes sobre a jurisdição da época da monarquia. Isso confirma as observações feitas acima[216]. O surgimento de uma instância jurídica pública, que se reúne na Porta como o lugar de edificação estatal e representação de segurança estatal-militar, é testemunhado em 2Cr 19,5. Segundo as fontes, no tempo de Davi e Salomão, ainda não existia algo semelhante. Por outro lado, na época de Amós, a instalação é comum há muito tempo. O reinado de Josafá transcorreu exatamente entre esses dois períodos. Ele é mais ou menos paralelo ao primeiro testemunho de anciãos no sistema jurídico em 1Rs 21, no Reino do Norte[217]. Infelizmente, 2Cr 19,5 nada diz sobre a procedência dos juízes. Segundo tudo que sabemos, deve-se pensar tanto nos funcionários da administração real quanto do exército, bem como nos anciãos dos grandes clãs.

A partir do v. 8, trata-se de uma instituição na capital. Aqui é instalado um tribunal, ao qual, segundo o v. 10, os "irmãos" das cidades de Judá devem remeter determinados casos jurídicos. Esses são denominados, por um lado, como "entre sangue e sangue" (*bēn dām lᵉ dām*) e, por outro lado, como casos "entre Torá e mandamento, ordens e direitos" (*bēn tōrāh lᵉmiṣwāh lᵉḥuqqīm ūlᵉmišpāṭīm*). No primeiro caso, trata-se de direito de sangue. A expressão pode referir-se ou a todos os casos jurídicos que implicam pena de morte, ou apenas aos homicídios[218]. A formulação "entre sangue e sangue" aponta antes para a segunda opção. Trata-se, portanto, de casos jurídicos nos quais se encontra sangue

---

214. Aqui é preciso chamar a atenção para o sistema de cidades filiais de Js 15s.
215. Cf. o material em HERZOG, *Stadttor*, p. 85ss.
216. Cf. p. 119ss.
217. Cf. acima p. 120s.
218. Com MACHOLZ, *Justizorganisation*, p. 327; ele deixa a decisão em aberto.

contra sangue (cf. Gn 9,6). Isso significaria que, em princípio, todos os crimes com morte devem ser remetidos ao supremo tribunal de Jerusalém. Agora, com efeito, a interferência no direito da vingança de morte dos clãs, como vemos primeiramente no Código da Aliança de Ex 21,13s., é especialmente grave[219]. Sugere-se que tais casos não sejam decididos pelo tribunal na Porta das diferentes cidades, nas quais os clãs e seus anciãos desempenham um papel essencial. Em segundo lugar, vêm os casos, nos quais – certamente é nesse sentido que se deve entender literalmente a formulação – há colisão de normas. Trata-se de casos de "colisão de normas"[220] e com isso automaticamente de algo como precedentes. Onde há contradições nas tradições jurídicas, o supremo tribunal deverá "instruir" (*zhr*) os irmãos[221], a fim de não se tornarem culpados (v. 10). Esse é um contexto que lembra nitidamente o Moisés de Ex 18: a decisão em casos problemáticos, isto é, em casos grandes e graves, deve tornar-se motivo para instruir no direito. Também é importante para o enquadramento dessa formulação mais uma vez a lembrança de que o conceito deuteronomístico de *tōrāh* ainda não existe aqui. Na verdade, *tōrāh* já é diferenciada de outros conceitos jurídicos e lhe está contraposta, mas não os abrange.

Um tribunal dessa espécie, que atua na capital e toma a si todos os casos de vingança de morte, bem como todos os casos de colisão de normas e, consequentemente, capazes de se transformar em precedentes jurídicos, deverá ser o lugar onde se deve procurar com maior probabilidade o registro dessas decisões e depois uma coleção sistemática e eventual codificação de direito. Isso deve ser ainda investigado[222]. Ao mesmo tempo, é aqui que se revela o caráter ambivalente. Por um lado, nada fala contra, mas tudo fala a favor da sugestão de se ver essa instituição no contexto histórico dos problemas mencionados por Is 10,1s.[223] Se há algum lugar, então é esse tribunal o lugar no qual as forças anônimas da camada superior de Jerusalém, atacadas por Isaías, podem fazer valer seus interesses através de leis escritas. Por outro lado, ele também tem possibilidades bem diferentes.

---

219. Sobre isso a seguir p. 247ss.
220. Com MACHOLZ, Justizorganisation, p. 327.
221. Referente a *zhr*, cf. MACHOLZ, Justizorganisation, p. 328s.; GÖRG, artigo *zāhar*.
222. Cf. a seguir p. 235ss., 276s.
223. Sobre isso, v. acima p. 39ss.

Para isso é preciso recorrer agora à estrutura interna da justiça tal como ela se nos apresenta em 2Cr 19. Segundo o v. 8, a instituição é constituída de levitas (que vêm em primeiro lugar, algo totalmente incomum em Crônicas)[224], sacerdotes e chefes de famílias (*rōšē hā'ābôt*). Os servidores do culto e leigos, portanto, atuam em conjunto. Segundo o v. 11, a distribuição das tarefas é tal que o sumo sacerdote (*kōhēn hārōš*) no santuário de Jerusalém é competente para "todo caso concernente a Yhwh" (*lᵉkol dᵉbār-Yhwh*), enquanto o "exaltado da casa de Judá" (*nāgîd lᵉbēt yᵉhūdāh*)[225] é competente para "todo caso concernente ao rei" (*lᵉkol dᵉbār-hammelek*). Inicialmente é preciso acentuar que essa estrutura dupla de modo algum pode ou deve ser dissolvida pela crítica literária. Ela é corroborada por Dt 17 e corresponde exatamente às diversas atividades de Moisés em Ex 18. Essa estrutura é inteiramente plausível a partir da disposição das tarefas, bem como do tipo de sistema jurídico daquele tempo. Sobretudo ela torna compreensíveis traços fundamentais do direito israelita. Seria preciso até mesmo que fosse postulada, se não estivesse claramente testemunhada.

Quanto ao que inicialmente concerne ao papel dos sacerdotes (e levitas), bem como do sumo sacerdote que os lidera, não existem problemas especiais. A importância das decisões cultuais, de oráculos e juramentos está bem testemunhada[226]. O santuário da capital desempenhou um papel especial já antes de uma verdadeira concentração do culto, como está documentado muitas vezes e se pode provar por diversas razões. E também na esfera da jurisprudência cultual deve ter havido algo como casos "graves". Em todo caso, trata-se aqui de "casos concernentes a Yhwh". Os sacerdotes atuam, por exemplo, em processo de ordálios em lugar de Deus, provocando, assim, uma decisão divina. Além do mais, é preciso lembrar, no que concerne à função da instrução, que a função principal dos sacerdotes nos primórdios era justamente a consulta a Yhwh com o auxílio de instrumentos para proferir oráculos e, desse modo, realizar a transmissão da resposta divina[227]. Além disso, não se deve ter em vista apenas a própria Torá sacerdotal na restrita área de processos cultuais, mas também o fato de Oseias, por

---

224. Cf. WILLIAMSON, *Chronicles*, p. 288.
225. Sobre a tradução cf. HASEL, art. *nāgîd*.
226. Sobre o tribunal cultual, cf. esp. ROST, *Gerichtshoheit*; • HORST, *Eid*; • PRESS, *Ordal*. Não por último deve-se pensar nas chamadas orações de acusados no Saltério. Sobre isso, cf. SCHMIDT, H. *Gebet*; • BEYERLIN, *Rettung*.
227. Sobre as tarefas dos sacerdotes, cf. p. ex. CODY, *Priesthood*; • BUDD, *Instruction*; • HUFFMON, *Divination*; • SKLBA, *Teaching Function*; de WARD, *Superstition*, e outros.

exemplo, acusar os sacerdotes de fracasso que vai muito além da estrita esfera do culto (Os 4,4ss.; 5,1). A função didática da justiça deve estar relacionada com a atividade dos sacerdotes.

De especial peso, porém, é o singular papel do rei. Por um lado, é ele que organiza toda a instituição. Por outro, existem nela "casos concernentes ao rei", e esses representam, por assim dizer, apenas metade de suas tarefas. Segundo 19,11, competente para os casos concernentes ao rei é o "exaltado (*hannāgīd*) da casa de Judá". Com razão pensou-se aí em alguém como o ancião de Judá[228], sem todavia podermos tomar uma decisão segura. Ele tem, evidentemente, uma função representativa para Judá, por um lado, e, por outro, para o rei (o que, por sua vez, corresponde exatamente ao papel oficial de anciãos no sistema jurídico). Se ele for competente para os casos concernentes ao rei, certamente significa que lhe cabe decidir sobre os casos que ordinariamente, e até então, eram levados ao próprio rei. Por outro lado, o rei ou seu representante, não é competente para os "casos concernentes a Yhwh". Esses são decididos pelo próprio Deus por intermédio do pessoal do culto. Embora, portanto, o rei iniciasse e fundasse toda a instituição, do mesmo modo como constrói e supervisiona os santuários estatais, ele não é diretamente competente para esse direito. Ele não está em lugar de Deus e nem mesmo em lugar do sumo sacerdote. Com isso surgiu aqui uma instituição jurídica central por iniciativa do Estado que, assim como o templo e o culto em geral, não pode ser considerada simplesmente como função da monarquia, apesar de toda relação íntima com o rei. Deus e os sacerdotes, mas também a população de Judá e seus representantes, desempenham um papel que não pode ser subestimado.

Intimamente relacionada com essa instituição está a justiça, cuja consulta é exigida em Dt 17,8-13. Ela, porém, também revela diferenças características. Também aqui se faz imprescindível um rápido exame das questões crítico-literárias. A determinação faz parte do bloco das leis institucionais em Dt 16,18–18,22. Viu-se nele em geral um acréscimo exílico ou deuteronomista[229]. Essa opinião, todavia, deveria estar refutada[230]. Além do mais, ela deve ser discutida em outro lugar[231]. Dentro de 17,8-13, a coexistência de sacerdotes levíticos e um só juiz do v. 9 sempre foi motivo para operações crítico-literárias. Na litera-

---

228. Cf., p. ex., RUDOLPH, *Chronikbücher*, p. 257.
229. Esp. LOHFINK, *Sicherung*; • cf. PREUSS, *Deuteronomium*, p. 53s.
230. Esp. RÜTERSWÖRDEN, *Gemeinschaft*.
231. Cf. a seguir p. 292ss. etc.

tura, enfatiza-se que ambas as instituições fazem sentido cada uma por si, mas a coexistência exigiria uma decisão a favor de uma das duas[232]. Isso, no entanto, é desnecessário e sobretudo inadmissível do ponto de vista metodológico. A mesma coexistência aparece no v. 12, sendo, em todos os casos, portanto, consciente e intencional e por isso precisa ser explicada. Além disso, esse paralelismo está testemunhado em 2Cr 19 e, a seu modo, em Ex 18. Metodologicamente, em tais intervenções está sempre envolvido um juízo prévio sobre instituições que justamente nos são desconhecidas e somente podem ser descobertas por meio dos textos. É mera arbitrariedade afirmar que uma coisa deverá ter existido antes da outra. Nesse caso, porém, somente resta, na verdade, perguntar de forma crítico-literária pela originalidade do v. 11[233]. Disso não depende nada de essencial, porque algo semelhante também se encontra no v. 12s. No entanto, nesse caso também não existe por sua vez motivo real para a suposição de uma estratificação, muito menos existem contradições no plano objetivo.

Em Dt 17,8ss., temos uma "regulamentação do processo para os tribunais locais", que não fundamenta, mas pressupõe a existência da justiça central"[234]. O v. 8 inicia com a determinação dos casos que levam à consulta do supremo tribunal, no caso pelas pessoas em questão. Os casos analisados na Porta ($bi\check{s}^{e\,\prime}\bar{a}rek\bar{a}$), mas que se mostram demasiadamente "estranhos" ($pl^\prime$), demasiadamente difíceis e graves, para usar a terminologia de Ex 18, devem ser levados para lá. O v. 8 oferece uma descrição tripla. Em cada um dos casos trata-se – exatamente como em 2Cr 19 – de problemas "entre" dois partidos ou reivindicações ($b\bar{e}n \ldots l^e$). No começo, encontram-se novamente os casos "entre sangue e sangue". A isso corresponde o terceiro grupo, no qual evidentemente se trata de lesões corporais: "entre golpe e golpe" ($b\bar{e}n\ nega^\prime\ l\bar{a}nega^\prime$). Entre essas duas formulações está escrito: "entre litígio e litígio" ($b\bar{e}n\ d\bar{\i}n\ l^e d\bar{\i}n$). Infelizmente, essa expressão aparentemente central é bastante misteriosa para nós. Objetivamente, assim se poderia supor, ela corresponde à expressão "entre $t\bar{o}r\bar{a}h$ e ..." de 2Cr 19,10. Ao que parece, isso quer dizer que se coloca direito contra direito. É possível que com "$d\bar{\i}n$" tenha sido escolhida uma expressão mais abrangente, que pode designar não apenas as tradições jurídicas quanto a seu conteúdo, mas, além disso, diferentes procedimentos. Teríamos, por exemplo, casos em que se tem palavra con-

---

232. Já HEMPEL, *Schichten*, p. 213ss. Encontram estratificações literárias mais complicadas, mas pouco convincentes, MERENDINO, *Gesetz*, p. 175ss.; • SEITZ, *Studien*, 200ss.; por fim FORESTI, *Storia*, p. 76s.
233. Assim RÜTERSWÖRDEN, *Gemeinschaft*.
234. MACHOLZ, *Justizorganisation*, p. 335.

tra palavra, e com isso demanda contra demanda. Esse é o caso clássico para a maneira cultual de se fazer justiça (Ex 22,8).

O tribunal central, encarregado de solucionar esses casos, é constituído por sacerdotes, naturalmente levitas, e por um juiz supremo, e se reúne no local do culto central. Eles devem examinar o caso ou esclarecê-lo por meio de "consultas" (*drš*). Aqui reaparece o mesmo termo de Ex 18,15, num contexto extremamente interessante. Eles devem "tornar públicos" os fatos (*ngd* hif.) e "instruir" (*yrh* hif. v. 10). A jurisprudência local deve orientar-se por essa instrução, considerada "torá" (v. 11). O processo, portanto, retorna ao nível inferior[235].

De especial importância é o peso da sentença proferida. A ordem é não desviar-se nem para a direita nem para a esquerda dessa sentença (v. 11), e dessa maneira deverá ser exterminado o mal em Israel, o que, por sua vez, todo o Israel deve ouvir e temer (v. 12s.). Isso são formulações de peso, mais ainda: na linguagem do Deuteronômio são formulações inequívocas. Não "desviar-se nem para a direita nem para a esquerda" equivale em outros lugares à observância dos ensinamentos de Deus, respectivamente de Moisés (Dt 5,32; 28,14). E a eliminação do mal[236] acontece em outros lugares pela observação das ordens de Deus, respectivamente de Moisés (13,6; 17,7; 19,19; 21,21; 22,21s.; 24,7). *A conclusão a ser tirada daí é bem clara: as decisões do tribunal têm a mesma importância e se encontram no mesmo nível que o discurso de Moisés e, concomitantemente, no mesmo nível que o próprio Deuteronômio.* O superior tribunal de Jerusalém decide com a autoridade de Moisés, e tem sua competência. Ele fala em nome de Moisés e dá continuidade à transmissão da vontade de Yhwh.

Em todos os tempos, percebeu-se que Ex 18, Dt 17 e 2Cr 19 estão inter-relacionados. Dois dos três textos falam de um tribunal central (Dt 17; 2Cr 19), igualmente dois falam de uma jurisdição com a autoridade de Moisés (Ex 18; Dt 17). Em todos esses casos, a decisão em casos difíceis, quando se trata de precedentes, é associada à função do tribunal cultual e sua consulta a Deus, e ambas as coisas são ligadas com a tarefa da instrução no direito. A isso corresponde a sua composição por sacerdotes e leigos. É verdade que a instituição é inaugurada por um rei, mas não lhe está subordinada de modo diferente do que o culto em Jerusalém e seu Deus. Ao mesmo tempo, provavelmente, um representante do povo judeu assume a competência em assuntos jurídicos que até então cabia ao próprio rei.

---

235. Isso é acentuado com razão por MACHOLZ, *Justizorganisation*, p. 337s.
236. Com respeito às chamadas leis *bi'arta*, cf. PREUSS, *Deuteronomium*, p. 119s. (lit.); também DION, "Tu feras..."

Não é o rei que transmite o direito israelita, e, sim, "Moisés". Esse direito, em última análise, vem de Deus. Ao se perguntar quem representa esse "Moisés" na época da monarquia e tinha autoridade para falar em seu nome, entra em cogitação, como única instância, esse tribunal superior em Jerusalém, que evidentemente se sabe legitimado mosaicamente e fala em nome de Moisés. Em todo caso, ele desempenha um papel importante na história do direito judaico. Ainda resta perguntar até que ponto os textos jurídicos do Antigo Testamento, a Torá, podem e devem ser associados a ele. Composição e função, porém, correspondem com tal exatidão à composição do direito israelita, singular no Antigo Oriente, que tal instituição deveria inclusive ser postulada ou inventada, se não estivesse bem testemunhada nas fontes.

4. Tradição e autonomia: sobre o sistema jurídico pós-exílico

a) Vestígios de uma jurisdição "mosaica"

Martin Noth definiu o problema com exatidão. No contexto de sua explicação de Lv 24,10ss., onde Moisés resolve um novo caso jurídico por meio de consulta a Deus, escreve: visto que esse texto, sem dúvida, origina-se de uma época posterior, "surge a pergunta: quem podia representar o Moisés original nessa época posterior?", e fala então de um "estabelecimento carismático da sentença"[237]. Mas seria esse poder de carismáticos realmente histórico e constatável como função de Moisés, em época exílica/pós-exílica? A pergunta por quem Moisés representa neste caso e numa série de casos comparáveis também surge quando as condições das fontes tornam uma resposta inequívoca impossível. Por isso, é preciso colocar no início uma análise dos cinco textos similares.

Em primeiro lugar, temos Lv 24,10-23, portanto, um texto dentro do Código da Santidade[238]. Ele se destaca bastante do contexto em que se apresenta, isto é, de uma série de palavras de Deus a Moisés. Isso é indicado pelas repetidas fórmulas que introduzem cada bloco[239]. O lugar sempre pressuposto é mencionado de novo imediatamente depois de nossa narrativa, em 25,1: no monte Sinai. O tre-

---

[237] NOTH, Leviticus, p. 156.
[238] Sobre todas as perguntas ligadas a isso, cf. abaixo p. 383ss.
[239] Lv 11,1; 12,1; 13,1; 14,1; 15,1; 16,1; 17,1; 18,1; 19,1; 20,1; 21,1.16; 22,1.17; 23,1.9.23.26.33; 24,1.

cho 24,10ss., porém, fala de um caso jurídico no acampamento dos israelitas. O filho de uma israelita e de um egípcio blasfemou o nome de Deus numa briga com outra pessoa[240]. Como mostra a sentença subsequente, o problema certamente reside na interligação dos temas. A resposta emitida regulamenta o procedimento em caso de blasfêmia contra Deus (v. 15.16a), mas simultaneamente se estabelece que para israelitas e estrangeiros vale a mesma lei (v. 16b.22).

O desenrolar é o seguinte: leva-se (3ª pl.) o autor à presença de Moisés (v. 11). Visto que Moisés não pode pronunciar uma sentença de imediato, o autor é posto sob custódia preventiva (*mišmār*)[241], até que se obtenha uma decisão (*prš*) da parte de Deus (v. 12). Finalmente Deus fala a Moisés (v. 13-22), e Moisés dá a conhecer ao povo a resposta de Deus (v. 23). A decisão abrange a sentença no caso concreto (v. 14), e a sentença pronunciada é executada imediatamente (v. 23). A decisão, porém, abrange muito mais, a saber, a regulamentação fundamental das questões levantadas por esse caso, aparentemente não previstas no direito vigente até então (v. 15s.22). Além disso, encontram-se permeadas, nos v. 17-21, regulamentações jurídicas que, ao que parece, nada têm a ver com o caso que desencadeou todo o processo. Por isso seria de se supor que leis mais antigas, já formuladas, teriam sido complementadas por uma narrativa ilustrativa, acrescentada somente mais tarde como uma forma de enredo[242]. Essa narrativa, porém, ter-se-ia referido somente a um dos parágrafos. O texto, assim como se nos apresenta, certamente deve ser lido de outro modo. Especialmente a inclusão do enunciado sobre o mesmo direito nos v. 16 e 22 diz que tudo que se encontra permeado deve ser relacionado a esse tema. O que, portanto, se quer dizer é que todas essas determinações sobre homicídio e lesões corporais "deviam ser aplicadas não apenas ao povo de Israel, mas também aos estrangeiros"[243]. O caso isolado aqui descrito, portanto, enseja uma decisão fundamental abrangente sobre a igualdade de direito de estrangeiros em amplas áreas do direito.

---

240. Sobre a pergunta em que consiste propriamente o delito, no mero pronunciamento do tetragrama já tabuizado ou numa maldição contra Deus, ou de uma combinação de ambos, cf. WEINGREEN, *Blasphemer*; • GABEL & WHEELER, *Blasphemy Pericope*; • LIVINSGTON, *The Crime*.
241. Sobre linguagem e realidade dessas prisões, cf. BLUMENFELD, *Inprisonment*.
242. Assim, p. ex., ELLIGER, *Leviticus*, p. 330ss.
243. NOTH, *Leviticus*, p. 157; • HOFFMANN, *Leviticus II*, p. 314ss., chama a atenção para o paralelismo de maldição e golpe, testemunhado já em Ex 21,15.17.

No segundo caso, está em jogo um problema puramente cultual. Em prosseguimento à comunicação da data da festa da Páscoa por Deus (v. 2-5), conta-se em Nm 9,6-14 que alguns homens que se haviam tornado impuros pelo contato com mortos e, por isso, não podiam participar da festa da Páscoa, dirigem-se a Moisés e Aarão (v. 6). Eles não querem ser "privados" (gr' nif., v. 7) dos benefícios (de bênção?) da festa. Embora estivesse dito expressamente que também se dirigiram a Aarão como sumo sacerdote, é somente Moisés que reage. Enquanto ficam esperando ('md), Moisés quer "ouvir" (šm') a ordem que Deus dá (v. 8). A resposta divina (v. 9-14) começa com a ordem de instruir os israelitas sobre o mandamento de Deus. A solução do problema consiste na possibilidade de se celebrar de novo a festa num interstício de um mês. A regulamentação aqui estabelecida tem caráter de princípio. Além do caso presente, pensa-se, por exemplo, também na possibilidade do impedimento por viagem (v. 10). Sobretudo, determina-se que, além dos motivos aqui mencionados, não poderá haver outras desculpas para não participar das festividades (v. 13). Também é regulamentada a participação de estranhos em todas as determinações (v. 14). Trata-se, portanto, de questões cultuais, e, não obstante, a resposta de Deus é mediada por Moisés, e não por Aarão.

O terceiro caso nesse contexto encontra-se em Nm 15,32-36. Este texto não tem mais por cenário o tempo do acampamento de Israel ao pé do Sinai, como os dois primeiros, mas acontece durante a peregrinação pelo deserto. Alguém é trazido a Moisés por pessoas que o haviam "surpreendido" (mṣ'), apanhando lenha no sábado (v. 33)[244]. Desta vez, porém, ao lado de Moisés, encontram-se Aarão e toda a comunidade ('ēdāh). Novamente o infrator tem que ser posto sob custódia (mišmār) preventiva, "pois ainda não estava decidido (prš pu.) o que se havia de fazer com ele" (v. 34). Em seguida, Yhwh comunica sua decisão a Moisés (v. 35a). Desta vez, a decisão diz respeito somente ao caso concreto. Parece, portanto, uma simples sentença. Não obstante, poder-se-á supor que ela tem caráter de princípio e que aqui estamos diante de um precedente para todos os procedimentos análogos. O complicado procedimento e sobretudo a incapacidade inicial de tomar uma decisão mostram que não existia uma norma jurídica para tais casos, e que ela primeiro precisava ser encontrada.

---

244. Sobre a controvertida pergunta: no que consiste exatamente o novo e inaudito problema – conforme textos como Ex 31,14; 35,2 – cf. os comentários. Além disso, cf. WEINGREEN, *Woodgatherer*; • PHILLIPS, *Wood-gatherer*; • ROBINSON, *Strange Fire*.

Os dois últimos casos encontram-se em Nm 27 e 36 e tratam do direito sucessório das mulheres[245]. Em Nm 27, as filhas de Salfaad encaminham seu problema a Moisés, e ao mesmo tempo, porém, ao sacerdote Eleazar, sucessor de Aarão, aos chefes (*nᵉśî'îm*) e a toda a comunidade (*'ēdāh*, v. 2). Seu pai havia falecido sem ter filhos e elas querem herdar suas terras (*'aḥuzzāh*) no meio dos irmãos de seu pai (v. 3s.). Moisés leva esse problema jurídico (*mišpāṭ*) à presença de Yhwh (v. 5). Numa primeira parte, a resposta divina regulamenta o presente caso isolado (v. 7). Em prosseguimento, com a expressa ordem de instrução no direito (v. 8a), estabelece-se uma regulamentação de validade geral. Ela excede em muito o motivo inicial e regulamenta toda a área da sucessão hereditária, estabelecendo-se a ordem: filhos, filhas, irmãos, irmãos paternos, parente de sangue mais próximo. Com isso, são abrangidos todos os casos imagináveis. O acréscimo em v. 11b diz expressamente que essa ordem divina a Moisés deve tornar-se um estatuto de direito (*huqqat mišpāṭ*) para Israel.

Em Nm 36, aborda-se outra questão jurídica na mesma ocasião. Trata-se de uma novela sobre o direito sucessório das filhas[246]. Os membros masculinos da respectiva tribo querem ver assegurado que filhas com direito hereditário não podem casar com membros de outras tribos. Pois desse modo as propriedades fundiárias de uma tribo passariam à posse de outra. É esse o problema que levam à presença de Moisés e dos líderes (*nᵉśî'îm*), os chefes dos clãs (*rōšē ha'ābōt*), segundo o v. 1. Evidentemente, se quer equiparar os dois grupos. A resposta é dada no v. 5 como ordem (*ṣwh* pi.) de Moisés a Israel em virtude de uma palavra de Deus (*'al pī Yhwh*). Ela consiste novamente de duas partes: uma decisão para o caso isolado (v. 5b-7) e uma regulamentação geral (8s.). Por fim, o v. 10 fala mais uma vez de uma ordem de Deus a Moisés.

Essas narrativas são de extraordinário peso para toda a compreensão do surgimento do direito em Israel. Em todos esses casos, trata-se de problemas evidentemente não previstos e não regulamentados no sistema jurídico e no sistema de normas vigentes. Isso se revela com especial clareza pelo fato de não se poder dar uma decisão imediata, sendo necessário esperar pela comunicação de uma respos-

---

245. Além dos comentários, cf. SNAITH, *Daughters*, que vê o problema localizado não no direito sucessório familiar, mas nas terras possuídas pelas tribos, esp. de Manassés na Cisjordânia, tese para a qual o texto dificilmente oferece pontos de referência, bem como Weingreen, *Daughters*, que destaca a importância jurídico-histórica fundamental deste caso bem como de casos semelhantes para as questões do estabelecimento do direito.
246. Sobre a posição de ambos os textos na composição do Livro de Números, cf. a seguir p. 492ss.

ta divina. Trata-se, portanto, de precedentes de caráter fundamental. Em todos eles, o caso concreto é decidido por uma sentença, cuja execução também é narrada. Mais importante, porém, é que acima de tudo se resolvem os problemas jurídicos colocados com esse caso. São incluídos casos análogos, imagináveis. Consideram-se outras consequências daí decorrentes. Para tanto, formulam-se regras jurídicas que correspondem, quanto ao assunto e sobretudo quanto à linguagem, às demais leis do direito veterotestamentário. Se não tivéssemos relatos de casos e decisões individuais concretos, teríamos um trecho de direito não distinguível de outras partes da Torá. Um precedente, portanto, torna-se motivo para regulamentações jurídicas gerais, as quais vão muito além do respectivo caso individual.

As questões jurídicas em jogo são de grande importância. Isso vale, por exemplo, para a questão de princípio do direito sucessório das mulheres (Nm 27; 36), bem como para o problema da situação legal de estrangeiros e mestiços no caso de delitos como blasfêmia, homicídio, lesão corporal (Lv 24). Ao lado de questões "profanas", como direito sucessório, encontra-se o problema claramente cultual da possibilidade e dos limites de uma recelebração cultual (Nm 9). Tampouco deve ser subestimada, naturalmente, a questão da pena de morte em caso de transgressão da lei do sábado (Nm 15).

Agora, porém, encontram-se ligados aspectos no procedimento que, no mais, estão separados e que parecem estar separados em princípio. Jurisdição e estabelecimento de direito por um lado, direito "profano" e consulta a Deus, por outro. Os casos correspondem exatamente ao que ficou reservado a Moisés em Ex 18: os casos grandes, respectivamente graves, a solução por meio de consulta a Deus e a instrução do povo a respeito. São as mesmas tarefas que as determinações em Dt 17 e 2Cr 19 atribuem ao superior tribunal de Jerusalém. Aqui se tem uma boa visão do surgimento de um novo direito. Com isso, também se pode ter uma visão dos processos que estão por trás da redação dos códigos de direito.

As cinco narrativas pertencem, com maior ou menor certeza, a estratos tardios do Pentateuco. Não há razão nenhuma para datá-las no período pré-exílico; pelo contrário, tudo fala a favor do período pós-exílico. Especialmente os dois textos em Nm 27 e 36 e, concomitantemente, a questão do direito sucessório das mulheres devem ser contados entre os textos tardios e localizados no âmbito da redação final do Pentateuco[247].

---

247. Cf. NOTH, *Numeri*, p. 11s., 101 et passim, bem como a seguir p. 492ss.

É preciso dar um passo a mais. No mínimo, os três últimos textos em Nm 15; 27 e 36 não estão mais localizados no Sinai. O que neles se narra sucede durante a peregrinação pelo deserto[248]. Por isso, contêm problemas que não foram solucionados no Sinai. São problemas que não foram regulamentados na legislação geral naquela ocasião. De modo narrativo, aborda-se, assim, *o problema fundamental de um novo direito, de complementações e da continuação da lei do Sinai*. Trata-se, pois, de saber como tiveram que ser resolvidos novos problemas jurídicos num Israel que vive além do Sinai – e além de Moisés? –, cujas soluções, não obstante, eram consideradas equivalentes à lei do Sinai[249]. Isso mostra mais uma vez que a pergunta por quem esse Moisés representa é de grande peso.

A semelhança na estrutura das narrativas com as determinações sobre um tribunal central em Jerusalém poderia dar motivo para atribuir ambos os grupos de textos ao mesmo período. Com isso, porém, os argumentos citados para uma formação pré-exílica da instituição não perdem a validade. Tampouco perde a validade o fato de que muitas questões básicas do estabelecimento de direito a partir de sentenças (reais) que criam jurisprudência encontram paralelos no direito do Antigo Oriente e não constituem especialidades israelitas[250]. Apesar das semelhanças, também existem diferenças. Elas residem, não por último, no papel dos outros envolvidos. Enquanto em Ex 18 Moisés institui juízes para resolverem os casos menores em seu nome, e, em Dt 17 e 2Cr 19, a própria justiça é constituída por sacerdotes e juízes leigos, aqui o caso é diferente. Em quatro dos cinco casos, os "graves" são apresentados não somente a Moisés, mas também simultaneamente a Aarão, respectivamente a "toda a comunidade" e seus chefes. O estranho é que, com efeito, as questões também são apresentadas a eles, mas estes depois não participam da elaboração da sentença, respectivamente da consulta a Deus por Moisés. Moisés atua sozinho. Ele também não atua *como* Aarão ou como os sacerdotes. Não pode ser considerado acaso o fato de não se encontrar nos textos qualquer indício de um papel diretamente cultual de Moisés. Os textos encontram-se no contexto do Escrito Sacerdotal. No acampamento em que estão alocados, encontra-se, segundo o Escrito Sacerdotal, também a tenda da reunião e assim todo o aparato cultual[251]. Nada teria sido mais lógico do que, por

---

248. Sobre a relação contextual, cf. OLSON, *Death*, p. 174ss.
249. Cf. OLSON, *Death* 176s., bem como abaixo p. 492ss.
250. Sobre esse aspecto do direito do Antigo Oriente, cf. acima p. 26s., 131, bem como esp. LOCHER, *Ehre*, p. 85ss.
251. Pense-se especialmente no papel da "glória de Yhwh" ($k^eb\bar{o}d\ Yhwh$) em textos como Nm 14; 16; 17; 20. Sobre isso cf. esp. WESTERMANN, *Herrlichkeit Gottes*, p. 128ss.

exemplo, relacionar o diálogo entre Moisés e Deus com essa tenda e assim com o templo. Isso, porém, não acontece em nenhuma das passagens. Moisés, portanto, não atua como Aarão e não na qualidade de sacerdote. Ele é diferenciado tanto de Aarão quanto da comunidade e suas lideranças. Os dois grupos, no entanto, não se encontram por acaso ao lado de Moisés.

b) "Moisés" no direito pós-exílico

Os dois grupos que nas narrativas citadas a título de exemplo se encontram ao lado de Moisés – e que, não obstante, têm, estranhamente, tão pouco a ver com o processo – são os dois fatores decisivos no sistema do direito pós-exílico. Isso vale inicialmente e sobretudo para a *jurisdição*.

Aí se encontra, de um lado, toda a comunidade (*kol-hā'ēdāh*) e seus representantes. O fato de a totalidade dos homens israelitas perfazerem a comunidade jurídica é, com efeito, uma das mais importantes modificações em relação ao tempo pré-exílico. Aqui podemos restringir-nos por enquanto somente ao fato[252]. As razões jurídico-históricas da mudança deverão ser expostas em outro lugar[253]. A totalidade da comunidade é consultada ao lado de Moisés não apenas nos textos citados. Ela se encontra igualmente, por exemplo, em textos como Nm 35 (esp. v. 24) e Js 20 (v. 6), e em lugar decisivo[254]. Esdras reúne todo o povo ao se tratar da questão dos matrimônios mistos (Esd 10,7ss.). Diante das acusações, o povo põe em vigor, por iniciativa própria, uma organização jurídica[255]: os funcionários (*śārīm*) devem agir em nome de toda a comunidade (*'md l'*), e a eles devem apresentar-se os envolvidos juntamente com os anciãos e os juízes de cada um dos povoados (v. 14). Portanto, toda a comunidade é competente para a organização do direito, assim como ela também o é para outras questões como última instância humana. O que aqui se expressa e se impõe na organização jurídica é a possibilidade funda-

---

[252]. Cf. NIEHR, *Rechtsprechung*, p. 106ss.
[253]. Cf. abaixo p. 395ss., 423ss.
[254]. Cf. NIEHR, *Rechtsprechung*, p. 107s.; sobre esses textos e sua regulamentação do asilo, cf. p. 251s. Niehr remete, além disso, a textos como Sl 1,5; Nm 32, bem como a textos que, "ao lado, quer dizer, paralelamente a *'ēdāh*", falam *de qāhāl* (Pr 5,14; 26,26; Eclo 7,7; Ez 23,36ss.; Rt 4).
[255]. GUNNEWEG, *Esra*, p. 183, presume com razão "uma instituição realmente existente na época das Crônicas" que deve ser legitimada "por derivação do tempo de Esdras" e presume atrás disso a "jurisdição sinagogal primitiva em casos de divórcio".

mental e a necessidade de se organizar autonomamente como povo sem Estado. A instância última é a assembleia da comunidade[256]. No mais, porém, seus substitutos e representantes constituem tal instância, e estes recebem denominação diferente e certamente também são recrutados de modo diferente.

Aqui é preciso lembrar que as variantes exílicas/pós-exílicas da história de Ex 18 em Dt 1 e Nm 11 veem os representantes do povo e especialmente os anciãos na sucessão de Moisés, instituídos por ele e providos de seu espírito[257]. A jurisdição por eles exercida e consequentemente a interpretação da lei, respectivamente sua aplicação, são, portanto, parte de um ofício mosaico entendido em termos gerais. Se, conforme Mt 23,2, os fariseus e escribas estão assentados na cadeira de Moisés, designa-se com isso o mesmo fenômeno. Isso vai muito além da pergunta concreta sobre a existência de uma cadeira de Moisés nas sinagogas em forma de móvel concreto[258].

Pelo menos em três das cinco histórias, citadas a título de exemplo, ao lado de Moisés encontra-se Aarão; em Nm 9 (numa ocasião cultual), sozinho; em Nm 15 e 27, juntamente com o povo e suas lideranças. Mas também o sumo sacerdote aqui *não* exerce seu ofício. Um tribunal cultual sempre existiu ao lado de outras formas de tribunais[259]. Juramento e ordálio eram suas atribuições mais importantes, ainda que não as únicas. No período exílico/pós-exílico, porém, segundo uma série de textos, os sacerdotes recebem funções jurídicas muito mais amplas. Conforme Dt 33,9b.10, que é um acréscimo posterior ao bem mais antigo dito de Levi dentro da bênção mosaica[260], os levitas têm a tarefa de ensinar a Israel os direitos e mandamentos de Deus (*yrh* hif.). Também a definição do

---

256. Sobre o conceito de comunidade e seus problemas, cf. CRÜSEMANN, *Perserzeit*, p. 208ss. A opinião de que a *'ēdāh* seria uma "antiga instituição", que "seguramente deve ser datada na época anterior à monarquia e talvez até anterior à tomada da terra" (LEVY & MILGROM, art. *'ēdāh*, 1082), fundamenta-se numa datação precoce de textos sacerdotais (P). Cf. RINGGREN, op. cit., 1092, bem como Rost, *Vorstufen*. Mais importante, porém, é a definição da comunidade em Nm 1,2s.: ela se constitui dos homens aptos para o serviço militar dos clãs e das grandes famílias (*l*ᵉ*mišp*ᵉ*ḥotām l*ᵉ*bēt 'abotām*; cf. LEVY & MILGROM, p. 1081).
257. Cf. acima p. 131ss.
258. Desde SUKENIK, *Synagogues*, remete-se nesse contexto a instalações arqueologicamente comprovadas das antigas sinagogas; cf. HÜTTENMEISTER & REEG, *Synagogen*, bem como Renov, *Seat of Moses* (com bibliografia).
259. Cf. acima p. 116s.
260. Elas se destacam nitidamente do contexto por suas formas verbais no plural e também chamam a atenção por sua terminologia de cunho teológico. Cf. STEUERNAGEL, *Deuteronomium*, p. 176s., que, porém, quer resguardar o v. 9b por meio de mudança no texto. Cf. tb. SCHULZ, *Leviten*, p. 15. Em contrapartida, CROSS & FREEDMAN, *Blessing*, p. 194, 203s., p. ex., veem os v. 8-10 como ampliação.

código sacerdotal sobre as tarefas sacerdotais em Lv 10,11 vai na direção de ensino em questões do direito. Sua tarefa consiste em ensinar (*yrh*) a Israel as determinações transmitidas por Moisés. Além disso, existem mais dois textos que são evidentes acréscimos a textos mais antigos, que dão mais um passo adiante e atribuem ao sacerdote tarefas em *todos* os litígios. Isso formula no Pentateuco sobretudo Dt 21,5, um acréscimo ao ritual de purificação ao se encontrar um cadáver desconhecido (Dt 21,1-9)[261]. Enquanto antes não se fala de sacerdotes, lê-se surpreendentemente no v. 5: "Sob sua palavra se resolverá todo litígio e toda lesão corporal". Isso vai muito além das demais exigências para a organização do direito do Deuteronômio, especialmente da lei sobre o supremo tribunal em 17,8ss. Nele de modo algum devem ser tratados todos os casos de lesões corporais, mas somente os casos controvertidos (*bēn negaʿ lanegaʿ*, Dt 17,8). Segundo Dt 16,18, os juízes a serem instituídos em toda parte não são sacerdotes nem levitas. Nas tarefas dos sacerdotes em Dt 18,1ss., não se fala, por outro lado, de direito. Por isso dificilmente se poderá considerar Dt 21,5 como deuteronomista[262]. Algo em princípio semelhante encontra-se em Ez 44,24: "Eles devem presidir o litígio e julgar conforme meus estatutos"[263].

Aqui, portanto, existe uma pretensão em princípio por parte de sacerdotes no sentido de serem consultados em *todas* as questões jurídicas. Isso vai muito além das condições pré-exílicas[264]. Provavelmente, essa reivindicação está relacionada com um avanço de interesses sacerdotais e, por exemplo, com o fato de um sacerdote assumir a liderança da comunidade[265]. Essa tarefa dos sacerdotes aparentemente não se entende legitimada por Moisés na mesma medida como os representantes do povo. Na verdade, Dt 21,5 se encontra dentro do discurso de Moisés do Dt e em 33,8ss. Poder-se-ia lembrar que aqui se fala do "homem de tua benevolência" (*ḥesed* – 33,8) e isso pode referir-se somente a Moisés, conforme opinião amplamente difundida[266]. Não existe, porém, uma pretensão di-

---

[261]. Além dos comentários, cf. ZEVIT, The 'Egla-Ritual; • DION, Deutéronome, p. 21; • WRIGHT, Deuteronomy, p. 21. Na visão do v. 5 existem poucas diferenças.
[262]. Como faz a interpretação costumeira, porém bastante vaga, cf. p. ex. PREUSS, Deuteronomium, p. 55.
[263]. Cf. quanto a isso ZIMMERLI, Ezechiel, p. 1135s.
[264]. Assim NIEHR, Rechtsprechung, p. 112ss.
[265]. Como agora também pode ser confirmado com o achado de uma moeda; cf. MILDENBERG, Yehūd-Münzen, p. 724s.; • BARAG, Silver Coin.
[266]. Sobre a discussão, GUNNEWEG, Leviten, p. 38s; • SCHULZ, Leviten, p. 16.

reta à sucessão de Moisés por meio de comissionamento, transmissão do espírito ou algo semelhante.

Nas cinco narrativas do Pentateuco, citadas a título de exemplo, está em jogo muito mais do que a jurisdição normal. Trata-se de problemas sem precedentes, cuja solução sempre encerra importantes inovações ou complementações das leis. E essas não são atribuídas a nenhum dos grupos que dominam a jurisprudência pós-exílica, nem mesmo quando um dos grupos se encontra sozinho ao lado de Moisés. Somente Moisés atua; somente através dele Deus revela sua justiça. Que grandeza, portanto, representa esse Moisés no Israel ou no Judá pós-exílicos? A resposta somente pode ser: não conhecemos *nenhuma* instituição que correspondeu ao papel narrativo de Moisés na realidade. E não é admissível metodicamente postular essa instituição com base nessas narrativas. Não se pode de modo tão simples transformar ficção narrativa em realidade.

Não existe, portanto, resposta inequívoca à pergunta: quem corresponde a esse Moisés e à sua função no Israel pós-exílico? Por uma questão de princípio é pouco provável que tal resposta possa existir. Mesmo assim, é possível arrolar alguns aspectos importantes para o esclarecimento dessa questão:

– A assembleia do povo ou da comunidade e seus representantes, por um lado, e os sacerdotes e sua autoridade máxima na pessoa do sumo sacerdote, por outro, encontram-se numa situação de cooperação, de coexistência e de oposição cheia de tensões não apenas nos três textos mencionados. Em conjunto, eles também são os representantes de todo o povo em outras ocasiões. Em decisões de peso, ambos são solicitados. Assim, por exemplo, os judeus de Elefantina dirigem seu requerimento para a reconstrução de seu templo inicialmente ao governador de Judá, mas concomitantemente "ao sumo sacerdote Joanã e seus companheiros de ofício, sacerdotes em Jerusalém, e a Ostana, irmão de Hanani, e aos nobres dos judeus"[267]. Ambas as grandezas determinam em Ne 5 o andamento da importante reforma social, que possibilita a edificação do muro. No entanto, aqui como em outros lugares não existe nenhuma grandeza ou instituição-teto para as duas grandezas. Ambos os grupos também determinam, geralmente em consenso e muitas vezes também em tensas dissensões, o documento teológico e jurídico decisivo da época, o Pentateuco. Este documento pode ser considerado

---

[267]. COWLEY, *Aramaic Papyri*, p. 112 (n. 30, linha 18s.), tradução segundo TUAT I 255; cf. TGI, p. 86s.

como obra conjunta de um grupo de forte orientação sacerdotal e de um grupo mais deuteronomista, isto é, com ênfase na representação leiga. Ambos os grupos se encontram parcialmente em evidente desacordo[268]. O que os une, portanto, é realmente "Moisés", isso é, o Pentateuco como livro de Moisés. Mas disso se destacam evidentemente os casos mencionados nas narrativas ilustrativas, não por último certamente pelo peso de seu conteúdo. Eles não podem ser reduzidos a tradições mais antigas por meio de interpretações, mas contêm decididamente algo novo. O que "Moisés" significa neste contexto é, então, no mínimo, também a possibilidade e a realidade de reconhecimento e recepção mútuos entre os grupos e seus interesses divergentes. Moisés é mais do que podem ser as sentenças jurídicas de um dos lados.

– No entanto, existe uma figura que já nos textos bíblicos é descrita como Moisés, respectivamente como um segundo Moisés: Esdras (esp. Esd 7)[269]. Pela tradição tardia, ele é colocado bem próximo de Moisés[270], o que também significa, por exemplo, que ele é maior do que Aarão[271]. Esdras é portador da lei autorizada de Deus, na verdade, uma lei em grande parte já conhecida. Ele a promulga, institui juízes para sua aplicação etc.[272] Apesar de toda semelhança, contudo, a figura de Esdras se distingue da de Moisés no mínimo pelo fato de Esdras não receber a lei diretamente de Deus, mas de Moisés. A lei de Esdras, seja qual for a sua amplitude[273], tem sua autoridade como a antiga lei de Israel e de Moisés. Mesmo assim, chama a atenção a semelhança com Moisés. Essa semelhança se revela não por último no fato de que Esdras reúne as duas coisas: ele é sacerdote e descendente de Aarão (Esd 7,1-5), e ele é escrivão e intérprete da lei (Esd 7,6). A lei de Esdras não é lida no templo, mas na praça situada defronte à Porta das Águas (Ne 8,1). Esdras é uma figura proeminente do processo de formação do Pentateuco e concomitantemente do início de sua interpretação; ele desempenha papel central no surgimento da lei mosaica e de sua interpretação mosaica (Mt 23,2).

---

268. Baste aqui uma referência a BLUM, *Pentateuch*, p. 333ss.; cf. a seguir p. 463ss.
269. Cf. GUNNEWEG, *Esra*, p. 138.
270. 4 Esd 14,21ss; bSan 21b; bSuk 20a; cf. MUNK, *Esra*, esp. 187ss.
271. QohR I, sobre isso MUNK, *Esra*, 188.
272. Cf. a seguir p. 456ss.
273. Cf. a seguir p. 460ss.

– Enquanto no tempo de formação do Pentateuco não conhecemos nenhuma instância central que pôde atuar na sucessão e com a autoridade de Moisés, mais tarde isso é diferente. No sinédrio e certamente já em seu predecessor, o conselho dos anciãos do período helenista, o judaísmo tinha um órgão diretivo constituído por sacerdotes e leigos que – ao lado de competência política – possuía sobretudo competência jurídica[274]. Competia-lhe especialmente a decisão em questões jurídicas controvertidas e com isso também automaticamente a competência de complementar o código jurídico[275]. Esse sinédrio considera-se sucessor dos juízes instituídos pelo próprio Moisés. Nm 11, com sua tradição dos 70 anciãos, que receberam o espírito de Moisés[276], bem como Dt 17, com a regulamentação de uma justiça central[277], mas também a instituição dos juízes em Ex 18[278] e Dt 1,9ss. tornam-se as bases da legitimação bíblica do sinédrio. Não sabemos se isso foi assim desde o princípio. Pelo menos sua constituição de 70 ou 71 membros, relacionada com Nm 11 e outras menções bíblicas de um tal grêmio representativo, poderia ser um indício de que já se considerava desde muito cedo como sucessor de Moisés. Em parte se presume hoje que a instituição do conselho dos anciãos, mencionado pela primeira vez em 197 aC[279], teria tido suas raízes já no período anterior ao helenismo[280]. Não existem, todavia, outras razões para isso além de seu nome aristocrático, que é visto em tensão com as instituições antes democráticas do helenismo. Todavia nele existem também outras tradições[281]. O fato de se formar um grêmio central, ao qual pertencem os mais poderosos representantes de sacerdotes, bem como de círculos leigos, poderia estar relacionado com o momento histórico, no qual caiu fora o governador persa, chefe supremo em Judá. Poderia também estar relacionado com o outro momento, no qual o sumo sacerdote assumiu a chefia da comunidade. Infelizmente não dispomos de fontes sobre tudo isso e também a tradição da Mishná –

---

274. Sobre a situação da discussão, cf. esp. SAFRAI, *Self-government*, p. 379ss.; • SCHÜRER & VERMES, *History*, p. 199ss.; bem como LOHSE, artigo συνέδριον; HENGEL, *Judentum*, p. 48ss.; da lit. mais antiga: MANTEL, *Sanhedrin*; • ZUCKER, *Selbstverwaltung*.
275. Sobre isso SAFRAI, *Self-government*, p. 394ss.; • SCHÜRER & VERMES, *History*, p. 218ss.
276. Esp. mSan 1,6.
277. Já Josefo *Ant.* IV 218; além disso Sifre Dtn, p. 152s. (trad. al. Bietenhard, *Sifre*, p. 407ss.).
278. Mechilta referente a Ex 18 (trad. al. Winter & Wünsche, *Mechilta*, p. 187s.).
279. No decreto de Antíoco III; Josefo, *Ant.* XII, p. 138ss. (trad. al. p. ex. TGI, p. 89s.).
280. Cf. p. ex. LOHSE, art. συνέδριον, p. 860; SCHÜRER & VERMES, *History*, p. 202.
281. Assim esp. HENGEL, *Judentum*, 49s., com referência, p. ex., a Esparta.

segundo a qual a "grande assembleia" (k^eneśet hagg^{e}dōlāh) desempenhou um papel central na corrente da tradição da Torá desde Moisés até o Sinédrio[282] com os escribas no comando – não pôde substituí-las.

O fato de não haver uma grandeza historicamente constatável que correspondesse ao "Moisés" das narrativas tardias sobre importantes decisões jurídicas divinas certamente se explica pelo fato de esse Moisés estar vinculado ao Sinai, pertencendo, portanto, àquele passado distante, muito antes do próprio Estado e muito antes do poder estrangeiro dominante. Somente como figura da tradição, e não como uma figura do presente, pôde ele desempenhar o papel que desempenhou efetivamente. Provavelmente existiu, na época da monarquia, uma instituição que se legitimava como mosaica e contribuiu decisivamente para a criação de uma justiça independente do Estado e da monarquia. Isso, porém, foi um processo transitório. No período pós-exílico, "Moisés" se tornou um símbolo, sem dúvida muito ativo, para a inter-relação entre tradição e autonomia. Ele representa a possibilidade e a necessidade de reunir os interesses divergentes de grupos e tradições, especialmente entre sacerdotes e leigos. Com isso, ele não é uma grandeza comprovável em Israel, e tampouco representa o todo, como Abraão. Em última análise, portanto, Moisés não é uma instituição, de modo que não pode ser reduzido às instituições que a ele se reportam. Ele é, muito antes, a condição da possibilidade para que sua Torá sobrevivesse a todas as instituições e assim se consolidasse. Moisés responde à vontade jurídica de Deus e à sua realização na configuração da autonomia. Ele é a tradição da renovação da tradição. Como tal, é o não "realmente existente", mas assim e somente assim é o fundamento altamente ativo da liberdade.

---

282. Cf. esp. mAbot 1,1ss.; cf. sobretudo MANTEL, *Great Synagogue*; • FINKELSTEIN, *Great Synagogue*.

V
O CÓDIGO DA ALIANÇA: FUNDAMENTOS

"Com ele principia
o levante dos escravos na moral".
Friedrich Nietzsche[1]

1. Introdução: o estado da pesquisa

Qualquer análise do assim chamado Código da Aliança em Ex 20,22—23,33 pode e deve partir das seguintes constatações que hoje podem valer como fatos incontestáveis:

— O Código da Aliança é mais antigo que o Deuteronômio e por isso é o código legal mais antigo do Antigo Testamento. Isso se evidencia tanto no caráter geral quanto em cada determinação isolada. Em toda parte, o Deuteronômio se dá a conhecer como um desenvolvimento posterior. Essa sequência temporal permanece válida para as partes essenciais, mesmo que algumas partes do Código da Aliança, como usualmente se afirma — por exemplo as fundamentações parenéticas das leis —, sejam deuteronomistas e, portanto, dependentes do Deuteronômio[2].

— O Código da Aliança evoca todas aquelas características que tão profundamente diferenciam o direito bíblico e a Torá como um todo dos códigos legais do Antigo Oriente. Ao lado das determinações especificamente jurídicas constam outras exigências de caráter cultual, religioso, ético e social, com as suas respectivas fundamentações teológicas e históricas. Toda a composição é dominada

---

[1]. NIETZSCHE, Jenseits von Gut und Böse, p. 653. A frase e a "inversão de valores" descrita por ela referem-se ao povo judeu.
[2]. Desde Wellhausen (Composition, p. 89s.), pelo menos uma parte das frases formuladas na 2ª pessoa do plural é considerada secundária e até deuteronomista (especialmente 20,22s.; 22,20b.21.23.24b.30; 23,9b.13 e outras). Por último, cf. OTTO, Rechtsbegründungen, p. 4ss.; • SCHWIENHORST-SCHÖNBERGER, Bundesbuch, p. 284ss.; divergência em LOHFINK, Bearbeitung. Cf. sobre isso a seguir, p. 166s., 279ss.

pelo 1º mandamento, respectivamente pelo 2º mandamento (20,23; 22,19; 23,13. 24.32s.). Esta composição se destaca como fala de Deus, que foi dada a Israel no Sinai através da mediação de Moisés.

– O Código da Aliança é, sob qualquer perspectiva, uma grandeza multicor. Pode-se até sentir com as mãos esse seu caráter de composição. Além da amplitude de conteúdo, isso se mostra sobretudo nas diferentes formas das sentenças jurídicas[3]: frases casuísticas (p. ex. 21,18ss.) constam ao lado de frases proibitivas (p. ex. 20,23; 22,21.27s.), de mandamentos (p. ex. 22,28b.30a; 23,10.14), de sentenças condicionais alocutivas (p. ex. 20,25a; 21,14.23; 22,24s.), bem como ao lado de formulações participiais (21,12.15-17) ou da particular fórmula de talião (21,24s.). O discurso divino é dominante (20,22ss.), mas também grandes partes são discursos sobre Deus (p. ex. 21,6; 22,7s.). Em geral, as sentenças estão na segunda pessoa do singular (tu), mas frequentemente ocorre o plural (vós)[4]. O título em 21,1 não está no início; o título final em 23,13 não está no fim. Tudo isso é o produto de um processo de surgimento bem mais longo.

A partir desses três pontos resulta que a história do surgimento do Código da Aliança é simultaneamente a gênese daquilo que constitui a essência e a particularidade do direito veterotestamentário e daquilo que, a partir do Deuteronômio, passa a levar o nome de Torá. No Código da Aliança, define-se toda a compreensão do surgimento e da essência da base sustentadora da Torá. Quando e por que, em que circunstâncias e com que objetivo, para que círculos e a partir de que instituições aconteceu o nascimento da Torá? Isso deve ser lido e entendido a partir da composição e de suas rupturas e tensões.

É óbvio que exatamente nesse ponto há um divisor de águas e de métodos. O Código da Aliança, seu lugar na história de Israel e a sua história anterior, sempre foram e continuam a ser avaliados de modo muito diferente. Nisso é evidente a ligação com muitas questões básicas da atual ciência veterotestamentária, por exemplo, a pergunta pelo surgimento da radical adoração única a Yhwh, que muito claramente está atestada no Código da Aliança. Tudo depende do método do procedimento e da meticulosidade de questionamentos e observações. A par-

---

3. Para uma listagem completa de todos os tipos de sentenças que aparecem no Código da Aliança, cf. por último OSUMI, *Kompositionsgeschichte*, p. 21s.
4. Cf. acima nota 2.

tir da diversidade dos enfoques, vamos tratar aqui primeiramente de filtrar as observações e reconhecimentos sobre os quais se pode continuar construindo. Todas as particularidades devem ser discutidas em um outro lugar. Vou me restringir aos dois pontos cardeais: a época do surgimento e as camadas literárias.

a) Lugar histórico

O Código da Aliança pressupõe uma sociedade agrária. Supõe, pois, a tomada de posse da terra, e é mais antigo que o Deuteronômio. Isso são os dados mais externos e também os mais discutidos, e dentro desse amplo espaço temporal continuam a movimentar-se todas as tentativas de datação[5]. Isso obviamente se desconsiderarmos eventuais camadas e acréscimos tardios, isto é, pós-deuteronômicos[6].

Até bem adentro do século XX estava difundida na pesquisa mais antiga e bem fundamentada a proposta de datar o Código da Aliança na época da monarquia em Israel. Para isso havia boas fundamentações. O argumento mais importante era a proximidade e o parentesco com os conflitos e a atuação dos grandes profetas[7]. Ao lado disso, outros argumentos como uma possível ligação com o estado monárquico[8], bem como com figuras isoladas como Josafá[9], Jeú[10] ou Manassés[11] desempenhavam um papel importante. Também a proximidade, bem como a diferença com relação ao Deuteronômio eram importantes. Tais argumentos de peso da pesquisa mais antiga foram negligenciados no século XX. O motivo para isso residia sobretudo na descoberta de livros jurídicos do Antigo Oriente, que são bem mais antigos e em muitos aspectos inegavelmente seme-

---

5. Uma exceção é CAZELLES, Études; id., L'Auteur, que considera possível uma origem diretamente de Moisés.
6. Assim por exemplo PFEIFFER, Transmission, supõe que o Decálogo ritual tenha surgido na época da tomada da terra, as leis humanitárias em torno de 650 aC, pouco tempo antes do Deuteronômio; o texto teria sido, então, reelaborado no espírito do Deuteronômio e, finalmente, em torno de 450 aC, teria sido expandido através da inclusão dos mishpatim.
7. Especialmente BAENTSCH, Bundesbuch. Ele data os mishpatim entre Davi e o século IX, enquanto as "exigências morais" são datadas no século VIII. Esse autor entende o Código da Aliança como um todo como produto da era "profética" (122).
8. Os seguintes autores p. ex. postulam uma datação para os primeiros séculos da época da monarquia: WEBER, Judentum, p. 71; • NOWACK, Bundesbuch, p. 140; • BEER, Exodus, p. 125.
9. Assim p. ex. REUSS, Geschichte, p. 235s.
10. Assim MENES, Gesetze Israels.
11. Assim STADE, Biblische Theologie, p. 246ss.

lhantes. Se, a partir daí, impunha-se aparentemente uma datação antiga, outros motivos se apresentaram. Uma argumentação típica afirma: "Não se pode encontrar nenhuma indicação efetiva em relação à monarquia. Não se menciona nenhum rei; nenhuma organização bem estruturada pode ser detectada; e se desconhecem tributos regulares. Tudo isso deveria ter aflorado no caso de esse texto ter surgido mais tarde".[12] Será que isso deveria ter-se manifestado? Os argumentos para uma datação antiga são, em geral, *argumenta e silentio* e por isso estão montados sobre uma base frágil. Muito problemáticas são também todas as datações que colocam grande valor em passagens ou em termos isolados. Aqui se deve lembrar pelo menos a menção de um "príncipe" (*nāśī'*) em Ex 22,27. É um termo que em geral só aparece em textos tardios. No caso de tais termos isolados, pode tratar-se de acréscimos ou reelaborações posteriores.

De tudo isso resulta que uma datação segura somente pode partir de termos e temas que estão ancorados na estrutura geral do Código da Aliança ou na estrutura de partes importantes e que aparecem repetidas vezes. Se seguirmos isso, comprovam-se as teses mais antigas. A partir de um trabalho de concordância bíblica, percebe-se que temas centrais e repetidos no Código da Aliança como a lei dos escravos[13] e o direito dos estrangeiros[14] (*gērīm*) não podem ser localizados no período pré-estatal. Uma vez que igualmente não são suficientes os argumentos mencionados por Halbe para uma datação nos inícios do período da monarquia – o ponto de partida para isso é a pertença a determinadas fontes literárias e uma suposta crítica ao estado dos inícios da época da monarquia[15] – confirmam-se as tentativas de datar o Código da Aliança na época entre o início da monarquia e o Deuteronômio[16]. A seguir, trataremos de fazer uma ordenação mais exata[17].

---

12. JEPSEN, *Bundesbuch*, p. 99. De modo semelhante PAUL, *Studies*, p. 44; além disso, NOTH, *Exodus*, p. 141; • CHILDS, *Exodus*, p. 456s.; • BOECKER, *Recht*, p. 121ss. e muitos outros. Por último novamente SCHWIENHORST-SCHÖNBERGER, *Bundesbuch*, esp. p. 268ss., que lamenta não haver a menção de uma cidade (*'īr*) e outras coisas parecidas.
13. Sobre isso cf. a seguir p. 216ss.
14. Sobre isso cf. a seguir p. 259s.
15. HALBE, *Privilegrecht*, p. 459ss.; • cf. tb. WANKE, Art. *Bundesbuch*; • ZENGER, *Israel am Sinai*, p. 154; para os *mishpatim* cf. tb. PHILLIPS, *Criminal Law*, p. 158ss., que considera essas leis (pró-)monárquicas.
16. Após manifestações antes isoladas nesta direção (p. ex. FOHRER, *Einleitung*, p. 149s.; • CARDELLINI, "*Sklaven*"-*Gesetzse*, p. 365, que pensa em uma época pré-deuteronômica no "último quartel do século VIII até o primeiro quartel do século VII") há cada vez mais anuência para uma tal visão: Otto, *Rechtsbegründungen*, por exemplo p. 40ss.; • OSUMI, *Kompositionsgeschichte*, p. 156ss.; • SCHENKER, *Versöhnung*, p. 22; • SCHWIENHORST-SCHÖNBERGER, *Bundesbuch*, p. 271ss., 312 e outras passagens mais (para a a sua "redação divino-legal" protodeuteronômica).
17. Cf. mais adiante p. 260s., 278.

b) Composição e camadas literárias

Mais importante e decisivo para a questão da datação é saber lidar com as diferenças óbvias do texto. Para as diversas fases da pesquisa e sob a dominância de diversos métodos, o Código da Aliança sempre foi o ponto de partida para a pergunta pelas formas mais antigas ou talvez a mais antiga do direito israelita. Por isso esse Código foi literalmente retalhado.

Isso vale primeiramente para o trabalho da história das formas, tão fortemente influenciado por A. Alt. Esse autor acreditava ver no Código da Aliança a fusão das duas formas típicas do direito, constitutivas para as "origens do direito israelita", a saber: o direito apodítico e o direito casuístico[18]. O seu interesse estava voltado totalmente para a história oral anterior, em especial do direito apodítico, que era caracterizado como "popular-israelita e relacionado com a fé javista"[19]. Mesmo se por um momento abstraíssemos das muitas hipóteses de uma tal tendência da pesquisa, as quais hoje não são mais aceitas[20], ainda assim o objetivo principal estaria errado já no princípio. Pois tipicamente israelita e como imprescindível para a fé em Deus em Israel é a estrutura da Torá do Código da Aliança, isto é, a unidade dos tipos diferentes que tão bem foram separados por Alt. A partir dessa pesquisa histórico-formal e histórico-traditiva, o Código da Aliança sempre aparecerá como uma forma tardia e sobretudo como uma coleção mais ou menos casual e confusa de tradições e formas de direito diferentes[21]. A situação não é muito distinta quando observações histórico-formais se tornam diretamente motivo para propor ou supor camadas literárias. Pois, com tudo isso, sob o enfoque do método histórico-formal, leva-se adiante somente aquilo que a crítica literária mais antiga já havia afirmado: as fontes do Código da Aliança são afirmadas através da separação em diferentes tipos de direito e, depois, a junção é declarada como um distanciamento em relação à pureza e à clareza originais[22]. Um exemplo para isso é o trabalho de Jep-

---

18. ALT, *Ursprünge*. Sobre isso cf. acima p. 25.
19. ALT, *Ursprünge*, p. 323.
20. Cf. acima p. 26ss.
21. Cf. p. ex. NOTH, *Exodus*, p. 140s.; por último, de forma semelhante SCHARBERT, *Exodus*.
22. Para essa tendência da pesquisa, cf. p. ex. OTTO, *Rechtsbegründungen*, 54; contudo, a sua inclusão de Halbe nesta direção (cf. ibid., nota 191) é incorreta.

sen. Ele considera a interligação de direito e culto existente no Código da Aliança como a "canaanização da religião mosaica"[23].

O problema metodológico para qualquer pergunta por um estágio anterior ao Código da Aliança deve ser descrito da seguinte forma: para qualquer texto legal – assim como de outra maneira para a forma das narrações –, deve-se observar primeiramente a estrutura interna do todo, e procurar entendê-la juridicamente. Somente com base em um tal fundamento e por motivo dado a partir daí se pode perguntar por fontes mais antigas e por camadas anteriores, reelaboradas dentro de um texto maior. A unidade sistemática interna de um livro legal não pode ser suplantada por um conjunto de observações isoladas, que dariam motivo para crítica literária[24]. Se colocarmos a crítica *antes* de uma concisa exegese histórico-jurídica, ou se tentarmos fazê-lo, impossibilitamos qualquer tentativa de compreensão histórico-jurídica já em princípio. Um exemplo moderno pode esclarecer: o fato de um livro de leis atual, por exemplo, a Constituição Brasileira de 1988, conter formulações e tradições mais antigas não impede a sua interpretação no contexto literário e extraliterário como um livro legal, coerente em si mesmo, da segunda metade do século XX. A avaliação histórico-jurídica de partes ou determinações isoladas não pode substituir nem determinar o significado de tais leis no seu contexto.

Compreender o Código da Aliança como uma unidade de compilação intencional e organizada tornou-se possível pela primeira vez com o trabalho de Halbe[25]. Ele conseguiu demonstrar a existência de uma composição circular como estrutura geral do texto atual. Como centro da composição, Halbe determinou Ex 22,19, com a sua formulação singular, porém muito chamativa: "quem sacrificar aos deuses – e não unicamente a Yhwh – será condenado ao extermínio". Em torno desse centro encontram-se como moldura interna, por um lado, Ex 21,12–22,18 e, por outro lado, Ex 22,20–23,9. A unidade de ambos os blocos é mantida através de molduras similares. No primeiro bloco estão as determinações sobre a pena de morte de Ex 21,12-17 e Ex 22,17-19; no segundo, estão a temática do direito do estrangeiro em Ex 22,20 e 23,9. Um segundo círculo in-

---

23. JEPSEN, *Bundesbuch*, p. 102.
24. E muito menos através de teses histórico-jurídicas mais amplas, que determinem a crítica literária, como se pode notar em OTTO, *Rechtsbegründungen*. Sobre Otto, cf. mais adiante p. 206ss., 215 etc.
25. HALBE, *Privilegrecht*, p. 413ss. e especialmente seu esboço na p. 421.

terno é constituído por Ex 21,2-11 com o direito dos escravos e por 23,10-12 com o sábado e o ano sabático. O elemento comum desses blocos é a respectiva sequência de 6/7 anos, respectivamente 6/7 dias. Como moldura externa, por fim, estão as determinações cultuais de Ex 20,22-26 e 23,13-19, isto é, a lei referente ao altar e as leis sobre sacrifícios.

Esta estrutura é clara e convincente, e deve ser tomada como ponto de partida de todas as análises subsequentes. Não se pode e não se deve ignorá-la pelo fato de anteriormente partes determinadas do Código da Aliança terem sido separadas de forma crítico-literária[26], porque através disso qualquer pergunta por uma composição intencionada é impossibilitada já no seu princípio. A estrutura demonstrada por Halbe mantém-se também aí onde, no detalhe, alguém faz outras observações, até divergentes, ou até onde se tiram conclusões diferentes[27].

Além dessa estrutura, pode-se indicar como o resultado mais importante do trabalho de Halbe a comprovação de que Ex 34,11ss. é um texto mais antigo em relação aos paralelos no Código da Aliança. Esse texto, portanto, pode ser considerado como uma das fontes-base para o Código da Aliança[28]. Muitas das variantes, sobretudo a estrutura do calendário de festas, somente podem ser explicadas dessa maneira, isto é, através da hipótese de uma dependência de Ex 34 em relação ao Código da Aliança[29]. Se isso estiver certo, então os conteúdos diferentes do direito apodítico – afirmado por Alt como uma unidade histórico-redacional – isto é, mandamentos religiosos e éticos, somente foram juntados no processo constitutivo do Código da Aliança. Na medida em que às exigências cultual-religiosas de Ex 34 são acrescentadas determinações ético-sociais, sobretudo para a proteção das pessoas socialmente fracas, sucede aquilo que teologicamente é da mais alta relevância. Halbe atribuiu isso a uma "camada expandida I" (*Ausbaustufe* I)[30] em contraposição à composição concêntrica, que ele denomina de "camada expandida II". A

---

26. Assim OTTO, *Rechtsbegründungen*, p. 58 (esp. nota 205) que remete para OTTO, *Mazzotfest*, p. 262ss. Também o pressuposto de Otto da existência de duas coleções originalmente distintas (Ex 21,2–22,26/22,18–23,12; cf. *Rechtsbegründungen*, p. 9s.) não faz justiça a isso. Para uma crítica, cf. SCHWIENHORST-SCHÖNBERGER, *Bundesbuch*, p. 37.
27. Isso vale p. ex. para SCHWIENHORST-SCHÖNBERGER, *Bundesbuch*. A sua tabela na p. 23 (cf. id., *Rechtsvorschriften*, 121), apesar de algumas variantes, mostra exatamente a estrutura básica evidenciada por Halbe. Cf. tb. OSUMI, *Kompositionsgeschichte*, p. 24ss.
28. HALBE, *Privilegrecht*, p. 449s.
29. Sobre isso veja mais adiante p. 167ss.
30. HALBE, *Privilegrecht*, p. 451s.

esta última teria sido agregado sobretudo o bloco das sentenças casuísticas (Ex 21,1–22,16), que não foi analisado detalhadamente por ele.

O único trabalho que de forma consequente levou adiante o princípio de Halbe e não resultou logo em curtos-circuitos crítico-literários é o de Osumi[31]. Ele inicia sua análise pelas lacunas e espaços em branco deixados por Halbe, que basicamente são os seguintes: o bloco das sentenças casuísticas não analisadas por Halbe[32]; os diferentes tipos de frases jurídicas que só ocasionalmente e não de forma consequente são avaliadas na sua significância para a estrutura interna[33]; a explicação deficiente para os títulos e subtítulos em Ex 21,1 e 23,13 e outros lugares. Nesse trabalho, a estrutura interna da composição é descrita de uma forma bem mais refinada. Para o nosso tema de trabalho, os resultados mais importantes são os seguintes[34]:

– No bloco das leis casuísticas – delimitadas por Osumi com Ex 21,1.12–22,18(19) – existe, ao lado de Ex 34, uma fonte mais antiga para o Código da Aliança. Isso é importante sobretudo pelo fato de que com isso se pode diferenciar bastante a alternativa ainda existente da primazia do direito divino ou do direito profano[35]. Uma tal alternativa evidencia-se como falsa.

– As duas fontes mais antigas – Ex 34,11ss. e o livro dos *mišpāṭīm* – são interligadas por uma mão e com importantes acréscimos próprios, tornando-se assim a composição principal do Código da Aliança. Em todo caso e sob todos os aspectos, isso é uma composição muito bem pensada e estruturada, e não se trata de um produto de mera casualidade. Nela pode-se ver o evento mais importante sob o ponto de vista da história do direito e da teologia.

---

31. OSUMI, Kompositionsgeschichte.
32. HALBE, Privilegrecht, p. 460ss. com a tese quase não fundamentada de que a parte casuística "desde o início tenha sido prevista para a recepção no direito de privilégio do Código da Aliança" (460).
33. Sobretudo a troca de 2ª pessoa do singular para plural, que não foi nem notada nem explicada por Halbe.
34. Cf. o resumo em OSUMI, Kompositionsgeschichte, p. 219s.
35. Assim por último SCHWIENHORST-SCHÖNBERGER, Bundesbuch, 1, onde está construída essa alternativa que sustenta todo o trabalho (como se não existissem outras possibilidades). A sua própria tese principal somente é alcançada na medida em que o "livro de leis casuísticas" (cap. 4) é tomado como base para vários processos de trabalho redacional (cap. 5). Ele não analisa o fato de que a chamada "redação do direito divino" retoma muito material e formulações de Ex 34,10ss. (405). A afirmação de que a forma fundamental que influenciará o AT surgiu nesse processo constitui a principal diferença em relação ao trabalho de Osumi e a concepção aqui defendida. No mais, há muitas e felizes coincidências.

– Em contraposição ao texto atual, essa composição principal sofreu acréscimos. Além de alguns versículos na parte chamada "adendo"[36], somente uma camada redacional foi acrescentada. Trata-se dos versículos redigidos na 2ª pessoa do plural. Esses são deuteronômicos[37] e têm uma relação com o culto em Jerusalém. Com isso testemunham que a obra se inscreve dentro do contexto de uma proclamação jurídico-cultual.

A seguir, vamos procurar analisar primeiramente as duas partes mais antigas do Código da Aliança – e, com isso, também dos inícios do direito escrito em Israel. Somente com base nesta análise, podemos clarear melhor a pergunta pelo processo de composição do Código da Aliança.

2. As fontes: o duplo início do direito escrito

A. A PRÁTICA DA ADORAÇÃO EXCLUSIVA (EX 34,11-26)

A) *Estrutura e camadas*

11 Fica atento para observar o que hoje eu te ordeno: eis que despedirei de diante de ti os amorreus, os cananeus, os heteus, os ferezeus, os heveus e os jebuseus.

12 Guarda-te de fazer aliança com o morador da terra para onde vais; para que não seja uma cilada em teu meio.

13 Ao contrário, derrubareis os seus altares, quebrareis as suas colunas e os seus postes sagrados.

14 Pois não deves adorar outro deus. Pois Yhwh tem por nome Zeloso: é um Deus zeloso.

15 Não faças aliança com o morador da terra. Não suceda que, prostituindo-se eles com os seus deuses e sacrificando a eles, ele te convide e comas dos seus sacrifícios,

16 e tomes mulheres das filhas dele para os teus filhos, e suas filhas, prostituindo-se com seus deuses, façam com que também os teus filhos se prostituam com os seus deuses.

17 Não farás para ti deuses de metal fundido.

18 Guardarás a festa dos Ázimos. Durante sete dias comerás ázimo, como te ordenei, no tempo marcado no mês das Espigas, porque foi no mês das Espigas que saíste do Egito.

---

36. Ex 23,25aβ.b.26.27.31bβ.33a.
37. Cf. agora também LOHFINK, *Bearbeitung*.

¹⁹ Todo o que sair primeiro do seio materno é meu: e *"deverás pensar"* em todo o teu gado, o primogênito das vacas e das ovelhas.

²⁰ O primogêntio do jumento, porém, tu o resgatarás com um cordeiro; se não o resgatares, quebrar-lhe-ás a nuca.
Resgatarás todos os primogênitos dos teus filhos.
Não comparecerás diante de mim de mãos vazias.

²¹ Seis dias trabalharás; mas no sétimo descansarás, quer na aradura quer na colheita.

²² Deves fazer-te uma festa das Semanas: as primícias da colheita do trigo e a festa da colheita na passagem de ano.

²³ Três vezes por ano todo homem do teu meio aparecerá perante o Senhor Yhwh, Deus de Israel.

²⁴ Porque expulsarei as nações de diante de ti, e alargarei o teu território; ninguém cobiçará a tua terra, quando subires para comparecer na presença de Yhwh teu Deus, três vezes por ano.

²⁵ Não oferecerás o sangue do meu sacrifício com pão levedado.
Não ficará a vítima da Festa da Páscoa da noite para a manhã.

²⁶ Trarás o melhor das primícias do solo para a Casa de Yhwh teu Deus. Não cozerás o cabrito no leite da sua própria mãe.

Esse texto ocupa um lugar privilegiado no direito veterotestamentário. Ele é o único que contém exclusivamente prescrições cultual-religiosas. Somente ele não é influenciado pela estrutura da Torá, com a sua inter-relação do culto e do direito, da religião e da ética. Do ponto de vista narrativo, ele está em concorrência com o Decálogo clássico de Ex 20. Isso e o fato de a maioria de suas frases reaparecerem literalmente ou com pequenas variantes no Código da Aliança mostram que esse texto tem uma posição-chave em qualquer tentativa de entender o direito do Antigo Testamento. E isso torna a discussão sobre seu lugar histórico e teológico tão veemente[38]. Alguns autores[39] situam esse texto, ou uma forma anterior dele, nos inícios da história de Israel, na época inicial da vida sedentária na terra. Encaram-no também como as palavras da aliança original ou como o texto sinaítico do Javista, o qual constituiria desde o início a relação com Yhwh como expressão do "direito de privilégio"[40] de Deus. Toda

---
38. Sobre a história da pesquisa, cf. WILMS, Bundesbuch, p. 18ss.; • HALBE, Privilegrecht, p. 13ss.
39. Cf. esp. HALBE, Privilegrecht; • OTTO, Mazzotfest etc.
40. Esse conceito provém do direito feudal europeu e foi introduzido por Horst (Privilegrecht) na pesquisa veterotestamentária e, a partir daí, foi assumido por outros autores (esp. HALBE, Privilegrecht, p. 227s.).

a história jurídica poderia, então, ser descrita como um desdobramento e expansão do mesmo. Para outros autores, porém, o texto constitui um produto de uma época tardia, sendo uma espécie de seleção ou resumo a partir de outros textos. O texto até já foi qualificado como deuteronômico[41] ou visto como complementação deuteronomista[42].

A chave para a sua compreensão, que até agora não foi suficientemente entendida, reside – assim como em qualquer texto – na sua estrutura, isto é, na estrutura geral que o constitui. À primeira vista, o texto dá a impressão de ser uma grande confusão. Primeiramente há muitas rupturas estilísticas. Em parte temos discurso divino (v. 11.18.19.20.24a.25); outras passagens falam de Deus na 3ª pessoa (v. 14.23.24b.26a); a alocução inicial está formulada na 2ª pessoa do singular; no v. 13, porém, temos a 2ª pessoa do plural; dos habitantes da terra fala-se no singular (v. 12.15a.16), mas também há frases no plural (v. 15b). Em termos de conteúdo, há, por um lado, um calendário de festas no v. 18-22. Ao contrário da enumeração da sequência das festas em todos os outros calendários de festas anuais, ao contrário igualmente do texto paralelo em Ex 23,15s., a festa dos pães ázimos, a das semanas e a da colheita não aparecem uma após a outra, mas estão divididas por determinações mais longas sobre os primogênitos (v. 19s.) e o sábado (v. 21). Sem uma explicação convincente sobre essa ordenação não poderá haver uma verdadeira compreensão do texto. Face a essas observações textuais, toda uma série de interpretações pode ser rejeitada, porque não considera ou considera inadequadamente a estrutura geral do texto, bem como a função das afirmações isoladas.

Isso vale primeiramente para as muitas interpretações mais antigas, que queriam ver nesse texto um decálogo, portanto, um conjunto de dez mandamentos ou proibições. Pretendia-se extraí-los do contexto maior, sobretudo a partir de Ex 34,28. As muitas tentativas nesse sentido, desde Goethe até Noth[43], no entanto, eram realizadas com uma certa dose de violência em relação ao texto. Quais textos

---

41. Assim espec. PERLITT, *Bundestheologie*, p. 216ss.
42. Assim agora BLUM, *Pentateuch*, p. 68ss. e 369ss.
43. Cf. p. ex. a visão geral em WILMS, *Bundesbuch*, p. 200ss.; bem como OTTO, *Mazzotfest*, p. 272s.

eram mantidos e quais rejeitados, dependia, em última instância, da arbitrariedade do autor. Esperemos que tais tentativas finalmente pertençam ao passado!

Outros intérpretes partiram das formulações do texto que real ou supostamente são deuteronomistas. No entanto, as muitas e profundas análises detalhadas do texto[44] mostraram, acima de qualquer dúvida, que um grande número de afirmações e formas de linguagem do texto não é deuteronomista. Mostraram também que outras estão próximas da linguagem deuteronomista, mas, no detalhe, ainda são diferentes desta. Aqui não precisamos apresentar todo o material. Decisivo é que a maioria das prescrições concretas do texto se diferencia claramente das correspondências deuteronômico-deuteronomistas, e evidentemente tais prescrições são mais antigas. Uma exegese detalhada há de comprovar isso. São questionáveis, porém, todas as tentativas de tratar o texto de maneira que os supostos deuteronomismos são utilizados diretamente como instrumento de crítica literária. Isso foi feito sobretudo por Cazelles. As expressões "Yhwh, teu Deus" (v. 24b.26), "Deus zeloso" (*'ēl qannā'*, v. 14b), "casa de Yhwh" (v. 26), a "saída do Egito" (v. 18), "guarda-te" (v. 12), o verbo "expulsar" (*yrš*, v. 24), bem como a destruição dos postes sagrados (v. 13) são por ele considerados deuteronomistas[45]. Como elas aparecem ao lado de expressões e concepções claramente não deuteronomistas, são atribuídas a uma camada posterior. Isso vale para v. 12.13a; para o v. 14b: "é um Deus zeloso"; para o v. 15b; para v. 18b.24.26a, bem como para partes do v. 19[46]. Aqui se coloca a pergunta até que ponto é legítimo utilizar formulações e expressões como "Guarda-te..." para realizar operações de crítica literária só por elas aparecerem unicamente ou de forma maciça no Deuteronômio ou em textos deuteronomistas. Com isso se exclui sistematicamente a possibilidade de que se trate, por exemplo, de um texto pré-deuteronômico. Com que direito podemos declarar como acréscimo a expressão "Deus zeloso" (*'ēl qannā'*), que, no v. 14, consta ao lado da formulação totalmente singular do "Yhwh (que tem por nome) Zeloso" (*Yhwh qannā'*), só porque além daqui ela aparece unicamente no Deuteronômio e

---

44. Além de WILMS, *Bundesbuch*, e HALBE, *Privilegrecht*, *passim*, cf. esp. LAGLAMET, *Israel*; • OTTO, *Mazzotfest*, p. 208s. Cf. tb. os questionamentos em BLUM, *Pentateuch*, p. 370ss.
45. CAZELLES, *L'Alliance*, p. 178s.
46. Cf. a sinopse em CAZELLES, *L'Alliance*, p. 180s.

no Decálogo? Dessa forma se desfaz a impressionante repetição estilística no v. 14. Com que direito, sob o argumento de serem pré-deuteronomistas ou deuteronomistas, podemos excluir do texto a expressão "teu Deus", que já aparece em Oseias, ou a expressão "casa de Yhwh"[47], que literalmente não é igual, mas pelo conteúdo é uma outra designação para outros templos ao lado do templo de Jerusalém? No trabalho de Cazelles, chama a atenção o fato de que, mesmo depois de suas operações crítico-literárias, o resultado não foi um texto conciso em si. O seu texto reconstruído evidencia as mesmas rupturas estilísticas fundamentais do texto bíblico anterior. Isso vale em especial para o interessante ordenamento no calendário de festas. A única expressão que não sofre censura é aquela que, ao nível de conteúdo, é uma expressão indubitavelmente pré-deuteronomista, a saber, o v. 25b, onde a festa familiar da Páscoa é designada de festa de peregrinação (ḥag). Isso somente pode ser explicado a partir do local de culto central pressuposto pelo Deuteronômio.

A tentativa mais recente de entender o texto provém de E. Blum. Com base na sua reconstrução de uma composição-D no Pentateuco, e de maneira especial na perícope do Sinai, na qual o Decálogo de Ex 20 desempenha um papel muito importante[48], Blum considera Ex 34,11ss. como um acréscimo posterior. Ele quer entender e explicar o texto a partir do contexto maior como sendo uma espécie de resumo das prescrições precedentes desde Ex 12s.: "Ex 34,11-26 *está em lugar de* toda a revelação divina precedente"[49]. Excluindo-se o início[50], seria decisivo o fato de a maioria das determinações de Ex 34 já aparecerem antes no contexto do livro do Êxodo. Assim, Ex 34,11-16 aproxima-se de Ex 23,20-23; os v. 21-26 têm similaridade com Ex 23,12.16-19. Com relação ao v. 17, pode-se

---

47. Para o templo de Silo, cf. 1Sm 1,7; cf. tb. a expressão com a Palavra "Deus" (*'elōhīm*) em Jz 17,5; 18,31 e, também, Am 7,13. A expressão "casa de NN" normalmente é usada para templos – não únicos – de outros deuses (cf. 1Sm 5,2; 31,10; Jz 9,4.46; etc.).

48. Sobre isso, cf. acima p. 54.

49. BLUM, *Pentateuch*, p. 70.

50. BLUM, *Pentateuch*, p. 69s. O que chama a atenção no contexto é a abrupta mudança de discurso sobre o povo (v. 9s.) para um discurso ao povo (v. 11s.), o que seria amenizado pelo final do v. 10. Mas se no v. 11s. se trata de uma narração, isto é, essencialmente de um trecho de material tradicional, que já deve ser considerado como conteúdo das primeiras tábuas, as coisas se colocam de forma bastante diferente do que no caso da hipótese de uma interpolação posterior. A comunicação da vontade de Deus ao povo através de Moisés é expressão do perdão de Deus. Somente a falta da fórmula – tardia!? – "assim dirás aos filhos de Israel" (Ex 20,22; etc.) chama então a atenção.

evocar Ex 20,23[51]. Nisso, contudo, ignora-se completamente uma série de aspectos dos textos. Lembremos somente expressões singulares e não explicáveis a partir do contexto da teologia deuteronomista. Um exemplo disso é a expressão "Yhwh (que tem por nome) Zeloso" (v. 14). Ou pensemos também em formulações como os convites para refeições de sacrifício (v. 15) e as formulações singulares acerca do sábado, no v. 21b etc. Que um texto tão tardio reproduziria a separação deuteronomista entre pães ázimos e Páscoa, ou renunciaria ao termo "sábado", ou falaria de "expulsar" (*grš* qal) de uma maneira tão peculiar (v. 11b) – tudo isso e muitas outras coisas não podem ser explicadas com essa tese de Blum. Menos explicável é o seguinte: por que o acento mais importante do texto inicial, o Decálogo em Ex 20, abstraindo das determinações sobre o sábado – que caracteristicamente são formuladas de modo diferente – não figura em tal repetição e por que todos os mandamentos sociais não são mencionados? Os problemas especiais da sequência dos v. 18-22 permanecem sem explicação[52]. Ex 34 não pode ser explicado unicamente como resumo dos mandamentos que aparecem no contexto maior.

Para o contexto mais próximo de Ex 32–34, essa percepção já foi feita há mais tempo. Pelo fato de o texto de Ex 34,11ss. não poder ter sido escrito unicamente para o cenário junto ao monte de Deus, fazia sentido a busca por um segundo decálogo e ou até pelo decálogo original. E, de fato, partes e passagens essenciais da narração sobre o bezerro de ouro e sobre a idolatria devem ser consideradas anteriores. Mas também existem partes que somente podem ser entendidas a partir do contexto. Aí está, primeiramente, a expressão "como te ordenei" (*'ašer ṣiwwītīkā*) no v. 18. A mesma formulação encontra-se em Ex 23,15. Uma tal ordenação precedente da festa dos pães ázimos de fato já se encontra em Ex 13[53]. Não por último, como a ordem não foi dada no mês das Espigas (Abib), e já que a frase relativa de certo modo perturba o contexto, devemos supor aqui um acréscimo condicionado pelo contexto, do qual também faz parte a indicação

---

51. Cf. tb. TOEG, *Lawgiving*, p. 70.
52. BLUM, *Pentateuch*, p. 375 acha que de Ex 34,29ss. pode-se deduzir que "a composição sacerdotal já pressupõe a recapitulação de Ex 34,11-26". Se isso fosse diferente, a sequência de Ex 12s. (festa dos pães ázimos e primogênitos), Ex 16 (sábado) e Ex 22s. dariam uma verdadeira analogia para a estranha sequência em Ex 34,18-22. Mas uma datação tão tardia reforçaria ainda mais a peculiaridade do texto, que já se diferencia bastante do contexto.
53. Cf. KESSLER, *Querverweise*, p. 290.

historizante do v. 18b. Algo similar vale para a frase relativa no v. 12. Acerca da terra, afirma-se aqui: a terra, "para onde vais". As referências ao "morador da terra" (v. 12.15), do qual Israel não faz parte, em todo caso, pressupõem um forte distanciamento e uma diferenciação entre Israel e a sua terra. E a oração relativa interrompe a ligação com a frase final "para que" (*pen*) no v. 12b. A sua formulação participial somente pode ser entendida como uma afirmação de futuro, pressupondo, portanto, uma datação histórica do texto como um discurso anterior à tomada da terra. Enquanto isso, o texto em si, apesar de todo o seu distanciamento do "morador da terra" nas relações concretas de vizinhança no v. 15, parte do fato de que Israel já está na terra.

Uma tentativa de reconhecer a estrutura interna do texto, independente da suposição de um Decálogo, foi feita por Halbe[54]. Ele diferencia três partes no texto: primeiramente uma introdução (v. 10a(-11a), seguida dos mandamentos principais (v. 11b-26). Esses novamente são diferenciados em duas partes: o "mandamento principal" (v. 11b-15) e as determinações isoladas (v. 18-26). Ele conta com complementos posteriores em v. 15b.16.17.24a como também em 19b.25bβ. Importante é, sobretudo, a sua tentativa de descrever a estrutura interna das afirmações. Assim, segundo Halbe, o mandamento principal está organizado em forma de um quiasmo em torno dos v. 13.14a[55]. Na camada mais antiga das determinações isoladas, uma prescrição acerca de uma festa (pães ázimos – 7º dia) era seguida por obrigações de ofertas cultuais. Após a festa dos pães ázimos, consta a prescrição sobre os primogênitos e a exigência de não comparecer de mãos vazias (v. 20bβ); após o dia de descanso, seguem-se as determinações sobre sacrifícios no v. 25b.26b[56]. Segundo Halbe, a essa composição mais antiga foi sobreposta a camada que ele chama de "camada de peregrinação". Essa já conhecia as três festas anuais e acrescenta no v. 22 sobretudo a festa das Semanas e a festa da colheita, bem como todas as afirmações que giram em torno da peregrinação anual (v. 23s.26)[57].

---

54. HALBE, Privilegrecht, p. 210ss., 223ss. (resumo).
55. Ibid., p. 97.
56. Ibid., p. 210.
57. Resumindo, HALBE, Privilegrecht, p. 210.

A tese de Halbe de que no texto temos uma dupla divisão deve ser encarada como certa. Ela perfaz a estrutura principal do texto: nos v. 11-16, trata-se do relacionamento com os moradores da terra; nos v. 18-26, trata-se de festas e ofertas cultuais. Em termos de conteúdo, ambas as partes giram em torno do tema da adoração exclusiva a Yhwh dentro de um contexto social marcado por uma religião politeísta[58]. A relação com os vizinhos, que adoram outros deuses, por um lado, e, por outro lado, as regras básicas do culto a Yhwh, que excluem a adoração de outros deuses, constituem os dois lados da mesma moeda.

Entre as duas partes e no meio encontra-se a proibição de fazer imagens (v. 17): "não farás para ti deuses de metal fundido"[59]. O tema desse versículo não pertence a nenhum dos dois blocos[60]. Por outro lado, é o único versículo que está intimamente relacionado com o contexto narrativo de Ex 32–34. De fato, é impensável que as palavras divinas constantes nas tábuas, que são quebradas como reação ao culto do bezerro e logo depois são renovadas como expressão do perdão divino, não fizessem nenhuma menção do pecado em torno do qual tudo gira aqui. É essa a função do v. 17, também a partir da formulação similar de Ex 32,4.8. Só que a formulação da proibição de imagens no v. 17 foi qualificada como deuteronomista[61]. Sem dúvida alguma, a próxima formulação se encontra em Lv 19,4, portanto, no Código da Santidade. Além disso, o texto de Dt 9,12 é semelhante. A conclusão, porém, de que se trata de linguagem deuteronomista não é convincente. Já em Os 13,2 encontra-se o mesmo termo "imagem de metal fundido" (*massēkāh*) e este é utilizado por Oseias na sua crítica ao culto do bezerro no Reino do Norte. Oseias é sabidamente o primeiro, do qual temos notícia, a atacar o culto ao bezerro no Reino do Norte, cujo tema está no centro da narração de Ex 32–34. E não há motivo algum de querer

---

58. Cf. HALBE, Privilegrecht, p. 225ss. Aqui, contudo, embora haja muitas coincidências, há também, não em último lugar por causa do pressuposto histórico diferente, acentos bem diferentes. Cf. a seguir p. 178ss., esp. 182.
59. Sobre *massēkāh*, cf. DOHMEN, Schmiedeterminus; • id., Art. *massēkāh*; além disso, cf. tb. SCHROER, Bilder, p. 310ss.
60. Assim já HALBE, Privilegrecht, p. 122ss., esp. p. 215ss., achou que por isso deveria tratar-se de um acréscimo posterior.
61. DOHMEN, Bilderverbot, p. 182ss.; e especialmente Hossfeld, Dekalog, p. 209s.

suspeitar que em Os 13 haja uma redação posterior ou algo assim[62]. Isso significa que Ex 34,17 é um acréscimo, exigido pelo contexto de Ex 32–34. É um acréscimo a um documento mais antigo, anterior à narração que, com base no paralelo de Os 13,2, relaciona-se com os cultos do Reino do Norte. Ele não se contrapõe a um entendimento de toda a unidade de Ex 32–34 como reação à destruição do Reino do Norte[63].

No mais, porém, a análise das camadas e da estrutura proposta por Halbe é pouco convincente. O motivo principal para isso é que ele não realiza o esperado e o necessário, isto é, dar uma explicação para o interessante texto que aqui se apresenta. A tese de que um texto antigo, no qual somente se falava da festa dos pães ázimos, foi reelaborado por uma "camada da peregrinação", na qual, como em outras partes do Antigo Testamento, fala-se de um calendário de três festas anuais, não corresponde ao conteúdo do texto dado. Por que então o v. 22 não vem em ordem logo após o v. 18? Que intenções existem por trás da presente ordenação? Além disso, a estrutura da camada mais antiga, como ela é trabalhada por Halbe, de modo algum é convincente. A justaposição das festas dos pães ázimos e dos primogênitos nos v. 18-20a é inteligível. Porém, ao v. 20b, com a prescrição genérica de não aparecer de mãos vazias diante de Deus, não se segue nada parecido. E a relação do descanso no sétimo dia (v. 21) com os sacrifícios animais do v. 25*.26b carece de qualquer estrutura interna. Halbe não consegue demonstrar uma verdadeira inter-relação do conteúdo do texto. E isso vale também para a sua estrutura formal e estilística. As interessantes e inexplicadas rupturas estilísticas do texto retornam nas camadas postuladas por Halbe[64] e assim permanecem inexplicadas e incompreensíveis.

---

62. Divergindo, DOHMEN, *Bilderverbot*, p. 148ss. nota 243, conta com um acréscimo deuteronomista. Em termos metodológicos, é dúbio que a pertença do termo *massēkāh* à linguagem *deuteronomista* (Dt 9,12; 2Rs 17,16) seja o argumento decisivo – há, portanto, um curto-circuito. Os outros motivos mencionados por Dohmen, tais como a diferença estilística de Os 13,1-3 em relação ao contexto e a afirmação "ele morreu" (v. 1), dificilmente podem ser utilizados para intervenções de crítica literária. Cf. os comentários sobre Oseias.
63. Cf. acima p. 80ss., 84s.
64. Assim a camada básica de Halbe muda da fala na 1ª pessoa singular ("eu" – v. 11b.19s.25) para a fala sobre ele (v. 14); em geral, Israel é tratado como "tu", mas o v. 13 emprega "vós". Na "camada da peregrinação", proposta por Halbe, o v. 18ab (frase relativa) é um discurso divino, mas no v. 23.24b fala-se sobre Deus.

É muito interessante observar que na pesquisa não existe nenhuma análise do texto que inicie pelas peculiaridades formais próprias e pelas tensões estilísticas do texto, como em geral é típico de um trabalho de crítica literária. A busca por um decálogo perdido e a fixação por (supostas) partes deuteronomistas ou a relação com o contexto determinam a pesquisa. Com isso, ficaram esquecidas as peculiaridades e a arquitetura do texto em si. A gente não precisa fazer uso do questionável postulado de uma pureza estilística original para correlacionar as dificuldades do texto com suas rupturas estilísticas.

Da forma de alocução que predomina no texto é possível excluir primeiramente os v. 13 e 15bα. Ao passo que antes e depois se fala no singular do "morador da terra" (v. 12.15a.bβ.16), encontramos aqui o plural. Além disso, unicamente no v. 13 se fala dos destinatários do texto no plural. A estrutura dos v. 12-15, descrita por Halbe, só é parcialmente modificada pela eliminação do v. 13. Também a ausência da afirmação do v. 13 na passagem paralela no Código da Aliança se torna assim melhor compreensível[65]. No v. 15bα, há, além disso, uma duplicação de conteúdo em relação às afirmações mais concretas do v. 15bβ.16.

Sem dúvida, a mudança que mais chama a atenção é a alteração entre o discurso divino e o discurso sobre Deus. O início, no v. 11, introduz o conjunto como discurso de Yhwh. Esse "eu", porém, somente retorna na frase relativa do v. 18 e, depois, de forma mais intensa, no v. 19s. Ao contrário disso, as formulações importantes do v. 14 aparecem na 3ª pessoa. Na parte final, pode-se perceber uma mudança rápida. Enquanto nos v. 23.24b.26a fala-se sobre Deus, nos v. 24a.25a temos o discurso divino.

Se, a partir dessas observações, quisermos realizar uma análise de camadas literárias, colocam-se duas perguntas: qual das duas formas de linguagem do texto é a mais antiga? E como devemos enquadrar *as* passagens que nem falam de Deus? No que concerne à primeira pergunta, tanto o contexto narrativo quanto o início importante no v. 10s. pressupõem uma fala divina. Por isso é surpreendente e até inesperado que, não somente de forma secundária, mas de forma central e em expressões especialmente importantes, nos v. 14 e v. 23, fala-se *sobre* Deus na 3ª pessoa. A isso se acrescenta que a recepção de Ex 34,11ss. no Código

---

[65]. Para isso com muitos detalhes, cf. OSUMI, *Kompositionsgeschichte*, p. 73ss.

da Aliança harmoniza de forma clara o texto no sentido de apresentá-lo como discurso divino[66]. Tudo isso comprova que uma camada mais antiga falava de Deus na 3ª pessoa e que essa, posteriormente, através do novo início e de outras complementações, foi transformada em um discurso divino.

A pergunta decisiva, contudo, é se existem critérios para ordenar as frases que nem sequer falam de Deus e que, portanto, não se enquadram nesta alternativa. Para isso, ao meu ver, é decisiva a observação de que nenhuma prescrição sobre sacrifício animal fala de Deus na 3ª pessoa. No v. 19s., onde se trata da entrega dos primogênitos, e no v. 25a, onde se encontra a regra para os sacrifícios, encontramos discurso divino. Em contraposição, o v. 26a, um versículo que discorre sobre os primeiros frutos e que se encontra em meio às regras sobre sacrifícios de animais no v. 25.26b, fala sobre Deus na 3ª pessoa. De forma especial pode-se observar que no v. 23, que ordena as três peregrinações no contexto das três festas anuais marcadas pelo ritmo das colheitas, também se fala de Deus na 3ª pessoa.

Se partirmos dessas observações, a estrutura de uma camada básica mais antiga e o surgimento do texto atual podem ser descritos da seguinte maneira[67]. Nos v. 18-26, a camada antiga falava da festa dos pães ázimos (v. 18a, sem a frase relativa), do dia de descanso semanal (v. 21), da festa das Semanas e da colheita (v. 22), das três peregrinações (v. 23) e da proteção da terra (roça) nessas ocasiões (v. 24b). Também se falava da entrega dos primeiros frutos (v. 26a) relacionada com essas peregrinações. A isso se ordena na primeira parte a exortação de não fazer aliança com os moradores da terra, motivada pelo ciúme de Deus (v. 12 sem a frase relativa no v. 12aβ.14.15a.bβ.16). Ambas as partes são introduzidas pelo mesmo termo "guarda-te/observa" (šmr qal/hif). Por meio de uma reelaboração posterior, disso resultou um discurso de Yhwh. Para isso primeiramente é de muita influência o v. 11, onde antes das duas partes, bem como antes do envio dos povos, é colocada uma nova introdução com a mesma palavra ("guarda-te", šmr), dessa vez formulada como fala divina. Na segunda parte, na forma de um discurso na 1ª pessoa, são acrescentadas as exigências no contexto dos primogênitos (v. 19s.) e sacrifícios de animais (v. 25.26b). Acréscimos ainda pos-

---

[66.] Assim Ex 23,18b, de modo diferente do que a base em Ex 34,25b, fala de "minha festa de peregrinação". Ex 34,24b e sobretudo o v. 14 com as suas afirmações sobre Deus faltam por completo.
[67.] Cf. as traduções e exegese mais detalhada a seguir p. 178ss.

teriores, e em parte motivados pelo contexto narrativo mais amplo, encontram-se nos v. 12aβ.13.15bβ, "como eu ordenei" no v. 18b, bem como a complementação em relação à Festa da Páscoa no v. 25b.

b) *A proibição de alianças*

α. Separação na vizinhança

A primeira parte da camada mais antiga reconstruída tem o seguinte teor:

¹² Guarda-te,
de fazer aliança com o morador da terra para onde vais[68];
para que não seja uma cilada em teu meio[69].
¹⁴ Pois não deves adorar outro deus.
Pois Yhwh tem por nome Zeloso: é um Deus zeloso.
¹⁵ Não faças aliança com o morador da terra[70].
Não suceda que, prostituindo-se eles com os seus deuses e
sacrificando a eles,
ele te convide e comas dos seus sacrifícios,
¹⁶ e tomes mulheres das filhas dele para os teus filhos,
e suas filhas, prostituindo-se com seus deuses,
façam com que também os teus filhos se prostituam
com os seus deuses.

O texto está estruturado através da dupla menção da frase "(guarda-te) de fazer aliança...", no v. 12.15. Em ambos os casos, ela deve ser relacionada com a introdução "guarda-te". A advertência é que não se faça uma aliança, porque o "morador da terra" pode vir a ser um perigo, ou uma "cilada" mortal. Infelizmente, não temos informações sobre a forma concreta de uma tal "cilada" (*mōqēš*). Ela era usada para pegar passarinho (Sl 124,7; Am 3,5; etc.), mas também hipopótamo (Jó 40,24). Pensou-se que seria algo como uma rede ou um pedaço de pau arremessado, portanto, uma espécie de bumerangue[71]. O perigo

---

68. Acerca do caráter secundário da frase relativa, cf. acima p. 173.
69. O v. 13 é um acréscimo no sentido de Dt 7; cf. acima p. 176 e a seguir p. 183.
70. Trata-se de um acréscimo relacionado com v. 13; cf. acima p. 176.
71. Sobre isso Ringgren, art. *yāqaš* (com literatura).

da ameaça por parte dos moradores da terra reside "no meio" (*b^{e}qirbekā*) de Israel (v. 12). O texto pressupõe uma convivência muito estreita de vizinhos.

No v. 15s. descrevem-se as consequências concretas da cilada de uma tal aliança[72]. Inicia-se com o convite para participar de uma refeição sacrificial realizada pelo morador da terra. A isso se acrescentam as relações de casamento, nas quais, segundo a estrutura familiar patrilocal, somente se fala das mulheres estrangeiras que por casamento venham a fazer parte da família. Essas trariam os seus deuses consigo. Pelo menos como tentativa, podemos descrever de modo mais preciso a relação de que se trata aqui. Se o culto sacrificial, para o qual é feito o convite, tem aspectos orgiástico-sexuais, então as relações de casamento se constituem a partir dele. Na medida em que as filhas dos outros "se prostituem" com seus deuses, elas seduzem o jovem a fazer o mesmo. Sacrifício, refeições cultuais, seduções sexual-religiosas e relações de casamento são questões interligadas. A proibição de fazer alianças procura colocar um freio em tudo isso, exigindo uma separação de mesa e cama em relação ao "morador da terra".

As duas frases do v. 14, que iniciam com "pois" (*kī*), mencionam o motivo. A participação em tudo isso significaria prostrar-se diante de um deus estranho. Pode ser que uma tal prostração aconteça no âmbito de uma ação de sacrifício. Justamente isso, porém, não é possível por causa da relação com Yhwh; a relação com Yhwh seria colocada em xeque. O segundo "pois" justifica a proibição de prostrar-se, dizendo que Yhwh é um Deus "zeloso". Quando esse termo é aplicado a pessoas pode significar "ciúme" e "inveja" e, em todo caso, abarca ações cheias de afeto e paixão[73]. A lembrança dessa característica de Yhwh – e não uma ameaça concreta ou algo semelhante – é o último motivo aqui mencionado, e aparentemente ele é suficiente. É essa característica do Deus de Israel que impossibilita as relações com outros deuses. Fazendo-o, rompe-se e questiona-se a relação com Yhwh.

O texto da camada básica evidencia-se como uma construção muito consequente, que formula as consequências do zelo e do ciúme desse Deus. Aqui são proibidas as relações de vizinhança para com moradores da terra que adoram outros deuses, na medida em que essas relações incluem refeições cultuais comunitárias e relações de casamento.

---

72. Com BLUM, *Pentateuch*, p. 371s., que com razão critica a interpretação de HALBE, *Privilegrecht*, p. 130, de que se trataria de impedir a supremacia dos moradores da terra.

73. Cf. BRONGERS, Eifer; • RENAUD, *Dieu jaloux*; • SAUER, art. *qinʾā;* Reuter, art. *qnʾ*; • DOHMEN, "Eifersüchtig ist sein Name".

O texto indubitavelmente tem uma função-chave na reconstrução da história da religião israelita. Isso se evidencia sobretudo nas relações com textos semelhantes em Ex 23; Dt 7 e outros, que já foram tantas vezes analisados[74]. A discussão na pesquisa continua girando em torno de questões como uma datação antiga ou recente, do mesmo modo como se faz em relação a Ex 34,11ss. Será que essas formulações são expressão da vontade de Yhwh pretendida desde o princípio, vontade esta que perfaz a posição especial de Israel e de seu Deus desde a conquista da terra? Ou será que essas formulações provêm de uma teologia deuteronomista ou pós-deuteronomista? A proximidade e também a distância em relação à teologia deuteronomista pode ser constatada imediatamente[75]. Algumas observações indicam que a expressão "Deus zeloso" (*'ēl qannā'*) em geral somente é usada no âmbito da teologia deuteronomista; outras indicam que a expressão paralela "Yhwh zeloso" não tem ali qualquer paralelo. O mesmo vale para a fórmula "Deus estranho", que é deuteronomista no plural, mas não no singular. A proibição do casamento sem dúvida alguma é importante para a teologia deuteronômica-deuteronomista (Dt 7,3; Jz 3,5s.), mas em geral nunca está limitada ao casamento com mulheres estrangeiras e ligada com ações cultuais específicas. A expressão "prostituindo-se com" (*zānah 'aḥarē*) está amplamente documentada na teologia deuteronomista (e sacerdotal)[76]. Em geral, porém, está relacionada a Israel, expressando o afastamento de Yhwh. Aqui, porém, está relacionada com as filhas do morador da terra, designando o seu culto como tal[77]. Além disso, já Oseias utiliza o conceito da prostituição como imagem religiosa.

Sem dúvida, é certo que as diferenças em relação ao estilo deuteronomista usual residem antes nos detalhes e por isso dificilmente são motivo para distanciar o texto dos muitos textos deuteronomistas que lhe são semelhantes[78]. Mas também é questionável nivelar as diferenças e atribuí-las à escola deuteronomista. Um quadro tão concreto de ameaças na vizinhança não existe dessa forma no âmbito deuteronomista. O único paralelo real está em Nm 25,1-5[79]. A idolatria

---

74. Cf. SCHMITT, Friede; • LOHFINK, Hauptgebot, p. 172ss.; • SEITZ, Studien, p. 77ss.; • HALBE, Privilegrecht, esp. p. 108ss.; • OTTO, Mazzotfest, p. 203ss.; • BLUM, Pentateuch, esp. p. 365ss.; • ACHENBACH, Israel, p. 249ss.
75. Cf. a coleção dos paralelos linguísticos em LANGLAMET, Israel; • OTTO, Mazzotfest; • HALBE, Privilegrecht.
76. Dt 31,16; Jz 2,17; 8,27.33; Lv 17,7; 20,5s. etc.
77. Assim HALBE, Privilegrecht, 153ss. Blum aponta para passagens como Jr 3,17; 12,14-17; 18,7-10 como exemplos de que também "valorações tardias intraisraelitas podem ser aplicadas para o culto de outros deuses" (Pentateuch, p. 374). Mas nisso faz falta a nota específica de Ex 34.
78. Esp. BLUM, Pentateuch, p. 370ss.
79. Cf. HALBE, Privilegrecht, p. 157ss.; • OTTO, Mazzotfest, p. 211; • BLUM, Pentateuch, p. 374.

em relação a Baal-Fegor, do qual se fala nesse texto, acontece no mesmo padrão. Mulheres moabitas convidam para o sacrifício aos seus deuses (v. 2a). Nessas refeições, o povo se ajoelha diante dos deuses das mulheres (v. 2). Tudo isso é caracterizado como "prostituir-se" (*znh*) com essas mulheres (v. 1) e é algo que reclama a ira de Yhwh. O texto de Nm 25,1ss. dificilmente pode ser considerado deuteronomista[80] e muito menos pode-se considerá-lo modelo para Ex 34,12ss. Ele, porém, fala de acontecimentos e experiências obviamente similares. Deve-se observar sobretudo que Oseias já pressupõe essa tradição. Apesar da brevidade da formulação em Os 9,10, pode-se perceber que em Oseias se trata de afastamento em direção a outros deuses e que esse processo simultaneamente pode ser descrito como relação com amantes (*'ohobām*)[81].

Se procurarmos pelo lugar histórico do nosso texto, com toda a cautela que é devida, devemos pensar na época de Oseias e mais precisamente no século IX aC. Embora frágeis, há alguns traços que evocam esse período. A prescrição de não adorar outro deus é mais restrita, mais concreta e por isso também em termos de história da tradição mais antiga que a versão do 1º mandamento no Decálogo[82]. Acerca do "zelo por Yhwh" podemos ler pela primeira vez nas tradições sobre Elias (1Rs 19,10.14)[83] e Eliseu, respectivamente sobre Jeú e os seguidores dos recabitas em 2Rs 10,16. Sem fazer violência ao texto, podemos duvidar da afirmação de que o conceito, aqui no conjunto das exigências de Yhwh, esteja enraizado em textos deuteronomistas[84]. O mesmo vale para o conceito da prostituição como designação da relação de mulheres estranhas com seus deuses. Em 2Rs 9,22 fala-se da prostituição ($z^e n\bar{u}n\bar{\imath}m$) de Jezabel, com o que, sem dúvida, ex-

---

80. Tradicionalmente Nm 25 é considerado parte integrante de "J"; cf. p. ex. NOTH, Numeri, p. 170ss. Também BLUM, Pentateuch, p. 115s., para o qual o texto é parte de sua abrangente composição-D, constata que não existe "uma atribuição específica para a formação da tradição deuteronomista".
81. Cf. VOLLMER, Rückblicke, p. 76ss.; • JEREMIAS, Hosea, p. 121s.; • NEEF, Heilstraditionen, p. 60ss.
82. Sobre isso, cf. SCHMIDT, W.H. Erwägungen, p. 204s.
83. Sobre 1Rs 19 cf. acima p. 60ss.
84. 2Rs 10,16 – da mesma forma como 9,22 (cf. logo a seguir) – é considerado pela maioria dos autores, e com motivos convincentes, como fazendo parte da narração mais antiga sobre Jeú, marcadamente pré-deuteronomista. Da literatura mais recente, cf. GRAY, Kings sobre a passagem; • SCHMITT, Elisa, p. 228ss.; • TIMM, Omri, p. 136ss.; • TREBOLLE-BARRERA, Jehu, p. 199s.; • HENTSCHEL, 2 Könige, p. 39ss.; • COGAN & TADMOR, II Kings, p. 117ss. Há também autores que contam com acréscimos deuteronomistas e até pós-deuteronomistas; cf. WÜRTHWEIN, Könige, p. 326s. e MINOKAMI, Jehu, p. 37ss. A literatura aqui utilizada, contudo, é metodologicamente bastante questionável, uma vez que, em geral, os textos são fragmentados em muitos pedaços antes de se fazer qualquer pergunta sobre a estrutura e o estilo. Esses fragmentos, depois, com auxílio de estatísticas linguísticas e associações acríticas – em si já questionáveis – são atribuídos a camadas literárias.

pressam-se as suas atividades religiosas. Apesar de todas as incertezas no enquadramento dos textos, bem como de suas camadas literárias, pode-se dizer que 2Rs 9s pode ser considerado como um texto pré-deuteronomista[85]. Em geral, trata-se não por último da pergunta se para a teologia e a linguagem de Oseias, independentemente de sua ambientação nos anúncios proféticos, podemos contar com antecedentes ou se se trata de criações genuínas do profeta. O específico de Oseias, por exemplo, é a denúncia de que Israel – não os outros povos – prostitui-se com outros deuses, e são os sacerdotes de Israel que realizam ações sexuais (Os 4,7s.) – certamente no conjunto de práticas cultuais. Em algumas coisas, porém, o profeta obviamente pressupõe uma linguagem mais antiga[86].

Enquanto em Oseias e nos paralelos posteriores de Ex 34,12-16 se trata de problemas em Israel, nosso texto fala de conflitos entre dois grupos populacionais e suas religiões, o que se pode pressupor no século IX. Em especial, a revolução de Jeú[87], seus pressupostos e suas consequências, mostram que se trata de conflitos entre determinados grupos populacionais e suas religiões. Se o nosso texto, conforme nos indicam as reflexões sobre o estilo e a estrutura, segundo a sua autocompreensão, não está colocado antes da conquista da terra, mas fala diretamente de e para uma situação real no presente, ele pressupõe uma situação em que os adeptos de outros deuses e os adeptos de Yhwh vivem lado a lado, sendo, porém, claramente distinguidos. Já para a época de Oseias, e de forma mais decisiva ainda nos tempos depois dele, isso já não é mais o caso. Os conflitos sangrentos que desaguaram na revolução de Jeú tiveram a sua dose de culpa nisso.

Em resumo: nem a datação antiga nem a tardia conseguem elucidar o texto. Uma explicação melhor se consegue unicamente considerando que as características – certamente frágeis, mas claras – colocam o texto no contexto das decisões e conflitos teológicos e históricos no século IX. É totalmente provável que, na época de Elias e Eliseu, de Jezabel e Jeú, a fé em Yhwh tenha tentado formular as exigências fundamentais do "Yhwh zeloso". Tudo indica que aqui estamos diante de uma formulação antiga da exigência de adoração exclusiva de Yhwh.

---

85. Além da literatura mencionada acima na nota 84, cf. OLYAN, *Hāšālōm*; • STECK, Elia-Erzählungen, 35 nota 1.
86. Cf. p. ex. JEREMIAS, *Hosea*, 28 nota 4. O "empréstimo" que Ex 34,14 faz de Oseias de modo algum é tão "evidente" como pensa Reuter, art. *qn'*, 59; cf. Dohmen, "Eifersüchtig ist sein Name", 269s. A linguagem aponta em outra direção.
87. Cf. p. ex. DONNER, *Geschichte* II, p. 274ss.

β. Yhwh e os povos cananeus

A camada mais antiga, que buscamos reconstruir, foi complementada em várias partes. Nisso foram colocados alguns acentos novos e mais radicais em relação aos povos que viviam na terra. Agora devemos ver a exigência do v. 13 de destruir os altares, as colunas e postes sagrados em relação com a mudança de acento no v. 15bα, onde se passa dos perigos concretos através das filhas para o agir comum dos moradores da terra. A favor disso fala sobretudo a formulação estilisticamente similar na 3ª pessoa. A ordenação no v. 13 não tem nenhum paralelo no Código da Aliança, onde em Ex 23,25 se fala unicamente dos postes sagrados. Por outro lado, há um paralelo muito próximo de Dt 7,5. Disso pode-se concluir que em v. 13.15bα há uma complementação através de evocações do contexto maior (v. 12aβ.18b). Essa complementação muito provavelmente está no contexto de uma composição maior, que é deuteronomisticamente influenciada[88].

Um outro acento importante e – como logo veremos – não deuteronomista foi colocado pelo v. 11b, que está posto como entrada para o conjunto. Com "eis que...", Deus anuncia aqui sua atividade seguinte contra os moradores da terra. Decisivo para uma compreensão correta é que o termo "despedir, mandar embora", aqui empregado, não é usado dessa forma (*grš* qal) em nenhum dos outros paralelos próximos; tanto em Ex 23,29-31 quanto em outros textos similares, consta a palavra "expulsar" (*grš* pi.)[89]. Na forma qal, o verbo é quase exclusivamente[90] usado para designar uma mulher divorciada (part. passivo *gᵉrūšāh* em Lv 21,7.14; 22,13; Nm 30,10; Ez 44,22). Devemos, pois, entender o sentido de Ex 34,11b a partir dessa analogia e não colocar dentro do texto o sentido bem mais intenso da forma piel. Yhwh anuncia que vai despedir os povos cananeus, isto é, vai liberá-los da relação existente com Ele. Ele vai romper a relação. Nisso não se está pensando em uma ação violenta de expulsão. É verdade que uma mulher despedida deve deixar a casa do marido e talvez voltar

---

88. Cf. OSUMI, *Bundesbuch*, p. 24ss.
89. Também a menção da palavra na Estela de *Meša* (KAI 181,19) deve ser lida em forma pi'el (assim DONNER & RÖLLIG, KAI II, p. 177).
90. É discutível se em Is 57,20, onde se fala de lama remexida pela água do mar (assim como também em Ez 36,5), encontra-se o mesmo verbo (assim por último Gesenius, 18. ed.), ou se há uma segunda raiz verbal (BLAU, *Wurzeln*, p. 245s.; KBL, 3. ed.); cf. RINGGREN, art. *gāraš*.

para a casa do pai. O acento, porém, está na ruptura da relação e não na expulsão do lugar geográfico.

A ação de Deus é como uma espécie de introdução sobre o comportamento de Israel exigido a partir do v. 12ss. Assim como Israel deve separar-se dos outros povos no que tange às relações de culto e casamento, assim também Yhwh vai separar-se deles. Ambas as coisas estão formuladas em linguagem do direito familiar. Assim como o marido se separa da sua esposa – por exemplo, infiel – assim Yhwh separa-se dos moradores da terra. Uma analogia para essa concepção encontramos na mais antiga história das origens, a versão javista[91]. Em Gn 4,26, afirma-se primeiramente que na Antiguidade se invocava o nome de Yhwh. O texto, porém, dá uma virada em Gn 9,21ss., relatando as atrocidades de Cam, o "pai de Canaã". A maldição de Noé em 9,25s. transforma os cananeus em escravos. O próprio Noé também designa Yhwh como o Deus de Sem. Na parte pré-sacerdotal da história das origens, à qual pertence a tábua dos povos em Gn 10,15s., aparecem cinco dos seis povos mencionados em Ex 34,11, apresentados como Canaã com seus filhos[92]. A lista dos povos em Ex 34,11b[93] tem muitos paralelos, sobretudo em contextos deuteronomistas. Porém, tanto a sequência quanto a escolha é singular[94]. A maioria dos nomes dos povos aparece sobretudo em contextos mais antigos, muitos dos quais com o expresso acréscimo de "o morador da terra" (*yōšēb hā'āreṣ*)[95], de modo que não é possível concluir que necessariamente se trate de uma formulação deuteronomista tardia.

Assim como Israel deve separar-se de outros povos, que adoram outros deuses, assim também o faz o próprio Deus. É o que afirma o importante versículo inicial em Ex 34,11b, onde Deus fala na 1ª pessoa.

γ. Retrospecto: radicalização, historização, marginalização

O que se inicia em Ex 34,11-16 tem uma longa história nos textos legais do Antigo Testamento. Aqui queremos dar algumas pinceladas sobre esse

---

91. Sobre o que se segue, cf. CRÜSEMANN, *Urgeschichte*, p. 24ss.
92. Faltam somente os ferezeus, em seu lugar estão mencionados os gergeseus.
93. Cf. esp. ISHIDA, *Pre-Israelite Nations*; por último NA'AMAN, *Canaanites*.
94. Cf. esp. HALBE, *Privilegrecht*, p. 142ss.
95. Cf. Gn 13,7 (cananeus e ferezeus); 50,11 (cananeus); Js 24,8 (amonitas); Jz 1,17 (cananeus); Jz 1,21 (jebuseus); 2Sm 5,6 (jebuseus); cf. tb. Nm 13,29.

processo[96]. A partir dos textos legais, contudo, somente podemos apresentar um pequeno recorte deste complexo central do mandamento da expulsão e da destruição da população originária. Isso porque não existem análises novas e convincentes em torno das multifacetadas questões sobre o surgimento e a formação das tradições acerca da conquista da terra. O que se inicia em Ex 34, na camada mais antiga, com a separação em relação aos cananeus que moram no mesmo espaço geográfico, pode ser descrito nos paralelos mais recentes com os termos radicalização, historização e marginalização.

Olhando-se a partir dos textos mais antigos em direção às tradições mais recentes, pode-se primeiramente sem dúvida perceber uma *radicalização* e um aprofundamento das concepções. Ex 34 fala de uma separação em relação aos cananeus e – se tomarmos em consideração ainda as afirmações do v. 13 – de uma violência unicamente "contra a propriedade". Em Ex 23,20ss., porém, já se trata de forma mais clara de violência contra os próprios cananeus. Essa violência, porém, em grande parte é realizada pelo próprio Deus. Dele se afirma que "fará desaparecer" esses povos; é assim que devemos entender o verbo utilizado em Ex 23,23 (*khd* hif.). Ele enviará o seu "terror" (*'ēmāh*, v. 27) e a numinosa grandeza do *ṣir'āh* (v. 28), o que significa ou "zangão ou marimbondo" ou algo como "medo, abatimento"[97]. Ele vai dispersá-los (*grš* pi.). Se nos basearmos na análise mais convincente da sequência das camadas literárias do complexo de Ex 23,20-33[98], perceberemos que na camada mais antiga se trata de violência contra os postes sagrados (v. 24). Em relação aos povos, trata-se somente de uma afirmação genérica de proteção para Israel (v. 22). Na camada posterior, Deus expulsa os moradores originários (v. 23b.28-31a). A próxima camada afirma que serão entregues na mão de Israel (v. 31b), e a camada mais recente, por fim, afirma explicitamente que o próprio Israel deve assumir essa expulsão (v. 31bβ).

---

96. Sobre a parte seguinte, cf. WEINFELD, *Ban*. Por último, ACHENBACH, *Israel*, p. 249ss., quis comprovar "que Dt 7 deve ser colocado no início dessa série" (287) e que, portanto, Ex 23,20ss. e 34,11ss. seriam uma reelaboração pós-exílica da tradição. Aqui só indiretamente podemos realizar uma discussão com os seus pressupostos e seus métodos.

97. Cf. KBL 3. ed. 989 (com literatura!).

98. Sobre as partes em detalhe, cf. OSUMI, *Bundesbuch*, 63ss., 187ss., bem como a tabela com o resultado na p. 216. Segundo esse trabalho, da camada mais antiga do Código da Aliança fazem parte: v. 20-21a. 21bβ.22-23a.24.32.33bβ. A isso acrescentam-se três camadas posteriores: a) v. 23b.28-31a; b) v. 21bα. 25aα.31bα; c) v. 25aβ.25b.26-27.31bβ.33a.bα. As duas primeiras camadas posteriores são pré-deuteronomistas; a terceira está relacionada com Dt 7.

Assim como a camada mais recente de Ex 34, essa camada se encontra em grande proximidade com Dt 7, sem, contudo, assumir as afirmações incisivas desse texto. Ali são utilizados conceitos mais novos e ainda mais radicais. Aí existe sobretudo o conceito do "anátema" (ḥrm), que representa uma destruição ampla com aniquilação, por exemplo, das cidades inimigas com "tudo o que há dentro"[99]. E isso é aplicado à relação com os moradores anteriores (Dt 7,2.26)[100]. O que isso significa é expresso com conceitos como "devorar" ('ākal v. 16) e "fazer desaparecer" (šmd v. 23s.). Trata-se da destruição e da morte de todo tipo de vida (v. 20). Sobretudo a repetida e aparentemente necessária indicação de que não deve haver perdão e pena (v. 2.16) mostra claramente essa radicalidade. Da separação no convívio entre vizinhos chegou-se a uma destruição total.

Para entender o que acontece aqui, deve-se observar primeiramente o processo paralelo da *historização*. O documento mais antigo utilizado em Ex 34 não conhece ainda uma historização em suas duas camadas. Isso significa que o documento é formulado como prescrição e – na camada mais recente – como palavra de Deus a Israel. O texto não se autocompreende como tendo sido dado antes da tomada da terra e olhando retrospectivamente para ela. Aquilo que para Ex 34 somente se realiza com a sua colocação no contexto da narração de Ex 32–34 e com a sua inclusão dentro do contexto narrativo do Pentateuco, é fundamental para Ex 23. Aqui, pelo menos nas camadas mais recentes, fala-se de uma introdução na terra e das ações daí resultantes (v. 20.23). No contexto dessa entrada na terra, acontece a expulsão dos habitantes originários. E isso se verifica de forma mais clara em Dt 7. A localização do Deuteronômio dentro de um discurso de Moisés antes da tomada da terra alcança plenamente os seus traços principais. O texto encara as ações a serem realizadas no futuro próximo e ordena, então, as possíveis ações de destruição.

Se quisermos entender esses textos, não podemos abstrair de seu verdadeiro contexto histórico. Na pesquisa, é um dado incontestável que a sua colocação antes da tomada da terra é fictícia e o seu lugar real é o final da época da monarquia. Não se pode introduzir categorias da atual reconstrução histórica nos inícios da história de Israel; isso leva inevitavelmente a erros. Muito menos devemos tornar

---

99. Cf. esp. Nm 21,1-3 e, de forma semelhante, na Estela de *Meša* (KAI 181,17).
100. Sobre isso cf. LOHFINK, art. *ḥāram*; • id., *Gewalt*, esp. p. 69ss.; Welten, art. *Bann* I.

essas categorias o veículo da nossa compreensão. Isso, porém, acontece quando se escreve: "a sociedade segmentária igualitária de Israel não pode coexistir com as exploradoras cidades-estado cananeias"[101]. A sociedade tribal igualitária, pelo que sabemos, nunca desenvolveu tais fantasias de destruição. Trata-se da pergunta quando o Israel ameaçado em sua existência e em grande parte já destruído após a destruição do Reino do Norte começou a fazer exigências cada vez mais radicais com relação a um passado que já distava alguns séculos.

Diante disso fica em segundo plano o aspecto ressaltado em Ex 34 de uma convivência concreta com os adoradores de outros deuses. Nunca mais se fala, por exemplo, de convites para festas cultuais. A referência a cultos orgiásticos também desaparece por completo. A "cilada" da qual se falava (Ex 23,33; Dt 7,16) é descrita cada vez mais através de ameaças maciças contra comportamento desviante, mas nunca como isca para uma ação proposital. A isso se acrescenta o fato de que Oseias sempre fala somente do afastamento de Israel para os cultos de Baal, não mencionando os grupos populacionais que realizam tais cultos. Devemos entender da mesma forma o discurso sobre os sete povos. Trata-se de grandezas de um passado fictício. No momento em que os textos são escritos e devem ter validade, esses povos nem existem mais. Isso também mostra a sua ocorrência na chamada lei de guerra de Dt 20[102]. Nos v. 1-14, falava-se de regras para a guerra e também para o cerco de cidades, nas quais deviam ser mortas todas as pessoas do sexo masculino, mas não destruir todo tipo de vida. A partir do v. 15, fala-se de forma abrupta do anátema contra as cidades dos sete povos – com atenção especial para o lugar fictício do discurso de Moisés antes da tomada da terra.

A prescrição de Ex 34, concreta e relacionada com o presente, é, portanto, gradativamente relacionada com uma situação fictícia em um passado remoto – especialmente em Dt 7, e isso de um modo cada vez mais cruel. Nesse processo, verifica-se um paralelismo entre extrema radicalização e clara historização. Ao mesmo tempo, porém, fica patente aquilo – pelo menos – que no surgimento atual dos textos é a preocupação geral de seus autores e leitores: os deuses desses povos e os perigos *deles* decorrentes. E é deles que se trata nesses textos. Em Ex 23,

---

[101] BRAULIK, *Deuteronomium*, p. 62.
[102] Cf. a seguir p. 338ss.

a proibição tão marcante do v. 24 vale para os deuses dos povos, aos quais o povo se achega para adorar – e isso independentemente se a afirmação de destruição no final do v. 23 é original ou não. De modo algum deve o povo se orientar pelas ações desses povos. O lado negativo, a ameaça em caso de comportamento desviante, que falta por completo em Ex 34, está aqui ainda mais obscuro em formulações como as do v. 21. Diferente é em Dt 7. Já no v. 4, fala-se da ira de Deus em relação a Israel. De uma forma ainda mais clara, isso sucede no final do texto, no v. 25s., para onde o texto converge. Quem traz a imagem desses deuses para dentro de sua casa "está condenado à destruição da mesma forma que a imagem". O anátema atinge o próprio Israel. Essa é a ameaça real. Aqui se torna evidente o verdadeiro pano de fundo histórico: a real e possível destruição, que surge com o advento do império assírio e que estava à vista sobretudo após o fim do Reino do Norte. É nesse quadro que se realiza a radicalização. Israel será atingido quando e porque e onde se comporta como os cananeus – eis a afirmação aprendida dos profetas. A radicalização da tradição desde a separação em relação aos cananeus, como consta no início de Ex 34, até a indicação de destruição, procura de todo modo impedir a própria destruição que paira sobre Israel.

Para se chegar a uma visão de conjunto devemos, por fim, analisar ainda o processo da *marginalização*. Em Ex 34, a proibição de fazer aliança é a primeira e mais importante parte das regras básicas em relação ao Deus que quer ser adorado exclusivamente. Em Ex 23, o complexo já foi colocado no final do Código da Aliança e tornou-se uma espécie de apêndice. Em Dt 7, o tema foi separado por completo das partes concretas das determinações da Torá em Dt 12–26, tornando-se parte de um dos discursos introdutórios. Em resumo: não é mais parte integrante das próprias determinações legais. Com isso, o tema não foi desvalorizado; isso seria impedido pelo peso teológico, por exemplo, de Dt 7. Na arquitetura do livro, porém, o tema distanciou-se claramente das prescrições que devem ter validade para o presente, tornando-se uma espécie de reflexão histórica ou de pregação histórica. O primeiro mandamento e a proibição de relacionamento com outros deuses já é formulado de forma diferente no Código da Aliança, distanciando-se da pergunta pela relação com os habitantes originários (Ex 20,23; 22,19; 23,13). No Deuteronômio – ao lado do *šemaʿ yiśrāʾēl* (Dt 6,4ss.) – encontra a sua expressão mais forte na exigência da centralização (Dt 12). Já no Código da Aliança, e mais ainda no Código Deuteronômico, ao lado das determinações historicizadas sobre a relação com os habitantes originários – estritamente limitados e designados pelo nome – encontram-se importantes determinações sobre a proteção dos estrangeiros que vivem em Israel[103]. Essas prescrições excluem toda e qualquer aplicação impensada dos mandamentos de destruição para adeptos de outros deuses que vivem em Israel.

A fixação da Torá em um passado remoto anterior à tomada da terra, que aconteceu com o surgimento dos textos, permitiu que da prescrição de manter distância em relação aos adoradores de outros deuses em Ex 34 surgisse a imagem cruel de uma expulsão e de uma destruição da população cananeia através de Israel e de seu Deus. Em uma época de violência, na qual o próprio Israel estava ameaçado por um fim similar, Israel desenvolveu uma contraimagem análoga, na qual esse mesmo Israel, o pequeno e ameaçado povo (cf. Dt 7,17!), apresentava-se como uma potência que tudo devorava. A fantasia da violência, porém, está estritamente vinculada com um período já passado e está restrita expressamente aos povos mencionados, que há muito tempo já não existem mais. Ao mesmo tempo, com a proteção aos estrangeiros e a proibição de matar, interdita-se toda aplicação dessas formulações, por exemplo, a pessoas adeptas de outros deuses e que vivem em meio a esse Israel da época da monarquia e do período do exílio.

c) Culto a Yhwh e trabalho camponês

α. Estrutura de tempo e primeiros frutos

A segunda metade da base mais antiga reconstruída de Ex 34 afirmava:

[18] *Guardarás a festa dos Ázimos.*
  Durante sete dias comerás ázimo[104], *como te ordenei,*
  no tempo marcado no mês das Espigas[105].
[21] *Seis dias trabalharás;*
  mas no sétimo descansarás,
  quer na aradura quer na colheita.

---

103. Cf. sobre isso a seguir p. 258ss.
104. Sobre a oração relativa que aponta para trás, cf. acima p. 173, 176s.
105. Sobre a referência ao êxodo, cf. acima p. 172, 176s.; sobre a inclusão do v. 19s., cf. acima p. 177s. e abaixo p. 197.

²² Guardarás a festa das Semanas:
>as primícias da colheita do trigo
>e a festa da colheita na passagem de ano.

²³ Três vezes por ano,
>todo homem do teu meio aparecerá
>perante o Senhor Yhwh, Deus de Israel[106].

²⁴ Ninguém cobiçará a tua terra,
>>quando subires para comparecer na presença de Yhwh teu Deus,
>>três vezes por ano[107].

²⁶ᵃ Trarás o melhor das primícias do solo
>para a Casa de Yhwh teu Deus.

O texto é uma unidade dividida em duas partes. A primeira parte (v. 18*.21s.) menciona, no início e no fim, as três grandes festas anuais. Utiliza-se para isso o termo "festa", respectivamente "festa de peregrinação" (*ḥag*). No meio está mencionado o dia de descanso semanal. A segunda parte está estruturada com a dupla expressão "três vezes por ano" (v. 23.24), com o que novamente são mencionadas as três festas referidas na primeira parte. Aquilo que deve acontecer nessas festas é apresentado em forma de resumo retrospectivo na segunda parte: aparecer diante de Deus (v. 23) e trazer as ofertas das primícias para a Casa de Yhwh (v. 26). No meio consta a afirmação ou promessa de que a terra deixada para trás por ocasião da subida para o tempo de festa não será ameaçada por ninguém. A palavra-chave central das "primícias" (*bikkūrīm*) interliga tanto a primeira quanto a segunda parte. Consta explicitamente tanto no final da primeira parte (v. 22) quanto da segunda (v. 26). Mas também as outras duas festas estão ligadas com a colheita e relacionadas com a entrega das primícias. Em termos estilísticos, a primeira parte é interligada pelo repetido uso do número "sete". Durante sete dias deve-se comer os pães ázimos (v. 18). A isso se liga o ritmo de 6/7 dias da semana (v. 21) e, então, a festa das Semanas, literalmente a "unidade de sete" (*šābūʿōt*). A segunda parte, por outro lado, está marcada pelo número "três" (v. 23s.).

Aquilo que a partir da arquitetura do texto e das palavras-chave se evidencia como uma unidade plenamente estruturada, realiza-se de modo ainda mais

---

106. Sobre v. 24a, cf. p. 176.
107. Sobre v. 25.26b, cf. acima p. 176s. e a seguir p. 199s.

completo no nível do conteúdo. O texto inicia no v. 18 com a exortação para se guardar a festa dos pães ázimos e para perseverar (*šmr*) nisso. A festa, portanto, é pressuposta como algo conhecido. Pães ázimos são pães[108] feitos de massa não levedada, devendo pensar-se sobretudo em pão árabe de centeio. A palavra pode estar relacionada com o grego μᾶζα que significa centeio[109]. O momento da festa está determinado pela expressão "no tempo marcado do mês das Espigas". A expressão "tempo marcado", ou também "tempo de festa" ou ainda "tempo da reunião" (*mō'ēd*)[110] indica um tempo determinado e conhecido dentro do mês no início do ano em março ou abril. Na discussão sobre a questão, pensou-se na lua nova,[111] portanto, no início do mês, pois a palavra para "mês" (*ḥōdeš*) é também a palavra usada para lua nova. Mas também se poderia pensar no equinócio do início do ano[112]. Mais tarde, com a junção com a Festa da Páscoa – o que aqui ainda não pode ser postulado – esta inicia no 15º dia de Nisan (= Abib), e com isso após a primeira lua cheia no ano novo. Apesar da data exata da festa dos pães ázimos no calendário de festas mais antigo do Antigo Testamento nos ser desconhecida, está claro que se trata de um tempo bem-determinado, firme e astronomicamente orientado, que não depende da situação de amadurecimento dos cereais. Mas ele se encontra no mês das "Espigas"[113]. Com a palavra "Abib" designa-se a espiga que ainda não está totalmente madura, mas está meio mole[114]. Em Israel, a colheita de centeio acontece em abril somente nas planícies, enquanto que nas partes montanhosas se dá em maio[115]. Por isso, a festa é fixada antes da referida colheita, mas já num momento em que se pode tostar e comer o cereal semimaduro, pela primeira vez antes da nova colheita. Nesse momento determinado, devem ser observados sete dias de festa, nos quais se comerão pães ázimos. Trata-se aí de uma festa denominada de *ḥag*, por ocasião da qual as pes-

---

108. Sobre isso KELLERMANN, art. *maṣṣāh*, p. 1.076.
109. Em contrapartida, não se pode propor uma derivação de alguma raiz semítica; cf. KELLERMANN, art. *maṣṣāh*, p. 1.075.
110. Cf. esp. KOCH, art. *mô'ed*.
111. Cf. AUERBACH, Feste, p. 7; cf. tb. OTTO, art. Feste, p. 97.
112. Assim esp. KOCH, art. *mô'ed*, p. 747.
113. Acerca dos nomes vétero-hebraicos dos meses, cf. KOFFMAHN, Monatsbezeichnungen.
114. DALMAN, Arbeit und Sitte II, 305; cf. ibid., 245; sobre isso também BOROWSKI, Agriculture, p. 88.
115. DALMAN, Arbeit und Sitte I/2, p. 415.

soas de uma região maior se reunirão junto a um santuário[116]. Assim, toda a época da colheita é iniciada e aberta com uma festa para Yhwh.

Entre a festa dos pães ázimos e a próxima, relacionada com as primícias da colheita do trigo, consta a indicação de um dia de descanso semanal (v. 21). A partir da construção lógica e de conteúdo, essa prescrição encontra-se no lugar mais acertado, pois o ciclo de sete dias da festa dos pães ázimos é continuado através do ritmo de sete dias da semana até a "festa das Semanas". Isso já é indicado pelo seu nome como festa da "unidade sete" (*šābūʿōt*). Ela não é concebível sem o ritmo da semana, sendo constituída por esse ritmo de tempo[117]. Aqui não se afirma quantas unidades de sete dias separam as duas festas. No Deuteronômio já se afirma que são sete, portanto, sete vezes sete dias (Dt 16,9s.). Talvez isso também já esteja pressuposto aqui. Tanto para as festas relacionadas com a agricultura quanto para o dia de descanso semanal já se sugeriu tratar-se de uma herança de costumes cananeus[118]. De fato, tal aproximação não pode ser totalmente descartada. Na inegável estreita relação, porém, as diferenças e com isso também as separações se tornam palpáveis. É possível que tenha existido uma festa cananeia que, em tempo e caráter, seja correspondente à festa dos pães ázimos. Mas, por uma questão de falta de fontes, não se pode afirmar isso com certeza[119]. A partir das informações que temos, sabe-se que no mundo cananeu o ritmo mensal e com isso lunar é determinante. O sacrifício no dia da lua nova, depois novamente no 14º ou 15º dia, isto é, no dia da lua cheia, são referências constantes em textos cultuais ugaríticos[120]. Um ritmo de sete dias[121], determinado e independente das fases da lua, rápida e inevitavelmente conduz a outras datas de festas e, com isso, a uma ruptura com todos os ritmos não javistas. E isso evidentemente é o ponto decisivo, que interliga as duas metades do texto de Ex 34, isto é, a proibição de fazer aliança e o

---

116. Cf. KEDAR-KOPFSTEIN, art. *ḥag*.
117. Outras propostas de interpretação, que querem relacionar a expressão com o Sete-estrelo, portanto, com as plêiades (GRIMME, *Pfingstfest*), ou querem entendê-la como um plural abstrato no sentido de "festa da abundância" (LAAF, *Wochenfest*, p. 177) não são convincentes.
118. Aqui basta uma breve indicação para KRAUS, *Gottesdienst*, p. 50ss., 104ss.
119. Sobre as diferentes teorias acerca da origem da festa dos pães ázimos, cf. esp. p. ex. LAAF, *Passa-Feier*, p. 122ss.; • HALBE, *Erwägungen*; • WAMBACQ, *Maṣṣôt, e outros*.
120. Cf. p. ex. KTU 1.41 (trad. al. em TUAT II 311ss.); 1.109 (TUAT II 317ss.); 1.112 (TUAT II 315ss.). Acerca do calendário cultual ugarítico, cf. esp. Tarragon, *Culte*.
121. Apesar do significado do esquema de 6/7 dias nos textos ugaríticos (cf. sobre isso esp. Loewenstamm, *Seven-Day-Unit*), bem como já antes em textos da Mesopotâmia (cf. HEHN, *Siebenzahl*) não existe nenhum paralelo para um ritmo semanal independente do ritmo lunar (cf. p. ex. HALLO, *New Moons*).

calendário de festas. Já a segunda festa do ano é determinada unicamente pela sua distância em termos de semanas em relação à primeira.

O dia de descanso ordenado, que deve ocorrer a cada sete dias, aqui ainda não tem o nome de "sábado". A palavra aqui utilizada ocorre mais vezes em textos notadamente pré-exílicos, estando em paralelismo com lua nova (Is 1,13; Am 8,5). Por isso, há indícios a favor da afirmação de que a palavra "sábado" designa um dia de lua nova, que, porém, não pode ser confundido com o dia de descanso. Se essas teorias[122] têm razão, então o que é especificamente israelita não reside no nome, o qual somente mais tarde foi transferido para esse dia de descanso semanal. A especificidade israelita está no ritmo da semana e sobretudo na renúncia ao trabalho nesse dia sétimo. O nosso texto afirma com clareza que se pensa sobretudo no descanso do trabalho durante as principais épocas de atividades na roça[123]. O dia de descanso no ritmo semanal liga-se primeiramente à festa dos pães ázimos, que dura uma semana, e determina o tempo até a festa das Semanas[124]. Este tempo e o que segue é, porém, a época da "colheita" ($qāṣīr$), mais exatamente o período do corte de cereal. A formulação no v. 21 coloca antes disso o "arar" ($ḥārīš$), o que, na verdade, acontece depois da festa do outono, sobretudo nos meses de novembro e dezembro[125]. O fato de fazer uma pausa no trabalho no ritmo regular de sete dias é parte central da relação da fé em Yhwh com as condições específicas da agricultura na Palestina.

Isso se expressa ainda melhor na pergunta pelas primícias, isto é, pela oferta do melhor ($r^e šīt$) dos primeiros frutos colhidos. Faz parte do caráter simbólico desse acontecimento[126] que esses frutos são oferecidos para a divindade, a quem

---

122. Cf. esp. ROBINSON, *Sabbath* (resumo p. 167). A teoria remonta a MEINHOLD, *Sabbath*. Além disso, cf. LEMAIRE, *Sabbat*; • BARTELMUS, *Arbeitsruhegebot*; • VEIJOLA, *Propheten*; etc. Acerca de uma crítica (pouco convincente), cf. KUTSCH, *Sabbat*; • HASEL, *"New Moon and Sabbath"*.
123. ROBINSON, *Sabbath*, p. 130ss. mostra como o dia de descanso regular nasce a partir de uma nova compreensão nesta época e a partir do trabalho agrícola.
124. Sobre esse contexto, cf. KRAUS, *Gottesdienst*, p. 103ss.; • ROBINSON, *Sabbath*, p. 130ss.
125. Sobre o calendário agrícola, cf. esp. o calendário de Gazer (KAI 182; trad. alemã em TUAT I 247s.); sobre isso, cf. tb. BOROWSKI, *Agriculture*, p. 32ss. Cf. tb. DALMAN, *Arbeit und Sitte* I/1, p. 164ss., 261ss. Sobre o arar a terra e o semear, cf. tb. BOROWSKI, *Agriculture*, p. 47ss.
126. Em termos histórico-religiosos, esse costume está amplamente documentado (cf. somente ASMUSSEN & LAESSO [org.], *Handbuch* I, p. 269; II, p. 58; III, p. 169s.; • WIDENGREN, *Religionsphänomenologie*, p. 283s.), também para o Egito (cf. te VELDE, art. *Erntezeremonie*; GILULA, *First Fruits*) e Canaã (cf. KTU 1.6 II 30ss.; trad. al. de Beyerlin [org.], *Textbuch*, p. 236; além disso, GRAY, *Legacy*, p. 56ss.; • GESE, *Altsyrien*, p. 73s.). Para o Antigo Testamento, cf. EISSFELDT, *Erstlinge*; • MURRAY, *Firstfruits*; • TSEVAT, art. *bkôr*.

a pessoa agradece pelo crescimento dos mesmos. A relação dos primeiros frutos com Yhwh necessariamente está vinculada com a pergunta a quem se quer agradecer pela fertilidade da terra. Uma adoração exclusiva deverá se orientar imediatamente e de forma continuada por essa pergunta. Nosso texto coloca toda a ênfase em que a oferta dos primeiros frutos somente pode ser feita ao "Deus de Israel" (v. 26), respectivamente a "Yhwh teu Deus". Em três momentos durante o ano, esses frutos deverão ser trazidos a algum dos seus santuários, onde as pessoas se reúnem no contexto das festas anuais. A relação das festas, originadas do ritmo de trabalho agrícola, com um ritmo semanal totalmente independente, separa também temporalmente as festas para os deuses cananeus das festas para Yhwh. A isso se acrescenta ainda uma separação de espaço, que reside na prescrição de trazer essas ofertas para uma casa de Yhwh (v. 26). Somente ali deverão ser celebradas as festas anuais.

Isso separa ao mesmo tempo as grandes festas dos santuários dos eventos locais e familiares. Se os v. 18.21s. e v. 23-26 estão relacionados em seu princípio, então isso somente pode significar que as festas e a entrega das primícias estão vinculadas com santuários regionais. O v. 24 esclarece o que já está implícito nos conceitos de "festa" (ḥag) e de "reunião" (mōʿēd), isto é, que qualquer camponês não tem o seu altar privado, para onde ele pudesse trazer as suas ofertas, mas que se está pensando em lugares de culto maiores. Se a festa dos pães ázimos acontece antes da colheita do cereal, se a festa das Semanas acontece antes da colheita do trigo propriamente dita, então logo fica claro quais são os perigos que ameaçam a roça em espigas e o que está por detrás do termo "cobiçar" no v. 24. Quando se tem como vizinhos próximos adoradores de outros deuses, como é pressuposto pela primeira parte do texto, e quando pelo menos em parte surgem conflitos com tais vizinhos, podem também surgir temores, os quais se pretende suplantar com a afirmação do v. 24.

Nosso texto, portanto, contém regras para a adoração exclusiva de Yhwh justamente no campo em que o mundo dos deuses cananeus tinha o seu lado mais forte. Trata-se do ritmo anual da natureza, da fertilidade da terra, de chuva e colheita, e assim também daquele a quem se deve agradecer pelo centeio e trigo, vinho e frutas. A resposta aqui dada a partir da fé em Yhwh reside em uma reestruturação autônoma do ritmo do tempo da vida. Por isso, a semana com o seu dia de descanso desempenha o papel mais importante, porque este descanso está desvinculado de todos os dias festivos relacionados com o calendário lunar. A necessária e intencionada sequência deve ter sido uma separação temporal entre o calendário de festas cananeu e israelita. A isso se acrescenta ainda uma outra estrutura do tempo mais imediata através do descanso semanal. A terra e o seu ritmo anual natural não é separada de Yhwh e assim deixada para outras divindades, mas tudo isso é estruturado de forma nova e diferente no calendário semanal e anual.

É claro que o surgimento desse calendário com o descanso semanal no seu centro representa um evento importante para a história da teologia e da religião. O nosso texto não constitui a certidão de nascimento desse calendário, mas deve estar próximo ao seu nascedouro. A singular colocação do dia de descanso entre as festas anuais está intimamente relacionada com a lógica interna do seu processo de surgimento. E os temores mencionados no v. 24 são tão concretos e únicos quanto os convites para as refeições cultuais feitos pelos vizinhos cananeus, como é mencionado no v. 15. Tentou-se relacionar esse texto com o processo da tomada de posse da terra[127]. Mas novamente a proximidade em relação à teologia deuteronomista, que deve ser observada ao lado de sua indiscutível diferença[128], não permite uma datação tão antiga. Nos textos claramente mais antigos dentro do Antigo Testamento, não temos nenhuma pista de tudo o que foi tratado aqui. Novamente vejo alguns indícios, débeis, porém reconhecíveis, que indicam o surgimento desse texto no contexto dos conflitos fundamentais do século IX aC.

Nesse contexto temos primeiramente um grupo dentro de Israel que não participou das decisões fundamentais por trás de nosso texto. Trata-se dos recabitas[129], que reconhecidamente são mencionados pela primeira vez por ocasião da revolução de Jeú (2Rs 10,15ss.). Sobre esse grupo somente temos maiores informações em Jr 35. Eles não constroem casas, não plantam vinhas e sobretudo não semeiam e, portanto, não colhem cereal para fazer pão (Jr 35,7). O seu papel na revolução de Jeú somente é compreensível se eles tiveram uma participação importante nos conflitos religiosos que precederam esses acontecimentos. O seu programa significa que em qualquer cultivo de vinhas e de cereal veem um (pos-

---

127. Cf. acima p. 169.
128. Cf. acima p. 170 etc.
129. Além das representações pictográficas nas histórias de Israel, cf. tb. ABRAMSKY, *House of Rechab*;
• FRICK, *Rechabites*. Sobre os problemas de 2Rs 9s., cf. acima p. 81s.

sível) desvio de Yhwh. O surgimento de uma tal "seita" entende-se melhor a partir de uma situação de conflito desse tipo, como a que está por trás de nosso texto. Só que a decisão desse grupo foi em direção contrária.

Sobre o papel das primícias, é importante considerar uma pequena narração sobre Eliseu em 2Rs 4,42-44[130]. Aí se tem a notícia de que um homem traz para o homem de Deus vinte pães de primícias de cereal[131]. Se Yhwh faz a exigência de receber as ofertas das primícias dos frutos, então elas podem ser entregues a Eliseu como representante desse Deus. No contexto de um evento milagroso, com essa oferta Eliseu alimenta cem pessoas. A narração esclarece que a pergunta pela entrega das primícias dos frutos desempenhou um papel importante nos conflitos religiosos na época dos amridas, respectivamente nas narrações proféticas sobre esse período. Em todo caso, devemos contar com o fato de que a alternativa desenvolvida nesse período entre Yhwh ou Baal tinha o seu espaço de expressão concreta no âmbito das ofertas agrícolas regulares. Nesse âmbito, podia-se expressar de forma bem concreta quem se considerava como sendo a divindade que garante a fertilidade da terra[132].

β. Primogênitos e sacrifício de animais

Se a camada básica gira em torno das festas anuais relacionadas com a colheita e assim também com o direito de Deus sobre os primeiros frutos, a camada mais recente introduz a segunda dimensão do trabalho e da existência agrícola: a criação e o sacrifício de animais. Aqui se destaca sobretudo o ritmo da lingua-

---

130. Mesmo WÜRTHWEIN, *Könige* II, p. 296, considera o texto como pré-deuteronomista – com exceção de pequenos acréscimos em v. 43bβ.44b, que secundariamente introduzem um discurso divino. Schmitt, *Elisa*, p. 99ss., considera o texto como um produto radacional pré-deuteronomista da "redação do homem de Deus".

131. Sobre a incompreensível palavra $b^e ṣiqlōnō$, no v. 42, cf. agora DIETRICH & LORETZ, ug. $b^e ṣq\ 'rgz$.

132. Somente com base nesse fundo histórico se pode mencionar outras relações, que por si só não têm caráter comprobatório. Assim, por exemplo, o fato de o santuário de Guilgal, no qual segundo Js 5,10ss. os israelitas festejaram a primeira Festa da Páscoa – sob um pressuposto literário e histórico completamente diferente, cf. a seguir o trabalho de Otto, *Mazzotfest* –, desempenhar um papel importante nas tradições de Elias e de Eliseu (2Rs 2,1; 4,38). A história anterior e as raízes das concepções sobre a história das origens de Israel e em especial da tomada da terra e da relação para com os habitantes originários, transmitidas primeiramente no século IX e depois no contexto deuteronômico-deuteronomista, residem provavelmente nos conflitos do século IX, sendo fomentadas pelos círculos radicais javistas por trás desses conflitos. Isso necessita urgentemente de uma análise mais acurada (até o momento, a melhor literatura ainda é NOTH, *Josua*, 9ss., apesar de esse texto ter outros pressupostos de trabalho).

gem que, ao lado do v. 11, transforma o todo em discurso divino. Primeiramente trata-se, no v. 19s., de regulamentações referentes aos primogênitos.

> [19] Todo o que sair por primeiro do seio materno é meu
> e "deverás pensar" em toda a tua propriedade de gado,
> o primogênito das tuas ovelhas e do teu gado.
> [20] O primogênito do jumento, porém, tu o resgatarás com um cordeiro;
> se não o resgatares, quebrar-lhe-ás a nuca.
> Resgatarás todos os primogênitos dos teus filhos.
> Não comparecerás diante de mim de mãos vazias.

Esta passagem se inicia com a importante formulação geral do v. 19. Ao contrário das regulamentações tardias sobre os primogênitos de animais, ela é formulada sem restrições, de modo que abarca todos os primogênitos. Já o paralelo no Código da Aliança acentua de modo claro que se trata dos "primogênitos de teus filhos" (Ex 22,28b). Em geral, na interpretação do texto, a forma verbal "ela/tu serás lembrada/o" (*zkr* nif.) no v. 19b, com base nas traduções antigas, é modificada para "macho" (*hazzākār*)[133]. Com isso, porém, surge uma formulação bastante contraditória: "todo macho, todo primogênito..." Sobretudo a expressão acentuada "todo" (*kol*) seria incompreensível nesse contexto. A exegese judaica tradicional quer encontrar aqui um verbo similar ao "macho" (*zākār*): "parir um macho"[134], ou algo parecido. A isso, contudo, não por último, contrapõe-se a construção dessa frase. A forma verbal nifal[135] passiva, que se encontra aqui, não dá muito sentido se for relacionado com o "tu" ao qual se dirige o texto e também não pode ser relacionada com a "propriedade" (*miqneh* fem.). Dessa forma, o mais plausível é ler "tu deverás pensar" (*tizkōr*). Para efeitos de ofertas, o endereçado deverá pensar em toda a sua propriedade, e deverá entregar todo primogênito de gado bovino e gado pequeno. Em caso de grande propriedade de gado[136] e sobretudo em gado disperso, poderia acontecer esquecer toda uma

---

[133]. P. ex. Baentsch, Beer, Holzinger, Noth, Childs, Scharbert, Willi-Plein e outros em seus respectivos comentários sobre o texto.
[134]. Assim ORILINSKI, Notes, p. 199.
[135]. Acerca dos documentos comprobatórios normais, cf. EISING, art. *zākar*, p. 581s.
[136]. Pensemos somente nas relações de propriedade de Labão, pressupostas na história de Jacó, ou então na história de Nabal em 1Sm 25.

manada. E isso vale sobretudo também se as valiosas fêmeas novas estivessem incluídas e se o dono ainda – mesmo que em segredo!? – quisesse considerar também a oferta a outras divindades.

A exigência do direito de receber sem exceção todos os primogênitos vale expressamente para a adoração exclusiva a Yhwh. Pois somente Ele é celebrado como o responsável por toda a fertilidade dos animais – e também das pessoas. Isso, porém, não era algo totalmente óbvio até o final da época da monarquia. Isso é atestado no Deuteronômio com uma expressão que designa o conjunto de filhotes de gado e ovelhas com o nome de duas divindades cananeias: "o Šagar de teu gado" e "a Astarte de tuas ovelhas" (Dt 7,13; 28,4.18.51)[137]. Nesse "ícone linguístico"[138], as novas crias são entendidas como expressão do poder e da incorporação da própria divindade. Esse é o pano de fundo perante o qual devemos ouvir a formulação do v. 19: todo primogênito pertence a Yhwh, porque todo nascimento, todo "Šagar" e toda "Astarte" são devidos a ele. Por isso, tudo o que estiver em condições de ser sacrificado deverá ser ofertado a ele. O resto deverá ser resgatado ou retirado de circulação.

A última frase do v. 20, isto é, a proibição de não chegar de mãos vazias perante a face de Deus mostra que também na entrega dos primogênitos se trata de uma regra no contexto das três peregrinações para o santuário por ocasião das festas anuais. Esses animais primogênitos não podem ser sacrificados em qualquer lugar e em qualquer época, mas só em tais ocasiões. Isso também ajuda a entender o lugar dessa prescrição no todo, em que o v. 19s. foi inserido no contexto mais antigo da festa dos pães ázimos e do dia de descanso. Se no v. 18 se trata da grande festa anual do início do ano, da qual se deve participar durante uma semana, o acréscimo dos primogênitos deverá acontecer antes da menção do dia de descanso que estrutura o tempo após a festa. Na festa dos pães ázimos, assim como também nas outras festas anuais, deverão ser trazidos os primogênitos. E como o "tempo mais importante de parir" das ovelhas acontece nos meses do início do ano antes do mês das Espigas[139], daí resulta um contexto bem pensado tanto em termos de tempo quanto em termos de conteúdo.

---

137. Sobre isso DELCOR, Astarté; • PERLMAN, Ashera, p. 102ss. e sobretudo MÜLLER, art. 'štrt, p. 461s.
138. KNAUF, Herkunft, p. 158.
139. DALMAN, Arbeit und Sitte I, p. 421.

Enquanto o direito de Deus de receber os primogênitos sublinha e desdobra as tendências do texto mais antigo, o mesmo não se pode afirmar das três regras de sacrifício mencionadas no v. 25s. O seu sentido, e sobretudo o seu sentido original, está carregado de muitas dificuldades. Isso vale primeiramente para as duas sentenças do v. 25:

> Ex 34, 25 *Não oferecerás o sangue do meu sacrifício com pão levedado.*
> *Não ficará a vítima da Festa da Páscoa da noite para a manhã.*

Aqui é especialmente interessante notar que repentinamente se fala da Páscoa. Somente no Deuteronômio essa festa foi vinculada à festa dos pães ázimos e isso só de modo bem superficial (Dt 16,1-8)[140]. Segundo a sua natureza, a Páscoa não é uma "festa de peregrinação" (*ḥag*), mas é festejada no círculo da família e na casa[141]. Além disso, a regra do v. 25b de não deixar carne de sacrifício para a manhã seguinte está documentada somente na Festa da Páscoa (Ex 12,10; Dt 16,4). Será que no v. 25b temos no todo uma complementação posterior?[142] Contra isso testemunha o fato de que no Código da Aliança existe um paralelo (Ex 23,18), no qual somente se fala da gordura do sacrifício[143]. Assim, a relação com a Páscoa somente poderia remontar a uma redação posterior[144], enquanto que o cerne do versículo constitui uma regra sacrificial mais antiga e não mais se encontra em uso nesta forma. O sentido dessa regra, contudo, não mais é evidente. Isso vale também para a regra no v. 25a[145]. Em textos sacerdotais posteriores, contudo, foi registrado que para Yhwh não se deve sacrificar pão levedado (Lv 2,11; 6,10)[146]. Quando for realizado o sacrifício, em princípio não se deverá comer pão fermentado.

---

140. Sobre isso, cf. especialmente SCHMITT, R. *Exodus*, p. 64ss.
141. Sobre a Festa da Páscoa cf. KRAUS, *Gottesdienst*, p. 61ss.; • LAAF, *Pascha-Feier*; • HAAG, *Pascha*; • OTTO, art. *pāsaḥ* (com literatura).
142. Assim p. ex. HAAG, *Pascha*, p. 29s.
143. Sobre a discussão em torno dessa passagem, cf. p. ex. CASSUTO, *Exodus*, p. 305, e especialmente CHILDS, *Exodus*, p. 485, o qual com razão nega uma relação original com a Festa da Páscoa. Em uma outra perspectiva, dentro da ótica da interpretação judaica, cf. SNAITH, Ex 23,18 e HARAN, *Temples*, p. 327ss.
144. Com HALBE, *Privilegrecht*, p. 195ss.; cf. tb. a discussão sobre outras propostas mais antigas.
145. Também ela muitas vezes é relacionada com a Festa da Páscoa (SNAITH, Ex 23,18; HARAN, *Temples*, p. 327ss. etc.). Sobre o uso interessante do verbo *šḥṭ* nesta passagem, cf. Snaith, *Verbs*.
146. Sobre essa regra e suas exceções (Am 4,5!), cf. KELLERMANN, art. *ḥmṣ*, p. 1.063s.

Infelizmente, o sentido original da regra formulada no v. 26b também não está muito claro (cf. 23,19b; Dt 14,21b). Desse versículo, contudo, desenvolveu-se uma das regras fundamentais dos costumes alimentares do povo judaico.

Ex 34,26b   *Não cozerás o cabrito no leite da sua própria mãe.*

Dentro do conjunto dos costumes alimentares do Antigo Oriente de fazer comidas com mistura de carne e leite[147], formula-se aqui uma exceção bastante restritiva. A antiga discussão acerca do significado original de tal proibição recebeu um impulso através dos estudos de O. Keel[148]. Em seus estudos, ele faz referência a um vasto material iconográfico, no qual está representada a unidade do animal-mãe com a sua cria. Esse material permite reconhecer um valor religioso por trás dessas representações. Também em localidades israelitas dos séculos X até VIII, tais representações foram encontradas sobretudo em amuletos e estampas[149]. No âmbito do Antigo Oriente e no mundo cananeu, tais representações são encontráveis em número bastante grande. Durante muito tempo, vigorou a tese de que Israel estaria aqui rejeitando um costume cananeu[150], que se acreditava estar documentado em um texto ugarítico (KTU 1.23.14)[151]. Hoje, contudo, isso está superado[152]. Em todo caso, não existe qualquer documento cananeu atestando a prática de se cozinhar uma cria animal no leite de sua mãe. No entanto, também deve ficar em aberto se do referido material iconográfico pode-se concluir inversamente que Israel tenha assumido um respeito especial diante da força da vida divina[153] representada na unidade da mãe com a sua cria[154]. Enquanto não ficar esclarecido se a força de determinadas deusas, expressa no nascimento de um animal-cria, era reverenciada no contexto da época através de tal proibição alimentar, devemos manter em aberto o contexto histórico-religioso

---

147. Cf. somente Gn 18,8 e especialmente Sinuhe B 87 (trad. al. em TGI 4; BLUMENTHAL, *Reiseerzählungen*, p. 18); sobre isso, KNAUF, *Herkunft*, p. 163ss.
148. KEEL, *Böcklein*, 13-40, onde ele trata das interpretações mais antigas.
149. Cf. as gravuras n. 89-94, bem como a n. 120 em KEEL, *Böcklein*. HARAN, *Böcklein*, p. 142s. remete a uma outra representação de Tell Michal.
150. Sobre as interpretações mais antigas desse tipo e seus problemas, cf. KEEL, *Böcklein*, p. 28ss.
151. Assim primeiramente GINSBERG, *Notes*, p. 72.
152. Cf. esp. RATNER, *A Kid*; além disso, KEEL, *Böcklein*, p. 37s.; • MILGROM, *Kid*, p. 50.
153. Assim sobretudo KEEL, *Böcklein*, p. 142ss. (resumo).
154. Acerca de uma crítica – parcial! – a Keel, cf. HARAN, *Böcklein*, p. 147ss. e MILGROM, *Kid*, p. 54s.

dessa proibição veterotestamentária. Com isso também o seu sentido mais exato deve ficar em aberto[155].

Independentemente disso, porém, podemos partir do fato de que a proibição de cozinhar uma cria animal no leite de sua mãe está relacionada com o valor religioso da unidade da mãe-animal com sua cria e isso está ligado a uma exigência de Deus em uma forma nunca antes documentada. Em todo o contexto de Ex 34,18ss., a fé javista é formulada no estreito e específico âmbito de ação dos deuses e das deusas de Canaã e aí adquire a sua especificidade inconfundível. Isso também vale aqui. Da mesma forma, e talvez até de um modo ainda melhor, a fé javista faz justiça às forças divinas que se revelam na fertilidade dos animais. Talvez se possa até definir melhor o sentido original do texto, se a regra não estiver só casualmente ligada às peregrinações a Yhwh[156] e à oferta dos primogênitos. Se aqui se trata originalmente de uma regra por ocasião do sacrifício dos primogênitos, então se deve observar que a produção de leite foi acionada pela primeira vez através do nascimento da cria. Em todo caso, com isso está documentada uma unidade mais profunda com o animal[157].

Esta frase final no v. 26b pertence ao tema que está no centro desde o v. 18. A fé em Yhwh formula aqui o que significa adorar exclusivamente esse Deus e o faz no contexto do mundo do trabalho na Palestina na época do ferro. Nas festas anuais com a sua relação com a colheita, no relacionamento com a fertilidade de plantas e animais, no dia de descanso semanal durante as épocas de maior trabalho agrícola, expressa-se o que significa concretamente pertencer a esse Deus. Todos esses costumes e regras estão muito próximos dos costumes cananeus que nos são conhecidos. Mesmo assim, em tudo isso existem traços decisivos de um tempo e de um ritmo próprios e inconfundíveis da fé camponesa de Israel. A oferta dos primeiros frutos e dos primogênitos, a celebração das festas de colheita e o ritmo semanal (ao invés do ritmo lunar) e talvez também os ritos sacrifi-

---

[155]. As observações de HARAN, *Böcklein*, p. 152 ("expressão de sensibilidade humana... surgida a partir da tendência para uma fineza moral") e MILGROM, *Kid*, p. 54 ("according to Philo, the root rationale behind the kid prohibition is its opposition to commingling life and death"; cf. tb. CARMICHAEL, *Separating*) continuam sendo ainda bem pouco específicas.

[156]. Assim também MILGROM, *Kid*, p. 55.

[157]. A história posterior é determinada pelo fato de que a regra de Dt 14,21 acaba caindo no contexto de outras regras de comida. Os passos que disso fizeram surgir a incompatibilidade absoluta entre comidas com leite e com carne não podem mais ser claramente reconstruídos; cf. SIGAL, *Judentum*, p. 264.

ciais querem expressar que se deve adorar exclusivamente a Yhwh e que somente a ele deve-se render graças pela terra e por sua fertilidade.

γ. Retrospecto: a estrutura de tempo da fé bíblica[158]

A estrutura de tempo documentada pela primeira vez em Ex 34 torna-se sinal do Deus bíblico. Nas leis posteriores, ela aparece novamente tanto como calendário de festas[159] quanto como ritmo semanal[160]. No Código da Aliança, porém, o entrelaçamento dos temas de Ex 34 é dissolvido e as temáticas, que aqui ainda aparecem ligadas, são colocadas lado a lado. O calendário de festas com as três festas anuais (Ex 23,14ss.), o descanso semanal (23,10-12), que é ampliado pelo ano sabático, e a entrega dos primogênitos (22,28s.) estão dispostos lado a lado. Os detalhes isolados na sequência, nas datas e também a reconstruível história das festas não precisam ser aqui apresentados em particular[161]. É importante, por exemplo, a interligação entre a festa dos pães ázimos e a da Páscoa documentada a partir do Deuteronômio. Nos textos sacerdotais, ao lado da festa de colheita no outono, aparece o dia do perdão. A estrutura de tempo, todavia, é mantida e transparece em todos os textos. Cada um dos códigos de leis tem o seu calendário de festas, assim como a sua ordem de sacrifícios. Essa é a parte essencial da Torá. Aqui se trata da estrutura de tempo da fé bíblica. Trata-se da transposição da adoração exclusiva de Deus para um ritmo, que está tão proximamente ligado ao ritmo de anos e da natureza quanto está separado do ritmo dos outros deuses.

Somente a partir do exílio, e sobretudo no Decálogo, o dia de descanso semanal recebe o nome de "sábado"[162]. Antes, esse termo designava o dia de lua cheia. Se em Ex 34 esse dia é mencionado no contexto da fertilidade da terra e do trabalho agrícola, no Código da Aliança (Ex 23,12) e mais ainda no contexto posterior (Dt 5,12ss.), acentua-se com esse dia o seu caráter social na medida em que escravos e animais são incluídos no descanso desse dia. Os conflitos acerca

---

158. Sobre as ofertas cultuais, cf. a seguir p. 302ss., 310s.; sobre os ritos alimentares e sobre a relação com os animais, cf. a seguir p. 363ss., 401ss.
159. Ex 23,14ss.; Dt 16; Lv 23; Nm 28s. Sobre isso, cf. MORGAN, *So-Called Cultic Calendars*.
160. Ex 23,10ss.; Lv 23,3 e outros. A grande exceção é sabidamente a Lei Deuteronômica. Aqui o dia de descanso somente é introduzido com o Decálogo através da camada mais recente em Dt 5. Sobre isso, cf. mais abaixo p. 285.
161. Cf. KRAUS, *Gottesdienst*, cap. 2; • DE VAUX, *Lebensordnungen*, p. 322ss.
162. Cf. sobre isso o trabalho de ROBINSON, *Sabbath*.

do sábado em época exílica e pós-exílica (Jr 17,9ss.; Ne 13,5ss.) permitem reconhecer que a sua expansão do âmbito da produção agrícola – "arar e cortar" em Ex 34,21 – para o âmbito da distribuição, abastecimento, transporte, etc. foi um processo lento e sempre controvertido[163].

d) Lugar histórico e contexto social

Não há nenhum argumento em contrário, antes tudo fala a favor de que os mandamentos divinos transmitidos em Ex 34,11ss. e as ordenações de Deus[164] documentadas por escrito e referidas em Os 8,12 no século VIII aC não estão muito separadas em termos de tempo e época de surgimento. Se Oseias conhece e reconhece mandamentos de Deus anotados por escrito, e nós, por outro lado, temos uma coleção de regras cultuais fundamentais para a fé javista que estão enraizadas em conflitos religiosos do século IX, já deveríamos ter argumentos muito fortes para negar uma identificação entre ambas as coisas. Também o contexto, no qual Ex 34,11 foi transmitido, indica o mesmo âmbito. O conflito de que narrativamente trata Ex 32–34 gira em torno das imagens de bezerros. Trata-se, portanto, do culto estatal do Reino do Norte e também do seu declínio[165]. As tábuas de pedra somente podem remontar a uma tradição do Reino do Norte. Um dos mais antigos documentos escritos na época da monarquia é um calendário com os mais importantes trabalhos agrícolas ao longo de um ano. Esse calendário de Gazer[166] é uma "tábua de pedra" – menor é claro – e provém do século IX ou X aC. Aos olhos de Oseias, a catástrofe do Reino do Norte acontece porque Israel não segue a vontade de Deus, que Ele, não por último, havia formulado nos conhecidos mandamentos escritos (*tōrōt*). Ao invés disso, Israel se torna adepto do culto à imagem do bezerro com todas as suas consequências. A catástrofe se realizou, como vem narrado no texto de Ex 32ss., que agora está inserido em outro contexto histórico, porque Israel consentiu no culto do bezerro. A quebra das tábuas é expressão do fracasso; a sua renovação representa o perdão que abre para o futuro.

---

163. Sobre o sábado judaico, cf. p. ex. SPIER, *Sabbat*, Heschel, *Sabbat*.
164. Sobre isso, cf. acima p. 35ss.
165. Cf. acima p. 85.
166. KAI 182; trad. al. em TUAT I 247s.; sobre isso cf. TALMON, *Gezercalendar*; • BOROWSKI, *Agriculture*, p. 32ss.

Ex 34,11ss. é um documento que trata da separação religiosa em relação a outros deuses e em relação às pessoas que os adoram. O texto marca o ponto decisivo da separação. Até onde nós sabemos, a alternativa Yhwh ou Baal apareceu pela primeira vez no contexto dos conflitos da época dos amridas e foi fomentada por figuras proféticas como Elias e os círculos ligados a ele[167]. Sobre isso temos basicamente narrações proféticas lendárias, que sem dúvida alguma trazem consigo as marcas de uma longa história de transmissão. Sobretudo o levante de Jeú, as forças sociais por trás dele, sua violência e crueldade, mostram algo da radicalidade dos conflitos religiosos. Não muitas, mas algumas linhas muito nítidas ligam o documento de Ex 34 com os temas e conceitos centrais dessa época[168].

Por trás dos mandamentos de Ex 34 podemos supor o reflexo da decisiva separação religiosa em relação aos adeptos de outros deuses da terra de Canaã, tendo como contexto social a atuação direta de círculos proféticos. Podemos ver esses mandamentos como expressão da organização escolar de tais grupos[169] junto a determinados santuários, como, por exemplo, em Guilgal. Também se pode pensar em grupos de sacerdotes javistas, sobretudo em tais que, segundo Oseias, deveriam ter realmente o conhecimento (*da'at*) de Yhwh e de seus mandamentos[170]. A partir das fontes de que dispomos e da sua avaliação, dificilmente podemos construir uma alternativa excludente, uma vez que ambos os grupos – profetas e sacerdotes – devem ter atuado junto a santuários. Em ambos os grupos, pode-se supor fundamentalmente uma autoridade, à qual se pode atribuir tanto o estilo neutro da camada mais antiga quanto o discurso decidido de Yhwh na camada mais recente. Se quisermos julgar a partir de características posteriores, há indícios que apontam antes para círculos sacerdotais[171].

---

167. Cf. p. ex. DONNER, *Geschichte* II, p. 270s.; • LANG, *Jahwe-allein-Bewegung*, p. 58ss.; • ALBERTZ, *Religionsgeschichte*, p. 330ss.
168. Sobre isso, cf. acima p. 181s., 194s.
169. Cf. p. ex. SCHMITT, *Elisa*, p. 189 (resumo).
170. Cf. esp. Os 4,6, onde os termos "conhecimento" e "Torá" se encontram em uso paralelo. Sobre isso, cf. Jeremias, *Hosea*, p. 65s., e também como sempre os trabalhos de WOLFF, *"Wissen um Gott"*; id., *Hoseas geistige Heimat*.
171. A falta de qualquer referência às consequências do comportamento em relação aos mandamentos (sobre isso cf. a seguir p. 205s.) ou o grande interesse em dádivas animais e vegetais para o santuário são antes de origem sacerdotal.

Se perguntarmos quem é o "tu" a quem se dirige o texto dessas ordenanças, chama a atenção logo a formulação do v. 23: "todo homem do teu meio" (*kol-zᵉkūrᵉkā*). O endereçado é responsável por um número maior de homens e deve, por exemplo, decidir quem destes participará da peregrinação. O texto não se dirige somente a um pai de família ou a um proprietário isolado, mas antes ao chefe de uma grande família, ou talvez mais ainda de um clã (*mišpāḥāh*). Os endereçados são proprietários de terra (v. 24), trabalhando eles mesmos também na terra (v. 21). Esclarecedora é também a formulação do v. 22: "deves fazer-te uma festa". Aqui se fala ao sujeito do acontecimento cultual. Ele mesmo "faz" (*'śh*) as festas, isto é, determina o seu conteúdo e a sua data e a realiza ele mesmo – e não o rei – como logo se poderia agregar. Os endereçados, portanto, são chefes de clãs israelitas no âmbito agrícola. Eles vivem em uma situação em que claramente têm vizinhos que são adoradores de outros deuses (v. 15). Com esses vizinhos vivem em boa e tradicional vizinhança, ou, em todo caso, não estão em relação de inimizade para com eles. O tom básico de todas as leis pré-exílicas de se dirigir aos homens livres e proprietários em princípio já está dado aqui.

Mas, divergindo de todos os textos legais posteriores, o texto ainda não fala a partir de uma situação histórica fictícia. Isso obviamente se concordarmos com a reconstrução literária aqui proposta. Também na camada mais recente, Deus fala a partir do presente para o presente. Somente através do contexto narrativo de Ex 32–34 se dá uma historização, que também se expressa no texto através de acréscimos[172]. Emoldurar o conflito histórico em torno do fracasso do Reino do Norte como um acontecimento no Sinai na época de Moisés e Arão muito provavelmente deve ter surgido através de uma relação intrínseca entre as imagens do bezerro do Reino do Norte e o motivo do êxodo (esp. 1Rs 12,28). Essa hipótese é preferível a supor que esse conflito já tenha encontrado sua expressão na formulação autônoma e por escrito destes mandamentos.

Uma característica marcante do texto é o fato de que tanto a relação básica com Deus, da qual surgem os mandamentos e as prescrições, quanto as consequências negativas e positivas do comportamento de Israel não são mencionadas no texto. Isso são dois aspectos da inclusão dos mandamentos, que são óbvios e constitutivos para todos os textos posteriores da Torá. A falta disso somente pode

---

172. Sobre isso, cf. acima p. 175ss.

significar que as prescrições divinas surgem de uma relação tida como totalmente normal e que essa relação é tão clara e intacta que sua validade permanece sem qualquer alusão a possíveis consequências. Tudo isso somente é possível em uma época pré-profética anterior às grandes catástrofes. Na verdade, tudo isso somente é possível antes que tais catástrofes sejam concebidas.

B. O CÓDIGO DE JERUSALÉM: OS MISHPATIM (EX 21-22)

A coleção de sentenças legais casuísticas em Ex 21,1–22,16 (e v. 19) destaca-se do contexto como uma grandeza autônoma. Pela linguagem e pelo caráter, ela é claramente distinta de seu entorno e pela forma e conteúdo não tem analogia nos outros códigos de leis do Antigo Testamento. Mas tem analogias, e muito estreitas, nos livros legais do Antigo Oriente. A proximidade é tão grande que por vezes até se postulou uma origem extra-israelita para esse conjunto[173]. Esse conjunto será chamado de mishpatim.

Até agora, a interpretação desse conjunto de leis em grande parte aconteceu a partir de sua fixação no conjunto do Código da Aliança. Assim, por exemplo, entendeu-se o direito dos escravos dos mishpatim, quanto à sua intenção e função, a partir do conjunto das outras passagens sociais e "humanitárias" do contexto e até da Torá como um todo[174]. Para uma reconstrução da história das leis israelitas, é importante entender o conteúdo e com isso também a função desse conjunto a partir do próprio texto. Por isso, uma interpretação das determinações sociais no seu contexto original está no centro do estudo a seguir. Somente a partir desse contexto social se pode descrever e compreender adequadamente de modo histórico, jurídico e teológico o seu ordenamento dentro do conjunto do Código da Aliança. Para isso, é preciso perceber primeiramente a estrutura interna, as delimitações, as subdivisões e as camadas literárias do todo.

a) *Arquitetura do texto e camadas literárias*

Os mishpatim são constituídos essencialmente por uma série de sentenças legais casuísticas, tendo a característica partícula "se" ($k\bar{\imath}$) ou "e se" ($w^e k\bar{\imath}$) no iní-

---

173. Especialmente JEPSEN, *Bundesbuch*, p. 57ss., 73ss.; • cf. tb. WATERMAN, *Pre-Israelite Laws*; • LEMCHE, *Hebrew Slave*, p. 143.
174. Assim a compreensão muito difundida do direito dos escravos como determinações de proteção, p. ex., em NOTH, *Exodus*, p. 143; • PAUL, *Studies*, p. 47; e, por último, OTTO, *Wandel*, p. 35ss.

cio da frase. Os casos contrários e subordinados são introduzidos por "caso" (*'im*, respectivamente *w*ᵉ*'im*)[175]. Esse estilo jurídico objetivo, que deriva da linguagem jurídica do Antigo Oriente, é interrompido em uma série de lugares por frases de outro estilo. Assim, já o primeiro parágrafo em Ex 21,2 inicia com um surpreendente "tu", que encontramos novamente em Ex 21,13s. e sobretudo em Ex 21,23 no início da lei de talião, bem como também em Ex 22,17. Desse estilo casuístico divergem também as sentenças sobre a pena de morte em Ex 21,12-17 e 22,17-19. Além disso, destacam-se claramente, em termos de estilo, as formulações do princípio de talião em Ex 21,(23.)24s. e a regra fundamental em Ex 22,8. Uma clara sobrecarga ou uma inter-relação de duas questões legais distintas encontramos em Ex 21,37–22,3, onde Ex 22,1.2a muitas vezes foi visto como uma inclusão posterior[176].

Na história da pesquisa, muitas vezes se transformou esse estilo casuístico objetivo em um motivo para efetuar operações de crítica literária. A consequência foi que todos os elementos de outros estilos foram vistos como secundários[177]. Uma exceção notável é Ex 21,2ss., onde em geral só se chegou a tentativas de reconstrução de um texto mais antigo do v. 2, para, assim, harmonizá-lo com as outras sentenças casuísticas[178]. Se, dessa forma, parte-se da hipótese de uma pureza estilística original, pode-se, com V. Wagner[179], encontrar 16 parágrafos, que, sequencialmente, tratam dos temas do direito dos escravos (21,2-11), danos à integridade corporal (21,18-32), responsabilidades no âmbito do trabalho agrícola e artesanal (21,33–22,14), bem como de um caso do direito familiar (22,15s.). A arquitetura e a organização interna de um tal código legal corresponderia em grande medida aos códigos legais do Antigo Oriente[180].

---

175. Para uma análise das sentenças legais, cf. LIEDKE, *Gestalt und Bezeichnung*, p. 101ss.; • OSUMI, *Kompositionsgeschichte*, p. 93ss.
176. P. ex., NOTH, *Exodus*, p. 148.
177. P. ex. JEPSEN, *Bundesbuch*, p. 1ss. e especialmente 54; • WAGNER, *Systematik*.
178. P. ex. JEPSEN, *Bundesbuch*, 1; ALT, *Ursprünge*, 291 nota 2; • OTTO, *Wandel*, p. 35.
179. WAGNER, *Systematik*, p. 176ss.
180. Sobre isso PETSCHOW, *Codex Hammurabi*. WAGNER, *Systematik* refere-se a esse autor. Cf. tb. PETSCHOW, *Eschnunna*; e por último especialmente SAUREN, *Aufbau und Anordnung*. Sobre a discussão acerca da ordenação e estrutura das leis do Antigo Oriente, cf. OTTO, *Rechtsgeschichte*, 9ss. Especialmente importante nisso é a "atração" de temas e palavras-chave, que obviamente foram usadas de forma bastante deliberada.

Só que a utilização de observações estilísticas e histórico-formais para a elaboração de hipóteses crítico-literárias é algo problemático sob o ponto de vista metodológico. Uma série de novos trabalhos[181] conseguiu trazer novas e mais precisas observações sobre a organização linguística, bem como jurídico-formal desse texto. Isso se pode ler sobretudo no trabalho de Osumi[182]. Tais observações permitiram observar um entrelaçamento das partes isoladas, bem como inter-relações com passagens que se desviam quanto ao estilo. Já a percepção dos conectivos no início das sentenças jurídicas, o que lamentavelmente foi negligenciado, mostra que sobretudo o complexo de Ex 21,12-36 foi formado conscientemente como uma unidade interligada[183], tendo na lei de talião no v. 24s. sua única exceção. É importante igualmente o fato de sempre de novo se repetirem palavras-chave, permitindo perceber o tema e a inter-relação das partes[184]. Assim se dá, por exemplo, com os repetidos verbos para bater (*nkh* hif., *ngf*, *ngḥ*), que aparecem a partir de 21,12 e depois sobretudo nos v. 18ss. De modo semelhante funciona em 21,33–22,14 o conceito "substituir" (*šlm* pi.), que modela todo o trecho. Na alternância com a negação e o reforço através do infinitivo absoluto como figura etimológica, ele permite reconhecer uma estruturação estilística e de conteúdo de todo o bloco[185]. No nível do conteúdo, sobretudo a regra geral de 21,12, que afirma que "quem ferir mortalmente um homem, deve ser morto", é pressuposta em 21,18ss. como uma espécie de princípio superior[186]. A concretude e os limites do princípio de 21,12 são determinados em detalhes em 21,18-36. O trecho é impensável sem 21,12. De modo semelhante, a regra básica de 22,8 de modo algum está em contradição com o contexto, mas ela formula um princípio importante para o seu entendimento[187]. Em tudo isso, evidencia-se que a pureza do estilo casuístico não pode ser transformada em um princípio de crítica literária. E isso também vale agora para o estilo de sentenças na 2ª pessoa do singular em 21,1.13.23. Em todos esses casos, assim como em outras partes apodíticas do Código da Aliança, o texto não

---

181. OTTO, *Wandel*; • id., *Rechtsgeschichte*; • cf. CRÜSEMANN, *Bundesbuch*; • JACKSON, *Literary Features*, p. 240.
182. OSUMI, *Kompositionsgeschichte*, p. 87ss.
183. Sobre isso OSUMI, *Kompositionsgeschichte*, p. 93ss.
184. OTTO, *Wandel*, p. 12ss., 24ss.; • Osumi, *Kompositionsgeschichte*, p. 102ss.
185. Especialmente OTTO, *Wandel*, p. 12ss.
186. Cf. OSUMI, *Kompositionsgeschichte*, p. 110.
187. OSUMI, *Kompositionsgeschichte*, p. 123-127; de forma um pouco diferente Otto, *Wandel*, p. 17.

se dirige à pessoa condenada à morte, mas refere-se à instância responsável por essa decisão jurídica[188].

Estas e outras observações permitem reconhecer que estamos diante de uma composição detalhadamente planejada[189]. As suas especificidades afloram sobremaneira quando se faz a tentativa de uma subdivisão de suas partes e quando se analisa a sua estrutura interna. Pode-se, então, distinguir os dois grandes temas: "vida" (21,12-36) e "propriedade" (21,37–22,16). Esses, no entanto, não estão simplesmente dispostos lado a lado, mas duplamente interligados entre si[190]. O problema dos delitos de morte reaparece em 22,1.2a na perícope 21,37–22,3, onde se fala de roubo. Mas também em 21,33-36 já se trata de perguntas sobre delitos de propriedade. Estruturalmente bem similar, coloca-se a interligação das duas metades do trecho que trata da propriedade. Os v. 21,37–22,8 tratam do tema "roubo", que aparece mais uma vez em 22,12. E as questões jurídicas da "guarda" são tratadas em 22,9-14, mas o tema aparece já em 22,6-8. Sobretudo a frase principal de 22,8 mantém a unidade das duas partes. Essa técnica de composição e redação é especialmente típica para o livro das leis dos *mishpatim*.

Só a interligação de aspectos estilísticos, estruturais, bem como jurídicos e de conteúdo permite responder adequadamente às questões recentemente discutidas sobre o início e o fim do livro autônomo dos *mishpatim*. No que tange ao início, Osumi designou o trecho sobre o direito dos escravos em 21,2-11 como um

---

188. Assim com razão OSUMI, Kompositionsgeschichte, p. 22s. e outras vezes mais.
189. Um novo modelo com três camadas foi proposto por SCHWIENHORST-SCHÖNBERGER, Bundesbuch. Cf. a tabela na p. 234 (com o versículo deuteronomista Ex 21,25 são até quatro camadas). Uma camada básica (Ex 21,12.18s.22aα.bα.28s.32.33aβ*b.34aα.37; 22,3.9s*.13aβ) teria sido expandida primeiramente com a inclusão de 21,31.33aαβ*γ.34aβb.36; 22,4s.6-8.11s.13bα.14. No contexto da redação do direito divino (da qual também fazem parte 21,2-11; 22,20ss.*) teriam, então, sido feitos os acréscimos 21,13-17.20s. 22aβ.bβ.23s.26s.30; 22,1s.9s*.15s. Aqui não podemos fazer uma análise detalhada. Como um antimodelo, podemos ressaltar as muitas observações detalhadas em OSUMI, Kompositionsgeschichte, p. 87-134, que, com poucas exceções, evidenciam a unidade interna dos *mishpatim*. Para a questão da lei de talião, cf. abaixo p. 211ss.; sobre a questão se o direito dos escravos pode estar relacionado com as determinações sociais de 22,20ss., cf. a seguir p. 216s.; e especialmente p. 222ss. A afirmação de que a redação do direito divino na parte dos *mishpatim* é casuístico-clássica enquanto que nas outras é formulada de modo bem diferente, dificilmente pode ser aceita. Em termos metodológicos, no contexto da discussão sobre a lei de talião, Schwienhorst-Schönberger levanta a acusação contra mim de não ter esgotado todas as possibilidades de entender o texto como uma unidade (103). Esse princípio com toda certeza não se encontra dentro de seu próprio trabalho. Antes de qualquer discussão de argumentos isolados, a discussão maior se dá em torno da questão até que ponto se pode avaliar em termos de crítica literária observações mais ou menos acidentais, e isso antes de fazer uma avaliação da estrutura interna literária e sobretudo jurídica.
190. Sobre o que segue, cf. OSUMI, Kompositionsgeschichte, p. 133ss.

acréscimo posterior, o qual teria originado a introdução dos mishpatim no conjunto do Código da Aliança[191]. De forma inversa, Otto quer entender 22,20-26* como parte do livro legal autônomo de 21,2–22,26[192]. Para a primeira, apresenta-se como argumento principal o singular "tu" de 21,2, bem como a correspondência do ritmo 6/7 em 21,2ss. e 23,10ss., que é importante para todo o Código da Aliança. As partes com esse ritmo 6/7 dificilmente pertencem a camadas diferentes. Para a outra tese, a única fundamentação é a correspondência estrutural de 21,2-11 e 22,20-26* na construção quiástica de 21,2–22,26, como é descrita por Otto[193].

Em ambos os trabalhos, pois, o direito dos escravos em Ex 21,2-11 e as prescrições para a proteção de estrangeiros, viúvas e órfãos, bem como dos pobres, em Ex 22,20-26, remontariam a uma mesma redação[194]. Só que a tensão em termos de conteúdo entre o direito dos escravos e as determinações para a proteção dos mais fracos torna questionável a tese de uma mesma redação para esses textos. Se interpretarmos o direito dos escravos a partir dele mesmo[195], perceberemos que há uma intenção social e uma influência distinta em relação a 22,20ss. e de modo algum o todo pode ser descrito como "prescrição de proteção"[196]. Assim, aqui se deve ter o maior cuidado. Tais aspectos de conteúdo de modo algum podem ser decisivos para evitar um círculo vicioso. A favor da pertença do direito dos escravos ao conjunto dos mishpatim fala primeiramente o fato de que acerca de escravos fala-se também no trecho sobre ferimentos corporais, e isso em várias passagens. Aí se trata de questões de homicídio (21,20s.), de graves lesões corporais (v. 26s.), bem como da morte provocada por um boi (v. 32). Essa forma de retomada e continuação do tema do trecho anterior é semelhante a ou-

---

191. Kompositionsgeschichte, p. 107ss., 146ss.; de forma semelhante SCHWIENHORST-SCHÖNBERGER, Bundesbuch, p. 30 e outros lugares.
192. OTTO, Wandel, p. 9, 38ss. Nisso as sentenças formuladas na 2ª pessoa do plural nos v. 20aβ.b.21.23.24b são consideradas como sendo deuteronomistas (sobre isso cf. a seguir p. 279ss.).
193. OTTO, Wandel, p. 9s.
194. Assim também SCHWIENHORST-SCHÖNBERGER, Bundesbuch, p. 284 (resumo) etc. Na p. 61ss., ele também quer atribuir as determinações referentes a escravos em Ex 21,20s.26s. à camada posterior do direito divino – junto com 22,20ss.* e outras passagens (cf. 234, 284).
195. Cf. a seguir p. 216ss.
196. Assim OTTO, Wandel, p. 9s.; • SCHWIENHORST-SCHÖNBERGER, Bundesbuch, 236 etc. acentua o seu "caráter humanitário".

tras transições temáticas que podem ser observadas no todo[197]. Como os *mishpatim* também contêm regras básicas como em 22,8, e como a determinação fundamental da duração da escravidão por dívidas, assim como todas as demais sentenças legais dos *mishpatim*, procuram estabelecer um equilíbrio entre os interesses de dois contraentes, a partir da forma das determinações legais não se pode afirmar nenhuma distinção fundamental do direito dos escravos. Assim, tudo fala a favor de sua pertença ao livro de leis. A posição após o título de 21,1 dificilmente poderia ser explicada de outra forma, na medida em que se toma esse título como um sinal crítico-literário importante. Permanece, assim, somente[198] o impacto já antigo da surpreendente mudança de discurso em 21,2. Deve permanecer em aberto se aqui estamos diante de uma reelaboração posterior ou se no "tu" encontramos a mesma instância coletiva que em 21,13.

A tese da pertença de 22,20-26* ao livro de leis precedente tem uma base bastante fraca. Abstraindo das mencionadas tensões em nível de conteúdo em relação ao direito dos escravos, destaca-se sobretudo a linguagem totalmente diferente. Não é decisivo que o estilo casuístico não tenha continuação, mas o fato de que as palavras características desse estilo – a saber, "se" (*kī*) e "caso" (*'im*) – são utilizadas de forma totalmente diferente em 22,20-26. As importantes regras são introduzidas através de "caso" (*'im* – 22,22.24.25), enquanto que para as frases de fundamentação utiliza-se o "se" (*kī* – v. 20.22.26a.b). O estilo dominante na primeira pessoa do singular do discurso divino (22,22.23. 24.26), que pela crítica literária só de modo muito questionável poderia ser retirado do texto[199], não se adapta ao ritmo básico da forma do discurso de 21,2ss. Assim, deve-se continuar vendo o final do bloco dos *mishpatim* em 22,16, respectivamente no v. 19.

Com isso, a pergunta por camadas literárias dentro dos *mishpatim* acentua-se na lei de talião em 21,(23.)24s. e sua posição dentro do contexto. Enquanto a exegese crítica durante muito tempo viu nela um acréscimo, e com isso somente

---

197. Na tabela em OSUMI, *Kompositionsgeschichte*, p. 134 os textos relativos à escravidão de 21,12ss. facilmente poderiam ser acrescentados posteriormente.

198. A correspondência composicional do ritmo 6/7 de 21,2ss. e 23,10ss. pode ser tomada como algo decisivo. A composição do Código da Aliança, tanto aqui quanto em outras partes, poderia ter trabalhado com material já moldado pela tradição. De modo algum pode-se fazer a aplicação diversa da unidade cultual de tempo (individual no direito dos escravos, coletiva no ano sabático) remontar à mesma situação do surgimento. Cf. tb. Lemche, *Manumission*, p. 45.

199. Segundo OTTO, *Wandel*, p. 38s., a introdução da fala de Yhwh deve remontar ao "Redator". Com isso, obviamente, pensa-se na pessoa que teria juntado os materiais mais antigos, estruturando-os no bloco 21,2–22,26. Por que, no geral, falta uma tal teologização em quase todo o bloco?

era discutido se o v. 23 ou uma parte dele fazia parte da lei de talião[200], alguns trabalhos mais recentes querem retomar a tradicional interpretação judaica no sentido de uma restituição adequada[201] também para a época do Antigo Testamento, bem como para seu sentido original no Código da Aliança[202]. Face à ampla documentação vétero-oriental de um princípio de talião[203] e face ao já em si complicado caso de lesão de uma mulher grávida no v. 22s.[204], com cujo caso a fórmula tão abruptamente é relacionada, temos aí um amontoado de problemas[205]. Aqui primeiramente só podemos tratar de questões literárias[206]. Se tomarmos literalmente as formulações do v. 24s. "olho por olho, dente por dente...", elas contradizem frontalmente os princípios legais básicos no restante do Código da Aliança. Segundo esse, as lesões corporais devem ser compensadas através de pagamentos de indenização (21,18s.22.29). A isso se acrescenta que nessas questões há um direito distinto para livres e escravos (v. 20s.26s.). Se partirmos da unidade literária da Torá ou do contexto mais imediato, fica evidente que a fórmula só pode ser entendida no sentido de um pagamento adequado. Isso aconteceu frequentemente dentro do judaísmo. No entanto, é muito improvável que a fórmula

---

200. Assim WAGNER, Rechtssätze, p. 3s. e ALT, Talionsformel, p. 303s. supunham que já no v. 23 se inicia o acréscimo; de modo diferente opinam JACKSON, The Problem, p. 94; • JÜNGLING, Auge für Auge; cf. tb. CRÜSEMANN, Auge um Auge, p. 413ss.

201. Cf. especialmente mBQ 8,1; bBQ 83b-84a; Mekhilta Ex 21,23s.; etc. Sobre isso, cf. MIKLISZANSKI, Law of Retaliation. Sobre a interpretação judaica tradicional, cf. AMRAM, Retaliation; • HOROVITZ, Auge um Auge; NORDEN, Auge um Auge; • JACOB, Auge um Auge; • FINKELSTEIN, An Eye; e também KAATZ, Maimonides.

202. Cf. OTTO, Wandel, p. 25ss., que encara a fórmula de talião como o centro integrante de todo o trecho sobre as lesões corporais em 21,18-21, sendo o princípio do todo. Cf. id., Geschichte der Talion. O contexto excluiria em princípio um castigo taliônico (Geschichte, p. 118) e anularia o sentido vétero-oriental (p. 128), e isso já na camada literária mais antiga. SCHWIENHORST-SCHÖNBERGER, Bundesbuch, p. 99ss. (cf. id., Auge um Auge) vê em v. 22aβ.bβ.23s. uma interpretação unitária das leis mais antigas em v. 22aα.bα (v. 25 seria deuteronomista). Decisivo para ele é que já a formulação "darás vida por vida" no v. 23 não poderia ser entendida no sentido de uma pena de morte (sobre isso, cf. a seguir nota 210). Um relato sobre trabalhos mais recentes pode ser visto em MARTIN-ACHARD, Récents travaux.

203. Sobre isso, cf. esp. CARDASCIA, Place du Talion; • JÜNGLING, Auge um Auge, p. 5ss.; • FRYMER-KENSKI, Tit for Tat; • OTTO, Geschichte der Talion, p. 107ss. Especialmente claros são os parágrafos 195ss. do Código de Hamurábi. Uma exclusão explícita de um pagamento de indenização encontra-se em um estreito paralelo grego: "quando alguém tira um olho de outra pessoa, ele deve sofrer que o seu olho também seja tirado e não deve haver possibilidade de uma retribuição material" (Zaleukos segundo Demóstenes, Or. 24 § 140; cf. MÜHL, Gesetze des Zaleukos). Para uma comparação com Israel, cf. CRÜSEMANN, Auge um Auge, p. 417ss.

204. Cf. p. ex. JACKSON, The Problem; ISSER, Two Traditions.

205. Além da literatura mencionada, cf. DAUBE, Lex talionis; • DORON, New Look; • LOEWENSTAMM, Exodus xxi; • KUGELMASS, Lex Talionis; • WEINFELD, Concepts. A interpretação de Westbrook, Lex talionis, fundamenta-se em geral na interpretação da palavra 'āsōn como designação de um autor desconhecido e que por isso não mais pode ser responsabilizado. Mas isso não pode ser harmonizado com o uso geral da palavra.

206. Sobre o conteúdo, cf. a seguir, p. 230ss.

tivesse sido concebida desde o início do jeito como se apresenta, intentando expressar uma tal indenização. Tanto as variantes da fórmula em 1Rs 20,39[207]; 10,24 quanto a aplicação em Dt 19,21 (cf. v. 19)[208] e em Lv 24,17ss.[209] levam a uma tal compreensão. Se os critérios literários de fato têm validade, esses podem, então, ser encontrados aqui. Segundo o estilo, a linguagem e o conteúdo, Ex 21,24s. contradiz o contexto imediato e o mais amplo[210]. Deve-se partir do pressuposto de uma inserção, com a qual se quer protestar contra o contexto e suas consequências legais[211]. Essa inserção foi feita em um lugar onde já havia uma formulação correspondente: "vida por vida", no v. 23. Agora, ela é estendida a todas as lesões corporais. Ao mesmo tempo, estabelece-se uma relação estreita com o v. 26s., onde se tematizam profundas lesões corporais em escravos, e isso no exemplo especial do olho e do dente, portanto, nos dois primeiros membros do v. 24s. Osumi quer ver aqui um acréscimo mais amplo para dentro do contexto, o que abarcaria os v. 24-27[212]. O motivo principal reside no fato de que, para Osumi, em todo o trecho de 21,12-36 não se trata – de acordo com a interpretação usual – de lesões corporais, mas exclusivamente do problema da responsabilidade, respectivamente da não responsabilidade em casos de homicídio. Em debate está, pois, o limite do princípio formulado em 21,12: em que casos deve ser aplicado em quais não? O v. 26s. não se adapta ao contexto, pois aí se trata clara-

---

207. Isso fica bem claro na alternativa explícita: "ou pagarás um talento de prata".
208. O Deuteronômio limita a fórmula de talião à retribuição para falsas testemunhas. A expressão "não deves ter compaixão" sublinha a dureza das sanções exigidas. A interpretação de OTTO, *Geschichte der Talion*, p. 121ss. pressupõe sua visão circular do Código da Aliança.
209. Sobre isso cf. especialmente JÜNGLING, *Auge für Auge*, p. 34.
210. Relevante é a abrupta transição do caso especial da mulher grávida para as fórmulas do v. 24s., que, em termos de conteúdo, já não mais pertencem a esse caso, tendo antes validade geral. Os letrados autores dos *mishpatim* não escrevem de modo tão confuso em nenhum outro lugar. – Contra esses argumentos centrais não conseguem concorrer os mencionados aspectos de SCHWIENHORST-SCHÖNBERGER, *Bundesbuch*, 99ss. Ele com razão indica o problema apresentado pela expressão "darás ... por ..." no v. 23. Indica também as diferenças com relação a outras formulações para a pena de morte no Código da Aliança. Independentemente do que se tematize aqui, de modo algum se pode tratar da mesma questão que no v. 22, onde não aconteceu nenhum 'āsōn. Se ali se trata da restituição de dinheiro, aqui se trata de algo bem diferente. E a oposição entre uma eventual pena de morte por um delito não intencionado e as determinações de 21,13s. (102) para ele só tem consistência porque considera ambas como partes da mesma camada, o que já deve ser questionado.
211. Chama a atenção aqui o fato de autores como Otto e Schwienhorst-Schönberger não reconhecerem o caso clássico da formação de camadas literárias. Esses autores, no geral, de modo algum trabalham com muita cautela em casos de crítica literária. Eles já aplicam a tesoura em objetos muito mais simples e em casos de tensões bem mais amenas.
212. OSUMI, *Kompositionsgeschichte*, p. 119ss., 152ss.

mente de lesões corporais, nas quais não se tematizam questões de vida ou morte. Uma tal determinação temática, ao meu ver, somente é válida para o v. 18ss. No v. 18s., indiscutivelmente, trata-se de um problema de não homicídio e suas consequências. Em uma tal lesão, não se pode aplicar a vingança de sangue, mas deve-se discutir e determinar indenizações. E também no caso de uma batida contra a mulher grávida, trata-se tanto do "mero" aborto quanto da morte da mãe[213]. Em Ex 21,18ss. trata-se, pois, de indenizações para casos de profundas lesões corporais a serem regulamentados na sua distinção em relação aos delitos de homicídio. Por isso, tudo fala a favor de que, assim como a morte do escravo (v. 20s.) e a morte através de um boi (v. 32), também o problema de uma grave, porém não mortal, lesão corporal deve ser tematizado (v. 26s.).

Além de Ex 21,24s., temos um outro acréscimo literário nos mishpatim só em 21,13s. A regra da concessão de asilo em caso de morte não premeditada interrompe a clara e bem estruturada arquitetura dos casos legais de morte em 21,12.15.16.17[214]. Em todo caso, essa regra não se encontra no mesmo nível que as regras em Ex 21,18.21.22[215]. Aqui, igualmente, o tema da intenção de morte não objetivada e não planejada é solucionado de forma diferente. Ex 21,13s. deve ser encarado como sendo um acréscimo[216].

Assim, os mishpatim em Ex 21,1–22,16(19)[217] podem ser vistos como uma composição fechada e bem estruturada, na qual somente em 21,13s. e 21,24s. podemos postular acréscimos com acentos posteriores e diferentes. Pela estrutura interna, percebe-se que aqui são tratados três temas sequenciais: escravos (21,2-11), "bater" (21,12-36) e "propriedade" (21,37–22,16). Nas extremidades de cada bloco temático, percebem-se repetições e superposições. Nestas percebem-se de forma especialmente clara os princípios da composição.

---

213. Os paralelos nas leis do Antigo Oriente mostram que se trata dessa alternativa do v. 22s. As leis do Antigo Oriente nunca tratam o problema da causa de um aborto. Também a interpretação rabínica vai nesse sentido. Cf. LOEWENSTAMM, *Exodus 21:22-25*, p. 352ss.; • JÜNGLING, *Auge für Auge*, p. 27ss.
214. Sobre isso cf. especialmente OTTO, *Wandel*, p. 31s.
215. Sobre isso cf. OSUMI, *Kompositionsgeschichte*, p. 122.
216. Cf. SCHWIENHORST-SCHÖNBERGER, *Bundesbuch*, p. 39ss. e a seguir p. 228, 247ss.
217. Ex 22,17-19 devem ser vistos preferencialmente como acréscimo ou epílogo dos mishpatim, mesmo que aqui faltem argumentos decisivos.

Será que essa composição tão fechada reflete a sua própria história? Isto é, pode-se reconhecer vestígios de suas formas anteriores? Há uma passagem em que se pode afirmar isso com certeza. Enquanto 21,12 constitui simultaneamente o pressuposto e o ponto de referência para a delimitação de 21,18-32, as outras sentenças com a fórmula *mōt-yūmāt* em 21,15-17 não são empregadas da mesma forma dentro da composição maior. Como, por outro lado, 21,12.15-17 constitui uma unidade construída de forma muito precisa, devemos supor que aqui estamos diante de uma grandeza anterior à composição geral dos mishpatim. Pode tratar-se aí de uma compilação escrita; mas nesse lugar também não se pode excluir uma unidade oral.

Independentemente dessa passagem, em lugar algum nos mishpatim há qualquer motivo para se supor uma forma anterior mais antiga. Com isso fica refutada sobretudo a visão de E. Otto, que supõe a existência de blocos isolados por trás de 21,1–22,16, os quais teriam cada qual uma história anterior mais longa[218]. O direito dos escravos (21,2-11), os delitos passíveis de pena de morte (21,12-17; 22,17-19c), as lesões à integridade corporal (21,18-32) e as regras de restituição (21,33–22,14) teriam sido pequenas coleções isoladas[219]. O autor supõe ainda que cada uma das coleções tenha tido seu surgimento a partir de várias camadas literárias. Postula também que cada bloco tenha feito o passo jurídico básico do desenvolvimento de uma legislação de restituição "intratribal" para um direito de sanção "intertribal"[220]. Metodologicamente, essa concepção é questionável e sob vários aspectos insuficiente quanto à sua argumentação[221]. Para destrinchar uma composição fechada, que também é aceita por Otto, em formas anteriores mais antigas, deve-se indicar razões muito convincentes. Em nível de conteúdo, porém, não temos tais contradições. Adicionalmente, em lugar algum se pode reconhecer que os blocos temáticos isolados alguma vez tenham sido literariamente independentes. Para tais unidades menores e temáticas também não se consegue estabelecer uma analogia nem sob o ponto de vista da história das formas nem sob o ponto de vista literário, permanecendo, assim, pura hipótese. No caso de Otto, o princípio metodológico dominante para querer separar elementos mais antigos de elementos mais recentes é a suposição de que no

---

218. OTTO, *Wandel*, p. 12-44.
219. A isso se acrescenta o trecho com as determinações sociais em Ex 22,20-26*.
220. OTTO, *Wandel*, p. 61ss.; cf. sobre isso também OTTO, *Aspekte*; • id., *Interdependenzen*.
221. Sobre o que se segue, cf. OSUMI, *Kompositionsgeschichte*, p. 11ss., 149s.

direito israelita mais antigo não tenha havido nenhum tipo de sanção e todas as regras de caráter restitutivo seriam restos de algum direito mais antigo. Independentemente das tensões e dificuldades internas dessa tese, não se pode aceitar tal concepção, mesmo que ela seja clara e universal sob o ponto de vista da história do direito, como critério para hipóteses literárias e histórico-traditivas. Israel, por exemplo, durante muito tempo assumiu como herança uma parte da história do direito do Antigo Oriente. Nem por isso, todavia, Israel terá repetido da mesma forma todos os passos do direito, que em outros lugares levou séculos para se concretizar. O que temos diante de nós nos mishpatim é uma sequência muito bem pensada de determinações sobre restituições e sanções. Essa composição, em todo caso, não dá motivo para encarar uma parte como mais antiga e outra como mais nova, e menos ainda podemos querer fazer isso com cada uma das determinações.

Assim, nos mishpatim, ao lado das formulações de Ex 34, temos o direito escrito mais antigo e mais conhecido de Israel. Trata-se de um corpo de leis, que, sob alguns aspectos, está muito próximo de partes do direito do Antigo Oriente, mas que, em algumas partes, diferencia-se fundamentalmente daquele. O seu lugar histórico, bem como as suas origens institucionais devem ser averiguados a seguir no contexto da interpretação histórico-social dos trechos isolados.

b) Estrutura legal e influência social

α. "Dinheiro seu" (Ex 21,21): o direito dos escravos

Em destaque nos mishpatim consta, em Ex 21,2-11, o direito dos escravos com as regulamentações fundamentais acerca da duração da escravidão e acerca da recuperaração da liberdade. O tema da escravidão perpassa também todo o trecho de 21,12-32. A passagem em 21,16 fala do rapto como uma das possíveis fontes da escravidão e, em 21,18ss., de três possíveis consequências de delitos contra pessoas livres, sempre seguidas de casos análogos de escravos. Assim, 21,18s. trata de uma lesão corporal em uma pessoa livre sem que isso cause a morte. No v. 20s., acrescenta-se ainda a pergunta sobre lesão corporal grave em um escravo seguida de morte imediata e morte posterior. Ao problema da lesão de uma mulher grávida (v. 22s.) acrescenta-se, agora interrompido pela inclusão da lei de talião (v. 24s.), o tratamento de graves lesões corporais em escravos não seguidas de morte (v. 26s.). E, por fim, no v. 32, no final do caso muito detalhado da morte por causa de um boi, iniciado no v. 28, discute-se o caso da morte de um escravo.

Esta posição central do direito dos escravos possibilita agora primeiramente uma datação relativamente segura dos mishpatim. Pois na época de seu surgimento deve ter havido em Israel uma necessidade bastante grande de regulamentações sobre a questão dos escravos[222]. Os escravos devem ter constituído um bloco social considerável e ao mesmo tempo com problemas em grande parte não solucionados, mas muito discutidos. Pode-se demonstrar de forma convincente que a escravidão, da qual se fala nos mishpatim, não existiu em geral no período anterior à monarquia[223]. Se analisarmos todo o uso linguístico do termo nos livros de Josué até 2Sm, podemos perceber que a palavra "escravo" ('ebed) é utilizada de forma crescente. Mas é, quase exclusivamente, utilizada como uma autodesignação cortesã da pessoa que fala, ou expressa dependência em relação ao rei. Somente em poucas passagens da época inicial do surgimento da monarquia se fala de pessoas verdadeiramente escravas. Dessas se fala no direito do rei, em 1Sm 8,16, no caso dos escravos de Gedeão (Jz 6,27) ou no caso de Siba (2Sm 9,10s.). Em geral, porém, os servos desse período têm um nome diferente, a saber; $n^{e\,c}\bar{a}r\bar{i}m$. E esses são "pessoas livres que estão em uma relação voluntária de serviço e dependência em relação ao senhor deles"[224]. Uma transição na linguagem temos na virada da época pré-estatal para a época estatal, como é documentado em 1Sm 25. Os servos de Nabal são chamados de "servos" ($n^{e\,c}\bar{a}r\bar{i}m$)[225], os servos de Davi igualmente são chamados assim, mas algumas vezes eles são chamados também de "escravos" ('abādīm)[226]. A observação de Nabal no v. 10 – "Muitos são hoje os servos que abandonam o seu senhor" – deve ser entendida na relação entre Davi e Saul.

Segundo os textos do Antigo Testamento, antes da época do reinado não existem "escravos" no sentido em que são tematizados no Código da Aliança. É possível que tenham existido de forma isolada junto a estrangeiros (1Sm 30,13) ou como presos de guerra. Mas, com toda certeza, eles não eram um elemento tí-

---

222. Sobre a escravidão tanto no Antigo Oriente quanto em Israel, cf. o clássico texto de MENDELSOHN, Slavery; além disso, cf. tb. CARDELLINI, "Sklaven"-Gesetze. Para o caso de Israel, cf. HEINISCH, Sklavenrecht; • HÄUSLER, Sklaven; • DE VAUX, Lebensordnungen I, p. 132ss.; • PLOEG, V.d. Slavery; • FONTALA, Esclavitud; • JACKSON, Laws of Slavery.
223. Cf. SCHÄFER-LICHTENBERGER, Eidgenossenschaft, p. 310ss.
224. STÄHLI, Knabe, p. 179.
225. V. 8.14.19.
226. Cf. ne'ārīm em v. 5.8.9.12.25.27; 'abādīm no v. 10.39.40.41; além disso, no v. 8, o termo aparece como autodesignação cortesã.

pico da sociedade pré-estatal e muito menos ainda eram um problema social relevante[227]. Isso ainda continua válido para os inícios da monarquia e os conflitos que são atestados para esse período. Assim, por exemplo, no direito do rei em 1Sm 8, fala-se de "escravos" (*'abādīm*) dos israelitas (v. 16). Não é isso, porém, que constitui o problema do texto, mas o fato de que israelitas livres se tornarão "escravos" (*'abādīm*) do rei, sendo, portanto, seus subalternos (v. 17). Os conflitos dos inícios da época da monarquia se situam entre o rei e o povo, e não entre livres e escravos no povo. A escravidão alcança relevância e abrangência somente na época da monarquia. Isso se expressa em uma narração como a de 2Rs 4,1-7, na qual, através de um milagre, o profeta evita o surgimento da escravidão por dívidas. O mesmo se reflete de forma especial na profecia de Amós (Am 2,6; 8,6). A total clareza do resultado do trabalho de concordância é totalmente ratificada através de tudo o que sabemos sobre o Israel pré-estatal e sobre as sociedades tribais não centralizadas. A produção agrícola não se baseia em trabalho dependente[228]. E aparentemente havia também suficiente terra livre à disposição. Textos como Jz 9,4; 11,3; 1Sm 22,2 permitem reconhecer que, em casos de necessidade econômica e endividamento, a consequência normal era a fuga e não a escravidão. Todas as condições para o massivo surgimento de escravos foram dadas somente com a monarquia[229]. E se julgarmos a partir do restante da literatura do Antigo Testamento, os problemas aparecem de forma bem maciça somente na época da profecia clássica ou literária[230].

Os interesses que estavam em conflito na questão da escravidão, e cuja solução constituía uma tarefa de qualquer direito imperativo, mostram-se de modo bastante forte e aberto nas leis que se referem à morte e lesões corporais de escravos:

---

227. Em THIEL, *Soziale Entwicklung*, p. 156ss., a existência de escravidão no Israel pré-estatal é deduzida exclusivamente a partir dos textos do Código da Aliança.
228. Cf. Jz 6,11; 1Sm 11,5.
229. Sobre os fatores comuns que favorecem o surgimento de escravos, cf. DOMAR, *Causes*. Para mim é altamente interessante o fato de GOTTWALD, *Tribes*, que data as tradições do Código da Aliança na época pré-estatal, discutir tão pouco os problemas que aqui se apresentam. A escravidão com as respectivas leis deveriam perturbar enormemente a concepção de uma sociedade igualitária.
230. É verdade que os profetas praticamente nunca utilizam o termo "escravo", mas falam do "justo" (*ṣaddīq*), do pobre (*'ebyōn*), respectivamente da mulher jovem (*na'arāh*). Isso obviamente tem a ver com a intenção ou com a visão da realidade. É mais importante falar, p. ex., de "comprar" e "vender", e nisso há uma correspondência incrível no que tange aos conceitos utilizados. Cf. p. ex. Am 2,6; 8,6 com Ex 21,2.7. Sobre isso, LIPINSKI, *Sale*; id., art. *mkr*.

Ex 21,20 Se alguém ferir o seu escravo ou a sua escrava com uma vara, e este morrer debaixo de sua mão, será vingado.
²¹ Mas, se sobreviver um dia ou dois dias, não será vingado, porque é dinheiro seu.

A primeira frase corresponde à regra básica de Ex 21,12. Também aí se trata de bater, tendo a morte como consequência; a vítima, porém, é um livre (*'îš*)[231]. E o que é expressamente formulado no v. 20, isto é, que a morte do autor deverá acontecer através de vingança de sangue (*nqm*)[232], também é pressuposto no v. 12 como normal. Isso ainda continua válido mesmo em textos pós-exílicos como Nm 35 (v. 19)[233]. Ainda assim, a formulação mais genérica "certamente deverá morrer" (*mōt yūmāt*), no v. 12, não é casualidade. No caso de pessoas livres, a consequência da morte para o autor é formulada de modo absoluto, portanto, independentemente se existe ou não um vingador de sangue e se esse está em condições de realizar a vingança. No caso de escravos, menciona-se expressamente o tipo de realização. Isso perfaz uma diferença muito grande no caso dos escravos, que são estrangeiros ou que foram vendidos a regiões estranhas de Israel; em suma, pessoas que foram separadas de sua família. Aqui se pode discutir se de fato poderia aparecer um vingador de sangue.

A diferença principal, porém, está na expressão "debaixo de sua mão", e isso se mostra com toda a clareza na frase seguinte do v. 21: se a pessoa batida ainda puder ficar de pé por um ou dois dias, não deverá acontecer nenhuma vingança de sangue[234], "porque é dinheiro seu". A morte do escravo significa um dano para o dono do escravo. Ele mesmo se prejudicaria com o dinheiro investido no escravo. Por isso, a vingança de sangue é interditada. A vingança de sangue tradicionalmente acontecia em todos os casos de lesões corporais graves. Para tais ca-

---

231. Sobre *'îš*, cf. a seguir p. 238.
232. Sobre isso LIPINSKI, art. *nāqam*, p. 605ss.
233. Sobre a vingança de sangue, cf. a seguir p. 230, 247ss.
234. SCHWIENHORST-SCHÖNBERGER, Bundesbuch, p. 78, considera uma tal compreensão como algo "absurdo"; cf. com mais detalhes p. 63ss. Ele acha que aqui o senhor estaria sendo protegido (análogo a CH § 115s.) "diante da acusação não fundamentada de parte da família do escravo por dívidas de ter causado a morte natural deste". Nisso, contudo, o autor não observa a analogia para com 21,18s. (cf. JACKSON, Laws of Slavery, p. 95), do qual o v. 20s. não pode ser separado em termos de crítica literária. O que é decisivo não é a (suposta) intenção, mas unicamente o que está escrito: se o escravo ainda ficar perambulando (v. 19s.!), não haverá nenhuma sanção, independente do que seja a causa da morte. A tendência de negar a dureza do v. 21 é ainda mais forte em SCHENKER, Versöhnung, p. 57ss.

sos, os *mishpatim* estipulam o pagamento de uma indenização. Isso se evidencia em 21,18s., onde igualmente não está excluída uma morte posterior[235]. Trata-se de uma analogia, ou melhor, de uma consequência de pagamentos de indenização em casos de lesões corporais o fato de os escravos, em tais situações, ganharem a liberdade (21,26s.) e o dono de escravos sofrer danos financeiros. As regulamentações financeiras de 21,21 e 21,26s. estão totalmente em conformidade com o sistema ou com o pensamento jurídico do restante dos *mishpatim*, de modo que não é necessário contar, por exemplo, com acréscimos posteriores, talvez no sentido da lei de talião[236]. Assim, em Ex 21,20s. há um conflito entre dois pensamentos jurídicos dentro dos *mishpatim*: a morte de pessoas deve ser resolvida com vingança de sangue, mas os escravos são um bem pecuniário do senhor. O compromisso está claramente presente: se, em consequência dos golpes, o escravo vier a morrer somente alguns dias depois, haverá somente uma perda de dinheiro. Aqui se protege claramente o direito dos donos de escravos sobre o corpo dos escravos, também em caso de maus-tratos graves ou gravíssimos.

A proteção da vida dos escravos é restrita ao caso especial da morte imediata do escravo. Em se tratando de escravo, este caso deveria ser uma exceção. Dificilmente a relação de senhor e escravo deve ter sido pautada por morte e assassinato. O problema é muito mais o comum e muito utilizado castigo corporal: "Escravo não se corrige com palavras", afirma-se em Pr 29,19[237]. Maus-tratos corporais de escravos são pressupostos e até sancionados nos *mishpatim*. Somente em caso de deficiências corporais graves e vitalícias é que o escravo pode ficar livre, de modo que o dono somente terá um prejuízo financeiro. Também em caso de morte, a usual vingança de sangue somente pode ser realizada em caso de morte imediata. Normalmente, a consequência de uma surra muito forte era a morte paulatina da pessoa, após alguns dias. Isso não tinha outras consequências além do prejuízo financeiro do dono. Formalmente, temos nessas disposições um tipo de direito que salvaguarda ambos os lados, o dos escravos e o dos senhores, com interesses diferentes. Mas era um direito que podia e queria evitar os maus-tratos mais graves.

---

235. Cf. a seguir, p. 227ss.
236. OSUMI, *Kompositionsgeschichte*, p. 116ss., 153s.
237. Sobre o papel de maus-tratos físicos, cf. a seguir p. 230ss.

De forma similar devemos avaliar as regulamentações básicas sobre a duração da escravidão:

Ex 21,2   Quando comprares um escravo hebreu, seis anos ele servirá; mas no sétimo sairá livre, sem nada pagar.

³   Se veio só, sozinho sairá; se era casado, com ele sairá a esposa.

⁴   Se o seu senhor lhe der mulher, e esta der à luz filhos e filhas, a mulher e seus filhos serão do senhor, e ele sairá sozinho.

⁵   Mas se o escravo disser: "Eu amo a meu senhor, minha mulher e meus filhos, não quero sair como liberto",

⁶   o seu senhor fá-lo-á aproximar-se de Deus, e o fará encostar-se à porta e às ombreiras e lhe furará a orelha com uma sovela: e ele ficará seu escravo para sempre.

No início[238] está a regra fundamental de que o escravo por dívidas[239] comprado deverá ser liberto no sétimo ano. Infelizmente, não sabemos se essa regra era nova em Israel ou se ela modificava ou regulamentava algum costume mais antigo[240]. Para a correspondente escravidão por dívidas, o Código de Hamurábi conhece um período de trabalho de somente três anos (§ 117). Se isso também

---

238. A lei está construída de forma muito precisa, cf. OSUMI, Kompositionsgeschichte, p. 104ss. Já a partir daí, a análise de camadas muito extensas feita por CARDELLINI, "Sklaven"-Gesetze, p. 247ss. é simplesmente impossível. Cf. tb. OTTO, Wandel, p. 36s.

239. Aqui não podemos abordar em profundidade os problemas implícitos no termo "escravo hebreu" ('ebed 'ibrī). A interpretação de modo algum pode ser deduzida primária ou exclusivamente a partir desse complicado problema. Aqui é discutível sobretudo se o conceito de hebreu deve ser entendido no sentido dos textos vétero-orientais do 2º milênio primariamente em sua dimensão sociológica (p. ex. LEMCHE, Hebrew Slave) ou já em sentido nacional-étnico como em tempos posteriores (cf. agora Lipinski, L'esclave hébreux). Para uma discussão mais recente, cf. LORETZ, Hebräer; • CARDELLINI, "Sklaven"-Gesetze, p. 148ss.; • FREEDMAN & WILLOUGHBY, art. 'ibrī (sempre com literatura!). Para a época da formulação do Código da Aliança, ao meu ver, devemos supor antes a aplicação veterotestamentária do conceito de hebreu, que concebe um grupo maior de povos aparentados e vizinhos de Israel (cf. p. ex. KOCH, Hebräer). Mas, independentemente dessa decisão, segundo o conteúdo do texto, está se pensando claramente em um escravo por dívidas (cf. tb. JACKSON, Laws of Slavery, p. 92s.; • SCHWIENHORST-SCHÖNBERGER, Bundesbuch, p. 303ss.). Isso se evidencia não por último pelos textos proféticos e pelos paralelos sobre a escrava; mas a ênfase de que o escravo sairá "livre", isto é, sem um pagamento de indenização, também aponta nessa direção. A escravidão por dívidas é uma prática muito comum na Antiguidade (cf. p. ex. FINLEY, Schuld-knechtschaft; KIPPENBERG, Typik, p. 39ss.), também e justamente no Antigo Oriente, inclusive com as respectivas leis de libertação (cf. CARDELLINI, "Sklaven"-Gesetze, p. 246 nota 25). Assim, a tese de Cardellini, que está na base da sua interpretação de Ex 21,2ss., é praticamente incompreensível: "Ninguém compraria um escravo se ele soubesse que, após algum tempo, teria que libertá-lo sem indenização" ("Sklaven"-Gesetze, p. 245). Já o texto de Dt 15,18 mostra que com ele se pode obter mais lucro, respectivamente mais trabalho barato do que com o diarista (que nesta época quase não existia). Por um par de sandálias (Am 2,6; 8,6) se poderia ter uma força de trabalho durante seis anos. O que haveria de difícil nisso?

240. Para isso pensou-se várias vezes em Gn 29,18.27.

era costume em Israel ou no ambiente cananeu, a transição para o sétimo ano, mesmo em se tratando de um ritmo de tempo sagrado, seria um rebaixamento considerável da situação dos escravos. Seja como for, a regra da libertação restringe o direito do comprador de escravos. Ele deve despedir a sua propriedade "de graça" (*ḥinnām*), sem qualquer indenização ou pagamento. Seja qual for o tamanho da dívida – grande ou pequena – que tenha levado à venda e à servidão, ela agora é considerada paga. O motivo poderia ter sido a sandália de Am 2,6 ou as impagáveis cinco vacas do ladrão de Ex 21,37.

A exegese, muitas vezes, colocou toda a ênfase na regra da libertação e a interpretou como uma determinação de proteção[241]. A parte mais longa da lei, todavia, não trata da libertação, mas de modalidades que permitem a transição para a escravidão permanente. Se o escravo declarar diante de Deus (*hāʾelōhīm*): "eu amo meu senhor" – este está em primeiro lugar; que cinismo! – "minha mulher e meus filhos", então ele se torna escravo para sempre (*lᵉʿōlām*), recebendo uma marca inapagável na orelha[242].

Devemos partir do pressuposto de que era interesse do dono do escravo que tudo o levasse a essa opção. No texto, menciona-se explicitamente o problema do casamento. Se o escravo recebeu uma mulher do senhor, essa em princípio permanecerá na escravidão, o que corresponde à regulamentação sobre a escrava em 21,7ss. Mas isso significa que todo casamento entre escravo e escrava acaba em escravidão permanente não com um automatismo de ordem legal, mas com um automatismo social[243]. Escravos por dívidas jovens em geral devem ter sido crianças ou jovens (p. ex. 2Rs 4,1ss.; Ne 5,2.5). Se eles tinham de 8 a 12 anos, somente precisamos adicionar à idade os seis anos de servidão para constatar que eles, ao fim, estavam em idade de casamento. E dificilmente se pode supor que uma pessoa adulta permanecesse solteira por um tempo tão

---

241. Cf. acima nota 174; além disso, especialmente PHILLIPS, *Laws of Slavery*, p. 62.
242. Aqui devemos pensar primariamente em divindades domésticas e nos postes das portas das casas; cf. p. ex. PAUL, *Studies*, p. 50. Acerca dos paralelos vétero-orientais e sobre a discussão a respeito, cf. DRAFFKORN, *Ilāni*; • FALK, *Exodus 21,6*; • FENSHAM, *New Light*; • id., *Role of the Lord*; • VANNOY, *Use*; • LORETZ, *Ex 21,6*; • ROBINSON, *Sabbath*, p. 133, 337ss.; • OTTO, *Wandel*, p. 36 etc.
243. JACKSON, *Literary Features*, p. 236; • id., *Laws of Slavery*, p. 93s., aponta com razão o fato de que também o escravo masculino é usado sexualmente: "Efetivamente para gerar escravos permanentes para o seu senhor" (*Features*, p. 236).

longo. Portanto, somente no primeiro caso, em que um escravo casado inicia a sua servidão junto com a sua mulher (também ela escrava), pode-se esperar que serão também libertos sem problemas. Caso contrário, os laços familiares haverão de mantê-lo preso. Depois disso, ele também terá poucas perspectivas, por exemplo, de receber o usual dinheiro de casamento; tudo então dependerá dos parentes, que, em caso de insolvência, já poderiam ter auxiliado mais cedo. E nesse período ainda não havia diaristas.

Se lermos a lei a partir da realidade social conhecida, e também a partir de outros textos, então Ex 21,2-6 não é uma determinação de proteção, mas uma regra que na maioria dos casos deve ter lançado os escravos homens na servidão permanente. Formalmente, a lei busca um equilíbrio de interesses de ambos os lados. É possível que, diante de situações sem lei, essas formulações tenham garantido algum direito aos escravos. Ainda assim, com toda certeza, a lei deve ter impulsionado o surgimento da escravidão por dívidas e, com isso, para muitas pessoas, ter impedido a possibilidade de um direito próprio. Ex 21,2-6 poderia perfeitamente ser uma das sentenças jurídicas condenadas em Isaías 10,1s.

De uma forma mais maciça, isso se verifica também nas regras para as escravas[244].

Ex 21,7 *Se alguém vender sua filha como escrava, esta não sairá como saem os escravos.*

[8] *Se ela desagradar ao seu senhor, que (ainda) não determinou sobre ela[245], este a fará resgatar; não poderá vendê-la a um povo estrangeiro, usando de fraude para com ela.*

[9] *Se a destinar a seu filho, este a tratará segundo o costume em vigor para as filhas.*

[10] *Se tomar para si uma outra mulher, não privará do alimento, nem da vestimenta, nem da moradia a primeira[246].*

[11] *Se a frustrar nessas três coisas, ela sairá sem pagar nada, sem dar dinheiro algum.*

---

244. Sobre a interpretação, cf. além dos comentários também MENDELSOHN, *Conditional Sale*; • DE BOER, *Remarks*; • CARDELLINI, "*Sklaven*"-*Gesetze*, 251ss. (literatura!); • SCHENKER, *Affranchissement*.
245. Assim o ketib do texto massorético; cf. a seguir p. 224s.
246. A interpretação usual de '*onāh* para a relação sexual (KBL 3. ed.; cf. CAZELLES *Études*, 49; • NORTH, *Flesh*; • BOECKER, *Recht*, p. 138s. e outros) é questionável; mesmo em sentido meramente moral, o senhor dificilmente poderia ser obrigado a isso. Mais convincente do que a interpretação de Paul, *Studies*, p. 57ss., no sentido de "óleo", é a proposta por VON SODEN, *Wörterbuch*, p. 198s., que propõe entender a palavra no sentido de "moradia"; cf. tb. STENDEBACH, art. '*ānāh* I, p. 246.

Enquanto para os escravos homens a questão do fundamento e do motivo do ser vendido permanece obscura, nesta passagem tudo muda de figura: trata-se da venda de filhas. A partir da estrutura da família, na qual a propriedade da terra e com isso também a liberdade está ligada aos filhos, as filhas são as primeiras a serem vendidas em tempos de necessidade[247]. Elas também devem ter sido bem atrativas para os donos dos escravos, tanto por sua força de trabalho quanto pelas possibilidades sexuais. Em termos jurídicos, as filhas que estavam sob a autoridade do pai certamente eram semelhantes às viúvas[248]. As palavras de Isaías: "...para despojar as viúvas" (Is 10,2) poderiam tornar-se realidade também dessa forma.

As escravas não serão libertas no sétimo ano assim como os escravos. O seu destino em geral era definitivo e estava traçado para o resto da vida. A única exceção que a lei conhece é, no v. 10s., a negligência no fornecimento das possibilidades elementares de vida como alimentação e vestuário, bem como moradia. A última afirmação não é bem clara[249]. A palavra hebraica *'ōnāh* em geral refere-se à relação sexual, que não pode ser negligenciada. Mas isso não tem nenhum paralelo no Antigo Testamento e no seu entorno e já por isso é muito improvável, uma vez que a lei fala de uma forma genérica, incluindo, portanto, também mulheres mais idosas. A mulher permanece escrava para sempre, talvez não por último porque ela é obrigada a entrar em relação similar ao casamento. Nisso está colocada a ênfase da lei, e aí está a sua ambivalência. Am 2,7 critica o fato de que "um homem e seu pai vão à mesma jovem". Aí se faz referência a uma mulher dependente (*na'arāh*), mais provavelmente uma escrava, que dessa forma é transformada em uma espécie de "prostituta doméstica"[250]. A lei de Ex 21,7ss. tem o objetivo de evitar isso. A escrava deverá estar em uma única e duradoura relação sexual. O texto fala da subordinação em relação ao senhor de escravos e ao filho deste. A regra do v. 9 de que em caso de casamento da escrava com um fi-

---

247. Cf. especialmente Ne 5,5; acerca da estrutura familiar por trás desse texto, cf. CRÜSEMANN, *Mann und Frau*, p. 42ss.
248. A opinião de que aqui se trata exclusivamente de mulheres jovens virgens (assim p. ex. LEMCHE, *Hebrew Slave*, p. 143) não está assegurada a partir da literalidade do texto. Por que, por exemplo, jovens viúvas deveriam estar excluídas?
249. Cf. acima nota 246.
250. FENDLER, *Sozialkritik*, p. 43; acerca da análise do texto, cf. REIMER, *Recht*, p. 39ss.

lho, ela deverá ser tratada segundo o direito das filhas, recebendo, portanto, a mesma prenda que as filhas, certamente contribuiu para que tal coisa acontecesse regularmente. Antes que o senhor a subordine a um homem, assim afirma o v. 8, em caso de desgosto, ele poderá permitir que ela seja resgatada. Muitas vezes, através de uma alteração do texto consonantal hebraico, conjetura-se uma subordinação a si mesmo[251], no sentido de que ela não mais estaria agradando ao seu senhor. Mas isso está em contradição com o v. 10s., onde, apesar do privilégio de alguma outra mulher, ela deverá ter um sustento de vida garantido; de outra forma, ela não poderá ser vendida, mas deverá sair livremente. Devemos, portanto, permanecer com o ketib do texto hebraico[252], e nesse caso trata-se, no v. 8, de uma primeira "avaliação", na qual, por exemplo, decide-se após a compra o que vai acontecer com a mulher. O mais provável é que em caso de desgosto, isto é, quando não agrada nem ao senhor nem ao filho, o senhor ofereça a mulher para a própria família para que seja resgatada. A família, porém, dificilmente deve ter tido condições para isso. A necessidade que levou à venda não há de ter passado tão rapidamente. É discutível se nesse caso ela pode ser oferecida a estrangeiros ou a outros israelitas[253]. Nesse caso, provavelmente ocorre – talvez como fato mais comum – que o senhor dispõe da mulher para ser escrava de algum outro escravo, como se pressupõe em 21,4. Essa última possibilidade deve ter sido a regra quando israelitas ricos tinham muitos escravos e escravas. E para o caso dessa posição da escrava, minimamente assegurada, deve-se ainda cogitar a realidade de que castigos corporais, incluindo surras e danos corporais graves (21,20s.26s.), atingiam também as mulheres.

As leis acerca dos escravos nos mishpatim fazem uma intermediação entre os interesses dos compradores e senhores de escravos e os interesses dos escravos e

---

[251]. Discussão e literatura em CARDELLINI, *"Sklaven"-Gesetze*, p. 253 nota 53; SCHENKER, *Affranchissement*, p. 548ss.
[252]. Para uma fundamentação, cf. OSUMI, *Kompositionsgeschichte*, p. 106s.
[253]. Com a expressão "povo estranho" (*'am nokri*), pode-se, a partir do texto, também pensar em uma família estranha. Assim, por exemplo, JEPSEN, Bundesbuch, p. 28 nota 2; • PAUL, *Studies*, p. 54 nota 6; opinam diferente, por exemplo, NOTH, *Exodus*, p. 136, 144; • BOECKER, *Recht*, p. 138s.; sobre isso, cf. HOFTIJZER, Ex xxi 8; CARDELLINI, *"Sklaven"-Gesetze*, p. 254. A afirmação de que uma venda dentro de Israel *antes* de uma subordinação sexual de modo algum seja possível (uma vez que em caso de escravas por dívidas dificilmente poderia haver uma "livre escolha") não pode ser considerada provável a partir da tendência geral dos mishpatim e especialmente do direito dos escravos.

suas famílias. Elas instituem limites dos direitos de ambos os lados. Nisso procuram assegurar também um mínimo de direitos para os escravizados, como, por exemplo, a possibilidade de libertação no sétimo ano para os homens, bem como impor limites para a exploração sexual e a negligência total das mulheres. Ao mesmo tempo, porém, percebe-se claramente um predomínio dos direitos dos donos de escravos. Os escravos são o "seu dinheiro". O direito que aqui é codificado pressupõe a realidade social. As leis acerca dos escravos podem, por exemplo, legitimar pesados maus-tratos físicos. Elas fomentam de modo bastante cínico a transição para a escravidão permanente, ato em que perante "Deus" deve ser confessado "amor" em relação ao senhor de escravos. Essas leis também instrumentalizam de fato as escravas para segurar os escravos homens na escravidão permanente. Se a crítica de Isaías em relação a leis (Is 10,1s.) objetiva essas leis específicas, tal crítica seria totalmente adequada.

Retrospecto: a introdução dos *mishpatim* no conjunto do Código da Aliança interfere duplamente no direito dos escravos. Enquanto Ex 22,24 contrapõe às pressões econômicas que conduzem ao surgimento da escravidão a proibição da penhora de pessoas e da cobrança de juros[254], a lei de talião de Ex 21,24s. ataca maciçamente o direito da lesão corporal em escravos, porque, em caso de lesão de dentes e de olhos de escravos, também propõe a máxima: "olho por olho, dente por dente". Uma suposição interessante, mas que até agora ainda não foi plenamente comprovada, é a de que o ferimento de fogo mencionado na lei de talião em 21,25 significa sobretudo a marca de fogo imposta aos escravos e escravas[255].

As transformações que essa lei sofreu em Dt 15,12ss. mostram o quanto está justificada a dura interpretação do direito dos escravos conforme proposto acima[256]. Segundo a lei do Deuteronômio, por ocasião da libertação, o escravo deverá receber um dote com gado e sementes para pelo menos ter uma chance de recomeçar a vida. A transição para a escravidão permanente não mais será facili-

---

254. Cf. a seguir p. 262ss.
255. OSUMI, *Kompositionsgeschichte*, p. 117.
256. Para uma comparação, cf. CHAMBERLAIN, *Exodus 21-23*, p. 110ss.; • PHILLIPS, *Laws of Slavery*, p. 55ss.; • JAPHET, *Relationship*.

tada através da mulher não liberta, mas, como a mulher também deverá ser libertada, a escravidão permanente somente poderá acontecer caso o escravo considere que "está bem com o patrão" (v. 16). Isso significa que somente o bom tratamento pode possibilitar a escravidão permanente. E tudo o que vale para os escravos vale da mesma maneira para as escravas. Como ao mesmo tempo o direito de asilo vale para todos os escravos foragidos em Israel (Dt 23,16s.), a crítica do Deuteronômio à lei sobre os escravos nos *mishpatim* é fundamental[257]. Em lugar algum fala-se dos direitos especiais em relação aos escravos por ocasião de delitos de sangue ou de casos de pesadas lesões corporais. No Código da Santidade, a libertação dos escravos está programada para o ano jubilar, portanto, depois de sete vezes sete anos (Lv 25,39s.), mas, ao mesmo tempo, como ainda haveremos de mostrar[258], sob esse conceito não se entende mais a escravidão em sentido restrito[259].

β. "Será absolvido aquele que o feriu" (Ex 21,19): homicídio e lesão

Enquanto que Ex 21,12 afirma de modo contundente: "Quem ferir a outro e causar a sua morte, será morto", os *mishpatim*, no trecho de Ex 21,18-32, regulamentam a partir dessa frase principal as questões limítrofes de delitos de homicídio e de lesões corporais[260]. Nisso procura-se discutir nos v. 18s. e 22s. primeiramente dois casos, nos quais ainda se percebe claramente a sua origem em decisões de casos precedentes, mas cuja seleção e junção ao mesmo tempo abrangem uma série de outros casos:

Ex 21,18   *Se alguns litigarem entre si e um ferir o outro com uma pedra ou com o punho, e ele não morrer, mas for para o leito,*

19   *se ele se levantar e andar, ainda que apoiado em seu bordão, então será absolvido aquele que o feriu; somente lhe pagará o tempo que perdeu e o fará curar-se totalmente.*

---

257. Cf. a seguir p. 324ss.
258. Cf. a seguir p. 393.
259. Acerca do desenvolvimento e interpretação pós-canônicos, cf. p. ex. STERN, *Society*, p. 624ss.; • URBACH, *Laws Regarding Slavery*.
260. Acerca da questão sobre tais princípios no direito criminal de Israel, cf. a controvérsia entre GREENBERG, *Criminal Law*; • id., *More Reflections*, e JACKSON, *Criminal Law*. Para uma visão geral da história dos delitos de homicídio, cf. McKEATING, *Development*; • cf. tb. PHILLIPS, *Another Look at Murder*; • HAAS, *Structure of Homicide*.

²² Se homens brigarem, e ferirem mulher grávida, e ela abortar suas crianças, sem (maior) dano, o culpado será obrigado a indenizar o que lhe exigir o marido da mulher; e pagará o que os árbitros determinarem.

²³ Mas se houver dano grave, então darás vida por vida.

Em ambas as determinações, percebe-se ainda a origem em casos concretos. No primeiro caso, trata-se, por exemplo, de uma lesão que leva a pessoa a ficar pulando em um pé somente, apoiado em um cajado. A lesão, portanto, não aconteceu na região da cabeça ou do peito. No segundo caso, trata-se sobretudo das "crianças" mencionadas no plural (não há razão para riscar esse plural). Trata-se, portanto, do aborto de gêmeos. Isso ainda permite reconhecer o caso isolado[261]. Mesmo assim, aqui não houve uma justaposição de casos especialmente conflitivos. A junção abarca toda uma série de problemas básicos, ainda mais quando se tem em vista a inclusão dos direitos dos escravos e se acrescenta ainda o caso do homicídio através de um boi, mencionado no v. 28ss. Um problema que sem dúvida está por trás de todo o parágrafo obviamente é a pergunta pela intenção. Uma solução tão clara, como é alcançada através do acréscimo em 21,13[262], ainda falta por completo, e isso está em total acordo com as respectivas determinações do Antigo Oriente[263]. No v. 18, o motivo é mencionado com a palavra "litigar" (*rīb*)[264]. Trata-se de um conflito que é resolvido entre duas pessoas envolvidas, e onde a pura casualidade está excluída. As lesões corporais, portanto, foram aplicadas deliberadamente, mesmo que somente com "uma pedra ou o punho", e não com uma arma. No v. 22, por outro lado, trata-se simplesmente de uma briga, mas que envolve a lesão de uma terceira pessoa não envolvida na questão, de modo que a intenção e o planejamento premeditados de-

---

261. SCHWIENHORST-SCHÖNBERGER, Bundesbuch, p. 96ss., pensa tratar-se de um plural coletivo (GK 124a; JOÜON, Grammaire § 136j), que procuraria abarcar a diferença entre "criança" e embrião/feto. Mas a forma não pode ser explicada a partir da formação usual de plurais abstratos (cf. GK 134o; também MICHEL, Syntax, p. 88s.). Faltam paralelos exatos na linguagem jurídica; em contraposição, textos como Ex 21,18s.; Dt 24,1ss. igualmente permitem reconhecer casos precedentes. Eu acho que não se entende corretamente esse tipo de direito quando se afirma que aqui não se estaria legislando sobre casos normais do cotidiano (SCHWIENHORST-SCHÖNBERGER, p. 97).
262. Sobre isso, cf. a seguir p. 247ss.
263. Sobre isso, cf. especialmente SICK, Tötung. As mais próximas aqui são as leis hititas; sobre isso, cf. SICK, Tötung, p. 94ss.
264. Cf. LIEDKE, art. *rīb*. A palavra designa também a disputa fora do âmbito jurídico, mas sempre implicando uma disputa que pode conduzir a uma disputa jurídica.

vem ser excluídos. Segundo o v. 18s., uma grave e planejada lesão corporal deverá ser ressarcida unicamente através de indenização, isto é, do pagamento dos dias parados e dos custos de recuperação. A formulação nem sequer exclui que a morte da pessoa machucada possa ser uma consequência posterior[265]. A única condição é o homem se restabelecer até o ponto de novamente poder andar. Também no caso da mulher grávida, caso não haja "nenhum acidente fatal" (*'āsōn*)[266], isto é, se ocorrer "somente" um aborto, haverá uma indenização em dinheiro. Somente no caso da morte da mãe – assim se deve entender o "acidente fatal" do v. 22[267] – deve entrar em ação o princípio "vida por vida". O princípio de 21,12 vale, portanto, plenamente também para o homicídio não intencional e não planejado. Nos v. 28-32, finalmente, trata-se o caso de homicídio através de um boi[268]. Nisso, a partir do v. 29, é tematizada sobretudo a morte como consequência de falta de cuidado pelo boi. Aqui, em verdade, deveria ser aplicada a pena de morte (v. 29). Só que nesse caso – certamente ao contrário de outros casos como no v. 23 – é possível efetuar um pagamento de indenização (*kōfer*) em troca de sua vida (*pidyōn nafšō*).

O trecho de Ex 21,18-32 evidencia-se, em termos jurídicos, como uma unidade bem pensada e que em si abarca os problemas principais a partir do princípio estabelecido em Ex 21,12 com as questões de homicídio e graves lesões corporais. Aqui não se trata de todos os problemas, mas, sem dúvida, tematizam-se problemas relevantes e típicos das difíceis relações, até físicas, entre livres e es-

---

265. Assim tBQ IX,7 e em continuação a isso, cf. SCHMITT, Ex 21,18f.

266. Essa palavra rara aparece mais vezes na história de José (Gn 42,4.38; 44,29) e aí somente pode significar um grave acidente com morte. Assim é pouco convincente a tentativa de WESTBROOK, *Lex talionis*, de achar aqui um conceito para o problema de um autor desconhecido e que por isso também não pode ser responsabilizado.

267. A favor disso falam sobretudo os dados nas leis do Antigo Oriente, onde de modo algum aparece o simples aborto. A alternativa é sempre a morte somente do feto ou também da mãe (Codex Lipit-Ishtar III,2-4; Leis sumérias § 1s.; CH § 209-214; MAR § 21.0-52; HG § 17s.). Assim também Loewenstamm, *Ex 21* (opina diferente, por exemplo, KLINE, *Lex Talionis*), bem como a interpretação rabínica tradicional (cf. RUBIN, *Nasciturus*). Por isso, no judaísmo, a morte de vida não nascida não pode ser equiparada com a vida nascida. A tradicional valoração cristã da morte de não nascidos baseia-se não por último na versão da LXX de Ex 21,22s. Nesta versão, a alternativa está colocada no grau de "desenvolvimento" do feto: μὴ ἐξεικονισμένον – ἐὰν δὲ ἐξεικονισμένον. A partir daí, Agostinho coloca a contraposição entre *informatus* – *formatus*, relacionada com o embrião. À morte do feto formado refere-se então o princípio "vida por vida", isto é, a pena de morte. Sobre o todo, cf. FELDMAN, *Birth Control*.

268. Sobre isso cf. V. SELMS, *Goring Ox*; • JACKSON, *Goring Ox*; • YARON, *Goring Ox*; • FINKELSTEIN, *Ox*.

cravos. Nisso, trata-se sobretudo da questão da respectiva responsabilidade[269], como bem o evidencia a falta de qualquer indicação acerca do grau de castigo[270]. É claro que em casos de lesões corporais intencionais e não intencionais e até em caso de homicídio por falta de cuidados, preveem-se restituições, portanto, pagamentos de indenização em dinheiro[271]. As formulações permitem reconhecer em alguns pontos que, de modo geral, se trata da limitação, da permissão ou até da proibição da vingança de sangue[272]. O escravo diretamente morto pode ser "vingado" (21,20). Por outro lado, quando a vítima novamente pode ficar de pé, o autor é absolvido (21,19). No caso de 21,29s., fica ao encargo das negociações das vítimas com o autor estabelecer o que vai acontecer.

A fórmula de talião, que aparece no meio desse texto, com a sua afirmação "olho por olho" e até "batida por batida", obviamente contrapõe um princípio diferente a tudo isso. Essa lei de talião protesta não somente contra a justiça de classe com a sua diferença entre livres e escravos, mas também contra as regulamentações financeiras das lesões corporais. A regulamentação jurídica de surras e lesões corporais, como é aqui apresentada, tem um lado social e devemos procurar esse lado para podermos entender o funcionamento das regulamentações sociais dos *mishpatim* e a intenção da fórmula de talião.

Sobre a violência física imediata se fala não somente com relação aos escravos (Pr 29,19), mas esta também aparece em outras partes do Antigo Testamento com referência a conflitos sociais. Assim, por exemplo, Jó, o paciente piedoso, jura na sua grande defesa de purificação, que deveria comprovar a sua inocência: "Se levantei a mão contra o 'inocente'[273], porque eu via auxílio para mim na Porta..." (31,21). A pessoa que na Porta, isto é, no lugar do julgamento, tiver auxiliares suficientes, poderá impunemente maltratar fisicamente pessoas inocentes. O próprio Jó reclama que ele foi batido no rosto (16,10), mas também se

---

269. Sobre isso, cf. FENSHAM, *Nicht-Haftbar-Sein*.
270. Com OSUMI, *Kompositionsgeschichte*, p. 135ss.
271. Sobre isso há uma terminologia muito erudita e bem diferenciada. Assim, por exemplo, a restituição financeira em 21,19.22.30 é designada sempre de modo diferente. Acerca do direito judaico pós-canônico, cf. KAHANA et al., *Bodily Damages*. Para uma comparação com o direito do Antigo Oriente, cf. Otto, *Körperverletzungen*.
272. Sobre isso cf. MERZ, *Blutrache*; • TULLOCK, *Blood Vengeance*; • LEMAIRE, *Vengeance*.
273. Ao invés de '*al-yātōm*, deve-se, seguindo muitos comentários, fazer a separação textual '*alē-tām*, uma vez que os órfãos já foram mencionados no v. 17.

vangloria de muitas obras de generosidade para com pessoas socialmente fracas: "eu quebrava as mandíbulas do malvado" (29,17). De semelhante violência sempre de novo podemos ouvir nos Provérbios: "Açoitar os nobres ($n^e d\bar{\imath}b\bar{\imath}m$) é contrário ao direito" (17,26); "Os vergões das feridas purificam do mal, e os açoites, o mais íntimo do corpo" (20,30). Ferimentos e lesões, os dois últimos elementos da fórmula de talião de Ex 21,25 podem, segundo isso, ser perfeitamente aplicados contra o "mau" (*ra'*) (cf. adiante Pr 17,10; 19,25). A palavra proverbial também conhece as atrocidades indenizadas com dinheiro: "O resgate (*kōfer*) da vida de um homem é sua riqueza" (Pr 13,8)[274].

Podemos acentuar ainda mais essas indicações provenientes da Sabedoria para destacar a função de batidas e lesões corporais, apontando para as correspondentes denúncias dos profetas. Em especial no século VIII, a opressão dos mais fracos através dos poderosos sempre de novo é descrita como uma agressão corporal direta. É possível que muita coisa seja simbólica ou metafórica nas palavras dos profetas, mas, em geral, sem dúvida alguma, não se trata somente de metáforas.

> Am 2,7   *Eles esmagam sobre o pó da terra a cabeça dos fracos.*
> Is 3,15   *Vós esmagais a face dos pobres!*
> Mq 3,2b   *...que lhes arrancais a pele,*
>   *e a carne de seus ossos.*
> ³ *Eles que comem a carne de meu povo,*
>   *arrancam-lhe a pele,*
>   *quebram-lhe os ossos,*
>   *cortam-no como carne na panela*
>   *e como vianda dentro do caldeirão...*[275]

Especialmente os profetas falam sempre de novo da comercialização do direito. Corrupção é um termo-chave na crítica profética. Será que com um direito como o dos mishpatim os ricos já não estariam em condições de fazer muitas coisas só pelo fato de não terem problemas com as multas em dinheiro? Muitas vezes,

---

274. Cf., além disso, Jr 20,2; 37,15; Is 58,4. Também os rezadores dos Salmos pedem – como em Jó 29,17 – várias vezes que Deus quebre os dentes dos seus adversários (Sl 3,8; 58,7). Considero improvável a hipótese de que por trás dessa constante violência aos dentes esteja um rito legal, como propõem Hacklett/Huehnergard, *Teeth*.
275. Tradução do texto segundo a interpretação de WOLFF, *Micha*, p. 59.

porém, também está documentado o contrário: através deste procedimento, arranca-se dinheiro dos mais pobres e fracos, muitas vezes com base em falsas acusações. Com isso, sem dúvida alguma, afundam-se os pobres ainda mais no endividamento e na dependência.

Am 2,8   Eles bebem vinho daqueles que estão sujeitos a multas (ʿanūšīm).
Am 5,12 Eles aceitam suborno (kōfer)
         e repelem os indigentes à Porta.

Dessa forma[276], os profetas do século VIII permitem reconhecer o caminho jurídico como uma possibilidade de fazer dinheiro e através disso cortar a possibilidade do processo jurídico dos fracos. Nisso tudo, as agressões físicas contra a integridade corporal, bem como o direito direcionado para as indenizações em dinheiro, desempenham um papel muito importante, como é bem perceptível nos mishpatim. Esse é o contexto social a partir do qual devemos entender a inclusão da fórmula de talião dentro de um direito que se apoia em um princípio completamente diferente.

γ. "Se não tiver com que pagar" (Ex 22,2): delitos contra a propriedade

Ex 21,37–22,16 trata de delitos contra a propriedade. A palavra-chave que sempre de novo aparece é "pagar, fazer uma indenização" (šlm pi.). Esse termo estrutura todo o trecho[277]. Um após o outro, são tratados os temas de roubo (21,37–22,3), danificação de roças ou vinhas de outros através de gado e fogo (22,4s.), contratos de guarda para objetos de valor ou gado (22,6s.9-12), empréstimo ou aluguel de animais (22,13s.), bem como prejuízos do direito paternal relativo ao dote de casamento das filhas (22,15s.) – esse último tema está perfeitamente enquadrado aqui a partir da estrutura geral[278]. Ex 22,7.8.10 mostra nesse contexto o grande papel do juramento e do sorteio na busca pelo esta-

---

276. Cf. tb. Is 1,23: "todos são ávidos por subornos e correm atrás de presentes!" Os presentes (šalmōnīm) devem ser entendidos a partir da correspondente expressão acádica, significando "presentes de agrado"; assim segundo JANOWSKI, Vorgeschichte, p. 242 nota 73; • KÜMMEL, Bestechung, p. 61ss.. A partir do conteúdo e da raiz verbal utilizada, pode-se postular também uma relação com o verbo šlm pi., tão importante para o Código da Aliança, e que significa "substituir algo por pagamento, indenizar".

277. Cf. especialmente OTTO, Wandel, p. 12ss.; • OSUMI, Kompositionsgeschichte, p. 122ss.

278. A determinação, em geral direcionada para a própria família, deve ser entendida no sentido proposto por OSUMI, Kompositionsgeschichte, p. 132s., como parte das regras de propriedade.

belecimento do direito[279]. Regulamentações tradicionais de vizinhança e ajudas entre parentes parecem não mais serem suficientes para estabelecer as regras para a solução dos conflitos que vão surgindo nessa sociedade.

Esse trecho, assim como o anterior, está formulado totalmente na tradição da linguagem jurídica do Antigo Oriente. O bloco está muito bem construído e quer regulamentar, pelo menos em princípio, todos os problemas emergentes, sobretudo os de responsabilidade civil. Sobretudo a determinação de princípio em Ex 22,8 mostra que aqui não se trata tanto de casos individuais, mas de regulamentações que valem para muitos casos análogos. Aqui não queremos mais tratar os detalhes e as finezas jurídicas[280]. Estes constituem um lado da moeda; a sua função e influência na realidade social são o outro lado. Somente em alguns casos podemos avaliá-los com a devida fundamentação.

Uma chave importante para a compreensão histórico-social reside em 22,2: "se não tiver com que pagar, será vendido por seu furto". No contexto, trata-se de roubo de gado (21,37ss.)[281]. Para isso deve haver uma indenização de cinco ou quatro vezes o valor roubado. Somente isso já evidencia em que medida aqui está sendo protegida a propriedade de gado. As sanções são mais fortes do que em muitos outros delitos. Seu significado também é ressaltado pelo texto que parece ser uma espécie de acréscimo, em 22,1.2a, onde se trata do problema da morte em flagrante de um ladrão. Segundo 22,2b, o ladrão deverá, agora, sob qualquer condição, pagar a indenização solicitada (*šallem y^e šallem*), e isso mais vezes. Mesmo que os animais roubados ainda se encontrem na presença do ladrão, podendo ser devolvidos ao dono, deve ser feita uma indenização em dobro (v. 3). Nesse contexto aparece agora, em 22,2b, a questão do que deve ser feito "se não tiver com que pagar", portanto, se o ladrão não pode pagar as indenizações exigidas. Nesse caso, ele deverá ser vendido, passando, portanto, para a situação de escravidão. *Quem rouba por pobreza está ameaçado com a escravidão.* A regula-

---

279. Acerca do material vétero-oriental, cf. FRYMER-KENSKI, *Judicial Ordeal*.
280. Sobre isso há muitos detalhes em OTTO, *Depositenrecht*.
281. Ex 21,37–22,3 muitas vezes é dissecado pela crítica literária. Cf. a visão geral em SCHWIENHORST-SCHÖNBERGER, *Bundesbuch*, p. 162ss. (ele mesmo vê 22,1s. como um acréscimo dentro de 21,37; 22,3). Porém, não existe nenhum motivo sério para tal crítica literária, isso se contarmos com a possibilidade da referida atração. Sobre isso, cf. OSUMI, *Kompositionsgeschichte*, p. 127s.

mentação deve ter sido uma fonte importante para o aumento da escravidão[282]. A forte proteção da propriedade deve ser vista sob o pano de fundo da crescente pobreza nesta sociedade. Se fosse um homem com uma só ovelha, como no caso da história de Natã (2Sm 12,3), e se ele agisse como o seu vizinho rico, deveria ser vendido como escravo. E se Amós afirma que "justos" (*ṣaddīqīm*) são vendidos (2,6), pode ser um indício de que ele não quer aqui falar de ladrões pegos em flagrante.

Para os problemas do dia a dia dos israelitas pequenos e empobrecidos, as questões tratadas detalhadamente em Ex 22,6ss. acerca de contratos de vigilância e aluguel devem ter sido ainda mais relevantes. Os pobres pedirem emprestado deve ter sido uma coisa comum, e até alugar a própria pessoa e os seus animais a outros fazia parte disso. Um dos poucos casos que conhecemos a partir de uma narração consta em 2Rs 6,1ss. Aqui se fala de um dos discípulos de Eliseu que tomou emprestado um machado, deixou-o cair na água e o perdeu. Esse fato contém uma possível ameaça de catástrofe. Adquirir objeto de tal valor para depois restituí-lo supera todas as possibilidades de uma pessoa comum neste tempo. Aqui, o milagre profético livra um membro da família de ser vendido como escravo. Também no caso de vigilância de animais (22,9-12), deve-se efetuar restituições no caso de algum dos animais ser roubado (v. 11). Se um pobre jovem que está cuidando de animais não pode comprovar que o animal foi dilacerado (v. 12), havendo, portanto, a intervenção de uma força maior, ou que o animal foi machucado ou morto sem que isso seja culpa sua, o que poderia ser comprovado por um juramento (v. 9s.), então ele deverá arcar com uma indenização. Juridicamente, a regulamentação é óbvia e inevitável, pois, do contrário, para que alguém mandaria cuidar de um animal? No contexto social, porém, devemos observar o fato de que a lei já está codificada por escrito. Há assim algo de inevitável e inflexível nas regulamentações, o que impossibilita ou dificulta os arranjos que poderiam ser feitos entre vizinhos em casos bem concretos.

Os problemas do empréstimo de animais, os quais são regulamentados no v. 13s., localizam-se claramente no campo social. A diferença jurídica no caso de lesão ou morte de animais emprestados, o que é aqui tratado, reside na pergunta se o proprietário estava presente ou não. Se o dono do animal emprestado estava presente, tendo ele mesmo podido evitar o acidente, não existe nenhuma obri-

---

282. Cf. tb. JACKSON, *Laws of Slavery*, p. 97, o qual com razão ressalta que o verbo (*mkr*) também pode referir-se a uma transmissão de propriedade para o prejudicado.

gação de restituição (v. 14a). Só que muitas vezes deve ter-se dado o fato de que uma pessoa mais pobre tivesse emprestado um animal de alguém mais rico, por exemplo, para arar a terra. Dificilmente o dono do animal vai estar presente em tal atividade. De modo inverso, tudo fala a favor de que uma pessoa mais pobre, que junto com o seu animal trabalha para alguém mais rico, provavelmente vai estar trabalhando ativamente, pelo menos conduzindo o animal. Se o seu animal, que por vezes pode ser o único que ele tem, sofrer algum dano durante esse trabalho, tal pessoa não terá nenhum direito de restituição. Pode ser que a regulamentação do v. 14b: "se foi alugado, pagará o preço do aluguel" – frase que infelizmente pode ter vários sentidos[283] – já implique que no salário contratado já esteja incluída uma eventual indenização pelo animal.

Tanto para esse caso quanto para outros aqui tratados, infelizmente nos falta material ilustrativo para poder captar melhor a influência e as consequências das leis no campo social. Ainda assim, a formulação de Ex 22,6b lança um inegável lampejo de luz sobre todo o complexo das leis. Para pessoas pobres, que "não têm com que pagar" ou colocam em jogo a sua única propriedade, podem fácil e rapidamente surgir situações nas quais elas e suas famílias sofrem um prejuízo que pode superar as suas posses e, portanto, fazer com que sejam vendidas como escravas. É um destino que ameaça sobretudo as pessoas que por motivo de fome e necessidade começam a praticar algum tipo de roubo.

c) Lugar, significado e caráter

Tentarei resumir o assunto de que tratam os mishpatim nas teses apresentadas a seguir:

— Os mishpatim são um livro de leis da época da monarquia em Israel.

Em especial, o grande significado do direito dos escravos na primeira metade do Código da Aliança deixa isso claro[284]. A escravidão surgiu em Israel somente

---

[283]. Entre outras coisas, é obscuro se de fato o texto se refere a um diarista ou a um animal alugado; além disso, fica difícil definir a relação com o v. 14a. Trata-se de um detalhe do caso tratado por último ou de um problema próprio etc.? Cf. as várias possibilidades em CAZELLES, Études, p. 73; • PAUL, Studies, p. 95s.; • NOTH, Exodus, 150 etc.

[284]. A esse respeito cf. acima p. 216ss. SCHWIENHORST-SCHÖNBERGER, Bundesbuch, p. 270s., 311s. consegue escapar disso somente através de exercícios de crítica literária, nos quais retira toda a lei dos escravos do "texto-base". A sua datação antiga, para a qual somente podem ser mencionados motivos muito vagos, leva à hipótese realmente absurda da existência de escolas de escribas – que em todo o entorno de Israel sempre foram um produto da monarquia! – para a época pré-estatal (cf. esp. p. 280s.).

na época da monarquia, e a isso se reage em Ex 21 com regulamentações jurídicas. Outras características apoiam esse postulado. Assim, os mishpatim supõem uma sociedade monetária desenvolvida. Muitos problemas jurídicos deverão ser solucionados através de indenizações em prata (Ex 21,11.21.32.34.35; 22,6.16). Para outros problemas pode-se supor o mesmo ou pelo menos não se pode excluí-lo (21,19.22.30; 22,14). Também a íntima relação com as leis do antigo Oriente aponta nesta direção. Tais leis surgem na corte com os seus escribas e escolas de juristas[285]. Os mishpatim evidenciam que em Israel havia uma autonomia no desenvolvimento jurídico[286]. Desse modo, pode-se postular que aqui não temos um texto pronto que foi assumido de outro contexto. Os mishpatim participam de uma herança comum no Antigo Oriente e em princípio somente podem ter surgido em um ambiente similar.

— Os mishpatim são o código jurídico da corte de Jerusalém.

Não conhecemos nenhuma outra instituição da época da monarquia que possa melhor satisfazer todos os pressupostos para o surgimento dos mishpatim do que a corte mencionada em 2Cr 19 e Dt 17[287]. E se uma tal instituição de fato existiu, o que pode ser postulado para a época a partir do Rei Josafá, ela deve ter sido, como nenhuma outra, o lugar onde se reunia o conhecimento das tradições jurídicas do entorno de Israel e onde havia as pessoas formadas necessárias para isso. A exata linguagem jurídica e a formulação bem conduzida dos mishpatim somente podem remontar a um círculo de juristas formados. Também se pode supor que uma tal corte jurídica, numa época em que a escrita e a literatura estão em franco desenvolvimento, tenha deixado registros de suas decisões e coleções jurídicas daí decorrentes. Em parte ainda se pode reconhecer nos mishpatim a sua origem a partir de precedentes e de suas respectivas decisões (21,18s.22s.). Por outro lado, porém, não temos uma coleção de decisões exemplares, mas elas agora são parte de regulamentações legais mais abrangentes e formuladas para determinados âmbitos. O que perfaz a estrutura dos mishpatim são decisões em

---

285. Cf. KLÍMA, L'apport; • KRECHER, Rechtsleben; • WESTBROOK, Law Codes etc.
286. Sobre o grau de sistematização, cf. OTTO, Depositenrecht, p. 27; • id., Wandel, p. 66ss.
287. Cf. acima p. 136ss.

novas questões de princípio e as respectivas decisões e ensinamentos, como se pode esperar de uma corte jurídica real[288].

Em um ponto se percebe bem claramente a coincidência das competências da corte de Jerusalém com a estrutura dos mishpatim. Em Ex 21,12-17 e 22,17-19 encontramos um conjunto de delitos sobre os quais pesa a pena de morte. A pesquisa com razão tem apontado a origem desses escritos a partir de contextos jurídicos bem distintos[289]. Assim, quem bate nos pais (21,15) ou os amaldiçoa (21,17) cria conflitos puramente intrafamiliares; os casos de bruxaria (22,17) e sacrifícios a outras divindades (22,19) representam delitos relacionados com o direito sacral. Ao lado disso, consta o problema jurídico-sexual da sodomia (22,18), enquanto que o sequestro (21,16) e sobretudo o problema do homicídio, que norteia o conjunto (21,12), estão relacionados com acontecimentos dentro da esfera do clã e da família. Sejam quais forem as suposições sobre a história e as formas anteriores, o evento decisivo é que dentro dos mishpatim se dá a compilação escrita dos delitos de diferentes tipos sobre os quais pesa a pena de morte. Nesse período do surgimento dos mishpatim, independentemente de quem fosse o responsável tradicional pelo julgamento de tais delitos, ou independentemente de quem pronunciasse ou executasse a pena de morte, fosse a comunidade de culto ou a comunidade local, fosse o chefe da família ou o vingador de sangue, unicamente a compilação escrita e a coleção mostram que através dos mishpatim se expressava uma instituição, que, em última instância, adjudicava-se o direito de pena de morte. Ora, segundo Dt 17 e 2Cr 19, é justamente isso que se espera da corte de Jerusalém. Todos os casos "entre sangue e sangue" (*bēn dām l^edām*) devem ser transferidos a essa instância (2Cr 19,10; Dt 17,8). Mais claramente do que nas outras formulações da tarefa da corte jurídica, pode-se aqui constatar uma coincidência com os mishpatim e suas reivindicações.

— Os mishpatim e as instituições jurídicas criticadas em Is 10,1-4 provavelmente são idênticas.

Os mishpatim são o único livro jurídico que nos é conhecido e com o qual as leis[290] criticadas em Is 10 podem ter algo a ver e das quais se pode supor uma in-

---

288. Cf. acima p. 141, 145 etc.
289. Por último, p. ex. OTTO, *Wandel*, p. 31ss.; cf. tb. anteriormente já SCHULZ, *Todesrecht*.
290. Sobre isso, cf. acima p. 39ss.

fluência social que facilite uma tal identificação. Trata-se de leis que, por exemplo, tomam o fato da escravidão por causa de dívidas como ponto de partida de suas regulamentações legais. O fato de os próprios israelitas se venderem como escravos ou o fato de os pais fazerem isso com suas filhas são a base incontestável do direito dos escravos. As regras de casamento previstas nessas leis muitas vezes devem ter ajudado a facilitar a transição para a escravidão permanente e com isso também para a perda dos direitos básicos de cidadania. Também outras leis devem ter influenciado no sentido de afastar os mais fracos de seus direitos. Dessa forma, os *mishpatim* são, no seu conjunto, um direito classista, que jurídica e claramente diferencia o "homem livre", o *'iš*, do escravo. O "homem" está no centro do direito dos *mishpatim*[291]. Todo o direito está direcionado para ele. Mesmo assim, não se pode negar que os *mishpatim*, com toda a sua competência jurídica existente na época, são um direito bem formulado, procurando estabelecer uma conciliação entre os partidos. Trata-se de regras para conflitos entre senhores e escravos, gente que surra e gente que leva surras, proprietários e ladrões, donos e pastores etc. Também não se pode negar que as regras procuravam trazer para ambos os lados, também para os mais fracos, uma fixação de seus respectivos direitos e uma importante medida de confiabilidade e segurança jurídica. Mesmo assim, evidencia-se aqui o que uma análise histórico-social do direito sempre observou: "que a ordem legal [...] não é outra coisa senão a legitimação das relações de poder intercursivas, que existem entre os diferentes grupos políticos dentro da comunidade jurídica"[292]. Tanto aqui quanto em outros lugares, "o estado de direito de uma sociedade [...] é uma função de sua estrutura real"[293]. Se Isaías critica o estado da sociedade, e ninguém pode duvidar de que ele o faz, ele também critica e deve criticar o direito correspondente que alicerça as relações nesta sociedade. É verdade que não se pode comprovar uma identidade dos *mishpatim* com as leis de Is 10,1ss., e assim permanecem perguntas. Isso acontece porque somente conhecemos uma parte do direito e dos atos jurídicos daquela época e certamente nem todos foram acolhidos no Código da Aliança. Mesmo assim, trata-se nos *mishpatim*, se é que os entendemos corretamente, não de quaisquer determinações, mas de um código exemplar da corte jurídica de Jerusalém, que

---

291. Assim em Ex 21,7.12.14.16.18.20.22.26.28.29.33.35.37; 22,4.6.9.13.15.
292. GEIGER, *Vorstudien*, p. 350.
293. Ibid.

decidida e sistematicamente busca abranger os conflitos sociais fundamentais, como, por exemplo, a escravidão, mas também as violências físicas e os delitos de propriedade em uma sociedade que está em processo de dissolução. Para o profeta do juízo, um tal direito, que procurava perseguir somente as regulamentações formais das questões legais, já era parte de uma desgraça maior que se aproximava como uma catástrofe.

— *O significado duradouro dos mishpatim reside sobretudo no seu modelo de um equilíbrio entre autor e vítima.*

Os mishpatim são primeiramente parte do Código da Aliança e, então, da Torá como um todo. Esta corresponde melhor ao direito do entorno vétero-oriental de Israel, certamente correspondendo assim também de forma mais ampla ao direito de fato praticado na sociedade de Israel antes do exílio. Quando não interpretamos os mishpatim desde o princípio à luz da crítica que receberam a partir de sua introdução no Código da Aliança, mas entendemos essas leis primeiramente a partir de si mesmas, perceberemos que os mishpatim não contêm um direito ideal, mas um direito que se poderia chamar de direito positivo daquela sociedade — isso com todas as reservas contra o conceito moderno de direito positivo. Essas leis refletem muito bem as relações de poder da sociedade na qual surgiram. Constituem um direito que, como todo tipo de direito, pode ser pervertido e provavelmente foi usado unilateralmente, sendo, portanto, pervertido. Assim, Is 10,1s. pôde conceitualizar a sua problemática. A inclusão dos mishpatim na Torá não ocorreu sem uma vinculação com determinados princípios de interpretação mais importantes. Nesse processo, também devem ter ocorrido intervenções corretivas[294].

Os mishpatim, porém, encontraram o seu caminho de entrada na Torá e até constituem uma de suas bases. É um acontecimento de alta relevância teológica. Se perguntarmos pela sua contribuição básica para a Torá, podemos mencionar em primeiro lugar o seu princípio legal fundamental: a busca de equilíbrio entre o autor do delito e a vítima. Os mishpatim estão totalmente interessados em determinar para os dois grandes âmbitos legais das lesões da integridade corporal e dos delitos de propriedade, por um lado, os limites de responsabilidade e, por outro, as regras básicas para o restabelecimento e a indenização das pessoas que

---

294. Cf. acima p. 211ss. e a seguir p. 241ss.

sofreram danos. Excluindo o caso limítrofe da pena de morte, a consequência dos delitos legais tratados, em geral, é a indenização ou o pagamento de multas[295] para as pessoas prejudicadas. Esse traço básico, que busca sobretudo a reconciliação[296], está além de todos os conflitos científicos em torno da interpretação das questões isoladas. Em lugar algum se trata de pura e simples aplicação de castigo; castigos com privação de liberdade ou pagamento ao estado – ao invés de pagamentos à vítima – são desconhecidos e até impensáveis neste período[297].

Aqui devemos chamar a atenção para o fato de que, na discussão do direito penal das últimas décadas, houve vozes que, face aos problemas do moderno direito penal, apontaram para esta diferença em relação ao pensamento bíblico e expressamente fizeram a tentativa de fazer frutificar esse fato para um novo começo no pensamento do direito penal[298]. Exegeticamente podemos questionar muitas coisas em tais trabalhos[299], mas, em termos de conteúdo, existe uma importante contribuição potencial da Torá para uma visão teologicamente fundamentada do direito penal – e isso tem o seu cerne nos mishpatim como parte da Torá. A Igreja Evangélica na Alemanha (EKD), em um documento público de 1990 acerca do direito penal, buscou acolher em boa medida um tal princípio e falou da "necessária superação do pensamento vingativo do direito penal e da possibilidade de uma solução pacífica dos conflitos"[300]. Até onde posso avaliar, isso, porém, acontece sem uma necessária relação com as bases bíblicas de um tal pensamento jurídico[301].

---

295. Restituições puras e sanções encontram-se lado a lado. Essa junção está sistematicamente estruturada e não deve ser transformada em princípio de crítica literária. Acerca das tentativas de Otto, cf. acima p. 215s. Independentemente de como analisamos o desenvolvimento histórico-legal, questão essa que aqui pode ficar em aberto, é importante destacar que ambas as coisas somente podem ser direcionadas diretamente à vítima, respectivamente à sua parentela.
296. Sobre isso, cf. SCHENKER, *Versöhnung*.
297. Acerca do processo completo da transformação histórico-legal, basta aqui lembrar a tentativa eclética de V. HENTIG, *Strafe* II, p. 159ss.; • BIANCHI, *Tsedaka-Modell*; • FOUCAULT, *Überwachen und Strafen*.
298. Cf. p. ex. BIANCHI, *Tsedaka-Modell*; Id., *Alternativen zur Strafjustiz*; • WIESNET, *Die verratene Versöhnung*; • KOCH, *Jenseits der Strafe*.
299. Aqui busco retomar os conteúdos de STOLZ, *Exegetische Anmerkungen*; nesse artigo algumas coisas deveriam ser vistas mais criticamente, mas isso pode aqui permanecer implícito.
300. *Strafe: Tor zur Versöhnung?*, p. 57ss.
301. As aporias apontadas no memorando (esp. p. 66ss.), que no próprio escrito quase não são superadas, são um exemplo de impotência teológica, que é inevitável através de uma renúncia precipitada das bases bíblicas mais fundamentais.

3. Direito divino: a concepção de Torá do Código da Aliança

a) Linhas fundamentais e acentos principais

No início da história do direito escrito de Israel, estão, portanto, dois textos muito diferentes, que foram assumidos e integrados no Código da Aliança. Ambos estão enraizados nos conflitos ocorridos pela formação do estado no século IX aC. O primeiro texto contém a exigência da oposição religiosa do Reino do Norte e busca transformar em prática de vida a adoração exclusiva de Yhwh. O outro texto é uma expressão parcial da instituição jurídica estatal, organizada segundo a tradição jurídica do Antigo Oriente, com o qual a classe dirigente de Judá reage legalmente aos maciços problemas da emergente sociedade de classes com a existência de escravidão e economia monetária. O Código da Aliança[302] interliga os dois textos e coloca ao lado deles como acento mais importante de conteúdo próprio a exigência de justiça social. A proteção aos estrangeiros (22,20s.; 23,9) e aos pobres (22,24s.), bem como a correção ao direito dos escravos (21,24s.), em termos de conteúdo, são os aspectos principais[303]. A formulação de regras para o procedimento em processo jurídico (23,1-8) constitui um instrumento central para isso. Com isso, a adoração exclusiva do Deus de Israel é identificada com um comportamento que busca a justiça social para as pessoas socialmente fracas, bem como com a observância de um calendário religioso mais antigo, constituído de datas e regras de sacrifícios.

Em termos formais, por ocasião dessa estruturação, o bloco dos *mishpatim* é, em grande parte, assumido como tal, recebendo somente correções em dois lugares. Essas duas correções (Ex 21,13s.24s.), contudo, colocam claramente outros acentos perfazendo, assim, as costuras da composição geral dentro dos *mishpatim*. Por outro lado, os mandamentos (*tōrōt*), se comparados com a versão de Ex 34,11ss., são modificados de uma maneira mais ampla[304]. Eles são arranjados de forma nova (lei do altar: 20,24ss.; proibição de amaldiçoar: 22,27; ano sabático: 23,10ss.[305]). Além disso, são intimamente ligados aos mandamentos da

---

302. Pensa-se aqui na composição geral independentemente da restrita camada de interpretação que está formulada na 2ª pessoa do plural; sobre isso, cf. a seguir p. 279ss.
303. Para maiores detalhes, cf. a seguir p. 257ss.
304. Maiores detalhes em HALBE, *Privilegrecht*, p. 440ss.; • OSUMI, *Kompositionsgeschichte*, p. 70ss.
305. Disso vamos tratar mais detalhadamente no contexto do Deuteronômio. Cf. a seguir p. 317ss.

justiça. Em termos literários, esse processo foi primeiramente descrito por Halbe, tendo ele também percebido o seu significado teológico[306].

Sobretudo através da colocação da lei do altar (Ex 20,24-26) como a porta de entrada, o conjunto é introduzido como discurso divino, o que é continuado em 22,20ss. Unicamente os *mishpatim* se excluem desse tipo de alocução, excetuando-se aí os acréscimos em 21,13s. Essa posição especial dos *mishpatim*, que pode ser explicada em termos de crítica literária e de história da tradição, tem um grande significado teológico: O direito "positivo" é, assim, parte integrante e necessária da composição geral. Sem esse tipo de direito, não se pode conceber o direito de Deus tal qual é estruturado pela primeira vez aqui no Código da Aliança. Esse direito, todavia, recebe uma continuação através de novos acentos (especialmente 21,13s.) e é confrontado corretivamente com a extensa exigência por justiça para os mais fracos (21,24s.; 22,20ss.). Mesmo assim, o direito dos *mishpatim* não é apresentado da mesma forma como discurso divino direto como é o seu contexto, mesmo que tenha sido assumido como parte integrante do discurso divino.

Para poder perceber melhor essa concepção teológica e jurídica do Código da Aliança, sobre a qual se baseia todo o restante da história da Torá, queremos a seguir interpretar as formulações que apresentam os acentos novos mais importantes. O que elas significam não pode ser restrito unicamente ao seu sentido literal. Para a interpretação das fontes mais antigas o significado e a função devem estar necessariamente presentes; somente assim se podem captar melhor os contornos do novo conjunto. Os textos mais importantes não são somente aqueles que em termos de conteúdo trazem novas interpretações, mas também aqueles elementos que sobressaem na composição literária geral.

b) O "lugar" de Deus: o Código da Aliança como discurso divino

α. O "lugar" de Deus como elemento de composição

Em três lugares no Código da Aliança se fala de um "lugar" (*māqōm*), que é caracterizado por um agir especial de Deus e tem uma relação especial com o Deus que fala nesse texto. Já a distribuição dessas passagens mostra o seu significado

---

306. HALBE, *Privilegrecht*, p. 423ss., 451ss.

para a composição geral: estão no início (20,24) e no final (23,20ss.) do Código da Aliança, bem como no meio do bloco mais antigo dos mishpatim (21,13s.).

Em Ex 20,24b encontra-se no meio da lei do altar que abre todo o Código da Aliança a afirmação de Deus irá aparecer em "todo lugar" onde seu nome for invocado e ali trazer uma bênção. Em Ex 21,13s., em um acréscimo à lei acerca do homicídio em 21,12, formula-se a afirmação de Deus de preparar um "lugar" para onde poderia fugir aquela pessoa que involuntariamente tirou a vida de outra pessoa. E por fim consta no início da parte final do Código da Aliança em 23,20 a afirmação de que Deus enviará adiante dele um mensageiro a fim de que o interlocutor do texto possa chegar em segurança ao "lugar" que Deus vai preparar.

Nas três passagens, o "lugar" é fundamentado e constituído a partir da iniciativa de Deus. Ele deixa aí proclamar o seu nome, Ele determina e prepara o lugar. Nas duas primeiras passagens, esse "lugar" está intimamente ligado ao altar de Deus; na primeira e na terceira passagem o lugar é mencionado em ligação com o "nome" (šēm) de Deus. Desse nome também se fala em Ex 23,13, que é uma passagem central para a composição do Código da Aliança.

Se não estou equivocado, até agora a pesquisa quase não considerou relevante a inter-relação das três passagens[307]. Não se pode, porém, duvidar de que há uma interligação entre elas. Elas estão interligadas e por isso também devem ser interpretadas e explicadas reciprocamente. Como aparecem em lugares que influenciam de modo especial a concepção geral, reside nelas uma chave sem a qual dificilmente será possível uma compreensão adequada do Deus que fala nesse livro e sobretudo do modo de sua presença e de seu poder.

β. Presença (Ex 20,24-26)

No Antigo Testamento, o altar significa "a proximidade da majestade de Deus junto às pessoas, o qual atrai os que se aproximam de um modo como somente Deus pode atrair"[308] (cf. esp. Sl 43,4). Se o Código da Aliança original inicia com uma lei acerca do altar, então a presença do Deus que fala no Código da Aliança e proclama o seu direito certamente não é mais algo óbvio e inquestioná-

---

307. HALBE, Privilegrecht, p. 369ss., discute o contexto da primeira e da última; • SCHWIENHORST-SCHÖNBERGER, Bundesbuch, p. 41s., 296s. discute o contexto das duas primeiras (mesmo assim também a p. 410).
308. GÖRG, Altar, p. 291.

vel. A partir do peso do trecho de abertura, imediatamente fica claro que para a compreensão do Código da Aliança muita coisa depende do correto acesso ao seu início.

Ex 20,24   Far-me-ás um altar de terra, e sobre ele sacrificarás os teus holocaustos e os teus sacrifícios de comunhão, as tuas ovelhas e os teus bois. Em todo lugar[309] onde eu fizer celebrar a memória do meu nome, virei a ti e te abençoarei.

Primeiramente, a lei está interessada na forma exterior do altar e mais especificamente no altar dos sacrifícios de animais. Com a expressão "altar de terra" (*'adāmāh*) pensa-se primeiramente em uma construção feita com tijolos de barro secados ao vento, como está documentado pela arqueologia[310]. No v. 25s. também se concedem outros tipos de altar, na medida em que consistirem de pedras não cortadas e sobretudo não tiverem escadas. A formulação descreve mais ou menos o jeito de fazer o altar do santuário de Arad[311]. Esse consiste de pequenas pedras não cortadas amontoadas, firmadas por uma massa de argila e barro[312]. Através do v. 25, ficam excluídos os altares com buracos e que apresentam escavações e canaletas para rituais de sangue[313]. São excluídos também altares de blocos de pedras trabalhadas[314], como foi encontrado em Bersabeia[315]. Há indícios de que em Israel formas tradicionais de altares estão em contraposição a novas formas relacionadas com determinados deuses estranhos[316].

Mas a construção de um altar segundo as ordens estabelecidas não constitui por si só um lugar de culto legítimo, o que se evidencia muito claramente na for-

---

309. Não é necessário fazer uma mudança no texto hebraico (JEPSEN, *Bundesbuch*, p. 12; • CAZELLES, Études, p. 42; • SCHOTTROFF, *Gedenken*, 247); também o texto massorético (TM) pode significar "em cada lugar" (CONRAD, *Altargesetz*, 6, com documentação).
310. CONRAD, *Altargesetz*, p. 26ss.; cf. tb. Stendebach, *Altarformen*, p. 186s.; REICHERT, art. *Altar*.
311. CONRAD, *Altargesetz*, p. 41.
312. Cf. p. ex. FRITZ, *Tempel*, p. 47ss.
313. CONRAD, *Altargesetz*, p. 45ss.
314. CONRAD, *Altargesetz*, p. 44s., exclui uma tal forma, uma vez que o termo *gāzīt* no v. 25 pode significar "bloco de pedra" na época da monarquia (cf. Am 5,11; Is 9,9), mas não deve ter existido na época primitiva, na qual deve ter surgido essa lei do altar. Mas devemos partir da época da fixação literária do Código da Aliança e com isso o termo constitui uma relação aos altares de blocos de pedra desse período.
315. Cf. AHARONI, *Altar*.
316. Assim especialmente CONRAD, *Altargesetz*, p. 138s.; cf. tb. GÖRG, *Altar*, p. 297; e esp. DOHMEN, *Bilderverbot*, p. 172ss., o qual vê por trás do texto tradições nômades e uma crítica a tradições citadinas. Para uma crítica, cf. OSUMI, *Kompositionsgeschichte*, p. 157s.

mulação do v. 24b. Aí se fala de todos os lugares, nos quais Deus trará à lembrança (zkr hif.) o seu nome: "lugar" (*māqôm*) é primeiramente uma designação comum do lugar santo em destaque[317]. Para a compreensão de toda a lei do altar, devemos partir daquilo que no mundo antigo era algo óbvio, isto é, que um lugar de culto não é constituído através da edificação de um altar. O acontecimento decisivo é antes o contrário: os altares são edificados em lugares considerados sagrados através de uma revelação divina. Os lugares sagrados não eram determinados arbitrariamente pelas pessoas; eles são dados pela tradição e na sua lenda cultual remontam a um ato de descoberta e revelação, o qual indica o caráter especial do referido lugar[318]. Assim, na lei do altar do Código da Aliança, não se fala de nova fundação de lugares de culto ou da edificação arbitrária de altares, mas exclusivamente de que o altar, e com isso também o culto nos santuários de Yhwh, deve corresponder ao Deus que é venerado. O v. 24 designa o que perfaz a essência de tais lugares: a presença de Deus, a sua proximidade. A ela está ligada a bênção que é esperada pelas pessoas que visitam o santuário. A esse Deus são trazidos os sacrifícios de um modo correto. A lei do altar quer preservar e assegurar esse modo contra formas falsas.

A restrição decisiva contra a compreensão tradicional de santuários está no v. 24b. Para a presença divina, não são garantias nem o lugar como tal, nem sequer o altar legítimo e seu culto, mas somente o fato de que Deus mesmo traz para lá o seu nome, isto é, permite que ali seja proclamado e invocado[319]. Pensa-se aqui naquilo que Israel não deve fazer com o nome de outros deuses (Ex 23,13). Mas somente em 20,24b esse verbo (*zkr* hif.) é utilizado em relação ao próprio Deus. No que se está pensando concretamente? Tem-se sublinhado a necessidade de que esses lugares sejam caracterizados por lendas cultuais relacionadas com o nome de Yhwh — pense-se, por exemplo, em Gn 28,10ss. para o caso de Betel: "Através da proclamação do nome, o lugar de culto nos santuários é legitimado como lugar de culto de Yhwh"[320]. Uma tal restrição, contudo, dificilmente é suficiente. Deve tratar-se de uma proclamação que se realiza na atualidade; "tra-

---

317. Cf. GAMBERONI, art. *māqôm*, esp. p. 1.118ss.
318. Cf. LINDBLOM, *Theophanies*; SCHMIDT, W.H. *Glaube*, p. 31ss.
319. Para o termo *zkr* hif., cf. SCHOTTROFF, *Gedenken*, p. 244ss.; • EISING, art. *zākar*, p. 582ss.
320. SCHOTTROFF, *Gedenken*, p. 248; assim também já STAMM, *Altargesetz*, p. 306; • CAZELLES, *Études*, p. 43; para uma crítica, cf. HALBE, *Privilegrecht*, p. 377ss.

ta-se de uma autoproclamação: Yhwh mesmo toma a palavra"[321]. A presença divina depende exclusivamente do fato de Deus mesmo expressar em palavra o seu nome divino.

Para a discussão e a interpretação desse versículo sempre de novo se ressaltam a centralização deuteronomista e a expressão muitas vezes encontrada nesse contexto acerca de pronunciar e de fazer habitar o nome de Deus[322]. No contexto deuteronômico, contudo, fala-se somente de um lugar, enquanto que aqui claramente há uma referência a uma multiplicidade de lugares. Será que já é uma polêmica contra as tendências de centralização? Antes deveríamos observar o fato de que com essa determinação claramente se busca fazer uma *escolha* entre os lugares sagrados em questão. A formulação contém uma *crítica maciça a qualquer definição de santuário baseada unicamente no critério cultual*. Nem todos os lugares com a respectiva (antiga) tradição garantem e prometem a presença e a bênção de Deus, mas somente aqueles onde agora o nome é proclamado. Não é uma crítica à compreensão deuteronômica, mas um paralelo – incompleto – a ela[323]. Se dissermos que, tanto na crítica quanto no paralelo, o *nome* divino constitui o verdadeiro santuário, podemos sustentar que, por trás desse movimento, há uma forma anterior ou primitiva da exigência deuteronômica de centralização e teologia[324].

Conseguimos captar o sentido dessa formulação, entendendo-a a partir da época em que, com evidências comprovadas, deve-se datar a composição do Código da Aliança, isto é, na época da monarquia após a destruição do Reino do Norte[325]. A partir da crítica profética ao culto de Israel, bem como do fato da ocupação assíria e do assentamento de deportados, fica claro contra o que aqui se reage em termos teológicos: nem todos os tradicionais santuários de Yhwh são *eo ipso* lugares de sua presença. Em muitos, adoram-se outros deuses, sozinhos ou ao lado de Yhwh. Muitos santuários sofrem influências estranhas. Enquanto por trás de Ex 34,11ss. se vê uma ligação do culto dos círculos de Yhwh a santuários suprarregionais[326], agora o que importa é uma escolha entre esses santuários.

---

[321]. HALBE, *Privilegrecht*, p. 371.
[322]. Sobre a discussão, cf. CONRAD, *Altargesetz*, p. 11ss.; • HALBE, *Privilegrecht*, p. 377ss.
[323]. Sobre isso, cf. a seguir p. 311ss.
[324]. Cf. HALBE, *Privilegrecht*, p. 377; • LOHFINK, *Zentralisationsformel*, p. 168s., 173; • OSUMI, *Kompositionsgeschichte*, p. 161.
[325]. Sobre isso, cf. a seguir p. 259ss., 278s.
[326]. Cf. acima p. 194s.

Não é apenas o lugar sagrado nem o altar correto e o seu culto sozinhos que garantem a presença de Deus. Apesar ou por causa de potências e impérios, que aqui estão em jogo, a formulação do v. 24b procura assegurar que depende unicamente de Yhwh onde ele quer deixar lembrar o seu nome, de modo que ele próprio possa se manifestar. Somente ele e não os assírios ou os recém-assentados ou círculos adaptados em Judá ou em Israel determinam onde isso pode acontecer.

Assim, no início do Código da Aliança se fala, na lei do altar, da presença de Deus no lugar sagrado. Essa presença não se restringe a isso, mas – na figura de um mensageiro – inclui companhia para o caminho e lugar de moradia, como se diz na continuação e complementação na parte final do Código da Aliança[327]. A afirmação da presença de Deus, portanto, emoldura o livro. Mas essa presença em ambas as passagens não pode ser obtida sem a sua palavra, isto é, a palavra através da qual o seu nome é proclamado. O que aconteceu com a mudança da regra fundamental da adoração exclusiva no discurso divino[328] é aqui decisivamente ampliado: a sua autoproclamação decide sobre a sua presença. Ele permite que o tradicional lugar sagrado venha a ser o que ele sempre teve a pretensão de ser, isto é, o lugar da presença de Deus. E o que constitui o conteúdo dessa autoproclamação está no texto em cuja parte inicial ela aparece: ela alcança a sua forma decisiva no Código da Aliança, concebido como um discurso divino na primeira pessoa do singular.

γ. Asilo (Ex 21,13s.)

Do "lugar" (*māqōm*) designado por Deus e do altar a ele pertencente também se fala em Ex 21,13s. O estilo já se destaca estilisticamente do contexto dos mishpatim como discurso divino e rompe as formulações similares e a construção de conteúdo das sentenças de pena de morte de Ex 21,12.15-17. Em seguimento à abrangente regra geral de Ex 21,12, que é formulada sem exceção, segundo a qual toda pessoa que mata outra pessoa deve ser morta (*mōt yūmāt*), afirma-se:

21,13 *Se não agiu premeditadamente,*
       mas Deus lhe permitiu caísse em suas mãos,
       eu te prepararei um lugar
       no qual possa se refugiar.

---

327. Cf. a seguir p. 252ss.
328. Cf. acima p. 175ss.

¹⁴ *Se alguém se aproxima de seu próximo*
para matá-lo de emboscada,
tu o arrancarás até mesmo do meu altar, para que morra.

Enquanto nos mishpatim em 21,18ss., bem ao modo do direito do Antigo Oriente, elucidam-se questões limítrofes do princípio em questão de 21,12 – em caso de lesões sem consequência direta de morte, em ações contra mulheres grávidas e escravos – e a questão da premeditação somente é abordada de forma pouco clara[329], no v. 13s., há uma clara diferenciação entre morte premeditada e não premeditada. Em um caso há proteção de asilo junto ao santuário, no outro não. As formulações utilizadas são circunscritivas e aproximativas. A morte "não premeditada"[330] é caracterizada pela inexistência de intencionalidade[331], e sobretudo pela expressão "Deus lhe permitiu caísse em suas mãos"[332]. Todas as circunscrições jurídicas posteriores do referido caso deixam Deus fora de jogo nesse contexto. Será que Deus é aquele que realizou isso? A exegese posterior detectou o risco teológico nas formulações utilizadas e – pelo silêncio – procurou restringi-las. Em termos estilísticos, chama a atenção que, ao contrário do discurso na primeira pessoa do singular, que caracteriza o acréscimo no v. 13s., aqui se fala de Deus (*hā-'elōhīm*) na terceira pessoa. Como não vem ao caso uma diferenciação crítico-literária, pode ser que estejamos diante de uma expressão de linguagem comum, com a qual simultaneamente se procura fazer a diferenciação entre o eu que fala e um poder desconhecido relacionado com Deus. Em textos posteriores, que são dependentes dessa passagem, o referido é circunscrito em forma de imagens, por exemplo, através da imagem do machado que escapa do cabo (Dt 19,5). Aqui, por um lado, tematiza-se a intenção e, portanto, o planejamento; por outro lado, a "superposição" e "arrogância"[333] e, assim, a possibilidade ética de se condenar.

O que sucede com essa diferenciação é um processo da mais alta relevância histórico-legal. O direito do Antigo Oriente não produziu tal diferenciação e

---

329. Cf. acima p. 227ss.
330. Uma formulação semelhante para a correspondência grega em LATTE, art. *Mord*, p. 281.
331. Acerca de *ṣdh*, cf. 1Sm 24,12; Lm 4,18.
332. Sobre a interpretação da expressão e sua função na tradição judaica, cf. DAUBE, *Causation*, p. 264ss.; para uma comparação, cf. em especial Eclo 15,13.
333. Acerca de *zīd*, cf. SCHARBERT, art. **zûd*, p. 551s.

com tal claridade; na melhor das hipóteses, ocasionou tentativas para isso[334]. No mundo grego encontramos um paralelo bastante interessante, onde "Drácon considera primeiramente a orientação da intencionalidade do autor, na medida em que ele diferencia entre morte premeditada e não premeditada"[335]. "Toda a legislação de Drácon... consistia no fato de ele proteger o autor da vingança de sangue dos familiares do morto, na medida em que ele, na proteção da paz jurídica, permitia que o autor pudesse fugir para o exterior"[336]. A reforma de Drácon data do final do século VII aC[337]. A formulação do Código da Aliança deve ser datada mais ou menos um século antes[338]. O grande significado atribuído a Drácon como o primeiro legislador ateniense[339] deve ser observado na avaliação do Código da Aliança.

O que na Atenas grega constitui a possibilidade legítima e segura de fuga para o exterior, em Israel corresponde à fuga para um santuário de Yhwh. Em ambas as culturas há, por trás dessa possibilidade, uma extensa intervenção de instâncias públicas nas instituições de autoajuda mais antigas. O controle da vingança de sangue e do vingador de sangue através de grêmios públicos e a diferenciação entre morte premeditada e não premeditada estão necessária e indissoluvelmente ligados entre si. A diferenciação somente pode entrar em vigor se, fundamentalmente e segundo a intenção, todos os delitos de morte sofrerem uma análise pública[340], independentemente do fato de quem, por exemplo, executará o castigo. Por outro lado, a diferenciação tem o objetivo e a tarefa de determinar quem é o culpado e que tipo de culpa reside na questão.

Com o "tu" de Ex 21,13s., o texto se dirige àquela instância responsável pela jurisprudência, portanto, a um juiz, à comunidade local ou a qualquer israelita livre e apto a participar de tais processos. Para essa pessoa, Deus vai preparar (*śīm*) um lugar (*māqōm*), para o qual o autor do crime poderá fugir. A fuga

---

334. Cf. SICK, Tötung; cf. ali também na p. 94ss. informes sobre os inícios no direito hitita.
335. RUSCHENBUSCH, Recht Drakons, 142; acerca de Drácon cf. tb. STROUD, Drakon's Law; • GAGARIN, Drakon.
336. RUSCHENBUSCH, Recht Drakons, 142s.
337. Cf. GAGARIN, Drakon, 1.
338. Sobre isso, cf. a seguir p. 259s., 278.
339. Cf. RUSCHENBUSCH, Recht Drakons, 145; • SCHLESINGER, Asylie.
340. "Pressuposto para essa regulamentação é a coerção judicial, isto é, o fato de que a prática da vingança de sangue era realizada independentemente de uma sentença judicial, um estágio que o direito alemão somente veio a conhecer com o tratado de paz de 1234" (RUSCHENBUSCH, Recht Drakons, 152).

acontecerá diante de uma terceira pessoa, que aqui só é pressuposta e somente nos textos paralelos posteriores é mencionada explicitamente (por exemplo, Nm 35,12; Dt 19,6; Js 20,3 e outros) como sendo o vingador de sangue (*gō'ēl haddām*). Com isso há uma interação muito interessante entre instâncias cultuais e jurídicas. O santuário e mais diretamente o altar dentro dele oferecem asilo, como tradicionalmente e segundo um costume histórico-religioso muito difundido sempre faziam[341]. A instância responsável pela jurisprudência, porém, tem o direito e a obrigação de tirar o autor daí quando judicialmente for constatado que está recebendo asilo de forma errônea. Aparentemente, não é o santuário e suas instâncias que decidem se o asilo é solicitado de forma correta ou incorreta. Em todo caso, aqui não se fala de juramento ou sorteio como costuma acontecer no contexto de delitos de morte e questões de propriedade (Ex 22,8)[342]. Com isso, em termos jurídicos, há uma interessante interação entre instituição da vingança de sangue, santuário e jurisprudência. E a instância que está por trás das formulações de Ex 21,13s. aparentemente tem o direito e a possibilidade de regulamentar essa inter-relação em nome de Deus.

Os autores do Código da Aliança falam aqui como em outros lugares em nome e em lugar de Deus, ao qual pertence o altar redentor (*mizbᵉḥī* – Ex 21,14). A ele, portanto, estão sujeitos todos os santuários de Yhwh no país. Com essa determinação, pois, interfere-se de modo acentuado no direito de asilo dos diversos lugares sagrados[343]. Para ladrões, assassinos, adúlteros e pessoas que juram falsamente não deve haver nenhum lugar de abrigo aqui; o lugar de asilo não deve ser uma "cova de salteadores" como é formulado em Jr 7,11. O tradicional direito de asilo é restringido em grande parte, e também para os delitos de morte persiste o controle através das instâncias responsáveis pela jurisprudência.

---

341. Sobre ISRAEL, cf. 1Rs 1,50ss.; 2,28ss. Acerca da preparação histórico-religiosa, cf. p. ex. HELLWIG, *Asylrecht*; • SCHLESINGER, *Asylie*; • V. WOESS, *Asylwesen Ägyptens*; • cf. SCHOTTROFF, *Unantastbarer Raum*; • WISSMANN, art. *Asylrecht* I; • DE VAULX, art. *R'efuge*; uma exceção importante poderiam ter sido os templos do Antigo Oriente.

342. É questionável se os assim chamados "salmos de pessoas acusadas" permitem reconhecer mais acerca do processo. As análises sobre o assunto permanecem relativamente vagas nesse sentido (esp. BEYERLIN, *Rettung*).

343. Há autores que ressaltam a radicalidade da ruptura. Cf. MILGROM, *Sancta Contagion*, p. 309 nota 84. Sobre o direito de asilo no Antigo Testamento – e sobre a questão discutida das cidades de asilo – cf. LÖHR, *Asylwesen*; • NICOLSKY, *Asylrecht*; • GREENBERG, *Asylum*; • DE VAULX, art. *Refuge*; bem como a seguir nota 345.

Com isso, em Ex 21,13s., fala-se em nome de um Deus que não está circunscrito ao santuário e suas adjacências; não está restrito ao lugar de sua presença (20,24). A ele também está sujeita a jurisprudência não cultual – a isso corresponde o que em termos literários se realiza com a inclusão dos *mishpatim* dentro do discurso divino do Código da Aliança. É importante que na formulação do Código da Aliança – e 21,13s. está indissoluvelmente ligado ao início (20,24) e ao fim (23,20) de toda a obra – realiza-se uma das mais importantes rupturas conhecidas na história do direito, e, pelo que sabemos, pela primeira vez na história. Conteúdos jurídicos e competência legal devem conviver com a possibilidade de se fazer formulações em nome de Deus. Por isso, a formulação de Ex 21,13s. é de grande importância para a pergunta pelos círculos e instituições que estão por trás do Código da Aliança[344]. As competências teológica, cultual e jurídica estão interligadas e não podem ser reduzidas a uma das partes.

Perspectiva: textos mais tardios e muito mais explícitos sobre a possibilidade de asilo em caso de morte não premeditada encontram-se em Dt 19; Js 20 e Nm 35. Todos eles estão em ligação com o estabelecimento das chamadas cidades de asilo e das regras que valem para elas. Neles, portanto, não se trata mais de santuários e de altares, mas das três ou seis cidades destacadas para essa finalidade. Não precisamos abordar aqui os múltiplos problemas que se colocam com essa questão. Novas análises[345] deram novamente validade à antiga tese segundo a qual essas cidades representam uma instituição substitutiva para a possibilidade de asilo no santuário, que deixou de ter validade com a centralização deuteronômica. Em especial o problema mencionado em Dt 19,6 acerca de um caminho longo demais para a fuga permite tirar conclusões nesse sentido. Nos textos mais recentes, procura-se descrever melhor a combinação das diversas instâncias, o que somente se podia depreender indiretamente de Ex 21,13s. Assim, em Js 20,4, fala-se de um inquérito preliminar na Porta da cidade em que alguém foi buscar asilo. Dt 19,12 atribui aos anciãos do lugar onde o crime aconteceu a incumbência de solicitar a extradição do autor. Esses devem, pois, ter efetuado negociações sobre o ato e a sua ocorrência. Deve-se, pois, aceitar a possibilidade de que, além

---

344. Cf. a seguir p. 276ss.
345. Acerca do seguinte, cf. espec. ROFÉ, *Cities of Refuge*; além disso, id., *Joshua*, p. 20; • AULD, *Cities of Refuge*, bem como a literatura mencionada acima na nota 343.

das cidades de asilo, o único santuário que realmente oferecia possibilidade de asilo era o templo de Jerusalém. Em Js 20 e Nm 35, a duração do asilo é delimitada com o tempo de regência do respectivo sumo sacerdote. Depois disso, o autor do delito pode voltar livre para casa. Com isso, em todo caso, procura-se resolver um dilema legal, que resulta do princípio formulado em Nm 35,31, segundo o qual não é possível haver pagamento de resgate em caso de homicídio, mesmo em caso de morte não premeditada (35,32)[346]. Queremos marginalmente observar aqui que devemos alguns salmos, talvez dos mais lindos, a tais pessoas que buscavam asilo no santuário. Agradecidas, essas pessoas louvavam aquele que "prepara uma mesa na presença dos opressores" (Sl 23,5)[347].

δ. Companhia (Ex 23,20ss.)

No início da parte final do Código da Aliança, fala-se uma terceira vez de um "lugar" (*māqōm*) preparado por Deus. Ex 23,20-33[348] evidencia uma série de rupturas estilísticas e de conteúdo, que permitem reconhecer, embora de forma débil, a existência de várias camadas de redação. Se seguirmos sobretudo os saltos estilísticos[349], podemos supor para a camada mais antiga o seguinte texto como o mais provável:

> Ex 23,20   Eis que envio um mensageiro diante de ti para que te guarde pelo caminho e te conduza ao lugar que preparei para ti.

---

346. Sobre isso, cf. GREENBERG, *Postulates*.
347. Sobre a interpretação do Salmo 23 sobre esse pano de fundo, cf. SCHOTTROFF, *Psalm* p. 23. Queremos pelo menos mencionar a tese de que uma grande parte dos salmos se deve a essa instituição (assim Delekat, *Asylie*), embora ela não tenha tido receptividade.
348. Sobre a estrutura geral do texto em questão, cf. OSUMI, *Kompositionsgeschichte*, p. 213. Para uma visão panorâmica sobre as teses crítico-literárias existentes até o momento, cf. BLUM, *Pentateuch*, p. 375s. nota 61.
349. Deve-se observar uma mudança na fala da 2ª pessoa do singular para a 2ª pessoa do plural; observe-se também a designação dos moradores da terra no singular e no plural; há também uma repetição da lista dos povos; há um paralelismo entre o mensageiro e 'ēmā etc. Para uma análise, cf. OSUMI, Kompositionsgeschichte, p. 63ss., 204ss., 212-216. O resultado (cf. tabela 217) prevê uma camada básica no v. 20-21a.21bβ.22-23a.24. 32.33bβ e uma tripla complementação através dos v. 23b.28-31a/21bα.25aα. 31bα/25aβ.b-26.27.31bβ. 33abα. É amplamente aceita a tese de que nos v. 28-31a há um acréscimo. Os motivos mais importantes são mencionados mais uma vez a seguir nas notas 352 e 457, embora sem apresentar novamente todos os argumentos. Em termos metodológicos, é importante que as observações crítico-literárias e estilísticas e as que procedem do significado da expressão *heqīn māqōm*, bem como da relação entre 23,20 e 20,24; 21,13, são totalmente independentes e, mesmo assim, complementam-se mutuamente.

21 Respeita a sua presença e observa a sua voz, e não lhe sejas rebelde[350]... pois nele está o meu Nome.

22 Mas se escutares fielmente a sua voz e fizeres o que eu te disser, então serei inimigo dos teus inimigos e adversário dos teus adversários.

23 O meu mensageiro irá diante de ti, e te levará ao amorreu, ao heteu, ao ferezeu, ao cananeu, ao heveu e ao jebuseu[351]...

24 Não adorarás os seus deuses, nem os servirás; não farás o que eles fazem, mas destruirás os seus deuses e quebrarás as suas colunas[352].

32 Não farás aliança nenhuma com eles, nem com os seus deuses[353]

33 pois... isso te será uma cilada.

O texto inicia com a afirmação de que um mensageiro de Deus será enviado para acompanhar os endereçados do texto. Nos textos do Antigo Testamento, o mensageiro (*mal'āk*) de Deus[354] é ou uma figura humana[355] ou uma espécie de anjo. É típico de uma série de textos haver, exatamente como aqui, uma obscura, aberta e surpreendente proximidade para com Deus, chegando mesmo a uma quase identificação com ele[356]. Assim, por exemplo, no v. 22, a sua voz, para a qual se deve estar atento, é claramente identificada com o próprio Deus. O mensageiro deverá acompanhar o destinatário e dar-lhe proteção no caminho (v. 20). O mensageiro oferece companhia; uma função semelhante tem ele em muitos textos "em situações de perigo permanente, de espera insegura e de ameaçadora experiência de diferença... em um caminho marcado por uma crônica imprevisibilidade e constante coerção"[357].

---

350. A formulação na 2ª pessoa do plural contradiz o contexto e faz parte de uma camada redacional que perpassa todo o Código da Aliança.
351. No v. 23b – assim como no v. 28-31a – fala-se do morador da terra; no v. 24, contudo, fala-se no plural.
352. V. 25-31 é um acréscimo – com camadas internas. O seu início está marcado através da mudança para a 2ª pessoa do plural no v. 25 bem como através de paralelos de conteúdo com outras partes.
353. O verbo no v. 33bβ, que nas versões antigas é colocado no plural, dificilmente pode se referir aos deuses mencionados anteriormente, mas mais especificamente aponta para a aliança ($b_e r\bar{\imath}t$) no v. 32 (cf. Ex 34,12). Em termos de conteúdo, o v. 33abα está próximo de Dt 7.
354. Trabalhos detalhados importantes: STIER, Engel; • BAUMGARTNER, Jahweengel; • HIRTH, Gottes Boten; • RÖTTGER, Mal'ak Jahwe; • JACOB, Variations; • GUGGISBERG; Mal'ak Jahwe; • cf. FREEDMAN & WILLOUGHBY, art. *mal'āk*.
355. Assim também em Ag 1,13; Ez 30,9; Is 44,26; em 2Cr 36,15s. trata-se de um profeta; em Ml 2,6s e Ecl 4,17ss. trata-se de um sacerdote.
356. Esp. Gn 21,11ss.; Jz 6,17ss.; cf. Gn 22,11; 31,11ss.; Ex 3,2ss.; sobre isso, cf. VON RAD, Theologie I, p. 299.
357. WELKER, Engel, p. 203.

O que no texto de Ex 23,20-33 está indubitavelmente claro e da mesma forma é evidente a partir do contexto literário, isto é, da proclamação do Código da Aliança no Sinai, também na pesquisa até agora sempre foi um ponto de partida inquestionável: no envio do mensageiro e de sua proteção, destaca-se o caminho para a terra onde se há de viver entre os povos (v. 23). Independentemente de qualquer decisão sobre as camadas literárias ou a figura de um Código da Aliança original, a dificuldade dessa compreensão reside simplesmente na linguagem utilizada no v. 20. O caminho que o mensageiro traça conduz ao "lugar" (*māqōm*) que Deus "preparou". Nunca a terra é designada assim em qualquer outro texto. Em um outro texto, fala-se da terra como um "lugar" dos cananeus, heteus etc. (Ex 3,8). Isso, porém, não é algo convencional[358]. A ação de "preparar" ou "fundar" (*qūn* hif.) um lugar aparece em outros lugares sempre com uma relação muito específica: trata-se do lugar da arca[359], do altar[360], da casa de Deus[361]. Em resumo, trata-se do templo de Jerusalém. Todas as vezes que aparece a expressão (*heqīn māqōm*), há esse sentido por trás. Desde os textos mais antigos até os mais recentes, há um grande número de expressões paralelas que utilizam esse verbo (*qūn* hif.) em relação ao "preparo de sacrifícios, lugares de culto, pessoas e ações sagradas"[362]. O mesmo vale também em relação ao próprio Yhwh[363]. Esses textos paralelos para a expressão "preparar/fundar um lugar" (*heqīn māqōm*), no Antigo Testamento, contudo, aparecem exclusivamente no livro das Crônicas[364].

---

358. GAMBERONI, art. *māqôm*, 1118, ao lado de Ex 23,20, indica para uma significação desse termo como "terra" em Ez 21,35; Ex 3,8.17; Gn 13,3.4.14-17; no entanto, em Gn 13,3.4, pensa-se nos lugares sagrados, que são introduzidos no capítulo 12. Em Gn 13,14 claramente se pensa em um lugar fortificado, a partir do qual se pode lançar um olhar panorâmico em todas as direções. O *māqôm* do v. 14 não é idêntico à terra mencionada no v. 15-17, embora se localize dentro dela. Também em Ez 21,35, o paralelismo entre o lugar do surgimento e a terra de origem não é problemático. Assim, para uma significação de "terra" como *māqôm*, resta unicamente Ex 3,8, onde se fala do *māqôm* dos cananeus, hititas etc. A passagem de fato tem semelhança com Ex 23,20. Mesmo assim, ela não afirma que *māqôm* significa simplesmente "terra". A terra como lugar dos cananeus é relacionada em KBL 3. ed. com Nm 32,1 como "lugar para o pastoreio" e com Jz 18,10 com o significado de "região, lugar". Isso significa que o papel especial de *māqôm* em Ex 23,20 depende unicamente do contexto, que parece sugerir a tomada da terra.

359. 1Cr 15,1.3.

360. 2Cr 33,19.

361. 2Cr 3,1; 35,20.

362. KOCH, art. *kûn*, p. 101.

363. Cf. Dt 19,3; 1Rs 5,32; 6,19; Ez 4,3; Is 14,21; 40,20; Sf 1,7. Aproximadamente 110 passagens fazem parte desse contexto, das quais 30 encontram em 1+2Cr (Koch, art. *kûn*, 102).

364. Cf. acima notas 359-361.

As poucas passagens ali constantes, todavia, de modo algum permitem concluir com certeza que estamos diante de um uso tardio da linguagem; expressões semelhantes já existem bem antes, também no Código da Aliança. Por isso, não poder relacionar um acréscimo cronista tardio à terra, como o exige o contexto atual, traria uma série de graves problemas. Se tomarmos o claro paralelismo de Ex 23,20 com os textos acima tratados em Ex 20,24 e 21,13, temos motivos muito fortes para relacionar o lugar de Ex 23,20 com algum santuário, respectivamente com algum templo, de modo que vale a pena olhar de forma nova para o contexto e seus sinais de crescimento literário.

Se partirmos das camadas literárias, obtidas de forma bem independente da compreensão do "lugar", a seguinte compreensão parece ser bastante provável. O v. 20 fala do caminho *para o* santuário, ao qual também se referiam os versículos de Ex 20,24 e 21,13, isto é, o santuário determinado tanto pela correta proclamação quanto pelo culto correto. O mensageiro proverá a proteção pelo caminho. A formulação quase idêntica do v. 23 diz que o mensageiro acompanhará no caminho para os povos explicitamente mencionados[365]. Aqui, a tradição de Ex 34 é assumida e variada. Os deuses dos povos não deverão ser tocados e adorados, mas junto com os seus postes sagrados deverão ser destruídos (v. 24); e com pessoas e divindades não se deverá fazer nenhum tipo de aliança (v. 32s.). Se não se deve relacionar o v. 20 com o evento da tomada da terra, então também esta formulação não pode ser relacionada com ele. O mesmo se dá com Ex 34. O texto não fala de um ponto fictício fora da terra e distante do tempo presente. Trata-se antes das pessoas e dos povos com quem se convive na terra. Se no v. 20 há uma referência ao caminho para o santuário – e a proteção no caminho, portanto, é comparável com a proteção das roças deixadas para trás em Ex 34,24 – então em Ex 23,23 se fala do mesmo caminho em uma outra direção. Trata-se da companhia no caminho do santuário, no qual a presença de Deus é afirmada, para casa. Aqueles a quem o texto se dirige convivem – pelo menos potencial e fundamentalmente – com pessoas que adoram outros deuses. Para que possam voltar para junto delas, haverá a proteção do mensageiro de Deus.

---

365. Acerca da estrutura quiástica dos v. 20-23, cf. OSUMI, *Kompositionsgeschichte*, p. 64.

Se lermos o texto de Ex 23,20 em relação com as passagens paralelas de Ex 20,24 e 21,13s. e permanecermos na literalidade das formulações, veremos a companhia de Deus fora do "lugar" (*māqōm*) no qual ele está presente de forma especial. O mensageiro é a figura através da qual Deus vai junto e concede a sua proteção[366]. A sua presença neste caminho não é a mesma como na vinda para o santuário (20,24), mas ela está bastante próxima. Pois no mensageiro está proclamado o nome de Deus (23,21), o qual também é proclamado no santuário (20,24). Dar ouvidos ao mensageiro significa atentar para aquilo que Deus mesmo havia dito (23,22). A bênção intermediada no templo (20,24) encontra a sua forma concreta na proteção diante de inimigos e adversários (23,22). Deus concede isso quando se dá ouvido ao mensageiro. Se o texto tiver sido formulado em uma época[367] em que, por exemplo, os inimigos estavam maciçamente presentes na forma do império assírio, estando pois ameaçados os caminhos para o templo e de volta para casa, então o ouvir os mandamentos desse Deus, como é exemplarmente apresentado no Código da Aliança, está relacionado com proteção e sobrevivência. Percebemos, assim, como a crítica dos profetas por causa da falta de justiça social e o anúncio de uma catástrofe iminente são, aqui, desdobrados pelo próprio Deus.

O primeiro mandamento, isto é, a exigência da adoração exclusiva a Yhwh, está formulado no Código da Aliança já antes da parte final, de forma reiterada e incisiva, como bem o mostra a sua colocação no centro do respectivo contexto (Ex 22,19; 23,13). A menção dos povos que habitam na terra de Israel e dos seus deuses, na parte final, tem um caráter de reforço em relação ao mandamento bá-

---

366. Sobretudo a clara tarefa protetora do mensageiro diverge totalmente da opinião que vê nele a figura humana de "um intermediário de oráculos cultuais", como é proposto por SCHMITT, Frieden, p. 15; • HALBE, Privilegrecht, 369ss. No contexto mais restrito de Ex 23,20ss. bem como no contexto mais amplo (cf. Ex 33), trata-se da questão da companhia e do acompanhamento constante de Deus fora do lugar sagrado.

367. A inclusão do texto na estrutura geral do Código da Aliança é tão clara, que essa composição menor deve ter a primazia diante das observações acerca das relações macro, a partir das quais Blum, Pentateuch, 365ss., postula a sua "camada do mensageiro" (*mal'āk-Schicht*). Ele ressalta as inter-relações entre Ex 14,19a; 23,20ss.; 33,2s.; 34,11ss. e Jz 2,1-5 e conta aqui com uma camada complementar posterior, a ser colocada depois da composição-D. A datação baseia-se não por último nos conhecidos e sempre de novo evocados deuteronomismos desses textos, que, segundo se supõe, estariam mais próximos da redação final do Pentateuco. Mas as observações gerais não podem romper com as relações mais estreitas e as estruturas menores dessa composição, e elas já pressupõem uma composição-D completa, a qual também em outras partes levou a uma exclusão dos textos mais antigos e mais difíceis (cf. acima p. 54, 171s. e outras).

sico da adoração única. E a sua problemática obviamente não mais reside no perigo das relações com os vizinhos, como é o caso nas formulações de Ex 34. Os povos e suas ameaças agora já são tradição e são assumidos a partir do texto mais antigo. Estes povos são colocados à margem e relacionados com a promessa da proteção concedida através da companhia de Deus. Os amorreus, hititas, ou seja qual for o seu nome, podem ter sido ainda uma realidade no Reino do Norte do século IX aC; para a Judá do final do século VIII aC, na melhor das hipóteses, isso tinha validade somente para os seus deuses.

O caminho para os moradores da terra, mencionados no v. 23, torna-se agora, nas camadas mais recentes dos v. 20-33, uma armadilha para uma historização do texto. A transposição que acontece e transforma o Código da Aliança em palavra do passado, que busca obter atenção no presente, e se baseia em uma autoridade do passado, para dar autoridade aos ameaçados do presente, reflete-se nas formulações do chamado apêndice. Essa virada decisiva na história da Torá deixou marcas no Código da Aliança, as quais devem ser ainda melhor analisadas[368].

c) "Eu sou misericordioso" (Ex 22,26): o direito da misericórdia

O bloco de Ex 22,20–23,12 constitui, na estrutura geral do Código da Aliança, uma correspondência e um contrapeso aos mishpatim (21,1–22,19)[369]. De modo quiástico estão em correspondência o ritmo de 6 para 7 anos do direito dos escravos e a lei do sábado e do ano sabático (21,2-11 / 23,10-12). As partes assim configuradas evidenciam, por seu lado, uma moldura própria, que se dá através do direito acerca da pena de morte (21,12-17 / 22,17-19) e do direito dos estrangeiros (22,20 / 23,9). O que aparece na estrutura visa o conteúdo. Ao direito formal dos mishpatim, que sempre objetiva o equilíbrio entre dois contraentes judiciais, contrapõe-se um tipo de justiça que se orienta para as pessoas jurídica e socialmente mais fracas (22,20-26) e por isso devem influenciar o processo judicial (23,1-8). Nele devem concretizar-se os dois grandes

---

[368]. Cf. a seguir p. 281s.
[369]. Primeiramente HALBE, Privilegrecht, p. 421; especialmente OSUMI, Kompositionsgeschichte, resumo na p. 151.

temas legais do Código da Aliança; aqui se deve decidir a relação entre direito formal e misericórdia.

A seguir queremos tratar primeiramente os dois problemas sociais principais, que são os estrangeiros e os pobres; depois disso abordaremos o trecho central sobre a jurisprudência. Somente então pode ser colocada a pergunta decisiva pelo caráter dessas determinações misericordiosas: trata-se aqui de fato de direito ou "somente" de ética?

α. Estrangeiros: moldura literária e critério de conteúdo

Todo o trecho das determinações sociais do Código da Aliança é emoldurado pelo tema do estrangeiro:

Ex 22,20a   Não afligirás o estrangeiro nem o oprimirás, (pois vós mesmos fostes estrangeiros no país do Egito...)[370].

     22   Se o afligires e ele clamar a mim, escutarei o seu clamor.

    23,9   Não oprimirás o estrangeiro: conheceis a vida de estrangeiro (porque fostes estrangeiros no Egito)[371].

A configuração deste texto permite reconhecer imediatamente o significado do tema: ela corresponde às determinações acerca da pena de morte (21,12-17; 22,17-19). O que para os mishpatim são os delitos sobre os quais pesa a pena de morte é para o direito de misericórdia a temática do estrangeiro. São determinações limítrofes, a partir das quais aquilo que está emoldurado recebe o seu sentido e o seu critério. Todos os problemas sociais que são tratados entre 22,20 e 23,9 estão em jogo mais uma vez de forma especial no direito dos estrangeiros[372].

---

370. A mudança para a alocução no plural evidencia uma camada redacional mais recente; sobre isso, cf. a seguir p. 159 nota 2, 167, e abaixo p. 279ss. Disso faz parte também o v. 21 e o seu tema.
371. Cf. nota 2.
372. Acerca do seguinte, cf. CRÜSEMANN, Fremdenliebe (com literatura); além da literatura-padrão de BERTHOLET, Stellung, queremos remeter de forma especial para SCHMIDT, K.L. Israels Stellung; • RUPPERT, Umgang; • STAMM, Fremde; • SCHWIENHORST-SCHÖNBERGER, "... denn Fremde ..."; • ALBERTZ, Fremde. Para o entorno cultural da época, cf. CARDASCIA, Le Statut; • GLASSNER, L'hospitalité; • PIRENNE, Le Statut; • HELCK, Die Ägypter.

Como "estrangeiros" (*gēr*) são tratadas pessoas que têm residência estável em um lugar, ao qual não pertencem desde a sua origem e onde não têm parentesco e propriedade[373]. Esse termo é contrário a todos os valores étnico-nacionais. "Estrangeiros" podem ser tanto membros do povo israelita, que vivem na área de uma outra tribo (p. ex. Jz 17,7) quanto membros de outros povos e religiões (p. ex. Is 14,1). Um tal estrangeiro pode originar-se por dois motivos. Os motivos que levam as pessoas a saírem de sua terra podem ser calamidades de fome[374] ou guerras[375]. O peso teológico do tema evidencia-se não por último no fato de que todos os pais de Israel são designados "estrangeiros" e isso vale de forma especial também para os israelitas na sua estada no Egito[376]. As fundamentações complementares em Ex 22,20b e 23,9b se referem a esse fato.

Os estrangeiros não só são socialmente fracos e pobres, mas também destituídos de direito, porque não têm voz própria no processo jurídico na Porta. Assim como as mulheres, crianças e escravos, eles não podem expressar-se na Porta por conta própria e fazer valer o seu direito. A temática dos estrangeiros trata do direito dos sem-direito. Os grupos sociais enquadrados em Ex 22,20 e 23,9, isto é, os pobres (22,24ss.), viúvas e órfãos (22,21.23), são legalmente prejudicados da mesma forma. No entanto, aquilo que vale para esses grupos vale muito mais para os estrangeiros: também entre eles existem pobres, viúvas e órfãos. O direito dos sem-direito decide-se no lugar do direito (23,1-8). O critério para o judiciário reside, assim, naquelas pessoas que ali mesmo não podem atuar e para as quais nada se prevê.

O grande significado do tema dos estrangeiros para o Código da Aliança indica agora simultaneamente a possibilidade de reconhecer o lugar histórico da

---

373. Cf. MARTIN-ACHARD, art. *gūr*; Kellermann, art. *gûr*; acerca da etimologia, cf. GÖRG, *Der "Fremde"*. Para a compreensão da palavra *gēr* é decisiva a delimitação em relação a outros termos como *zār* "de fora", com o qual são designados os estrangeiros (cf. Is 1,7), como também os leigos em relação aos sacerdotes (Ex 25,33; 30,33; etc. – cf. Snijders, *Meaning*; id., art. *zûr*) e especialmente *nokrî* "estranho", com que é designada a pessoa diferente do próprio "eu" (Pr 27,2) ou da própria família (Gn 31,15); muitas vezes o termo significa simplesmente o estrangeiro (1Rs 8,41; especialmente *ben-nekār*, Gn 17,12 etc.); cf. LANG, art. *nkr*; • MARTIN-ACHARD, art. *nēkār*. Acerca do comportamento em relação a pessoas que estão rapidamente de passagem, cf. SCHREINER, *Gastfreundschaft*.
374. Para os patriarcas de Israel, cf. Gn 12,10; 26,3; 47,4; além disso, Rt 1,1; 2Rs 8,1.
375. Cf. 2Sm 4,3; Is 16,4.
376. Sobre isso cf. SPINA, *Israelites*.

redação principal do Código da Aliança[377]. O período histórico, no qual os estrangeiros vieram a se tornar um problema em Israel a tal ponto de necessitar de exortações legais mais concretas, pode ser determinado com maior exatidão. Nos textos que falam da situação na época pré-estatal quase não há menção de estrangeiros[378]. O nome "estrangeiro" (gēr) ocorre quatro vezes desde os livros de Josué até 2Sm[379], e, destas quatro, duas vezes em textos indiscutivelmente deuteronômicos[380]. E do verbo (gūr) há ao todo oito ocorrências[381]. Em lugar algum a existência de estrangeiros se torna um problema social. Assim, o conflito relatado em Jz 19 não deriva da presença de um estrangeiro em Gabaá (Jz 19,16), mas da passagem rápida de um peregrino. No tempo dos profetas do século VIII, os "estrangeiros" não são mencionados entre os grupos que eles veem como oprimidos e em favor dos quais eles se engajam. Isso muda no caso de Jeremias[382] e de Ezequiel[383], portanto, nos séculos VII e VI aC. Fontes literárias e arqueológicas mostram que sobretudo a destruição do Reino do Norte pelos assírios trouxe uma grande leva de refugiados[384]. A área da cidade de Jerusalém expandiu-se tão rapidamente nesse período, que logo surgiram novos bairros de forma explosiva[385]. Tudo isso permite tirar a conclusão de que a concepção principal do Código da Aliança com o seu direito social orientado para a problemática dos estrangeiros não pode ser situada antes da destruição de Samaria em 722 aC. O Código da Aliança surgiu nas últimas décadas do século VIII ou no início do século VII.

Face a essas circunstâncias históricas, deve-se ressaltar que a categoria do "estrangeiro" (gēr), ao qual aqui se dá proteção, não está restrita à pertença étnica a

---

377. Sobre o seguinte, cf. CRÜSEMANN, Bundesbuch, p. 33s.
378. SCHÄFER-LICHTENBERGER, Eidgenossenschaft, p. 311s.; a outra visão p. ex. de THIEL, Entwicklung, p. 154s. baseia-se quase exclusivamente no fato de que os textos de Gênesis são tomados como testemunhos para as relações da época pré-estatal, o que por motivos metodológicos é muito problemático.
379. Js 8,33.35; 20,9; 2Sm 1,13.
380. Sobre Js 8,33.35 cf. NOTH, Josua, p. 51ss.; sobre Js 20,9 deve-se observar a relação com Nm 35 (v. 15!); sobre isso ROFÉ, Joshua 20, p. 131ss.; id., History, esp. p. 231.
381. Js 20,9; Jz 5,17; 17,7.8.9; 19,1.16; 2Sm 4,3.
382. Jr 7,6; 14,8; 22,3.
383. Ez 14,7; 22,7.29; 47,22s.; etc.
384. Sobre isso, cf. J. MAIER, Fremdlinge.
385. Cf. Broshi, Expansion; • OTTO, Jerusalem, p. 67s.; • AVIGAD, Jerusalem, p. 54ss.; sobre estimativas acerca da população, cf. BROSHI, Population.

Israel. É verdade que a massa dos refugiados do Reino do Norte deve ter sido constituída de israelitas, mas o avanço e a crueldade do exército assírio também atingiram outros povos e pessoas na região de Judá, inicialmente pouco atingida. Na história da Torá, surge nesse lugar um contrapeso à tradição assumida de Ex 34,11ss. acerca da não relação com os povos da terra e sua radicalização, indo até expulsão, banimento e destruição[386]. A proteção dos estrangeiros, independentemente de sua pertença étnica e religiosa, faz parte das exigências centrais e irrenunciáveis do mesmo Deus ao qual remontam também as regras da adoração exclusiva. Somente na preocupação com o direito dos estrangeiros se pode avaliar teologicamente de forma correta o tema da relação com os povos vizinhos e os moradores originais da terra. Este tema passa a ser cada vez mais marginalizado e historizado.

Perspectiva: a proteção do estrangeiro é destacada sempre mais nos textos jurídicos posteriores e formulada de forma cada vez mais abrangente. Esse tema de modo algum fica devendo algo a outros temas; pode ser perfeitamente comparado com o tema da adoração exclusiva ou do sábado. No Deuteronômio, os estrangeiros são assumidos dentro da legislação social e constam ao lado de viúvas, órfãos e levitas (p. ex. Dt 16,11.14; 24,17.19.21; 27,19)[387]. Com o dízimo do terceiro ano[388], eles recebem uma base econômica assegurada (Dt 14,28s.; 26,12s.). As formulações teológicas principais encontram-se em Dt 10,17ss.. Aqui, de um predicado divino: "o Deus dos deuses e o Senhor dos senhores...", bem como de trechos de hinos no particípio: "aquele que faz justiça ao órfão e à viúva" – cf. paralelos nos hinos do entorno de Israel – nasce a afirmação única: "aquele que ama o estrangeiro (*gēr*), dando-lhe pão e roupa". Esse predicado divino em forma de hino constitui, então, a base para a exigência ética: "amareis o estrangeiro (*gēr*), porque fostes estrangeiros (*gērīm*) na terra do Egito" (v. 19). No amor de Deus, bem como no próprio passado, residem a exigência de amar o estrangeiro e de agir para com ele assim como o próprio Deus agiu e age nele – e assim no próprio Israel!

As exigências jurídicas mais amplas encontram-se nos textos marcadamente sacerdotais do Antigo Testamento. Assim, por exemplo, no Código da Santidade

---

386. Cf. acima p. 183ss.
387. Cf. a seguir p. 326s.
388. Sobre isso a seguir p. 302ss.

o amor ao próximo (Lv 19,18)[389] é complementado pelo mandamento do amor ao estrangeiro (19,33s.). A narração exemplar em Lv 24,10ss.[390] insiste que deve haver um mesmo direito para estrangeiros e para israelitas (v. 22). O mesmo é formulado em Nm 15,14ss.: " ...haverá somente um estatuto (ḥuqqāh) tanto para vós como para o estrangeiro (gēr)... (v. 15). Haverá somente uma lei (tōrāh) e um direito (mišpāṭ) tanto para vós como para o estrangeiro (gēr), que habita no meio de vós (gūr)" (v. 16).

Ao contrário do Deuteronômio, onde os estrangeiros não estão sujeitos aos mandamentos alimentares (14,21), os textos sacerdotais incluem os estrangeiros, residentes em Israel, dentro da legislação cultual[391]. Leis sexuais (Lv 18,26) e determinações de sacrifício (Lv 17,8; 22,18) valem também para eles; inclusive participam da refeição da Páscoa (Ex 12,47ss.; Nm 9,14).

A interpretação judaica posterior vê nos estrangeiros (gērīm) em geral prosélitos[392], isto é, pessoas que aderiram integralmente a Israel[393]. Em alguns lugares na diáspora, onde pequenos grupos vivem dispersos em ambiente pagão, nem poderiam existir os antigos problemas sociais dos estrangeiros. Quem aderia a Israel passava a ser um prosélito, e, dessa forma, devemos encarar a questão em uma perspectiva de interpretação um pouco modificada. Contudo, não se deve transferir essa interpretação ao sentido original dos textos sacerdotais, como tantas vezes acontece[394]. Assim como nos conflitos da época persa ainda não havia proselitismo[395], assim esse tema ainda não pode ser encontrado no Escrito Sacerdotal.

β. Pobres: o início do direito econômico

Se no caso dos estrangeiros, como também no dos órfãos e viúvas[396], fala-se de pessoas que, em sentido restrito, são sem-direito, no caso dos pobres (ʿānī) o problema da dependência é decisivo:

---

389. Sobre isso, cf. a seguir p. 441ss.
390. Cf. acima p. 146ss.
391. Sobre o pano de fundo teológico, cf. a seguir p. 424s.
392. Primeiramente, na tradução da LXX; sobre isso cf. SIMON, Les débuts; • SAFRAI, Das jüdische Volk, p. 25ss. Para uma discussão dos textos veterotestamentários mais antigos sob esse aspecto, cf. em COHEN, Le "Ger".
393. Acerca do proselitismo, cf. p. ex. BIALOBLOCKI, Beziehungen; • GOLDSTEIN, Conversion; • ZEITLIN, Proselytes; • ROSENBLOM, Conversion.
394. P. ex. KELLERMANN, art. gūr, p. 988.
395. Cf. CRÜSEMANN, Perserzeit; sobre isso a seguir p. 424.
396. Sobre isso, cf. FENSHAM, Widow; • PATTERSON, The Widow; • WEILER, Schicksal; • SCHOTTROFF, Witwen.

Ex 22,24 *Se emprestares dinheiro (ao meu povo), ao indigente que está em teu meio, não agirás com ele como agiota. (Não lhe cobrareis juros*[397]*).* [25]*Se tomares o manto de teu próximo em penhor, tu o restituirás antes do pôr do sol.* [26]*Porque é com ele que se cobre, é a veste do seu corpo: em que se deitaria? Se clamar a mim, eu o ouvirei, porque sou compassivo.*

Assim é o conteúdo da lei econômica mais antiga da Bíblia que conhecemos. Essa lei principia exatamente no mesmo ponto em que as outras leis posteriores: no cerne da dependência, isto é, nas relações de dívidas[398]. "O que toma emprestado é servo do que empresta", diz o provérbio (Pr 22,7). As relações econômicas de dependência e exploração têm a sua âncora nesse lugar – assim sucede em sociedades agrárias de vários lugares[399]. Infelizmente, não conhecemos, em Israel, nenhum contrato de empréstimo da época do Antigo Testamento, mas há muitos indícios de que aí valem em princípio as mesmas leis que no entorno cultural de Israel. Isso, por exemplo, é atestado em épocas posteriores para a colônia de Elefantina[400]. Quem pede emprestado por causa de necessidade, para não precisar passar fome ou para ter sementes para semear, deve pagar altos juros e sobretudo, logo ou pouco depois, deve hipotecar seus bens para assegurar a dívida. Além dos objetos de valor, também as pessoas podem ser hipotecadas. Uma narrativa em 2Rs 4,1ss. esclarece bastante esse fato: após a morte de um pai de família, que ainda ofereceu uma certa garantia para a devolução do empréstimo, o credor toma seus filhos como escravos; e os toma justamente como hipoteca. A perda da terra e da liberdade pessoal, coisas das quais os profetas falavam tão maciçamente, depende exclusivamente de leis econômicas vigentes nas relações de dívidas[401].

Como o direito de Deus pode interferir na economia com os seus mecanismos econômicos? O Código da Aliança principia no mecanismo da hipoteca. Infelizmente, na tradução somente se pode expressar de modo aproximado a complexa terminologia hebraica de dívidas e empréstimos. No v. 24a, utilizam-se dois ter-

---

[397]. V. 24b pertence à camada complementar que utiliza o plural; cf. acima p. 159 nota 2 e a seguir p. 280.
[398]. Acerca do seguinte, cf. KESSLER, *Schuldenwesen*.
[399]. Cf. FINLEY, *Schuldknechtschaft*.
[400]. Exemplos em Pap. Cowley n. 10.11 e outros; sobre isso, cf. KIPPENBERG, *Religion*, p. 58s.
[401]. Sobre essa compreensão da crítica social dos profetas, cf. KESSLER, *Staat*.

mos distintos para "emprestar"[402]. Uma palavra significa simplesmente "emprestar" (*lwh*), e também é usada em sentido bastante positivo[403]. A outra palavra (*nš'/nšh*) tem um sentido totalmente negativo, significando "emprestar" com todas as possíveis consequências negativas. Como 2Rs 4,1ss. mostra, ocorre aqui sobretudo o problema da hipoteca de pessoas. A dupla terminologia mostra a contradição que o acontecimento traz em si[404]. Para pessoas pobres e em necessidade, o emprestar é algo existencialmente necessário para assegurar sobrevivência e liberdade. Simultaneamente, porém, pode conduzir a uma dependência jurídica e social mais acentuada, que torna a necessidade permanente. Segundo o conteúdo, a formulação de Ex 22,24, no tocante ao empréstimo feito a pobres, exige a renúncia à prática da hipoteca. O exemplo no v. 25 refere-se à hipoteca de objetos necessários para a vida e permite, assim, ter-se uma perspectiva da realidade de vida das pessoas, das quais se trata aqui: em geral, elas têm somente uma muda de roupa, que é usada diretamente sobre o corpo. A nudez dos pobres, da qual se fala em vários lugares[405], não é nenhuma metáfora.

Quem são os pobres dos quais se fala aqui? Em uma análise mais detalhada do texto, pode-se reconhecer claramente que, em termos formais, trata-se de pessoas ainda livres e capazes diante do direito. Trata-se de pequenos camponeses empobrecidos e endividados[406]. Os termos utilizados para designá-los sempre têm um valor concreto, que quer expressar a realidade das pessoas[407]: o "oprimido" (*'ānī*), o magro, o emagrecido (*dal*), o socialmente empobrecido (*'ebyōn*). São pessoas a caminho de perder a liberdade, a terra e cair na escravidão. Mas são pessoas que ainda podem iniciar um processo jurídico (*rīb* – Ex 23,3.6). A dependência, dada através de tais empréstimos com juros e hipoteca, contudo, transforma a igualdade jurídica formal dos pobres em uma farsa. Qualquer processo na Porta, no qual eles estão envolvidos, sempre está marcado, ou mesmo decidido, por dependências sociais e pelas consequências que daí resultam. No caso de um direito formal como esse dos *mishpatim*, justamente esse ponto central deve ficar desconsiderado.

---

402. Sobre isso KESSLER, *Schuldenwesen*, p. 182s.
403. P. ex. Sl 37,26; 112,5; Pr 19,17.
404. Sobre isso cf. KESSLER, *Schuldenwesen*, p. 183.
405. Cf. Is 58,7; Jó 22,6; 24,7.10; Ez 18,7.16 etc.
406. Assim especialmente SCHWANTES, *Recht*, p. 98s., 201ss.
407. Acerca dos termos, cf. SCHWANTES, *Recht*, p. 16ss.

A intervenção aqui realizada nas relações econômicas e tradicionais da vida socioeconômica é o início do direito econômico da Bíblia. As leis de Deus vão além das leis econômicas quando estas levam à exploração e à dependência. À renúncia à hipoteca comum (v. 24a) se acrescenta, na camada mais recente (v. 24b), a proibição de cobrar juros. Ambas as coisas são repetidas e expandidas em outras leis do Antigo Testamento[408].

O peso teológico da intervenção nas regras econômicas deduz-se claramente das formulações do v. 26. Ao grito do pobre que perdeu a sua última roupa se afirma um apoio como resposta divina. Com isso, declara-se que o Deus por trás do Código da Aliança tem um cuidado especial com os pobres e injustiçados. O que determina essa postura é a bondade de Deus e a sua graça. Por ser Deus misericordioso, por ouvir o clamor dos pobres, o direito dos pobres de poder fazer empréstimos sem hipoteca e sem cobrança de juros é uma parte essencial da Torá. Uma glosa posterior do v. 24 procura indicar essa consequência teológica. A expressão "meu povo" cai fora da sequência normal do texto e é um esclarecimento teológico[409] para a palavra "pobre". Esses pobres são de forma especial o povo de Deus.

γ. Jurisprudência e misericórdia (Ex 23,1-8)

O comportamento em relação às pessoas sem-direito e empobrecidas deve corresponder à bondade de Deus. Esse comportamento deve relacionar-se com as questões jurídicas de responsabilidade e com as exigências legais divergentes mencionadas nos *mishpatim*. Assim como nisso há uma relação interna, deve haver uma relação para com o lugar onde o direito é decidido. Disso fala o trecho de Ex 23,1-8. Trata-se de uma passagem decisiva para a autocompreensão do Código da Aliança.

Ex 23,1   Não espalharás notícias falsas
nem darás a mão ao ímpio
para seres testemunha de injustiça.

2   Não tomarás o partido da maioria para fazeres o mal,
nem deporás, num processo,
inclinando-te para a maioria, para torcer o direito.

---

[408]. Cf. Dt 23,20ss.; 24,6.10s.17s.; Lv 25,36s. Sobre isso, cf. a seguir p. 280.
[409]. Devemos situá-la nas proximidades do Dêutero-Isaías (Is 49,13) e da teologia dos Salmos na época do pós-exílio. Para uma visão geral, cf. LOHFINK, *Gott auf der Seite der Armen*.

³ Também não deves glorificar o fraco no seu processo.

⁴ Se encontrares o boi do teu inimigo, ou o seu jumento, desgarrado,
deves necessariamente trazê-lo de volta.

⁵ Se vires cair debaixo da carga o jumento daquele que te odeia, deverás abster-te de
deixá-lo jogado à própria sorte;
(deverás sem falta deixá-lo junto a ele)⁴¹⁰.

⁶ Não desviarás o direito do teu pobre em seu processo.

⁷ Da falsa acusação te afastarás;
não matarás o inocente e o justo,
pois não justificarei o culpado.

⁸ Não aceitarás presentes,
porque os presentes cegam até os perspicazes
e pervertem o processo dos justos.

O texto evidencia claramente uma estrutura quiástica. Na parte interna constam as duas frase dos v. 4 e 5, introduzidas por "se" (*kī*), que tratam dos animais dos inimigos. Em torno disso, agrupam-se as duas frases dos v. 3 e 6, referentes ao fraco (*dal*), respectivamente ao pobre (*'ebyōn*) e seu processo jurídico (*ribbō*). Também as frases externas dos v. 1s. e 7s. estão claramente em correspondência. São questões básicas do comportamento em caso de um julgamento durante um processo; o texto fala de culpados (*rš'*) e inocentes (*ṣaddīq, nāqī*), de maio-

---

410. COOPER, *Plain Sense*, apontou com insistência os problemas que a formulação desse verso impõe. Ele mostrou muito bem que, desde a recepção no Dt 22,4 e a tradução da LXX e passando por toda a interpretação judaica e cristã, inclusive em tempos modernos, o versículo é tomado como paralelo para o v. 4 e com isso é entendido no sentido de uma ajuda para o animal. O texto massorético em si, porém, não suporta essa interpretação. Pois '*zb* significa "deixar, abandonar", e nunca é encontrado no sentido de "ajudar" ou algo parecido. Um verbo '*zb* II (assim ainda KBL , 3. ed.; STÄHLI, Art. '*zb verlassen*) não pode ser aceito (esp. WILLIAMSON, *Reconsideration*; para o ugarítico, cf. esp. DIETRICH & LORETZ, 'DB; cf. GERSTENBERGER, art. '*āzab*). Cooper acha que o "plain sense" (sentido manifesto) tem sentido contrário: não se deve tocar o animal do inimigo. Mas nisso surgem problemas que tornam tal interpretação improvável. Cooper parece pressupor que o dono está junto ao animal (por que afinal?), e que este não sucumbiu sob o jugo do peso (assim com HUFFMON, *Comparative Study*; mas pelo menos devemos supor que o animal não pode levantar-se com suas próprias forças). Igualmente parece pressupor que a frase que inicia com a expressão *wḥā-daltā* no v. 4aβ deve ser traduzida por "and you would refrain to leave ist" (p. 15) e sobretudo que a expressão "com ele" ('*immō*), no v. 5b, simplesmente deve ser deixada de lado (cf. p. 15 nota 69: "an intractable problem"). Por causa disso, o "plain sense" não é tão claro a ponto de deixar de lado todo o peso da tradição. Obviamente, entre o v. 5aβ e 5b reside a diferença entre '*zb lō* e '*zb 'immō*, e especialmente com relação a esta última expressão não conhecemos o uso linguístico. Uma mudança de objeto (e por isso talvez a conjetura de uma glosa original para o v. 5b) deve ser a suposição mais fácil. Em todo caso, assim me parece, o v. 5a deve ser entendido como paralelo ao v. 4 (assim como o v. 6 em relação ao v. 3, e o v. 7s. em relação ao v. 1s.).

rias e suborno. A estrutura geral torna-se ainda mais clara através de outras inter-relações[411]. Assim, por exemplo, nos v. 1 e 7, após um mandamento, respectivamente uma proibição, de caráter fundamental, segue-se uma ordem proibitiva de caráter atual.

Esta construção fala de forma decidida contra a tentativa de ver no v. 4s. um acréscimo, como geralmente se sugere[412]. Os mesmos argumentos levantados contra o v. 4s. também deveriam valer para os v. 3 e 6. Antes, tematiza-se aqui a questão que é colocada de forma clara através da composição geral do Código da Aliança: como se relacionam as determinações diretamente aplicáveis dos *mishpatim* com as determinações para a proteção dos estrangeiros e dos pobres. A jurisprudência, da qual se trata aqui, é o lugar decisivo para resolver essa tensão.

Nas formulações no início do v. 1s., bem como no final do v. 7s., aborda-se a questão básica de qualquer direito, isto é, como os culpados chegarão a receber a sua sentença e os inocentes serão inocentados. Por isso, deve-se evitar tudo o que possa atrapalhar esse objetivo. Assim, os v. 3 e 6 falam da questão do direito dos fracos e dos pobres, que aparece atravessada no contexto. Há ainda uma exposição mais detalhada, nas frases centrais do v. 4s., quando não se trata do processo jurídico, mas de ajuda aos animais que sofrem. Com isso, introduz-se o tema das relações com o inimigo. A interpolação dos v. 3 e 6 entre os círculos de problemas que giram em torno do processo jurídico (v. 1s.7s.), por um lado, e da misericórdia com os animais (v. 4s.), por outro lado, mostra o objetivo da composição geral: é a relação dessas duas posturas e, com isso, a relação entre os dois grandes temas do Código da Aliança. Assim como em outras partes, também aqui capta-se, ao nível de conteúdo, aquilo que aparece formalmente na estrutura do texto.

As orientações do comportamento no processo nos v. 1s.7s. permitem, como nenhum outro texto, ter uma impressão da jurisprudência na época da monarquia. Suas chances e suas ameaças tornam-se claras. O "tu", ao qual o texto se dirige, é o sujeito do procedimento jurídico. Ele não aparece somente como

---

411. Cf. OSUMI, *Kompositionsgeschichte*, p. 56ss.
412. Assim muitos intérpretes, desde WELLHAUSEN, *Composition*, p. 90 (acerca da história da interpretação, cf. COOPER, *Plain Sense*, 2 nota 5); também McKAY, *Exodus*, XXIII; • OTTO, *Rechtsbegründungen*, p. 47, 53. SCHWIENHORST-SCHÖNBERGER, *Bundesbuch*, p. 379ss. acredita poder diferenciar quatro camadas distintas. Seu trabalho é um modelo para uma metodologia em que a crítica literária é colocada antes de qualquer análise de estrutura e não dá nenhuma chance ao texto em sua forma atual.

alguém que é formalmente interpelado, por exemplo, como acusado ou testemunha, mas muito mais como o "juiz", isto é, como aquela pessoa que tem a responsabilidade de proferir uma sentença. Depende da pessoa a quem se dirige o texto, isto é, ao israelita livre e proprietário de terras, torcer ou não o direito (v. 2), e com isso também a morte ou a vida das pessoas (v. 7). Dele depende também se as fofocas criam o clima (v. 1) e se, em última instância, só a violência e o poder prevalecem (v. 1). Dele depende também se a forma mais perigosa de poder, que é a maioria, tem a palavra mais forte ou não (v. 2). Por tudo isso é responsável o "tu", ao qual se dirige o Código da Aliança. A realização do direito, do direito formulado no Código da Aliança, é tarefa de tais pessoas; nenhum rei, nenhum estado, nenhum juiz profissional, nenhum jurista lhe está anteposto.

A grande chance da justiça israelita da época da monarquia, isto é, a falta de uma instância formalmente responsável e o respectivo poder e com isso também a potencial incorporação de todos os homens livres, constitui simultaneamente um grande perigo. A alusão aos "muitos" (*rabbīm*), no v. 2, que em última instância são os poderosos como maioria, certamente é uma chave para a compreensão. Justamente quando o direito é subordinado à maioria – e a quem de outra forma deveria e poderia ser confiado!? – deve haver critérios obtidos de modo independente da maioria. Tais critérios devem servir como orientações. A pressão que surge em consequência da mistura de fofocas (v. 1), maioria (v. 2), violência (v. 1), dinheiro (v. 8) e outras formas de dependência, torna-se visível nesses versículos. Apesar disso, também após o Código da Aliança, a jurisprudência na Porta nas cidades israelitas da época da monarquia, isto é, o lugar da jurisprudência estatal, é o único lugar onde de modo legítimo se pode negociar sobre a vida e a morte, sobre bem e mal, sobre culpa e inocência.

A Palavra de Deus no v. 7b resume bem o assunto fundamental aqui tratado: culpados e inocentes devem poder chegar ao seu direito. Assim como Deus é misericordioso em relação aos oprimidos e pobres (22,26), assim ele é também aquele que não justifica e não torna justo quando se trata de alguém culpado. O presente texto, bem como todo o Código da Aliança, busca impedir transtornos nesse sentido. Face às vítimas e seus direitos, nenhuma doutrina da justificação, que viva de uma inversão do v. 27b, pode subtrair-se à verdade aqui formulada.

Mesmo assim, com todas essas regras, que servem à prática dos mishpatim, somente foi dito a metade. Pois como é que os fracos, os dependentes, os subordinados e os sem-direito conseguem ter o seu direito? Tais pessoas de modo algum podem, a priori e por princípio, ser equiparadas ao justo e ao inocente. Mas, do mesmo modo, não podem ser tratadas segundo as categorias formais de culpado e inocente. Esse é o problema examinado nesta composição cheia de inter-relações a partir dos preceitos contrastantes entre si.

Nos v. 3 e 6, trata-se primeiramente dos pequenos e dos pobres no "seu processo" (ribbō). O ponto central está formulado no v. 6: o direito (mišpāṭ) do pobre não deve ser torcido. Em geral, é isso o que acontece, como os profetas sempre de novo denunciam[413]. Antes, porém, no v. 3, tematiza-se um outro problema com uma formulação meio esquisita. Afirma-se que não se deve "destacar, glorificar" (hdr) "o pequeno e o fraco (dal). Muitas vezes, os intérpretes buscam modificar essa palavra "pequeno" ou "fraco" (dal) para "grande" (gādōl)[414], o que em hebraico necessita somente da complementação de uma única letra e com isso também corresponderia às passagens paralelas (esp. Lv 19,15). Tal correção, no entanto, não tem apoio na história do texto, e seria, em última análise, pura arbitrariedade e obviamente também estaria contradizendo a intenção do texto. Também uma pessoa socialmente oprimida, assim se afirma aqui, não deve ser "glorificada". O verbo hdr, em outras partes do Antigo Testamento, é utilizado para designar o respeito devido a uma pessoa idosa[415]. A partir do texto paralelo de Lv 19,15, não se deve, pois, concluir que se trata de um termo jurídico. A tradução usual por "preferir, favorecer" é problemática. O direito dos pobres não deve ser torcido. Mas, inversamente, o pobre também não deve ser tratado como um rei ou como um ancião, venerado com respeito especial.

Independentemente de todos os problemas jurídicos, no centro da unidade no v. 4s., formulam-se as regras da misericórdia. Se os versículos da moldura falam de culpados ou justos, aqui o assunto são os animais extraviados ou que ficaram deitados sob o jugo da carga. Trata-se de animais domésticos em sofrimento, que pertencem ao inimigo ou adversário pessoal[416]. O comportamento reco-

---

413. P. ex. Am 2,7; 5,10; Is 1,23; 10,1s., etc.
414. Assim p. ex. Baentsch, Holzinger, Noth, Com. sobre esta passagem; diferente Childs, Scharbert, Willi-Plein, Com. sobre esta passagem.
415. Lv 19,32; Lm 5,12 (nif.); e pelo substantivo em Pr 20,29. A última coisa remonta a diferentes formas de pompa, especialmente, porém, a pompa de Deus e do rei; cf. WARMUTH, art. hādār.
416. Cf. BARBIERO, L'asino.

mendado, porém, também deve valer independentemente dessas situações e das fortes disputas jurídicas. Trata-se, pois, de um crescendo notável: contraentes jurídicos (v. 1s.7s.) – social e juridicamente fracos (v. 3.6) – sofredores e sem-direito (v. 4s.). Segundo Pr 12,10, o justo conhece a "alma" de seu animal e, segundo Sl 36,7, Deus salva tanto pessoas quanto animais. É uma referência ao presente contexto. Deve-se ajudar os fracos e sofredores, e, mais ainda, os seres desamparados, independentemente de serem humanos ou animais. Por outro lado, os culpados devem ser condenados, também quando são poderosos e buscam constituir direito para si próprios. Mesmo assim, a pobreza não deve ter um "brilho", que possa ou queira subtraí-la das categorias de culpado e inocente. As formulações permitem reconhecer exatamente onde residem os perigos reais: que a misericórdia pode deixar de ser praticada por causa de inimizade; que o direito pode ser tirado dos pobres; que a pressão da maioria, a violência e o direito se sobreponham ao que é justo. Tudo isso se encontra nesta antiga reflexão sobre a relação entre direito e misericórdia.

δ. Direito ou ética?: Acerca do caráter jurídico dos mandamentos sociais

O Código da Aliança é determinado pela ideia de que os direitos dos estrangeiros, dos pobres e das outras categorias de explorados são exigências de Deus em benefício de seu povo. Essas exigências são constituídas com a mesma autoridade e com o mesmo peso que as regras religiosas fundamentais da adoração exclusiva e as regras de sacrifício e festas relacionadas com ela. A composição literária dessa relação é o lugar de nascimento da Torá e um acontecimento central para a história da teologia bíblica e seu conceito de Deus. Essa relação encontramo-la já nos profetas do século VIII, só que de modo negativo. Assim, por exemplo, Isaías confronta o direito positivo vigente, que violenta os fracos, com um conceito de direito, que lhe é roubado ou retirado, ou do qual os pobres são desviados[417]. O que na realidade, na Jerusalém do século VIII, está desagregado (e somente era realidade no passado ideal)[418], encontra a sua expressão no Código da Aliança na forma de um livro jurídico.

---

417. Cf. especialmente Is 1,23/21.26; 10,1s.; também Is 5,7 etc. Sobre isso, cf. p. ex. KESSLER, *Staat*, p. 46ss. et passim.
418. Esp. Is 1,21.26.

Na ciência, esse acontecimento foi percebido e descrito de forma cada vez mais clara[419]. Muito menos consenso, contudo, existe quanto à pergunta sobre o que com isso acontece em relação às respectivas exortações e mandamentos. Ao contrário dos *mishpatim* ou direito do Antigo Oriente, essas exortações e mandamentos aparecem como mandamentos de Deus e remontam explicitamente à ação de Deus como seu critério e sua fundamentação (esp. Ex 22,26; 23,7). Será que essas exigências são "direito"? Será que têm validade no mesmo sentido que os *mishpatim* ou outras leis "positivas"? Será que devem determinar a jurisprudência – ou o que quer que isso signifique em particular?[420] A pesquisa mais antiga falava nesse lugar do "direito apodítico". E Alt acreditava ter distinguido com isso o direito especificamente israelita do direito do deserto[421]. Até onde eu posso avaliar, a pergunta em sentido estrito pela função de tais formulações e sua função em um corpo legal misto como o Código da Aliança nunca foi colocada de forma precisa.

Hoje uma separação a partir do direito específico é afirmada sobretudo por E. Otto. Para isso ele também fornece amplas fundamentações[422]. Vale a pena examinar as suas teses, uma vez que elas foram formuladas no contexto da ciência social e jurídica atual. Otto fala de uma "diferenciação entre a ética (*ethos*) vétero-israelita e o direito". Acerca das leis dos escravos de Ex 21,2-11, das determinações sociais de proteção de Ex 22,20-26* e acerca de Ex 23,4s., constata-se que falta "uma determinação de sanção para o caso da não observância"[423]. Disso, segundo ele, resultaria que "haveria uma renúncia à ação judicial direta [...] em favor de uma parênese ética", com o que se "estaria abandonando [...] a esfera do direito"[424]. Especialmente elucidativa é uma frase como a seguinte: "Se nas determinações sociais de proteção, desenvolvidas a partir do direito em direção à ética, faltam as formulações de sanção, portanto, o poder da instituição jurídica para colocar isso em prática, então estas são normas que pretendem propor uma

---

419. Primeiramente HALBE, *Privilegrecht*.
420. Sobre o problema do *status* jurídico dos códigos de leis do Antigo Oriente, cf. KRAUS, *Problem*; • PREISER, *Natur*; • RENGER, *Hammurabis Stele*; • KRECHER, *Rechtsleben*; • WESTBROOK, *Lawcodes*; também KLÍMA, *Gegebenheiten*; • ROTH, *Scholastic Tradition*. Além disso, cf. acima p. 24ss.
421. ALT, *Ursprünge*, esp. p. 330s.
422. Esp. OTTO, *Ausdifferenzierung*.
423. OTTO, *Ausdifferenzierung*, p. 145.
424. Ibid.

renúncia das pessoas economicamente fortes em favor das economicamente fracas, dependendo, assim, em maior medida e de forma mais consequente, da observância voluntária e da percepção próprias da pessoa"[425]. A "linha de ruptura" da "sociedade israelita rompida" seria, assim, "o ponto de partida da migração de uma ética autônoma para fora do direito"[426]. Na opinião de Otto, uma nova relação de fundamentação, que poderia transcender a realidade social em sua desagregação, estaria sendo encontrada no conceito de Deus e não no direito.

Aqui se deve constatar, por um lado, uma ampla e comum descrição daquilo que se realiza na história do direito do Antigo Testamento, em especial na estrutura do Código da Aliança e da crescente teologização do direito com o acontecimento central da integração das determinações sociais de proteção na Torá. Só que Otto percebe esse processo como uma "diferenciação" do *ethos* em relação ao do direito e, com isso, descreve-o em termos exegéticos e histórico-jurídicos de uma forma a encobrir o que é decisivo. A seguir, veremos a crítica e a visão alternativas em conjunto nos seguintes pontos.

– O que é direito de modo algum pode ser definido unicamente através da característica da avaliação das sanções nas sentenças. A tese de que as "características da sentença jurídica são determinações de indenizações e sanções e, portanto, a valoração de um fato acontecido com suas consequências jurídicas"[427] decisivamente é tomado de forma muito estreita: também as definições e formulações do tipo apodítico fazem parte do direito, tanto do direito do Antigo Oriente quanto dos *mishpatim* e do direito atual. As determinações de consequências jurídicas não são o único critério de sentenças jurídicas, ainda mais na forma externa de determinados tipos de sentença. Assim, também Otto considera como parte do direito determinados mandamentos e proibições, expressamente, por exemplo, Ex 23,1-3.6-8, mesmo que de modo algum contenham algum tipo de sanção[428]. Se alguém, porém, não liberta o seu escravo segundo as determinações de Ex 21,2ss., em que ele se diferencia no nível de princípios daquele que não cobra uma indenização determinada? Direito cultual e outras determinações religiosas em geral muito raramente têm sanções diretas. Hipotecas pesadas e inadequadas

---

425. OTTO, *Ausdifferenzierung*, p. 145s.
426. Ibid., p. 149.
427. Ibid., p. 143s.
428. Ibid., p. 147s.; • id., *Rechtsbegründungen*.

podem, segundo Ex 22,24ss., sancionar formal ou informalmente tanto uma sociedade quanto o desacerto de quaisquer outras normas. Isso, contudo, significa: o caráter jurídico de determinações isoladas não pode ser medido puramente pela forma da frase nem pode ser determinado pela existência ou não de determinações de consequências jurídicas.

– A introdução da autoridade de Deus não pode tocar diretamente o caráter das determinações em seu caráter de direito. A longa história do direito divino, em formas muito diversificadas, não deveria deixar surgir dúvidas nesse sentido[429]. Aqui queremos ressaltar somente um ponto: o caráter jurídico de tais determinações, em última instância, sempre depende de quem convence as pessoas e até que ponto. Assim, por exemplo, a pergunta em que medida a exploração do estrangeiro tem consequências para o autor no nível jurídico, em especial no direito israelita, depende de quem consegue se impor por ocasião das negociações na Porta. A tese segundo a qual a autoridade religiosa por trás das sentenças jurídicas prejudica o caráter jurídico somente faz sentido quando se exclui em grande parte a questão da pergunta pelo poder ou – e isso é mais provável – em caso de aceitação sutil de uma instância não religiosa existente, que impõe o direito. Podemos pressupor algo como o moderno estado, neutro em termos religiosos, com seu aparato de poder?[430]

– Não se deveria falar de uma "diferenciação da ética em relação ao direito", porque isso somente faria sentido sob o pressuposto de que o direito mais antigo abarcaria normas que, agora, com o surgimento de um direito escrito como o Código da Aliança, estariam "migrando para fora" do direito. Em termos literários – e isso não é somente uma questão externa independente do conteúdo – trata-se em primeiro lugar exatamente do contrário: temas diferentes, independentemente de onde possam surgir em termos particulares, são juntados em um livro jurídico. É um fato novo e, em termos de história do direito, também surpreendente. Pois não se trata simplesmente da tradicional e muitas vezes documentada justaposição de determinações legais, por um lado, e de ética em con-

---

429. Cf. DREIER, *Göttliches Recht*, p. 269ss.
430. A formulação "se a esse direito transformado em ética e determinações de proteção faltam (!) as formulações de sanções e, portanto, o poder da instituição jurídica para sua execução" (OTTO, *Ausdifferenzierung*, p. 145) mostra que o autor estabelece uma relação direta entre a forma das sentenças e as relações de poder. Mas isso não é possível. A questão se a codificação pode obrigar a instituição jurídica a aplicar ou fazer aplicar essas leis não pode ser reduzida à forma das sentenças.

textos sapienciais, por outro lado. O surgimento da estrutura básica da Torá não pode ser concebido no sentido de uma diferenciação entre direito e ética, como propõe Otto. Se quisermos usar o conceito, este deveria ser aplicado ao fato de que tanto um direito como os *mishpatim* com as suas determinações de sanções quanto também as determinações sociais de proteção são "diferenciados" das normas flexíveis e em grande parte não formuladas da sociedade pré-estatal, marcadas por solidariedade e por "*amity*"[431]. Provavelmente podemos formular o seguinte: o direito dos códigos legais e a ética, por exemplo, da sabedoria mais antiga, são diferenciados da primitiva transmissão de normas, ainda não diferenciada em ética e direito.

Como, então, entender a correlação de exigências mais gerais de outras de cunho mais "ético", como são as determinações "apodíticas" de proteção social, com as outras tradições legais dentro do mesmo corpo? Nesse ponto, pode ser esclarecedor um exame das correspondências modernas. A redução do direito para o direito de fato vigente e praticável, e nesse sentido direito "positivo", exclui importantes aspectos e isso não somente para a validade ética, mas também jurídica. No debate sobre o moderno conceito positivo de direito foi convincentemente apresentado "que o juiz também está legalmente condicionado no assim chamado âmbito da investigação e da avaliação" – portanto, não somente de forma ética – "e isso de uma maneira que constitui uma relação necessária entre o direito e a moral. A base para essa tese é a diferença estrutural entre regras e princípios... regras são normas que nascem de um fato e de uma consequência jurídica, no sentido de que a consequência jurídica sempre entra em vigor quando o fato está consumado. Ao contrário disso, princípios... ofertas de otimização, que podem ser preenchidos de formas diferenciadas, são normas que prescrevem que algo (um objetivo ou um valor) deve ser realizado dentro de uma medida elevada"[432]. Assim, os princípios juridicamente vigentes concretizam "a realização aproximativa de um ideal moral para uma obrigação jurídica". Também se pode dizer que "é recomendável aproximar o máximo possível o direito, como ele se apresenta, ao direito como deveria ser no caso de dubiedades e coli-

---

431. Cf. p. ex. FLEISCHER, *Von Menschenverkäufern*, p. 320ss.; resumo na p. 344s.
432. DREIER, *Begriff des Rechts*, p. 104. Nesse artigo Dreier resume uma ampla discussão jurídica em torno do conceito de direito, em especial em torno da problemática do conceito positivo de direito. Especial relevância tem nesse aspecto DWORKIN, *Bürgerrechte*; cf. tb. ALEXY, *Grundrechte*; para uma discussão cf. SIECKMANN, *Regelmodelle*; para o estado atual da discussão, cf. DREIER, *Begriff des Rechts*, p. 117ss.

são de normas"[433]. Na modernidade, tais princípios ou "propostas de otimização" são encontrados especialmente nas determinações de direitos fundamentais, bem como nos catálogos de direitos humanos e nas determinações dos objetivos do estado. Fala-se aqui de "normas fundamentais que decidem sobre valores", que exigem validade para todos os âmbitos do direito e comprometem os três poderes do estado na busca do maior índice possível de proteção da dignidade, da liberdade e da igualdade"[434].

Face a esse amplo debate jurídico em torno dessa problemática, que pelo menos no âmbito da temática dos direitos humanos há muito já alcançou a teologia[435], é inadequado fazer uma separação entre direito e ética da forma como Otto o faz. É verdade que devemos nos precaver de retroprojetar modernas estruturas e conceitos para dentro do direito do antigo Israel. Mas, na sua diferenciação – e aqui o conceito pode ser aplicado – pode-se mostrar que com a inclusão do direito na questão mais abrangente da validade de normas éticas de diferentes tipos não se está simplesmente diante de um simples "ou... ou". Isso vale sobretudo quando ambos, de forma consciente – e contra a tradição do Antigo Oriente e a própria tradição –, foram justapostos em um único corpo jurídico. Se no Código da Aliança o direito "positivo" mais antigo dos *mishpatim* foi complementado e corrigido por determinações para a proteção dos fracos, para o modo de agir no processo ou para a reparação de prejuízos (direito de talião), aqui aconteceu algo muito decisivo em termos jurídicos. Em Is 10,1s., o profeta critica o direito "positivo" codificado; ele o faz a partir de um critério mais geral de justiça. O que o profeta faz aí é colocado em prática no Código da Aliança. Os *mishpatim* continuam a ter validade, mas eles são corrigidos pelo direito de talião, pelas prescrições para a proteção de estrangeiros, pobres, viúvas e órfãos, e pelas prescrições para a proteção de animais. Isso de modo algum é irrelevante para a compreensão dos *mishpatim*. Sua interpretação e aplicação, assim devemos entender a sua intenção, devem ser orientadas por essas sentenças corretivas. Dito de forma mais genérica, podemos dizer que as determinações de proteção social se relacionam com os *mishpatim* assim como os direitos humanos se relacionam hoje

---

433. DREIER, *Begriff des Rechts*, p. 105.
434. Ibid., assumindo formulações do Supremo Tribunal Federal.
435. HUBER & TÖDT, *Menschenrechte*, esp. cap. II.

em dia com o direito positivo vigente na atualidade: eles são "metanormas" e instância crítica. A distância entre direito e justiça é aqui assumida dentro do próprio direito – e não somente dentro de uma ética que não toca o direito – e, assim, transformada no princípio decisivo da Torá. O fato de as "regras" serem sempre acompanhadas de "princípios" faz parte da própria natureza do processo. Essa tensão dentro da Torá nasce com o surgimento do Código da Aliança[436].

4. Digerir a catástrofe: o surgimento do Código da Aliança

a) O evento da codificação

O Código da Aliança é o livro de leis mais antigo do Antigo Testamento; com ele surgiu a estrutura básica da Torá. Sobre esse acontecimento e as circunstâncias nas quais isso aconteceu, até aqui ficou claro o seguinte:

– No Código da Aliança foram reelaborados, como fontes, dois textos mais antigos de Israel: os *mishpatim*, isto é, o livro de leis do tribunal superior de Jerusalém, que está em estreita vinculação com os códigos de leis do Antigo Oriente, e uma coleção de regras fundamentais acerca da adoração exclusiva de Yhwh. Esta coleção foi formulada no Reino do Norte como alternativa para o culto estatal das imagens de bezerros.

– O Código da Aliança interliga os dois textos anteriores em uma só composição, determinada pela afirmação da presença e da companhia de Deus, bem como pela referência ao primeiro mandamento. O acento básico dessa composição está nas determinações para a proteção social aos estrangeiros e aos empobrecidos, e nas orientações para a prática da justiça na jurisprudência. O critério ético, com o qual os profetas do Reino do Sul, Amós, Isaías e Miqueias, criticavam o desenvolvimento social e suas causas, é formulado aqui como direito de Deus.

---

436. A questão aqui discutida sobre o *status* do direito nas determinações sociais de proteção não é a mesma questão discutida, por exemplo, entre Greenberg (*Postulates*; *More Reflections*) e Jackson (*Reflections*) se à base das sentenças jurídicas da Bíblia podem ser reconhecidos princípios claros. Mesmo assim existem inter-relações, pois a questão se se deve entender as determinações "apodíticas" de proteção social como princípios, que estão relacionados de forma corretiva com as regras e sua aplicação, é eventualmente a falta de explicitação dos princípios por parte de Jackson – estes não estão já sempre presentes, mas foram acrescentados de forma corretiva no processo literário da composição.

– No Código da Aliança, as leis são continuadamente dirigidas a um homem livre e proprietário de terra, designado como "tu". O fato de este se tornar o sujeito jurídico decisivo através da Palavra de Deus é uma continuação daquilo que já se havia iniciado nas fontes mais antigas.

Afora essas características claramente reconhecíveis, todas as outras circunstâncias da codificação são desconhecidas e, na melhor das hipóteses, podem ser hipoteticamente reconstruídas. Ainda assim, com todas as precauções, podemos fazer as seguintes reflexões:

O Código da Aliança é formulado como Palavra de Deus e, portanto, reivindica a autoridade de Deus. Ao lado disso, não se pode reconhecer, a partir do seu conteúdo, que tenha sido revelado em algum momento no remoto passado, por exemplo, no Sinai, ou que necessite da intermediação de uma figura como Moisés[437]. Somente na camada secundária, que usa a forma da 2ª pessoa do plural, foi introduzida uma historização. A composição principal deve ser entendida como uma palavra contemporânea de Deus.

Para a compreensão do processo de codificação, naturalmente é decisivo perceber qual autoridade humana poderia falar e falou assim em nome de Deus. Para isso é importante o reconhecimento de que não somente a coleção dos *mishpatim*, mas também a composição principal deve remontar a pessoas versadas em questões jurídicas. Em especial, a introdução da instituição do asilo religioso no templo para pessoas que matavam alguém "involuntariamente" (21,13s.) é um ato histórico-jurídico da mais alta importância[438]. Com isso, iniciativas do Antigo Oriente e de Israel são desenvolvidas paralelamente ao direito draconiano na Grécia (temporalmente mais cedo). Por trás disso –, mas também, por exemplo, por trás da introdução corretiva da fórmula de talião (21,24s.) e da inclusão das determinações "apodíticas" de proteção social – não podem estar somente pessoas versadas juridicamente, mas uma instituição com indubitável competência jurídica. Por isso, deve-se presumir que o tribunal superior de Jerusalém, a quem remonta a coleção dos *mishpatim*[439], também deva estar relacionado com a codificação do Código da Aliança. Como essa instituição é composta de leigos e

---

437. Acerca de 23,20ss., cf. acima p. 253ss., bem como as reflexões em OSUMI, *Kompositionsgeschichte*, p. 187, 220.
438. Cf. acima p. 247ss.
439. Cf. acima p. 236ss.

sacerdotes, o que corresponde exatamente à tensão interna dos temas justapostos no Código da Aliança, não se pode negar sem mais, mas antes creditar a esse tribunal a competência para formular as sentenças na forma de um discurso divino. Nisso, porém, havia problemas que toda a camada posterior, bem com toda a história do direito israelita posterior, haveria de mostrar.

O tema tão importante dos estrangeiros remete necessariamente à época posterior à queda da Samaria. Por causa de sua relação com o Deuteronômio, não se pode localizar o surgimento do Código da Aliança muito depois dos acontecimentos de 722. O Código da Aliança deve ter surgido no final do século VIII ou no início do século VII. Com isso, o Código da Aliança é a mais importante reelaboração da catástrofe do Reino do Norte. Essa reelaboração acontece na medida em que a importante herança teológica do Reino do Norte e as já consolidadas regras da adoração exclusiva do Deus de Israel são ligadas ao livro jurídico de Jerusalém, que está na tradição das leis do Antigo Oriente. Esse conjunto passa a incorporar também a herança da crítica social dos profetas do Reino do Sul, dando um novo acento ao conjunto para, assim, fugir ao juízo anunciado também para o Reino do Sul. Através da ligação de elementos diferentes entre si, surge algo novo, que é mais do que a soma das partes: surge a estrutura básica da Torá. Ela se evidencia como a produtiva e nova formação de diferentes partes da tradição, que antes pareciam estar separados e em desacordo. A Revelação acontece aqui como um modo criativo de abordar os elementos da tradição.

Sobretudo a datação aqui defendida para o surgimento do Código da Aliança na época após o fim do Reino do Norte levou a ver nele um livro de leis do rei Ezequias, de forma semelhante à ligação de Josias com o Código Deuteronômico[440]. As descobertas, porém, falam contra essa relação. As reformas de Ezequias, mencionadas em 2Rs 18,4ss., excetuando-se a problemática histórica[441], no fundo não têm nada a ver com as exigências do Código da Aliança. A eliminação dos santuários nos lugares altos, por exemplo, não pode ser remetida à lei do altar em Ex 20,24ss. ou nela ser fundamentada. As reformas sociais tais como foram propostas pelo Código da Aliança não estão documentadas para a época de Ezequias.

---

440. ALBERTZ, *Religionsgeschichte*, p. 341ss. Para uma crítica, cf. OSUMI, *Kompositionsgeschichte*, p. 177ss.

441. Sobre a pergunta se por trás das formulações deuteronomistas encontra-se um acontecimento histórico, cf. as controvertidas concepções de DONNER, *Geschichte* II, p. 331s.; • SPIECKERMANN, *Juda*, p. 170ss.; • HUTTER, *Hiskija*; • CONRAD, *Miszellen*; • COGAN & TADMOR; *II Kings*, p. 218ss.

E os textos de Isaías dos anos de 705-701 (esp. Is 28ss.) não permitem reconhecer em Ezequias um reformador social. Assim, nada se sabe de uma direta e comprovada influência social do Código da Aliança.

b) *Historização cultual: a reinterpretação*

O Código da Aliança evidencia uma camada redacional claramente reconhecível, porque tem características estilísticas distintas[442]. As passagens que empregam o pronome da segunda pessoa do plural, que marcam sobretudo o início e o acréscimo, pelo seu caráter são diferentes das sentenças jurídicas bem mais precisas que empregam o pronome "tu". Em algumas passagens, essa mudança quebra a sequência do contexto. Só há pouco tempo a pesquisa percebeu isso, mas, em geral, designou essas passagens de "deuteronomistas", renunciando assim à tarefa de apontar o que lhe é específico[443]. Por mais próximas que estejam da linguagem deuteronomista, essas sentenças não são típicas desta linguagem e evidenciam importantes diferenças em termos de estilo e conteúdo[444].

O cuidado especial com os estrangeiros (22,20; 23,9) e os pobres (22,24ss.) é complementado com a menção das viúvas e dos órfãos como um outro grupo problemático (22,21ss.). Falta, porém, a menção dos levitas, que é o quarto grupo na série de pobres, característica no Deuteronômio[445]. A proteção aos estrangeiros diante da opressão, em ambos os casos, é fundamentada numa referência ao caráter próprio de Israel como estrangeiro no Egito e é assim claramente reforçada (22,20; 23,9). Essa fundamentação diferencia-se claramente de referências semelhantes ao *status* de Israel como escravo no Egito, como é conhecido no Deuteronômio[446]. Esse caráter de Israel como escravo pode ser fundamentado de forma diferente em contextos distintos; a fundamentação no Código da Aliança fica restrita à problemática dos estrangeiros. Também a forma final do Código da Aliança é pré-deuteronômica.

---

442. Cf. esp. OSUMI, *Kompositionsgeschichte*, p. 50ss., 183ss.
443. Para visão geral das posições mais antigas, cf. OTTO, *Rechtsbegründungen*, 4. Cf. tb., de forma semelhante, em SCHWIENHORST-SCHÖNBERGER, *Bundesbuch*, p. 286.
444. Para maiores detalhes do que se segue, cf. BEYERLIN, *Paränese*; • esp. OSUMI, *Kompositionsgeschichte*; • LOHFINK, *Bearbeitung*.
445. LOHFINK, *Bearbeitung*, p. 96ss.
446. Ibid., p. 100ss.

O acento novo mais claro em termos de conteúdo desta camada de redação aparece numa dupla referência ao dinheiro, respectivamente ouro e prata. No início do código, encontra-se a admoestação:

Ex 20,23   Não devereis me fazer/representar [em imagem][447].
Nem fareis deuses de ouro e prata para vós.

Esta formulação[448] da proibição de fazer imagens[449] certamente retoma a crítica às imagens dos bezerros de ouro do Reino do Norte, mas é também um tema que aparece várias vezes na profecia de Isaías[450]. A ligação de Deus com ouro e prata não pode ser separada do fato de que a mesma camada desenvolve e complementa a regra de hipotecas de Ex 22,24aα através da inclusão da proibição de cobrar juros (v. 24aβ)[451]. Assim, a proteção dos pobres acaba sendo sensivelmente reforçada (cf. Dt 23,20ss.; Lv 25,36s.).

A partir daqui podemos fazer algumas considerações sobre a localização mais exata da camada redacional. Sabidamente, a proibição da cobrança de juros – e independentemente dessa camada redacional nos livros legais – aparece em textos cultuais do templo de Jerusalém[452]. Segundo o Sl 15,5, a cobrança de juros desqualifica a pessoa em termos cultuais e impede o seu acesso ao templo[453]. Coi-

---

447. No Texto Massorético (TM), o v. 23a é um anacoluto incompreensível ("vós não fareis/construireis com/ao lado de mim") e por isso é complementado de forma livre (p. ex. Baentsch, Dillmann, Holzinger e outros em seus respectivos comentários), ou, contra a divisão massorética do versículo, é juntado com o v. 23b (p. ex. ZENGER, Sinaitheophanie, p. 69 nota 56; HOSSFELD, Dekalog, p. 180) ou simplesmente é declarado como sendo secundário (DOHMEN, Bilderverbot, p. 157). O problema está na preposição "ao lado/junto" ('ittî), que nesse contexto é singular e difícil de entender. Se partimos do texto consonantal, dever-se-ia pensar na partícula do acusativo ('ōtî). No v. 23b e em muitas passagens paralelas (Ex 34,17; Lv 19,4; 26,1; etc.), fala-se de fazer deuses ('śh 'elōhīm). Para isso, cf. DOHMEN, Bilderverbot; p. 176ss. É evidente que tal texto – a proibição de fazer uma imagem de Yhwh na forma de uma fala de Deus na 1ª pessoa – deve ter provocado dificuldades em tempos posteriores, sendo por isso lido de forma diferente.

448. Há muitas tentativas de fragmentar o início do Código da Aliança em 20,22b.23 em várias camadas literárias para, depois, atribuí-las a escolas teológicas. Cf. p. ex. HOSSFELD, Dekalog, p. 176ss.; • DOHMEN, Bilderverbot, p. 155ss.;• SCHWIENHORST-SCHÖNBERGER, Bundesbuch, p. 278ss.; para uma discussão e crítica dessas tentativas, cf. OSUMI, Kompositionsgeschichte, p. 187ss. Aqui sigo a tese de Osumi de que o início do Código da Aliança não foi concebido para o atual contexto literário (192). Tomado em si, não há nenhum motivo para crítica literária.

449. Acerca da proibição de imagens, cf. DOHMEN, Bilderverbot; para a versão do Decálogo, cf. CRÜSEMANN, Dekalog, p. 47ss.; por último, esp. KENNEDY, Social Background; • TSEVAT, Prohibition; • HOSSFELD, Funktion; • HENDEL, Images.

450. Cf. especialmente Is 2,7s.; cf. tb. 2,20; 31,7.

451. Acerca da proibição bíblica de cobrança de juros, cf. esp. KLINGENBERG, Zinsverbot; • cf. tb. HEJCL, Zinsverbot; • NEUFELD, Prohibition; • COHEN, Backgrounds; • GAMORAN, Biblical Law. Para uma perspectiva de direito comparado, cf. MALONEY, Usury and Restriction; id., Usury. Para a terminologia utilizada (nešek, respectivamente em Lv 25,35s. e outros lugares paralelo com tarbît), cf. LOEWENSTAMM, nšk; • LIPINSKI, Nešek. Para o direito judaico pós-bíblico, cf. SALOMON, Le prêt à l'intérêt; GAMORAN, Talmudic Usury; • id., Talmudic Law; • WEINGORT-BOCSKO, L'interdiction; • id., Le prêt à l'intérêt; para uma recepção moderna da tradição bíblica, cf. NELSON, Idea.

452. Cf. OTTO, Kultus und Ethos.

453. Para isso e para a comparação com os textos paralelos de Ezequiel, cf. BEYERLIN, Heilsordnung, p. 47ss.

sa semelhante pode-se deduzir de formulários cultuais, que foram reelaborados pelo profeta-sacerdote Ezequiel (18,8; 22,12; etc.). Trata-se de aspectos sociais da impureza cultual. No mesmo sentido se lê em Ex 22,30: "Sereis para mim homens santos", literalmente: "homens do santuário deveis ser...", evitando comer carne dilacerada. Também aqui se trata do acesso ao âmbito do templo.

O Código da Aliança, através da sua camada redacional, é, assim, colocado em uma relação estreita com o templo de Jerusalém e com o seu culto[454], como se vê na nova abertura do todo. Ainda antes da proibição de imagens de Deus, feitas de ouro e de prata (20,23), aparece a frase: "Vistes como vos falei do céu" (20,22b). No atual contexto da perícope do Sinai é praticamente inevitável ver nisso uma relação com o Decálogo, eventualmente com as falas divinas de Ex 19. Mas ambas as coisas não acontecem a partir do céu. A frase não pode ser explicada a partir do contexto literário[455]. Os interpelados são aqui remetidos para uma experiência, segundo a qual eles "viram" a voz de Deus a partir do céu[456]. Procurando paralelos, deparamo-nos com afirmações de salmos cultuais de Jerusalém. No Sl 76,9, por exemplo, fala-se do juízo de Deus a partir do céu e isto sem nenhuma contradição com a sua presença em Sião (v. 3).

Um passo especialmente importante, que se realiza nas camadas tardias do Código da Aliança, é o início de uma configuração histórico-fictícia do agente que fala. Em formulações como Ex 23,28ss., fala-se bem claramente a partir de um ponto fictício antes da tomada da terra. A autoridade que fala situa-se no passado. Assim se realiza aqui, na camada redacional do Código da Aliança, o evento da historização, tão importante e cheio de tantas consequências.

Na camada redacional, com a forma plural "vós" há uma clara referência ao povo reunido como comunidade cultual. A forma "tu", que juridicamente é mais precisa e se refere a todo israelita, é complementada com um elemento típico de pregação em que ela se enquadra (20,22b.23/23,31b). Salmos cultuais como os Sl 50; 81; 95 talvez possam ajudar a aclarar as circunstâncias em que se realizou essa historização. Nesses salmos existem discursos de Deus, que claramente se dirigem ao Israel do final da época da monarquia ou até da época do

---

454. Assim com OSUMI, Kompositionsgeschichte, p. 210s.
455. Cf. OSUMI, Kompositionsgeschichte, p. 185s.
456. Ou "veem". As formas do perfeito podem perfeitamente indicar para um presente: "vós estais vendo que falo convosco desde o céu".

exílio. Mesmo assim, estão ordenados como discursos proferidos dentro de um determinado momento da "história salvífica". A diferença histórica, que o Deuteronômio tem de superar com o enfático "hoje", parece ainda não existir aqui. O Código da Aliança reelaborado se entende obviamente como uma tal "pregação" e com isso como (parte) daquela invocação do nome divino, a qual assegura a presença de Deus (Ex 20,24). A transição de um livro legal para um discurso cultual, que se realiza na camada redacional, está, assim, relacionada com o passo rumo à historização.

Ainda um outro aspecto poderia indicar as circunstâncias históricas do evento. É possível separar as disputas maciças com povos inimigos – como se refletem no adendo ao Código da Aliança[457] – da inclusão cada vez mais sólida também de Judá nas anexações efetuadas pelos assírios? Há bons motivos para crer que após 701[458], e mais ainda sob Manassés, quando o templo e o rei estavam comprometidos em manter a lealdade em relação à Assíria, se buscasse apoio numa nova autoridade intocável situada no passado da história da salvação, para assim dar e assegurar validade ao direito divino do Código da Aliança. A apresentação como discurso de uma autoridade distante e no passado, mas que, mesmo assim, determina o Israel do presente, no Código da Aliança continua sendo literalmente um fenômeno marginal, que somente chega ao seu pleno desdobramento com a inclusão do Código da Aliança na perícope do Sinai. O que a historização poderia realizar se evidencia primeiramente e de forma melhor no Deuteronômio.

---

457. Esp. 23,28-31a retoma o início 23,20ss. em uma forma bastante mais agressiva. Essas passagens como v. 23 devem, juntamente com a camada redacional no plural (23,21b.25a.31bα), ser tomadas como mais antigas que Dt 7. Cf. OSUMI, Kompositionsgeschichte, p. 204ss., 212ss.

458. Nesta situação (sobre isso cf. a seguir p. 301s.), pode-se entender bem a concentração em tradições especialmente jerusalemitas e a "referência/recuo" para o âmbito do culto.

VI
DEUTERONÔMIO: A FORMULAÇÃO MAIS INFLUENTE

> *"Não pode haver democracia sem socialismo,*
> *não pode haver socialismo sem democracia."*
> Ernst Bloch[1]

1. Continuidade e novo começo: a localização histórica

Com o Código Deuteronômico (Dt 12–26)[2], Israel começa a formular pela segunda vez a vontade do seu Deus em um livro de leis. Geralmente, quando as circunstâncias mudam, as leis são ampliadas, alteradas, romanceadas. Encontramos esse fenômeno no Código da Aliança, onde as fontes mais antigas utilizadas já apresentavam marcas evidentes de complementação e atualização[3] e onde também, em termos gerais, foi acrescentada uma camada complementar mais recente[4]. Observamos isso mais ainda no próprio Deuteronômio, que apresenta múltiplos sinais de atualização e romance. Comparada com uma tal ampliação, uma codificação totalmente nova significa um corte essencialmente mais radical. Ele está relacionado geralmente a motivações de alcance profundo e a acontecimentos bastante alterados – basta lembrar a constituição da Alemanha, que foi reescrita com o fim do 3° Reich e da 2ª Guerra Mundial e que, mesmo com a anexação da Alemanha Oriental, não deu lugar a uma nova constituição. Por que,

---

1. *Naturrecht und menschliche Würde*, p. 232. É assim que Bloch levou Rosa Luxemburgo ao conceito (esp. *Revolution*, p. 133ss.).
2. A descrição a seguir enfoca e se concentra nos problemas do Código Deuteronômico (Dt 12–26). As demais partes do livro do Deuteronômio, bem como seus muitos problemas trabalhados pelos pesquisadores, só serão mencionados na medida em que forem necessários para uma compreensão correta da lei. Sobre a situação da discussão sobre o Deuteronômio, cf. PREUSS, *Deuteronomium*; • McBRIDE, art. *Deuteronomium*; • LOHFINK, art. *Deuteronomium*; Clemens, *Deuteronomy*.
3. Cf. acima p. 167ss., 206ss.
4. Cf. acima p. 278ss.

então, foi dado este passo em Israel? Por que as possibilidades de complementação e ampliação são insuficientes? Esta pergunta nos servirá de diretriz daqui em diante, como fio condutor que nos ajuda a atravessar o oceano da pesquisa sobre o Deuteronômio. Como é inevitável, ela pode nos levar de volta às probabilidades históricas e ajudar a superar uma crítica literária que ultrapassa suas fronteiras e na qual os textos praticamente se dissolvem em seu manuseio.

a) Ampliação, complementação, explicação: a relação com o Código da Aliança

A relação do Código Deuteronômico com o Código da Aliança nos leva à conclusão, olhando para o todo, de que o material mais recente foi concebido com a intenção de *substituir* o mais antigo. É verdade que os traços decisivos, que diferenciam de modo tão característico o Código da Aliança dos outros códigos de leis do Antigo Oriente, foram assumidos e ampliados pelo Deuteronômio: o todo é apresentado como mandamento do Deus de Israel – apesar de transmitido de maneira nova pela autoridade de Moisés – e tem a adoração única de Yhwh, o 1º mandamento, como centro objetivo. Nele, a palavra é dirigida aos proprietários livres de Israel. Teologia, religião, adoração, direito, ética – como no Código da Aliança –, tradições tão distantes entre si, são conservadas juntas em um só texto. Até a estrutura geral tem semelhanças com a do Código da Aliança: no começo (Dt 12) está uma lei referente ao altar com regulamentos para os sacrifícios legítimos e a presença divina; no fim, há declarações de bênção e maldição (Dt 27–28) que, em certo sentido, correspondem aos temas do apêndice do Código da Aliança (Ex 23,20ss.). Repete-se especialmente uma série de leis individuais do Código da Aliança, com determinadas alterações[5]. Assim, encontramos uma modificação na lei sobre os escravos (15,12ss.), e um calendário com as mesmas festas principais anuais (16). Há regras sobre a conduta diante do tribunal (16,19s.) ou sobre o uso de animais de outras pessoas (22,1s.), que repetem claramente, com pequenas variações, as passagens do Código da Aliança. De modo especial, esta constatação nos faz concluir que o Código Deuteronômico não é uma complementação, mas uma substituição do Código da Aliança. Não há

---

5. Sobre a comparação com o Código da Aliança, cf. PREUSS, *Deuteronomium*, p. 104ss.; esp. CHAMBERLAIN, *Study*.

perspectiva de uma outra concepção senão a de um novo começo. Tal novo começo assume as decisões básicas, bem como uma boa parte do direito material anterior. Somente no contexto da formação do Pentateuco como um todo, os dois códigos de leis foram integrados em *uma* unidade literária.

Por outro lado, são consideráveis as inovações se comparadas com o Código da Aliança. As ênfases novas mais fortes, em termos de conteúdo, estão no caráter do Deuteronômio como discurso de Moisés e não de Deus, caracterizando o todo, assim, como uma voz de um passado muito distante e não do presente. No pensamento da centralização de todo o culto em um único santuário legítimo (Dt 12), reside uma radicalização da concentração – realizada no Código da Aliança – *naqueles* santuários determinados onde Deus deixaria seu nome ser invocado (Ex 20,24ss.). Partes importantes do Código da Aliança são abreviadas de modo significativo, tanto nas determinações em casos de assassinato e ferimentos físicos quanto de delitos contra a propriedade[6]. Por outro lado, as determinações de segurança para os fracos em termos sociais e jurídicos, definidos acima como "princípios"[7], são bastante ampliadas, e a elas se acrescentam determinações detalhadas do direito familiar e sexual, como da virgindade (Dt 22,13ss.) e do novo casamento (24,1ss.). Destas, no Código da Aliança, só constava uma, no contexto da lei patrimonial (Ex 22,15s.). Além disso, temos as regulamentações amplas na parte central de Dt 16,18–20,20, onde se trata de instituições como monarquia, direito, sacerdócio, profecia e guerra, ou seja, uma esfera ampla da realidade, que falta tanto no Código da Aliança quanto no direito oriental antigo e, no fundo, só encontra paralelos em constituições da época moderna.

Um problema isolado mostra com especial clareza como é difícil determinar a relação entre os dois corpos legais. O dia de descanso semanal, que tem um papel central já em Ex 34,21 e é uma das colunas na estrutura de composição do Código da Aliança, junto com o ano sabático (Ex 23,10-12), falta completamente no Deuteronômio. Ele aparece apenas como um dos mandamentos do Decálo-

---

[6]. Aqui, como na omissão do sábado (cf. logo a seguir parágrafo seguinte), poderíamos pensar que se trata de uma complementação deliberada do Código da Aliança. De fato este foi o caminho da história do direito judaico. Todavia, tantas razões se opõem a que esta tenha sido a intenção do redator do Dt desde o começo, que é necessário primeiro procurar explicar estes problemas de outra forma, ou seja, a partir da concepção do próprio Deuteronômio.

[7]. Cf. acima p. 270ss.

go em Dt 5,12ss. Só que esta menção do discurso de Deus no Horeb dificilmente faz parte do cerne literário do código de leis[8]. Por que ele falta? Deve-se levar em conta o grande significado do sábado em passagens deuteronomistas como Jr 11. O fato de faltar uma explicação satisfatória para isto mostra quão pouco foi compreendida até agora a relação do Deuteronômio com o Código da Aliança.

Além disso, deve ser mencionada agora outra área que nos abre um mundo totalmente novo. Trata-se das *reflexões teológicas sobre a lei*, sobre o significado que esta dádiva de Deus tem para o seu povo. Estas estão nos cap. 6–11 e 30s. e não têm nenhum correspondente no Código da Aliança. Aqui encontramos uma linguagem teológica nova; aqui se define *a* terminologia que, desde então, determina toda a teologia orientada pela Bíblia[9]. O fato de o Deuteronômio representar o *aperfeiçoamento determinante* da história da Torá reside neste evento linguístico. Uma recordação rápida de alguns textos é suficiente. Em Dt 6,20ss., a pergunta dos filhos é respondida no sentido dos mandamentos e dos costumes com referência ao Êxodo, à libertação e à doação da terra, e com isto o sentido dos mandamentos é localizado teologicamente na história da libertação do povo pelo seu Deus e no presente assim determinado. Naturalmente, em Dt 7,6ss., o conceito de eleição ($bḥr$) tem seu *locus classicus*[10]. O fato de, entre todos os povos, exatamente Israel, como o menor de todos, ter sido objeto desta eleição (7,7), reside apenas no amor de Deus, que é imensurável (7,8). Ele se concretiza na realização do juramento aos pais, na libertação no êxodo e na doação da terra, e encontra sua expressão nos mandamentos, que, por sua vez, possibilitam a permanência junto a esse Deus. Termos como aliança ($b^e rīt$)[11] e Torá[12] e também o *nome* de Deus devem ser mencionados e, não por último, a compreensão exata desse Deus uno e único no "shemá Israel" (6,4ss.), com que as formulações mais antigas do primeiro mandamento são ultrapassadas e radicalizadas até os umbrais do monoteísmo[13]. A uni-

---

8. Sobre isto, pode-se ver BREKELMANS, *Deuteronomy 5*. Para a discussão muito ampla e complexa das camadas, pode-se indicar a visão geral modelar da tabela de camadas em PREUSS, *Deuteronomium*, p. 46ss., bem como BRAULIK, *Deuteronomium*, p. 9ss.

9. Para a importância da terminologia teológica do Deuteronômio, cf., p. ex., • HERRMANN, *Restauration*; • SMEND, *Theologie*; • BRAULIK, *Evangelium*; etc.

10. Cf. esp. RENDTORFF, *Erwählung*.

11. Cf. PERLITT, *Bundestheologie*, p. 54ss.; • KUTSCH, *Verheissung*.

12. Cf. BRAULIK, *Ausdrücke*; LINDARS, *Torah*.

13. Da ampla literatura, mencionem-se NIELSEN, *Ein Jahwe*; • SUSUKI, *Perspectives*; • HÖFFKEN, *Bemerkung*; • JANZEN, *Most important word*; • MOBERLY, *Yahweh is one*; sobre a proximidade com o "monoteísmo", cf. CRÜSEMANN, *5. Mose*, 6; também BRAULIK, *Geburt*; como crítico HELLER, *Sjemaʿ*.

dade de Deus e a integralidade do amor relacionado com Ele, que se exige deste Israel que foi conclamado, "com toda a alma e todo o coração e toda a sua força", e isto de dia e de noite e em todos os acontecimentos da vida – o que formulamos aqui em poucas palavras – o Código Deuteronômico como um todo precisa preencher em termos de conteúdo.

Desta explanação de termos fundamentais em uma teologia bíblica não pode ser separada a dádiva da Torá, que é o amor de Deus expresso em mandamentos da vida. Mais que isto: ela é o centro, a união entre Deus e o seu povo que toma forma, a dádiva que é a única maneira de concretizar e preservar o relacionamento que concede a liberdade. O dilema de uma recepção cristã amplamente difundida é ela supor que podia manter esta reflexão teológica da experiência de Deus, que aqui se expressa em palavras, sem o conteúdo em torno do qual giram todos estes discursos, sem a Torá, o Código Deuteronômico de Dt 12–26. Isto, porém, tira o coração e a vida da teologia e só pode acabar em formalização mortal.

Como em tudo isto se trata de ampliação, de extensa complementação do conteúdo e de reflexões teológicas novas, em que só em poucos casos acontecem correções maiores, a maioria desses passos também poderia ser entendida como revisão literária do Código da Aliança. Por isso, a comparação do conteúdo não pode responder à pergunta pela razão da nova redação. A verdadeira razão não pode estar no conteúdo.

b) Traços fundamentais das camadas e da composição

A pergunta pela razão e pelo motivo da nova redação da história da lei no Deuteronômio, em comparação com o Código da Aliança, deve ser feita e respondida dentro do próprio Deuteronômio, especialmente tendo em vista os múltiplos traços e indicações de ampliação e complementação.

Com certeza, várias gerações trabalharam no Deuteronômio. Hoje em dia não se questiona mais o fato de o termos em forma deuteronomista, quer dizer, tardia ou exílica[14]. É amplamente reconhecido que, por exemplo, os cap. 1–3 es-

---

14. Cf. a visão geral da discussão em PREUSS, *Deuteronomium*.

tão ligados à obra histórica de Js a 2Rs e à inserção do Deuteronômio nessa obra. Uma perspectiva correspondente é provável também para o cap. 4, e as passagens que devem estar relacionadas com ele nos cap. 29–30[15]. Dt 4 mostra estar muito próximo da teologia exílica e pós-exílica, especialmente do Dêutero-Isaías. Contudo, muito além disso, hoje também se conta com acréscimos posteriores em muitas passagens de Dt 5–11 e 12–26[16]. Isso se afirma com frequência de capítulos inteiros como Dt 5; 9–10 ou as determinações constitucionais em 16,18–18,22[17]. Em outros capítulos, conta-se com muitas complementações. Uma tabela de camadas como a de Preuss mostra isso num quadro único, e ela ainda é um modelo bastante moderado. Exatamente pelo fato de não se poder duvidar dos múltiplos traços de redação em praticamente cada texto individual, é preciso – totalmente independente da data de cada um – inquirir a razão e o motivo de uma nova codificação. Em vista das numerosas referências, não se pode questionar que os redatores conheciam o Código da Aliança e o tinham diante de si. Mas especialmente por isto não é adequado aceitar a ação de "cem mãos em cem anos"[18], fazendo o desmembramento de composições literárias numa torrente contínua de "acréscimos a acréscimos a acréscimos" ao texto. Pelo estágio atual da investigação, temos de duvidar que mais trabalho de crítica literária *por si só* demonstrará um conjunto básico claro com uma estrutura fechada. Neste caso, será necessário completar e também corrigir com determinação, como em outras passagens, o trabalho da crítica literária com outras perspectivas.

Isto, porém, é especialmente difícil no Deuteronômio pelo fato de, até agora, na melhor das hipóteses, só se ter conseguido *grosso modo* descobrir o princípio, a diretriz da organização e algumas subdivisões internas. O que foi realizado no Código da Aliança passo a passo desde o trabalho de Halbe[19], aqui está apenas no começo. Um fator importante têm sido as teses de Braulik. Baseando-se

---

15. Cf. KNAPP, *Deuteronomium 4*; sobre isso, cf. LOHFINK, *Rec. Knapp*.
16. Além dos comentários, deve-se remeter para HEMPEL, *Schichten*; • PLÖGER, *Untersuchungen*; • SEITZ, *Studien*; • MERENDINO, *Gesetz*; por último, p. ex., SUZUKI, na esteira de WALKENHORST, *Neueste Deuteronomiumsforschung*. Para os cap. 5–11, cf. p. ex. LÓPEZ, *Analyse*; • PECKHAM, *Composition*; • ACHENBACH, *Israel*. A discussão pode ser encontrada ainda em trabalhos sobre textos individuais ou grupos de textos.
17. Esp. LOHFINK, *Sicherung*; sobre isto, cf. a seguir p. 295ss.
18. Esta é uma formulação de LEVIN, *Verheissung*, p. 65; para a crítica do método, cf. HARDMEIER, *Jeremia 29*; uma "simplificação" das análises atuais é defendida por SEEBASS, *Vorschlag*.
19. HALBE, *Privilegrecht*; cf. acima p. 164ss.

em trabalhos mais antigos[20], ele entende que o Código Deuteronômico, na redação final que temos em mãos, está estruturado de forma análoga aos mandamentos do Decálogo[21]. Sem dúvida, Braulik apresentou muitas observações convincentes quanto ao agrupamento das leis, especialmente para a sobreposição dos diversos blocos temáticos pelo princípio da atração[22]. Os princípios estruturais que caracterizam as antigas leis orientais e o Código da Aliança também são encontrados aqui. De forma alguma prevalece uma sequência arbitrária, como muitas vezes se pensa, mas uma ordem exata e bem pensada, mesmo que às vezes em sobreposição diacrônica. É verdade que a estrutura geral de Dt 12–26 ainda foi pouco descoberta e, com certeza, não segue simplesmente os Dez Mandamentos. O próprio Braulik vê, em relação aos primeiros quatro mandamentos, "só correspondências de clareza variada e correspondências mais gerais"[23]. Se pudermos relacionar por exemplo Dt 12s. com o 1° mandamento (se não levarmos em conta a proibição de fazer imagens) e Dt 14,22–16,17 com o mandamento do sábado, a relação de 14,1-21 com o mandamento do mau uso do nome de Deus só pode ser constatada "tomando alguns atalhos"[24], o que é pouco convincente. E para relacionar o mandamento de honrar os pais com as leis dos cargos em 16,18–18,22, é preciso interpretá-lo como Lutero, o que já pode ser encontrado em Fílon, mas é considerado por Braulik como "problemático" e, na melhor das hipóteses, como "possível"[25]. Ao contrário de Braulik, eu não posso considerar as correspondências dos demais mandamentos de modo diferente. É

---

20. SCHULZ, *Deuteronomium* III, 13; • GUILDING, *Notes*, 43; esp. KAUFMAN, *Structure*. Sobre a história da pesquisa cf. BRAULIK, *Gesetze*, 14ss.; na p. 19s. também há uma crítica da abordagem diferente de ROFÉ, *Arrangement*.

21. BRAULIK, *Abfolge*; • id., *Weitere Beobachtungen*; • id., *Deuteronomium*, 12s.; agora em nova edição conjunta em id., *Gesetze*. De acordo com ele, existem as seguintes correspondências (*Gesetze*, 22):

1° mandamento	Dt 12,2–13,9
2° mandamento	Dt 14,1-21
3° mandamento	Dt 14,22–16,17
4° mandamento	Dt 16,18–18,22
5° mandamento	Dt 19,1–21,23
6° mandamento	Dt 22,13–23,15
7° mandamento	Dt 23,16–24,7
8° mandamento	Dt 24,8–25,4
9° mandamento	Dt 25,5-12
10° mandamento	Dt 25,13-16

22. Sobre isso PETSCHOW, *Systematik*; • id., *Gesetzestechnik*; • OTTO, *Rechtsgeschichte*; • BRAULIK, *Gesetze*, p. 18s.
23. BRAULIK, *Gesetze*, p. 22.
24. Ibid., p. 25.
25. Ibid., p. 60s., citando Fílon, *De Decalogo* XXX, p. 165 (*Werke* I, 406).

verdade que há aproximação temática entre o mandamento de não matar e 19,1–21,23 ("preservar a vida")[26] e entre o mandamento de não adulterar e 22,13–23,15 ("proteger a honra da mulher e do homem"). Relacionar 23,16–24,7, porém, com o mandamento de não roubar, sob o título "colocar as necessidades e relacionamentos humanos acima do direito à propriedade", no fundo, mostra que, abstraindo de 24,7, não há uma relação verdadeira; as passagens correspondentes no Código da Aliança, que se referem à concretização do mandamento de não roubar (Ex 21,37–22,14), não são retomadas no Deuteronômio. Ainda menos preciso e até arbitrário é ver uma relação entre 24,8–25,4 ("não negar o direito dos pobres, dos socialmente fracos e dos que se tornaram culpados") e o mandamento de não dar falso testemunho; entre 25,5-12 ("não impedir a descendência") e a primeira parte do mandamento de não cobiçar e entre 25,13-16 ("não usar pesos e medidas falsos") e sua segunda parte. Não se pode comprovar de modo convincente mais do que uma correlação muito vaga da primeira tabela com a segunda. A compreensão do Código Deuteronômico como uma espécie de comentário ou regra de prática do Decálogo[27], que realmente pode ser deduzida da estrutura geral do Deuteronômio e do papel do Decálogo nele, aqui se tornou um princípio estrutural literário, no qual os textos não se encaixam realmente. Por isso, é preciso principalmente fazer perguntas cruzadas como, por exemplo, por que as instruções em relação à testemunha falsa estão em Dt 19,15ss. e não no contexto do 8° mandamento; por que a passagem sobre o mandamento de honrar os pais não contém a instrução sobre o "filho rebelde" em 21,18ss.; etc.

    Meu argumento principal, contudo, é que, nesta tese, há bases estruturais próprias do Código Deuteronômico que podem ser reconhecidas e não são levadas em conta. Uma das mais importantes é a moldura clara que envolve a maior parte do código: a primeira das leis sociais deuteronômicas em Dt 14,22ss. trata do dízimo, o mesmo tema que é retomado em Dt 26,12ss., no encerramento do código. Os dois trechos terminam com o assunto bênção (Dt 14,29; 26,15). Tudo o que está nesta moldura também não fica sem relação temática com o tema da moldura, como sugere o paralelo, por exemplo, com a função de mol-

---

26. Os títulos das várias partes seguem BRAULIK, *Gesetze*, p. 22 (cf. para o que segue p. 62, 79, 94, 108, 111).
27. Resumo em BRAULIK, *Gesetze*, p. 11-13.

dura da questão dos estrangeiros em Ex 22,20 e 23,9[28]. Na verdade, o tema do dízimo se apresenta como chave para a estrutura interna do Código Deuteronômico[29]. Antes do bloco de Dt 14,22–26,15 está, em Dt 12,2–14,21, o tema religioso em sentido mais estrito. No meio há uma relação como a que tradicionalmente é vista entre a primeira e a segunda parte do Decálogo. Aqui, com temas como o lugar único de culto (Dt 12), a preservação da adoração única (Dt 13) e a preservação da santidade do povo (Dt 14,1-21), o enfoque está mais no centro do que no início.

Igualmente, na estrutura do bloco de Dt 14,22–26,15, ao lado das regras citadas por Braulik, atuam de modo especialmente claro a do quiasmo e da moldura. Assim, Dt 15,1–16,17 continua o tema do dízimo com os efeitos sociais das épocas sagradas. Leis para proteção dos socialmente mais fracos são encontradas novamente na parte final, Dt 23,16–25,19. As correspondências de conteúdo são evidentes: os dois trechos começam com determinações sobre a questão dos escravos (Dt 15,1ss.; 23,16s.). Também entre os blocos colocados mais no meio há correspondências. Ao texto que trata dos cargos e instituições públicos em Dt 16,18–18,22 correspondem as passagens voltadas para as instituições "privadas" da família (e da sexualidade) em 21,10–23,15. Este trecho é emoldurado por instruções relacionadas com a guerra (21,10ss.; 23,10ss.). Desta forma, o bloco 19,1–21,9 ocupa o centro cercado por três molduras. Ele trata da preservação da vida[30]. Como estrutura geral, esta divisão me parece mais prática do que as correlações bastante forçadas com o Decálogo. Aqui, porém, nos deteremos neste primeiro passo; em seus detalhes, há muita coisa a ser aproveitada das observações de Braulik.

Por fim, duas situações aparentemente contraditórias têm importância especial para a compreensão. Por um lado, praticamente em cada trecho do código há indícios claros de redação e ampliação. Crescimento, complementação, narrativas explicativas foram encontradas pelos pesquisadores em muitos lugares, mesmo que não concordem sempre entre si. Haverá muitos exemplos para mostrar. Por outro lado, as determinações legais se encaixam formando um conjunto de regras como uma obra legal fechada e praticamente livre de questionamento.

---

28. Cf. acima p. 257ss.
29. Cf. a seguir p. 302ss.
30. Seguindo BRAULIK, *Gesetze*, p. 62ss.

Apesar dos múltiplos indícios de redação, o código foi concebido e elaborado juridicamente como unidade. A suposição de que houve acréscimos aleatórios, até exagerados, e trabalhos editoriais provenientes de épocas históricas bem diferentes ou de grupos divergentes, não está muito de acordo com esta constatação[31].

c) *Argumentação em favor de uma datação pré-exílica*

Quando e em que circunstâncias foi feito este novo e tão abrangente trabalho na história jurídica de Israel? Para esta questão da datação das partes centrais do Código Deuteronômico há duas posições básicas na pesquisa atual. Ao lado da tese clássica e ainda hoje defendida pela maioria, afirmando um surgimento um pouco antes do exílio, está ganhando peso, no contexto de uma tendência ampla para a datação tardia, a posição de que se trata de uma obra produzida no exílio, ou talvez até em fases históricas posteriores. Especialmente no contexto da decidida busca pela razão e pelo motivo de uma nova codificação, esta perspectiva faz muito sentido, pois certamente o exílio representa uma profunda descontinuidade na história jurídica. Relacionada com esta situação, uma nova codificação é provável, e até deveria ser esperada. Por isso, examinaremos primeiro os argumentos em favor de tal iniciativa. Deve ser dito de antemão, todavia, que ela foi fundamentada até agora mais em termos gerais, como hipótese e apenas para segmentos literários, e ainda não de modo abrangente e detalhado.

Gustav Hölscher, em 1922, foi um dos primeiros a defender uma datação exílica. Desde então, faz-se referência a ele. Hölscher tira a sua conclusão apenas do *caráter utópico* de muitas leis deuteronômicas. Ele diz que a lei do rei (Dt 17,14-20), a lei da guerra (Dt 20) e muitas outras são "exigências ideais", "impraticáveis" e de fato nunca teriam sido praticadas[32]. O Deuteronômio não pode ter sido "lei válida"[33] e, por isso, de forma alguma pode ser identificado com o livro da lei do Rei Josias, mencionado em 2Rs 22s.; ele só poderia ser explicado a partir de uma situação de comunidade exílica e pós-exílica. Esta argumentação,

---

31. Isto é sublinhado também nas observações acerca dos múltiplos grupos de sete; cf. BRAULIK, *Siebenergruppierungen*.
32. HÖLSCHER, *Komposition*, p. 227; para a discussão da história da pesquisa, cf. LOERSCH, *Deuteronomium*, p. 55ss.; • PREUSS, *Deuteronomium*, p. 31.
33. HÖLSCHER, *Komposition*, p. 228.

porém, deve ser considerada como não confiável em termos de método. Não podemos usar como regra certas ideias de hoje sobre as possibilidades do que se praticava naquela época. Também não podemos pressupor que prescrições legais pré-exílicas não podiam conter exigências "ideais". Pode-se mencionar o descanso do trabalho no sétimo dia e no sétimo ano, mas igualmente a adoração exclusiva a Deus ou a proibição de fazer imagens. Além disso, é preciso lembrar que o caráter do corpo de leis do Antigo Oriente deve ser pressuposto como produto da ciência, com boa dose de elementos teóricos.

Mesmo assim, esta argumentação é utilizada até hoje, embora menos com relação ao conjunto todo, e mais com relação ao chamado esboço constitucional de Dt 16,18–18,22. Especialmente para esta parte a suposição de uma origem utópica, isto é, originária do planejamento de uma restituição, está difundida hoje em dia[34], ainda mais que estas prescrições dificilmente podem ter sido elaboradas para o Rei Josias[35]. Permanece a mesma fraqueza quanto ao método, e historicamente outras concepções são mais plausíveis.

Outros argumentos usados para uma datação exílica também não se sustentam. A possibilidade de datação do Código Deuteronômico mais importante desde 1805[36] está na relação do seu conteúdo com o relato do achado de um livro da lei no templo de Jerusalém e de uma subsequente reforma feita por Josias (2Rs 22s.). É inegável que esta narrativa toda está no âmbito da Obra Histórica Deuteronomista do período exílico e foi escrita com certa distância[37]. Isto, porém, não exclui o uso de fontes e tradições mais antigas. A relação com o Deuteronômio depende, porém, em grande parte da narrativa da reforma em 2Rs 23,4ss. A eliminação de todos os santuários fora de Jerusalém pelo rei, narrada aqui, de fato, só pode ser explicada pela pressuposição do Deuteronômio – *caso* se trate de uma tradição histórica. Exatamente isto, no entanto, é questionado neste relato, especialmente com base em uma série de formas verbais no hebraico, que

---

34. Cf. esp. LOHFINK, *Sicherung*; • PREUSS, *Deuteronomium*, resumo na p. 53ss.
35. Assim pensa, p. ex., Lohfink ao responder à datação pré-exílica dos dispositivos legais por parte de RÜTERSWÖRDEN, *Gemeinschaft*, em: id., *Rec. Rüterswörden*. É verdade que, para Lohfink, a alternativa recusada é a de que as leis tinham sido "encomendadas" por Josias (427).
36. De WETTE, *Dissertatio critica*.
37. Uma visão geral da história da pesquisa está em LOHFINK, *Diskussion*, e esp. PAUL, *Archimedisch punt*. Depois: LOHFINK, *Cult reform*; • MINETTE DE TILLESSE, *A reforma*; • TAGLIACARNE, *Untersuchungen*; • VISTICKI, *Reform*; CONROY, *Reflections*; • PAUL, *King Josiah's Renewal*. De grande importância continuam sendo: WÜRTHWEIN, *Reform*; •HOFFMANN, *Reform*, p. 169ss.; • SPIECKERMANN, *Juda*, p. 30ss.. Cf. tb. a seguir p. 297, 375ss.

chamam a atenção ($w^e q\bar{a}tal$, cf. 23,4.5.8.10.12.14.15). Alega-se que elas só podem ser explicadas por influência aramaizante e que têm paralelos somente em textos pós-exílicos tardios. A situação complexa da discussão não precisa ser explanada aqui[38]. Entrementes, não deve mais ser discutível que estas formas fundamentalmente também aparecem em textos pré-exílicos e que elas – como sempre quando explicadas isoladamente – não podem ser uma razão determinante para uma datação tardia[39].

As coisas são um pouco diferentes com relação a uma série de expressões isoladas do Deuteronômio, como, por exemplo, as referências à posse (futura) da terra por Israel, que aparecem nas chamadas introduções historizantes aos mandamentos (por exemplo, 12,29; 17,14; 18,9; 19,1; 26,1)[40]. Especialmente Lohfink chamou várias vezes a atenção para o fato de que se trata de expressões deuteronomistas pertencentes a camadas bem tardias[41] e, além disso, pressupõem uma referência literária a uma narrativa de posse da terra[42]. Para esta última afirmação, porém, não há razões convincentes[43]. A colocação fictícia de um legislador mosaico antes da posse da terra, e que se refere ao evento futuro, pressupõe simplesmente a noção geral do transcurso da história, de forma alguma o desenvolvimento da narrativa no texto todo. As numerosas indicações de promulgações de leis no período entre o êxodo e os eventos de Js 24 comprovam isso[44]. Lohfink também quer atribuir estas introduções aos mandamentos, inclusive as narrativas da posse da terra ligadas a elas, à época logo anterior ao exílio[45]. Neste

---

38. Cf. SPIECKERMANN, Juda, p. 120ss. (lit.).
39. Cf. esp. SPIECKERMANN, Juda, p. 125ss. Um papel importante continua tendo o ostracon de *Meṣad Hashavyahu* (KAI 200); sobre isso, cf. por último WEIPPERT, Petition.
40. Cf. ainda Dt 6,10; 7,1; 8,7; 11,29.31; 1; 27,2. Sobre isso, cf. o excurso em RÜTERSWÖRDEN, *Gemein-schaft*, 54ss., que está em debate com LOHFINK, Kerygmata, querendo mostrar a possibilidade do surgimento pré-exílico. Uma crítica a isso está em LOHFINK, Rec. Rüterswörden.
41. Trata-se nisto esp. das fórmulas formadas com yr©; • cf. LOHFINK, art. yära©; • id., *Bedeutungen*.
42. Assim pensa LOHFINK, Kerygmata, p. 90s.; cf. id., Rec. Rüterswörden.
43. Ainda menos vale isso para a tese de que houve na história do texto do Dt um "estágio em que as leis ainda não estavam 'historizadas'" (LOHFINK, Kerygmata, p. 90). Ainda mais que Moisés deve ser considerado o autor (ibid. p. 91); cf. id., *Jahwegesetz oder Mosegesetz?* É mais que questionável se as poucas observações citadas em favor disto, como as passagens nas quais transparece o discurso de Deus no discurso de Moisés, realmente servem de prova. Partindo do fato de que, em termos históricos, antes no Livro da Aliança e depois na lei sacerdotal domina somente o discurso de Deus, o caráter específico do Dt está exatamente em ser discurso de Moisés. O processo de historização que está na base do Deuteronômio não pode mais ser eliminado pela crítica literária.
44. Cf. acima p. 65ss.
45. Por último LOHFINK, art. Deuteronomium; • id., Rec. Rüterswörden.

caso, como em geral, os argumentos para uma datação *relativamente* tardia de algumas camadas dentro do corpo de texto deuteronômico-deuteronomista de forma alguma significam uma datação tardia absoluta para os respectivos textos. Assim, embora o uso do conceito "Torá" aplicado ao Código Deuteronômico com certeza não pertença às camadas mais antigas, porém às mais recentes[46], a menção do conceito em Jr 8,8 mostra forçosamente que este uso é atestado na época antes do exílio[47]. Uma datação relativa, portanto, não pode ser usada diretamente para comprovar uma classificação absoluta em termos de tempo.

Pelo contrário, exatamente as chamadas introduções históricas aos mandamentos, que Lohfink vê como sinais de uma datação tardia, são indícios bastante claros de uma origem pré-exílica. "Quando tiveres entrado na terra que Yhwh teu Deus te dará, tomado posse dela e nela habitares, e disseres: 'Quero estabelecer sobre mim um rei, como todas as nações que me rodeiam', deverás estabelecer sobre ti um rei que tenha sido escolhido por Yhwh teu Deus [...]" são as palavras iniciais da lei do rei em Dt 17,14s. A datação da parte constitucional do Código Deuteronômico depende, não por último, deste texto[48]. Ela deixa entrever com certeza relações com textos deuteronomistas. Se os colocamos no exílio, deve tratar-se de uma projeção utópica sobre o possível restabelecimento de um reino próprio, que não sucumbirá aos erros do anterior. Acontece que, em termos linguísticos, tudo indica que também a expressão do desejo de ter um rei está incluída no "quando" condicional da premissa[49]. A declaração em si começa somente no v. 15. No entanto, será que a possibilidade de Israel talvez *não* querer um rei faz sentido no planejamento de um novo começo depois da catástrofe do exílio? Em tal utopia, seria necessária uma conclusão clara das experiências, como está em outros textos do exílio[50]. Entretanto, a liberdade de escolha ou a possibilidade de até desistir completamente de ter um rei não favorece uma projeção utópica e pode ser explicada de modo muito mais simples a partir de uma outra situação[51].

---

46. Assim, Dt 4,44, ao lado de 4,45, poderia ser de fato a forma mais recente do título, seguindo-se aí p. ex. PREUSS, *Deuteronomium*, p. 48 etc.
47. Cf. acima p. 44ss.
48. Cf. a discussão entre RÜTERSWÖRDEN, *Gemeinschaft*, p. 52ss. e LOHFINK, *Rec. Rüterswörden*.
49. Cf. RÜTERSWÖRDEN, *Gemeinschaft*, p. 52s.
50. Podemos pensar em textos como Is 55; Jr 22,4; Ez 40ss.
51. Cf. a seguir p. 328ss.

As coisas estão ainda mais claras na introdução da lei sobre os profetas. "Quando entrares na terra que Yhwh teu Deus te dará, não aprendas a imitar as abominações daquelas nações. Que em teu meio não se encontre alguém que queime seu filho ou sua filha [...]" (18,9s.). Segue-se uma longa lista de possibilidades de inquirição do futuro (v. 10-14), e o profeta prometido se defronta com todas elas. A vinculação da proibição absoluta da magia com a posse futura da terra não pode ser entendida a partir da situação do exílio. Será que a intenção é que tudo isto é permitido a Israel enquanto não tiver a posse daquela terra? A mesma coisa conclui-se de Dt 12,29s., onde a proibição da adoração de ídolos é vinculada à posse prometida da terra. Isso só pode significar que, quando a lei foi formulada, a posse da terra era inquestionável! Qualquer outra coisa seria uma liberação para a adoração de ídolos até aquele momento.

De qualquer forma, este é o indício mais seguro de uma origem pré-exílica das partes mais importantes do Código Deuteronômico, e especialmente da sua postura linguística predominante, incluindo suas implicações teológicas: o Deuteronômio pressupõe a posse tranquila da terra por Israel, bem como sua liberdade, e isto de modo uniforme. Êxodo e posse da terra são, tanto em termos teológicos quanto objetivos, as *pressuposições* da validade dos mandamentos de Yhwh. Exatamente o êxodo e a posse da terra se concretizam na situação de proprietários livres. Disto se falará mais adiante de forma mais detalhada[52]. Com isto, porém, o Código Deuteronômico não resolveu os problemas de história legal resultantes do exílio. Ele não reage a eles e não os atende. Os textos que o fazem são bem diferentes[53]. O Deuteronômio só pode ser entendido como texto pré-exílico. Uma pequena observação de Lohfink pode sublinhar isso[54]. Em Dt 12,1, diz-se que Israel deve guardar as leis e prescrições (haḥuqqîm wᵉhammišpāṭîm) "todos os dias em que viverdes sobre a terra agricultável". A validade das leis que se seguem é vinculada, desta forma, à época da posse da terra. Lohfink vê nisto uma redação exílica que se tornou necessária quando muitas coisas exigidas em Dt 12–26 não eram mais diretamente praticáveis na situação do exílio. Com certeza, ele tem razão nisto. A introdução no começo de Dt 12 tem a intenção, segundo Lohfink, de excluir os textos anteriores – como o shemá Israel (6,4ss.) ou o Decálogo (5) – desta limitação e torná-los válidos independentemente de

---

52. Sobre isto, cf. a seguir p. 307ss.
53. Sobre isto, cf. a seguir p. 395ss.
54. LOHFINK, *Ḥuqqîm ûmišpāṭîm*, esp. p. 22ss.; • id., *Verständnis*.

todas as condições sociais e políticas. Esta disposição pressupõe a origem pré-exílica do que é comentado.

Com este estado da discussão, a antiga ligação do Deuteronômio com a lei de Josias, quanto à sua essência, tem de continuar sendo considerada como irrefutada. Na verdade, deve ser considerada como a hipótese mais provável. Não se pode perguntar *se*, mas somente *até que ponto* o Deuteronômio que conhecemos existia por ocasião daquele evento. Dificilmente se poderá duvidar que o narrador deuteronomista de 2Rs 22s. se refere ao Deuteronômio, já integrando a "breve narrativa histórica" que está em 2Rs 22,3-20; 23,1-3.21-23, como pensa Lohfink[55]. O relato da reforma em 2Rs 23,4ss. está entrelaçado com a estrutura dos livros deuteronômicos dos reis[56] e, a princípio, deve ser visto neste contexto. Ele, porém, também contém outros momentos, razão pela qual dificilmente deve ser considerado como ficção posterior. Apesar de muitas diferenças nos detalhes, esta constatação esclarece por que a maioria dos novos trabalhos continua partindo da relação do Código Deuteronômico ou do seu cerne com o livro da lei de Josias e sua reforma. Esta é a maneira menos forçada de explicar a existência de um livro da Torá na Jerusalém pré-exílica, como atesta Jeremias (8,8).

É verdade que esta identificação do Deuteronômio com o livro da lei de Josias *não* responde à pergunta sobre sua origem. Muito menos dá uma resposta à pergunta sobre a razão e o motivo de uma nova redação na história jurídica. O registro do "achado" de um livro da lei no templo deixa exatamente sua idade em aberto. Narrativamente, ele reconcilia a origem mosaica com a atuação de Josias. E há um sem-número de tentativas diferentes de explicar a idade e a origem do documento de Josias[57]. Elas vão desde a suposição de um texto antigo, proveniente da época em que Israel ainda não se organizara como nação ou do princípio da época monárquica, passando por uma origem no Reino do Norte[58] ou da época de Ezequias, até a proposta de que ele foi elaborado pouco antes da reforma ou até em função dela[59]. Seja como for, as antigas constatações de que os pensamentos centrais do Deuteronômio eram desconhecidos dos profetas do século VIII,

---

55. LOHFINK, *Cult reform*; • id., *Gattung*.
56. Sobre isto, cf. esp. HOFFMANN, *Reform*, p. 169ss.
57. Visão geral em PREUSS, *Deuteronomium*, p. 26ss.
58. Continuam eficazes: ALT, *Heimat*; por último, LUBSCZYK, *Bundesurkunde*.
59. Ou se supõem várias épocas para o surgimento da obra, como o fazem Braulik e Lohfink.

assim como antes deles, não precisam ser repetidas, também não considerando uma datação mais antiga do Código da Aliança.

Se, portanto, temos de continuar partindo de uma relação do Código Deuteronômico com as medidas reformistas de Josias, a vinculação deste processo deve ser procurada nas mudanças na política mundial com a derrocada do império assírio[60]. Depois da morte de Assurbanipal, em 630 aC, talvez até antes, o imenso império começa a se desmantelar rápida e maciçamente. Infelizmente, não temos notícias claras sobre quando estas mudanças começaram a ter efeito na Palestina, isto é, quando as tropas e os funcionários assírios começaram a se retirar. Todavia, as revoltas que começaram em 626 aC, em cujo contexto Nabopolassar se tornou rei independente na Babilônia, devem ter tido influência. Em todos os casos, o compromisso com o novo livro da lei levado a cabo por Josias, em 622 aC, deve ser entendido como uma aliança feita e proclamada publicamente com o Deus de Israel, tomando isso o lugar da aliança com o imperador assírio[61]. Tudo isto são evidências claras da nova constelação de poder. Mas será que o Código Deuteronômico foi elaborado apenas e especificamente para este momento histórico? Muitas teses científicas pressupõem exatamente isto – com relativa irreflexão. Neste caso, o livro precisaria ter sido feito especialmente para este – grande – Rei Josias, e provavelmente em atendimento à sua vontade. Exatamente isto, porém, é improvável, a julgar pelo conteúdo do Deuteronômio.

d) A dominação do ʿam hāʾāreṣ judaico como motivo da nova codificação

Será apresentada e fundamentada detalhadamente a seguir a tese segundo a qual o surgimento do Código Deuteronômico está ligado às circunstâncias do início do governo de Josias e que os múltiplos vestígios de crescimento literário que se pode ver nele podem e devem ser relacionados não apenas à interferência do exílio, mas ao desenvolvimento histórico que o antecede.

Depois da morte de Manassés, vassalo da Assíria durante décadas, mais ou menos em 642/641 aC, seu filho Amon se torna rei. Em 2Rs 21,23, lemos de

---

60. Cf. para isto DONNER, *Geschichte* II, p. 339ss.
61. Aqui somente podemos fazer uma breve referência às conexões muito discutidas do Deuteronômio com os contratos assírios de vassalagem, ou seja, à "estrutura básica conceitual e ritual da cultura dominante" (LOHFINK, art. *Deuteronomium*, p. 417).

forma lapidar sobre isto: "Os servos de Amon conspiraram contra ele e mataram o rei no seu palácio". Trata-se de um golpe engendrado pelos próprios "servos" do novo rei (*'abdē 'āmōn*), isto é, grupos da corte especificamente a serviço do rei e de sua família. Estes "servos" devem ser diferenciados dos oficiais (*śārīm*) que trabalham com o público[62]. O golpe deve ter sido executado pouco tempo depois do começo do seu governo, pois, como se sabe, os dois anos do governo (v. 19) podem ser apenas uns poucos meses, que incluíam uma passagem de ano. Nada se diz sobre a razão e o motivo do golpe. A suposição de que Amon queria, ao contrário de seu pai, seguir uma política hostil à Assíria no contexto de outros movimentos de revolta da época[63] é mera especulação diante das fontes que temos. O que se pode perceber é que os grupos que desfecharam o golpe pretendiam forçar uma mudança de dinastia, pois no v. 24 lemos: "Mas o povo da terra matou todos os que haviam conspirado contra o Rei Amon e proclamou rei em seu lugar seu filho Josias". Como em outros casos (esp. 2Rs 11,14.18), o *'am hā'āreṣ* judaico, que são os homens livres proprietários de terras em Judá[64], asseguram a continuidade da família de Davi, com a qual tinham estreitos laços políticos. Esta, portanto, é a força que interfere e garante o poder à dinastia tradicional.

Este Josias que chega ao poder desta forma, contudo, é uma criança de oito anos de idade (2Rs 22,1). Isto quer dizer que, durante anos, todo o poder foi exercido por este *'am 'hā'āreṣ* judaíta, por meio dos seus representantes. Mais de trinta anos depois, por ocasião da morte repentina de Josias, na batalha de Meguido, o mesmo *'am hā'āreṣ* judaíta detém o poder – ainda ou novamente. De acordo com 2Rs 23,30, é ele quem decide a sucessão, escolhendo Joacaz como rei. Este, porém, não é o filho mais velho de Josias e tampouco o herdeiro natural do trono. Joaquim é dois anos mais velho (cf. 2Rs 23,31 e 36) e é preterido por razões políticas evidentes: depois que ele se torna rei de Judá por graça do Egito, ele adota uma política que diverge amplamente da política do seu pai. O Profeta Jeremias, por exemplo, critica-o por causa das suas construções luxuosas erguidas com trabalho forçado (Jr 22,13ss.) e o coloca em contraste explícito com o

---

62. Sobre isto KESSLER, *Staat und Gesellschaft*, p. 169ss.
63. MALAMAT, *Historical background*.
64. Cf. esp. WÜRTHWEIN, *'amm hā'ārez*, bem como KESSLER, *Staat und Gesellschaft*, p. 204ss.; além disso, cf. McKENZIE, *People of the land*; • DE VAUX, *Le sens*; • TALMON, *'am hā'āreṣ*; • NICHOLSON, *Meaning*; • ISHIDA, *People of the land*; • GUNNEWEG, *Revolution*. Sobre o papel dos livros dos Reis e da teologia deuteronômica, cf. esp. WÜRTHWEIN e tb. SOGGIN, *'am hā'āreṣ*.

pai Josias (22,15). Joaquim cobra o tributo obrigatório do 'am hā'āreṣ, onerando-o sobremaneira (2Rs 23,35), em vez de tirar o referido tributo do tesouro do estado ou do templo, como de costume. O objetivo político de Joaquim transparece neste conflito. Portanto, não foi por acaso que o povo da terra judaíta o havia preterido em favor do seu irmão.

Tudo isto são informações marginais breves dos livros dos Reis, em que não se questiona que suas fontes são os anais oficiais da corte de Jerusalém. Isto quer dizer que as fontes históricas são confiáveis. De acordo com elas, o povo da terra, os judaítas, tem todos os controles políticos nas mãos, tanto por ocasião da posse quanto da morte de Josias. Não há nenhuma base para supor que abriu mão do poder nos trinta anos intermediários. A meu ver, Josias não patrocinou uma política contra a vontade e o interesse deste grupo que o colocara no poder e o educara.

Colocando uma criança no trono, o povo da terra judaíta governou diretamente durante bastante tempo. Os grupos tradicionais da corte tinham sido afastados, como informa 2Rs 21,24, perdendo com isso sua influência sobre a política. O 'am hā'āreṣ não tinha nenhuma força política acima de si, e o estado estava totalmente em suas mãos. Nesta situação era necessário elaborar um programa que estabelecesse o que estava em vigor e servia de padrão de conduta. É claro que isto não precisa ter tomado a forma de uma "constituição" política. No entanto, o Deuteronômio, que tem a ver mais tarde com a reforma do culto feita por Josias, apresenta traços que não são melhor explicados por nenhuma outra situação imaginável do que por estas circunstâncias históricas. Nos próximos parágrafos, mostraremos até que ponto algumas características fundamentais do Código Deuteronômico podem ser explicadas com exatidão, indo até as formulações individuais, a partir desta situação.

Para esclarecer a ideia típica da unidade do culto, que chama especialmente a atenção e até o século VIII ainda não tinha surgido, e é colocada com destaque no cabeçalho do Código Deuteronômico (Dt 12), será preciso fazer referência a mais uma constelação histórica. Em 701, em consequência da revolta e do cerco de Jerusalém, Judá foi reduzido por Senaquerib a um pequeno território, englobando basicamente o entorno da cidade[65]. Senaquerib escreve: "Suas cidades, que eu tinha saqueado, separei do seu território e dei a Mitinti, rei de Asdod, a

---

65. Seguindo ALT, Bedeutung; • cf. DONNER, Geschichte II, p. 321ss.

Padi, rei de Ecron, e a Silbel, rei de Gaza, reduzindo desta forma o seu país"[66]. Esta redistribuição política não deve ter ficado sem consequências político-religiosas para os lugares de culto nestas regiões. Localidades como Mambré/Hebron, Bersabeia, Arad e outras ficaram dentro do raio de influência dos vizinhos hostis e adeptos de outras crenças. Se estiver em vigor a interpretação da lei do altar do Código da Aliança, que foi comentada acima, que estabelece uma diferença entre os santuários tradicionais de Yhwh e só permite o culto de sacrifícios legítimo onde Yhwh faz seu nome ser proclamado[67], então, depois de 701, formou-se uma situação que praticamente força a radicalização desta convicção: só resta um lugar em que o Deus de Israel faz seu nome residir e ser proclamado. A ligação dos judeus que viviam sob o domínio estrangeiro com a cidade de Jerusalém – que também se encontrava sob hegemonia assíria – tinha de receber uma nova ênfase. O fato singular de que em Dt 12 a unidade do culto, exatamente nas camadas mais antigas, é pressuposta e não introduzida, pode estar relacionado com esta situação.

Em termos históricos, é totalmente desconhecido quando as partes separadas de Judá em 701 voltaram para o domínio de Jerusalém[68]. Geralmente, supõe-se que elas tenham sido devolvidas no governo de Manassés[69]. Mas não está fora de cogitação que isto tenha acontecido somente no contexto do enfraquecimento da Assíria e na expansão paralela sob Josias. Com isto, a dilatação do território (Dt 12,20) e as medidas de reforma de Josias não estão muito distantes em termos de tempo.

O Código Deuteronômico, assim afirma a tese que pretendemos desenvolver a seguir, tomou sua forma nas circunstâncias em que o *'am hā'āreṣ* judaíta tinha tomado o poder diretamente. A lei dá forma e legitimidade de fato a esta soberania popular. A derrocada do domínio assírio abre novas possibilidades de concretização das ideias políticas desenvolvidas neste processo. Se este contexto é provável, então cada acréscimo ou alteração de textos na época do exílio, depois de 586, precisa ser comprovado/a e fundamentado/a. Nisto, o início do

---

66. Relato da 3ª campanha militar de Senaquerib em LUCKENBILL, *Annals*, 33, 172; tradução conforme TUAT I 390.
67. Veja acima p. 244ss.
68. Muitas vezes a importância da interrupção de 701 é minimizada. Se os números elevados de deportados não são completamente inventados (cf. sobre isto SAUREN, *Senachérib*), é necessário falar de um verdadeiro exílio, como insiste STOHLMANN, *Exile*. A experiência profunda do domínio estrangeiro para a maior parte das regiões de Judá também não deve ser subestimada.
69. P. ex. ALT, *Bedeutung*; • EVANS, *Foreign Policy*, p. 168, pensa em uma relação com os acontecimentos em 671 aC.

período que tradicionalmente é chamado de exílio é só uma das várias mudanças incisivas na situação política. A redução de Judá à área urbana de Jerusalém, o consequente exílio de partes da população, o domínio estrangeiro temporário (701) e a reversão desta situação em data desconhecida, o início do governo de Josias (639), o recuo do domínio assírio na Palestina (a partir de mais ou menos 626 aC), a morte de Josias (609), o domínio egípcio e o governo de Joaquim (a partir de 609), a transferência para os neobabilônios (605), a primeira revolta e seu fracasso (598), a época de Sedecias e, por fim, a segunda revolta (586), a época de Godolias e, depois, o período do exílio – estas mudanças múltiplas e rápidas de eventos políticos fundamentais precisam ser levadas em consideração, e não só comparadas com as situações pré-exílica e exílica. Textos como os que falam de uma possível ampliação do território e os problemas dela decorrentes (12,20; 19,8) podem fazer sentido tanto em algum momento depois de 701 quanto no contexto de uma expansão na época de Josias ou no contexto de uma esperança na época do exílio. Observando-se o conjunto – antecipando a conclusão final – não se pode contar no corpo em si do Código Deuteronômico (Dt 12–26) com camadas grandes e importantes da época do exílio.

2. Liberdade e solidariedade: a lógica teológica

a) O dízimo e seu papel-chave

A parte principal do Código Deuteronômico é emoldurada por prescrições quanto à oferta do dízimo (Dt 14,22-29; 26,12-15). E não é por acaso. A lei do dízimo é um texto-chave, a partir do qual é possível discernir o pensamento teológico e jurídico que está por trás do Código Deuteronômico. Ele lança luz sobre a relação interior das várias partes da obra[70].

> Dt 14,22 *Todos os anos separarás o dízimo de todo o produto da tua semeadura que o campo produzir,* [23] *e diante de Yhwh teu Deus, no lugar que ele houver escolhido para aí fazer habitar o seu nome, comerás o dízimo do teu trigo, do teu vinho novo e do teu óleo, como também os primogênitos das tuas vacas e das tuas ovelhas, para que aprendas continuamente a temer a Yhwh teu Deus...*

---

70. Para o que segue, cf. CRÜSEMANN, Produktionsverhältnisse, p. 86ss.

²⁷*Quanto ao levita que mora nas tuas cidades, não o abandonarás, pois ele não tem parte nem herança contigo.* ²⁸*A cada três anos tomarás o dízimo da tua colheita no terceiro ano e o colocarás em tuas portas.* ²⁹*Virá então o levita (pois ele não tem parte nem herança contigo), o estrangeiro, o órfão e a viúva que vivem nas tuas cidades, e eles comerão e se saciarão. Deste modo Yhwh teu Deus te abençoará em todo trabalho que a tua mão realizar.*

A lei tem início no v. 22 da forma como se esperaria de uma prescrição sobre pagamento de impostos. De todo o produto da agricultura deve ser separado o dízimo, mais ou menos 10%[71]. O v. 23 menciona especificamente o cereal, o mosto ou vinho[72] e o azeite de oliva como os três produtos mais importantes do ano agrícola. Além destes, mencionam-se aqui os primogênitos dos animais, que obviamente devem ser tratados como o dízimo. Tudo isto deve ser trazido para o lugar central de culto. Com este propósito, pode-se transformá-lo primeiro em dinheiro, como esclarecem os v. 24-26. No santuário, porém, o dízimo e os primogênitos devem ser consumidos pelo israelita a quem o texto se dirige. Outro propósito não aparece; não se menciona nenhum recebedor destas ofertas, nem templo, nem rei, nem sacerdote, nem Deus. Na prática, porém, isto acaba com o dízimo, pois o próprio produtor vem a consumi-lo.

Imediatamente, porém, deve ser acrescentado o que está no v. 28s. Em cada terceiro ano, o dízimo não deve ser levado para o santuário central, mas ser entregue em cada localidade aos levitas aí residentes, bem como a outros grupos que não possuem propriedades agrícolas: estrangeiros, órfãos e viúvas. A entrega é feita na Porta dos povoados. Desta vez não se mencionam os primogênitos; para estes continua em vigor a regra citada antes (cf. Dt 15,19ss.). Esta entrega do dízimo de cada terceiro ano aos socialmente fracos é retomada no último parágrafo do Código Deuteronômico. De acordo com Dt 26,12ss., neste momento, deve ser feito um juramento solene de que o dízimo foi realmente entregue aos recebedores previstos. De modo coerente, Dt 26,12 chama este ano de "ano do dízimo". Só nele acontece realmente uma transferência de bens a pessoas de fora.

---

71. BAUMGARTEN, Non-literal use, tem razão ao indicar que o termo "dízimo" nem sempre significa realmente 10%, mas também é usado como termo técnico. Mesmo assim, ele sugere uma quantia – diferente de outros termos relacionados a impostos – que, *cum grano salis* (= não de todo a sério), tem validade igualmente em épocas posteriores.

72. O termo *tîrōš* denota principalmente o suco no cacho de uva (Is 65,8) ou no lagar (Os 9,2), mas deve ter incluído o vinho, na lista típica ao lado de cereal e azeite (cf. KBL 3. ed., 1592).

O que está acontecendo nestas prescrições que emolduram o Código Deuteronômico só fica claro dentro do contexto do que se conhece comumente sobre o dízimo[73]. Naquela época, em algumas culturas, o dízimo era coletado no âmbito das aldeias para ser pago ao rei[74] ou ao templo[75], coletivamente[76]. Em Israel, o dízimo é mencionado principalmente na chamada lei do rei em 1Sm 8 (v. 15.17)[77]. Ele constitui um dos grandes jugos que o rei imporia ao povo. Temos de concluir, deste e de outros textos que falam de um imposto do estado (não chamado de dízimo)[78], que desde o surgimento da monarquia nos dois reinos de Israel havia um imposto ou dízimo. Na verdade, as evidências claras são poucas. Nos ostraca israelitas encontrados até agora, o dízimo só é mencionado de forma difusa[79]. As únicas passagens claras[80] referem-se ao Reino do Norte. Ali se menciona um dízimo em Am 4,4, que é trazido para o santuário em Betel, junto com outras ofertas de culto. Isso, porém, é criticado por Amós. A este evento corresponde a promessa de Jacó depois do seu sonho, em que lhe foi revelada a dignidade especial do lugar sagrado de Betel (Gn 28,22)[81]. Isto deixa claro que, no Reino do Norte, havia um dízimo a ser pago ao santuário de Betel. É evidente que este era um dos santuários oficiais mais importantes (Am 7,13; 1Rs 12,26). Ali, como nas nações em volta, o dízimo era um tributo relacionado às pretensões religiosas do reino. Ele é entregue ao reino sacro, seja ao templo oficial ou ao estado sacro; em todos os casos, ele pertence a Deus e ao rei de forma conjunta. Até o momento faltam evidências claras para Judá e Jerusalém, mas dificilmente pode-

---

73. Cf. os detalhes em CRÜSEMANN, *Der Zehnte*; • cf. tb. KESSLER, *Juda*, p. 148ss.; além disso, sobre o tema, cf. EISSFELDT, *Erstlinge*; • WEINFELD, *Aspects*; id., art. *Tithes*; • JAGERSMA, *Tithes*; • MILGROM, *Cult*; também há uma visão geral em ODEN, *Taxation*.

74. Como em Ugarit, ou seja, na Canaã da época do Bronze Tardio, cf. HELTZER, *Rural Community*, p. 7ss.; id., *Tithe*; para os outros tipos de taxas, cf. id., *Internal Organization*.

75. Como nas cidades-estados sumérias e também em parte nas épocas babilônica antiga e esp. neobabilônica; cf. SALONEN, *Über den Zehnten*; • DANDAMAYEV, *Tempelzehnt*; também já EISSFELDT, *Zum Zehnten*.

76. Para uma visão geral de outros sistemas de impostos, cf. CRÜSEMANN, *Der Zehnte* (com literatura).

77. Para a análise, cf. CRÜSEMANN, *Widerstand*, p. 66ss.; id., *Der Zehnte*, p. 34s.

78. Cf. esp. 1Rs 4,7ss.; 12,4ss.; etc.

79. Nem a menção em um dos *ostraca* do Ofel (Lemaire, *Ostraca*, p. 159s.) nem a reconstrução de um *ostracon* de Arad (AHARONI, *Inscriptions* n. 5, p. 20) estão totalmente certas. Mesmo assim, pode-se concluir de uma série de *ostraca* que havia um sistema de tributos em Judá, apesar das divergências quanto a detalhes.

80. Gn 14,20, por sua vez, tem uma datação muito insegura (como todo o texto de Gn 14). Não se pode entender o texto como sendo anterior à época pós-exílica (CRÜSEMANN, *Der Zehnte*, p. 38s.).

81. Para a análise e datação, cf. BLUM, *Vätergeschichte*, p. 7ss., 88ss. O v. 22 provavelmente ainda pressupõe a existência do Reino do Norte.

mos supor que o Deuteronômio tenha inventado o dízimo para esta região. Pelo contrário, ao cancelá-lo, ele pressupõe sua existência. Um imposto como este deve ter surgido em Judá o mais tardar na época da dependência em relação à Assíria, diante da necessidade de pagar regularmente tributos elevados.

Para a compreensão correta da tradição da Torá, a ausência de uma referência e legitimação do dízimo é muito importante. Desde Ex 34,11ss., estes textos só conhecem outras taxas, primogênitos e primícias, sem jamais fazer menção do dízimo[82]. Apenas o Deuteronômio aborda a questão do dízimo, ao mesmo tempo em que, no fundo, o anula. Em dois de cada três anos, o dízimo deve ser consumido no santuário central pelos próprios produtores. Para entender isso, teremos de recorrer a outras passagens. De acordo com textos como Dt 12,6s.11s.17s.; 16,10s.14, devem participar das grandes festas anuais no santuário central não apenas toda a família, mas também todo tipo de pessoas relacionadas: escravos e escravas, levitas e estrangeiros, viúvas e órfãos – todos os que viviam nos povoados ao lado das famílias que possuíam terras, especialmente os grupos socialmente problemáticos. Se acrescentarmos ao dízimo – e às demais refeições de sacrifícios – ainda os primogênitos dos animais, teremos quantidades bastante razoáveis de carne e outros alimentos preparados para as festas e celebrações de que todos participavam, para serem consumidos no contexto das grandes festas de peregrinação. Dt 14,23 atribui a isto um efeito de aprendizado: assim se aprende a temer a Deus.

A cada terceiro ano, contudo, o dízimo deveria ser entregue diretamente em cada povoado aos grupos de pessoas desamparadas na sociedade; deveria ser doado às pessoas que não possuíam terras. E devia ser feito na Porta das localidades, no lugar dos encontros públicos e da prática do direito. A entrega deveria acontecer em lugares sob o controle público. O ato pode ser comprovado, mas não é burocrático; não envolve nenhuma instituição, nem estado ou templo. Esta regra pode ser considerada o início de uma autêntica legislação social: ela constitui-se no *primeiro imposto social conhecido*. Com isso, os grupos sem terra e socialmente fracos adquirem uma base econômica segura, garantida pela lei, bem como pelo juramento público dos produtores agrícolas (26,12ss.).

---

[82]. Cf. acima p. 189ss.

O Deuteronômio, portanto, cancela o (presumível) imposto tradicional do estado, transformando-o parcialmente em uma taxa social direta e destinando o restante ao financiamento da ligação – provavelmente nova, para muitos – com o santuário central. Este tratamento dado ao pagamento de impostos, questionado e combatido desde o início da monarquia em Israel, enquadra-se melhor na fase de menoridade do Rei Josias do que em qualquer outra situação dos primórdios da monarquia. É bem plausível que a população proprietária agrícola, que toma o poder no estado e exerce o governo de fato, liberta-se do seu fardo mais pesado por meio de pagamentos regulares de legitimidade religiosa, ou pelo menos formula isto em um projeto de lei relacionado a este movimento.

A formulação da lei do dízimo em Dt 12,17, na camada que se presume mais antiga na lei da centralização que está à frente da coleção de leis[83], permite supor detalhes mais concretos da situação. Aí se afirma: "Na tua Porta, não poderás comer o dízimo do teu trigo, nem do teu vinho novo, nem do teu óleo..." Aqui se proíbe algo que, na verdade, nem se espera no contexto de uma cobrança do dízimo, seja ela qual for: fica proibido comer (em vez de entregar) o dízimo na Porta (isto é, não no santuário). A proibição pressupõe a eliminação de fato do dízimo. Nenhuma outra situação explica realmente a afirmação. A tendência dos israelitas é de consumir o dízimo em casa, com toda a produção. Os poderes que poderiam exigir o dízimo obviamente não existem mais ou não são suficientemente fortes. As prescrições deuteronômicas sobre o dízimo enfrentam esta tendência de simplesmente ficar com o dízimo. Dt 12,17 somente pode ser entendido em uma situação em que uma realeza que poderia coletar o dízimo não existisse mais, e nenhum outro poder quisesse apossar-se dele. Consumo próprio, porém, no santuário e levando em consideração as pessoas que não têm terras – eis a resposta deuteronômica.

A importância da função de moldura exatamente desta lei fica clara quando vemos que ela está entrelaçada estreitamente com todos os temas centrais do Deuteronômio e praticamente pode ser designada como o local social da sua interligação. A ação libertadora por Deus no êxodo, para a qual o Deuteronômio aponta sempre de novo e de forma básica, torna-se concreta, assim como o conceito de culto, com a

---

83. Sobre isso, cf. PREUSS, *Deuteronomium*, p. 133, onde Dt 12,13-19 é a parte mais antiga do capítulo, de acordo com a opinião de aceitação geral. Diferente pensa SEBASS, *Vorschlag*, p. 96s.; mas também para ele, o v. 17 faz parte da "base" legal do capítulo.

vinculação do lugar central, das festas de alegria, da dessacralização (com a possibilidade da venda antecipada) e da obrigação social, ao que se junta o conceito de estado com a perda de poder da realeza. Esta função-chave do dízimo na relação interior da elaboração das leis deuteronômicas será apresentada no que segue.

b) O Deuteronômio como direito de proprietários de terra livres

O Deuteronômio é dirigido a proprietários de terra livres, e o tempo todo pressupõe sua liberdade efetiva e real[84]. Isto acontece, por um lado, na ficção de um discurso de Moisés depois da libertação do Egito. Mas é também, sistemática e explicitamente, a pressuposição e o sentido de todas as leis.

Isso fica claro especialmente em Dt 6,20ss., um texto que segue o $š^e ma^c$ $yiśrā'él$ fundamental (6,4ss.) com sua ênfase na unidade de Deus, com a qual todas as forças humanas devem estar relacionadas. Várias coisas concorrem para que os dois textos juntos tenham sido concebidos como introdução da edição mais antiga da lei[85].

> Dt 6,20 *Amanhã, quando teu filho te perguntar: "Que são estes testemunhos e estatutos e normas que Yhwh nosso Deus vos ordenou?",* [21] *dirás ao teu filho: "Nós éramos escravos do Faraó no Egito, mas Yhwh nos fez sair do Egito com mão forte...* [24] *Yhwh ordenou-nos cumprirmos todos os estatutos, temendo a Ywhw nosso Deus, para que tudo nos corra bem, todos os dias; para dar-nos a vida, como hoje se vê".*

A criança pergunta por que "nosso Deus" "vos" ordenou tais leis[86]. A relação com Deus precede a compreensão de Deus, tanto em termos teológicos quanto na socialização infantil. A pergunta fundamental sobre o sentido e o propósito disso é respondida com a relação entre mandamento e êxodo. A libertação da condição de escravos é o pré-requisito, e esta libertação é realmente eficaz e verificável. Guardar os mandamentos leva a temer a Yhwh, promove o bem e preserva a vida.

O fato de que os mandamentos deuteronômicos se aplicam aos que foram libertados no êxodo é retomado no livro em muitas passagens e contextos bem diferentes. No Código da Aliança recordava-se a condição de estrangeiros no Egito

---

84. Sobre a questão das mulheres, cf. abaixo p. 347s.
85. Sobre isso PREUSS, *Deuteronomium*.
86. Cf. PERLITT, *Ermutigung*.

(Ex 22,20; 23,9)[87]. Agora, o enfoque está sempre em acabar com a condição de escravos. Este é o argumento nas leis sobre a escravidão (Dt 15,15) ou para a proteção de estrangeiros e fracos (24,18.22). Também é clara a relação com a Festa da Páscoa (16,1.3.6), mas há igualmente uma referência na festa das Semanas (16,12). A confiança em Deus na guerra se baseia na experiência do êxodo (20,1). E há inclusive uma referência quando se fala da possibilidade de apostatar do Deus do êxodo (13,6.11).

O êxodo, porém, é só uma parte; a outra é a prometida posse da terra. A resposta à indagação da criança indica como motivo e propósito da libertação a dádiva da terra prometida (6,23). A entrega anual da primeira parte da colheita recorda esta ligação (26,1ss.). E a posse da terra é mencionada nas introduções aos mandamentos, que fornecem seu contexto histórico, expressamente como condição obrigatória da validade das leis (12,29; 17,14; 18,9; 19,1; 26,1)[88]. Em termos teológicos especialmente incisivos, esta relação é refletida em Dt 7: a posse da terra deve levar à separação em relação aos povos da terra. A ligação única com o único Deus provém do ato de eleição por parte de Deus (v. 6), que está fundado no seu amor e se concretiza no evento do êxodo (v. 8).

Para podermos encaixar na história da lei esta tão grande importância do êxodo e da posse da terra no pensamento do Deuteronômio, temos de perguntar para quem o Deuteronômio foi redigido no final da época da monarquia. Quem são as pessoas às quais o livro se dirige continuamente, e para quem se dirige tudo o que é dito e escrito? Uma listagem dos grupos revela imediatamente que não se trata de outros povos, escravos e escravas (15,12ss.), estrangeiros, viúvas e órfãos, e tampouco de filhos e filhas (por exemplo, 12,12; 16,11.14), de levitas (ibid.) e sacerdotes (18,1ss.), do rei (17,14ss.) e dos funcionários públicos (16,18). De modo ainda mais claro do que no Código da Aliança[89] ou no Decálogo[90], aqui se fala a homens[91] israelitas proprietários rurais, livres, adultos.

A partir desta constatação, deve ser dito que a afirmação geral bastante difundida de que o Deuteronômio é dirigido a "Israel"[92] é imprecisa e esconde ele-

---

87. Cf. acima p. 279.
88. Para a importância para a datação do Deuteronômio, cf. acima p. 293ss.
89. Cf. acima p. 276s.
90. Sobre isto CRÜSEMANN, Dekalog, p. 28ss.
91. Sobre o papel das mulheres cf. abaixo p. 348ss.
92. Cf. p. ex. PREUSS, Deuteronomium, p. 182ss.

mentos decisivos. É verdade que em Dt 6,4 todo Israel pode estar envolvido: "Ouve, Israel!" E é digno de nota que esta declaração está no começo do livro e tem grande importância teológica. Na parte da lei, porém, em nenhum lugar Israel equivale ao grupo a quem o texto é dirigido. Uma exceção a princípio parece ser Dt 20,3, mas aí se trata da citação do discurso que os sacerdotes devem fazer ao exército reunido, em caso de guerra. Nem aí, portanto, temos um uso juridicamente exato. No mais, em Dt 12–26, "Israel" sempre é uma grandeza *em prol da qual* o grupo ("tu") interpelado deve agir. Por exemplo, ele deve eliminar o mal de Israel[93]. As pessoas para quem a lei é escrita são responsáveis por Israel e agem em seu favor, mas não são simplesmente idênticas com ele.

Os levitas e os sacerdotes levitas fazem parte de Israel, sem dúvida e de modo inquestionável. Mesmo assim, eles devem ser diferenciados claramente, às vezes explicitamente, das pessoas a quem o texto se dirige. Eles não possuem terras (*hēleq, naḥalāh*; por exemplo, 14,27; 18,1ss. etc.). O Deuteronômio não contém regras para sacerdotes. Mais complicada é a questão das mulheres[94].

Os limites que são estabelecidos para o grupo a quem o livro é dirigido tornam-se especialmente evidentes com *aquele* termo que, como nenhum outro, poderia ser adequado para superar a separação entre Israel como povo e aqueles de quem trata a lei: o irmão[95]. Sua primeira menção exatamente na lei sobre os escravos deixa isto bem claro: "Quando um dos teus irmãos, hebreu ou hebreia, for vendido a ti..." (15,12), é assim que o texto inicia. Um irmão se torna escravo, uma irmã, escrava, mas eles continuam irmão e irmã. O mandamento de libertá-los depois de seis anos, no fundo, baseia-se nesta relação. A pessoa com quem se fala também fora, como agora o irmão, escravo no Egito, e essa pessoa deve agir de acordo com essa experiência (v. 15). Apesar disso: durante o tempo de escravidão, estes irmãos e irmãs claramente não estão incluídos entre aqueles a quem a lei se dirige. Estes podem e devem agir em prol daqueles com justiça, mas eles não são mais sujeitos do direito, apenas objetos do direito. Eles devem poder participar, mas não podem mais agir pessoalmente. Algo semelhante vale para os diaristas (24,15s.). Em comparação com a linguagem legal exata com

---

93. Como em Dt 17,12; cf. 19,13; 21,21; 22,21.22; além disso, Israel é mencionado em 13,12; 17,2; 18,1.6; 21,8; 25,6.7.10; 26,15.
94. Cf. a seguir p. 348ss.
95. Cf. PERLITT, Brüder.

que o êxodo e a dádiva da terra são mencionados como condição para a validade das leis, a referência à fraternidade fica no nível secundário da motivação.

A vinculação com o êxodo e a dádiva da terra descreve, em termos teológicos e jurídicos, com exatidão o grupo ao qual as leis deuteronômicas se aplicam. Como na ficção histórica Moisés se dirige aos que foram libertos pelo êxodo e lhes dá leis para a época depois da posse iminente da terra, a lei, no momento em que surgiu, está dirigida somente àqueles que são qualificados pela liberdade pessoal e pela posse de terra, ou seja, pelas grandes dádivas de Deus. Diga-se de passagem que ambas correm perigo. Liberdade e posse de terra podem se perder pela dependência social, pelo não cumprimento dos mandamentos, mas também pelo poder do próprio rei (17,16). Assim, a posse da terra e a liberdade do indivíduo e do povo inteiro estão estreitamente ligadas.

A lei do dízimo faz parte do âmago desta teologia deuteronômica da liberdade. Ela garante que os agricultores israelitas não têm compromisso de pagar qualquer imposto a qualquer pessoa além do Deus libertador e àquelas pessoas que não participam das bênçãos da posse de terra e da liberdade. Uma comparação com as condições na Grécia esclarece a situação[96]. Aí o imposto regular, a taxa pelo uso da terra, é pago somente por quem não é livre e apenas em estados dominados por tiranos. Ser livre de impostos é a expressão central da liberdade de fato. A variante bíblica disto transforma o dízimo tradicional, o imposto estatal mais importante, em uma contribuição regular para as festas, por um lado, e em um imposto aos pobres, por outro. Os sacerdotes, por sua vez, de acordo com Dt 18,1ss. só recebem partes relativamente reduzidas dos sacrifícios, e não recebem parte dos dízimos, a não ser os levitas dos vários povoados, que devem poder comer junto. Assim, a lei sobre o dízimo é uma expressão direta da teologia deuteronômica da liberdade.

Retrospecto: A história do dízimo em Israel daí em diante será marcada pela junção da perspectiva deuteronômica com a sacerdotal. Nesta, de acordo com Nm 18,8-32, deve ser pago um dízimo aos levitas, que entregam o dízimo deste dízimo aos sacerdotes. Lv 27,32s. menciona também um dízimo do gado. Aqui o dízimo foi separado, pelo menos teoricamente, do contexto do estado, tornando-se um imposto puramente religioso. Os documentos da época persa compro-

---

96. Cf. p. ex. ANDREADES, *Geschichte*, p. 109ss., 134ss.; • HEICHELHEIM, *Wirtschaftsgeschichte*, p. 404ss.; • FINLEY, *Wirtschaft*, p. 95ss.

vam que este dízimo era sempre discutido, mas em princípio era reconhecido (Ne 10,38; 12,44.47; 13,(5).12; Ml 3,8.10), independente e paralelamente ao imposto estatal persa[97] (Ne 5,4). Como em outros casos, o desenvolvimento posterior é marcado pela justaposição dos diferentes textos no Pentateuco. Em consequência, como se vê pela primeira vez em Tobias 1,6-8 e Jubileus 32,9ss., menciona-se para o primeiro ano o dízimo levita, depois o dízimo deuteronômico (pela primeira vez na LXX em Dt 26,12), e o dízimo dos pobres no terceiro ano às vezes é chamado de terceiro. Este sistema conta com várias comprovações no judaísmo antigo[98]. É interessante observar que a relação do dízimo com a realeza sagrada transparece sempre de novo. Por exemplo, os reis asmoneus exigem novamente o dízimo para si[99]. Mais tarde, a Igreja Antiga retoma o dízimo[100] e, por fim, os carolíngios fazem dele a base material da Igreja ocidental garantida pelo Estado. O dízimo se torna parte da Igreja mesmo através de muitas mudanças[101], até ser substituído pelos sistemas modernos de contribuição oficial para a Igreja[102].

c) O centro sem poder

No início do Código Deuteronômico está a exigência de um lugar de culto unificado (Dt 12). Todos os sacrifícios e todas as ofertas para o culto devem ser trazidos para o único santuário, aquele lugar que Yhwh escolheu. Em uma série de leis subsequentes são fixados os detalhes[103]. Esta é, sem dúvida, uma das intervenções mais profundas na história do culto israelita, com consequências incalculáveis. A liberação do abate profano, a separação de culto e religião e, com isto, a forma de judaísmo e cristianismo, tudo parte daqui.

A centralização do culto é a forma que o Deuteronômio dá ao 1º mandamento. É verdade que a unidade do culto nunca é justificada diretamente pela unidade de Deus. Mesmo assim, não se pode duvidar da conexão; a questão só é como ela deve ser vista. A fórmula de Dt 6,4: "Yhwh nosso Deus é o único Yhwh", em

---

97. Sobre isto cf. DANDAMAYEV, *Geschichte*, p. 43ss.; • STERN, *Persian Palestine*, p. 113.
98. Cf. OPPENHEIMER, *'Am Ha-Aretz*, p. 34ss.
99. OPPENHEIMER, *'Am Ha-Aretz*, p. 34ss.
100. Cf. VISCHER, *Zehntforderung*.
101. Por exemplo ZIMMERMANN, *Zehntenfrage*.
102. Cf. LIERMANN, art. *Abgaben*; e as ideias muito boas de LIENEMANN (org.), *Finanzen*.
103. Sobre o processo de centralização, cf. PREUSS, *Deuteronomium*, p. 116.

sua indeterminação e multiplicidade de sentido gramatical e de conteúdo, entre outras coisas, também pode ser entendida como defesa contra o polijavismo[104], como é comprovado em fórmulas como "Yhwh de Dã"[105], "Yhwh de Temã" e "Yhwh de Samaria"[106]. O único Yhwh está somente ligado ao único santuário.

Ainda permanece obscuro como, na história, chegou-se a este pensamento radical e sua aplicação prática. Os profetas do século VIII, com toda sua crítica ao santuário, ainda não conhecem nada semelhante, mas, mesmo assim, devem ter participado da sua origem. O Código da Aliança também conhece, em sua lei do altar, múltiplos lugares em que Yhwh manda proclamar seu nome (Ex 20,24)[107]. Tanto a crítica ao culto feita pelos profetas quanto a lei do altar, porém, traçam diferenças. Nem todo santuário com tradição antiga é um lugar legítimo; opera-se uma redução, por meio de uma escolha crítica. Mesmo assim, o passo para o conceito deuteronômico é imenso. O motivo pode ter sido a situação depois de 701[108]. A intervenção do rei assírio Senaquerib tinha reduzido Jerusalém a um pequeno território, presumivelmente a área da antiga cidade-estado; o restante de Judá fora distribuído aos estados filisteus. Não importa quanto tempo esta situação tenha perdurado; é preciso contar com um choque bastante considerável. O destino do Reino do Norte estava à vista de todos. Santuários famosos como Hebron, Mambré, Bersabeia e outros, conhecidos pela Bíblia e pela Arqueologia, tinham caído sob influência estrangeira. Como era a ligação da população judaica com a antiga capital e sua importância religiosa? O que mais aconteceu? Temos apenas perguntas. Sugere-se, porém, uma relação com o conceito da unicidade do lugar do culto legítimo. E as determinações de Dt 12, especialmente as dos v. 13-19, que devem ser consideradas as mais antigas[109], pressupõem esta unidade e só tratam de como ela deve ser praticada.

A centralização de todo o culto deve ter reforçado enormemente a importância deste lugar, de Jerusalém e de seu templo. Para lá fluíam então muito mais riquezas da sociedade do que antes. Jerusalém tornou-se também o que antes eram

---

104. Sobre isto p. ex. HÖFFKEN, Bemerkung; para outras indicações bibliográficas, cf. acima p. 287 n.13.
105. Como em Am 8,14.
106. Como está em Kuntillet 'Ajrud (MESHEL, Kuntillet); cf. tb. SMELIK, Dokumente, p. 144.
107. Cf. acima p. 243ss.
108. Para a situação histórica, cf. DONNER, Geschichte II, p. 322ss. e acima p. 301s.
109. Com PREUSS, Deuteronomium, p. 133.

os santuários regionais e locais. É verdade que temos de supor uma redução considerável da quantidade de sacrifícios, por causa do abate profano, e, em termos gerais, uma redução ampla da carga de tributos para o culto e o estado. Mesmo assim, não se pode questionar o efeito em termos do reforço da posição da capital, também em termos econômicos. E isto com certeza era o desejo e a intenção. Por esta razão, os pesquisadores têm interpretado a centralização deuteronômica do culto como a tentativa de, em vez de elevar os impostos, canalizar uma parte maior deles para a capital. Isso pode ser entendido como um fortalecimento considerável do poder central, isto é, da monarquia[110].

Nisto, porém, como também no âmbito dos sistemas de segurança social, só se pode ver o conceito deuteronômico como um movimento abrangente de mão dupla. É certo que riquezas bem maiores fluem para a capital. O próprio enfraquecimento ou eliminação de localidades e santuários concorrentes deve ter reforçado seu papel. Ao mesmo tempo e no mesmo impulso, porém, a elite tradicional da sociedade é bastante enfraquecida. Nem rei nem estado, nem santuário nem sacerdotes decidem sobre as novas receitas. Num gesto radical de rompimento com sua criação, elas são consumidas pelos seus produtores e dependentes nas três festas de peregrinação ou em outras ocasiões. Certamente os comerciantes de Jerusalém e os camponeses da redondeza haveriam de lucrar com o câmbio permitido das ofertas em dinheiro (Dt 14,24-26). Mas deve ser levada em conta uma ampla perda de poder do rei, dos funcionários, dos sacerdotes e de toda a classe alta tradicional, operada pelo Deuteronômio. Os sacerdotes do santuário central, por exemplo, não recebem nem o dízimo nem todas as partes dos sacrifícios como até então deve ter sido costume e como eles mesmos o atribuem a si nas leis sacerdotais. Os dízimos e as primícias nem integram mais o sustento deles; o número total de sacrifícios foi reduzido de modo considerável pela liberação do abate profano; os sacrifícios em termos gerais só são oferecidos ainda por motivos especiais.

Para os proprietários de terra de Judá, o programa de culto deuteronômico representa um desencargo em grande escala dos impostos do estado e das ofertas para o culto. A eliminação dos múltiplos santuários, nos quais sempre havia pessoas vivendo das ofertas, em muitos sentidos, certamente pode ser comparada

---

110. Esp. CLABURN, *Fiscal basis*; cf. tb. SMITH, *Parties*, p. 51; • GOTTWALD, *Tribes*, p. 727 nota 94; • cf. ODEN, *Taxation*, p. 170s.

com certos aspectos da Reforma na Alemanha. Temos de levar em consideração o que o Deuteronômio não menciona, mas abrange de fato com sua perspectiva global. Isso inclui especialmente a revogação do trabalho forçado, que existia em Israel desde os primórdios da monarquia e é comprovado no tempo final dos reis, entre outras coisas, por um sinete que foi encontrado[111]. O enfoque no êxodo torna impossível uma tal imposição de obrigações pela força por parte do próprio rei. Isto seria um exemplo de como o próprio rei pode levar o povo de volta para o Egito (Dt 17,16). Se tomarmos o Deuteronômio ao pé da letra, o rei, na prática, é devolvido à condição de ter que sustentar-se com as receitas das suas próprias propriedades. Esta retirada do poder do estado, exatamente no setor econômico, deixa claro o que se tem em vista com a centralização do culto.

d) A rede social: a legislação social

α. Solidariedade e bênção

Tornou-se costume chamar as determinações da legislação social deuteronômica de "leis humanitárias"[112]. O caráter compassivo indicado com isso pode corresponder a uma legislação mais antiga em favor dos pobres, mas nem de longe se entendem com isso sua radicalidade e seu papel teológico no pensamento deuteronômico.

O significado da legislação social resulta em primeiro lugar da sua posição na estrutura do corpo de leis, bem como de sua combinação com outros temas religiosos ou do culto. Primeiro, estas leis se encontram no bloco de texto que está entre as determinações fundamentais iniciais sobre a unidade de culto (Dt 12), a preservação da adoração única (Dt 13) e a pureza cultual (Dt 14), por um lado, e as chamadas determinações constitucionais a partir de Dt 16,18, por outro lado. Todo este bloco está marcado pelo tema das unidades do tempo de culto. O dízimo a ser trazido a cada ano e o dízimo dos pobres no terceiro ano (Dt 14,22-29), o ritmo de sete anos do ano do perdão (Dt 15,1-11) e da libertação individual dos escravos (Dt 15,12-18), as três festas principais do ano (Dt 16) – eis os rit-

---

111. Cf. 2Sm 20,24; 1Rs 4,6; 5,28; 12,4ss.; Mq 3,10; Jr 22,13ss.; Hab 2,12; AVIGAD, Chief; também SMELIK, Dokumente, p. 127s.; para um resumo atual, cf. KESSLER, Staat und Gesellschaft, p. 154ss.
112. WEINFELD, Deuteronomy, p. 282ss.; • id., Origin; • PREUSS, Deuteronomium, p. 86s. etc.; assim também já DILLMANN, Kommentar, p. 604; • STEUERNAGEL, Kommentar, p. 125.

mos de culto aos quais são acrescentadas as prescrições sociais mais importantes. Das festas anuais participavam não somente as famílias com seus escravos domésticos, mas todas as *personae miserae* dos vários povoados[113]. As prescrições sobre perdão das dívidas e a libertação dos escravos em Dt 15 são emolduradas pelas prescrições sobre o dízimo (Dt 14,22-29) e os primogênitos (Dt 15,19-22). Ambas proporcionam aos agricultores um alívio enorme dos fardos tradicionais, e os vinculam ao santuário central. A este alívio é justaposta a solidariedade com os socialmente fracos, com seu dízimo trienal, perdão de dívidas e libertação de escravos. Com isso, os mandamentos sociais são combinados no calendário religioso com seus ritmos anuais e o ritmo de sete anos.

A importância religiosa das leis sociais é sublinhada ainda por uma série de formulações que chamam a atenção, e se repetem em todas as regulamentações sociais importantes[114]. Assim, lemos em Dt 14,29, em conexão com o imposto dos pobres no terceiro ano, pelo qual é criada uma base de vida segura para os mais fracos na sociedade: levitas, estrangeiros, órfãos e viúvas devem poder matar a fome, "para que (*l^e ma'an*) Yhwh teu Deus te abençoe em todo trabalho que a tua mão realizar". No contexto da determinação de um perdão regular das dívidas no sétimo ano, pode-se ler: "pois, por causa disso (*biglal hadābār hazzeh*), Yhwh teu Deus te abençoará em todo o trabalho, em todo empreendimento (*mišlāḥ*) de tua mão" (Dt 15,10). Formulações parecidas ou iguais aparecem na lei sobre a libertação dos escravos ou escravas por causa de dívidas: "E Yhwh teu Deus te abençoe em tudo o que fizeres" (Dt 15,18); na inclusão dos mais fracos nas principais festas de peregrinação: "pois Yhwh teu Deus vai te abençoar em todas as tuas colheitas e em todo trabalho da tua mão, para que fiques cheio de alegria" (Dt 16,15); na proibição de cobrar juros: "para que Yhwh teu Deus abençoe todo empreendimento de tua mão" (Dt 23,21). Por fim, a instrução de deixar um resto da colheita no campo para os famintos tem o mesmo propósito: "para que Yhwh teu Deus te abençoe em todo trabalho das tuas mãos" (Dt 24,19).

Estas indicações claramente relacionadas acompanham as principais leis sociais e unem estas – e só estas – umas às outras. Com isso, fixa-se um bloco de determinações, não só em nossas categorias de pensamento, mas também no pensamento deuteronômico. A segurança, objetivada pela lei, de grupos socialmen-

---

113. Cf. esp. BRAULIK, Freude.
114. Para o que segue cf. CRÜSEMANN, Produktionsverhältnisse, p. 87ss.

te problemáticos[115], das *personae miserae* tradicionais sem direitos e sem terra, os estrangeiros, viúvas e órfãos, mas também escravos, muitos endividados, levitas sem terra e sem emprego, e os famintos, naturalmente se apoia no trabalho dos proprietários de terra a quem o texto da lei se dirige. A bênção divina sobre seu trabalho é vinculada explicitamente à condição de que uma parte dos seus produtos beneficie os socialmente mais fracos. A inclusão solidária dos fracos na riqueza da produção proporciona a bênção para o trabalho que torna isto possível. E as formulações estão relacionadas às leis sobre como isso deve acontecer. Elas mesmas são novas formulações de antigas tradições de culto, especialmente referentes aos tempos sagrados. A bênção, que provavelmente já era esperada na entrada do ritmo do tempo sagrado, no Deuteronômio, é assim relacionada com o cumprimento das leis sociais.

Em alguns outros mandamentos sociais, também se evoca a bênção como consequência, sem que se use a mesma fórmula como nos textos citados acima. Este é o caso em Dt 24,13 com a devolução do penhor (cf. tb. 14,24; 15,4-6.14; 16,10). O tema da bênção agora marca também começo e fim do Código Deuteronômico. Em Dt 12,7, descreve-se a festa no santuário único: "E comereis lá, diante de Yhwh vosso Deus, alegrando-vos com todo o empreendimento da vossa mão, vós e vossas famílias, com o que Yhwh teu Deus te houver abençoado". E bem no fim da parte legal, na conclusão da formulação do juramento que promete a entrega do dízimo trienal aos grupos marginalizados, se pede: "Inclina-te da tua morada santa, do céu, e abençoa o teu povo Israel, como também o solo que nos deste, conforme juraste aos nossos pais, uma terra onde mana leite e mel" (Dt 26,15).

A vinculação contínua do tema da bênção, de modo específico e quase exclusivo, com as leis sociais, também confere às formulações de bênçãos (e maldições) nos capítulos finais, em especial Dt 28, um sentido evidente.

Tudo isso mostra como o Código Deuteronômico está próximo da realidade agrícola da Idade do Ferro e, de certa forma, interpreta esta realidade. A riqueza da produção agrícola é uma expressão das experiências fundamentais com o Deus de Israel. O êxodo e a dádiva da terra, como experiências constitutivas da

---

[115]. Sobre isso, cf. agora também LOHFINK, *Entwurf einer Gesellschaft*, porém com uma abordagem um pouco diferente.

relação com Deus, manifestam-se na liberdade jurídica, política e social dos agricultores israelitas em suas terras. Ninguém tem o direito de impor cargas aos libertos, exceto o seu Deus libertador. E as que ele impõe consistem na alegria das festas grandiosas das peregrinações. Destas, de fato, todos devem participar, especialmente também aquelas pessoas que, como sem-terra e sem-direito, não podem delas participar por força própria. E é este repasse solidário da bênção recebida que concede a bênção futura[116].

β. O perdão das dívidas no ano sabático

A lei econômica mais importante, além da proibição de cobrar juros, é o perdão regular das dívidas de Dt 15,1-3[117].

> 15,1 *A cada sete anos farás remissão.* [2] *Eis o que significa essa remissão: todo credor que tinha emprestado alguma coisa a seu próximo abrirá mão do que havia emprestado; não explorará seu próximo, nem seu irmão, porque terá sido proclamada a remissão em honra de Yhwh.* [3] *Poderás explorar o estrangeiro, mas tua mão deve soltar o que havias emprestado ao teu irmão.*

O teor de toda a lei, em especial o v. 9, deixa claro que se trata de perdão de dívidas, cancelamento de haveres. Assim também foi visto na interpretação judaica posterior. Infelizmente, a terminologia da formulação decisiva do v. 2 apresenta grandes problemas em seus detalhes. Geralmente o texto é complementado ou alterado pela crítica textual[118]. A tradução acima parte do pressuposto de que o v. 2 pode e também deve ser entendido de um modo que acompanha a formulação do v. 3. Como ali se diz que a mão do credor deve "soltar" (*šmṭ*: "deves soltar tua mão") – esta é a expressão decisiva, que intitula tudo no v. 1 – esta tam-

---

116. Neste contexto, deve-se também atentar para a bênção do pobre em Dt 24,13 (cf. 15,9; 24,15); sobre isso, cf. agora KESSLER, *Rolle des Armen*.
117. Sobre o que segue, veja de modo mais detalhado em CRÜSEMANN, *Schulden und Schuld*.
118. Praticamente não há interpretação que consiga ficar sem interferir no texto recebido. No texto massorético, *baʻal maššē yādō* forma uma unidade; neste caso, a oração subordinada seria o objeto. Todavia, o que isto quer dizer exatamente(HORST, *Privilegrecht*, p. 82ss., vê neste *baʻal* o Senhor daquele que "deixou sua mão emprestar". Se este é o sentido do hif. de *nšh* II, então o hif. na oração subordinada não pode estar certo e precisa ser mudado. Hoje em dia, supõe-se muitas vezes que falta *maššē' et* antes de *maššēh* (BHS; MAYES, *Kommentar*, sobre a passagem; • MERENDINO, *Gesetz*, p. 108s.; • CAVALETTI, *Significato*; • HOSSFELD & REUTER, art. *našāʼ*, 660). A alternativa para esta alteração do texto é, a meu ver, supor a expressão de Ne 10,32 (*maššāʼ yad*) ou de Dt 15,3 (*šmṭ yad* com suf. pess.) também aqui. Isto já se encontra em Raschi, Luzzatto e outros, depois de HOFFMANN, *Deuteronomium*, p. 225 (em 221-234 há uma discussão detalhada do texto e da tradição rabínica). Por último, WEINFELD, *Sabbatical year*, p. 50, quer entender a oração subordinada como sujeito de "não pressionar".

bém deve ser a interpretação no v. 2. Não se trata de conceder um penhor ou algo assim, mas de soltar a mão. Seja qual for a alternativa escolhida, o sentido verdadeiro é inquestionavelmente que, a cada sétimo ano, todas as dívidas têm de ser canceladas. Não se trata de renunciar a medidas duras de cobrança, mas ao centro do acordo, que consta dos contratos individuais de empréstimo. Principalmente, deve-se renunciar à cobrança do penhor, que muitas vezes era a própria pessoa[119]. Esta é a questão, como se lê nos v. 7ss. de modo definitivo, claro e inequívoco. Com isso, aborda-se o problema de alguém que empresta ao próximo pouco antes da chegada deste sétimo ano. Nesta altura, recorre-se a todo o peso da tradição religiosa. O clamor daqueles que não forem receber nada chegará até Deus e isso o levará a interferir. E, no fim das contas, desta renúncia às dívidas depende a bênção da terra (v. 10b).

Já se mencionou que o sistema de dívidas, o processo de empréstimos com todas as suas consequências para as sociedades agrárias, é de importância fundamental[120]. Dt 15,1ss. representa a tentativa de tirar de cena os mecanismos sociais que aí operam. É nisto que reside sua importância. O que significa este perdão de dívidas exigido regularmente, realizado a cada sete anos, só se torna claro quando olhamos o texto dentro das circunstâncias da tradição oriental antiga e israelita que o antecede[121].

Nos estados da Mesopotâmia existiram já muito cedo, isto é, a partir de mais ou menos 2.500 aC – portanto, não muito depois de ter surgido na região algo parecido com um estado – práticas de perdão de dívidas em intervalos de tempo irregulares, chamadas de decretos-*mešārūm*[122]. Por meio de tais decretos, os antigos reis babilônicos proclamavam uma anulação geral das dívidas, geralmente no início do seu governo. Podemos supor que a história que está por trás disso era o efeito paralisante que o acúmulo de dívidas e juros tinha sobre toda a vida econômica, e a intenção era vencer a miséria e a estagnação[123]. O decreto de remissão melhor preservado é o de Ammi-Saduqa (c.1646-1626 aC), o quarto sucessor de Hamurábi. Diz o § 1: "Pagamentos atrasados dos meeiros, pastores, es-

---

119. Nisto tem razão HORST, *Privilegrecht*, p. 83ss.
120. Cf. acima p. 262ss.
121. Uma comparação detalhada está em WEINFELD, *Sabbatical year*.
122. O material está reunido e comentado em KRAUSS, *Verfügungen*.
123. Esp. OLIVIER, *Effectiveness*.

foladores, que trabalham em pastagens de verão e 'fornecedores' do 'palácio' – para que se fortaleçam e sejam tratados com generosidade, estão perdoados; o credor não tomará medidas de força contra a família do 'fornecedor'". O § 2 aplica-se aos "comerciantes de Babilônia". O § 3 diz: "Quem emprestou cevada ou prata a um acadiano ou amorreu [como empréstimo, com] juros ou como 'compensação' [...] e mandou fazer [disto para si] um documento – pelo fato de o rei ter restabelecido a justiça na terra, seu documento caducou; ele não poderá mais [mandar] cobrar a cevada ou a prata escritas no documento"[124]. Como mostram os demais parágrafos do decreto, os diversos grupos da população, identificados com precisão, são afetados por determinações consequentes bem claras. Estas são diferentes nos vários reis e em seus decretos.

A anulação e o cancelamento sem compensação, inclusive das dívidas "privadas", portanto, fazem parte aqui do estabelecimento de uma "ordem justa", que compete ao rei, e portanto ao Estado. É típico o intervalo irregular e a imprevisibilidade[125]. Ao contrário dos corpos de leis do Antigo Oriente, a eficácia dos decretos e sua prática podem ser comprovadas[126]. Infelizmente, estas disposições são atestadas somente até mais ou menos 1600 aC, e não se tem conhecimento sobre como agiram estados posteriores, inclusive aqueles com quem Israel tinha de lidar diretamente[127]. Por isso, também não se pode verificar se os legisladores deuteronômicos conheciam tradições deste tipo e as adotaram com variações, ou se inventaram novamente este instrumento. Para formar um juízo correto sobre as leis bíblicas, porém, é importante comprovar que Israel não está sozinho com suas tentativas no direito econômico. Fala-se de medidas necessárias para a manutenção de uma ordem que possibilitasse uma vida digna e da produtividade econômica, também em outros lugares – e, como mostra a crise da dívida, talvez até hoje. O método significa que, de forma alguma, devemos considerar este tipo de leis de antemão como uma utopia impraticável.

---

124. Trad. segundo KRAUSS, *Verfügungen*, p. 169ss.
125. Sobre isto esp. OLIVIER, *Periodicity*.
126. Sobre isto esp. WESTBROOK, *Law codes*.
127. OLIVIER, *Periodicity*, p. 228, registra que "some of its features remained prevalent in the later practices of *kidinnūtū* and the Neo-Assyrian royal decrees of *andurārum*" [alguns traços aparecem nas práticas posteriores de *kidinnūtū* e nos decretos reais neoassírios de *andurārum*]. Para o primeiro, cf. Leemans, *kidinnūtū*; para o segundo, Lemche, *Andurārum*.

Assim como se conhece a tradição oriental antiga, também se pode conhecer a tradição mais antiga do AT. O Código da Aliança conhece, além do dia do descanso semanal, também um ano sabático. De acordo com Ex 23,10s., deve-se liberar e abrir mão (*šmṭ*) da produção de cada sétimo ano, usando o termo determinante em Dt 15,1ss.: "para que os pobres do teu povo achem o que comer, e o que restar comam os animais do campo" (Ex 23,11). O que vale para os campos deve, como diz uma frase adicional, ser aplicado igualmente às plantações de uvas e olivais. As formulações mostram claramente que, assim como no descanso semanal, o fim social não é o mais importante. Ele é um subproduto importante. Neste ano sabático, temos uma combinação, comparável ao dia de descanso semanal, de motivos religiosos, econômicos e ecológicos. O excedente produzido, de acordo com estas leis, não deve ser levado embora como imposto, tampouco deve ser transformado em riqueza, mas será dissipado no ócio deixando livre (sem cultivo) a terra recebida como dádiva. Na terceira e mais recente redação em Lv 25,1ss., o tema é retomado com mais destaque e, desta vez, isoladamente: o sétimo ano (ao contrário do ano sete vezes sete, o ano do Jubileu) é da terra, ou seja, de Deus[128].

O Deuteronômio amplia o descanso da terra, afirmado no Código da Aliança, propondo abrir mão da produção agrícola de todo um ano e de todas as dívidas. Em vez de apenas ficar um ano sem semear e colher, usando a produção de seis anos de uma maneira que ela dure o sétimo ano, o Deuteronômio exige, usando o mesmo termo, que se abra mão (*šmṭ*) de todos os créditos e das sujeições sociais inerentes a eles. Pelo teor do texto, não se pode concluir que o Deuteronômio conhece ainda outro ano sabático, que corresponda ao do Código da Aliança. Antes, ele o transforma, e, em lugar da renúncia aos rendimentos da colheita, estabelece uma renúncia a créditos e às possibilidades contidas neles.

Deixando de lado a suposição de que os poderes legislativos em Israel eram mera utopia, a lei de Dt 15,1ss. precisa ser lida em vista das suas intenções econômicas. De que serve a tentativa de tornar previsível como ação regular e fundamental a remissão de dívidas? É evidente que, para os autores, outro problema era mais importante do que saber quem emprestaria. Tal questão é abordada nos v. 9ss. O problema é para que e com que intenção as pessoas emprestam. Quem

---

[128]. Cf. a seguir p. 391.

concede empréstimos com o objetivo, oculto ou declarado, de criar dependência, ter em mãos pessoas e terras, o que deve ter sido a regra, perde seu apoio com esta lei. Só tem perspectiva de receber seu dinheiro de volta quem empresta aos necessitados com tanta generosidade que, no período até o próximo ano sabático, a mudança de situação lhes permita pagar a dívida.

Retrospecto: O Código da Santidade, em Lv 25, reduz o sétimo ano a um mero descanso da terra. Tal descanso se aplica "à terra" e não tem qualquer efeito social (v. 2-7). Do perdão das dívidas só se fala no ano do Jubileu, isto é, o sétimo ano sabático (v. 8ss.). Com isso, o perdão das dívidas se torna totalmente uma *restitutio in integrum*. Das condições teológicas e históricas falaremos mais adiante[129]. Ao contrário do ano sabático, este ano do Jubileu na história israelita posterior não deixou nenhum sinal. Segundo os rabinos, ele depende da presença do povo todo na terra, como diz o v. 1. Isto, porém, não é mais o caso desde o cativeiro das tribos a leste do Jordão (733 aC)[130] ou desde o fim do Reino do Norte. Por outro lado, com o compromisso assumido em Ne 10,32 de guardar o ano sabático e perdoar as dívidas, começa a história verificável desta instituição. Neste versículo ocorre uma integração das determinações do Código da Aliança com as do Deuteronômio[131]. Como mostra uma série de menções esporádicas em livros históricos e nos *ostraca*, o ano sabático era observado no judaísmo[132]. Ele era parte integrante da Torá.

Isto só mudou na época do Novo Testamento, com o chamado "prosbul" de Hillel. Como registra a Mishná (mShevi 10,2-4)[133], em meio à extrema pobreza como província romana, o povo deixou de conceder empréstimos, já que com isso se tornava obrigatória uma correspondente desistência da remissão no ano sabático[134]. Em termos jurídicos, as promissórias deixam de ser pessoais, ou seja, são entregues a um tribunal. Daí em diante, aquela que talvez fosse a lei econômica mais importante da Bíblia não teve mais chance de ser posta em prática, nem no judaísmo nem no cristianismo.

---

129. Cf. abaixo p. 391ss.
130. Cf. a seguir *bAr* 32b; *Sifra behar* 2.2.
131. Cf. a seguir p. 466s.
132. Cf. 1Mc 6,49.53; JOSEFO, *Ant.*, 11.338; 13.234; 14.475; além disso, os textos de Muraba'at (DJD II n. 18.24) e outros. Sobre as fontes e o reconstruído ritmo de sete anos, cf. WACHOLDER, *Sabbatical cycles*; além disso, cf. JEREMIAS, *Sabbatjahr*; • NORTH, *Sabbath years*; • BLOSSER, *Sabbath year*; além destes, WACHOLDER, *Response*; • SAFRAI, *Implementation* (hebr.).
133. Trad. al. em KIPPENBERG & WEWERS, *Textbuch*, p. 76; cf. tb. ROTHKOFF, art. *Prosbul*.
134. Para o contexto econômico presumível cf. OAKMAN, *Jesus*, p. 73ss.

Apesar disso, há um texto central no Novo Testamento que mostra uma nova transposição dessa ideia básica. Na petição do Pai-Nosso, em Mt 6,12, afirma-se: "perdoa-nos as nossas dívidas, como também nós perdoamos aos nossos devedores", é usada, no grego e no original aramaico subjacente, uma terminologia que, na tradução comum para o vernáculo, pode denotar tanto dívidas ético-morais quanto dívidas econômicas[135]. A importância da Torá para Mateus (esp. Mt 5,17; 23,2), a retomada do tema como da terminologia em Mt 18, mas também em outras passagens dos evangelhos, mostram que não se deve pensar em uma espiritualização das dívidas. Para quem teme pelo seu pão diário, como mostra a petição anterior, as dívidas não são somente algo espiritual[136]. Todo pedido de perdão a Deus tem de estar ligado à disposição de perdoar pessoalmente. É uma tradição judaica amplamente comprovada[137]. O que esta petição, que fala a linguagem de Dt 15,1ss.[138], realiza em termos teológicos no coração da fé cristã, pode ser visto contra o pano de fundo da tradição em que ela está inserida. A questão não é mais uma remissão regular de dívidas a cada sete anos, um perdão de dívidas ordenado pelo estado por qualquer motivo irrecusável, uma declaração temporária de renúncia à prática da Torá como no prosbul, nem a espiritualização do conceito de dívida, separando a fé da realidade, como na interpretação cristã usual. A questão é antes vincular o perdão que pedimos a Deus e que precisamos para a vida com o cancelamento de todas as dívidas da nossa parte, o que inclui dívidas financeiras. Não podemos esperar obter o perdão da culpa, sem estar pessoalmente dispostos a renunciar a todos os créditos. Talvez seja mais fácil para uma cristandade rica[139] voltar à remissão de dívidas de Dt 15 do que se privar do perdão com o radicalismo de Jesus.

γ. O sistema de segurança social

As leis sobre o dízimo e a remissão regular de dívidas são as prescrições mais inovadoras e radicais, porém devem ser vistas como parte de uma legislação mais ampla, cuja estrutura temos de descobrir. Todas estas leis têm o pro-

---

135. Cf. DALMAN, *Worte Jesu*, p. 334ss.; agora também BLACK, *Muttersprache*, p. 140ss.; • SCHWARTZ, *Urgestalt*, p. 226; para a terminologia também p. ex. WOLTER, art. *Schuldner*.
136. Cf. OAKMAN, *Jesus*, p. 153ss., bem como as indicações em KIPPENBERG, *Entlassung*, p. 102; • THEISSEN, *Schatten*, p. 207 nota 8.
137. Eclo 28,2; sobre isto, cf. RÜGER, *Mass*.
138. Assim esp. FENSHAM, *Background*.
139. Para a compreensão da formulação na América Latina, cf. HINKELAMMERT, *Schuldenautomatismus*, p. 141ss.; • CARDENAL, *Evangelium* I, p. 102.

pósito de proporcionar segurança material e social aos grupos problemáticos da sociedade da época. Todas tentam, além disso, impedir ou pelo menos dificultar que israelitas livres, possuidores de terras, o estrato social definido pelo êxodo e pela dádiva da terra, sejam arrebatados pelo redemoinho da derrocada social. A interligação destas leis se evidencia como uma rede social bem pensada[140]. Talvez a melhor maneira de entendê-la seja repensá-la a partir da perspectiva de um agricultor israelita.

Considerando a carga que tradicionalmente pesa sobre ele, em primeiro lugar, deve-se mencionar a redução em dois terços do imposto do dízimo vigente (Dt 14,22ss.). Especialmente para pequenos proprietários e os já endividados, isso é muito importante. Outras exigências do estado também desaparecem, em especial os trabalhos forçados e outros pagamentos. Se, mesmo assim, um destes israelitas se vê obrigado a fazer um empréstimo, devido a colheitas fracas, períodos de seca, guerras, problemas judiciais ou outros fatores, ficando, assim, na dependência de vizinhos mais poderosos e ricos, sobre os contratos firmados não mais incidem juros. A proibição de cobrar juros do Código da Aliança é retomada e repetida (Dt 23,20s.). Todo um conjunto de regulamentações refere-se às garantias, comuns nestes casos, por meio de penhores. A (única) vestimenta de uma viúva é excluída de antemão como objeto de penhor (24,17s.). Com relação ao "homem pobre" (*'îš 'ānî*) vale que o credor não poderá ficar durante a noite com os objetos penhorados, os quais para ele são indispensáveis à vida (24,12s.). De modo geral, não se pode tomar medidas diretas e violentas relacionadas com penhores. A proibição em 24,10s. de o credor entrar na casa do devedor e tomar como penhor o que lhe é devido ou ele considera apropriado evidencia como esta dependência em geral tinha consequências brutais. O Deuteronômio, todavia, formula aqui pela primeira vez o direito à inviolabilidade da

---

140. Lohfink chega a pensar em uma "sociedade sem grupos marginais" (*Entwurf einer Gesellschaft*). Em muitos aspectos, suas observações e teses correspondem à minha posição (cf. anteriormente CRÜSEMANN, *Produktionsverhältnisse*; esta obra quase não foi levada em conta na discussão do Deuteronômio), em especial à análise do "sistema de abastecimento" (LOHFINK, p. 35). Certamente ele também tem toda a razão ao diferenciar os vários grupos seguindo o próprio Deuteronômio. No entanto, já que estrangeiros continuam estrangeiros, isto é, não têm parte própria na terra, eles continuam sendo um grupo marginal com seus problemas. E penso que é questionável em Dt 15,4.11 contrapor a terra ao dado social Israel. Portanto, também continuará havendo pobres, também em Israel, mesmo que não precisem nem devam existir. Sobre o sistema de leis sociais, cf. tb. LEVENSON, *Poverty and the state*; • EPSZTEIN, *Justice sociale*, p. 177ss.; • KAUFMAN, *Reconstruction*.

moradia, mesmo no caso da tomada – legítima – de penhores. Além disso, todos os objetos necessários para a vida, e indispensáveis no uso diário, estão excluídos da relação de penhores. Isso é formulado assim em Dt 24,6:

> 24,6 Não tomarás como penhor as duas mós, nem mesmo (apenas) a mó de cima, pois assim estarias penhorando uma vida.

Proíbe-se aqui tomar penhores que afetam a vida (*nefeš*)[141]. E, last not least: Em toda situação de dívida, há a perspectiva de a pessoa ser libertada desta obrigação o mais tardar no sétimo ano, no ano da remissão.

Apesar de todas estas limitações e regulamentações do procedimento de empréstimo, a escravização de pessoas como penhor pessoal por causa de um endividamento muito grande não está de todo excluída. Uma série de colheitas fracassadas, doenças e outras catástrofes pode tornar inevitável vender-se a si mesmo ou outra pessoa da família como escravo, como expressa Dt 15,12. Neste caso, a lei sobre escravos em 15,12-18 é acionada: tanto escravos quanto escravas devem ser libertados depois de seis anos de serviço. A novidade, em relação ao Código da Aliança, não é somente a inclusão das mulheres, mas também o direito a um tipo de "capital inicial" (v. 13s.), que possibilite recomeçar uma nova vida em liberdade.

Mais importante ainda do que estas regras, há uma outra lei decisiva para a forma de escravidão objetivada pelo Deuteronômio:

> Dt 23,16 Quando um escravo fugir do seu amo e se refugiar em tua casa, não o entregues a seu amo; [17]ele permanecerá contigo, entre os teus, no lugar que escolher, numa das tuas cidades, onde lhe parecer melhor. Não o maltrates!

Com a radicalidade que objetiva mudanças, esta regra não perde em nada para a ideia do perdão de dívidas em Dt 15,1ss. Ao contrário das leis do Antigo Oriente, onde os amos são protegidos contra a fuga dos escravos[142], e ao contrário também das muitas leis do Código da Aliança, que tentam proteger deta-

---

141. A tradição rabínica ampliou esta regra para todos os objetos duplos que são usados no sustento: Sifre § 272; bBM 115a; jBM 9,13,12b.
142. O Código de Hamurábi estabelece a pena de morte para quem age assim (§ 15-20); cf. tb. Código de Urnammu § 17; Lipitishtar § 12s.; sobre isto SZLECHTER, *Affranchissement*; • id., *Statut*; cf. tb. CARDELLINI, *"Sklaven"-Gesetze*, p. 64ss. e outros.

lhadamente os direitos marginais dos escravos e escravas[143], escolhe-se aqui um outro caminho para proteger escravos e escravas. Todo escravo – e é claro que, nessa linguagem inclusiva, também se pensa nas escravas – tem o direito irrestrito de estabelecer-se em qualquer lugar no meio do povo de Deus e começar nova vida sem ser incomodado[144]. O povo inteiro torna-se um lugar de asilo para escravos fugidos. A liberdade na escolha do lugar – é só pensar como questões análogas são debatidas hoje em dia, como se reluta em conceder o direito à livre escolha do lugar a quem pede asilo – é concedida expressamente, e isto com uma terminologia que marca profundamente o Deuteronômio: a escolha ou eleição (*bḥr*) de um lugar (*māqōm*) por Deus. Livre como Deus, cada escravo pode escolher onde lhe parece bem viver. Se levarmos esta lei a sério como determinação legal[145], ela enfoca em termos gerais a realidade social da escravidão no povo de Israel. Quando se admite sem restrições a possibilidade de fuga e estabelecimento, o tratamento de escravos e escravas tem de mudar de tal forma que eles prefiram os vínculos sociais e as chances econômicas à fuga. A ideia do "melhor" (*ṭōb*) que decidirá o local de asilo também consta da lei dos escravos em si. Em Dt 15,16, a possibilidade de continuar escravo para sempre é aberta pela declaração do escravo de que ele ama o senhor e que está "bem" (*ṭōb*) com ele. Os direitos e hábitos de castigos corporais de escravos e da exploração sexual das escravas[146], que se percebe no Código da Aliança, devem ter tido uma influência forte aqui. Como os vínculos sociais só tornam a fuga aconselhável quando se trata de questões como a integridade física, vemos que estas leis, de fato, preparam a transição, na história social, da escravidão para o trabalho remunerado, a princípio entre o povo de Deus.

---

143. Cf. acima p. 216ss.
144. A maioria dos comentários (cf. DILLMANN, STEUERNAGEL, BERTHOLET, V. RAD, MAYES, sobre esta passagem) e, em parte, também a tradição rabínica (cf. HOFFMANN, *Deuteronomium* II, p. 40s.) entendem que se trata de fugir do exterior para Israel. Mas com isso a expressão "em teu meio", sobre a qual se baseia toda esta interpretação, estaria sendo violentada; cf. tb. WEINFELD, *Deuteronomy*, p. 272s. De acordo com CARDELLINI, *"Sklaven"-Gesetze*, p. 278s., estas palavras seriam um acréscimo. Sobre a história do texto, esp. também no NT, cf. PIATELLI, *Enfranchisement*.
145. E não só como exortação sapiencial, como acha, p. ex. – indicando Pr 30,10 –, WEINFELD, *Deuteronomy*, p. 272s.
146. Sobre isto cf. acima p. 218ss.

Neste contexto, menciona-se no Deuteronômio, pela primeira vez na história do direito israelita, um outro grupo: os assalariados. Trata-se de pessoas sem terra, mas livres, que precisam trabalhar para se sustentar.

Dt 24,14 *Não oprimirás o assalariado, o pobre e necessitado, seja ele um dos teus irmãos ou um estrangeiro que mora em tua terra, em tua cidade.* [15] *Pagar-lhe-ás o salário a cada dia, antes que o sol se ponha, porque ele é pobre e disso depende a sua vida. Deste modo, ele não clamará a Yhwh contra ti, e em ti não haverá pecado.*

Parece que os assalariados, como mostra o início do versículo, estão entre os pobres (*'ānī w*$^{e\,}$*'ebyōn*). Ao contrário do século VIII, o termo "pobres" já se diferencia dos proprietários de terra, que ainda são livres, mesmo que sua propriedade seja pequena e eles estejam endividados acima das suas condições de pagamento, caindo, assim, na dependência de outros israelitas[147]. Eles continuam "pobres", mesmo quando, após perderem suas terras, dependem da possibilidade de trabalhar para outros. Aqui eles são incluídos nas leis de proteção social, independentemente de serem irmãos, isto é, israelitas aparentados, ou estrangeiros/migrantes (*gēr*). A descrição da situação de um destes assalariados no v. 15 é precisa: sua vida (*nefeš*), sua "alma", depende do pagamento do salário e ele espera por isto.

Ao lado do assalariado estão, como antes, os grupos tradicionalmente sem terra: estrangeiros, viúvas e órfãos, aos quais se junta, em todo o Deuteronômio, o levita, que também não tem terra. Estes grupos especialmente fracos no aspecto social, em muitas passagens neste livro de leis, são recomendados aos cuidados dos proprietários livres como seus dependentes, e devem ser incluídos em todas as refeições de sacrifícios e banquetes (16,11.14; cf. 12,12.18). Com o dízimo de cada terceiro ano, é criada para eles uma condição segura (14,28s.; 26,12ss.). Numerosas regulamentações adicionais mostram que eles devem participar de todas as formas de produção da terra. Nos campos, nas vinhas e nos olivais, deve-se deixar uma sobra para eles por ocasião da colheita (24,19ss.). Além disso, como todo israelita, eles têm o direito de comer à vontade nos trigais e nas vinhas. Só não podem usar foices e recipientes para transportar (23,25s.). A riqueza da terra recebida deve estar à disposição de todos. Não há motivo para ninguém passar fome. Mesmo se contarmos com uma tradição antiga, o cenário momentâneo é que, nos textos do fim da época da monarquia, pela primeira vez

---

147. Cf. acima p. 262ss.

aparece a pobreza de mendigos[148], ou seja, existem pessoas que estão cortadas de todas as possibilidades da vida. Também elas devem poder comer.

Todo este sistema integrado de leis em favor da segurança social corresponde ao pensamento deuteronômico fundamental: a liberdade recebida, representada em termos teológicos pelo êxodo e pela dádiva da terra, e manifesta na liberdade da população rural, inclui a dimensão de estar livre do pagamento de taxas (pagas ao estado) e de trabalho forçado. Ela encontra seu limite apenas no duplo vínculo: com o doador da liberdade e com aqueles que não participam na mesma medida desta liberdade. A partir disto são elaboradas garantias de segurança social e de sobrevivência para todos os grupos problemáticos e para aqueles que estão sob a ameaça da decadência. E mais: esta relação não aparece como apelo moral e espírito de caridade, mas como direito. Só a doação de liberdade e riqueza pode garantir as dádivas recebidas.

3. A autoridade de Moisés e a soberania do povo: a constituição política

A inovação mais radical em relação ao Código da Aliança são as regulamentações do Deuteronômio relacionadas com as instituições. Os pesquisadores se habituaram a falar de uma "constituição" ou de um "esboço de constituição"[149]. O termo moderno é inevitável e apropriado em termos de conteúdo, pois não há analogias nas leis do Antigo Oriente, somente nas constituições modernas[150]. O Estado em si torna-se objeto de regulamentações jurídicas. Para temas como a entronização e o poder do rei, a organização do direito, o sustento dos sacerdotes e profetas e o controle, o Moisés que fala no Deuteronômio coloca todas as competências decisivas nas mãos das pessoas a quem ele se dirige: "tu" ou "vós". O que a apresentação fictícia como um discurso do passado distante significa para a sua reivindicação no presente, provavelmente só pode ser decifrado a partir destes textos. Seu entendimento hodierno é influenciado ainda com mais força do que outros temas pelo contexto histórico a partir do qual o lemos. As determinações constitutivas, que levantam a questão do poder no estado, têm os pés firmados na realidade ou são esboços utópicos para um futuro incerto e nunca concretizado?

---

148. Cf. KESSLER, Juda, p. 107, 124, com referência a Ez 18,7.16.
149. Cf. LOHFINK, Sicherung, que vê um princípio da divisão de poderes, típico do debate moderno posterior a Montesquieu, já preparado no Deuteronômio; cf. tb. RÜTERSWÖRDEN, Gemeinschaft, que faz uma comparação com a antiga democracia grega. Para posições mais antigas, cf. PREUSS, Deuteronomium, p. 136.
150. Ou no contexto da democracia antiga; sobre isto, cf. a seguir p. 342ss.

a) O Estado sob a Torá: a lei do rei

No Antigo Oriente, a realeza era mediadora entre o mundo terreno e o mundo celestial. Israel participou muito disto, como mostram os salmos reais. Especialmente em Jerusalém, o rei davídico era festejado como filho de Deus (Sl 2,7), soberano do mundo (Sl 2,8s.) e guardião da justiça divina (Sl 72), empossado e equipado pelo próprio Yhwh. É em contraste com isto que a lei do rei do Deuteronômio deve ser lida:

> Dt 17,14 Quando tiveres entrado na terra que Yhwh teu Deus te dará, tomado posse dela e nela habitares, e disseres: "Quero estabelecer sobre mim um rei, como todas as nações que me rodeiam", [15] deverás estabelecer sobre ti um rei que tenha sido escolhido por Yhwh teu Deus; é um dos teus irmãos que estabelecerás como rei sobre ti. Não poderás nomear um estrangeiro que não seja teu irmão. [16] Ele, porém, não multiplicará cavalos para si, nem fará com que o povo volte ao Egito para aumentar a sua cavalaria, pois Yhwh vos disse: "Nunca mais voltareis por este caminho!" [17] Que ele não multiplique o número de suas mulheres, para que o seu coração não se desvie. E que não multiplique excessivamente sua prata e seu ouro. [18] Quando subir ao trono real, ele deverá escrever num livro, para seu uso, uma cópia desta Lei, ditada pelos sacerdotes levitas. [19] Ela ficará com ele e ele a lerá todos os dias da sua vida, para que aprenda a temer a Yhwh seu Deus, observando todas as palavras desta Lei e colocando estes estatutos em prática. [20] Deste modo ele não se levantará orgulhosamente sobre seus irmãos, nem se desviará deste mandamento para a direita ou para a esquerda, de modo a prolongar os dias do seu reinado, ele e seus filhos, no meio de Israel.

Nesta lei, o poder do rei é restringido duas vezes: pelo povo a quem o texto é dirigido e pela Torá. Em primeiro lugar, a própria instalação de um rei depende unicamente do desejo do povo. Como a frase inicial abrange todo o v. 14, também o desejo de um rei está subordinado ao "quando" com que o versículo começa: se e quando o povo desejar um rei, o próprio povo poderá nomeá-lo. Este ato de "estabelecer alguém acima de si" é feito pelo povo e para o povo. Pelo menos teremos que perguntar se os v. 14s. se referem apenas a um ato único, a instituição da monarquia em si, valendo daí em diante a sucessão dinástica automaticamente. Isto de forma alguma é garantido. A ideia também pode ser que o povo cada vez mais tenha a possibilidade de eleger um rei, por exemplo, entre os filhos do rei, dos quais se fala no v. 20.

O estado como tal e seu soberano concreto, portanto, correspondem ao desejo do povo de ter um rei. Mas há ainda outro lado: o povo só deve empossar alguém eleito por Yhwh. É preciso haver cooperação entre Deus e Israel; nenhum dos dois pode decidir por si. Não se pode separar um do outro, nem jogar um contra o outro. Para isso não haveria base literária[151], nem histórica. Pelo contrário, o que aqui se exige corresponde tão bem aos acontecimentos históricos subsequentes ao assassinato de Amon, com a posse de Josias e do seu sucessor (2Rs 21,24; 23,30), que dificilmente se poderá falar de acaso. O povo decide que quer um rei, empossa-o, e seu poder emana deste povo. Mas ele se atém à dinastia davídica tradicional, à família escolhida por Yhwh. Dela também o povo escolhe, por ocasião da morte de Josias, o mais adequado em termos políticos.

Outras formulações da lei também podem ser entendidas muito melhor se tomadas como sendo da época final da monarquia e não da época do exílio. Já mencionamos o que se refere à posse da terra[152]. Se existia o perigo concreto de um estrangeiro ascender ao trono em Jerusalém, talvez no contexto do golpe contra Amon (2Rs 21,23), no qual claramente havia a intenção de eliminar a dinastia davídica, isso nos é desconhecido, mas – como também em outras circunstâncias – é algo possível. A lei do rei faz parte dos trechos do Deuteronômio em que os pesquisadores concordam quanto a camadas bastante evidentes. Vários fatores dão a entender que, por exemplo, as três proibições de incremento nos v. 16s., colocadas em paralelo, foram adicionadas mais tarde, especialmente em sua primeira parte. Mais claro está que a referência explícita ao próprio Código Deuteronômico, nos v. 18ss., não pode ter sido parte da formulação mais antiga deste livro[153]. A referência reflexiva só pode pertencer a uma fase posterior. Na verdade, estes complementos são muito mais compreensíveis em um contexto pouco anterior ao exílio do que no próprio exílio. E, exceto nestas referências, não há outras razões convincentes, por exemplo, linguísticas, para uma datação absoluta.

---

[151]. A oração subordinada do v. 15, que fala da eleição por Deus, destoa do contexto. Essa é a opinião, p. ex., de ALT, *Heimat*, p. 265 nota 3; • BOECKER, *Beurteilung*, p. 49 nota 1; • MAYES, *Kommentar*, p. 271; • GARCÍA LÓPEZ, *Roi*, p. 284. Muitas vezes uma tal impressão acerca de algo que incomoda acabou decidindo de antemão o que podia ou não existir naquela época, matando no nascedouro o esclarecimento de pensamentos estranhos.

[152]. Cf. acima p. 295ss.

[153]. Cf. RÜTERSWÖRDEN, *Gemeinschaft*, p. 60ss., que considera Dt 17,14s.16a.17*.20 como camada básica. De modo semelhante pensam, p. ex., STEUERNAGEL, no comentário sobre a passagem, e SEITZ, *Studien*, p. 231ss. Quem acha que toda a lei do rei é da época do Deuteronômio renuncia a diferenciações como esta; assim, p. ex., PREUSS, *Deuteronomium*, p. 54.

Nos v. 16s., as possibilidades políticas da realeza são restringidas em larga escala. O rei não deve possuir muitos cavalos, mulheres e dinheiro. A referência diz respeito a áreas tradicionais de atuação. No primeiro e talvez mais importante, trata-se de equipamentos militares. Os cavalos e os carros de guerra correspondentes eram a arma mais poderosa da época e simbolizam a força militar, por exemplo, nos profetas do século VIII[154]. Devemos acrescentar aqui que, de acordo com a lei da guerra de Dt 20, o exército popular nem está mais sujeito ao rei. Só o exército profissional e os tipos de armas usadas por ele. Na verdade, nos textos históricos do último período antes do exílio nem se mencionam carros e cavalos, de modo que é preciso duvidar da sua existência em Judá[155]. Será que a lei – talvez junto com outras circunstâncias, como restrições das grandes potências – teve este efeito?

Muito esclarecedores são o possível propósito ($l^e ma'an$) e as consequências deste investimento em armamentos. Com ele, o povo poderia ser levado de volta ao Egito (v. 16). A expressão certamente tem sentido figurado[156], mas há pelo menos duas maneiras de entendê-la: a ideia é de sujeição do povo a trabalhos forçados, como no Egito de antanho, ou de dependência política e militar do Egito?[157] Esta última era sempre a alternativa à dependência da potência oriental, Assíria ou Babilônia, e esta política pendular determina muitas fases da história judaica. Neste contexto, recorda-se uma palavra de Deus[158], uma proibição de voltar para o Egito. A formulação "nunca mais voltareis por este caminho" pressupõe pelo menos uma tentativa nesta direção. Acontece que existe uma possibilidade de unir as duas interpretações: Joaquim, que reinava empossado pelo faraó egípcio no lugar do rei escolhido pelo *'am hā'āreṣ* judaíta (2Rs 23,34), reintroduziu o trabalho forçado sem salário entre o próprio povo (Jr 22,13ss.), além de distribuir os elevados tributos egípcios sobre todos (2Rs 23,35). Em todos os casos, o texto de Dt 17,16b é muito mais difícil de entender como sendo da época do exílio, quando Israel se encontrava novamente em uma situação que tinha cancelado o êxodo.

---

154. Is 2,7ss.; 30,16; 31,1; Os 14,3; Mq 5,9; cf. Sl 20,8 e outros trechos.
155. Assim pensa esp. JUNGE, *Wiederaufbau*; agora também KESSLER, *Juda*, p. 144s.
156. Pois se trata do povo como um todo, não, p. ex., da venda de alguns escravos ao Egito (como pensa STEUERNAGEL, *Kommentar*, p. 118).
157. Assim diz HORST, *Privilegrecht*, p. 139.
158. LOHFINK, *Bezugstext*, vê uma alusão a Os 11,5; • REIMER, *Return to Egypt*, a Dt 28,68 e Ex 14,13.

O grande número de mulheres que, segundo o v. 17, é vedado ao rei já tinha relação com a política exterior na época de Salomão e especialmente com sua política de casamentos (1Rs 3,1; 11,1ss.). O orgulho do coração também pode ser entendido mais facilmente quando se pensa nos perigos religiosos consequentes. Sem explanação fica somente a proibição de multiplicar ouro e prata e acumular tesouros às custas do povo. Podemos considerar todo o Deuteronômio como comentário sobre isto, em especial seu sistema de impostos. A fórmula tríplice de não "multiplicar", "aumentar", ressalta a restrição desta atividade e inclui os controles correspondentes. Mesmo assim, indica-se que, como antes, neste campo estão as atribuições do rei permitidas e previstas pela lei. Exército profissional, relações exteriores e administração do tesouro do estado continuam sendo suas tarefas. Por outro lado, são-lhe tirados, na esfera militar, o exército popular, que nesta época com certeza era mais importante, e toda a esfera do culto, mas também a maior parte de suas fontes de renda até então e o sistema judicial.

O Deuteronômio se apresenta como discurso oral de Moisés, que só foi preservado por escrito mais tarde (Dt 31,9). Só em poucas passagens, como aqui em 17,18s., no discurso se prevê a forma de livro. O fato de o rei ter de possuir uma cópia da Torá, de modo a "andar sempre com a constituição debaixo do braço", torna evidente o caráter constitucional da lei. A lei está acima do rei, da mesma forma que, como rei, ele deve ser um "israelita exemplar"[159]. Novamente não há motivo para pensar em uma origem exílica[160]. Como comprova Jr 8,8, em Jerusalém havia uma Torá por escrito antes do exílio, conhecida por este termo. O mais tardar com o "achado do livro" em 2Rs 22, Josias, sentado no trono, tem a Torá escrita nas mãos, e está sujeito a ela assim como o povo (2Rs 23,1-3). Não é a questão de haver novamente uma realeza própria que está por trás das formula-

---

159. Como diz LOHFINK, *Sicherung*, p. 316.
160. Os versículos são considerados deuteronômicos de modo bastante unânime: cf. WELLHAUSEN, *Composition*, p. 192; • STEUERNAGEL, *Kommentar*, p. 118s.; • V. RAD, *Kommentar*, p. 85; • MAYES, *Kommentar*, p. 273; • GALLING, *Königsgesetz*, p. 138; • SEITZ, *Studien*, p. 233; • GARCÍA LÓPEZ, *Roi*; • RÜTERSWÖRDEN, *Gemeinschaft*, p. 63; de modo diferente p. ex. pensa DILLMANN, *Kommentar*, p. 323s. Rütersworden sugere, à guisa de argumento, o caráter posterior de todas as referências a um livro da Torá no Deuteronômio, o que, porém, não ajuda para chegar a uma datação absoluta (cf. Jr 8,8). É verdade que nos v. 14ss. se fala ao "tu" deuteronômico, enquanto os v. 18s. formulam regras diretamente para o rei. Mas, se deve chamar a atenção para o fato de que a situação que o v. 18 pressupõe – o rei recebe o livro da Torá da mão dos sacerdotes levitas – corresponde exatamente ao que é relatado em 2Rs 22; sobre isto, cf. a seguir p. 377.

ções, mas a preocupação de que o rei se eleve (novamente) acima dos seus irmãos, entre os quais ele é escolhido (v. 15). Em questão estão as condições da possibilidade de viver por muito tempo no meio de Israel (v. 20), o que não foi concedido nem a Joacaz (2Rs 23,31ss.) nem a Joaquim (2Rs 24,8ss.). Nada lembra os problemas da época do exílio; exatamente as camadas claramente mais tardias da lei acerca do rei podem ser entendidas muito melhor como complementações e atualizações do período entre 640 e 586 aC.

Esta retirada completa do poder da realeza, espantosa para o Antigo Oriente, levanta de modo inevitável a pergunta pela instância que tem poder e autoridade para isso. Pela lei do rei, o povo é autorizado a empossar reis. A autoridade que fala na lei está acima de ambos. O assunto tratado aparece nas determinações sobre o sistema jurídico e a profecia.

b) *Autonomia do direito e palavra de Moisés: a organização jurídica*

Além da nomeação do rei e da preocupação com o culto correto, a soberania do povo se expressa com especial clareza no direito:

> Dt 16,18 *Estabelecerás juízes e escribas em cada uma das cidades que Yhwh teu Deus vai dar para as tuas tribos. Eles julgarão o povo com sentenças justas.* [19] *Não perverterás o direito, não farás acepção de pessoas...* [20] *Busca somente a justiça, para que vivas e possuas a terra que Yhwh teu Deus te dará.*

A Lei está no cabeçalho de todas as leis institucionais. Ela é a sua base. O seu significado se expressa de forma composta, não por último, pelo fato de nos v. 21s., com a proibição de fazer ídolos ou levantar postes sagrados, retomar-se o tema de Dt 12 e em Dt 17,2ss., com o problema da apostasia de Yhwh, retomar-se o tema de Dt 13. Assim, a questão da unidade do lugar de culto e a adoração somente de Yhwh está ligada estreitamente com a regulamentação deuteronômica da organização jurídica. É tudo o que está em jogo. Desta forma, a regra das duas testemunhas, formulada em Dt 17,6s., está expressamente ligada com a dura reação à blasfêmia contra o primeiro mandamento.

Antes de tudo isso, porém, Dt 16,18 formula a frase fundamental que subjaz à organização jurídica do Deuteronômio: é o povo quem empossa os juízes. É a própria instância ("tu") a quem o discurso se dirige que faz isso[161]. Isso não é feito, por exemplo, pelo rei, como era comum certamente na época monárquica, nem pelo tribunal, do qual se trata em 17,8ss. A tensão estabelecida com isto entre o povo soberano e esta instância jurídica central é de importância especial. Além dos juízes, em Dt 16,18 são mencionados "escribas" (*šoṭᵉrīm*). Esperam-se aqui os funcionários costumeiros (*śar* ou *sōfēr*). O Deuteronômio, todavia, evita totalmente este termo e usa uma palavra que se refere à atividade de escrever e praticamente não tem história negativa[162]. Trata-se de uma função que simplesmente designa a atividade que eles devem exercer em favor do povo. São pessoas da administração que, como os juízes, são nomeadas a partir de baixo, pelo povo, e talvez tenham certa responsabilidade na organização do exército (20,5ss.).

Logo em seguida, em Dt 16,19s., são formuladas regras fundamentais sobre o comportamento em processos. Nisso, as frases correspondentes no Código da Aliança são alternadas (Ex 23,1ss.) e completadas com a formulação importante do v. 19. A repetição de "justiça, justiça" (*ṣedeq ṣedeq*, v. 20) indica o propósito final de todas as determinações da lei. Do mesmo modo, a lembrança do propósito da justiça em Dt 6,25 e 24,13[163] praticamente enquadra todo o Código Deuteronômico. A justaposição da nomeação de juízes e da exortação à justiça para todos mostra que, com esta organização judicial, a responsabilidade pela justiça – e, com isto, pela prática da própria Torá – não passa aos juízes. Ela fica com todo o povo. Está de acordo com a lei que no Deuteronômio sempre se mencionam os anciãos com funções judiciais ao lado dos juízes. Os dois juntos formam as duas colunas da jurisprudência. Em comparação com os paralelos do AT e de outros textos contemporâneos da época, não há nenhum motivo para separá-los (por exemplo, pela crítica literária)[164].

---

161. Cf. esp. MACHOLZ, *Justizorganisation*, p. 335. SUZUKI, *Reformation*, p. 34, vê no "tu" "an organization of the administration, since this body of authority can appoint an official judge and an officer to each local community" [uma organização da administração, já que este corpo autoritativo pode indicar um juiz oficial e um funcionário para cada comunidade local]. Em termos de método, isto constitui uma conclusão circular, mas desenvolvida como argumento para dividir a Lei deuteronômica em camadas (sobre isto cf. WALKENHORST, *Deuteronomiumsforschung*).

162. Sobre o verbo *šṭr*, cf. KBL 3. ed., p. 1.368. É mais do que duvidoso se, das poucas passagens anteriores ao Dt (esp. Ex 5,6ss.), é possível concluir a existência de um cargo antigo, anterior ao estado; sobre isso, cf. RÜTERSWÖRDEN, *Beamte*, p. 109-111.

163. Nestas duas passagens, o termo usado é *ṣedāqāh*.

164. A não ser que, como ROFÉ, *Organization of justice*, façamos disso exatamente um argumento de crítica literária, atribuindo a menção dos anciãos a uma tradição anterior ao Deuteronômio. Contudo, o costume em Israel e no seu entorno é exatamente a existência conjunta de anciãos e juízes. Cf. acima p. 120ss. Neste caso, pode-se comprovar concretamente a falha metodológica do procedimento que transforma ideias próprias quanto ao conteúdo em princípios de operações da crítica literária.

A responsabilidade do "tu" para com tudo o que tem a ver com o direito determina também as outras respectivas resoluções para a organização do direito, que aqui podem ser mencionadas de forma bem geral. Em Dt 19,1-13 se ordena que se criem cidades de refúgio, para as quais podem fugir pessoas que, sem querer, mataram alguma pessoa. A interpretação mais provável é que elas são necessárias no momento em que se eliminam todos os altares e lugares sagrados fora do lugar central de culto de Dt 12[165]. A diferenciação entre assassinato e outros delitos mortais, estabelecida já no Código da Aliança[166], depende da proximidade destes lugares de refúgio. A definição dos lugares (Dt 19,1ss.), mas também a prática dos procedimentos correspondentes (v. 12s.), é colocada sem restrições sob a soberania do povo. Outras determinações, no entanto, como a regra das duas testemunhas, que é repetida (17,6s.; 19,15ss.), a aplicação da lei de talião à ação das testemunhas falsas e só a elas (19,19s.) ou a limitação da punição física a quarenta chibatadas (25,1-3), são confiadas a um juiz.

Por outro lado, o tribunal central descrito em 17,8-13 claramente não faz parte da competência do povo nem dos juízes nomeados por ele, nem a do rei. Ele é paralelo a estas instâncias. O que foi dito em outros lugares sobre a estrutura e importância deste tribunal não precisa ser repetido aqui[167]. Ele decide somente casos insolúveis que os vários tribunais do país lhe transferem, e oferece orientação jurídica, que os outros tribunais devem seguir em seus procedimentos. Neste sentido, ele é antes de tudo um órgão do desenvolvimento do direito. E ele fala com a autoridade do próprio Moisés. Da sua decisão ninguém pode se desviar para a esquerda ou para a direita[168], para, assim, exterminar o mal de Israel[169]. Seus pronunciamentos têm a mesma dignidade de Moisés, isto é, do próprio livro da lei mosaica que lhes serve de base.

Com isso, o Moisés que fala no Código Deuteronômico e pertence à época anterior à ocupação da terra tem um representante na época final da monarquia em Israel. As sentenças do tribunal central acrescentam escritos à Torá de Moisés. É inevitável tirar disto a conclusão de que esta instituição também deve ter algo a ver com a origem do próprio livro da lei, se bem que não é possível tornar esta afirmação vaga em algo mais preciso. A propósito, este tribunal não é a única instituição com tal autoridade.

---

165. Cf. esp. ROFÉ, Cities of refuge; sobre isto, acima p. 251s.
166. Cf. acima p. 247ss.
167. Cf. acima p. 144s.
168. Dt 5,32; 17,20; 28,14.
169. Dt 13,6; 17,7; 19,19; 21,21; 22,21s.; 24,7.

c) *Autoridade comprovável: a lei dos profetas*

Em Dt 18,15 se anuncia a Israel:

> 18,15 *Yhwh teu Deus suscitará (sempre de novo) um profeta como eu no meio de ti, dentre os teus irmãos, e vós o ouvireis.*

Esta figura de profeta, portanto, também fala com a autoridade de Moisés. O profeta é "como ele". A intenção desta afirmação, neste ponto complicado, na constituição do povo de Deus, só pode ser reconhecida a partir do conjunto das determinações de Dt 18,9-22.

A lei começa nos v. 9-14[170] com uma proibição detalhada das práticas religiosas dos moradores anteriores:

> 18,9 *Quando entrares na terra que Yhwh teu Deus te dará, não aprendas a imitar as abominações daquelas nações.* [10] *Que em teu meio não se encontre alguém que queime seu filho ou sua filha...*

Aqui fica mais evidente que em qualquer outra passagem que a ficção da ocupação futura da terra só pode ser entendida a partir de uma época que pressupõe a posse da terra sem restrições, mesmo que corra perigo. Na opinião dos vários pesquisadores, a proibição nos v. 10-13 de todas as práticas mágicas conhecidas[171] deve ter validade em qualquer situação e não pode ser suspensa pela perda da terra (no exílio). Todas as práticas conhecidas de previsão do futuro e de tentativas de influenciá-lo por qualquer meio possível não são permitidas a Israel. Muitas delas eram usadas em Israel e à sua volta. Nos tempos inseguros do fim da monarquia, com suas mudanças abruptas da conjuntura política mundial, a pergunta pelo que será era ainda mais comum do que em tempos normais. Para o pensamento deuteronômico em geral, porém, vale o que Dt 29,28 formula: "As coisas escondidas (do futuro) pertencem a Yhwh nosso Deus; as coisas reveladas, porém, pertencem a nós e aos nossos filhos para sempre, para que ponhamos em prática todas as palavras desta Lei". A própria Torá e as consequências de bênção e maldição ligadas a ela assumem a função de outras possibilidades de influenciar a vida.

---

170. Os v. 9-15 não dão nenhum motivo para operações de crítica literária, como é bem mostrado por RÜTERSWÖRDEN, *Gemeinschaft*, p. 85. Para o todo, cf. tb. HABEL, *Prophet*; • CHIESA, *Promessa*.
171. Cf. esp. RÜTERSWÖRDEN, *Gemeinschaft*, p. 78ss. (com literatura).

Há, porém, aquela grande exceção: o profeta prometido. Os pesquisadores concordam que a formulação está no modo iterativo. Haverá sempre de novo um profeta assim. Sua palavra é como a de Moisés. Isto significa com certeza que ela não pode estar em contradição com aquilo que Moisés havia dito em seu livro da Torá. A questão, contudo, é o futuro que está em aberto, e aí este profeta, ao lado da palavra do tribunal central, é a pessoa de quem Israel poderá, também no futuro, ouvir a palavra – que é a de Deus.

Em especial nas sentenças seguintes em 18,16ss., as camadas literárias são evidentes. No v. 16, o Moisés que fala relembra a situação no Horeb, no "dia da assembleia" (*yōm haqqāhāl*), quando Israel não conseguiu mais suportar a voz de Deus, que é a situação descrita em Dt 5. E, de modo singular no Código Deuteronômico, nos v. 17-20, é citado um discurso mais longo de Deus. Somente no v. 21s., temos novamente o discurso mosaico para Israel. Já se disse várias vezes que Dt 5, com sua associação da proclamação do Decálogo no Horeb com o discurso de Moisés na Transjordânia, claramente não faz parte das camadas mais antigas do Deuteronômio[172]. Também aqui, em Dt 18,16-20, será preciso contar com uma complementação mais recente[173].

É verdade que a relação com Dt 5 não é simples. Em Dt 5 é o próprio Moisés que, em lugar do povo, ouve toda a lei, para, depois, relatá-la a Israel em Moab. Dt 5 trata da relação do Decálogo com o restante da lei. Aqui em Dt 18,16ss., porém, anuncia-se um profeta futuro "como Moisés", que traz, como mediador, a palavra não suportável de Deus com a autoridade do Horeb. O que está em Dt 18,16ss. não corresponde exatamente a Dt 5. É mais provável que tenha de ser entendido como um paralelo independente. Com isso, qualquer datação, por exemplo, para a época do exílio, não pode apelar simplesmente a Dt 5. Além disso, devemos ver que de modo algum é obrigatória a conclusão de que a retomada do discurso de Moisés no v. 21 representa uma fase de complementação mais recente do que os v. 16-20. Muito mais provável é entender os v. 21s. – talvez originalmente com uma formulação um pouco diferente – como continuação do v. 15[174].

---

172. Cf. acima p. 73s. e outras partes.
173. Cf. (geralmente com a inclusão dos v. 21s.) PREUSS, *Deuteronomium*, p. 55; • SEITZ, *Studien*, p. 243; • MAYES, *Kommentar*, p. 282s.; • HOSSFELD & MAYER, *Prophet*, p. 150ss.
174. Segundo GARCÍA LÓPEZ, *Profeta*, p. 302s.; SUZUKI apud WALKENHORST, *Deuteronomiumforschung*.

Como sempre, no entanto, o problema tratado em especial nos v. 21s. marcou fortemente o último período antes do exílio. Palavras proféticas que se contradiziam diametralmente se opunham com a mesma reivindicação de autenticidade. Incidentes como estes nos foram transmitidos especialmente pela tradição de Jeremias (Jr 27–28; 23 e outros). O livro de Jeremias, nas camadas deuteronômicas, por exemplo em Jr 1,4ss., de fato foi claramente estruturado segundo o esquema de Dt 18, como aquele em cuja boca o próprio Deus põe suas palavras[175]. Acontece que o procedimento previsto no v. 21 é extremamente não profético:

> Dt 18,21 *Talvez perguntes em teu coração: Como vamos saber se tal palavra não é uma palavra de Yhwh?* [22]*Se o profeta fala em nome de Yhwh, mas a palavra não se cumpre, não se realiza, trata-se então de uma palavra que Yhwh não disse. Tal profeta falou com presunção. Não o temas!*

Será que, em vista de problemas graves e da reivindicação formulada nos v. 18s., pode-se realmente manter e recomendar esta espera pela realização da palavra profética no futuro? Será que toda confirmação histórica é simplesmente uma legitimação posterior como Palavra de Deus (cf. Dt 13,2s.)? A referência de Jeremias ao poder eficaz da palavra verdadeira (Jr 23,29) diz outra coisa. Mas esta indagação é uma pergunta profética. A sabedoria do legislador é outra. Para compreender esta lei, talvez seja necessário entendê-la como todas as outras, isto é, como declaração jurídica, como regra de conduta[176]. Com certeza, ela não foi formulada da perspectiva de um profeta verdadeiro, mesmo que perseguido ou questionado. Muito menos, porém, representa a perspectiva daqueles que perseguiram e eliminaram profetas indesejados. Os exemplos da destruição da palavra escrita de Jeremias pelo rei, relatada em Jr 36, a ameaça de prisão e condenação de que fala Jr 26, o assassinato de outros profetas de Yhwh mencionado ali (Jr 26,20ss.), mostram como as coisas eram na realidade. A lei precisa ser lida no contexto *deste tipo* de conflitos, e daí passa a parecer uma lei altamente *liberal*. Quando é a palavra de um contra a de outro, quando é duvidoso qual seja a verdadeira Palavra de Deus, a regra diz que é necessário esperar, e não perseguir, proibir, acusar ou até condenar à morte. Nenhuma lei pode tomar a decisão do que é Palavra de Deus passando por cima do padrão de

---

[175]. Sobre isto, cf. agora HERRMANN, *Jeremia*, comentário do trecho, esp. 50.
[176]. Portanto, exatamente não como promessa, como afirma PREUSS, *Deuteronomium*, p. 138. Também HOSSFELD & MEYER, *Prophet*, p. 153, falam da ineficácia de determinações legais.

"Moisés" (cf. Dt 13). E como poderia fazê-lo? A lei, porém, deve deixá-la em aberto, e é exatamente isto que é feito aqui.

Os círculos de funcionários que ouvem o profeta Jeremias em Jr 26 e 36[177], que fazem o rei lhe dar ouvidos, e depois impedem que seja apanhado pelo estado e o põem em segurança (Jr 36,19), agem exatamente como deve ser, de acordo com Dt 18. Eles não se identificam com o profeta e sua mensagem, muito menos a seguem simplesmente. Mas permitem que fique em aberto a questão se a sua palavra — e não alguma outra — é a verdadeira Palavra de Deus. Sua atitude corresponde exatamente à neutralidade que aguarda com boa vontade e atitude crítica o que se pede em Dt 18,21s. Também se trata de membros das mesmas famílias relacionadas com o achado do livro da Torá no templo, na época de Josias, e sua adoção pública[178]. É claro que podemos nos perguntar o que veio antes: esta lei ou esta atitude? É a mesma pergunta do ovo e da galinha. Será que este texto, e o critério dos v. 21s., pode realmente ser imaginado como procedente da época do exílio, depois que tudo se cumprira e a pergunta *nestes termos* nem era mais feita? Naturalmente, o princípio se impôs e contribuiu para a importância crescente de escritos e tradições proféticas. O que então é típico, porém, é o começo de uma profecia de tipo escatológico, que anuncia coisas radicalmente novas. Desde a perspectiva de Dt 18, prenúncios como o de uma nova aliança, com a Torá escrita no coração (Jr 31,31ss.), ou da peregrinação de todas as pessoas ao Deus de Israel (Is 45,8ss.), devem permanecer em aberto se se trata de profecia verdadeira. É evidente que a profecia escatológica em si não faz parte do horizonte da lei deuteronômica sobre os profetas.

d) O direito na guerra: a lei da guerra

A lei do Deuteronômio sobre a guerra, em Dt 20, é considerada por muitos pesquisadores como um texto altamente utópico. Com suas exigências irreais, só poderia proceder de uma época em que não houvesse uma responsabilidade

---

177. Cf. KEGLER, *Prophetische Reden*; • HARDMEIER, *Micha und Jesaja*.
178. Cf. com isto a seguir p. 370ss.

direta por um estado e por uma política estatal própria[179]. Do outro lado, o mesmo texto, quando comparado com cenas escatológicas pacíficas e uma ética pacifista fundamentada nelas, tanto hoje quanto naquela época parece ser pouco crítico diante de uma realidade fatal. Isso porque essa lei pressupõe a guerra e a subjugação de inimigos. Será que esta contradição pode ser levada a uma conjugação objetiva?

Um problema especial precisa ser tratado primeiro. Nos v. 15-18, fala-se das cidades dos povos que Israel irá encontrar nos países que está para ocupar, e que deverá destruir. Para estas, o procedimento dos v. 10-14 não pode e não deve ser aplicado. Para elas, portanto, há uma harmonização clara com a tradição da ocupação da terra procedente de Ex 34 e Ex 23, como é formulada em Dt 7[180]. Deve ser lembrado que os povos mencionados em Dt 20,17 não têm correspondentes em Israel no último período da monarquia[181]. O mandamento só vale para o processo histórico único que, na época da formação do texto, pertence a um tempo distante no passado. Os v. 15-18 são exortações e não instruções de ação. Quem pergunta o que o Deuteronômio exige para a sua época em termos de direito para a guerra precisa basear-se no restante do capítulo. Um dos efeitos desta harmonização com a teoria da ocupação da terra é que todas as outras localidades mencionadas devem ser consideradas "distantes" (v. 17). Não é preciso, porém, fazer disto a chave para a compreensão, como se se tratasse de operações de guerra longe da própria região habitada.

Do que, então, se trata nas guerras de que se fala aqui?[182] Falta qualquer indicação mais precisa. Em nenhum lugar se reflete sobre as condições sob as quais as guerras são possíveis, permitidas ou necessárias. São apenas regras para qualquer guerra imaginável. Em termos históricos, as guerras levadas a cabo por Josias, no contexto da derrocada do império assírio, foram as únicas que não estiveram sob

---

179. Cf. WELLHAUSEN, *Composition*, p. 192; • HÖLSCHER, *Komposition*, p. 253 etc.; • V. RAD, *Kommentar*, p. 94; • PREUSS, *Deuteronomium*, p. 140; também ROFÉ, *Laws of warfare*, p. 36s., que, entre outras coisas, chama a atenção que até a interpretação rabínica admite a derrubada de árvores frutíferas (bBQ 91b; Sifre § 204).
180. Cf. ROFÉ, *Laws of warfare*, p. 78s.
181. Cf. acima p. 187s.
182. Neste trecho também se veem claros indícios de camadas literárias. Por exemplo, os v. 2-3 estão formulados na 2ª pessoa do plural (em vez do singular) e os v. 5ss. têm uma linguagem própria; cf. ROFÉ, *Laws of warfare*, p. 33ss. O paralelo com Dt 24,5 mostra que todo o cap. 20, ou só Dt 20,5-7, pertence a uma camada posterior. Acontece que isto não diz nada sobre uma datação absoluta. Em todos os casos, guerras a partir de Israel, como se pressupõe aqui, em todo este período só houve sob Josias.

a influência das grandes potências. É amplamente aceito o fato de que o ressurgimento das possibilidades de autonomia nacional também teve consequências para os planos militares[183]. Muitos traços do capítulo, como a concentração na questão das cidades a serem conquistadas a partir do v. 10, podem estar relacionados com isso. É importante a referência ao êxodo no v. 1, onde Israel é visto nas mesmas coordenadas teológicas como no restante do Deuteronômio: ele é definido pelo êxodo (e pela dádiva da terra, que não é explicitada aqui). Seja qual for o motivo das guerras de Dt 20, o que importa não é construir um império israelita próprio.

As principais regras sobre como agir na guerra, que direito deve valer, são as seguintes:

— *Autonomia do povo*: Neste lugar, ela tem a mesma importância como nas outras questões fundamentais de estado e direito. "Quando saíres para guerrear...", assim começa o v. 1. Tanto aqui quanto no que segue não há outro sujeito que pudesse dar tais ordens a este "tu". A guerra precisa partir do povo, e ser feita por ele. O direito da guerra é confiado somente a ele. Além dos sacerdotes (v. 2-4), mencionam-se como órgãos de liderança somente os "escribas" ($šōṭ^e rīm$). De acordo com os v. 5-9, eles devem alistar e organizar o povo. Além disso, devem designar comandantes das tropas ($śārē\ ṣ^e bā'ōt$) para comandar o povo, como diz o v. 9. Não há nenhum motivo para contar com uma mudança de sujeito no v. 9. Não se deve ler a forma impessoal "serão designados", como em muitas traduções; mas estes mesmos escribas são responsáveis pela designação da liderança militar. É decisivo o fato de estes próprios "escribas", de acordo com Dt 16,18, terem sido designados pelo povo e, pelo termo usado, terem tarefas funcionais limitadas. A liderança militar, portanto, também está subordinada à autodeterminação do povo, mesmo que indiretamente.

— *Superar o medo*: Os preparativos para a guerra começam com a seleção dos que não devem e não precisam ir para o combate. Nos v. 5-7 são mandados para casa todos os que construíram uma casa nova, plantaram uma nova vinha, ou ainda não se casaram com a noiva. Nenhuma outra pessoa deve "inaugurar" o que eles começaram. Isto seria uma maldição (cf. 28,30). A suposição de que se trata de

---

183. Cf. esp. JUNGE, *Wiederaufbau*.

antigas regras sobre tabus, anteriores ao Deuteronômio, cuja transgressão prejudicaria o empreendimento militar[184], deve ter um fundo de razão. Seja como for, estes três casos não devem ser muito raros entre homens jovens, e assim uma parte considerável dos combatentes é eliminada. Bem mais abrangente e fundamental é a regra do v. 8, que é separada claramente do que precede. "Quem está com medo e com o coração desanimado" (*hayyārē' w^{e}rak hallēbāb*) está livre do serviço militar. Portanto, todos os medrosos e os que podem espalhar o medo ficam em casa. Medo como motivo para exclusão do serviço militar – que sabedoria da Torá![185] Como em outras leis, é preciso perguntar o que exatamente o legislador tem em vista com isto. Apesar do encorajamento destacado no início dos v. 1 e 3s., apontando para Deus, no v. 8 este medo não é criticado nem suprimido. Quando a pessoa avaliar o problema em um caso real de guerra, ficará evidente o grau de ameaça pessoal. Se a sobrevivência física estiver em questão, se a ameaça inimiga parecerá maior que uma possível guerra, o medo desaparece nos envolvidos. Somente com uma boa dose de motivação ideológica se pode com estas leis motivar guerras de ataque, quem sabe até fora do território habitado pelo povo ("guerra santa"). Para isso, porém, o Deuteronômio, com seu enfoque no êxodo e na dádiva da terra como constituintes do povo e sua relação com Deus, oferece poucas possibilidades, ainda mais se considerarmos uma guerra para ocupação de territórios.

Poupar a população civil: O cerne duro da lei está nos v. 10-14. Deve-se oferecer a paz às cidades (v. 10). Sua aceitação significa sujeição, isto é, trabalho forçado (*mas*) e escravidão (*'bd*). Se a "oferta de paz" é recusada, só a população masculina adulta, ou seja, o grupo dos defensores, deverá ser morta. Mulheres e crianças devem continuar a viver. O contexto histórico desta regra são as crueldades e os costumes bélicos, bastante comprovados, como, por exemplo, abrir o ventre das mulheres grávidas[186] e matar bebês.[187] O paralelo com o procedimento militar das grandes potências[188] é evidente. O propósito é restringir as crueldades na

---

184. Cf. p. ex. V. RAD, *Kommentar*, p. 94; também ROFÉ, *Laws of warfare*, p. 34, que vê no trecho uma exegese de Dt 24,5
185. Para a avaliação na tradição rabínica, cf. GUREWICZ, *Deuteronomic provisions*.
186. 2Rs 8,12; 15,16; Os 14,1; Am 1,13.
187. 2Rs 8,12; Is 13,16; Os 10,14; 14,1; Na 3,10; Sl 137,8s.
188. Sobre as crueldades dos assírios na guerra, cf. MEISSNER, *Babylonien* I, p. 107ss.

guerra. O fato de a guerra ter o objetivo de sujeitar e saquear é subentendido sem contestação. Aos pensamentos apresentados sobre o contexto histórico provável não há mais nenhum argumento a acrescentar. Não há como harmonizar este tratamento dos derrotados com aquilo que se afirma no Deuteronômio sobre os direitos das minorias e dos estrangeiros.

– *Proteção das bases vitais:* De acordo com os v. 19s., as árvores frutíferas do inimigo não devem ser destruídas:

20,19b *Uma árvore do campo é por acaso um ser humano, para que a trates como um sitiado?*

A guerra é contra certas pessoas, e não deve ser feita contra as árvores que servem de base para a vida no presente e no futuro. Esse costume também existia em Israel (2Rs 3,19.25). Numerosas ilustrações assírias, em textos e desenhos, mostram o hábito de derrubar especialmente as árvores frutíferas durante a guerra[189].

A lei sobre a guerra no Deuteronômio, portanto, não começa com a pergunta pela razão e pelo motivo das guerras. Ela não elabora um ensino sobre uma guerra justa e pressupõe a realidade da guerra, também em e por Israel. São regras de conduta em caso de guerra. Com isso, Dt 20, como tendência, está exatamente na mesma linha da Convenção de Genebra, na era moderna[190]. Assim, abre-se um caminho entre a adaptação à realidade e uma utopia irrealista, um caminho que dá pelo menos alguns passos na direção de abrandar a guerra.

e) *Teocracia como democracia: o projeto de constituição*

O uso de um termo como "constituição" para denotar a pretensão política do Código Deuteronômico não pode ser evitado[191]. Nela, todos os grupos e camadas, organizações e instituições existentes na sociedade da época são regulamentados, em princípio, pela descrição dos seus direitos e limites. Apesar da forte restrição à monarquia, de forma alguma existe algo como um retorno a condi-

---

189. MEISSNER, *Babylonien* I, p. 111.
190. Depois da segunda Guerra do Golfo, foi levantada a exigência de uma ampliação da Convenção de Genebra para incluir a proteção da biosfera.
191. Cf. acima p. 327.

ções e formas de organização não estatais[192]. Não é só o papel da realeza e do funcionalismo que mostra isto, mas especialmente a força do sistema judicial previsto, que aqui, pela primeira vez, interfere também no âmbito das famílias e clãs, que eram bastante independentes[193]. O que se tem em vista é uma sociedade dentro de um Estado. Este, porém, tem um poder bem diluído e, em grande parte, está nas mãos do grupo ao qual a lei é dirigida. Sugere-se também o uso do conceito "constituição" porque falta no Deuteronômio uma regulamentação legal de áreas individuais tão detalhadas como nos mishpatim do Código da Aliança[194]. Aquilo que no Código da Aliança foi identificado como princípios regulamentadores[195], aqui é muito mais elaborado.

Um termo como "constituição" naturalmente é colocado a partir de fora. O Antigo Testamento não desenvolveu uma terminologia para os aspectos políticos da Torá. A nova e importante linguagem teológica de conceitos[196] no Deuteronômio é aplicada essencialmente a fenômenos que, em termos de conteúdo, já puderam ser observados e descritos no Código da Aliança, só que lá ficaram sem um nome próprio[197]. Por outro lado, as inovações do pensamento deuteronômico ficam sem uma conceituação exata[198]. O fato de a terminologia teológica até hoje ter dificuldades para abarcar dimensões políticas tem suas raízes aqui. Quanto ao método, esta lacuna exige, aqui como em outros lugares do Antigo Testamento, um processo cuidadoso de descrição, em que a percepção de conteúdos e estruturas de texto deve ter preferência a qualquer organização conceitual. Apesar disso, a compreensão atual não pode renunciar a uma terminologia adequada, mesmo que tenha de usá-la sempre com ressalvas.

Para a esfera política, oferece-se, ao lado do termo moderno "constituição" que serve de moldura, a terminologia grega. Se quisermos usá-la para sermos es-

---

192. Diferente é a suposição de PREUSS, *Deuteronomium*, p. 140, de que o Israel pós-exílico, que para ele é o que está em vista aqui, fora concebido como uma "grandeza preponderantemente apolítica" e, por isso, orientada para a época dos juízes. Enquanto se viu no Deuteronômio um eco ou uma reformulação de antigas condições anficiônicas (p. ex. G. v. Rad), a orientação por condições pré-estatais era natural.
193. Cf. a seguir p. 352ss.
194. É verdade que as leis sobre a família fornecem um tipo de analogia; sobre isto, cf. a seguir p. 358.
195. Cf. acima p. 274s.
196. Cf. acima p. 285s.
197. Podemos pensar em Torá, eleição, amor etc.
198. Isto vale, p. ex., também para a exigência da unidade do culto.

pecíficos, chegamos à combinação e ao desafio da *teocracia como democracia*. Ao mesmo tempo, ela indica que aquilo que é específico de Israel, na verdade, não pode ser descrito com os conceitos-padrões gregos. O conceito de teocracia foi cunhado pelo judeu helenista Flávio Josefo para a constituição característica do seu povo[199], para, assim, complementar e contrabalançar os conceitos clássicos do pensamento grego sobre a constituição. Com isso, Josefo certamente acerta o ponto central de diferença: existe um legislador e um soberano divino. É verdade que já em Josefo, portanto, desde a sua origem, o termo é equiparado a um governo sacerdotal. Com esta definição, ele determina a discussão até hoje. Isso pode ou não ter aplicação na época romana de Josefo, mas certamente não se aplica à época bíblica e especialmente ao pensamento do Deuteronômio. O governo de Deus não é exercido por meio dos sacerdotes. No Deuteronômio, estes têm um papel marcadamente reduzido. Antes, a lei, transmitida a partir de Moisés, é sempre confiada ao "tu" a quem é dirigida. Este "tu" representa todo o povo. A soberania popular que subjaz à lei obriga-nos a falar de democracia.

A ampla transferência do poder à população rural livre representa uma ruptura total com as grandes autoridades da sociedade oriental antiga, e também da sociedade israelita-judaica. A forma singular com que a lei se apresenta, como um discurso de um passado muito distante, deve estar relacionada de modo direto e central com esta proposição. Se a reconstrução da história pré-deuteronômica do direito feita aqui estiver correta, temos pelo menos em uma fina camada complementar do Código da Aliança um apoio antigo para isso. Somente a extraordinária reivindicação da lei deuteronômica torna este discurso inevitável, e produz o primeiro e mais antigo pseudepígrafo bíblico. É evidente que a forma do discurso divino direto, como a apresentam o Código da Aliança, e também Ex 34,11ss. ou o Decálogo, não é mais satisfatória. As palavras de Deus são transmitidas por sacerdotes e profetas, sobre questões cultuais e religiosas. Os sacerdotes estão inquestionavelmente sujeitos à reivindicação sacra da realeza, como também a maioria dos profetas da época. Os conflitos de alguns dos profetas críticos com certos reis são bem conhecidos. Que autoridade poderia sobrepujar profetas e sacerdotes, reis e funcionários e todo o povo, como faz o Deuteronômio? E quem poderia obrigar a todos com suas regulamentações? Que instituição ou au-

---

199. JOSEFO, *Contra Apionem* II, p. 165; cf. sobre isto também acima p. 98.

toridade daquela época, mesmo invocando uma revelação divina direta, poderia tirar o poder de instituições tão poderosas como a divinizada realeza davídica e os templos e sacerdotes nomeados por ela?

Ao transpor a autoridade que fala na lei para um passado distante, o peso que a tradição[200] já tem em uma sociedade tão tradicional é levado em conta e recebe uma qualidade jurídica e política totalmente nova. O *'am hā'āreṣ* judaico, em uma conjunção histórica específica, libertado de todos os poderes da própria sociedade, apresenta no Código Deuteronômico a sua liberdade como fundada somente em Deus. Pela ficção histórica do discurso de Moisés, ele retira o poder político sobre esta liberdade e sua expressão em uma constituição escrita de qualquer possível poder existente na época. A liberdade do presente tem a forma de um compromisso com um passado canônico. O Deuteronômio, como vontade de Deus formulada de modo abrangente e palpável por escrito, torna-se o cerne em torno do qual se forma o cânon bíblico. Com ele surge a forma da liberdade que, de modo irrevogável, marca a fé bíblica até hoje.

A singularidade do pensamento político do Deuteronômio pode ser vista com mais clareza na comparação com as circunstâncias da *polis* grega e da democracia que ali surgia. Rütersworden deu início a esta comparação[201] e apontou para paralelos próximos na restrição dos direitos civis aos homens livres e proprietários de terras, na pressuposição comum de uma união de pessoas e não de territórios, no papel análogo do parentesco e da terminologia familiar. Mas também é preciso mencionar: a estrutura jurídica, o papel destacado da justiça na convivência humana e grande diminuição precoce do poder da monarquia. Rütersworden vê diferenças no papel dos sacerdotes e profetas e no fato de em Israel haver uma lei que "não está sujeita às vontades humanas de influência e alteração"[202].

Em que se baseiam estes pontos em comum e tão abrangentes? Não será possível atribuí-los a um passado muito distante. Quanto à Grécia, Christian Meier ressalta que aquilo que realmente chama a atenção não é que em algum passado houve traços de uma igualdade original, mas que, "na formação da cultura gre-

---

200. O estudo interessante da estrutura da autoridade no Deuteronômio feito por SCHÄFER-LICHTENBERGER, *Autorität*, infelizmente abdica completamente de considerar a dimensão temporal na reflexão.
201. RÜTERSWÖRDEN, *Gemeinschaft*, p. 95ss. Sobre a democracia grega, cf. esp. MEIER, *Entstehung*.
202. Ibid., p. 103.

ga, eles se conservaram, se fortaleceram e se desenvolveram"[203]. O sentimento de igualdade, as normas de justiça, a transmissão de conceitos, experiências e normas familiares para as leis e a política, e não por último "os primórdios daquele 'conceito da responsabilidade coletiva'"[204] – tudo isso, assim como as evidências paralelas sempre próximas em Israel, pode ter suas raízes no passado distante e foi preservado através de muitas mudanças históricas radicais e, nelas, recebeu formas sempre novas. É um aperfeiçoamento surpreendentemente novo de uma sociedade estatal na forma de uma atribuição ampla de poder decisório e responsabilidade.

Em vista dos muitos e abrangentes paralelos no passado e na forma política de algo parecido como democracia, o único importante ponto de diferença tem um peso tanto maior: o desenvolvimento decisivo do pensamento político em Israel, como expresso no Deuteronômio, ocorreu sob domínio estrangeiro assírio e em reação a ele. Em muitos sentidos, já os grandes profetas e ainda mais o Código da Aliança só podem ser considerados como reação à catástrofe do Reino do Norte em 722 aC. A combinação de leis jurídicas com leis religioso-cultuais e determinações sociais para proteção de estrangeiros e pobres, viúvas e órfãos, característica do direito de Israel, só pode ser compreendida a partir deste contexto. Observando a forma política de liberdade existente na Grécia e em Israel, podemos tentar resumir as diferenças, que são profundas apesar de todo o parentesco próximo, nos seguintes pontos:

– A liberdade da opressão e do domínio estrangeiro não era um pressuposto automático. Para boa parte do povo, a liberdade já estava irremediavelmente perdida, e para o restante muito ameaçada. Diante da superioridade das grandes potências, ela também não pode ser garantida pela força militar própria. O Deuteronômio a descreve em termos teológicos e temas do êxodo e da dádiva da terra. Tudo o mais se baseia nestas dádivas de Deus, que não são automáticas. Tudo é devido ao poder de Deus. A liberdade, de fato, antes de tudo é um presente.

– Com este tema se relaciona a diferença fundamental segundo a qual a base da liberdade é uma lei que não está sujeita ao povo, ou seja, a democracia só se manifesta como teocracia. Deve-se atentar para *o que* é regulamentado por esta lei e *o que não*. Em nenhum lugar há regras sobre procedimentos. *Como* os juízes e fun-

---

[203]. MEIER, *Entstehung*, p. 54.
[204]. RAAFLAUB, *Anfänge*, p. 16s.

cionários eram eleitos; quem participava da nomeação do rei e como; se havia assembleias do povo ou não; como o 'am hā'āreṣ estava organizado – destes e de muitos outros aspectos, para grande tristeza dos historiadores, não há menção nem indícios. A ausência de qualquer traço democrático formal está relacionada diretamente com esta diferença central.

– Por outro lado, nada me parece se opor à ideia de uma "democracia", nem mesmo a base que é tirada do povo na forma de uma lei mosaica. No Israel daquela época, para o qual o Deuteronômio foi escrito e no qual entrou em vigor, não há um poder institucionalizado acima do "tu" com quem se fala. Os profetas e o tribunal central não estão sujeitos ao povo, mas só têm possibilidades limitadas de atuação e nenhum meio para impor sua vontade. O Código Deuteronômico não é subtraído somente do alcance do povo a quem se dirige, mas em primeiro lugar do rei e da força de ocupação assíria.

– Como na regulamentação política se trata de questões fundamentais, pode-se lembrar a analogia moderna das bases contidas no direito moderno, que também são tiradas da esfera dos negócios diários e lhes são impostas[205]. Direitos humanos, direitos fundamentais, princípios da constituição e questões semelhantes são subtraídos às instáveis maiorias e constelações sociais. São princípios fundamentais comparáveis aos que são dados no Código Deuteronômico como sendo de Deus, por meio de Moisés, ao seu povo. São regras fundamentais para a preservação da liberdade concedida. No seu âmbito, todo o poder político está com o povo.

4. Patriarcado e poder público: as leis da família

Além da esfera do estado e das instâncias públicas, o Deuteronômio inclui pela primeira vez uma segunda grande área da vida na legislação da Torá: a família. No Código da Aliança só encontramos uma única lei a este respeito, que faz referência à relação sexual com uma moça ainda não comprometida (Ex 22,15s.)[206]. Lá a questão é o dote, o que faz parte do contexto em que são tratados os problemas relativos à propriedade, de modo que esta perspectiva predomina. Por sua vez, o Có-

---

205. Cf. acima p. 274s.
206. Cf. acima p. 232s.

digo Deuteronômico, em uma frente ampla, trata os temas do casamento, sexualidade, regras para casar, direito de herança e, ao mesmo tempo, a posição jurídica da mulher na sociedade. Poucos temas da Torá foram tão influentes na história do cristianismo como este, mas esta continuidade é muito questionável.

a) *A posição jurídica da mulher: ou o problema da linguagem inclusiva*

A grande quantidade de obras de caráter feminista-teológico sobre a importância e a realidade da vida das mulheres no Antigo Testamento e no Israel antigo, bem como os artigos mais recentes, na prática não levaram os textos legais em consideração[207]. Os autores ficaram com a visão clássica:[208] a posição inferior da mulher na sociedade patriarcal aparentemente tem neles sua base clara e inamovível. Os aspectos positivos só são esperados em outros textos. De fato, nos textos legais deparamo-nos com um mundo masculino: o sistema jurídico está quase totalmente em mãos masculinas, os textos são dirigidos a homens e os tratam como sujeitos do direito. As mulheres são mencionadas somente quando indispensáveis em seus papéis específicos de esposas e mães. Se acompanharmos a perspectiva da menção explícita de mulheres nos textos legais[209], então as mulheres, por toda a sua vida, serão juridicamente dependentes, primeiro do pai, depois do marido. Somente em poucos casos têm condições de agir de modo juridicamente independente, como viúva ou como mãe. Isto inclui não por último a ampla esfera do culto, da qual elas praticamente deveriam estar excluídas, a julgar por sua menção nas partes cultuais dos textos legais[210].

Não há dúvida nem sobre a estrutura patriarcal da antiga sociedade israelita nem sobre o fato de que ela transparece no direito. Não é apropriado reconstruir o papel real, mas também e justamente legal das mulheres na vida social unica-

---

[207]. Há uma visão geral em WACKER, *Gefährliche Erinnerungen*; a título de exemplo, mencione-se TRIBLE, *Rhetoric of sexuality*; • id., *Texts of terror*; • MEYERS, *Discovering Eve*; • BRENNER, *Israelite woman*; Bal (org.), *Anti-covenant*; • LJUNG, *Silence or suppression*; • cf. tb. GERSTENBERGER & SCHRAGE, *Frau und Mann*. Em ENGELKEN, *Frauen*, o grupo mais importante, o das mulheres adultas livres, não é incluído no estudo.

[208]. Cf. sobre isto, p. ex., De VAUX, *Lebensordnungen* I, p. 75ss.; também p. ex. HEISTER, *Frauen*, p. 55ss.

[209]. Por exemplo, também CRÜSEMANN, *Mann und Frau*, 25ss.

[210]. HEISTER, *Frau*, fala expressamente da "exclusão das mulheres do evento de culto" (96; cf. 89). Claramente há ênfases diferentes em BIRD, *Place of woman*; mesmo assim, Bird também acha que as mulheres são excluídas do sacrifício (415s. nota 34).

mente a partir das referências explícitas a mulheres. A razão disso está na "capacidade misteriosa das palavras masculinas de incluir as mulheres"[211], isto é, a linguagem inclusiva. Especialmente no direito, até hoje, os termos e expressões masculinas excluem as mulheres em termos linguísticos, mas em termos de conteúdo certamente as incluem. Isso fica claro na seguinte formulação: "By marriage, the husband and wife are one person in law: That is, the very being, or legal existence of the woman is suspended during the marriage, or at least is *incorporated* [...] into that of the husband" [Pelo casamento, marido e esposa são uma só pessoa perante a lei; isto quer dizer que o próprio ser ou existência legal da mulher é suspensa durante o casamento, ou pelo menos incorporada [...] na do marido][212]. O que vale para o direito (não só inglês) moderno[213] (e, por exemplo, para muitos regulamentos das nossas faculdades até hoje), vale ainda mais para os textos da Torá dos séculos IX ou IV aC. O principal problema de método para a compreensão da posição jurídica da mulher é seu ocultamento nas expressões masculinas. O fato de se falar só do homem não significa que só ele tem direitos, mas que não se está falando dos direitos das mulheres. Este é um dos casos mais importantes no campo, em geral difícil, do que é "subentendido na história do direito"[214]. A questão decisiva, sempre tão difícil de perceber, oculta no que é subentendido na perspectiva masculina, refere-se à diferença: onde expressões masculinas incluem as mulheres, e onde não? Enquanto me consta, sobre isso falta qualquer estudo específico[215]. Por isso aqui só se pode indicar alguns pontos centrais:

— Numerosas declarações legais bem masculinas também afetam as mulheres. Em muitos campos do direito, nem há como questionar isso. Por exemplo, a importante declaração de Ex 21,12: "Quem ferir a outro (*makkēh 'îš*) e causar a sua morte...", com formulação masculina, inclui as mulheres como autoras e vítimas. O caso da mulher grávida em Ex 21,22s., que é ferida com a possibilidade de morte, faz parte do parágrafo Ex 21,12.18-37 que, debaixo do título formado pelo v. 12, trata de todo o capítulo dos ferimentos físicos, com ou sem a morte

---

211. PUSCH, *Alle Menschen*, p. 43. A autora sublinha com razão que isto não é um fenômeno apenas linguístico, mas uma questão de poder na sociedade.
212. BLACKSTONE, *Commentaries*, p. 503; • cf. PUSCH, *Alle Menschen*, p. 41 nota 9.
213. Sobre isto, em termos gerais, cf. esp. KOCH, E. *Versuch*.
214. Daube, *Das Selbstverständliche*.
215. Porém cf. BIRD, *Translating sexist language*, assim como agora BRAULIK, *Haben [...] Frauen geopfert?*

como consequência:[216] "vida por vida" vale também para o caso da morte de uma mulher. O que Ex 21,22s. torna explícito para o entendimento de 21,12, porém, também tem validade em outros casos, segundo a intenção da lei. Para mulheres que são mortas ou matam, as regras não são diferentes das dos homens. E em áreas jurídicas, como questões de propriedade, não pode ser diferente.

– Nesta questão da linguagem inclusiva, o Deuteronômio chama especialmente a atenção. Nele encontramos várias vezes longas listas de pessoas, as quais o "tu", a quem o texto se dirige, deve deixar participar em suas festas anuais e de sacrifícios: "teu filho e tua filha, teu escravo e tua escrava, o levita e o estrangeiro, o órfão e a viúva" (Dt 16,11; cf. v. 14; 12,12.18). A menção de filha, escrava e viúva não deixa dúvida de que também a esposa do levita, a esposa do estrangeiro e a órfã estão incluídas. Disto também nunca se duvidou a sério. O que chama a atenção é a ausência das mulheres dos homens a quem se fala. Será que não se está pensando nelas, de modo que não devem participar das festas? Esta conclusão precisa ser rejeitada categoricamente. Não se pode imaginar que elas tivessem menos direito de participar das festas familiares do que, por exemplo, as escravas e os refugiados estrangeiros. Isso só pode significar que aqui as esposas estão incluídas no "tu" a quem o texto se dirige[217]. Em termos linguísticos, é evidente que elas foram *incorporated* no grupo a quem se fala – que, por sua vez, representa Israel, o povo de Deus.

– Só em poucos casos, as mulheres são mencionadas ao lado dos homens quando alguma declaração se aplica em princípio a ambos os sexos. Este é o caso, por exemplo, em Dt 17,2, onde mulheres e homens são acusados de romper a aliança. Obviamente é a importância do assunto que leva os autores a uma explicação tão pouco usual do que é subentendido. Isto mostra o paralelo em Dt 13,7, onde primeiro são alistados possíveis sedutores masculinos (irmão, filho, amigo), mas depois também são citadas a filha e a esposa. De especial importância é a referência à mulher ao lado do homem na lei sacerdotal do sacrifício pelos pecados de Nm 5,6:[218] "Se um homem ou uma mulher cometer algum dos pecados pelos quais se ofende a Yhwh...". O texto regulamenta explicitamente como se

---

216. Cf. acima p. 227ss.
217. De acordo com BRAULIK, *Haben* [...] *Frauen geopfert?*, isso inclui especificamente o ato de sacrificar.
218. Cf. para isto a seguir p. 433ss.

deve agir em casos de delitos que envolvem propriedades (restituição acrescida de um quinto do valor, a título de indenização), mas, como que de passagem, menciona que deve ser oferecido um carneiro a Deus em sacrifício de expiação (v. 8). Não pode haver dúvida de que, em pecados equivalentes, a mulher também precisa, da mesma forma, oferecer um sacrifício. Diante disso, não se pode mais duvidar de que grandes trechos dos textos sacerdotais de sacrifícios, quando falam de homens que os oferecem, na verdade não excluem a possibilidade de que as mulheres possam agir da mesma forma. Nm 5,6.8 prova que as mulheres são capazes de oferecer sacrifícios, no sentido da teologia sacerdotal.

– Por último, de forma geral, é preciso chamar a atenção para o fato de que a capacidade jurídica plena das mulheres pode ser deduzida de muitos textos do Antigo Testamento fora dos textos legais. Também as investigações arqueológicas indicam neste sentido. Entre estas últimas, têm especial importância as descobertas de sinetes com nomes femininos. Destes foram encontrados treze, apesar de isso representar apenas um pouco menos de 5% do total encontrado de sinetes com nomes[219]. Eles mostram, porém, que as mulheres agiam com plenos poderes legais[220], por exemplo, firmando acordos ou atuando como testemunhas[221]. O fato de, nos sinetes, a mulher ser identificada como filha (*bat*) ou esposa (*'ēšet*) de um homem não exclui a autonomia jurídica. Para a esfera da aquisição de imóveis, algo correspondente é atestado, por exemplo, em Pr 31,16.

Esta descoberta leva, a meu ver, à hipótese de trabalho de que o procedimento usado de modo tão frequente até agora precisa ser praticamente invertido: as mulheres não estão sempre excluídas quando se fala de homens. Antes, quando não são expressamente excluídas ou não entram em cogitação por outras circunstâncias[222], elas são sempre *pressupostas* e abrangidas pela linguagem inclusiva dos textos legais e cultuais. A importante maneira de se expressar do Deuteronômio, que com seu "tu" ou "vós" se dirige aos homens livres proprietários de ter-

---

219. Este número é fornecido por AVIGAD, Contribution, 206; ele se refere a 385 sinetes e impressões de sinetes publicados (ibid. p. 195). Os exemplos mais destacados: VATTIONI, Sigilli n. 59-64, 116, 152, 215, 226, 324, 412.
220. Sobretudo uma impressão de sinete (AVIGAD, A Note) mostra que eles realmente eram usados (e não só como adorno).
221. Avigad, p. 205s., constata uma contradição patente entre estes sinetes e os textos legais; de modo semelhante, p. ex., Winter, Frau und Göttin, p. 75s. Não é mais provável que estejamos lendo errado os textos legais? Será que não estamos reduzindo a mulher a "mobília do marido" (WINTER, ibid. p. 75)?
222. Cf. esp. SCHÜSSLER FIORENZA, Brot, p. 52.

ras, como representantes de todo o povo, especificamente não conta as mulheres entre os grupos que são diferenciados em relação a estes homens – como os levitas, os sacerdotes, os estrangeiros, os escravos –, mas inclui as mulheres no "tu" ou grupo a quem o discurso se dirige. Também para elas, portanto, valem o êxodo e a posse da terra e, com isto, o amplo alcance da Torá deuteronômica.

b) *As famílias diante do tribunal: exemplos*

A legislação deuteronômica sobre a família retrata por um lado inegavelmente a realidade de casamento e família, em especial também o papel da mulher na sociedade patriarcal no Israel da idade do ferro[223]. Assim, as estruturas sociais existentes são fixadas juridicamente por escrito. Por outro lado, esta fixação por escrito e a forma como ela acontece evidenciam uma ruptura, claramente visível, na história do direito em relação à cultura jurídica mais antiga de Israel. A importância teológica da Torá, aqui como em outras instâncias, só pode ser corretamente compreendida se visualizarmos sua intenção no contexto social. Uma referência teológica legítima em nosso contexto não pode ser diferente do que nas questões da escravatura, da justiça social ou do estado, só que, em vista da diferente história da recepção, as ênfases precisam ser outras.

A sujeição dos conflitos interiores da família ao tribunal dos anciãos que se reunia em público diante da Porta das localidades é o que mais chama a atenção na legislação do Deuteronômio[224]. Esta sujeição restringe, em larga escala, os direitos do *pater familias* e representa um corte profundo na história do direito. Essa ruptura certamente pode ser comparada à diferenciação entre matar e assassinar. Com isso se consegue uma segurança jurídica, antes desconhecida, para todos os que estavam sujeitos ao poder patriarcal, especialmente crianças e mulheres.

Inicio com uma citação da lei sobre o "filho rebelde" (Dt 21,18-21):

> 21,18 *Se alguém tiver um filho rebelde e indócil, que não obedece ao pai e à mãe e não os ouve mesmo quando o corrigem,* [19] *o pai e a mãe o pegarão e levarão aos anciãos da ci-*

---

[223]. Como mostra o material etnológico comparativo, essa realidade e esse papel certamente são semelhantes aos de muitas outras sociedades, e a mulher está integrada na família como comunidade de produção e consumo; cf. CRÜSEMANN, *Mann und Frau*; • ALBERTZ, *Überleben*; • MEYERS, *Discovering Eve*; • id., *Procreation*. Para uma visão geral de todo o material das fontes, cf. MACE, *Marriage*; • TERRIEN, *Heart*; por último, EMERSON, *Woman*.

[224]. Cf. sobre isso DAUBE, *Landmarks*.

dade, à Porta do lugar, [20] e dirão aos anciãos da cidade: "Este nosso filho é rebelde e indócil, não nos obedece, é devasso e beberrão." [21] E todos os homens da cidade o apedrejarão até que morra. Deste modo extirparás o mal do teu meio, e todo Israel ouvirá e ficará com medo.

Um conflito de gerações dentro da família deve ser resolvido em público diante do tribunal dos anciãos na Porta. Uma sentença de morte pronunciada ali deve ser executada por todos os homens da cidade. Este contexto pode ser reconhecido nos muitos escritos do Antigo Testamento que falam de maus-tratos comuns, especialmente de pais idosos nas mãos dos seus filhos: roubo (Pr 28,24), escárnio (Pr 30,17), expulsão (Pr 19,26). O mandamento de honrar pai e mãe no Decálogo[225] e as declarações sobre pena de morte de Ex 21,15.17 para quem bate ou amaldiçoa os velhos se referem a tais práticas. É evidente que, em épocas de grande necessidade social, quando pairava no ar a ameaça de vender como escravas as crianças ou outros membros da família, havia intensos conflitos dentro da família. Além disso, em Israel não há mais a forte segurança religiosa dos idosos proporcionada pelo culto aos antepassados[226]. Por outro lado, o pai de família tinha um poder praticamente ilimitado sobre seus filhos. No tempo anterior ao Deuteronômio, não havia qualquer controle público sobre ele. Quando, em Gn 42,37, Rúben dá ao seu pai Jacó a autorização para matar seus filhos, ou seja, os netos de Jacó, no caso de seu fracasso, isso mostra como estes direitos eram subentendidos. Ainda em Zc 13,3 é atribuído aos pais o direito de matar seus filhos, caso se desviassem do Deus de Israel (Dt 13). E naturalmente toda a problemática do sacrifício de crianças deve ser vista juridicamente dentro desta questão[227].

É verdade que isto não responde à pergunta: de que, afinal de contas, o filho é acusado em Dt 21? A descrição como "rebelde e indócil" (*sōrēr ūmōreh*) deve se referir à constante desobediência e ao questionamento da relação básica[228]. A acusação de devasso e beberrão evidencia que se trata da transgressão contínua de normas de conduta elementares[229]. Na verdade, isso também indica que há

---

225. Sobre isso, cf. ALBERTZ, Hintergrund; • CRÜSEMANN, Freiheit, 58ss.
226. Sobre isso, cf. LORETZ, Totenkult.
227. Sobre isto WESTERMANN, Genesis II, p. 437s.; • GREEN, Sacrifice; • KAISER, Kinderopfer.
228. Com BELLEFONTAINE, Rebellious son, p. 16-19.
229. Tem razão BELLEFONTAINE, Rebellious son, p. 21ss. A propósito, para a hipótese de que teríamos aqui um entrelaçamento (posterior) de dois casos legais totalmente diferentes, os argumentos apresentados dificilmente são suficientes; antes, se complementam.

um desperdício da herança da família, da qual os pais dependem. Com tudo isso, seus delitos fazem claramente parte dos que são abrangidos por "bater e amaldiçoar os pais" em Ex 21,15.17. Não só as transgressões isoladas, mas também o questionamento continuado da autoridade paterna não deve mais ser resolvido apenas dentro da família. Sempre que redundarem em soluções violentas, devem ser tornadas públicas. Nesta ocasião, devem ser trazidas provas de longos períodos de admoestação. E a acusação só é possível quando pai e mãe a fazem em conjunto. Este é um dos casos em que explicitamente se requer o comparecimento da mulher no tribunal. Tudo isso confirma o poder dos pais sobre os filhos. A novidade é que este fica sujeito ao controle público quando a questão é de vida ou de morte, de modo a retirar de fato qualquer possibilidade de sua execução[230].

O segundo exemplo é o levirato e, com ele, o problema do direito de herança quando da morte de um homem casado que não tem filhos[231]. O costume de que, neste caso, um irmão do falecido gera descendentes para ele com a viúva sem filhos está relacionado à ordem hereditária patrilinear, à estrutura familiar patrilocal e à suma importância do nome. Em Gn 38 é o pai quem consegue obrigar seus filhos adultos a exercer o levirato (v. 8ss.). O fato de que a obediência pode ser apenas exterior é evidenciado pelo ato de Onã. No fim das contas, só com seus ardis, Tamar consegue garantir seu direito. Todas as referências ao levirato no Antigo Testamento giram em torno do problema da recusa dos homens em questão ou das dificuldades que as mulheres enfrentam por causa disso. Só o truque ajuda Tamar. No caso de Rute, o que ajuda é a conjugação de sedução noturna com amabilidade apaixonada de Booz. Para os homens em questão, o gesto como tal é altruísta. Trata-se de um herdeiro que não será seu e que possuirá bens que poderiam ser próprios.

Em Dt 25,5-10, descreve-se primeiramente a regra do levirato e seu propósito (v. 5s.). A partir do v. 7 são abordados os problemas resultantes:

> 25,7 *Contudo, se o cunhado recusa desposar a cunhada, esta irá aos anciãos, na Porta, e dirá: "Meu cunhado está recusando suscitar um nome para seu irmão em Israel! Não quer cumprir seu dever de cunha-do para comigo!"* [8] *Os anciãos da cidade o convocarão e conversarão com ele. Se ele persistir, dizendo: "Não quero desposá-la!"*, [9] *então a cunha-*

---

230. Sobre isto cf. abaixo p. 361s.
231. Cf. MITTELMANN, *Levirat*; • LEGGETT, *Levirate*; • WESTBROOK, *Levirate*; • DAVIES, *Inheritence rights* e outros.

da se aproximará dele na presença dos anciãos, tirar-lhe-á a sandália do pé, cuspirá em seu rosto e fará esta declaração: "É isto que se deve fazer a um homem que não edifica a casa do seu irmão";

10 e em Israel o chamarão com o apelido de "casa do descalçado".

A mulher abandonada tem aqui pessoalmente o direito de fazer a acusação pública diante dos anciãos da cidade. Evidentemente, o legislador aposta na pressão da opinião pública, no medo de ser desmascarado e envergonhado[232]. O tribunal não dispõe de meios para se impor – nem poderia. A acusação e a negociação pública com admoestação e explanação do problema, a desonra pública em um ato simbólico são os meios colocados à disposição da mulher. E a mulher aqui não é apenas pessoalmente a acusadora, mas ela também executa a sentença em público. Aos artifícios de uma Tamar e de uma Rute para conseguir seus direitos, o Deuteronômio acrescenta as possibilidades – limitadas, diga-se de passagem – de um processo judicial público.

O terceiro exemplo vem da esfera mais íntima do direito sexual. Em Dt 22,13-21, "uma jovem esposa é acusada por seu marido de já não ser virgem ao contrair matrimônio com ele"[233]. O caso é extraordinariamente complexo em seus detalhes, e devemos referir aqui o estudo minucioso de Locher[234]. Em contraste com os paralelos do Antigo Oriente, este delito não é simplesmente um motivo de divórcio, mas é equiparado "ao delito capital do adultério"[235] e pode, por isso, resultar na sentença de morte para a mulher culpada (v. 21). Quem faz a acusação não é o marido, mas os pais da moça é que devem levantar diante dos anciãos da cidade a acusação de este homem estar difamando sua filha. Então, os pais devem apresentar publicamente a prova da virgindade da filha (v. 15-17). Se puderem fazê-lo, o homem que comprovadamente levantou acusações falsas deve ser chicoteado e condenado a pagar uma multa de cem siclos – o dobro do dote costumeiro, segundo o v. 29. Além disso, não pode mais divorciar-se dela[236]. Caso, porém, a acusação não puder ser rebatida, a mulher deve ser ape-

---

232. Para isto é importante a comprovação de DAUBE, *Culture*, de que no Dt temos claramente uma cultura da vergonha.
233. Assim diz LOCHER, *Ehre*, p. 385, em seu resumo final da problemática.
234. LOCHER, *Ehre*.
235. Ibid., p. 385.
236. Cf. Dt 22,28s.

drejada diante da porta da casa paterna (v. 20s.). Por outro lado, o marido caluniador não é condenado à morte, como exige a aplicação da lei de talião às testemunhas falsas em Dt 19,18s.[237].

A lei pressupõe, sem dúvida, uma grande valorização tradicional da virgindade, e quer reforçá-la com estas determinações[238]. Mesmo assim, chama a atenção que todos estes problemas e conflitos devem ser resolvidos em público. Os pais da jovem esposa têm o direito e o dever de proteger sua filha e a boa fama dela em público em relação ao próprio marido. Só ali, em caso de dúvida, pode ser pronunciada a sentença de morte contra ela. A naturalidade com que alguém como Judá podia condenar à morte a nora suspeita de prostituição (Gn 38,24) foi quebrada com esta nova lei. Fazer justiça com as próprias mãos, como no caso do estupro de Dina em Gn 34[239], não entra mais em cogitação. É de suma importância o fato de que o poder patriarcal do marido sobre sua esposa é quebrado pelos direitos da família dela e pela possibilidade de ele mesmo sofrer uma punição dura e a desonra. Não são só os delitos sexuais que devem ser tratados pelo tribunal público, mas também as difamações sexuais.

Nas demais determinações do direito sexual do Código Deuteronômico não há mais regras de procedimento. Todavia, especialmente para as leis relacionadas em Dt 22,22.23ss., que seguem diretamente a Dt 22,13-21, de forma alguma se pode aceitar outras instâncias do que as citadas acima. Tanto as regras costumeiras de codificação quanto o espírito do Deuteronômio como um todo dão-nos certeza disto. Não é possível imaginar que, em caso de adultério (22,22) ou estupro (22,25ss.), tenha-se pensado em linchamento ou alguma outra maneira de tomar a justiça nas próprias mãos. Também nestes casos, os conflitos, ainda mais que é uma questão de vida e morte, têm de ser discutidos diante do tribunal dos anciãos, que se reunia em público na Porta das localidades.

> Dt 22,22 *Se um homem for pego em flagrante deitado com uma mulher casada, ambos serão mortos, o homem que se deitou com a mulher e a mulher. Deste modo extirparás o mal de Israel.*

---

237. Cf. LOCHER, Ehre, p. 380, que indica, como possível razão para esta diferença, o papel diferente do marido, e cogita também uma valorização diferente de mulher e homem. Na minha opinião, dever-se-ia pensar em um efeito da regra das duas testemunhas (19,15). No caso dos v. 20-21, deve ser possível trazer um segundo homem como testemunha, enquanto no testemunho falso do marido não existe a possibilidade de outra testemunha ocular.

238. Para isso, cf., contudo, FRYMER-KENSKY, Law, 93, segundo o qual não é possível achar que esta lei possa ser cumprida, já que, em caso de dúvida, os pais têm tempo suficiente para arranjar sangue para os panos.

239. Cf. acima p. 106s.

A formulação mostra claramente que, na descrição legal do flagrante de adultério, somente a mulher é indicada como casada, e o homem não. Este só pode destruir outros casamentos. Pode-se ver claramente a estrutura do matrimônio patriarcal, com sua grande ênfase na garantia da legitimidade dos descendentes etc. Deste modo, o legislador pelo menos excluiu uma possibilidade como a de Pr 6,32-35, que permite ao marido aceitar um pagamento a título de indenização (v. 35). A expressão "e ambos" (*gam*), que em Dt 22,22 equipara os dois, marca uma mudança de rumo na história do direito[240]. Mas também a outra possibilidade contida nesta sentença de sabedoria é excluída: o marido traído ciumento não tem mais o direito de matar em caso de flagrante[241]. A vida da mulher não está sujeita ao poder jurídico do homem, tampouco em casos de conflitos familiares e sexuais. Assim também acontece com a vida das crianças. A única instância competente é o tribunal público.

Restrições aos direitos patriarcais tradicionais encontram-se, ainda, em duas outras leis. Segundo Dt 21,15-17, na atribuição da herança, o pai não tem o direito de dar preferência ao filho da mulher preferida em detrimento do primogênito. A mulher e o filho preteridos terão o direito de apresentar queixa. Na decisão em Dt 24,1-4, parte-se, obviamente nos casos normais, da ideia de que este processo não está sujeito a negociação e decisão pública[242]. Em todos os casos, Dt 24,1-4 nega o direito a um novo casamento se a mulher divorciada, neste ínterim, estiver casada com outro homem. Por menos que consigamos compreender[243] os motivos para uma determinação tão estranha[244], também aqui estamos diante de uma interferência do legislador no poder patriarcal.

Com certeza, em muitas destas leis estão fixados direitos e estruturas tradicionais. Isso quer dizer que elas perdem ao mesmo tempo a alta flexibilidade de direitos orais, que podem ser manejados livremente[245]. O direito de família era o

---

240. Sobre isso, cf. DAUBE, *Landmarks*, p. 179.
241. Sobre isso, cf. a discussão sobre a relação entre direito e realidade. Tal discussão é realizada por PHILLIPS, *Family law*; • McKEATING, *Sanctions*; • PHILLIPS, *Another look*.
242. Além de PHILLIPS, *Family law*, cf. tb. YARON, *Divorce*; • NEMBACH, *Ehescheidung*; • ZAKOVITCH, *Divorce*.
243. Esp. YARON, *Restoration*, destacou a posição singular desta lei bíblica. O Corão, p. ex., conhece uma lei praticamente contrária, que só admite um terceiro casamento se a mulher, no intervalo, esteve casada com outro (Surata 2.231).
244. Para a discussão, cf. YARON, *Restoration*; • WENHAM, *Restoration*; • TOEG, *General law*; • WESTBROOK, *Prohibition*. Será que se trata de uma analogia a leis sobre incesto (Yaron, Wenham), ou estão em jogo motivos financeiros, como o dote que não foi devolvido por causa da culpa da mulher (*'erwat dābār*) (Westbrook)?
245. Sobre isto acima p. 115s.

âmbito em que por mais tempo prevaleceu a ordem não estatal, isto é, o poder patriarcal quase ilimitado. Os começos do direito escrito, que temos nos *mishpatim*, interferem aqui tão pouco quanto o Código da Aliança como um todo. Somente o Deuteronômio opera a mudança.

c) O contexto histórico-social

Se perguntamos pela razão e pelo motivo de tal mudança – e por sua relação com os outros temas do Código Deuteronômico – a resposta está em primeiro lugar na estrutura linguística das leis. Em termos formais, elas estão muito próximas dos *mishpatim*, e devem ser descritas como estes[246]. Trata-se sempre de declarações legais casuísticas clássicas. A causa dos casos individuais especiais e os precedentes relacionados ainda podem ser reconhecidos claramente em uma série de exemplos. Isto vale para o caso complexo de Dt 22,13ss., como também para a proibição de casar de novo de Dt 24,1ss. Não são os casos normais frequentes que formam a base do direito escrito, mas só os excepcionais. A transição do protocolo do processo para a lei[247] acontece a olhos vistos. Por esta razão, deve-se também pressupor o mesmo contexto institucional, ou seja, não há como duvidar da sua procedência da atividade do tribunal central de Jerusalém[248].

Por outro lado, estas leis sexuais e familiares não foram reunidas em um bloco, como os *mishpatim* do Código da Aliança, mas distribuídas em quatro passagens (21,10-21; 22,13-29; 24,1-4; 25,5-12). Mesmo assim, todas estão inseridas nos cap. 21–25, textos esses variados e tematicamente mesclados. Por causa da semelhança, supôs-se que elas representam fragmentos de uma coleção de determinações do direito de família que antes formava uma unidade[249]. Isto também significaria que elas são bem mais velhas que o Código Deuteronômico em si. Quanto ao método, contudo, esta suposição dificilmente pode ser provada. No fundo, ela se baseia somente em observações da *história das formas* [Formgeschichte], isto é, do parentesco formal das leis e da sua associação temática. Estas, contudo, não são razões legítimas da crítica literária. Não há nenhum indício concreto da existência de tal coletânea autônoma anterior.

---

246. Cf. PREUSS, *Deuteronomium*, p. 130.
247. Assim esp. LOCHER, Ehre, p. 83ss.; • id., Prozessprotokoll.
248. Cf. acima p. 136ss., 236s.
249. Cf. esp. ROFÉ, *Sex laws*.

Apesar disso, o assunto é um tema importante no Deuteronômio, e é necessário indagar por sua relevância para o movimento deuteronômico. Em relação aos mishpatim do Código da Aliança, foi possível mostrar que as questões que experimentaram neles uma regulamentação jurídica abrangente representam problemas normativos centrais da sociedade dos séculos IX e VIII aC. Este é o caso da questão da escravidão, mas também de problemas do direito da sentença de morte, da violência física, das questões da propriedade, dos estrangeiros. Por isso, é lícito supor que o motivo da codificação foi uma necessidade muito forte de regulamentação no âmbito do direito da família. Mesmo que realmente tenham sido aproveitadas determinações isoladas, que talvez fossem mais antigas, é preciso perguntar por que o Deuteronômio abre tanto espaço exatamente para esta área. Sendo mais específico: nenhuma outra área da vida foi tão detalhada no Código Deuteronômico com a ajuda das possibilidades das sentenças casuísticas exemplares e do trabalho jurídico relacionado. As determinações da constituição política e da proteção social estão claramente em outro nível jurídico.

De fato, pode-se ver em textos talvez contemporâneos do Deuteronômio que as questões relacionadas a casamento e adultério mereciam atenção especial. No livro de Jeremias, diz-se várias vezes de Israel como um todo: "Todos são adúlteros" (9,1), e: "a terra está cheia de adúlteros" (23,10; cf. tb. 5,7; 7,9; 13,27). Jeremias acusa de adultério especialmente os falsos profetas, em termos gerais (Jr 23,14) e nominalmente (29,23). Para ele, este parece ser um critério importante para identificar os falsos profetas[250]. O adultério como ameaça à ordem da sociedade[251] adquire aqui um significado atual como expressão de uma situação específica. Na literatura, por exemplo, pensa-se que o significado da palavra "adulterar" (n'f) inclui a relação com outros deuses, de modo a nem sempre denotar um adultério literal[252]. Isso, porém, não pode ser provado assim diretamente, nem é provável. Para Jeremias, pelo menos, é muito mais plausível que o adultério seja uma expressão concreta daquilo de que ele se queixa em relação a todo o último período antes do exílio. Usando a palavra que ele usa como lema em todo o seu livro, tudo em Israel é dominado pela "falsidade" (šeqer)[253]. Engano e falsidade, ilusão e autoengano, isso também abrange em larga escala a

---

250. Além disso, cf. p. ex. Ez 18,6.15; 22,10s.
251. Assim esp. WILLIAMS, Examination.
252. Cf. p. ex. FREEDMAN & WILLOUGHBY, art. nā'ap, p. 124ss.
253. Sobre isso, cf. OVERHOLT, Falsehood.

esfera familiar. O questionamento das normas tradicionais de conduta parece ter sido profundo e amplamente difundido. Enquanto Oseias denuncia conduta sexual ligada a ritos religiosos, Jeremias evidentemente pensa primeiro em delitos sexuais que, como tais, têm significado religioso.

A política assíria deve ter contribuído para a dissolução das formas e dos costumes sociais tradicionais. O que contribuiu mais talvez tenham sido as multidões de refugiados depois da queda do Reino do Norte, a formação de favelas em Jerusalém, a miséria social disseminada[254]. No século VIII, os profetas levantaram a voz criticando a escravização de israelitas livres, o roubo de terras e a violência física praticada pelos poderosos, e o Código da Aliança, nas passagens correspondentes, submeteu exatamente os mesmos problemas a regulamentações jurídicas[255]. Assim, agora, nos séculos VII e VI, Jeremias e Ezequiel se queixam que a terra está cheia de falsidade e adultério – que caracterizam a apostasia do Deus de Israel, junto com a injustiça social. O livro legal contemporâneo se detém nestes problemas com uma abundância de regulamentações detalhadas. Isto é feito no estilo das declarações jurídicas do Antigo Oriente, os *mishpatim*, e por isso praticamente sem razões explícitas. Aparece apenas a expressão adicional da eliminação do mal. Com isso, porém, falta uma ligação elaborada deste tema com as questões teológicas centrais e as estruturas de pensamento do Código Deuteronômico.

Pena de morte para o adultério e para a falta de virgindade: nada mais típico da dureza da lei do Antigo Testamento, e tão distante da liberalidade (do Novo Testamento e da época moderna). Em tudo isso, observa-se tão pouco o processo da história do direito quanto a história da formulação tão diferenciada no judaísmo e no cristianismo. A novidade, estabelecida com a redação por escrito do direito da família, é o controle judicial público do poder patriarcal. Ao mesmo tempo, os conflitos familiares são assim incluídos nas regulamentações de procedimentos legais do Deuteronômio. Para todos os processos que envolvem pena de morte, por exemplo, vale a regra rígida das duas testemunhas (Dt 19,15ss.). Aquilo que é dito de modo explícito sobre apostasia e blasfêmia (17,6) deve ser pressuposto ainda mais aqui. Só o pai e a mãe juntos podem registrar queixa contra o filho ou o marido da filha (21,18ss.; 22,13ss.). No que se refere à vida e à morte da sua esposa, o marido não pode fazer sozinho a queixa.

---

254. Isso em continuação aos poucos indícios correspondentes em MEYERS, *Discovering Eve*, p. 192ss.
255. Cf. acima p. 216ss., 227ss.

A meu ver, com a legislação deuteronômica, alcançou-se uma igualdade espantosamente ampla entre homem e mulher, espantosa se a relacionamos com as condições de uma sociedade tão patriarcal. Não é por acaso que o Deuteronômio em Dt 4,16 traz a formulação talvez mais estudada na Bíblia de que o Deus de Israel não é nem masculino nem feminino, e que o primeiro mandamento só tem sentido em relação com o segundo e com a sexualidade de Deus.

d) Palavra final: radicalização e descumprimento

As maldições de Dt 27 mostram como o Código Deuteronômico não conseguiu captar todas as normas no campo dos relacionamentos sexuais, ou pelo menos as mais importantes. Aqui são colocadas sob maldição as relações com uma das mulheres do pai (v. 20)[256], com uma (meia-)irmã (v. 22) e com a sogra (v. 23), mas também o coito com animais (v. 21). Isso são transgressões que estão sujeitas somente ao julgamento divino, não ao humano (cf. Ex 22,18)[257].

O tema das relações sexuais proibidas[258] é detalhado no Código da Santidade[259]. Os dois capítulos de Lv 18 e 20, claramente relacionados entre si, mostram a grande importância que este tema tinha no pensamento sacerdotal. Especialmente em Lv 18,6ss. se usa um catálogo de graus de parentesco interditados, que relaciona as mulheres que vivem na casa de um homem no estilo patrilocal[260]. Ao lado disto, porém, também se mencionam as relações com mulheres menstruadas (v. 19), o adultério (v. 20), o homossexualismo (v. 22) e o coito com animais (v. 23). Estas são as coisas horríveis que os moradores anteriores teriam cometido (v. 3.27) e que tornam a terra impura, a ponto de ela vomitar o povo (v. 28ss.). Às proibições em Lv 18 correspondem, no cap. 20, as regulamentações sobre a pena de morte, encabeçadas pelo culto a Moloc (v. 2ss.), que era uma forma de sacrifício de crianças.

---

256. Só para este há um paralelo na lei em 23,1 que, por sinal, está relacionado com o casamento (*lqḥ*), enquanto 27,20 se refere a relações sexuais.
257. Sobre a posição singular de Dt 27, cf. p. ex. FABRY, *Dekalog*. Ele supõe um acréscimo posterior, composição que também aponta para o Código da Santidade, que apresenta certa correspondência com o Decálogo.
258. Sobre os paralelos descobertos no mundo do Antigo Oriente contemporâneo, cf. HOFFNER, *Incest*.
259. Para os paralelos literários, cf. a seguir p. 383ss.; cf. 407.
260. Cf. ELLIGER, *Gesetz*; • BIGGER, *Family laws*; • HALBE, *Inzestverbote*.

Só com isso todo o campo da conduta sexual é integrado na Torá. É verdade que, para compreendê-lo, é preciso recordar principalmente duas coisas. O contexto em que se fala aqui é formado claramente pelos conceitos, subjacentes ao Código da Santidade, do que seja santo e profano, puro e impuro[261]. Isso, ao mesmo tempo, exclui uma aplicação direta à prática jurídica. De modo especialmente claro, mostra-se isso em Lv 20,4s., onde expressamente se reflete sobre o fato de que os sacrifícios a Moloc não são punidos com eficiência. Afirma-se que o próprio Deus executará o castigo. Acima de tudo, porém, deve-se levar em conta a diferença, básica para toda a esfera do direito sacerdotal, entre pecados cometidos intencionalmente ($b^e y\bar{a}d$ $r\bar{a}m\bar{a}h$) e sem querer ($liš^e g\bar{a}g\bar{a}h$)[262] (cf. esp. Nm 15,22-31). Para estes últimos, são prescritos apenas sacrifícios de expiação. Isto quer dizer que a rigidez das leis não pode ser desvinculada da expiação e do perdão[263].

Ao mesmo tempo que com estes textos todo o campo da conduta sexual é cercado por rigorosas determinações jurídicas de pena de morte, parece que se abriu o caminho que, no judaísmo, levou ao descumprimento de fato de leis tão rígidas. Na época bíblica, já não se registra nada de tais práticas. Além das conhecidas regras de conduta interbíblicas e da determinação de que, para uma sentença de morte, pelo menos duas testemunhas oculares precisam estar presentes, o judaísmo acrescenta que antes é preciso fazer uma advertência[264]. Só então se constitui uma transgressão real da lei. Tal combinação, porém, na prática nunca será encontrada. Como em outras áreas do direito penal, aqui também vale que a rigidez das leis só pode ser equiparada à sua prática se for isolada do contexto de toda a Torá. Na tradição rabínica, determinações individuais como a lei sobre o filho rebelde eram interpretadas de uma maneira que um caso assim na verdade jamais pode ter acontecido[265].

Por fim, não deve ser por acaso que em Lv 18 exatamente neste assunto se indica o objetivo de todas as instruções da Torá: a preservação da vida (v. 5). Mostra-se também a recusa do povo de Deus em adaptar-se às normas dos povos no seu entorno (v. 3; cf. 20,23)[266]. As duas coisas devem ser levadas em consideração ao se analisar de modo criativo as tradições.

---

261. Sobre isso, cf. GOODMAN, *Diet and sex*; além disso, a seguir p. 420ss.
262. Sobre isso, cf. p. ex. RENDTORFF, *Leviticus*, p. 150ss.; também a seguir p. 437ss.
263. Sobre isso, cf. a seguir p. 425ss.
264. mSan 5.1; tSan 11.1; bSan 40b etc.
265. De acordo com KRAUS, *Sanhedrin*, p. 240, com base em mSan 8.1; jSan 26a; Sifre § 218-220; bSan 68b/69a; segundo esta última passagem, na verdade somente um período de três meses na vida de um menino entra em cogitação.
266. Cf. PETUCHOWSKI, *Bräuche*.

5. Dessacralização e segurança jurídica: proteção da natureza e dos animais

"Assim como a dona de casa que esfregou o chão da sala toma providências para manter a porta fechada, para que o cachorro não entre e suje o chão com as marcas das suas patas – da mesma maneira os pensadores europeus cuidam para que nenhum animal lhes atravesse a ética." A caracterização que Albert Schweitzer fez da ética europeia[267], especialmente da cristã, não se aplica à Torá. No Deuteronômio encontramos, de modo ainda mais claro do que em outros trechos, leis sobre proteção de animais e plantas e sobre a preservação da natureza. A opinião corrente de Schopenhauer[268] a Drewermann[269] de que o "esquecimento da natureza"[270] na Europa, e especificamente a falta de misericórdia dos cristãos para com os animais, tem suas raízes no judaísmo do Antigo Testamento, na verdade baseia-se no desconhecimento dos textos[271] e da tradição judaica[272]. Ao contrário da pressuposição de Paulo em sua pergunta retórica de 1Cor 9,9s., Deus se importa, e muito, com os bois. É verdade que a relação deste assunto com os temas teológicos centrais do pensamento deuteronômico não são perceptíveis à primeira vista. Apenas esta relação, porém, poderá libertar estas leis do caráter de acaso histórico e mostrar sua necessidade teológica.

Para entender o que é novo, é bom lembrar a história da Torá antes do Deuteronômio. A adoração exclusiva do Deus de Israel tem a forma de uma prática que de antemão inclui o que chamamos de natureza. Este é um tema básico do documento mais antigo que contém regras para a adoração exclusiva, Ex 34,11ss.[273], e o Deuteronômio assume todas as suas determinações importantes. O ciclo

---

267. A. SCHWEITZER, Kultur und Ethik, p. 362s.; cf. LANDMANN, Tier, p. 41.
268. SCHOPENHAUER, Grundlagen, § 8; § 19.7; Parerga II § 177.
269. DREWERMANN, Fortschritt, p. 71ss., com agressões antissemitas diretas e a afirmação culminante: "A própria Bíblia não contém uma única frase, com exceção de uma passagem fraca em que o justo se compadece do seu gado e do mandamento de não amarrar a boca ao boi que debulha, que fale do direito dos animais à proteção contra a crueldade e ganância do ser humano, ou pelo menos da compaixão e consideração quando em dificuldades" (100). Isso é fundamentado apenas pela referência a Schopenhauer. O discurso de Schopenhauer sobre o "judaizado desprezador de animais e idólatra da razão" (SCHOPENHAUER, Grundlagen, § 19.7) é assumido de modo positivo.
270. Cf. ALTNER, Naturvergessenheit.
271. Cf. para isso a visão geral do debate em LIEDKE, Tier-Ethik; cf. esp. PANGRITZ, Tier; • HENRY, Tier; • WESTERMANN, Mensch; • BARTELMUS, Tierwelt.
272. Sobre isso, cf. LANDMANN, Tier; • STEIN, Tier; • cf. tb. LÖW, Thierschutz; • UNNA, Tierschutz; para um panorama abrangente, cf. MARCUS, Prolegomena zu einer jüdischen Umweltethik.
273. Cf. acima p. 189ss.

anual das festas e a semana totalmente independente dele fazem parte delas, bem como a oferta dos primogênitos dos animais (Dt 15,19ss.) e das primícias das colheitas (esp. 26,1ss.), ou o trato com animais nos costumes de sacrifícios e refeições (Dt 14,21). Para os mishpatim, em termos jurídicos, o animal não é um objeto, mas sujeito[274], enquadrado na pena de morte da mesma forma que as pessoas culpadas (Ex 21,18ss.; cf. Gn 9,5). Como se sabe, isso era praticado no Ocidente há pouco tempo. O Código da Aliança, que integra tudo isso, assume tradições sacras como a de que os "homens santos" ou, melhor, os "homens do santuário", não comem a carne de um animal encontrado morto, nem sangue (Ex 22,30). Os animais são especialmente incluídos nas regras sobre o relacionamento com pobres e inimigos sociais. Toda ajuda lhes é devida (23,4s.)[275]. O Deuteronômio toma este tema à parte, isolado dos outros. Segundo Dt 22,1-4, deve-se prestar ajuda a pessoas errantes, e especialmente aos animais de que elas dependem (v. 4). Desde o começo, portanto, a Torá pressupõe a ética camponesa que parte de uma relação estreita com os animais, e formula estas tradições novamente como instruções divinas obrigatórias.

Além destas determinações já tradicionais no Deuteronômio, encontramos em várias passagens determinações explícitas de proteção de pássaros (22,6s.) e animais domésticos que executam trabalhos (25,4). Além disso, Dt 14 assume uma lista longa de animais que podem ser comidos ou não – só para ficarmos no âmbito dos animais. A importância e a função teológica destes textos só ficam claras quando os vemos em sua relação com as regras básicas sobre a unidade do lugar de culto e, com isso, sobre a forma deuteronômica da prática de culto orientada pela unidade de Deus.

Como os sacrifícios legítimos só podem ser oferecidos no único local escolhido pelo único Deus, uma consequência necessária, como se sabe, é a liberação do chamado abate profano[276]. De acordo com Dt 12, os animais podem ser comi-

---

274. Cf. FENSHAM, Liability of animals.
275. Cf. acima p. 265ss.
276. A opinião de McCONVILLE, Law, p. 44ss.; • cf. SEEBASS, Vorschlag zur Vereinfachung, 96, de que o abate profano já era praticado muito tempo antes do Deuteronômio, consegue apoiar-se apenas em 1Sm 14,32-35. Ali, porém, o problema não é a proibição do consumo de sangue (como pensa p. ex. LONG, King Saul, 121, sem discutir os detalhes), que não seria afetado pela construção do altar por Saul, mas comer "sobre" ('al) o sangue; cf. Lv 10,26 e Grintz, Do not eat, que pensa, com Maimônides e outros, em um rito ctônico de sangue. Em todos os casos, o que vale é que "a transgressão consiste em que esta esfera (sacra, nota do A.) não é guardada o suficiente", como diz Stoebe, 1. Samuel, 268 nota 32; cf. p. ex., também Donner, Verwerfung, 33.

dos a qualquer hora nas diversas localidades, à vontade, sem motivo cultual direto. Assim, várias vezes se dá o exemplo da caça, como a gazela e o cervo (v. 15.20). Como estes, o gado pode ser comido por pessoas puras e impuras, isto é, por quem tem acesso ao culto e por quem não o tem. Com isso, o abate de animais está fundamentalmente separado do contexto de culto; as amarras rituais são desfeitas. A longo prazo, este é um dos (muitos) pontos de partida para que os animais se tornassem um material a ser usado à vontade pelas pessoas. A importância religiosa dos animais, a ligação de abate e sacrifício, é muito enfraquecida. Os animais estão sujeitos aos seres humanos de uma maneira nova. Para isso, a relação com o Deus bíblico é evidente, o âmbito do que é sacro é restringido, o mundo se torna bem mais profano.

É verdade que o Antigo Testamento, e especificamente o Deuteronômio, uniu este passo sempre com um segundo. Apenas a separação destes dois lados possibilitou a indiferença inimaginável da ética cristã em relação aos animais, ensejando até hoje uma visão antijudaica da história europeia nesta questão. A equiparação dos animais de abate com a caça é logo restringida em Dt 12. O sangue não deve ser consumido (v. 15s.22s.). Ao contrário dos textos sacerdotais posteriores (Lv 17,13), Dt 12 ainda não pressupõe isso necessariamente para os animais de caça. O sentido teológico desta renúncia ao sangue é formulado já no Deuteronômio: "O sangue é a vida (*nefeš*). Portanto, não comas a vida (*nefeš*) com a carne" (Dt 12,23; cf. Lv 17,11). A liberação profana não pode, realmente, implicar no ataque irrestrito à vida. Somente esta proibição de consumir sangue impediu, na ética judaica em relação aos animais, que estes fossem mortos apenas por divertimento[277].

O Código Deuteronômico cria outras compensações importantes contra conclusões errôneas sobre a liberação do abate profano. Não é por acaso que, no mesmo momento em que o abate de animais é separado do culto, surge a primeira lista dos animais que não podem ser comidos em Israel, como se lê em Dt 14,3-21[278]. Com bastante certeza, pode-se concluir que por trás disso há regras

---

277. Sobre isso, cf. MILGROM, Diet laws; id., Ethics.
278. Para uma visão geral, cf. CHANG, Abominable things; além dos comentários, cf. esp. WIGAND, Vorstellung; • DÖLLER, Reinheitsgesetze; • YERKES, Unclean animals; • KORNFELD, Tiere; GOODMAN, Laws; MILGROM, Ethics; • id., System; • SOLER, Dietary prohibitions; para uma crítica a isso, cf. ALTER, New theory; por último, esp. FIRMAGE, Dietary laws. Sobre a pureza cultual em geral, cf. a seguir p. 422s.

étnicas mais antigas, como as que existem em muitos outros povos. As tradições sobre alimentos são parte de qualquer cultura[279]. Só que vários textos pré-deuteronômicos mostram que tais regras não tinham um peso grande e muito menos teológico, e com certeza não tinham sanção religiosa[280]. A separação de culto e vida diária, resultante da unidade deuteronômica do lugar de culto, porém, requer a reflexão sobre qual parte da criação fora concedida como alimento ao ser humano. Como diz a lista de Dt 14, trata-se somente de um pequeno segmento: gado bovino, ovelhas e cabras, e alguns animais de caça (v. 3ss.); os pássaros puros (v. 11) e, o que para Judá deve ter tido menos importância, animais aquáticos com barbatanas e escamas (v. 9).

O Código Deuteronômico, todavia, não se limita a estas regras de alimentação. Com exceção dos animais aquáticos, ele retoma o assunto sob a forma de determinações de proteção. Estas visivelmente complementam o que foi detalhado nos capítulos introdutórios básicos da lei, em Dt 12 e 14, e o protegem contra possível abuso. Aí se fala apenas dos pássaros (*ṣippōr*):

> Dt 22,6 *Se pelo caminho encontras um ninho de pássaros — numa árvore ou no chão — com filhotes ou ovos e a mãe sobre os filhotes ou sobre os ovos, não tomarás a mãe que está sobre os filhotes;* [7] *deves primeiro deixar a mãe partir em liberdade, depois pegarás os filhotes, para que tudo corra bem a ti e prolongues os teus dias.*

"Chama a atenção como em um mandamento que se preocupa com coisas tão pequenas há a promessa expressa: poupar a mãe-pássaro é colocado no mesmo nível de honrar a mãe humana (5,16)"[281]. Também poderia ser que o peso da justificativa, que em geral é vinculado ao cumprimento da instrução divina[282], contribuísse para questionar a própria avaliação. Contudo, o cristianismo desatrelou-se da Torá de modo tão completo que foram necessárias experiências novas, frequentes e ameaçadoras para conscientizar-se novamente da ligação entre o mundo das aves e a vida humana. Isto também mostra que a contraposição de "humanidade" e utilitarismo[283] dificilmente consegue inserir o ser humano corretamente na natureza. Em todo caso, no Código Deuteronômico abre-se espaço

---

279. Sobre isto DOUGLAS, Reinheit; para a crítica esp. MILGROM, Ethics, p. 176ss.
280. P. ex. Gn 43,32.
281. BERTHOLET, Komm., p. 68.
282. Cf. 4,40; 5,33; só "vida longa" em 4,26; 6,2; 11,9; 17,20; 25,15.
283. Segundo, p. ex., Bertholet e Steuernagel, comentário sobre a passagem.

para a máxima tão simples quanto importante de que a capacidade reprodutiva do mundo das aves é instrução de Deus, que aponta, aqui como em outros lugares, para a preservação da vida. No contexto de todo o Código Deuteronômico, coloca-se a pergunta até que ponto as aves também representam outros animais de caça que não os domésticos.

O tema do gado doméstico mais importante, o bovino, é retomado, depois de Dt 12; 14,4.24; 15,19ss.; 17,1; 18,3; 22,1ss., novamente em Dt 25,4:

25,4 *Não amordaçarás o boi*[284] *que debulha o grão.*

Muitas vezes, esta lei foi entendida em sentido simbólico ou figurado, não por último por Paulo (1Cor 9,9s.). Devido à sua posição no contexto, isso também é aceito para o sentido no âmbito do Código Deuteronômico[285]. Todavia, não pode haver dúvida de que, a princípio, trata-se de uma regra de como lidar com o animal doméstico[286]. Não por último, a ampla discussão rabínica sobre os detalhes do procedimento mostra esta regra[287]. Nisso também se pode ver o propósito da lei ao preocupar-se com o animal, com a proibição de causar-lhe sofrimento[288]. Sujeito ao ser humano como animal de trabalho e alimentação, o boi adquire aqui direitos semelhantes aos das pessoas (cf. Dt 23,25). Isso impede que se lhe inflija qualquer tipo de sofrimento.

Aquilo que vale para outros campos do direito, como os *mishpatim* ou as leis deuteronômicas sobre o casamento, deve valer também aqui. O modo da codificação faz com que só poucas perguntas especialmente importantes sejam regulamentadas, mas o são de forma explícita. Ao mesmo tempo, porém, elas foram escolhidas e dispostas de tal modo que é espantoso como extensos campos jurídicos são tratados e esclarecidos no que é fundamental. Assim, quando se lê como uma unidade todas as afirmações sobre o trato de animais contidas no Código Deuteronômico, verifica-se que a separação entre consumo de carne e sacrifícios é acompanhado – e isso era teologicamente necessário – por um con-

---

284. *šōr* não é exatamente o nosso "boi", mas gado bovino: boi, touro, bezerro; cf. KBL 3. ed. p. 1.346ss.
285. Cf. CARMICHAEL, *Ceremonial crux*; • NOONAN, *Muzzled ox*; • ESLINGER, *Drafting techniques*.
286. Sobre isto também NIELSEN, *Ox*, que reconstrói de passagens isoladas do Deuteronômio um antigo "calendário de tabus" (104), que compara com o calendário de Gazer.
287. Sobre isto também o estudo importante de LISOWSKY, Dt 25,4.
288. bBM 90a; cf. LISOWSKY, Dt 25,4, 150s.

junto abrangente de regras, que levam os animais a sério como sujeitos do direito, e limitam o poder humano sobre eles a casos bem delineados. No pensamento bíblico, o âmbito profano não representa ausência de direitos para o mundo animal, mas proteção garantida pela lei. O esquecimento da natureza pelos europeus procede exatamente do esquecimento da Torá. Na Torá, a criação é sujeito do direito[289].

Mencionaremos rapidamente duas outras determinações que se referem a esferas da criação fora do mundo animal. Em Dt 22,9-11, o tema é a proibição de semear dois tipos de plantas na vinha. Em Lv 19,19, isso se torna uma proibição geral de semear plantas diferentes de forma misturada. Além disso, animais diferentes não devem trabalhar juntos, e linho e lã não devem ser misturados em um tecido. Esta forte tradição sacerdotal de manter separado o que é separado, não misturar o que é diferente, como quer que se queira imaginar a combinação, vem do respeito pelas diferenças entre as espécies. O que Deus separou, o ser humano não deve unir[290].

Em uma das leis deuteronômicas sobre a guerra, em Dt 23,10-15, encontram-se determinações que visam a limpeza do acampamento, mas que podem servir de modelo para a manutenção de todo o meio ambiente:

> 23,14 *Junto com teu equipamento, tenhas também uma (estaca em forma de) pá*[291]. *Quando saíres para fazer as tuas necessidades, cava com ela, e ao terminar cobre as fezes.* ¹⁵ *Pois Yhwh teu Deus anda pelo acampamento para te proteger e para entregar-te os inimigos. Portanto, teu acampamento deve ser santo, para que Yhwh não veja em ti algo de inconveniente e te volte as costas.*

Não há dúvida: a "santidade começa com a limpeza, e esta pureza *grosso modo* é o início de toda pureza"[292]. Daí brota o *princípio do causador*, segundo o qual cada um tem de limpar sua própria sujeira, cuja falta de aplicação produziu a atual condição de um mundo imundo. Acima de tudo, porém, este conceito de Deus, tantas vezes considerado atávico, poderia ser de alguma importância para o nosso futuro: a presença protetora e salvadora de Deus em seu povo não suporta

---

289. Sobre a formulação e a problemática atual, cf. p. ex. EVERS (org.), *Schöpfung*.
290. Para o debate e importância teológica, cf. a seguir p. 445ss.
291. *yātēd* é a estaca da barraca, que também pode ser de metal. Tradução conforme Steuernagel, comentário sobre a passagem.
292. MANN, Th. *Gesetz*, p. 651.

mau cheiro e imundície – e como o deserto de então deve ter sido limpo! O fato de Deus ter nariz também é um caso em que o evangelho se apresenta como lei.

6. Liberdade política e obrigação canônica: o passo para a "Escritura"

Apenas o peso do conteúdo não consegue explicar o poder que o Código Deuteronômico tinha para se impor e tornar-se o cerne do cânon bíblico. Isso fica evidente numa comparação com os grandes textos, ricos em tradição, do mundo do Antigo Oriente ou da Antiguidade Clássica. É grande a importância de escritos como o Código de Hamurábi ou os épicos de Homero. É certo que esses escritos tiveram uma influência por muitas gerações. Eles, porém, não têm a forma de cânon[293] e, portanto, não tem a forma diretamente impositiva da vontade de Deus para seu povo. Porém, mesmo esta autoridade e a de Moisés como mediador, que fala de um passado distante do presente, não são suficientes. Isto mostra com muita clareza o relato do "achado" de um livro da lei no templo de Jerusalém no 18º ano do Rei Josias, em 2Rs 22s. Nem a dignidade do local do achado nem a entrega pelo sacerdote principal, nem a ideia de que Deus ou Moisés falam no texto, nem o conteúdo em si (cf. esp. 2Rs 22,11) são suficientes. É necessário ainda consultar os profetas, na pessoa da profetisa Hulda (22,13ss.). A confirmação dela, entretanto, ainda não é suficiente para fazer a lei entrar efetivamente em vigor. Isto acontece apenas em uma cerimônia solene de "aliança" ($b^e r\bar{\imath}t$), em que o rei se compromete com esta lei diante dos anciãos e de todo o povo, que se associa a ele (2Rs 23,1-3). $b^e r\bar{\imath}t$ é um ato de compromisso ainda superior a um juramento. Tudo isso é necessário para "erigir" as palavras deste livro ($q\bar{u}m$ hif.), ou seja, fazê-las vigorar (v. 3). Só assim sua validade é, na prática, inquestionável (v. 4ss.). Esta é a perspectiva dos livros dos reis, escritos no exílio. Será preciso partir do pressuposto de que estes livros, neste particular, não falam nem falarão de outra coisa senão da essência do Código Deuteronômico. Já o fazem, porém, à distância de pelo menos uma geração; entre ele e o evento houve mudanças e rupturas históricas profundas. O que se pode constatar neste processo que marca a transição da tradição normativa para a formação do cânon?

---

293. Sobre isso, cf. COLPE, *Sakralisierung*, bem como em conjunto A. e J. Assmann (orgs.), *Kanon*.

a) A pressuposição: o movimento deuteronômico

Para a compreensão vale a pena primeiro averiguar os grupos de autores e portadores do Deuteronômio, com o que ao mesmo tempo será possível resumir o que foi dito até aqui.

O Deuteronômio é um dos poucos escritos do Antigo Testamento em que o anonimato que oculta os grupos de autores e portadores pode ser um pouco esclarecido. Uma série de novos trabalhos reconheceu e descreveu a importância das famílias aristocratas de Jerusalém que encontramos no contexto do achado do livro da lei. Estas famílias estão relacionadas aos conflitos na época de Jeremias, e podem ser acompanhadas durante três gerações, até o começo do exílio[294]. O grande interesse que os textos têm em determinados nomes e funções do funcionalismo de Jerusalém mostra que os círculos produtivos em termos literários na época do exílio espelham um pouco a si mesmos. Uma série de sinetes e impressões de sinetes da época dos reis, que comprovam uma parte dos nomes[295], mostra quão pouco eram fictícios. É impensável que o Deuteronômio em si, que apresenta tantos traços de desenvolvimento durante gerações, ou as coletâneas literárias volumosas e os conceitos que em termos científicos são vinculados a ele, possam ter surgido independentemente destes grupos. Mesmo assim, é necessário que fique em aberto, além deste "que", como exatamente as relações devem ser concebidas.

De acordo com 2Rs 22,4ss., Helcias, o principal sacerdote do templo de Jerusalém, entrega no ano 622 aC o livro da lei a Safã, o "escriba", isto é, o funcionário do rei mais importante na época[296]. Estas duas pessoas são representantes de duas famílias que durante décadas influenciaram, entre outros, os destinos de Judá. O neto de Helcias é, muito provavelmente, aquele Saraías (cf. 1Cr 5,39s.; Esd 7,1) que é o último sacerdote principal que exerceu o cargo em Jerusalém antes do exílio, e que foi morto por Nabucodonosor (2Rs 25,18ss.)[297]. Entre os dois, Azarias,

---

294. YEIVIN, *Families*; • WEINFELD, *Deuteronomy*, p. 158ss.; • LOHFINK, *Historische Kurzgeschichte*, p. 73ss.; • HARDMEIER, *Prophetie*, p. 443ss.; • KESSLER, *Staat*, p. 200s. e outros.
295. Esp. AVIGAD, *Hebrew bullae*; • SHILOH, *Hebrew bullae*. Sobre o problema da identificação de sinetes com personagens históricos cf. AVIGAD, *Identification*.
296. Cf. METTINGER, *State officials*, p. 25ss.; • RÜTERSWÖRDEN, *Beamte*, p. 85ss.
297. Cf. HARDMEIER, *Prophetie*, p. 443, que se pergunta se o Saraías de Jr 36,26 é o mesmo, apesar do nome diferente do pai (Azriel – Azarias).

provavelmente o filho de Helcias, ocupou o cargo, do qual é possível que haja uma impressão de sinete[298]. Outro filho de Helcias, Gamarias, é mencionado em Jr 29,3, onde ele, junto com um filho de Safã, serve de mensageiro entre Jerusalém e a primeira *gōlāh** de 598 aC. Não há certeza, mas sempre existe certa probabilidade, em outras menções do mesmo nome. O profeta Jeremias é filho de um sacerdote Helcias (Jr 1,1). Uma hipótese especialmente interessante para o nosso contexto é considerar aquele Eliacim, filho de Helcias em Is 22,20-23, como filho do mesmo Helcias[299]. Eliacim recebe, neste "pronunciamento de investidura"[300] pós-isaiano, uma posição de caráter totalmente singular. Ele não é rei, mas mesmo assim é "pai" para os moradores de Jerusalém e para a casa de Judá; somente ele tem as chaves que pertencem à casa de Davi, e o seu uso da chave não é controlado por ninguém, tampouco por algum rei. A hipótese é muito atraente, mas, infelizmente, não é comprovável que ele tenha sido o administrador que, durante a menoridade de Josias, exerceu de fato o poder real no lugar deste. Se isto for correto, seria a prova de uma relação da família dos principais sacerdotes com os eventos da subida de Josias ao trono e, em geral, com tarefas políticas "profanas"[301]. De Safã, o personagem político central da época de Josias (2Rs 22,3.8-10.12.14), conhecemos quatro filhos: Aicam (2Rs 22,12.14; Jr 26,24), Gamarias (Jr 36,10.12.25)[302], Elasa (Jr 29,3) e Jezonias (Ez 8,11). O filho de Gamarias se chama Miqueias (Jr 36,11.13), o de Aicam é aquele Godolias que, depois da queda do templo e da cidade, esteve à frente do último vestígio de autonomia política (2Rs 25,22-25; Jr 39,14; 40,5-9.11-16; 41,1s. e outros)[303].

Devemos considerar estes personagens e suas famílias, assim como outros desta época conhecidos por nome[304], como expoentes políticos do *'am hā'āreṣ* judaico, com quem está o poder decisivo. Sua atitude em relação ao profeta Jere-

---

298. SHILOH, *Hebrew bullae*, p. 29 (n. 27; sobre isto fig. 2, n. 6), bem como sobre a identificação Schneider, *Azariahu*.
* *Gōlāh:* grupo de deportados [N.T.].
299. Assim pensa HARDMEIER, *Prophetie*, p. 440s.
300. WILDBERGER, *Jesaja*, p. 844; sobre os problemas do texto, p. 842ss.
301. O famoso e muito discutido sinete de Eliaquim, com o título *na'ar Ywkn*, do qual se conhece há muito tempo várias impressões, recentemente foi datado claramente como sendo do século VIII (e não do século VII ou VI): cf. TUAT II 567s.; para a história da pesquisa, cf. GARFINKEL, *Eliakim Na'ar Yokan seal*.
302. Uma impressão de sinete com igual nome e nome de pai está em SHILOH, *Hebrew bullae* 29 (n. 2, cf. fig. 8, n. 6) e 33. Mas cf. as restrições à identificação em AVIGAD, *Hebrew bullae*, p. 129 nota 164.
303. É possível que os sinetes de um Godolias que era administrador do palácio (*'šr 'l hbyt*) de Laquis (VATTIONI, *Sigilli* n. 149; • SMELIK, *Dokumente*, p. 127) e de um Godolias que era servo do rei (*'bd hmlk*; Avigad, *Hebrew bullae*, 24s.; TUAT II 567) tenham relação com ele.
304. Cf. esp. KESSLER, *Staat*, p. 200.

mias e sua profecia crítica correspondem exatamente ao que exige a lei do Deuteronômio 18 sobre os profetas[305].

Para a compreensão do contexto histórico do Deuteronômio é muito importante que um estudo das suas tradições linguísticas e de conteúdo, como o que foi feito por Weinfeld[306], aponta na mesma direção. As muitas conexões com a sabedoria são melhor explicadas com uma origem de círculos de sabedoria e de escribas; o mesmo vale para os vínculos com os textos de acordos daquela época. O fato de Jr 8,8, no fim da época dos reis, ver a Torá relacionada à atividade dos grupos de sabedoria e dos escribas[307] é mais uma confirmação.

O contexto assim descrito substituiu a tese, predominante por muito tempo, de que o Deuteronômio tivesse sua origem junto a círculos levíticos[308]. É certo que a tese de que a retórica especial do Deuteronômio provém da pregação dos levitas[309] na prática não resiste ao fato de que esta atividade só é comprovada séculos mais tarde em textos de Crônicas. Diante das diferenças claras entre os textos deuteronômicos e especificamente sacerdotais, também paira hesitação em se ligar o Deuteronômio de modo muito estreito a círculos ligados ao culto no sentido mais estrito. Como, além disso, no fundo não sabemos praticamente nada sobre os levitas do último período da monarquia, e as afirmações importantes do Deuteronômio também continuam controvertidas[310], a tese tem pouco valor como explanação histórica. Apesar disso, o papel destacado que os levitas exercem no Deuteronômio chama a atenção e requer explicações. O fato de, depois do Deuteronômio, e só depois dele, todos os sacerdotes serem levitas e todos os levitas serem sacerdotes em potencial (esp. 18,1ss.) certamente não é um detalhe de menor importância. E, apesar de todas as diferenças com os conceitos sacerdotais, há uma forte influência de uma perspectiva de culto, como se pode observar, por exemplo, no interesse pelo santuário central. Já aqui no Deutero-

---

305. Sobre isto cf. acima p. 335ss.
306. WEINFELD, *Deuteronomy*.
307. Cf. acima p. 44ss.
308. Cf. p. ex. BENTZEN, *Josianische Reform*; • LINDBLOM, *Herkunft*; • EISSFELDT, *Einleitung*, p. 297; muita influência teve V. RAD, *Deuteronomium-Studien*, p. 148. Uma visão geral das variantes desta tese estão em HOPPE, *Levitical origins*, p. 27ss. Para a crítica veja, além de WEINFELD, *Deuteronomy* p. 54ss. etc.: HOPPE, *Levitical origins*; BETTENZOLI, *Leviti*.
309. Assim esp. V. RAD, *Predigt des Deuteronomiums*; para a crítica, além de WEINFELD, *Deuteronomy*, p. 10ss. esp. 54ss.: MATTHIAS, *Levitische Predigt*.
310. Cf. com isto GUNNEWEG, *Leviten*, p. 69ss.; além disso, WRIGHT, *Levites*; • EMERTON, *Priests*; • ABBA, *Priests*; • BETTENZOLI, *Leviti* e outros.

nômio, por exemplo, em 14,2 e especialmente em 7,6, Israel é chamado de "povo santo", separado para servir o seu Deus. A santidade ainda não é o conceito-chave determinante em termos jurídicos[311], porém, sem a participação de grupos sacerdotal-levíticos, quase não se pode imaginar a formação e a prática do Código Deuteronômico[312]. De forma alguma é casualidade o livro ser achado no templo e ele mesmo estar nas mãos dos sacerdotes levitas (Dt 17,18; 31,9).

Qualquer comparação do Deuteronômio com outras correntes da mesma época, como a sacerdotal, mas também com os chamados textos deuteronômicos, evidencia a amplitude incomum de tradições, temas, detalhes e interesses que ele combina. A Obra Histórica Deuteronomista, de Josué até 2Rs, por certo, escreve uma história segundo o padrão do Deuteronômio, porém faz referências apenas selecionadas à lei. Somente a questão da unidade de culto é assumida, mas não a justiça social ligada a ela. Aquilo que, no Código Deuteronômico, tornara-se uma unidade interna, e pressupõe, no aspecto social, a participação bem ampla de diferentes grupos, parece ter desmoronado na época que se seguiu à morte de Josias, nas situações políticas que se alternaram com muita rapidez.

O movimento de resistência que se forma sob a pressão do domínio assírio e leva adiante o pensamento sobre as colocações dos profetas do século VIII, bem como sua reflexão no Código da Aliança, é o 'am hā'āreṣ. Depois do assassinato de Amon, este grupo toma o poder com a forma de um amplo movimento de libertação dos camponeses. Este grupo mantém o poder para além da infância de Josias, e evidentemente era uma aglutinação de tradições e agrupamentos diferentes. Da mesma forma, porém, é visível que os círculos tradicionais da corte de Jerusalém, que se expressam na teologia real e na teologia de Sião, e os círculos sacerdotais em sentido mais estrito, que têm sua expressão nos textos sacerdotais e em Ezequiel, não desempenham nenhum papel importante neste movimento.

b) *A fundação da liberdade como origem do cânon*

Com o Deuteronômio como discurso de Moisés antes da ocupação da terra formou-se, no período final da monarquia, o primeiro pseudepígrafo bíblico[313].

---

311. Sobre isso, cf. a seguir p. 414ss., especialmente 420ss.
312. Posição semelhante já em v. Rad, que pensava em uma cooperação de círculos levíticos com o 'am hā'āreṣ. Cf. p. ex. em *Deuteronomium-Studien*, p. 147s.
313. Cf. PERLITT, *Deuteronomium*, p. 3.

Ao contrário de textos posteriores deste tipo, porém, esta forma não pode ter sido escolhida para facilitar a inclusão em um cânon aceito já existente. Antes, o fenômeno de um cânon de escritos, no sentido do termo, foi iniciado exatamente por esse livro e com ele passou a entrar em vigor. Para a melhor compreensão deste processo, devemos recapitular primeiro os aspectos que já estudamos:

– O contexto histórico é a tomada do poder pelo *'am hā'āreṣ* judaíta, depois do golpe palaciano contra Amon. Está comprovado que este movimento, que coloca um menino no trono, durante várias décadas tem pessoalmente o poder em Judá nas mãos. Seus representantes nos são nominalmente conhecidos através de várias narrativas. O processo tem traços de um movimento de libertação de camponeses, o que se espelha principalmente nas leis sociais correspondentes no Deuteronômio.

– O surgimento e a estrutura do Código Deuteronômico não podem ser separados da instituição do tribunal central de Jerusalém. O que vale para o Código da Aliança, vale também aqui. Só neste local se pode imaginar o conhecimento da cultura do direito do Antigo Oriente e a competência jurídica que está por trás, por exemplo, das leis sobre casamento e família, e, na verdade, da unidade interior bem elaborada do corpo do livro. Este tribunal, de acordo com Dt 17,8ss., fala com a mesma autoridade do próprio Deuteronômio: a de Moisés.

– Ao formular, pela interpretação criativa de tradições antigas como a do êxodo, o autoconceito libertário do movimento deuteronômico centrado nas determinações constitucionais, o Deuteronômio só pode fazê-lo em nome de uma autoridade que está acima da do rei instituído por Deus em Sião, bem como de todos os outros que falam no presente em nome de Deus. Isto se consegue pelo recurso à inserção na história como discurso de Moisés, com o que uma antiga tradição de legitimidade do tribunal de Jerusalém adquire nova forma (Ex 18).

– Aqui precisa ficar em aberto a questão como se relacionam no tempo e no conteúdo a liberdade do *'am hā'āreṣ* e a incumbência do povo de guardar toda a vontade de Deus, formulada no Deuteronômio. Uma serve de base à outra. Provavelmente, os muitos vestígios de crescimento da lei tão fechada em termos de conteúdo espelham esta relação e seu desenvolvimento histórico.

Se estas observações e hipóteses em sua essência estão corretas, surge obrigatoriamente a seguinte pergunta: Esta condição de exceção pode e deve ser transformada em uma condição permanente, e como isto pode acontecer? O mais tardar com a maioridade do Rei Josias[314], esta questão deve ter surgido. Será que o rei pode retornar à normalidade do Antigo Oriente que predominava antes? A justiça e o exército serão novamente submetidos ao rei? O dízimo será reintroduzido? Haverá novamente trabalhos forçados etc.? Não podemos duvidar que em Judá tenha havido grupos interessados nisto, da mesma forma que não podemos duvidar que as tradições correspondentes continuaram tendo influência. O crescente vácuo de poder que surgiu com a derrocada do império assírio só pode ter aumentado esta problemática.

Pensamentos como estes não passariam de especulação se não existissem dois textos que falam de perspectivas bem diferentes, de uma transição do Código Deuteronômico para uma validade permanente. Trata-se de Dt 26,16-19 e 2Rs 22s. Ambos objetivam um ato expresso de compromisso de todo o Israel com a lei.

α. De acordo com a narrativa de 2Rs 22s., tudo começa com o "achado" do livro da Torá no templo (22,8ss.). A leitura do texto em voz alta faz o rei ficar profundamente atemorizado (22,11). Segue-se uma avaliação profética (22,12ss.), mas tudo isso ainda não faz a lei entrar em vigor. Antes de se poder relatar sua execução por meio de medidas de reforma e da Festa da Páscoa (23,4ss.), há uma cena solene de compromisso:

> 2Rs 23,1 Então o rei mandou reunir junto de si todos os anciãos de Judá e de Jerusalém, ² e o rei subiu ao Templo de Yhwh com todos os homens de Judá e todos os habitantes de Jerusalém, os sacerdotes e os profetas e todo o povo, do maior ao menor. Leu diante deles todo o conteúdo do livro da Aliança encontrado no Templo de Yhwh. ³ O rei estava de pé sobre o estrado e concluiu diante de Yhwh a Aliança que o obrigava a seguir Yhwh e a guardar seus mandamentos, seus testemunhos e seus estatutos de todo o seu coração e de toda a sua alma, para pôr em prática as cláusulas da Aliança escrita neste livro. Todo o povo aderiu à Aliança.

O ato é realizado da maneira mais pública possível. Primeiro são reunidos os anciãos, como representantes do povo. A estes se somam todos os homens de Judá (*kol-'îš yᵉhûdāh*), que são todos os cidadãos livres, e os habitantes de Jeru-

---

[314]. Será que o fato de os acontecimentos de 622 aC caírem no 25° ano de vida de Josias tem algum significado? De acordo com Nm 8,24, esta é a idade com que os levitas entram no serviço (é verdade que, em Nm 4,2ss., só com 30 anos).

salém que lhes correspondem[315]. Além desses, vem todo o povo restante, do pequeno ao grande, liderado pelos sacerdotes e profetas[316]. O conteúdo do livro é tornado público, pela leitura em voz alta. Depois, o rei "corta" (*krt*) a "aliança" (*b^{e}rīt*), ou seja, o compromisso[317] de guardar a lei e praticar todas as suas determinações. Infelizmente, não se pode dizer muita coisa de concreto sobre este processo. Para a cerimônia da aliança, o rei está de pé em um lugar especial, provavelmente um estrado ou coluna (*'ammūd*, cf. 2Rs 11,14)[318]. Fica em aberto a questão se a cerimônia de "cortar a aliança" tem aqui, como em outras ocasiões de épocas comparáveis, a forma do desmembramento ritual de animais e a automaldição solene representada por ele (cf. Jr 34,18s.; Gn 15,10.17). O que se pode reconhecer claramente é que o rei, a princípio, assume um compromisso que obriga só a ele. Somente depois todo o povo se junta a ele, isto é, assume também o mesmo compromisso[319].

É uma questão controvertida definir qual é o lugar literário deste texto, ou determinar qual a proximidade da época da sua redação com o acontecimento do ano 622 aC e até que ponto, portanto, ele contém material histórico[320]. Muitos argumentos favorecem a hipótese de que 2Rs 23,1-3 faz parte de uma narrativa que já serviu de fonte para o autor da Obra Histórica Deuteronomista, especificamente dos livros dos reis[321]. Mesmo assim, não é possível deixar de ver um

---

315. Cf. Is 5,3; cf. tb. Sf 1,4.
316. A relação é tão bem pensada que praticamente não dá motivos para operações de crítica literária (contra, p. ex., WÜRTHWEIN, *Könige* II, p. 452ss.; • SPIECKERMANN, *Juda*, p. 71ss.).
317. Para a tradução de *berīt* por "compromisso", em vez do costumeiro termo "aliança", cf. KUTSCH, *Verheissung*; • id., art. *berīt*; para a crítica, WEINFELD, art. *berīt*; para a relação entre os dois conceitos, CRÜSEMANN, *Recht und Theologie*, p. 31.
318. Cf. FABRY, art. *'ammûd*, p. 207.
319. Para a estrutura do processo, cf. KUTSCH, *Verheissung*, p. 17, 165ss.; cf. ali também a crítica a outras teses, como de uma aliança entre Deus e povo com o rei como mediador, ou de uma outra entre o rei e o povo.
320. Para a história da pesquisa, cf. LOHFINK, *Diskussion*; para indicações de literatura, cf. tb. acima p. 293 nota 37.
321. Assim esp. LOHFINK, *Cult reform*; • id., *Gattung*. A tese de que o "breve relato histórico" que o historiador deuteronomista tem em mãos abrange 2Rs 22,3-12.13*.15-20*; 23,1-3.21-23 é, a meu ver, a mais bem fundamentada. Mas também Spieckermann, *Juda*, em seu estudo detalhado (30-159), chega à tese de que o historiador deuteronomista tinha em mãos material que incluía partes da narrativa da reforma. Para a crítica, cf. LOHFINK, *Diskussion*, p. 42ss.; para a avaliação de 23,3 (ibid., p. 44), cf. tb. MÜLLER, 2Kön 23,3 *deuteronomistisch?* Os versículos são vistos por HOFFMANN, *Reformen*, p. 200ss., mais decididamente como parte da OHD; assim também WÜRTHWEIN, *Könige* II, p. 454s., que considera 23,1-3 como parte da camada posterior do historiador deuteronomista (DtrN). Ali, porém, não se levam em consideração as diferenças em relação à usual linguagem deuteronomista.

forte recurso a tipos e à estilização[322]. O texto com certeza fala a partir de certa distância, e está voltado para a prática, relatada em seguida, não de toda a lei, mas apenas de certos aspectos religiosos dela. Por isso, não se poderá tirar do texto sem mais nem menos o autoconceito histórico dos envolvidos em 622 aC. Antes, ele deve ser lido como etiologia da validade do Código Deuteronômico[323]. Como sempre, nos casos de etiologias, o que deve ser considerado histórico a princípio não é a explicação apresentada, mas apenas o fato a ser explicado. Mas exatamente esta é a *validade* da lei, o fato de que rei e povo lhe estavam sujeitos e comprometidos com ela.

Desde que a ciência histórica aproximou o processo de surgimento da lei do momento do seu achado, a suspeita de um engano intencional se levanta. Será que uma fraude, bem ou mal intencionada, forma o começo da história do cânon bíblico?[324] A suspeita permanece, independentemente de quem foi logrado, o próprio rei ou já Safã, só o povo ou apenas os leitores posteriores. Nisto é importante a indicação de que o narrador de 2Rs 22s. realmente crê em um livro antigo da época mosaica, e isto vale já para as suas fontes. E certamente também é correto que, para os diretamente envolvidos, trata-se realmente de uma nova redação daquilo que era considerado tradição antiga. Quantas vezes as revoluções só quiseram restabelecer direitos supostamente antigos, e fizeram surgir formas de sociedade totalmente novas. Infelizmente, porém, não temos condições de saber o que exatamente os envolvidos pensavam de si mesmos; não conseguimos ir mais longe que a narrativa etiológica. Todavia, temos um paralelo espantoso, que talvez possa esclarecer um pouco o processo. De acordo com o texto do próprio Deuteronômio, o livro da lei está em mãos dos sacerdotes levitas, portanto, no templo (em 17,18; 31,9), e também nas mãos dos anciãos (31,9). São estes sacerdotes que devem tornar o texto conhecido do povo, pela leitura (31,10ss.). O que chama especialmente a atenção, porém, é o que estabelece Dt 17,18: o rei, que já está sentado no trono e, portanto, exerce o cargo, deve fazer para si uma cópia do texto que está no templo. E deve orientar-se por ele. O paralelismo chama a atenção e certamente não é por acaso: da mão do sacerdote o li-

---

322. HOFFMANN, *Reform*, p. 201, fala de uma "cena ideal".
323. Assim com WÜRTHWEIN, *Josianische Reform*, p. 407. O que está em vista aqui é o Código Deuteronômico. Isso é sublinhado não por último pela relação estreita do v. 3 com Dt 6, esp. 6,17; assim com LOHFINK, *2Kön* 23,3.
324. Cf. para o que segue as indicações e reflexões em SPIECKERMANN, *Juda*, p. 156ss.

vro vai para a mão do rei que já governa. Esse livro deve, então, (também) ser colocado em prática pelo rei. Sem problemas, pode-se imaginar que de um processo conforme é narrado em Dt 17,18 e do compromisso solene com esse livro tenha surgido, no intervalo de pelo menos algumas décadas, aquilo que é relatado em 2Rs 22s.

β. De um compromisso comparável fala agora também Dt 26,16-19:

¹⁶ No dia de hoje Yhwh teu Deus te ordena cumprir esses estatutos e normas. Cuidarás de pô-los em prática com todo o teu coração e com toda a tua alma.

¹⁷ Hoje fazes Yhwh declarar
que Ele seria teu Deus,
e que tu andarias em seus caminhos,
observando seus estatutos, seus mandamentos e suas normas,
e obedecendo à sua voz.

¹⁸ E hoje Yhwh te faz declarar
que tu serias o seu povo próprio, conforme te falou,
e que observarias todos os seus mandamentos;

¹⁹ que Ele te faria superior em honra, fama e glória a todas as nações
que Ele fez, e tu serias um povo consagrado a Yhwh teu Deus,
conforme Ele te falou.

Essa passagem está entre a lei de Dt 12,2–26,15 e o começo dos capítulos das bênçãos e maldições de Dt 27s., ou seja, em um lugar central da estrutura. E ela aponta claramente para o presente[325], como mostra a tríplice – e, portanto, enfática – repetição da expressão "hoje" (*hayyōm*). Na abertura do v. 16, a expressão ainda é reforçada: "Neste dia de hoje" (*hayyōm hazzeh*). As formas de verbo usadas sublinham a aplicação ao presente. No v. 16 há um particípio: Yhwh está para ordenar-te, está ordenando. E as duas frases dos v. 17 e 18, construídas em paralelo exato, têm caráter praticamente de execução, ainda mais em conexão com o "hoje"[326]: "Hoje fazes Yhwh declarar..." É claro que, no contexto de todo

---

325. Cf. PERLITT, *Bundestheologie*, p. 102s.
326. Para esta função da conjugação pura do afirmativo usada cf. BERGSTRÄSSER, *Grammatik* II (Verbum) § 6e; • BROCKELMANN, *Syntax* § 41d; exemplos são Dt 4,26; Jr 1,10; 40,4; Sl 2,7; para este último, bem como para o todo, BLUM, *Psalm* 2,7c.

o Deuteronômio e sua ficção histórica, parece que tudo gira em torno do "hoje" da assembleia em Moab. Contudo, a formulação ultrapassa qualquer atitude de narrativa. O passado distante é fortemente entrelaçado com o presente[327].

A mudança frequente e destacada do sujeito nos v. 17-19, que está numa certa tensão com as frases introdutórias colocadas de maneira tão exatamente paralelas nos v. 17.18, induziu muitos pesquisadores a constatar camadas literárias e a tentar descobrir uma forma original[328]. Isso não poderá ser negado em princípio. Contudo, nem há rupturas gramaticais verdadeiras, nem o texto atual é tão confuso que seja necessária uma limpeza para possibilitar uma interpretação apropriada[329]. Mesmo que o texto se tenha formado em várias camadas, aquilo que temos diante de nós é muito conciso e bem pensado e nisto constitui um exemplo muito típico para vários textos parecidos no Deuteronômio. Não é a declaração mútua pura, reconstruída em termos hipotéticos, de aceitar-se como Deus e povo que esclarece a intenção teológica. Esse esclarecimento é feito apenas pela ligação com as indicações de propósito, formuladas nos infinitivos. Os dois parceiros falam por ambos os lados, e este entrelaçamento corresponde à intenção teológica[330].

O v. 16 refere-se a princípio à lei que está em vista: ela deve entrar em vigor no dia de hoje e a partir de agora determinar a prática. Ao contrário do restante do Deuteronômio, não se fala aqui de um intervalo entre a proclamação a leste do Jordão e a vinculação da validade com a concretização da ocupação da terra. A lei vale a partir de já. O versículo tem relações evidentes com as passagens anteriores, em especial com Dt 12,1 e 6,4. Nos v. 17-19, segue-se a declaração mútua muito singular de Deus e Israel, cada vez motivada pelo outro. A compreensão do texto depende em boa parte da compreensão desta estrutura básica. Como geralmente se considera impensável que um causativo verdadeiro esteja presente no texto[331], o hifil de 'mr, que em nenhum outro lugar é atestado, é entendido de modo não totalmente impossível, mas bastante improvável e artificial, ou como

---

327. Comparável é p. ex. Sl 95,7, onde o "hoje" também logo é interpretado por meio de eventos do passado; também se pode pensar em Sl 81; cf. tb. acima p. 281s.
328. SMEND, Bundesformel, p. 14; • PERLITT, Bundestheologie, p. 104s.; • ROSE, Ausschliesslichkeitsanspruch, p. 103ss.
329. Cf. esp. LOHFINK, Bundesformel, p. 228ss.
330. Assim esp. LOHFINK, Bundesformel, p. 231ss.
331. De maneira esp. clara VRIEZEN, Hiphil p. 208s.

intensificação no sentido de "proclamar"³³² – isso faz com que no v. 17 estaria falando Israel³³³ – ou no sentido de confirmação e concordância³³⁴. Um causativo simples, porém, é muito mais provável³³⁵. E, a partir do contexto, impõe-se a seguinte conclusão: o v. 17 se explica melhor como resumo de todo o Deuteronômio precedente. Nele, Yhwh – por meio de Moisés – em especial nos discursos introdutórios em Dt 6ss., falou de libertação, eleição e dádiva da terra e, portanto, sobre o que significa ser Deus. Os infinitivos seguintes resumem a obediência de Israel à Torá como objetivo da ação de Deus. Por outro lado, os v. 18s. formulam a concordância de Israel de ser povo de propriedade dele e somente dele. Isto inclui a obediência à lei. No fundo, porém, objetiva a exaltação do povo aviltado e humilhado, para louvor de Deus³³⁶.

A reciprocidade da declaração, tantas vezes considerada ofensiva, pode ser melhor entendida quando relacionada com a lei anterior. Ao ouvir a Torá e obedecer a ela "hoje", Israel permite que lhe seja dito que Deus é Deus para Israel, e disso tira as consequências resultantes. Ao confirmar o que é o conteúdo da lei, como Deus quer, Israel também aceita as consequências, em especial a posição singular que Deus lhe atribui. Igualmente, a menção dupla nos v. 18s. a uma palavra anterior de Deus deverá ser entendida a princípio como referência às promessas formuladas no próprio Deuteronômio³³⁷. Esta interpretação está perto da que foi sugerida por Smend, que diz que Dt 26,17-19 se refere à cena de compromisso sob Josias, como está em 2Rs 23,1-3³³⁸. Naturalmente, isso não pode ser provado, e a relação exata em todos os casos precisa ficar totalmente em aberto. Os motivos, porém, são pouco convincentes³³⁹. A estrutura básica está em

---

332. Assim SMEND, *Bundesformel*, p. 14s.
333. Cf. esp. LOHFINK, *Bundesformel*, p. 231, com crítica convincente a Smend.
334. Assim seguindo VRIEZEN, *Hiphil*, esp. LOHFINK, *Bundesformel*, p. 234s.
335. Assim também agora Gesenius, 18. ed., p. 77.
336. Com Jr 13,11; 33,9 é preciso pensar no louvor de Deus em vez do louvor de Israel; cf. MAYES, *Deuteronomy*, p. 339.
337. Cf. LOHFINK, *Bundestheologie*, p. 351; diferente esp. SKWERES, *Rückverweise*, p. 176s., que pensa em Ex 19,5s. Para ele Dt 7,6 e 14,2.21 caem fora como textos de referência, por não serem promessas. Contudo, o que impede que Israel assuma conscientemente *aquilo* que ele é, por ato de Deus, segundo Dt 7 e 14? É mesmo de esperar que as promessas só são concretizadas pela aceitação? Como, então, entender Dt 7 e 14?
338. SMEND, *Bundesformel*, p. 16s., assumindo e concretizando opiniões anteriores, como a de BERTHOLET, *Deuteronomium*, p. 82s.; • HEMPEL, *Schichten*, p. 86; • V. RAD, *Gottesvolk*, p. 103.
339. O principal argumento contrário é a linguagem deuteronomista, cf. PERLITT, *Bundestheologie*, p. 104ss.; • LOHFINK, *Bundesformel*; • id., *Bundestheologie*; • PREUSS, *Deuteronomium*, p. 148; sobre isso, cf. a seguir nota 340.

tensão tanto com o Deuteronômio em sua roupagem histórica quanto especialmente com ideias deuteronomísticas[340].

O fato de uma lei terminar com uma fórmula tão solene de compromisso é tudo menos natural. Nem o Código da Aliança nem o Pentateuco como um todo fazem isso. Só isso já mostra que há uma relação entre os dois textos de compromisso relacionados com o Deuteronômio. É preciso atinar que um ato de compromisso pessoal, expresso, geral, englobando rei e povo, voluntário e efetuado em público, como estes dois textos pressupõem, é algo muito incomum. Os mandamentos formulados com autoridade divina querem ser obedecidos; um compromisso pessoal voluntário não é obrigatoriamente necessário. Podemos pensar na missão de Esdras, em que se age segundo a lei, sem que de forma alguma seja optativo. Paralelos, na verdade, só há em Ex 24, um texto que não pode ser datado para antes dos eventos sob Josias[341], e em Js 24 – ali, contudo, a decisão não está relacionada com um texto escrito, que, por sinal, surge só depois (v. 25). Este texto também não pode ser atribuído a uma época antiga[342].

Os dois atos de compromisso são interpretados pelos pesquisadores geralmente por meio de categorias expressamente religiosas. Sempre de novo se fala, por exemplo, do "rei piedoso". É claro que as expressões deuteronomísticas que determinam ambos os textos estão voltadas para questões religiosas. Mesmo assim, com tal entendimento, os infinitivos de Dt 26,17ss. são carregados furtivamente com categorias pietistas mais do que corresponde aos conteúdos em questão. Se os relacionamos com todo o Código Deuteronômico, incluindo suas determinações sociais e políticas, o objetivo não é "um comprometimento quase desagradável, retórico de Israel"[343]. O que importa aqui é nada menos que colocar em vigor uma constituição geral para o povo e o rei. Apenas a dimensão po-

---

340. A referência à linguagem deuteronômica e aos paralelos correspondentes leva, na melhor das hipóteses, a uma relativa classificação; a transposição direta para uma avaliação da distância histórica é problemática, aqui como em outros lugares. Acima de tudo, perguntas importantes ficam, com isto, sem serem analisadas: como um compromisso formulado de modo tão performativo se encaixa no desenrolar da história deuteronomista? Não teria sido mais fácil *relatar* o compromisso com a lei, em vez de ficar com uma formulação assim? E o discurso direto de Deus pressuposto é, no pensamento deuteronômico, ainda menos de esperar do que no Deuteronômio. Ele é mais fácil de ser entendido como sendo de uma época em que a roupagem histórica ainda era imediatamente transparente em seu poder autoritativo diante dos problemas jurídicos e políticos.
341. Cf. acima p. 75.
342. Cf. acima p. 56, 67.
343. PERLITT, *Bundestheologie*, p. 104.

lítica do evento, que naturalmente em nenhum lugar pode ser separada das implicações teológicas e religiosas[344], deixa claro o verdadeiro sentido da cena e, provavelmente, por que há algo assim aqui e só aqui. Ao aceitar as determinações constituintes deuteronômicas, o rei está abrindo mão de grande parte do seu papel tradicional. Somente por este ato, o povo se torna o soberano que ele deve ser, de acordo com o Código Deuteronômico, e o que era, na realidade política, desde a supressão da rebelião contra Amon. O que é realizado é um ato consciente de "fundação da liberdade"[345]. E é exatamente com isso que se forma o cerne do cânon bíblico.

---

[344]. Deve-se pensar, não por último, no caráter oficial da Torá no judaísmo, que aqui tem suas raízes; sobre isto BAUMGARTEN, *Public document*.

[345]. Assim com ARENDT, Hannah. *Revolution*, p. 35, 281 e outras passagens, que com esta expressão caracteriza em especial a revolução americana, que colocou em vigor uma constituição libertária.

VII
O DOCUMENTO SACERDOTAL: A TRANSFORMAÇÃO NECESSÁRIA

*"Com meu declínio, dou ao país do direito antigo
o testemunho de um santuário novo."*
C. Busta[1]

1. Estrutura literária e localização histórica

a) O Código da Santidade como parte do Documento Sacerdotal

Na reconstrução da história jurídica israelita, o geralmente chamado Código da Santidade (CS)[2] de Lv 17–26 é considerado mais uma codificação, que se segue ao Deuteronômio[3]. Como o Código Deuteronômico busca continuar, corrigir, complementar e substituir o Código da Aliança, assim o Código da Santidade quer proceder em relação ao Deuteronômio. Os pesquisadores mais recentes, porém, veem geralmente o Código da Santidade como parte do Documento Sacerdotal, e não mais como um código de direito que um dia tivesse tido vida independente[4]. Se este é o caso, então não é o Código da Santidade, mas todo o Documento Sacerdotal que precisa ser considerado como um apêndice intencional ao Deuteronômio. As razões para este ponto de vista e as decisões literárias mais importantes relacionadas com isso serão apresentadas brevemente a seguir.

---

1. Cordelia (Jentzsch [ed.], Dunkel, 96).
2. O nome provém de KLOSTERMANN, Ezechiel, e se baseia em formulações como Lv 19,2.
3. P. ex. BOECKER, Recht, p. 162ss.; • PATRICK, Law, p. 145ss.; • MARTIN-ACHARD, Lois, p. 43ss.; além disso, as introduções e muitos outros textos.
4. Assim as obras – de resto bastante diversas em termos de uso de método e de resultados concretos – de ELLIGER, Leviticus, p. ex. 14ss.; • WAGNER, Existenz; • CHOLEWINSKI, Heiligkeitsgesetz, esp. p. 334ss.; • CORTESI, L'esegesi; • PREUSS, artigo Heiligkeitsgesetz; • KNOHL, Priestly Torah; • BLUM, Pentateuch, p. 318ss. Diverge ultimamente em especial Mathys, Liebe, p. 82ss., mas sem discutir a problemática a fundo.

O argumento mais forte para considerar o Código da Santidade como livro de direito independente é o fato de sua estrutura, bem como muitos dos seus conteúdos, apresentarem correspondências claras com o Código Deuteronômico assim como com o Código da Aliança[5]. No começo, tanto em um quanto em outro, encontram-se determinações fundamentais referentes ao altar e aos sacrifícios a serem nele oferecidos (Lv 17; cf. Dt 12; Ex 20,24ss.), e no fim há bênção e maldição (Lv 26; cf. Dt 27s.; Ex 23,20ss.) e uma assinatura como conclusão (26,46). Temas como o ano sabático (Lv 25; cf. Dt 15,1ss.; Ex 23,10s.), o calendário das festas (Lv 23; cf. Dt 16; Ex 23,14ss.), as respectivas leis sobre os escravos (Lv 25,39ss.; cf. Dt 15,12ss.; Ex 21,2ss.), a proibição de cobrar juros (Lv 25,35ss.; cf. Dt 23,20s.; Ex 22,26), leis sobre sexo e família (Lv 18; 20; cf. Dt 21ss.) mostram uma continuidade temática acompanhada de numerosas correções de detalhes, como foi mostrado particularmente por Cholewinski[6]. Disto tudo se conclui que temos em mãos "um corpo de leis semelhante ao Deuteronômio e que complementa as lacunas deste", pois aos redatores "muitas das suas prescrições pareceram incompletas, ultrapassadas, radicais demais ou com base teológica insuficiente"[7].

Estas correlações, porém, também são afinal os únicos argumentos sérios que podem ser levantados a favor da independência original do Código da Santidade, e eles de forma alguma conseguem confirmá-la suficientemente. As tentativas de provar a posição separada de Lv 17–26 dentro da grande massa de leis sacerdotais, por meio de contradições com outros trechos, precisam ser consideradas fracassadas[8]. O complexo não é um corpo estranho em seu contexto literário. Todos os aspectos decisivos dos capítulos têm correspondências no restante do material sacerdotal, e não é possível de fato comprovar contradições. De forma alguma, como já se disse muitas vezes, temos uma repetição de regras sobre o

---

5. Cf. p. ex. EISSFELDT, *Einleitung*, p. 310ss.
6. CHOLEWINSKI, *Heiligkeitsgesetz*, p. 339, cf. 327 e outras partes.
7. Ibid., p. 338.
8. Estas contradições sempre de novo mencionadas (cf. KUENEN, *Einleitung*, p. 84ss., 263ss.; • BAENTSCH, *Leviticus*, p. 388, 404s., 412s.; • BERTHOLET, *Leviticus*, XV) são pequenas diferenças linguísticas, bem como nuanças objetivas, que, com BLUM, *Pentateuch*, p. 322 nota 133, podem ser melhor explicadas pela absorção de material mais antigo etc. CHOLEWINSKI, *Heiligkeitsgesetz*, p. 334, fala em seu resumo de "observações menores" que se referem a diferenças entre a redação principal do CS e o Escrito Sacerdotal. As poucas que ele considera importantes têm o propósito de criticar "inovações teológicas do texto do Escrito Sacerdotal", como a falta de uma aliança própria no Sinai e a falta de importância da ação humana (339s.). O segundo caso é claramente um círculo vicioso (pois CS traz exatamente o que falta), o primeiro traz a pressuposição – questionada aqui – de que antes de P teria havido uma perícope do Sinai com menção de uma aliança (cf. acima p. 77ss.).

que fazer com o sangue em Gn 9 e Lv 17[9], já que no primeiro texto se trata de regras para toda a humanidade posterior a Noé, e, no segundo, de regras mais rígidas para Israel em sua maior proximidade com Deus, o que explica tanto a retomada quanto as diferenças.

Em termos de conteúdo e de forma, porém, o Código da Santidade está intimamente entrelaçado com toda a camada sacerdotal da legislação do Sinai. Os títulos típicos dos vários parágrafos (17,1; 18,1; 19,1; etc.) em nenhum sentido são um traço à parte, mas podem ser encontrados antes (cf. Lv 11,1; 12,1; 15,1; 16,1) e depois (cf. 27,1; Nm 1,1; 2,1; 4,1; 5,1; etc.). Quando se procura separar os elementos que pertencem claramente ao Documento Sacerdotal global, cancela-se um elo de ligação essencial entre os textos, bem como sua subdivisão interior em leis dirigidas para Israel (18,1; 19,1; 20,1; 22,26; 23,1.33; 24,1; 25,1), para os sacerdotes aaronitas (Lv 21,1.16; 22,1) e para ambos (17,1; 22,17). Não existe uma tensão entre este sistema de títulos e o texto em si. A isto soma-se que Lv 17–26 se encaixa muito bem na estrutura composicional geral da legislação sacerdotal no Sinai, que se desenvolve numa lógica interior bem clara[10]: à confecção da tenda/santuário com todas as suas instituições (Ex 25–40), em cuja conclusão está a vinda da presença divina (Ex 40,34ss.), segue-se a ordem do culto que deve ser realizado neste santuário (Lv 1–10), com regras de sacrifícios (1–7) e a ordenação dos sacerdotes (8s.). Em sua conclusão está a descrição da primeira oferta de sacrifícios (Lv 9,22ss.). O grande complexo de pureza e santidade que lhe segue (Lv 11–26) está organizado em torno do centro, Lv 16, o ritual do dia da reconciliação. Lv 11–15 trata de leis de pureza, e em Lv 17–26 está o Código da Santidade. A isto se junta, em Nm 1–10, o último grande bloco, que trata da ordem no acampamento.

O Código da Santidade não pode ser isolado desta estrutura[11]. Ela também explica por que somente aqui aparecem com mais destaque os elementos de parênese que eram considerados específicos dela[12]. Lv 17–26 é uma seção relativa-

---

9. Cf. BERTHOLET, *Leviticus*, p. 57; para uma posição contrária, cf. p. ex. MILGROM, *Prolegomenon*; sobre o tema, cf. a seguir p. 401ss.
10. Sobre o que segue, cf. por último esp. BLUM, *Pentateuch*, 300ss. (com bibliografia), e também WAGNER, *Existenz*.
11. BLUM, *Pentateuch*, p. 321s., indica com razão que esta estrutura clara de composição também torna improvável a tese que o CS tenha sido concebido como complemento de uma base P mais antiga (Elliger, Cholewinski).
12. Cf. BLUM, *Pentateuch*, p. 319.

mente independente dentro do Documento Sacerdotal, assim como outras seções, como, por exemplo, as leis dos sacrifícios em Lv 1–7. Ela também é a parte da legislação sacerdotal do Sinai em que "a variedade da vida e do cotidiano fora do culto recebe atenção, pelo menos em princípio"[13]. Só aqui se fala de direito no sentido mais próprio, e assim de temas que são elaborados nos outros livros legais, como casamento, ferimentos causados, escravos, economia etc. Por esta razão, a correspondência de estrutura e conteúdo com os outros livros legais certamente não é fruto do acaso, mas é algo intencional, assim como é intencional que seu tema, com sua estrutura tradicional, está inserido em uma visão geral sacerdotal muito mais ampla e geral.

Quando se lê o Código da Santidade como parte integrante do Documento Sacerdotal, logo fica evidente que as comparações costumeiras entre o Código Deuteronômico e o Código da Aliança não lhe fazem justiça. Muitos temas tratados nos livros legais mais antigos têm sua correspondência exatamente fora de Lv 17–26, em outras passagens da composição sacerdotal. Assim, por exemplo, temos o dia semanal de descanso, que aparece tanto em Ex 34,21 quanto no Código da Aliança em Ex 23,12. No Documento Sacerdotal, esse dia é fundamentado já na criação (Gn 1s.) e descoberto ainda antes do Sinai, em Ex 16, e tornado definitivamente obrigatório em Ex 31,12ss. A proibição de matar pessoas (Ex 21,12 e outros textos) com suas consequências jurídicas, bem como o consumo de sangue (Ex 22,30; Dt 12), são indicados como mandamentos da época de Noé, em Gn 9. O tema dos casamentos mistos aparece em Gn 27,46–28,9; a Festa da Páscoa, em Ex 12. A lista dos animais que podem e não podem ser comidos, referida em Dt 14, tem seu paralelo em Lv 11. Regras de sacrifícios que correspondem aos mandamentos mais antigos não são encontradas apenas em Lv 22, mas já em Lv 1–7. Regras de procedimento jurídico faltam completamente no Código da Santidade, mas constam, por exemplo, em Nm 5. Do dízimo e outras ofertas de culto falam textos como Lv 27 e Nm 18. Lv 17 certamente forma um paralelo com Dt 12 e Ex 20,24ss., mas da mesma forma todo o santuário sacerdotal com suas instituições precisaria ser mencionado (Ex 25–31; 35–40).

Conclui-se que temos que levar a sério que o Documento Sacerdotal como um todo corresponde, na sequência dos livros legais, ao Código da Aliança e ao Deuteronômio. O Código da Santidade é apenas uma parte dele, exatamente

---

13. KÖCKERT, *Leben*, p. 31.

aquela em que toma forma de maneira destacada a discussão com a tradição legal vigente[14]. É evidente que a inserção literária das leis em uma moldura narrativa que se inicia com a criação do mundo significa um corte profundo na história do direito, cujo sentido é preciso captar. É verdade que isso levanta problemas que vão muito além do que aqui pode ser trabalhado. Ainda mais que, até agora, é inevitável a concentração nos impulsos inovadores, isto é, nas contribuições mais importantes à Torá como um todo. No que se refere à base literária do Documento Sacerdotal como um todo, temos que nos restringir às breves indicações de novas pesquisas mencionadas a seguir:

– A pergunta literária básica do Documento Sacerdotal é pelo seu caráter. Trata-se de um texto que anteriormente havia tido uma vida independente[15] e pode ser novamente destacado como tal, ou trata-se de uma camada de interpretação, que apenas complementa e interpreta textos mais antigos, ou ainda de uma composição geral que os antecede?[16] Ou a tentativa de Blum[17] foi bem-sucedida em superar esta alternativa porque no fundo esta é colocada de modo errôneo? Estas perguntas básicas podem ser deixadas completamente de lado no que segue. A pergunta de como era o material textual que o Documento Sacerdotal pressupõe e complementa não é diretamente importante para a linha que aqui iremos seguir. As poucas comprovações etiológicas de costumes jurídicos israelitas no material narrativo[18] geralmente considerado pré-sacerdotal praticamente não tocam nas questões básicas. As colocações legais importantes que as acompanham no Documento Sacerdotal, no contexto com sua descrição da história, deixam ver claramente o que se pretende[19].

– A única grande exceção naturalmente é a questão da perícope do Sinai e dos textos legais pré-sacerdotais que ali estão ancorados. Todavia, é bastante improvável que os textos sacerdotais pressupõem uma perícope do Sinai com Decálo-

---

14. O trabalho de pesquisa sobre o CS é tão marcado por investigações da crítica literária (além de ELLIGER, *Kommentar*, cf. esp. KÜCHLER, *Heiligkeitsgesetz*; • KILIAN, *Untersuchung*; • FEUCHT, *Untersuchungen*) e da história da tradição (esp. REVENTLOW, *Heiligkeitsgesetz*), que até hoje praticamente não há iniciativas para analisar a estrutura da composição; além de BLUM, *Pentateuch*, p. 319ss., cf. a seguir p. 447s.
15. Como diz a teoria clássica das fontes; esp. WELLHAUSEN, *Composition*, e a maioria das introduções; por último rebatem que P seja uma camada redacional LOHFINK, *Priesterschrift*, p. 221ss.; • ZENGER, *Bogen*, p. 32ss.; • KOCH, *Kein Redaktor*; • EMERTON, *Priestly writer*.
16. Assim CROSS, *Myth*, p. 293ss.; • V. SETERS, *Abraham*, p. 279ss.; • RENDTORFF, *Pentateuch*, p. 112ss.; • UTZSCHNEIDER, *Heiligtum*; • VERVENNE, 'P' *Tradition*; mais bibliografia em BLUM, *Pentateuch*, p. 229 nota 2.
17. BLUM, *Pentateuch*, p. 229ss.
18. Pensemos p. ex. em Gn 32,33; Ex 4,24s.; talvez tb. Gn 22.
19. Cf. a seguir p. 399ss.

go, Código da Aliança ou até a própria aliança[20]. Antes, para ligar o Sinai e a promulgação da lei – deixando de lado o problema de Ex 18 – o Documento Sacerdotal tem apenas os capítulos de Ex 32–34[21]. A estrutura das leis sacerdotais do santuário, em Ex 25–31 e 35–40, permite supor uma composição literária em torno deste bloco. A continuidade de conteúdo é evidente: no Sinai, o assunto é o culto genuíno e, com ele, a presença de Deus seguindo com seu povo, em vista da rebeldia e do pecado. Por isso, podemos considerar descartado que, em sua composição global, o Documento Sacerdotal abrange também o Deuteronômio em termos literários[22]. As poucas passagens supostamente sacerdotais no Deuteronômio, em especial na sua parte final, de forma alguma provam isso[23].

– Os textos sacerdotais indubitavelmente são a camada do Pentateuco que consegue ser identificada com grande certeza, com amplo consenso, com algumas poucas exceções entre os pesquisadores[24]. Por outro lado, discutem-se muito, além do seu caráter, sobretudo as suas camadas literárias internas[25]. Não pode haver dúvida de que, em muitas passagens, há vestígios claros de um trabalho intensivo nos textos. A princípio podem ser constatados materiais mais antigos e numerosos acréscimos. Para a interpretação e a compreensão, porém, os próximos três aspectos têm um peso muito grande quanto ao método.

– A investigação da unidade interna dos textos sempre deve receber o mesmo peso da investigação das possíveis camadas. Colocar irrefletidamente operações de crítica literária antes da análise das estruturas e da exegese do conteúdo é burrice metodológica. Especialmente o debate em torno de Gn 1 mostra que as dissecações literárias desprezaram e destruíram a unidade intencional do texto[26].

---

20. Sobre isto acima p. 77ss.
21. Cf. acima p. 82ss.
22. O próprio Deuteronômio contém, em camadas bastante mais tardias, uma estrutura narrativa que remonta até o Horeb (Dt 1–3; 4; cf. também 5; 9s.). Isto, porém, prova que até este ponto não há um vínculo literário com os paralelos no Tetrateuco.
23. Sobre estes textos (Dt 1,3; 32,48-52; 34,1a.7-9), cf. agora Perlitt, *Priesterschrift*. Segundo ele, não se trata de textos P especificamente.
24. Listas de textos em EISSFELDT, *Einleitung*, p. 265; • SMEND, *Entstehung*, p. 47ss.; • NOTH, *Überlieferungsgeschichte*, p. 17ss.; • ELLIGER, *Geschichtserzählung*, p. 174s.
25. Enquanto V. RAD, *Priesterschrift*, supunha duas camadas uniformes, no que quase ninguém o seguiu, impôs-se a tese de um texto básico narrativo, mais tarde preenchido com materiais legais. Cf. WELLHAUSEN, *Prolegomena*, p. 384; • id., *Composition*, p. 184; • NOTH, *Pentateuch*, p. 7ss.; • ELLIGER, *Geschichtserzählung*; • LOHFINK, *Priesterschrift*; e por último (esp. radical) WEIMAR, *Struktur*; id., *Sinai*.
26. As teses difundidas de camadas literárias (esp. SCHMIDT, *Schöpfungsgeschichte*) foram refutadas de modo convincente por STECK, *Schöpfungsbericht*, provando a unidade interna e a sequência lógica.

– Como no Código Deuteronômico, acréscimos complementares, aspectos novos, nuanças ampliadoras não constituem contradições a outras partes. A evidente continuação da redação literária, de forma alguma, deve ser vista de antemão como em oposição à unidade interna intencional de uma obra de leis. Se os textos sacerdotais, assim como os textos deuteronômicos e deuteronomistas, são uma *unidade em crescimento*, formada por uma escola no transcurso de um longo período de tempo, os acréscimos também podem significar clareza crescente. Vestígios de crescimento literário, portanto, não devem ser estudados isoladamente em termos de contrastes, mas sempre em relação ao todo[27].

– A principal tese em favor de camadas literárias no material sacerdotal é a que discerne um texto básico narrativo e o material legal que lhe foi acrescentado[28]. No entanto, devemos partir do pressuposto de que o Documento Sacerdotal de Gn 2,1ss., ou seja, desde o começo, está ligado ao tema da Torá. Ele está entrelaçado de modo inseparável na narrativa[29]. O que acontece no Sinai nada mais é do que o ponto culminante do que começou muito antes e também não termina com Nm 10[30]. Em vista disto, é muito questionável fazer da oposição entre narrativa e lei um princípio da crítica literária. Na prática, porém, isto tem acontecido amplamente[31]. Nisto deixa-se de ver relações importantes, até necessárias, exatamente do material considerado secundário com trechos do texto básico[32]. Da mesma forma como no Deuteronômio, no Documento Sacerdotal foi possível reconstruir de modo convincente sua forma básica original. Processos correntes como tais também devem ser metodologicamente separados de camadas literárias claras.

A forma global do Pentateuco, com sua mistura de narrativa e lei – ou, em linguagem posterior, de Haggadá e Halachá – *surge com o Documento Sacerdotal*. As tentativas de jogar um contra o outro, em termos objetivos e literários, históricos e teológicos, pas-

---

27. Como exemplo, cf. KÖCKERT, Leben, 41ss., que, em Gn 17,12s.14, vê acréscimos ao texto-P mais antigo. Nesta linha de pensamento, a exigência de circuncidar os escravos representaria um "ritualismo esvaziado" (43), porque com ela está excluída qualquer "relação do circuncidado com a promessa de Deus" (42s.). Se é assim realmente, não é possível determiná-lo sem recorrer às declarações-P sobre estrangeiros e não israelitas, bem como sobre escravos (Lv 25!); sobre isso, cf. a seguir p. 406s.
28. Cf. a bibliografia acima na nota 25.
29. Cf. esp. KÖCKERT, Leben, e a seguir p. 399ss.
30. Cf. a seguir p. 492ss.
31. Não é atípica uma frase como: "Igualmente a participação de elementos ordenadores no contexto de Gn 1 até Ex 16 requer mais restrições" (WEIMAR, Struktur, p. 83 nota 14), com o que já se pressupõe o que se pretende provar.
32. P. ex. o tema do consumo de carne, depois de Gn 1 e 9, é retomado somente em Lv 17 (cf. a seguir p. 403ss.), a ausência do tema do casamento misto em CS tem relação com Gn 27,46–28,9 etc.

sam ao largo da clara constatação literária, bem como da tarefa de entender exatamente esta relação, isto é, a unidade dos dois. É verdade que o conceito deuteronômico da Torá – que, o mais tardar em termos deuteronomistas, descreve e abrange exatamente esta unidade (esp. Dt 1,5) – evidentemente não foi usado pela linguagem sacerdotal[33]. Para aquilo que ele tem em mente como uso para todo o Pentateuco, falta ainda ao Documento Sacerdotal em si um termo próprio. Até hoje não há outro termo com o qual possa ser identificada esta unidade entre lembrança da história e orientação para o presente, entre recordação da história e localização histórica das normas do que o da Torá[34].

b) Planejamentos do futuro no exílio e arquétipos sacerdotais

É impressionante perceber como os pesquisadores estão de acordo sobre a época da formação e sobre os círculos de redatores do Documento Sacerdotal. O fato de esta unanimidade ser bastante vaga é inerente ao assunto.

É de J. Wellhausen[35], como se sabe, a opinião segundo a qual o Documento Sacerdotal, com todas as partes que o compõem, não pode ter surgido antes da época do exílio. As tentativas de Kaufmann e alguns outros[36] de questionar este ponto de vista não são convincentes[37]. Independentemente da questão de quanto material antigo foi trabalhado nele, não pode haver dúvidas de que o Documento Sacerdotal, em todo lugar, pressupõe o exílio e reage a ele. Ao lado do deuteronomismo e de uma nova profecia da salvação de tendência escatológica, ele é a iniciativa mais importante de digerir a catástrofe em termos teológicos. Quando é possível provar solidamente tradições e antecessores mais antigos – como ocorre especialmente no âmbito legal – pode-se evidenciar uma reformulação e uma nova redação intensiva. Não há nenhum motivo para supor que isto seja di-

---

33. A predominância do *terminus technicus* sacerdotal (Jr 18,18; Ag 2,10ss.) para instrução dos leigos (cf. Lv 6,2.7.18; 7,1.11.37 etc.) é decisiva aqui. Também em formulações de resumo, como esp. Lv 26,46, encontramos somente o plural.
34. Com p. ex. BLUM, *Pentateuch*, p. 288.
35. WELLHAUSEN, *Prolegomena*; para a história da pesquisa, cf. p. ex. PERLITT, *Vatke*; • THOMPSON, *Mose*; • LOHFINK, *Priesterschrift*, esp. p. 226 nota 33.
36. KAUFMANN, *Religion*, esp. p. 175ss.; • HARAN, *Temples*, p. 132ss.; • HURVITZ, *Study*; • id., *Dating*; • ZEVIT, *Converging lines*.
37. Para a discussão, cf. esp. UTZSCHNEIDER, *Heiligtum*, p. 60ss., que lembra o fato de que se trata do estabelecimento e construção de um santuário; cf. também a discussão da sequência cronológica das determinações correspondentes quanto aos escravos em KAUFMANN, *Deuteronomy*, p. 15, e JAPHET, *Relationship*.

ferente em temas em que não temos as mesmas possibilidades de controle. Por isso, uma conclusão quanto à idade da tradição sacerdotal só é admissível quando os textos de comparação o permitem.

Mais difícil é responder à pergunta se se trata realmente de uma obra exílica, escrita antes de 539 ou 520 aC. As poucas referências claras a circunstâncias históricas[38] pressupõem antes a continuação do exílio, e obviamente há contatos próximos com textos proféticos da época do exílio[39]. Acima de tudo, as teses teológicas fundamentais importantes podem ser entendidas melhor a partir desta época[40]. Por outro lado, muito poucas razões favorecem uma redação logo depois do exílio[41]. Há, por exemplo, muito em favor de uma relação dos textos do santuário com as circunstâncias em que, na época persa antiga, foram restaurados o templo de Jerusalém e seu culto[42]. Apesar de muitos textos evidenciarem uma origem de uma época sem existência de templo, outros textos parecem pressupor um culto em funcionamento.

Um pequeno exemplo pode ilustrar o problema. Em Lv 25, o sétimo ano, o ano sabático (v. 2-7), é isolado de todas as relações sociais que lhe são atribuídas especialmente em Dt 15. Estas são ligadas unicamente ao sétimo ano multiplicado por 7, isto é, o ano do Jubileu, celebrado no 49º ou 50º ano (v. 8ss.). Aqui se exige, em uma radicalidade que excede em muito a de Dt 15, uma *restitutio in integrum*, completa. Trata-se em toda a primeira parte do capítulo (v. 14-34) dos problemas da posse da terra. Todas as transferências de posse da terra devem ser rescindidas e revertidas no ano do Jubileu. Acontece que, como vários já constataram, dificilmente este período de meio século poderá ser isolado da circunstância de que, calculando a partir de 587/6, chega-se ao ano 538/7 aC e, assim, a um momento em que, de acordo com o edito de Ciro, será inevitável que se façam todas as perguntas tratadas em Lv 25: a quem pertence e pertencerá a terra, os imóveis rurais, casas, etc. em Judá e Jerusalém?[43] É sabido que esta problemá-

---

38. Esp. Lv 26; sobre isso, WELLHAUSEN, *Composition*, p. 170s.
39. Além de Ezequiel deve ser mencionado esp. o Dêutero-Isaías; sobre isto EITZ, *Studien*.
40. Exemplos são a questão da presença de Deus (JANOWSKI, *Schekina-Theologie*), do templo transportável (FRITZ, *Tempel*) ou da falta de importância da terra em questões de direito (cf. a seguir p. 423s.).
41. Cf. esp. BLUM, *Vätergeschichte*, p. 452ss.; id., *Pentateuch*.
42. UTZSCHNEIDER, *Heiligtum*.
43. Assim esp. WALLIS, *Jobel-Jahr-Gesetz*; • ROBINSON, *Jobel-Jahr*, p. 476ss.; • id., *New economic order*. Segundo o calendário do ano sabático de WACHOLDER, *Calendar*, 33, o ano 537/6 seria um ano sabático, o que não se aplica a 587/6, mas apenas a 586/5. Será que se pode ligar com isso a falta de clareza do texto de Lv 25 sobre a questão se o ano do Jubileu vem depois de 49 ou 50 anos?

tica deve ter sido uma das mais difíceis nos primeiros anos depois do exílio, assim como também na fase inicial da construção do templo[44]. Ou seja, Lv 25 se refere claramente ao período do fim do exílio e, com isso, ao princípio do recomeço.

O Documento Sacerdotal provém da época em que nem a queixa pelo que se perdeu nem a questão da culpa dominavam mais a cena. O que se discutia eram as consequências e o novo começo. A proximidade com o Dêutero-Isaías, por um lado, e com as questões da época de Ageu e Zacarias, por outro, evidenciam o contexto histórico mais amplo em que estes textos sacerdotais falam mais claramente. O caráter literário torna problemática uma alternativa rígida entre a época do exílio e depois do exílio. Por sua vez, a época de Esdras e Neemias parece já pressupor os textos sacerdotais[45].

O uso uniforme do termo "Documento Sacerdotal" ou de termos aparentados como "Código Sacerdotal" mostra como os pesquisadores estão seguros quanto aos círculos de redatores. É inquestionável que devemos estes textos a grupos de sacerdotes exílicos e pós-exílicos. Perspectiva sacerdotal, linguagem, interesses e linhas de pensamento sacerdotais estão presentes em todo lugar. De modo análogo, encontramos com frequência entre os pesquisadores a tese que entende o Documento Sacerdotal ou o Código da Santidade como "programa dos exilados, que começaram a planejar a vida depois do exílio"[46]. Nisto, contudo, certamente devemos tomar cuidado. Por mais que se possa relacionar muitos traços dos textos sacerdotais do santuário com as questões concretas da reconstrução do templo em Jerusalém[47], há exatamente neles elementos centrais, como a arca e o *kappōret,* para os quais isso obviamente não se aplica[48]. A relação bem patente exatamente do santuário com a criação é um dos aspectos

---

[44] Sobre isso, cf. DONNER, Geschichte II, p. 411.

[45] BLUM, Pentateuch, liga sua composição-P diretamente às questões da autorização imperial persa e, assim, à época de Esdras. Na minha opinião, deve-se discordar disso com base nos textos legais – que são tudo menos secundários nesta questão. O Deuteronômio, pelo menos, com certeza não fez parte da composição-P, e também no caso do Código da Aliança (bem como do Decálogo) isso deve ser questionado. Com isso, porém, é preciso dar um passo considerável para além de P (seja o que for que contenha de material narrativo); cf. a seguir p. 449ss.

[46] Assim MATHYS, Liebe, p. 108.

[47] Com UTZSCHNEIDER, Heiligtum.

[48] Para isso, assim como para o que segue, cf. esp. BLUM, Pentateuch, p. 301ss., que discute diversas possibilidades levantadas pelos pesquisadores e chega a formulações bem ponderadas; da bibliografia mais antiga, cf. esp. FRITZ, Tempel, p. 153: "Atualização [...] na palavra."

da problemática[49]. Ideais prototípicos e planejamento prático nem sempre podem ser claramente separados, e dificilmente podem ser jogados um contra o outro. Nisso tudo, não por último, é importante esclarecer que os textos do santuário, na melhor das hipóteses, objetivam um processo único[50], enquanto outras instruções, a começar com as regras de alimentos em Gn 9 até as do Código da Santidade, reivindicam validade permanente – e de fato elas se impuseram em boa parte e marcaram o Israel pós-exílico.

Para poder classificar, quanto à história da tradição, os círculos de sacerdotes que estão por trás dos textos sacerdotais, a comparação com os paralelos do Deuteronômio é esclarecedora. Primeiro, o corte geral das leis políticas (talvez condicionado em termos históricos) e especialmente das leis sociais do Deuteronômio revela seu centro de interesse. Recorrendo, por exemplo, mais uma vez a Lv 25, vemos que o perdão regular das dívidas no sétimo ano de Dt 15,1ss. é eliminado da mesma forma que a libertação dos escravos, a qual, de acordo com os mishpatim (Ex 21,2ss.; Dt 15,12ss.), deveria ocorrer depois de sete anos. A libertação com efeito legal acontece apenas no ano do Jubileu (Lv 25,39ss.) – o que corresponde à duração da vida de um escravo e assim equivale ao dia de São Nunca. Por outro lado, os parentes do escravo, em qualquer hora, têm o direito à sua compra-resgate (v. 48ss.). Esta instituição da g^{e}'ullāh, que também vale para a posse da terra (v. 24ss.), não tem paralelo nos livros legais pré-exílicos, e em termos gerais só aparece bem no fim da época monárquica (Jr 32,6ss.)[51]. De acordo com o texto de Lv 25, porém, não se trata de um resgate efetivo. Em lugar algum se diz que os escravos são "libertados", como muitas vezes se diz. Mas, com esta soltura, eles passam da mão de estranhos para a mão de parentes. O retorno de categorias jurídicas para categorias familiares certamente está relacionado com as circunstâncias sócio-históricas da época do exílio, mas, com a mesma certeza, mostra-se aqui que os círculos sacerdotais não levam avante a radicalidade da legislação social deuteronômica, nem mesmo a do Código da Aliança. Quase é preciso falar de uma revogação da legislação social deuteronômica. Isso, porém, não se impôs, como mostram os textos da época de Neemias (esp. Ne 10,32), bem como a Torá como um todo[52].

---

49. Cf. BLUM, Pentateuch, p. 306ss. (ibid., p. 307 nota 75 bibliografia); agora também JANOWSKI, Tempel.
50. Assim com ênfase BLUM, Pentateuch, p. 301 nota 52, contra a tese de que se trata de uma espécie de rituais (KOCH, Priesterschrift).
51. Sobre isso, cf. agora KESSLER, Erlöser.
52. Cf. a seguir p. 464ss.

Apesar desta diferença, será preciso ter cuidado com expressões como "escola sacerdotal antideuteronômica"[53]. É verdade que nem as decisões políticas nem as sociais do Deuteronômio são retomadas. Mas é preciso afirmar com a mesma ênfase que conceitos essenciais do Código Deuteronômico são adotados plenamente. Isto não se refere apenas, como geralmente se diz, à questão da unidade do culto, mas também, o que geralmente se nega, ao abate profano de animais[54]. É que a ideia de Israel como povo santo, que, por isso, também está sujeito de maneira especial a leis rituais de pureza e santidade, já está delineada de antemão no Deuteronômio (Dt 7,6; 14,2.21; 26,19; 28,9), com pontos de contato até no Código da Aliança (Ex 22,30)[55]. Determinações sobre sacrifícios, calendário do culto etc. – em todas as questões de origem cultual-sacerdotal, há uma continuidade espantosa entre o Código Deuteronômico e o Documento Sacerdotal. E ela existe, na verdade, desde o texto de Ex 34,11ss., que deve ter mediado esta continuidade. É claro que há inovações na esfera sacerdotal, entre as quais devem ser consideradas especialmente todas as questões de pecado e perdão de pecados[56]. Aqui, porém, acrescenta-se algo, e não se trata de uma revogação, nem mesmo de uma correção de determinações de caráter cultual-ritual da tradição legal pré-exílica.

Se o Documento Sacerdotal está, portanto, plenamente dentro da linha da legislação pré-exílica no que se refere a questões sacerdotais e rituais, e se exatamente neste ponto em que todo o seu interesse se concentra não há ruptura, também será preciso contar com uma continuidade dos círculos que a transmitem. Se houve uma oposição sacerdotal à política de culto do Deuteronômio – e, apesar do pouco que sabemos a respeito, algo assim é provável em termos históricos – não é nela que devemos procurar os pais dos sacerdotes aos quais devemos o Documento Sacerdotal. Muito mais provável é a suposição de que o Documento Sacerdotal é o produto da decadência da unidade entre os círculos sacerdotais e não sacerdotais, que podia ser observada desde o Código da Aliança. Ele não está em oposição às decisões cultuais do Deuteronômio. Este documento, porém, muda a ênfase quase totalmente em favor da predominância destes temas, e reduz consideravelmente áreas de abrangência como o político e o social. Em termos negativos, isso favorece

---

53. CHOLEWINSKI, *Heiligkeitsgesetz*, p. 343.
54. Para esta maneira de entender Lv 17 no âmbito de P, cf. a seguir p. 403ss.
55. Para o significado de Ex 19,6 neste contexto, cf. a seguir p. 490.
56. Cf. a seguir p. 425ss.

a tese de que nele se expressam os círculos de sacerdotes que até o exílio atuavam junto com outros no tribunal superior em Jerusalém e arredores, e que agora se libertam desta coalizão (forçada?) e desdobram a sua própria tradição. Em termos positivos, deve-se concluir que eles, e provavelmente só eles, estavam em condições de reagir à altura dos desafios do exílio. Eles submeteram a tradição a uma transformação que, apenas ela, possibilitou o futuro.

2. O desafio histórico-jurídico do exílio

O Documento Sacerdotal é a resposta da história jurídica israelita ao questionamento de todas as bases anteriores sobre as quais se firmava a tradição da Torá. Ele é esta resposta com seu esboço global, incluindo as amplas partes legais. Com isso, ela criou uma nova base, a única sobre a qual se poderia formar a apresentação definitiva da Torá na época pós-exílica. Seu feito – e talvez sua teologia em si – só pode ser compreendido plenamente quando se encara o desafio em termos de história jurídica que o exílio acarretou. É estranho o fato de terem sido pouco trabalhados pelos pesquisadores os aspectos jurídicos específicos desta época, ao contrário dos aspectos religiosos e teológicos, políticos e sociais[57]. É que realmente desaparecem, ou pelo menos são fundamentalmente questionadas, todas as bases sobre as quais o direito se baseara até então, na medida em que haviam constado no corpo de leis que existia por escrito antes do exílio.

Por natureza, os conhecidos aspectos religiosos do exílio[58] também têm relevância direta para o direito. Todos os textos legais pré-exílicos existentes estão vinculados com a adoração exclusiva do Deus de Israel. Este é de certa forma o núcleo em torno do qual se agrupou o grande número de tradições jurídicas e cultuais que correspondem a esta unicidade. O poder deste Deus, porém, fora questionado fundamentalmente. Mais que isso, de uma maneira nova ficava outra vez aberta a questão se esta concentração no Único, que levara a negligenciar obrigações devidas a outros deuses e deusas (Jr 44!), não era o que justamente tornara a catástrofe possível.

---

57. Cf. esp. as indicações em JANSSEN, *Juda*, p. 48s., 80ss.; • NIEHR, *Rechtsprechung*, p. 101s. Sobre a situação no exílio, cf. tb. ACKROYD, *Exile*; • id., *Israel*; • ODED, *Judah*, p. 476ss.; • DONNER, *Geschichte* II, p. 381ss.
58. Além do material em JANSSEN, *Juda*, cf. talvez PERLITT, *Anklage*.

Além destas e outras perguntas gerais que o exílio levantou e se referem igualmente à tradição da Torá, pode-se mencionar uma série de questões específicas levantadas no âmbito do direito:

– A organização jurídica pré-exílica existente até então desaparecera. Com o fim da independência política acabam também todas as organizações jurídicas vinculadas ao estado, como as mantidas pelo rei. Os funcionários que trabalhavam na organização jurídica com os anciãos e ao lado deles[59] não existem mais – independentemente se são instituídos pelo rei ou (segundo Dt 16,18) pelo povo. Com isso desaparece também a forma comum do tribunal típico da época monárquica. Também não se deve esperar a jurisprudência apenas da parte dos anciãos. De acordo com Lm 5,14, os anciãos se mantêm distantes da Porta, o lugar da jurisprudência e da assembleia. Como diz Lm 2,10, eles estão sentados em silêncio, no chão. Da mesma forma como prisioneiros são esbofeteados e pisados aleatoriamente (Lm 3,34), em termos gerais – diante de Deus! – o direito é vilipendiado e as injustiças se impõem (Lm 3,35s.). Deve ser considerado como algo evidente o fato de ter desaparecido também exatamente a instituição importante do tribunal central de Jerusalém, com seu vínculo com a corte e o templo.

– Quando Lm 5,8 formula: "Escravos dominam sobre nós", o profeta chega ao fundo da questão da organização jurídica. A referência deve ser a funcionários babilônicos[60]. Judá se tornou parte de uma província babilônica, em que toda a administração está direta ou indiretamente sujeita às forças de ocupação. A frase: "Naturalmente havia nos povoados comissários babilônicos e vigorava a legislação babilônica"[61] não pode ser comprovada nas fontes, mas tem toda a probabilidade histórica a seu favor. O fato de, por exemplo, em textos de Ezequiel, ser possível reconhecer mesmo na *gōlāh* um tipo de administração própria, tendo os anciãos como órgãos decisórios (Ez 8,1; 14,1; 20,1s.; cf. Jr 29,1), não depõe contra isto, porque é altamente questionável se eles podiam assumir funções jurídicas em si.

– O Deuteronômio, em especial com suas determinações constitutivas, havia colocado a Torá acima do rei e do estado[62]. Mesmo se isto foi colocado em questão a partir do governo de Joaquim, continuava sendo uma exigência do Deus único e, com isso, parte da identidade dos círculos ligados ao deuteronomismo.

---

59. Cf. acima p. 121ss.
60. Cf. os comentários de Kraus, Rudolph, Kaiser, Boecker, Gross, sobre a respectiva passagem.
61. FOHRER, *Geschichte*, p. 192; cf. tb. NIEHR, *Rechtsprechung*, p. 101s.
62. Cf. acima p. 328ss.

Para a potência estrangeira, para o império mundial dos neobabilônios, porém, isso não se aplicava, nem podia ter validade. Mesmo quando não se cria na supremacia dos deuses estrangeiros, a soberania do próprio Deus, enquanto inseparável de determinada prática jurídica e social, fora profundamente questionada. Podia-se continuar crendo no seu Deus, quando a tradição da Torá, que era parte constituinte disto, não podia ser praticada?

— O que tinha validade geral torna-se específico na questão da posse da terra. O Deuteronômio tinha vinculado a validade das instruções divinas à ocupação da terra e à realidade de habitar a terra[63]. A situação do momento, porém, era: "Nossa herança passou a estranhos, e as nossas casas a desconhecidos" (Lm 5,2). Muitos estavam exilados e moravam longe, na *gōlāh*. Também em Judá as relações de posse estavam desmanteladas[64]. Grandes extensões de terra tinham passado para outras pessoas, para a parte mais baixa (*dallat*) do 'am hā'āreṣ (2Rs 24,14; cf. 25,12; Jr 39,10; 40,7; 52,15s.). Deve-se recordar aqui o fato histórico-jurídico fundamental de que o sujeito das determinações de todos os corpos de leis pré-exílicos, aquele a quem Deus se dirigia nos textos legais e a quem confiara a lei, fora sempre o israelita livre e, acima de tudo, o dono de terra. Independentemente de qualquer especificação legal pelos babilônios, era evidente que esta condição prévia em boa parte não existia mais. Israel perdera sua terra. Somente isto já tornava impossível que os corpos legais existentes continuassem a ter validade.

— Ao lado e antes da posse da terra, o estado de liberdade descrito com o rótulo "êxodo" servia de pressuposição das determinações legais. Os endereçados eram considerados libertos pelo êxodo, e as leis e regras do Deus libertador objetivavam em seu cerne conservar esta liberdade. Especialmente no Deuteronômio e no Decálogo esta é a estrutura básica de pensamento para o entendimento próprio das leis[65], e isto já começa no Código da Aliança. Esta base, porém, agora não existe mais. Israel voltara aonde estava antes do êxodo, sujeito a um governo estrangeiro e — com sua elite — em uma casa de escravidão estrangeira. Isto valia para o povo, e valia para o indivíduo. A Obra Histórica Deuteronomista conclui dizendo que todos, grandes e pequenos, foram para o Egito (2Rs 25,26). Isso significa uma revogação de fato do evento de libertação que estava no começo da história deste povo.

---

63. Cf. acima p. 296s.
64. Cf. JANSSEN, *Juda*, p. 49ss.
65. Cf. acima p. 307s. etc.

– No princípio dos corpos de leis pré-exílicos, está uma lei do altar (Ex 20,24ss.; Dt 12). A presença de Deus no lugar santo e a comunicação com Ele assim possibilitada é comum a ambos – apesar de todas as diferenças que há exatamente aqui entre o Código da Aliança e o Deuteronômio. Um culto existente e funcionando é, sem sombra de dúvida, uma pressuposição já dos textos legais mais antigos[66]. A posição de ponta das leis do altar nada tem de casual. Ela apenas explicita o que antes tinha vigência implícita. Toda a composição literária e a concepção jurídica dos textos legais pressupõem esta base constituinte. Isto se aplica naturalmente a todas as determinações sobre sacrifícios, festas, ofertas cultuais ou procedimentos sacro-jurídicos. Mas também vai além. A presença do Deus experimentado no culto é o que une o todo. Com o desaparecimento do único santuário legítimo, segundo o Código Deuteronômico, portanto, foi tirado o alicerce de todo o esquema dos livros legais pré-exílicos.

– *Last but not least,* deve ser lembrado que a catástrofe do exílio foi merecida. Para os círculos que transmitiam a tradição da Torá, isso significava que ela sobreviera porque Israel não guardara a Torá. Ela veio do seu próprio Deus, daquele que havia dado a Torá. Todas as maldições e desgraças formulados em Ex 23,23ss. e especialmente em Dt 27s. aconteceram. A tradição jurídica existente não tinha mais utilidade e estava caduca, e, além disso, Israel fracassara exatamente na prática da lei. A liberdade e a posse da terra, para a manutenção das quais Israel devia ser instruído nestes textos, tinham sido perdidas pela negligência da prática exatamente deste direito.

Tendo tudo isto em vista, a crise do exílio deve ter sido fundamental exatamente no campo da tradição da Torá. Nem é preciso duvidar que sob e paralelamente à administração babilônica em Judá, assim como na *gōlāh*, restos do antigo direito tradicional continuaram a ser praticados e aplicados, especialmente quando não afetavam a esfera política e se caracterizavam mais pela condição de usos e costumes. Mas tudo o que era específico, que tomara forma como elaboração determinante de vida da adoração única de Yhwh desde o século IX, estava suspenso ou colocado em dúvida.

Pelo que se pode ver, a maioria das teologias exílicas enfrentou a problemática da sua época, colocando entre parênteses a pergunta pela validade da vontade de Deus na especificação da tradição legal. Isso, porém, necessitaria de uma análise a fundo. A Obra Histórica Deuteronomista trabalha o fracasso de Israel na Torá, especificamente na unidade do lugar de culto. A profecia escatológica,

---

66. Cf. acima p. 189ss., 235s., 242ss.

contudo, espera uma nova revelação da justiça divina no futuro, da qual faz parte, talvez segundo Jr 31,31ss., uma transposição da Torá para o coração humano. Especialmente na tradição jeremiana está difundida a concentração em pontos essenciais, como o primeiro mandamento[67].

Pelo que consta, apenas o Documento Sacerdotal criou a possibilidade de manter a vinculação das exigências cultuais e legais, teológicas e éticas que ligavam toda a vida com a unidade de Deus, com a amplitude indispensável para a tradição da Torá. Ela o fez com uma transformação profunda de todo o direito existente. Assim surgiu uma base que – mais tarde – integrará também os textos legais pré-exílicos e lhes dará nova validade. As inovações mais importantes que compõem esta mutação histórico-jurídica serão estudadas a seguir. Podemos destacar o seguinte:

– O Documento Sacerdotal opera uma separação entre a vontade jurídica de Deus e o êxodo, entre a posse da terra e o culto, criando assim a base para a vida na diáspora (cap. VII.3);

– O Documento Sacerdotal interpreta o êxodo de modo radicalmente novo, possibilitando assim a base para um direito que não é mantido (apenas) por livres proprietários de terras (VII.4);

– O Documento Sacerdotal torna a expiação e o perdão centrais para o culto, integrando assim na Torá o fracasso de Israel justamente na observância da Torá (VII.5).

3. Rituais da diáspora

O esboço geral do Documento Sacerdotal é bem evidente. À legislação geral do Sinai, com sua constituição de santuário e culto, ele antepõe uma narrativa que tem como marcos mais importantes a história das origens, os patriarcas, a permanência no Egito, o êxodo e a caminhada pelo deserto. Aquilo que começou no Deuteronômio com a promulgação da lei em um discurso de Moisés antes da ocupação da terra e foi complementado nas camadas deuteronomistas posteriores com retrospectos dos acontecimentos desde a permanência no monte de Deus (Dt 1–5; 9s.) é levado adiante aqui com mais determinação. A lei, e acima de tudo a constituição do culto, tornou-se parte de uma narrativa que vai até os primórdios.

---

67. Cf. p. ex. os textos citados acima p. 67ss.

Apesar do longo e permanente debate quanto ao sentido e ao propósito do Documento Sacerdotal, sua estrutura, objetivo e teologia[68], dificilmente consigo encontrar o sentido evidente e fundamental deste esboço na clareza que lhe é inerente. O que às vezes é dito de textos isolados como Gn 17 ou Ex 12[69] vale aqui em sentido bem mais amplo. O Documento Sacerdotal tem o centro e o cerne da sua teologia no estabelecimento do santuário e em todas as formas de atitudes relacionadas com ele, portanto, no Sinai. Apesar disso e exatamente por causa disso, ele tem condições de esboçar, para o tempo *antes* deste acontecimento, antes da vinda de Deus para morar em um lugar da sua criação, um quadro da vida diante de e com este Deus que *não* pressupõe este culto. A vida diante de Deus e com a vontade de Deus, mas sem um culto funcionando com tudo que o Documento Sacerdotal liga a ele – isso deve ter relevância direta não apenas para o tempo do exílio sem templo[70], mas muito além dele para a diáspora judaica. Com razão, tem-se chamado a atenção para o paralelismo entre criação e instituição do culto[71]. É quase como se no Sinai se formasse um segundo mundo, um mundo novo. Contudo, nem o mundo nem mesmo Israel devem ser reduzidos a esta segunda criação. O mundo sem este culto e esta presença do criador nela não é ateu. Como o Sinai gira em torno do estabelecimento do santuário, todos os mandamentos dados aí, ou seja, a maior parte das leis sacerdotais, dependem da existência de um lugar assim santo. Em termos gerais, elas são regras que têm a intenção de preservar a santidade do centro e instruem sobre como corresponder ao santo que mora ali e à sua proximidade[72]. Quando as condições prévias não existem mais, como na época do exílio, em que não havia templo, e – ainda mais importante – onde não existem mesmo, como na diáspora pelo mundo afora, os mandamentos relacionados com ele não podem mais reivindicar validade. Eles perdem seu sentido, que consiste unicamente na relação com a presença de Deus. Na verdade, isto corresponde exatamente àquilo que os textos legais pré-exílicos dizem à sua maneira, dando destaque às leis do altar.

---

68. Cf. LOHFINK, *Priesterschrift*; • BRUEGGEMANN, *Kerygma*; • BLENKINSOPP, *Structure*; • BOORER, *Intention*; • SÆBO, *Priestertheologie*; • KLEIN, *Message*; • ZENGER, *Bogen*; • FRITZ, *Geschichtsverständnis*; por último, esp. BLUM, *Pentateuch*, p. 287ss. Da sua exposição, em amplo debate com a discussão anterior, muita coisa pode ser aproveitada no que segue, apesar da decidida ênfase diferente.
69. Cf. p. ex. SCHMITT, R. *Exodus*, p. 82ss.; • KÖCKERT, *Leben*, p. 48, sempre sobre a festa da Páscoa.
70. Para este período como pano de fundo da apresentação de P, também os textos citados a seguir foram seguidamente usados.
71. Sobre isto, cf. a bibliografia acima na nota 49, bem como BLENKINSOPP, *Structure*.
72. Cf. a seguir p. 414ss.

O Documento Sacerdotal não se reduz à lei do Sinai. Aquilo que vale antes e sem esta presença de Deus, ele desenvolveu em uma série longa de situações que se inserem no trecho entre a criação e o Sinai. Todas estas não pressupõem o culto, não conhecem um lugar santo, nem regras relacionadas com ele. Seu alvo talvez possa ser visto caracterizado em resumo com a Palavra de Deus a Abraão em Gn 17,1 (cf. tb. 6,9): "Anda na minha presença e sê perfeito (inteiro)". A existência diante da face de Deus, de modo integral (*tāmīm*), que quer dizer sem defeitos, sem falhas, perfeita em todos os sentidos – algo assim é possível também antes de qualquer culto e sem ele – fundamental, afirmaríamos de forma restritiva. As mais importantes destas regras veremos a seguir.

a) Direito de matar e consumir sangue

O primeiro bloco de instruções divinas aparece em Gn 9,2-7, no contexto da aliança com Noé depois do dilúvio[73]. A aliança feita aqui por Deus (v. 8-17), com o sinal do arco nas nuvens (v. 12ss.)[74], contém a promessa incondicional e inviolável de que sobre a criação não virá mais uma catástrofe como a do dilúvio. Trata-se de uma aliança que abrange toda a vida, indo bem além do ser humano (v. 9s.12s.17). De acordo com a apresentação do Documento Sacerdotal, o dilúvio veio porque a criação desejada por Deus se corrompera pela violência que cresceu dentro dela (esp. Gn 6,11-13). Aos seres humanos tinham sido dadas, na vontade criadora original, somente as plantas como alimento (1,29), da mesma forma que aos animais (1,20). O *dominium terrae* do ser humano (1,26.28) não inclui, apesar dos termos muito duros que são usados[75], nenhuma autorização para

---

[73]. Para o significado de Gn 9,1-17 no contexto da história das origens de P, cf. esp. EBACH, *Bild Gottes*; • ZENGER, *Bogen*; também STACHOWIAK, *Sinn*; • DE BOER, *Remarques*; • DEQUEKER, *Noah*. Enquanto a integridade literária de 9,1-17 foi colocada em dúvida durante muito tempo (cf. p. ex. NOTH, *Überlieferungsgeschichte*, p. 17; • ELLIGER, *Sinn*, p. 174; • WESTERMANN, *Genesis* I, p. 615ss. e muitos outros), McEVENUE, *Narrative style*, p. 67ss. declarou secundários os v. 4-6 – portanto exatamente as formulações decisivas de mandamentos. ZENGER, *Bogen*, p. 105, reforçou isto com mais argumentos; cf. tb. LOHFINK, *Priesterschrift*, p. 222 nota 29; • WEIMAR, *Struktur*, p. 85 nota 18. Podemos prescindir da discussão, já que EBACH, *Bild Gottes*, p. 40s., apresentou uma crítica detalhada com a denúncia-chave de uma conclusão em círculo vicioso. Isso me parece ser convincente.

[74]. Sobre isto, além de KEEL, *Bogen*, esp. ZENGER, *Bogen*.

[75]. As duas palavras usadas, "dominar" (*rdh*) e "sujeitar" (*kbš*), descrevem sempre o domínio contra a vontade do dominado, com o uso da força, mas nunca o de um rei sobre seu próprio povo. A violência subentendida vai até a violação de uma mulher (Est 7,8). As tentativas de suavizar esta dureza, que se tornaram moda (p. ex. KOCH, *Gestalt der Erde*), não têm fundamento exegético e não atingem o objetivo desejado. Elas transformam a dureza vista aqui, que desde o neolítico a cultura humana significa para animais e terra (e que tem papel importante em muitas culturas), em um idílio.

matar. A violência que penetra na criação destrói a criação até então indefesa contra ela. Depois do dilúvio, é promulgada uma nova ordem. Já que a violência não pode ser eliminada, ela precisa ser domada e restrita. Os animais são submetidos de maneira nova ao ser humano, ele torna-se seu dominador (9,2). E eles lhe são entregues, como diz o v. 3, todos também como alimento. Portanto, o medo, o pavor e o matar se tornaram parte da criação, separando-a do "muito bom" (1,31) inicial, e não podem ser extirpados nem com uma destruição quase total. Por isso há, agora, a necessidade de promulgar regras para restringir este terror.

A única regra é a proteção da vida humana (v. 5-7). O próprio Deus estabelece a pena de morte para o assassinato de pessoas por outras pessoas ou por animais, para assim protegê-las[76]. A regra básica de Ex 21,12, que no Código da Aliança é colocada à frente do conjunto sobre ferimentos corporais, é formulada aqui para toda a humanidade. Com isto fica ela separada de qualquer vínculo com o culto e especificamente com Israel. A ela se junta no v. 4 a frase relativa ao abate de animais: "Não comereis a carne com sua vida, isto é, o sangue"[77]. Enquanto o sangue de seres humanos não deve ser derramado, o sangue de animais não deve ser comido. A definição do contexto de vida *(nefeš)* e sangue *(dām)*, em torno da qual giram formulações como Dt 12,23 e Lv 17,11.14, vale também aqui (cf. tb. o v. 5)[78]. Esta regra alimentar israelita que deve ser antiga, que estava por trás de Ex 22,30 e recebe um peso novo no Deuteronômio (Dt 12) com a liberação do abate profano, é aplicada aqui à humanidade e, assim, equiparada eticamente à proibição de assassinar. Domínio e terror sobre os animais não podem abrir as portas para pôr a mão na vida em si.

Aquilo que aqui se diz da humanidade posterior a Noé e mais tarde dá origem às regras humanitárias noaicas do judaísmo[79], também tem como alvo Israel, pelo menos em princípio. Do mesmo modo como para outros aspectos do pensamento sacerdotal, devemos imaginar também as regras alimentares sacerdotais como círculos concêntricos dispostos em torno do santuário[80]. Enquanto para a humanidade só vale a abstinência do sangue, para Israel a amplitude sem limites liberada em

---

76. Para os detalhes cf. p. ex. DIEBNER & SCHULT, *Todesstrafe*; • ERNST, *Menschenblut*.
77. Para os problemas da frase cf. WESTERMANN, *Genesis* I, p. 621ss.
78. Cf. sobre isto SEEBASS, art. *nepeš*, p. 549.
79. Cf. acima p. 14s.
80. Cf. esp. MILGROM, *Ethics*, p. 167ss., 177ss.

Gn 9,3 é restringida fortemente pela lista dos animais proibidos de Lv 11[81]. Dos mamíferos, além de bois, ovelhas e cabritos, permanecem só alguns animais de caça. Para o uso como sacrifício no santuário, o círculo é restringido mais uma vez aos três animais domésticos e, entre eles, apenas os sem defeito (Lv 22,17ss.). A maioria dos pesquisadores vê uma oposição entre a regra em Lv 17 e a liberação do abate profano, com a condição de observar a interdição do sangue, em Dt 12 (cf. 15s.23s.)[82]. As seguintes declarações de Lv 17,3s. são consideradas praticamente uma retirada e revogação das possibilidades abertas por Dt 12[83]:

17,3 *Todo homem da casa de Israel que, no acampamento ou fora*
dele, imolar novilho, cordeiro ou cabra,
[4]*sem o trazer à entrada da Tenda da Reunião, para fazer dele*
uma oferenda a Yhwh, diante do seu tabernáculo, tal homem
responderá pelo sangue derramado e será eliminado do meio do povo.

Matar um animal só é diferente de matar uma pessoa quando o animal é oferecido em sacrifício segundo as regras, ou seja, no santuário. Caso contrário, acarreta a pena de morte, como sendo assassinato (17,4).

Contudo, será que se trata realmente de um contraste com Dt 12? Como toda a lei do Sinai do Documento Sacerdotal, incluindo o Código da Santidade, também Lv 17 só pode ser interpretado objetivamente no quadro do seu esboço geral. Lv 17 pressupõe a existência da Tenda da Reunião e, com ela, da presença de Deus e do culto em funcionamento. Certamente, também se quer proibir o abate "fora do acampamento" (17,3b)[84]. Esta expressão "fora do acampamento" (*miḥūṣ lammaḥaneh*), porém, é usada no Documento Sacerdotal sempre para identificar a oposição concreta ao próprio acampamento. Fora do acampamento precisam morar as pessoas impuras[85], acontecem as execuções[86], são oferecidos

---

81. Sobre estas regras alimentares, cf. acima p. 363ss.
82. Cf. p. ex. MILGROM, Prolegomenon; • id., Ethics e muitos outros.
83. Assim esp. CHOLEWINSKI, Heiligkeitsgesetz, p. 149ss.: Lv 17 é "uma anulação direta da permissão dada por Dt 12,15.20-22 para o abate profano" (165).
84. Sobre a ideia de acampamento do documento sacerdotal, cf. KUSCHKE, Lagervorstellung; por último esp. WRIGHT, Disposal, p. 232ss. (esp. as duas ilustrações 244 e 247).
85. Lv 13,46; 14,3; Nm 5,3s.; 12,14s; 31,19.
86. Lv 24,14.23; Nm 15,35s.

os sacrifícios pelo pecado[87] e outros objetos impuros[88]. Quem está fora do acampamento pertence ao acampamento, mesmo que negativamente. O "lado de fora" é constituído junto com o culto. "Fora do acampamento" não significa "em qualquer lugar do mundo", mas se pressupõe a proximidade com o acampamento. Como acontece com frequência no Documento Sacerdotal, uma aplicação das condições ideais da época inicial no deserto e no Sinai à realidade presente da narrativa nem sempre é possível[89]. Mesmo assim, não se pode simplesmente entender que toda a criação esteja "fora do acampamento". Podemos discutir se a proibição do abate profano, pretendida por Lv 17, em termos histórico-reais deve ser praticada apenas dentro de Jerusalém ou em toda a província de Judá da época persa. A província era suficientemente pequena para não tornar esta medida totalmente impossível[90]. Não se pode, todavia, aplicar e referir Lv 17 à *gōlāh* espalhada pelo mundo. Para Israel e os israelitas na Babilônia e em qualquer outro lugar vale aquilo que, segundo Gn 9, vale para todos os seres humanos: a proibição de consumir qualquer sangue. Nem as restrições de Lv 11 nem a regra do sacrifício de Lv 17 podem ter a intenção de valer para a diáspora. Pelo contrário, temos que ver a intenção de Gn 9 exatamente em que também Israel a pratique.

Para a relação do Documento Sacerdotal com o Deuteronômio isto significa que a desavença em torno do abate profano na melhor das hipóteses se referia à atitude nos arredores do templo, e por isso até onde este limite se aplicava. No mais, quer dizer que a regra do judaísmo posterior na diáspora não pode simplesmente ser projetada para os primórdios da reflexão teológica sobre esta situação no documento sacerdotal. O fato de as regras de pureza levíticas, e com elas as leis alimentares de Lv 11/Dt 14, terem aplicação para os grupos na diáspora (e, com isso, também para a época após a destruição do templo), provavelmente não deverá ser visto antes ou sem sua interpretação pelos fariseus[91].

---

87. Ex 29,14; Lv 4,12.21; 8,17; 9,11; 16,27; Nm 19,3.
88. Lv 6,4; 14,40.41.45.53; Nm 19,9; cf. tb. Lv 10,4.5.
89. Sobre isto, cf. as reflexões em BLUM, *Pentateuch*, p. 305s., acerca do santuário de P, que cum grano salis também se aplicam ao "acampamento".
90. Nesta direção poderia apontar o fato de que, em Lv 14,40.41.45.53 (cf. acima nota 88), em vez de "fora do acampamento" está "fora da cidade" (*miḥūṣ hāʿîr*).
91. Sobre isto, cf. NEUSNER, *Rabbinic Traditions III*, esp. p. 288ss.; por último MAIER, *Zwischen den Testamenten*, p. 269ss.

b) Aliança e circuncisão

É sabido que nos textos de formulação sacerdotal, além da aliança com a humanidade em Gn 9, é formulada apenas mais uma, com Abraão em Gn 17. Em ambos os textos, temos a teologia da aliança do AT bem desenvolvida. Nas duas vezes, não se trata de um acordo recíproco, e muito menos da possibilidade de cancelamento ou fracasso. Pelo contrário, nos dois casos a aliança consiste em que Deus se compromete com uma promessa que ele não irá romper[92]. Esta não será posta em dúvida por nada, tampouco pelo fracasso dos parceiros humanos. Exatamente a independência de ambos está no centro. Em Gn 17 se diz várias vezes com ênfase que se trata de uma "aliança eterna" (v. 7.13.19), válida para Abraão e todos os seus descendentes, através da sequência de gerações (v. 7.9). Esta promessa jurada por Deus contém o crescimento até tornar-se um povo (v. 5s.), a posse da terra (eterna! v. 8) e até a formação de um estado, a existência repetida de reis próprios (v. 6.16), e acima de tudo a promessa de que ele será o Deus deles (v. 7).

Como "sinal" desta aliança serve a circuncisão de Abraão e de seus descendentes masculinos. A circuncisão é indicada como sinal da aliança (v. 11), e mesmo como observância da aliança (v. 10). Com isso, o termo "aliança" ($b^e r\bar{\imath}t$) é realmente usado com vários sentidos, que não dependem um do outro. A falta de observância da circuncisão não pode pôr em dúvida a promessa de Deus. Ela só faz com que a pessoa em questão seja cortada da sua família (v. 14): para uma situação como o exílio, com isso se expressa, na verdade, algo evidente.

Os esforços para reconstruir um texto básico sacerdotal apenas narrativo levaram também em Gn 17 à suposição de que as formulações que contêm instruções concretas ou até as consequências da omissão humana devem ser consideradas secundárias (esp. v. 12-14)[93]. A estrutura do texto ou o uso da linguagem,

---

92. Isso foi destacado com razão por KUTSCH, "*Ich will euer Gott sein*", mas com ênfase quase só no sentido das palavras. Suas operações crítico-literárias, na linha do seu conceito de *brīt*, são pouco convincentes. Cf. para isto WESTERMANN, *Genesis 17* (cf. ibid., p. 78 nota 2 esp. sobre Kutsch); • tb. id., *Genesis II*, p. 301ss. (com bibliografia).

93. Enquanto KUTSCH, "*Ich will euer Gott sein*", p. 378, supõe nos v. 10ss. uma inclusão de material mais antigo (e, por isso, não bem harmônico), ZENGER, *Bogen*, 150 nota 43; • WEIMAR, *Abrahamsgeschichte*; • KÖCKERT, *Leben*, p. 41ss. (v. 12a.13b./12b.13a/14) contam com revisões em várias camadas; cf. esp. STEUERNAGEL, *Genesis 17*.

porém, não dão nenhum motivo para isso[94]. É preciso vir com convicções muito firmes sobre certa obra narrativa ou uma oposição entre detalhes rituais, para chegar a uma teologia de algum modo "pura", para achar necessárias operações crítico-literárias que vão tão longe.

A ausência de outras alianças firmadas na linguagem sacerdotal além desta com Abraão provocou discussões continuadas entre os pesquisadores[95]. Se a gênese literária da perícope do Sinai defendida aqui está correta, o Documento Sacerdotal teria, em todo caso, integrado em Ex 34,10 um texto com a formulação de uma aliança. Mas esta, naturalmente, de forma alguma, tem o peso de um texto como Gn 17. Independentemente de qualquer decisão nesta questão, é certo que o Documento Sacerdotal proclama desta maneira todas as promessas básicas de Deus ao seu povo: o relacionamento com Deus, a existência como povo, a posse da terra, mas também a independência política antes e independente de um culto em funcionamento. Elas não estão presas a isto. A relação com Deus e todas as suas promessas valem também no exílio e na diáspora, e a circuncisão é seu sinal. Com isso, um antigo costume popular, que talvez tenha recebido no tempo do exílio uma importância nova e grande, é preenchido com um novo conteúdo teológico.

Para a relação entre Gn 17 e o acontecimento do Sinai talvez seja apropriado dizer que este representa o cumprimento da $b^e r\bar{\imath}t$ com Abraão. Mas isso não deve ser suficiente[96]. Aquilo que acontece no Sinai, no pensamento sacerdotal de forma alguma pode ser abrangido pela categoria mais jurídica da aliança. O Documento Sacerdotal usa-a para denominar processos exteriores ao culto, globais e sem ligação com o santuário. No Sinai, porém, não estão em questão a promessa e a obrigação de Deus, mas sua presença e seus efeitos. Não porque Deus prometa algo e Israel lhe corresponda, mas porque Deus está presente em sua santidade imensamente assustadora é que Israel – e não só Israel! – precisa reagir de acordo. Toda atitude diferente não é desobediência a ser castigada, mas um perigo a que a pessoa se expõe.

---

94. Cf. esp. McEVENUE, *Narrative style*, p. 149ss., que elaborou a estrutura do texto que temos; LOHFINK, *Priesterschrift*, p. 222 nota 29; esp. BLUM, *Komposition*, p. 420ss.
95. De modo duradouro atuou esp. ZIMMERLI, *Sinaibund*, adotando uma crítica consciente à aliança do Sinai; • CROSS, *Myth*, p. 320; • BLUM, *Komposition*, p. 430s. e outros pensam que P pressupõe textos de aliança mais antigos; por último, cf. esp. BLUM, *Pentateuch*, p. 294s.
96. Com uma ênfase um pouco diferente, cf. BLUM, *Pentateuch*, p. 294.

Esta diferença, agora, fica bem evidente na questão dos que não são israelitas. Enquanto as regras que valem na proximidade do Deus santo precisam ter validade para todos os seres que ali se encontram, o mesmo não sucede na profanidade do exílio e da diáspora. Neste acontecimento entre Deus e Abraão e seus descendentes, dos estranhos só pode participar quem está a eles ligado. Por isso, segundo Gn 17,13, também os escravos devem ser circuncidados[97].

c) Endogamia

Em Gn 27,46–28,9 relata-se, na camada sacerdotal, que Rebeca está preocupada com o casamento de Esaú com mulheres hititas (26,34s.). Por causa disso, Isaac determina: "Não tomes uma mulher entre as filhas de Canaã" (Gn 28,1). Isto leva Jacó a viajar até seus parentes na Mesopotâmia, para ali encontrar uma esposa. Quando Esaú toma conhecimento da proibição (28,6ss.), ele se casa ainda com uma parenta, uma filha de Ismael (v. 9).

Esta motivação da partida de Jacó para ir até Labão corresponde, portanto, no Documento Sacerdotal, àquilo que é narrado de modo descritivo em Gn 27 sobre a fraude de Jacó e suas consequências. O tema da endogamia, sem dúvida, teve uma importância primordial na época do exílio. Manter unidos os grupos isolados era impensável sem ela. "De fato, depois que o estado israelita-judaico deixou de existir, a família se tornou a forma comunitária que deu continuidade a Israel e à sua religião"[98]. Na época pós-exílica, os conflitos dos casamentos mistos do período de Esdras e Neemias mostram como as antigas regras de endogamia tinham adquirido uma importância nova e central. Todas as proibições de uniões na tradição da Torá (Ex 34,16; Dt 7,3) são aplicadas de modo renovado e radical. Apesar de os mandamentos serem divinos, o Documento Sacerdotal põe a ênfase em outro lugar. A proibição de casar com as cananeias vem unicamente de Isaac, que reage às preocupações e temores de Rebeca. Não há autoridade di-

---

97. Sobre isso, cf. tb. p. 410. KÖCKERT, *Leben*, 43, quer ver na inclusão dos escravos um "ritualismo esvaziado", já que não tem relação com Deus e sua promessa; também a ameaça de castigo no v. 14 é criticada da mesma forma. Independente de que evidentemente não se pergunta pelo propósito destes versículos no âmbito de P, quanto ao método deve ser constatado que nisso se pressupõe um conhecimento (antigo!) daquilo que é certo e bom em termos teológicos. Apesar da tentativa de Köckert de, nesse artigo, honrar positivamente a compreensão de lei de P (é claro que só a compreensão, não o conteúdo da lei em si!), transparece claramente o antigo esquema que foi tão marcante de Wellhausen até Noth, de que uma antiga lei boa se tornou um ritualismo morto com os acréscimos posteriores.
98. WESTERMANN, *Genesis* II, p. 547.

vina por trás. É só o efeito da tradição patriarcal e do exemplo contagioso, como mostra a atitude de Esaú.

Apesar de toda a severidade das leis sexuais sacerdotais em Lv 18 e 20, falta ainda uma restrição como existe, por exemplo, no Deuteronômio. Disso não poderemos separar que, na época pós-exílica, para ira de Neemias, eram especificamente círculos sacerdotais que tinham relações de parentesco estreito com os povos vizinhos (esp. Ne 13,28s.). Para eles, a endogamia não era algo essencial, faltando qualquer rigor neste assunto. E isto deve estar ligado diretamente ao centro do seu pensamento: a mesma proximidade do santuário torna, no fim das contas, as pessoas iguais, também para além de Israel.

d) A Páscoa

Dos mandamentos e ritos que são introduzidos pelo Documento Sacerdotal antes do Sinai e que, assim, também podem e devem ser praticados independentemente e fora do culto no templo, sem dúvida, a Festa da Páscoa é o que está mais próximo do culto em si. Mesmo assim, faltam todas as características do verdadeiro acontecimento de culto. Por esta razão, os pesquisadores também entenderam com razão que ela foi concebida especialmente para a situação dos exilados, como sinal de esperança[99]. Mas isso também vale para todas as gerações seguintes da diáspora.

É verdade que, ainda mais do que em Gn 9 ou 17, a base textual é discutida. Das prescrições gerais para a Páscoa em Ex 11–13, é certo que, no sentido mais amplo, Ex 12,1-20.28.40ss. fazem parte do Documento Sacerdotal[100]. Pode-se ver com bastante clareza que os v. 15-20 e v. 43ss. são acréscimos ao Documento Sacerdotal[101]. Igualmente, porém, o texto que sobra, que em geral se apresenta muito uniforme, é decomposto em uma série de camadas. Com poucas exceções[102], porém, as partes essenciais destes versículos, incluindo o abate propriamente dito do cordeiro da Páscoa em si, são consideradas como texto básico[103].

---

99. Esp. SCHMITT, R. *Exodus*, p. 82ss.
100. Cf. p. ex. NOTH, *Überlieferungsgeschichte*, p. 18; • EISSFELDT, *Einleitung*, p. 250s. etc. (cf. acima nota 24).
101. Cf. ELLIGER, *Sinn*, p. 174, que reduz Pg aos v. 1.3-14.28.40s.
102. Assim esp. SKA, *Les plaies*, p. 23ss. (a crítica está em KÖCKERT, *Leben*, p. 45 nota 69) e LOHFINK, *Priester-schrift*, p. 222 nota 29, que nos v. 37a.40-42 encontra Pg somente.
103. Assim, de modo diferenciado, LAAF, *Paschafeier*, p. 10ss.; • WEIMAR, *Struktur*, p. 85 nota 18; • KOHATA, *Jahwist*, p. 261ss.

Aqui podemos deixar totalmente de lado a questão se nisso o Documento Sacerdotal acolheu antigos textos rituais e até que ponto estes podem ser reconstruídos[104]. Por outro lado, a exclusão de todas as prescrições que formulam detalhes rituais, como a data (v. 2.6a), a escolha prévia (v. 4), a ausência de defeitos (v. 5) ou as instruções sobre preparo e hora de comer (v. 9s.)[105], deve ser considerada um círculo vicioso. Como se poderá provar isso sem antecipar a forma daquela tradição da Páscoa que se imagina que seja a do Documento Sacerdotal? Se, porém, o documento conhece um ritual bem próximo do sacrifício antes do Sinai, será quase preciso contar com estes detalhes. Mesmo que estes detalhes tenham sido acrescentados com o tempo (em favor do que, no fundo, não há nenhum argumento), trata-se apenas de coisas necessárias.

Sob a forma de um discurso de Deus, proclama-se, antes da noite decisiva no Egito e antes da partida para o êxodo, a instrução de comemorar a Páscoa. Se a linguagem ritual a partir do v. 2 já apresenta a tendência de romper o caráter único do evento narrado para que se torne uma instrução ritual válida e permanente, no v. 14 isso se torna explícito: trata-se de um decreto perpétuo (*ḥuqqat 'ōlām*), que deve ser celebrado por todas as gerações vindouras como recordação (*zikkārōn*). Como recordação do primeiro êxodo, no entanto, a ordem é, sem dúvida, permeável a novas partidas. Festeja-se em atmosfera de partida e preparados para viajar (v. 11), com a pressa e a agitação (*bᵉ ḥippasōn*) pertinentes[106]. Como qualquer sacramento, com que a Páscoa sempre de novo foi comparada[107], ela está relacionada ao passado, como também ao presente e ao futuro. Ela é celebrada na lembrança da partida, no limiar de uma nova partida. A frase "no próximo ano em Jerusalém" da Hagadá posterior já está implícita em Ex 12.

Exatamente nas prescrições dos detalhes rituais pode ser reconhecida claramente a situação da diáspora. A Páscoa deve ser celebrada por famílias (v. 3). Onde morarem menos pessoas do que o suficiente para um cordeiro, estas devem juntar-se com os vizinhos (v. 4). A festa é em família, mas se refere a toda a

---

104. Aqui se impôs em grande parte RENDTORFF, *Gesetz*, p. 56ss.
105. Assim os trabalhos mencionados acima na nota 103, também KÖCKERT, *Leben*, p. 49ss.
106. Para a comparação com o Dêutero-Isaías, cf. EITZ, *Studien*.
107. Assim esp. FÜGLISTER, *Heilsbedeutung*; • HAAG, *Pascha*, esp. p. 115ss.; • SCHMITT, R. *Exodus*, p. 84.

"comunidade" (*'ēdāh, qāhāl*, v. 3.6). O evento é totalmente comunitário[108]. Não se trata de um sacrifício. O Documento Sacerdotal é bem claro nisso: os sacrifícios são parte do culto, o qual não existe aqui. As prescrições formuladas no v. 9 diferenciam o cordeiro pascal claramente de um sacrifício. Creio que isso não contradiz o v. 5, onde os animais devem corresponder às determinações rituais dos sacrifícios. No momento da partida, que não leva a qualquer outro lugar senão ao lugar de Deus[109], Israel segue de antemão as regras que valem aí. Isso vai além. Até o sangue, que no pensamento sacerdotal tem um significado destacado no contexto dos ritos de expiação[110] – "é o sangue que faz expiação" (Lv 17,11) –, quase assume aqui o seu papel próprio. De acordo com o v. 7, com ele devem ser marcados os batentes laterais e superiores das casas. À proteção contra o aniquilamento, que a expiação cultual proporciona, corresponde aqui antecipadamente a proteção contra a desgraça enviada por Deus (v. 13). A dimensão mostra que, afinal, esta tem por alvo acima de tudo os deuses da potência estrangeira. Neste contexto, aparece no v. 13 novamente o conceito de "sinal", que faz parte de todos os rituais do Documento Sacerdotal anteriores ao Sinai. Numa formulação estranha, é um sinal "para vós", para Israel, de que Deus não o castigará.

Algumas outras afirmações evidentemente são acréscimos, mas sem contradição concreta com o texto restante do Documento Sacerdotal, trazendo complementos importantes e esclarecedores. Nos v. 43ss., o assunto é a participação de não israelitas na refeição pascal. Várias vezes se acentua que apenas quem é circuncidado pode participar. Isso vale para escravos e livres. A frase no v. 49, de que uma e a mesma "Torá" vale para israelitas e estrangeiros, tem aqui uma consequência diferente do que em outras passagens do Documento Sacerdotal (cf. Lv 24,22; Nm 15,15s.). Segundo as prescrições da Páscoa em Nm 9, por exemplo, esta restrição não é necessária (v. 14). Não devemos ver nisso uma contradição. Nm 9 parte claramente dos acontecimentos "no acampamento", ou seja, da presença de santuá-

---

108. Com ROFÉ, Introduction, I 48s., BLUM, Pentateuch, p. 335s. nota 10, quer ver nisso uma alusão velada ao abate no santuário, de modo a corresponder com Lv 17 e outros textos. Isto, na verdade, praticamente eliminaria o Sinai como lugar de instituição da Páscoa. Como a Páscoa, sem dúvida, também era festejada no recinto do santuário, como comprovam textos como Lv 23; Nm 9 e outros, certamente pode ter havido assimilações. Porém, não deveríamos subestimar a função original, especialmente também dos costumes não radicados no santuário. Reuniões também podem ser feitas no exílio e na diáspora.
109. Cf. a seguir p. 414ss.
110. Cf. a seguir p. 428 e outras.

rio e culto. Aqui, ao contrário de Ex 12, onde não se falou nisso, a impureza impede a participação (Nm 9,6ss.13), e está prevista uma festa posterior especialmente para estes casos, que também vale para os viajantes (v. 10). Prescrições de pureza, porém, não têm sentido em terras estrangeiras impuras como o Egito; sua validade pressupõe a proximidade do santo. Por outro lado, nesta proximidade de Deus vale o mesmo direito para nacionais e estrangeiros e isso em qualquer sentido, também especialmente nas determinações cultuais (Lv 24,22; Nm 15,15s.). Da mesma forma como com os escravos em Gn 17,12s., em ambiente profano vale que somente quem através da circuncisão faz parte de Israel pode participar da refeição e de suas promessas. No sentido inverso, na presença do santo, a atitude ritual apropriada é prescritiva, totalmente independente de fé ou nacionalidade.

Em Ex 12,15-20, por fim, encontram-se as prescrições para a festa dos ázimos. Já em Dt 16, a Festa da Páscoa fora vinculada a esta festa anual camponesa. Esta vinculação depois se manteve também na diáspora, e isso se comprova em Ex 12,15ss.[111] Também aqui se celebra uma festa correspondente a uma semana, com pães sem fermento. O fato de aqui se pressupor a semana de sete dias com o sábado mostra, assim como a referência à santidade de uma reunião – feita totalmente contra o conceito geral do Documento Sacerdotal –, que o conceito sacerdotal rígido não se impõe mais plenamente. Seja como for, o texto comprova como, passo a passo, também as três festas anuais, que, como no Deuteronômio, também no Documento Sacerdotal estão ligadas ao santuário central e seu funcionamento, são acolhidas na diáspora não cultual.

e) O sábado

Na construção geral do Documento Sacerdotal, o tema do sábado ocupa uma função especialmente destacada. Ele enquadra toda a parte anterior ao Sinai e leva adiante até o centro das leis do Sinai. Toda a estrutura de Gn 1, com a obra em sete dias, apoia-se na estrutura sabática da semana. No fim, o próprio Deus descansa, santificando assim o sétimo dia (Gn 2,2s.). O conceito de "santo" ($qd\check{s}$), central para o Documento Sacerdotal, aparece aqui pela primeira vez. O seu sig-

---

[111]. LAAF, *Pascha-Feier*, p. 137, quer concluir da terminologia que aqui a festa dos ázimos é celebrada novamente no templo. Mas é igualmente possível que a linguagem do templo tenha sido usada também para as festas na diáspora distante.

nificado fica claro apenas na perícope do Sinai. O tema do sábado marca, depois, a última narrativa sacerdotal antes da chegada ao Sinai em Ex 16.

A estrutura literária deste capítulo foi explanada em boa parte pelo trabalho de Ruprecht[112]. Em oposição a tentativas mais antigas de aqui ver várias fontes do Pentateuco[113], é possível constatar claramente uma narrativa sacerdotal escrita (v. 1-3.6-7.9-27.30.35a), ampliada e interpretada por acréscimos posteriores de característica deuteronômica (v. 4s.28s.31.34). Só nestes está em evidência um mandamento do sábado em si, na verdade referindo-se a uma promulgação anterior (v. 4.28s.). Assim, provavelmente, fica estabelecida uma ligação com Ex 15,25s. Este caso de revisão deuteronomista de um texto do Documento Sacerdotal é de não pouca importância para toda a formação do Pentateuco, já que mostra que não se pode observar uma sequência clara e uniforme das camadas (mais recentes). Esta análise se impôs amplamente[114]. Ela torna a estrutura do texto sacerdotal muito mais clara do que as tentativas de separar o tema do sábado de uma narrativa original[115], o que insere novamente o resultado na premissa.

Seguindo esta reconstrução, vemos que Israel descobre a estrutura sabática da criação em sua caminhada pelo deserto. A alimentação do povo entre a saída e o Sinai, na verdade entre a saída e a ocupação da terra (v. 35), ocorre ao ritmo do sábado. No dia anterior, é colhido o dobro, ou seja, para dois dias (v. 22), e no próprio sábado não se acha nada (v. 27). Exatamente esta diferença com relação ao mandamento do sábado, que aparece apenas em Ex 31,12ss., não favorece a tese de que em Ex 16 já se encontra o início do acontecimento do Sinai[116]. Israel ainda não chegou ao monte de Deus, apesar de estar perto. Aqui Deus lhe aparece pela primeira vez naquela forma em que ele se manifestará no Sinai e entrará no santuário (Ex 24,16s.; 40,34s.): de acordo com Ex 16,10, Israel, voltado para o deserto e no meio do deserto, vê a glória, o kābōd do seu Deus[117]. Se Deus se glorificara na salvação junto ao mar, como se narra com a mesma raiz em Ex 14 (v. 4.10.17)[118], aqui este kābōd, mesmo que ainda na nuvem e oculto, pode ser re-

---

112. RUPRECHT, Stellung.
113. Uma visão geral da crítica literária mais antiga está em FRITZ, Wüste, p. 9 nota 1, e esp. MAIBERGER, Manna, p. 809ss.
114. Cf. p. ex. BLUM, Pentateuch, p. 146ss.; • KÖCKERT, Leben, p. 46s.; • ROSE, Deuteronomist, p. 51s.; • FRITZ, Tempel, p. 2 nota 10.
115. Assim esp. MAIBERGER, Manna; • SCHARBERT, Exodus; • WEIMAR, Struktur; • LOHFINK, Priesterschrift.
116. Contra ZENGER, Bogen, p. 157; cf. tb. BEUKEN, A Rule.
117. Sobre isso, cf. esp. WESTERMANN, Herrlichkeit; • STRUPPE, Herrlichkeit.
118. Para estas relações, cf. BLUM, Pentateuch, p. 296.

conhecido diretamente. Depois da revelação a Abraão com o nome de *'ēl-šadday* (Gn 17,1) e a Moisés com seu próprio nome Yhwh (Ex 6,2s.), aqui ele fica passo a passo e pessoalmente visível. Está claro que o Documento Sacerdotal, desta maneira, forma um entrelaçado espesso de declarações crescentes e complementares sobre Deus. Neste caso, Ex 16 tem um papel destacado.

Para o Israel no exílio, bem como para todos os grupos da *gōlāh*, aqui, ainda antes dos acontecimentos no Sinai, antes da presença do próprio santo, que requer regras especiais, experimenta-se primeiramente seu ritmo muito pessoal. Com o ritmo do sábado, que está ligado à alimentação no estrangeiro e no deserto, Israel está tão próximo da verdadeira figura de Deus quanto é possível sem o santuário. Participando do ritmo de sábado do próprio Deus, também Israel, que não vive nesta presença de Deus, já pode começar a discerni-lo. Ainda sem o mandamento que o obriga, ainda só como possibilidade de participação, mesmo assim (quase) tudo já está presente. A ligação com o centro se destaca de modo especial no jogo com o termo "santo". Assim como Deus santifica o dia de sábado com sua inatividade (Gn 2,3), ele santifica, no contexto do mandamento do sábado, o próprio Israel (Ex 31,13). De modo oculto, sem que o campo de força do santo com suas possibilidades negativas e positivas aja plenamente, o próprio Israel, ao seguir o ritmo do sábado, participa, no deserto, deste santo.

f) Resumo

Com todas estas disposições, o Documento Sacerdotal, aparentemente fixado todo ele no culto, abriu, em termos teológicos, um mundo em que uma participação "profana" em Deus se torna possível. Ao fazer separação rígida entre santo e profano, exatamente como é tarefa do sacerdote de acordo com Lv 10,10s., ele descreveu um mundo do profano ao lado do mundo do santo. As regras constituídas pela presença do santo (ainda) não valem nele. Mas nem por isso esse mundo é sem Deus. Nele é possível, como se ordena a Abraão (Gn 17,1) como promessa, viver *na presença* de Deus e nisto ser perfeito. É verdade que no exílio e na diáspora a vida organizada dentro do direito israelita próprio não é mais possível, mas a proibição fundamental de matar pessoas tem validade irrestrita. Um culto próprio e, com ele, a vida na presença direta de Deus não é possível, mas aqui é firmada a aliança, a única que existe com Israel, e ela, com suas promessas, vale de modo permanente. Com ações rituais como a abstinência de comer sangue, a circuncisão, a Festa da Páscoa como celebração da aurora da liberdade, e a participação no sábado, cria-se um quadro da vida na diáspora, que foi complementado em épocas posteriores, mas que, antes de qualquer coisa, em termos teológicos, possibilitou e iniciou tal vida. Nisso, o direito e a promessa de Deus são experimentados como um sinal – e o conceito de sinal aparece com variantes em todos estes textos. Esta vida é possível não com Deus, mas *na presença de* Deus, e daí também sem qualquer defeito e limitação (*tāmīm*, Gn 17,1).

4. Santidade como forma da liberdade[119]

a) O êxodo como santificação

A marca de liberdade do êxodo, que tanto no Código Deuteronômico quanto no Decálogo se tornara a razão de validade teológica dos mandamentos de Deus, é interpretada de maneira nova nos textos sacerdotais. Ela mantém seu significado e, na verdade, aumenta-o, mas sob uma forma totalmente nova.

No anúncio do acontecimento iminente em Ex 6,2-12[120], em que Deus se apresenta com seu nome (v. 3), e remete para a aliança com Abraão (v. 4) e se refere ao clamor de Israel por causa do trabalho forçado no Egito (v. 5), consta (v. 6s.):

> Ex 6,6 Portanto, dirás aos filhos de Israel: "Eu sou Yhwh, e vos farei sair de debaixo das cargas do Egito, vos libertarei da sua escravidão e vos resgatarei com mão estendida e com grandes julgamentos. [7] Eu vos tomarei por meu povo, e serei o vosso Deus. E vós sabereis que eu sou Yhwh, o vosso Deus, que vos faz sair de sob as cargas do Egito".

O alvo do resgate libertador é – ainda antes da dádiva da terra (v. 8) – a inter-relação entre Deus e o povo. O que fora anunciado na aliança com Abraão (Gn 17,7) toma forma através do êxodo. Do mesmo modo é descrito, com os elementos da chamada fórmula da aliança[121], o acontecimento no texto central de Ex 29,43ss., que trata do sentido de tudo o que acontece no Sinai:[122]

> Ex 29,45 Habitarei no meio dos filhos de Israel e serei o seu Deus.
> [46] E eles conhecerão que eu sou Yhwh, o seu Deus, que vos fiz sair do país do Egito para habitar no meio deles.

---

119. Para o seguinte, cf. tb. CRÜSEMANN, Exodus.
120. Sobre este texto, cf. SCHMIDT, Exodus I, p. 266ss.
121. Sobre isto, cf. SMEND, Bundesformel; • SCHMID, Ich will euer Gott sein.
122. Para a importância e função deste texto cf. KOCH, Eigenart, p. 48ss.; • WALKENHORST, Hochwertung, p. 15ss.; • JANOWSKI, Sühne, p. 317ss.; • BLUM, Pentateuch, p. 297.

Ao tirar o povo de Israel do Egito, Deus tem por objetivo habitar entre eles.

O que estas formulações significam é definido com mais detalhes em uma série de passagens sacerdotais especialmente do Código de Santidade, com a categoria da "santidade"[123]. Assim, em Lv 22, após as prescrições para os sacrifícios (v. 17-30) e a exortação para observar as ordens de manter santo o nome divino (v. 31-32a), consta: "Eu sou Yhwh, que vos santifiquei, que vos fiz sair da terra do Egito, a fim de ser o vosso Deus. Eu sou Yhwh" (v. 32b-33). Dois particípios estão aqui lado a lado, descrevendo os atos de Deus de santificar ($m^e qaddi\check{s}kem$) e de tirar ($hamm\bar{o}\d{s}\bar{i}'$). Os dois não podem ter referências temporais diferentes, como se um acontecesse antes do outro. Ambos descrevem o mesmo processo: a ação de fazer sair para a comunhão com Deus é o processo da santificação.

De modo muito semelhante as coisas são formuladas em Lv 11,44s. Depois das prescrições sobre animais puros e impuros está: "Pois eu sou Yhwh, o vosso Deus. Deveis santificar-vos e ser santos, pois eu sou santo; não vos torneis, portanto, impuros com todos esses répteis que rastejam sobre a terra. Eu sou Yhwh, que vos fiz subir da terra do Egito para ser o vosso Deus: sereis santos, porque eu sou santo". O ato de Deus descrito pelo modo indicativo é aqui apenas o êxodo. Este colocou Israel em relação com Deus, da qual resulta a atitude de "santificar-se", consequente à condição de santidade. O êxodo tem a função da santificação por Deus.

Especialmente claras são passagens em Lv 20 e 18. Em Lv 20,24ss., depois das determinações sobre a pena de morte para delitos sexuais, são lembradas as populações anteriores da terra que Israel está para herdar, tratando-se dos "estatutos" ($\d{h}uqq\bar{o}t$, v. 23) delas: "Eu sou Yhwh, vosso Deus, que vos separei desses povos. Fareis distinção entre o animal puro e o impuro. [...] Sereis consagrados a mim, pois eu, Yhwh, sou santo e vos separei de todos os povos para serdes meus" (v. 24b.25a.26). Aqui se usa o termo técnico sacerdotal de "separar", "selecionar", "fazer distinção" (bdl hif.)[124], que descreve a tarefa mais importante dos sacerdotes (Lv 10,10s.). Esta ação dos sacerdotes de manter separado o que não deve estar junto é aplicada à exclusão de Israel dos demais povos. A separação precisa encontrar sua correspondência na conduta, ou seja, na prática da separação correta. Os processos de santificação e de separação dos povos são

---

123. Cf. LUBSCZYK, *Auszug*, p. 169s., e esp. ZIMMERLI, *Heiligkeit*.
124. Cf. OTZEN, art. *bādal*.

idênticos. Ambos ocorreram no êxodo. Isto fica claro especialmente em Lv 18,3, que inicia as passagens jurídicas e éticas do Código de Santidade, depois das prescrições introdutórias para o altar, em Lv 17. "Não procedereis segundo o costume (ma'aśēh) da terra do Egito, onde habitastes; não procedereis segundo o costume (ma'aśēh) da terra de Canaã, para onde vos conduzirei. Não seguireis os seus estatutos (ḥuqqōt). [...] Eu sou Yhwh vosso Deus" (18,3s.). A saída do Egito se torna concreta na separação dos costumes e estilos de vida de lá. A introdução na terra de Canaã de forma alguma significa a adaptação aos costumes e hábitos dali. Através do êxodo, Israel se encontra em uma condição especial, distinto dos outros povos e comprometido unicamente com os mandamentos de Deus.

Nas outras menções ao êxodo no Código da Santidade igualmente se pressupõe sua concepção como povo excluído dos povos e povo santificado; só assim sua função fica compreensível. Isto vale, por exemplo, para Lv 19,36. Imediatamente antes, no v. 34, o êxodo fora mencionado para fundamentar o amor ao estrangeiro, da mesma forma como já acontecera no Código da Aliança (Ex 22,20; 23,9) e no Deuteronômio (Dt 10,19; 24,17s.22). Ali a relação é bem evidente, mas não no que segue: qual é a relação entre o êxodo e a exigência de ter "balanças justas, pesos justos, medida justa e quartilho justo", em Lv 19,36? De modo semelhante, em Lv 25, a proibição de cobrar juros nos v. 35-37 é fundamentada especificamente com a saída do Egito e seu único objetivo de "ser o vosso Deus" (v. 38). Somente quando se compreende o êxodo como separação para Deus, como separação por e para Ele, à qual Israel deve corresponder, esta relação se torna clara[125].

O que acontece nos textos citados foi descrito com exatidão por Zimmerli: "'Santidade' não é, portanto, uma qualidade que primeiro precisa ser adquirida pelo povo ou pelos sacerdotes, mas uma qualidade de Israel e seus sacerdotes, criada antes pelo próprio Deus, em seu ato de tirar seu povo do Egito, que, ao mesmo tempo, é um ato de separação. A declaração de posse feita neste ato é a base da exigência de santidade"[126]. Sobre este ato apoiam-se todas as afirmações éticas e jurídicas da coleção de leis sacerdotais. E isto vale para tudo. "O aspecto da santidade determina o código também onde falta o termo específico $qdš$"[127]. Os

---

[125]. Para as demais referências ao êxodo no Código da Santidade (Lv 25,42.55; 26,13.45), cf. a seguir p. 418ss.
[126]. ZIMMERLI, Heiligkeit, p. 503.
[127]. MATHYS, Nächstenliebe, p. 108.

textos do Código da Santidade estão permeados pela recordação recorrente de que "eu sou Yhwh". Esta aponta, como *ceterum censeo*, para a relação básica entre Deus e o povo.

Com esta teologia sacerdotal, portanto, o êxodo é entendido de modo diferente do que acontece na literatura pré-exílica. Ele não designa a condição social, jurídica ou política de Israel, mas apenas sua proximidade com Deus. É verdade que o conceito de santidade já fora usado nos textos legais mais antigos. Nestes, porém, ele estava relacionado unicamente a temas cultuais, como interdições de alimentos ou ritos de luto[128]. No Código de Santidade ele é estendido muito além e torna-se chave para todas as questões legais. Não são a existência de círculos livres e donos de terras ou a liberdade do povo que são caracterizadas com o êxodo, mas a separação dos outros povos e seus costumes e, com isto, a sua união a Deus, a sua proximidade com ele. Esta proximidade é a forma da liberdade representada pelo conceito do êxodo.

O que isto significa revela-se logo nos textos que tratam da problemática da perda da liberdade e da terra. Para amplos círculos e até para o povo como um todo, exatamente isso ocorrera com o exílio, formando, assim, o contexto em que os textos sacerdotais começam a falar primeiro. No Código da Santidade, a perda de liberdade e da terra é tratada para o israelita individual em Lv 25, para o povo todo em Lv 26. Esta temática comum poderia ser a razão por que os dois capítulos, no sistema de títulos em 25,1s., são abrangidos como uma unidade[129].

O israelita empobrecido, como especifica Lv 25,39ss., não deve ser tratado pelos demais israelitas como um escravo, mas como um assalariado. No ano do Jubileu, ele pode retornar à liberdade e à posse da terra. De fato, portanto, aqui é tratada a instituição da escravatura por dívidas, e a extensão do prazo de soltura de sete (Ex 21,2ss.; Dt 15,14ss.) para 49 anos representa uma deterioração enorme dos direitos dos escravizados, demonstrando a reduzida orientação social do Documento Sacerdotal, em comparação com as iniciativas deuteronomistas. Mesmo assim, ocorre aqui algo importante, em termos histórico-jurídicos. Este é um passo inicial significativo em direção à revogação da escravidão como tal, e

---

128. Cf. Ex 22,30 (costume alimentar); Dt 7,6 (contexto: relações de casamento e santuários estranhos); 14,2.21 (contexto: ritos de luto e costumes alimentares), além de 26,19; 28,9.
129. Uma indicação de Matthias Millard.

da sua transformação em trabalho assalariado. No v. 42, a exigência de considerar o compatriota não como um escravo, mas como um assalariado, é fundamentada nestes termos: "Na verdade, eles são meus escravos, pois os fiz sair da terra do Egito. [Eu sou Yhwh, vosso Deus]". Pelo êxodo, portanto, todos os israelitas se tornaram escravos de Deus. Com isso, as diferenças entre escravos e livres, em termos de relação com Deus, fundamentalmente deixam de existir. As exigências que Deus faz a seu povo valem para todos, independentemente de sua condição social e jurídica. Também os que de fato são escravos continuam fazendo parte do grupo que Deus, pela saída do Egito, introduziu numa relação que não pode ser desfeita. Também a eles se dirigem o Código da Santidade e toda a lei sacerdotal. A vontade de Deus vale para aqueles que perderam sua liberdade, assim como para os outros, e isto em sentido cultual, ético e jurídico.

Vale também para a perda da propriedade de terra o mesmo que vale para o caso da escravização. Isto mostra a formulação importante, paralela às duas citadas acima, em Lv 25,23: "A terra não será vendida perpetuamente, pois que a terra me pertence e vós sois para mim estrangeiros e hóspedes". A relação do indivíduo e sua família com Deus não depende da posse da terra e dos direitos a ela vinculados. A relação com Deus proporcionada pelo êxodo é independente da posse da terra e não pode ser questionada pela perda desta. Na composição geral do Documento Sacerdotal se expressa forçosamente que a constituição de todo o culto, isto é, da habitação de Deus em Israel e da possível proximidade com Ele por causa dela, acontece no Sinai, fora da terra e antes da sua ocupação. A perda da terra e da liberdade por israelitas individuais e suas famílias não altera a relação com Deus.

O cap. 26 do Levítico, que encerra o Código da Santidade (esp. v. 46) e ocupa uma posição de destaque em toda a lei sacerdotal[130], mostra que o êxodo, pela interpretação sacerdotal, continua sendo a base da relação com Deus também na profunda crise do exílio, apesar de ter sido causada por Israel. Com bênção e maldição, são tratadas aqui as consequências positivas (v. 3-13) e – em toda a amplitude – as negativas (v. 14-43) da conduta diante de Deus e suas exigências. O tema do êxodo aparece no final das duas partes – de extensão tão desigual – do capítulo, servindo nas duas vezes de conclusão (v. 13.45).

---

130. Cf. por último BLUM, *Pentateuch*, p. 300s. e, mais forte quanto ao conteúdo, p. 325s.

Na compreensão de Lv 26, os pesquisadores não estão de acordo se com o "se", que inicia o v. 3, são ou não condicionadas as promessas que no restante do Documento Sacerdotal sempre aparecem de modo incondicional[131]. Pelo modo como as promessas são feitas em Gn 17; Ex 6 e 29, com certeza a referência é feita às formulações de Lv 26,9.11s.[132] Será que a aliança eterna, que não pode ser questionada por nada, nem pela culpa nem pelo fracasso humano, torna-se aqui dependente da condição da obediência? Creio que exatamente a menção do tema do êxodo no fim das duas partes do capítulo mostra o contrário. O êxodo, como elemento concreto, em que a promessa de Deus se tornou realidade, especificamente na coordenação "Deus e povo" descrita como santificação, é a base inquestionável sobre a qual a alternativa revista em Lv 26 se fundamenta em primeiro lugar.

Assim, lemos no fim das promessas de bênçãos e salvação em Lv 26,13: "Sou eu, Yhwh, vosso Deus, que vos fiz sair da terra do Egito para que não fôsseis mais os servos deles; quebrei as cangas do vosso jugo e vos fiz andar de cabeça erguida". Indo bem além das passagens citadas até aqui, que dão interpretação sacerdotal ao êxodo, como a figura da canga que é quebrada[133] e do andar altaneiro, a referência também é feita para a libertação social e política concreta. Esta não pode ser isolada do tema do êxodo. O Documento Sacerdotal, no âmbito da sua narrativa histórica, sempre de novo menciona o clamor e o trabalho forçado no Egito[134]. A obediência às instruções de Deus abre novamente espaço para este aspecto.

Naturalmente, a conduta de Israel, apesar da promessa incondicional de Deus, não é arbitrária e sem consequências[135]. A proximidade de Deus é perigosa, e, como várias vezes se diz (Lv 18,25.28; 20,22), a terra pode ser tornada impura de tal modo que praticamente vomita seus moradores. Tudo isso serve de contexto para as muitas ameaças de Lv 26,14-39. Contudo, por pior que seja, no fim temos também aqui a indicação da ação fundamental de Deus, que fica inconteste. A par-

---

131. Cf. LOHFINK, *Abänderung*; sobre isto, cf. a discussão de Lohfink com Blum, *Pentateuch*, p. 325ss.
132. Detalhes em LOHFINK, *Abänderung*, p. 160; BLUM, *Pentateuch*, p. 325s.
133. Pode-se pensar especialmente no papel que esta figura exerce no contexto da potência babilônica e do exílio na tradição de Jeremias (Jr 27,2; 28,10.12.13), cf. tb. Is 58,6.9.
134. Ex 6,6s.; cf. tb. 1,11; 2,11; 5,4s.
135. BLUM, *Pentateuch*, 327: "Distorcer estas afirmações em uma ou outra direção equivaleria, na minha opinião, a condenar os transmissores ao silêncio, em relação ao passado e presente ou ao futuro. Por isso, também não deve haver uma alternativa lógica para uma 'teologia da aliança' sacerdotal baseada em Gn 9; 17 etc., em vista da experiência do exílio com o *lado a lado* conceitual de Lv 26,3.9.13s. e 26,41ss."

tir do v. 40, o assunto é a confissão da culpa, que abre uma possibilidade de conversão. O exílio é castigo, mas não significa a rejeição de Israel (v. 44a), "[...] pois eu sou Yhwh, seu Deus. Lembrar-me-ei, em favor deles, da aliança feita com os seus antepassados, que fiz sair da terra do Egito, à vista das nações, a fim de ser o seu Deus, eu mesmo Yhwh" (v. 44b.45). Isto quer dizer que o ato do êxodo, efetuado diante dos olhos dos povos, constitui exatamente, também em meio aos sofrimentos da época do exílio, o fundamento permanente, o qual Deus pode e quer retomar. Ele tirou Israel do Egito com o único objetivo de ser o seu Deus. Israel deve e precisa corresponder a esta condição com sua conduta. O ato de Deus, porém, continua persistindo também quando Israel não faz isto. A coordenação "Deus e povo" ocorrida no êxodo, que representa o cumprimento da aliança abraâmica, independe de qualquer fracasso de Israel. Ela torna o castigo compreensível como consequência da culpa. A condição especial não é posta em dúvida por causa disso.

b) Santidade como princípio jurídico

No centro do pensamento sacerdotal está o conceito de santidade[136]. Todas as leis promulgadas no Sinai se referem à conduta no campo de força da presença do Deus santo. Nisto, ela trata em boa parte de temas cultuais. A maior parte é composta, além da construção e equipamento do santuário em si, de leis para sacerdotes, sacrifícios e purificação. Ao lado disso, contudo, praticamente todos os temas da tradição legal pré-exílica são retomados. É verdade que os pesos e as proporções se deslocaram em favor da predominância das regras cultuais, porém a ligação, surgida com o Código da Aliança, destas instruções cultual-religiosas com temas jurídicos, éticos e sociais determina também a lei sacerdotal. Escravidão, agressão física, família e sexualidade, juros e endividamento – até as determinações constituintes do Código Deuteronômico, mais estritamente políticas, objetivando garantir a liberdade, estão presentes, não faltando praticamente nenhum tema. Que importância tem, para o direito, o fasto de isto estar em um contexto tão marcado pelo culto?

Para entender isso, é imprescindível deixar-se envolver um pouco pelo pensamento sacerdotal. Seu conceito central de santidade não é algo exclusivo a

---

[136]. Cf. esp. KOCH, Eigenart, p. 41ss.

Israel. Israel o compartilha com muitas religiões[137], e deve tê-lo assumido do ambiente cananeu à sua volta. Santos são ali – identificados com o mesmo termo – "os próprios deuses e tudo o que está em relação de proximidade com eles, que lhes pertence na natureza ou que lhes foi consagrado e assim ordenado pelas pessoas"[138]. Aqui[139], como em outras passagens, o santo é o lugar separado do profano – assim, o recinto sagrado, o templo, é separado do profano por um muro, um *ḥaram* – ou o tempo especial. Para a época moderna, que praticamente não conhece o santo como experiência, continua útil a definição clássica de Rudolf Otto, que descreveu o santo como *mysterium tremendum et fascinosum*[140]. Se quisermos recorrer a uma comparação, podemos usar a figura de um campo elétrico ou – e especialmente na língua inglesa os dois termos são esclarecedores nesta questão – de emissão radioativa, com todas as limitações e problemas que uma comparação tem.

Para a teologia do Documento Sacerdotal é decisiva a presença pessoal do próprio Deus na forma da sua glória (*kābōd*). No contexto das instruções para a construção do santuário (Ex 25–31) em que ele quer morar, em uma passagem[141] central de todo o Documento Sacerdotal sobre a tenda em Ex 31, consta o seguinte:

> Ex 31,42b *Ali me comunicarei convosco, para falar contigo.* [43]*Ali virei me encontrar com os filhos de Israel, e o lugar ficará santificado por minha glória.* [44]*Santificarei a Tenda da Reunião e o altar. Consagrarei também Aarão e os seus filhos para que exerçam o meu sacerdócio.* [45]*Habitarei no meio dos filhos de Israel e serei o seu Deus.* [46]*E eles conhecerão que eu sou Yhwh, o seu Deus, que os fez sair do país do Egito para habitar no meio deles. Eu sou Yhwh, o seu Deus.*

Trata-se da presença de Deus, e das chances, mas também dos perigos que esta presença direta de Deus com seu povo oferece. O problema teológico básico da proximidade e da distância de Deus é, desta maneira, especialmente intensificado no Documento Sacerdotal, de modo que o Deus criador não é experimenta-

---

137. Para o material da história da religião, cf. OTTO, R. *Das Heilige*; Eliade, *Religionen* (19ss.); • id., *Das Heilige*; • CAILLOIS, *Mensch*; • WUNNENBERGER, *Le Sacré*; bem como a visão geral em KIPPENBERG, art. *Heilig*.
138. KORNFELD & RINGGREN, art *qdš*, 1182. Para as referências cananeias e especialmente ugaríticas, cf. Schmidt, *Aussage*; • CAZELLES, *Impur*; • id., *Pur*; Xella, *QDŠ*.
139. Para o AT, além dos citados, cf. visões gerais em GILBERT, *Sacré*; • TERRIEN, *The Numinous*, bem como as referências bibliográficas mencionadas nas notas 145s. Para as evidências arqueológicas, cf. CRÜSEMANN, *Ritualbad*.
140. OTTO, R. *Das Heilige*, esp. cap. 4 e 6; sobre Otto, cf. p. ex. COLPE (org.), *Diskussion*.
141. Cf. acima p. 385ss.

do e imaginado (apenas) no céu ou em alguma transcendência, mas como estando diretamente presente. Aquilo que é descrito em Lv 10,10s. como tarefa mais importante dos sacerdotes, ou seja, diferenciar (*bdl*) entre santo e profano, puro e impuro, é exatamente o que os textos sacerdotais fazem em termos gerais e também em cada detalhe. Com razão tem sido usada sempre de novo a figura dos círculos concêntricos para ilustrar os degraus e graus sacerdotais da proximidade com o santo[142]. A maior proximidade com o próprio Deus, o serviço na morada e no altar é permitido apenas aos sacerdotes separados e consagrados para isso, os aaronitas. Ao santo dos santos do templo, o lugar do próprio Deus, somente o sacerdote principal tem acesso uma vez por ano, para a purificação ritual (Lv 16,2ss.). Em torno dos sacerdotes, como descreve com plasticidade a ordem sacerdotal no acampamento em Nm 1ss., habita o povo que Ele escolheu para isso e cujo Deus Ele quer ser. Entre os sacerdotes e o povo, podemos imaginar os levitas, quase como um elo protetor. Com esta proximidade de Deus, Israel está separado de todos os outros povos.

Nesta altura, é prescindível entrar em cada detalhe da multiplicidade das leis rituais do Documento Sacerdotal[143]. Todas elas servem para atender a esta comunhão com Israel desejada por Deus. Além do processo central da expiação cultual[144], é apropriado fazer referência pelo menos ao grande grupo das leis cultuais da pureza (Lv 11–15)[145]. Também aqui amplos paralelos da história da religião e da etnologia se mostraram úteis[146]. Em linguagem sacerdotal, o binômio de conceitos puro/impuro nada tem a ver com ética e direito[147]. Situações de impureza em muitos sentidos não são apenas inevitáveis, mas até ordenadas por Deus. Se tudo que tem a ver com secreções genitais, com emissão de sêmen, sangue, menstruação, nascimento torna a pessoa impura, e ainda mais o contato com mortos – seres mortos e sangue são os itens que mais contaminam – então

---

142. Por último, cf. esp. MILGROM, *Ethics*.
143. Sobre isto esp. HARAN, *Temples*; • MILGROM, *Cult*; • id., *Studies* e muitos outros.
144. Sobre isto a seguir p. 425ss.
145. Cf. esp. FRYMER-KENSKY, *Pollution*; • MILGROM, *System*; • id., *Rationale*; além disso, PASCHEN, *Rein*; • DARLING, *Levitical code*; igualmente a bibliografia citada acima nas notas 136-140 sobre as leis alimentares. Uma visão geral da história da pesquisa fornece Budd, *Holiness*.
146. Cf. HENNINGER, art. Pureté; • V.D. TOORN, *Pureté rituelle*, e esp. DOUGLAS, *Reinheit*; para a discussão em vista do material do AT, MILGROM, *Ethics*.
147. Sobre isso, cf. esp. HERMISSON, *Sprache*, p. 84ss.

tais coisas de modo algum são proibidas ou discriminadas[148]. Por último, segundo sua própria autocompreensão, trata-se geralmente de regras que pretendem possibilitar a vida em toda a sua amplitude e sem limites[149]. A impureza ritual só se torna "perigosa" quando entra em contato com o santo. Para isso servem as regras de eliminação da impureza (Lv 11–15), que, em muitos casos, desaparece à noite com ou sem lavagem, na maioria dos casos por meio de ritos de purificação.

Contudo, não apenas as regras cultual-rituais precisam ser observadas na presença de Deus, mas também as ético-jurídicas. Também nisso o Documento Sacerdotal acompanha inquestionavelmente todas as tradições[150]. Textos como Is 6,5s. ou as condições éticas de acesso ao santuário nos Sl 15 e 24 mostram que algo correspondente já valia no santuário pré-exílico de Jerusalém[151]. Também os textos do Código da Santidade deixam entrever formas e tradições anteriores[152]. Os textos legais pré-exílicos, ao colocarem as leis do altar no início, também estão orientados para a presença cultual de Deus. O que é novo no Documento Sacerdotal é que o pensamento sacerdotal era antes um componente entre muitos e, agora, passa sozinho para o centro. Por isso, as diferenças fundamentais também não estão nos detalhes[153], por mais importantes que estes sejam, mas no ponto de partida diferente. Também o direito do qual se trata está marcado pelo campo de força que emana do Deus presente.

A inovação mais importante em termos de história do direito que resulta desta abordagem diferente diz respeito à questão do campo de abrangência das leis. As leis pré-exílicas estavam sempre voltadas para os israelitas livres e proprietários de terras[154]. Isto mudou. O sistema de títulos do Código da Santidade[155] conhece somente duas diferenças: as leis são ou para os israelitas ou para os sacerdotes, ou para ambos. Nisto, Israel é chamado literalmente de "filhos de Israel" ($b^e n\bar{e}\ yi\acute{s}r\bar{a}'\bar{e}l$). Trata-se de uma realidade a ser descrita em termos genealógicos.

---

148. Sobre isso, cf. esp. WRIGHT, *Two types*.
149. Cf. esp. MILGROM, *Rationale*.
150. Sobre isso, cf. p. ex. OTTO, *Kultus*; também RINGGREN, *Prophetical conception*; • SCHILLING, *Das Heilige*; • DOMMERSHAUSEN, *Heiligkeit*; • KORNFELD, *QDŠ*.
151. Cf. KOCH, *Tempeleinlassliturgien*; • STEINGRIMSSON, *Tor*; • BEYERLIN, *Heilsordnung*; • OTTO, *Kultus*; • HOSSFELD, *Nachlese* e outros.
152. A bibliografia citada acima p. 387 nota 14 tentou intensivamente reconstruir fontes e tradições.
153. Sobre isso, cf. esp. CHOLEWINSKI, *Heiligkeitsgesetz*.
154. Cf. acima p. 238, 277, 308ss.
155. Cf. acima p. 385.

Diferente principalmente do Código Deuteronômico, aqui Deus quer ser Deus do grupo de israelitas determinado pelo parentesco. Com isso deixam de existir todas as diferenças sociais resultantes da posse da terra ou da liberdade jurídica. A proximidade de Deus independe disso, de modo que, para o seu direito, todos são juridicamente iguais.

Uma outra distinção, todavia, é reforçada por esta perspectiva, que é a alternativa entre homens e mulheres. Na tradição jurídica pré-exílica, em sintonia com a estrutura social patriarcal e das condições de propriedade, os destinatários eram apenas homens[156]. A submissão das estruturas familiares de poder ao controle público na legislação familiar deuteronômica tinha interferido nisto até certo ponto[157]. O pensamento sacerdotal, porém, reforça as estruturas patriarcais e lhes dá novo embasamento. Em seu sistema da proximidade com Deus[158], as mulheres não ocupam um lugar muito propício. O fato de mais tarde, no templo de Jerusalém, existir algo como um pátio das mulheres, ou seja, um lugar onde as mulheres israelitas podiam ter uma proximidade própria, inseridas entre os homens israelitas e os pagãos, é expressão desta perspectiva sacerdotal.

A partir do mesmo princípio, mas para uma outra pergunta, resulta uma sequência de sentenças jurídicas até hoje provocadoras. "Haverá somente um estatuto, tanto para vós como para o estrangeiro" (Nm 15,15) – várias vezes este princípio é formulado com ênfase nos textos sacerdotais (Ex 12,49; Lv 24,22). Com a inclusão de todos os direitos, mas também de todos os deveres, vale para os estrangeiros, especificamente para os que não são israelitas, o mesmo que vale para Israel[159]. De forma alguma podemos falar, nestes casos, de prosélitos no sentido posterior, como se tornou costume há muito tempo[160]. Isto porque para o Documento Sacerdotal – da mesma forma como de modo geral na literatura pós-exílica[161] – a adesão não é decisiva, e de algo como questão de fé nem se fala.

---

156. Sobre a problemática, cf. acima p. 238, 307ss.
157. Cf. acima p. 347ss.
158. Totalmente diferente de outros textos e tradições do AT, cf. BIRD, *Place of woman*.
159. Exemplos são sacrifícios (Lv 17,8; 22,18), Páscoa (Nm 9,14), leis sexuais (Lv 18,26), proibição de adorar Moloc (20,2); cf. CRÜSEMANN, *Fremdenliebe*, 21ss., e acima p. 262.
160. P. ex. KELLERMANN, art. *gûr*, 988; esp. BERTHOLET, *Stellung*. Para o proselitismo, cf. a bibliografia mencionada na nota 393 p. 262 acima.
161. Pense-se esp. na problemática dos casamentos mistos (Esd 9s.; Ne 10,31; 13,23ss.; Ml 2,10ss.), que evidentemente não pode ser solucionada com adesão religiosa.

É decisivo apenas o fator determinante para todo o pensamento sacerdotal: a proximidade com Deus. Dentro do seu campo de força é preciso obedecer a regras, que têm validade tão "objetiva" como as de um cabo de alta tensão. Por esta razão, elas não podem ser uma coisa para os estrangeiros e outra para o próprio Israel. Nem mesmo a questão da circuncisão pode ser decisiva neste aspecto, da mesma forma como para a esfera em que este campo de força do santo não vale[162]. Não é por acaso que no profeta-sacerdote Ezequiel os estrangeiros até recebem uma parte da terra, assim como os próprios israelitas (Ez 47,22s.).

Portanto, também aqui o pensamento teológico não coincide totalmente com o genealógico. É sempre para o povo de Israel que vale a vontade eletiva de Deus. No direito israelita pré-exílico, porém, a Torá não foi confiada a todo o povo incluído na genealogia, mas apenas aos donos de terra livres, tornando-se, assim, sujeitos de pleno direito. No pensamento sacerdotal, Deus fez de Israel – os descendentes de Abraão – o seu povo, e quer morar no meio deste povo como seu Deus. Esta presença de Deus, porém, é descrita em uma teologia em que, no fim das contas, os problemas da proximidade com Deus derrubam todas as diferenças legais, não apenas as que há entre livres e escravos, mas também entre israelitas e não israelitas.

Max Weber observou, na sequência das coletâneas legais israelitas desde o Código da Aliança até o Código da Santidade, passando pelo Deuteronômio, uma "crescente *teologização* do direito"[163]. Muitos o seguiram nisto. Na perspectiva da história do direito, realmente, é preciso ver nesta teologização algo altamente significativo. Nela cresceu o pensamento com o qual foi formulada a igualdade diante de Deus e seu direito. Independentemente da posição, este direito vale para donos de terra e empregados, escravos e livres, ricos e pobres, até israelitas e não israelitas. Esta era uma das condições para poder manter a vontade de Deus também para um povo exilado e privado dos seus direitos.

5. A vida com a culpa: expiação e perdão

Como esquematizam os textos sacerdotais em sua perícope do Sinai, a vida na presença do Deus santo só é possível quando os fracassos e pecados são sem-

---

162. Para a diferença entre Ex 12,43ss. e Nm 9,14, cf. acima p. 410s.
163. WEBER, *Judentum*, p. 81.

pre de novo expiados e perdoados. Por esta razão, o cancelamento da culpa concedido por Deus ocupa o centro das leis cultuais sacerdotais. Sua importância se mostra já na disposição física, pois determina o lugar santíssimo do santuário sinaítico. Ele não está vazio, como era de fato o templo pós-exílico, porém nele se encontra aquele objeto que tem o nome da expiação cultual (*kpr* pi.)[164], e por isso deve ser traduzido por "sinal da expiação"[165] ou "aparelho de expiação"[166] (*kappōret*). A partir dele, Deus se comunica com o seu povo (Ex 25,22). Como nenhum outro objeto, ele simboliza sua disposição para perdoar, bem como a comunhão entre Deus e o ser humano, assim possibilitada.

Na história dos textos legais esta ênfase é nova. Ela representa uma consequência necessária da reflexão sobre o exílio e da culpa que o causou. As leis pré-exílicas estavam orientadas teologicamente para a preservação das dádivas de Deus, a liberdade e o habitar a terra. A estas grandes dádivas de Deus, pressupostas pela tradição da Torá, soma-se agora o perdão nela institucionalizado. Há indícios claros de que para isso os textos sacerdotais podem estar retomando raízes e tradições pré-exílicas mais antigas[167]. Na verdade, a teologia da expiação pré-exílica não é passível de reconstrução, e de qualquer maneira só atingiu sua forma atual passando por mudanças muito profundas.

Em oposição a uma forte depreciação também destes aspectos da teologia sacerdotal pelos sucessores de Wellhausen, como "autossalvação do ser humano"[168], sua redescoberta teológica para a leitura cristã do AT foi um passo importante e um ganho significativo[169]. Não por último uma relação supostamente próxima com a cristologia de expiação do NT, no entanto, levou a uma compreensão dos textos que em parte é questionável. Isto vale especialmente para a tese

---

164. Cf. LANG, art. *kipper*, e esp. JANOWSKI, *Sühne*.
165. Assim JANOWSKI, *Sühne*, p. 272; na p. 271ss. há referências à tradição da tradução (Lutero: "trono da graça").
166. Assim UTZSCHNEIDER, *Heiligtum*, p. 121; sobre o problema, cf. tb. de TARRAGON, *Kapporet*.
167. A mais evidente é o rito de Is 6,6s. Sobre isso, cf. agora HUROVITZ, *Isaiah's impure lips*. Por outro lado, sacrifícios com função de expiação (JANOWSKI, *Sühne*, p. 177ss.) ou "sacrifícios pelos pecados" (RENDTORFF, *Opfer*, 62s.) não podem ser comprovados. Portanto, estamos restringidos à análise crítico-literária e histórico-tradicional dos textos sacerdotais, o que, na melhor das hipóteses, gera resultados hipotéticos e analogias da história da religião. A mais provável ainda é uma tradição antiga por trás do rito do bode expiatório de Lv 16; cf. nota 186 a seguir. Uma visão geral das tradições correspondentes nos povos circundantes está em Moraldi, *Espiazone*.
168. Assim KÖHLER, *Theologie*, § 52, falando sobre todo o culto israelita.
169. Primeiro esp. KOCH, *Sühneanschauung*; • id., *Sühne und Sündenvergebung*; a partir dali, V. RAD, *Theologie* I, p. 275ss.; depois GESE, *Sühne*, e a difusão da sua tese por JANOWSKI, *Sühne*, esp. p. 350ss.; • id., *Auflösung*.

de uma identificação da pessoa culpada com o animal do sacrifício, que, como se diz, morre substitutivamente por ela e possibilita o pagamento/resgate da vida perdida[170]. Mais fortemente do que tem acontecido, cada tentativa de compreensão precisa ter como ponto de partida a diferença fundamental, por um lado, entre a expiação pela comunidade, e com isso o povo em sua totalidade, e, por outro, a expiação pelas pessoas culpadas individualmente.

a) Sacrifícios pelos pecados e dia da reconciliação: o povo liberto da culpa

Na perspectiva sacerdotal, está claro que foram acúmulos prolongados de culpa que acabaram desencadeando a catástrofe do exílio. É o que vemos em formulações como a de que a terra tornada impura vomitará seus moradores, como já o fez com os moradores anteriores (Lv 18,25.28; 20,22). Semelhante é a ideia de que a terra tem de receber os anos sabáticos de que foi privada, razão pela qual ficará por um bom tempo deserta e sem cultivo (Lv 26,34s.). Para evitar tais acúmulos de pecado e impureza no futuro, o próprio Deus prepara meios de expiação. O mais importante é o sangue dos animais sacrificados, e o contexto é descrito com precisão em Lv 17,11:

> 17,11 Porque a vida (ou a alma) da carne está no sangue. E este sangue eu vo-lo tenho dado para fazer o rito de expiação sobre o altar, pela vossa vida (pela vossa alma); pois é o sangue que faz expiação pela vida (pela alma).

No contexto, fundamenta-se com isso a proibição renovada de consumir qualquer sangue[171]. Os detalhes do pensamento sacerdotal, sobre com que exatidão é entendida a força expiatória do sangue, em grande parte têm de ser deixados de lado, e podem sê-lo[172]. Com grande probabilidade, porém, trata-se prin-

---

[170]. Assim seguindo GESE, *Sühne*, e esp. JANOWSKI, *Sühne*, p. 220s. Esta tese se apoia em uma interpretação praticamente indefensável do gesto da imposição das mãos como identificação com o animal a ser sacrificado. Para a crítica, cf. já MATTHES, *Sühnegedanke*; cf. tb. FÜGLISTER, *Sühne durch Blut*, p. 145s., assim como, de modo mais profundo, RENDTORFF, *Leviticus*, p. 32ss. (excurso). Exatamente nos indivíduos, os sacrifícios não expiam as transgressões sobre as quais pesam pena de morte ou extermínio; cf. a seguir p. 431ss.

[171]. Para este texto, cf. esp. MILGROM, *Prolegomenon*; • FÜGLISTER, *Sühne durch Blut*; • SCHENKER, *Zeichen des Blutes*; • JANOWSKI, *Sühne*, p. 242ss.

[172]. Além da bibliografia mencionada acima nas notas 169 e 171, cf. esp. os muitos trabalhos bem orientados de Milgrom (*Cult and conscience; Studies*), bem como BRICHTO, *Slaughter*; • LEVINE, *Presence*; • KIUCHI, *Purification offering*. Uma visão geral dos tipos mais importantes de interpretação pode ser encontrada em LANG, art. *Kipper*, p. 308ss.

cipalmente da purificação do santuário que ficou impuro[173], e não das pessoas que ficaram impuras[174]. Da mesma forma, todas as teses de uma substituição pelo animal sacrificado, que morre pela pessoa culpada, não são objetivas. Em especial o rito da imposição das mãos, com o qual se fundamenta esta tese da transferência, não pode ser interpretado desta forma[175]. E por mais que a expiação esteja ligada ao sangue, isto não impede o autor sacerdotal de também ligar a função expiatória a um sacrifício de farinha (Lv 5,11-13), quando a pessoa não tem condições de custear o sacrifício de um animal[176].

Especialmente o chamado "sacrifício pelos pecados" (ḥaṭṭā't), descrito em Lv 4s., e o "sacrifício pela culpa" ('āšām, para o indivíduo) têm uma função de expiação[177]. Enquanto as prescrições quanto aos procedimentos nestes sacrifícios para israelitas individuais são muito complexas (Lv 4,27–5,26; cf. já para o "príncipe" em 4,22-26), as determinações para o "sacerdote ungido" (Lv 4,3-12), ou para os "representantes cultuais de todo o povo" e para "toda a comunidade"[178] de Israel (4,13-21) não são marcadas na mesma medida por motivações, inserções e exceções. A importância especial destas duas subdivisões da lei já se mostra no fato de que só nelas se pratica o chamado "grande rito de sangue"[179]. Neste, o sangue dos animais sacrificados é aspergido sete vezes no interior da tenda-santuário contra a cortina que oculta o lugar santo (Lv 4,6.17), enquanto no rito pelo israelita individual o sangue apenas é passado nos chifres do altar dos holocaustos, no pátio (Lv 4,7.18.25.30.34; 5,9). Nos primeiros dois casos, a carne também não pode ser comida pelo sacerdote como normalmente (6,23), mas deve ser queimada fora do acampamento (6,30; cf. 4,11s.21). Na conclusão da lei sobre o sacrifício pelos pecados da comunidade[180], afirma-se: "O sacerdote fará por eles expiação e eles serão perdoados" (4,20)[181]. Aqui se formula o alvo de toda ação de expiação dos sa-

---

173. Assim esp. MILGROM, *Israel's sanctuary*.
174. Assim esp. ZOHAR, *Repentance*; para a crítica, cf. MILGROM, *Modus operandi*.
175. Cf. acima nota 170.
176. Em oposição a isto, MILGROM, *Graduated Ḥaṭṭā't*, quer ver nisto um tipo especial de sacrifício com propósito próprio.
177. No que segue tenta-se, com Milgrom, Kiuchi, Rendtorff e outros, entender o texto em questão no quadro de P, e não desmembrá-lo diacronicamente antes; sobre isto p. ex. ELLIGER, *Analyse*.
178. RENDTORFF, *Leviticus*, p. 152.
179. Esta terminologia se baseia em GESE, *Sühne*; • JANOWSKI, *Sühne*, p. 222ss.; • RENDTORFF, *Leviticus*, p. 159s.
180. No sacrifício pelos pecados em favor do sacerdote ungido falta esta conclusão. Disto se infere uma relação importante com o rito do dia da reconciliação em Lv 16 e seu significado para o sacerdote; cf. KIUCHI, *Purification offering*, p. 128, 156ss.; • RENDTORFF, *Leviticus*, p. 159s.
181. Tradução segundo RENDTORFF, *Leviticus*, p. 138.

cerdotes: o perdão. Nisto, a formulação no passivo representa bem claramente um *passivum divinum*[182]. É o próprio Deus que perdoa e se atém a esta possibilidade aberta por ele. O que aqui acontece é autossalvação humana na mesma medida da afirmação de perdão no culto cristão.

Os sacrifícios pelos pecados são trazidos por um motivo específico. Como se diz no título, eles servem basicamente àquele que "pecar por inadvertência contra qualquer um dos mandamentos de Yhwh e cometer uma destas ações que não são permitidas..." (4,2). É fundamental, aí, a princípio, o conceito de inadvertência (*biš^egāgāh*)[183]. Isso pressupõe obviamente que, mais tarde, a pessoa se torna consciente do pecado. Com este processo pode-se relacionar o verbo *'āšēm*, usado sempre de novo[184]. Deve valer também para a formulação nominal do pecado do sacerdote, no v. 3 (cf. 5,26): "De modo que todo o povo fica consciente do seu pecado"[185]. Bem claros são os v. 13s.: "Se for toda a comunidade de Israel que pecar por inadvertência, [...] sem que a comunidade esteja apercebida do fato", o que evidentemente caracteriza a inadvertência, "e se conscientizar de sua culpa, porque o pecado que cometeram ficou conhecido". Portanto, trata-se, a princípio, nesses versículos de transgressões dos mandamentos de Deus ocultas aos próprios transgressores. Neste caso será preciso pensar no conjunto das regras cultuais formuladas no Documento Sacerdotal. Estes erros não intencionais, porém, certamente não devem ser considerados especialmente leves. Pelo contrário, como se trata de violações objetivas do direito sagrado, aquelas que não se pode evitar representam um perigo extremamente grande.

A eliminação de culpa inadvertida e depois revelada de forma alguma, entretanto, é suficiente para garantir a existência duradoura de Israel na proximidade com Deus. Por isso, no centro da teologia de expiação sacerdotal está uma festa dedicada especificamente a este tema, o dia da reconciliação (*yōm hakkippūrīm*). Somente no seu ritual é que o *centro* do culto, aquele "aparelho de expiação" no santo lugar, entra em cena. É disto que trata Lv 16, um capítulo cuja importância

---

182. Cf. a visão geral das formulações em JANOWSKI, *Sühne*, p. 250ss. Para a figura de estilo e sua origem, cf. MACHOLZ, "*Passivum divinum*"; uma visão geral sobre *slḥ* encontra-se em GÖBEL, *Vergebung*.
183. Sobre isto cf. a seguir p. 437ss.
184. Assim KIUCHI, *Purification offering*, p. 31ss.; • RENDTORFF, *Leviticus*, p. 152s.; além disso, a seguir p. 439.
185. Tradução aqui e no que segue segundo RENDTORFF, *Leviticus*, p. 138.

é indicada já pela sua posição central entre os dois conjuntos dos mandamentos de pureza sacerdotais (Lv 11–15) e o Código da Santidade (Lv 17–26).

No centro do ritual, de cujo estudo detalhado temos de abrir mão aqui[186], está aquele rito conhecido com os dois bodes "expiatórios" pela comunidade. Segundo o v. 5, trata-se de um sacrifício pelos pecados (*ḥaṭṭā't*), mas de um caráter especial. Como no caso do sacrifício pelos pecados do sacerdote em exercício (v. 3.11s.), neste, pelos pecados da comunidade, um dos bodes é morto e seu sangue é aspergido no lugar santo, no lugar da presença de Deus, no *kappōret* (v. 14s.). Deste modo, o santuário de Deus, tornado impuro pelas impurezas e faltas do povo, é purificado (v. 16ss.). Fica claro que com isso o rito costumeiro do sacrifício pelos pecados de Lv 4 é intensificado e realmente concluído. Depois da expiação pelo lugar de culto e suas instalações (v. 20), são confessados e transferidos para a cabeça do segundo bode todos os pecados do povo. Depois disso, ele é enviado para o deserto[187]. O pecado do povo, que até então, como provavelmente devemos entender, tinha passado para o próprio sacerdote, é tirado de sobre ele e colocado sobre o bode expiatório[188], sendo assim eliminado.

No texto de Lv 16, enfatiza-se várias vezes que com este rito todos os pecados do povo são expiados e eliminados. Assim, lemos no v. 16 que o santuário passará pela expiação "pelas impurezas dos israelitas, pelas suas transgressões e por todos os seus pecados". No v. 17, o que acontece vale para "toda a comunidade de Israel". E, de acordo com o v. 21, sobre o bode vivo são confessados expressamente "todas as faltas dos israelitas, todas as suas transgressões e todos os seus pecados", e depois disso o bode levará "todas as faltas deles" para o deserto (v. 22). O v. 30 diz mais uma vez que os israelitas serão purificados de todos os seus pecados. A mesma coisa é repetida no v. 34, a título de conclusão. As frases usam todos os termos importantes para pecado e sacrilégio do AT. Sem dúvida, com

---

186. Também aqui se trabalha amplamente quase só com formas preliminares reconstruídas do texto; análises correspondentes cf. em ELLIGER, Leviticus, p. 200ss.; • WEFING, Entsühnungsritual; • AARTUN, Versöhnungstag; • JANOWSKI, Sühne, p. 266ss.; • OTTO, Fest, p. 70ss. e outros. Certamente pode-se contar especialmente neste capítulo com tradições mais antigas, anteriores a P. O rito do bode para Azazel com certeza está em certa tensão com as demais posições teológicas de P. São muitas as tentativas de descobrir a origem do rito e/ou do nome na história da religião (em uma origem cananeia pensam Tawil, ʿAzazel; Wyatt, Atonement theology; Loretz, Leberschau; numa origem egípcia Görg, Azazel; até em divindades femininas Deiana, Azazel; em origens antes hurritas ou hititas, Janowski, Azazel [bibliografia]; cf. já Landersdorfer, Parallelen). Contudo, o texto em seus detalhes deve ser interpretado primeiro (e por último) no contexto de todo o sistema P; sobre isso, cf. esp. KIUCHI, Purification offering, p. 143ss.

187. Para estas particularidades locais e tradições, cf. STROBEL, Sündenbock-Ritual.

188. Segundo KIUCHI, Purification offering.

isso supera-se a restrição de Lv 4,2 ou 4,13. Não estão mais em vista apenas os pecados cometidos por inadvertência, mas todos. Da perspectiva global da teologia sacerdotal, não pode haver dúvidas de que se faz referência a uma purificação anual total de todo o povo. Só assim pode ser possibilitada uma vida sem a ameaça elementar da ira justa de Deus, apesar das transgressões múltiplas de todos os tipos; só assim a convivência do povo com Deus, inaugurada pela eleição e pelo êxodo, pode tomar forma duradoura.

b) Entre eliminação e perdão: o indivíduo culpado

A teologia de expiação sacerdotal, no tocante à retirada da culpa do povo como um todo, é bem clara. Muito mais complexas, em parte contraditórias e também pouco desvendadas pelos pesquisadores, são as declarações sobre a culpa de pessoas individuais em Israel. As dificuldades já aparecem na estrutura de Lv 4s. Ali se trata primeiro em 4,27-35, em um paralelo claro com os trechos anteriores, da expiação por atos inadvertidos de israelitas individuais (v. 27). No capítulo 5, porém, temos obviamente vários princípios fundamentais concorrentes[189]. Uma das questões é o material do sacrifício, em que a possibilidade de oferecer uma cabra (4,28-31) e uma ovelha (4,32-35) é complementada pela possibilidade de, em caso de pobreza, oferecer um pássaro ou farinha (5,7-10.11-13). Se aqui se fala novamente de "sacrifício pelos pecados" – cf. o mesmo rito de sangue 4,25.30.34; 5,9 – em 5,15s.17-19.20-26 trata-se de um "sacrifício pela culpa" (*'āšām*), que também é visado em 5,1-6, apesar da falta de clareza[190]. Este tipo de sacrifício não conhece o rito de sangue, e sua relação com o sacrifício pelos pecados é cheia de dificuldades. Basta relembrar que o caso de 5,17 praticamente não permite reconhecer nenhuma diferença com os problemas tratados em 4,27ss.[191] Mas como também aqui, no fim das contas, o objetivo é apenas o perdão por Deus que assim é obtido (5,16.26), podemos no presente contexto deixar de lado as tentativas de buscar fazer esta diferenciação em detalhes[192].

---

189. Cf. por último RENDTORFF, Leviticus, p. 143ss.
190. Assim p. ex. RENDTORFF, Opfer, p. 209 e passim; diferente KIUCHI, Purification offering, p. 21.
191. É muito improvável que seja apenas uma continuação de 5,14ss., como acha MILGROM, Cult and conscience, p. 74ss.
192. Sobre isso SCHÖTZ, Schuld- und Sühneopfer; • MORALDI, Espiazone, p. 138ss., 170ss.; • esp. RENDTORFF, Opfer, p. 207ss., que remete para uma explicação diacrônica; diferente SNAITH, Sin and offering, e esp. MILGROM, Cult and conscience, p. 127s., que entendem que *ḥaṭṭā't* se refere a uma impureza cultual e *'āšām* a uma profanação; por último, cf. SCHENKER, Unterschied, que tenta elaborar um sistema geral (121ss.).

O sacrifício pelos pecados de Lv 4,27ss., portanto, vale primeiro para os atos inadvertidos de israelitas individuais. Isso não apenas continua o que o título de 4,2 anunciara, mas também é confirmado com ênfase por Nm 15,22-31[193]. Assim como para a comunidade como um todo, vale também para o indivíduo que o perdão para atos involuntários é obtido por meio de um sacrifício pelos pecados (15,28). Nisso também os estrangeiros são incluídos com igualdade plena de direitos (v. 29). Aquilo, porém, que Lv 4 apenas pressupõe é explicitado em Nm 15,30s.: quem peca com "mão erguida" ($b^e y\bar{a}d\ r\bar{a}m\bar{a}h$), ou seja, de modo intencional e atrevido, será "cortado fora" do povo (krt nif., v. 30s.)[194].

Como devemos entender neste contexto os casos mencionados detalhadamente em Lv 5? Está em questão claramente o pecado involuntário: em 5,2.3 o ato de tocar objetos, animais ou pessoas impuras fica "oculto" ou "inconsciente" ($ne'lam$); em 5,4 trata-se de juramento impensado[195]; em 5,15, de apropriação não intencional de objetos sagrados; e em 5,17 aparece mais uma vez a fórmula geral para todos os atos não conscientes. O problema de 5,1, contudo, já é secundário. Se alguém ouve outra pessoa ser amaldiçoada e com isso prejudicada, mas não toma nenhuma atitude e mantém segredo do que ouviu, já não é mais uma questão de ação involuntária[196]. Isso é bem evidente nos casos de falso juramento relacionados em 5,20ss., no âmbito do direito sagrado de propriedade[197]. Como sabemos especialmente do Código da Aliança, quando faltam testemunhas, um juramento sagrado precisa decidir sobre pretensões conflitantes de bens (Ex 22,7ss.)[198]. Um falso juramento em proveito próprio dificilmente é feito inadvertidamente.

Os sacrifícios pelos pecados ou pela culpa são sempre para expiação de atos dirigidos contra o próprio Deus. Somente em alguns poucos dos casos mencionados (Lv 5,1.4.17.21ss.; 19,20-22), outras pessoas foram prejudicadas. Nestes casos, o bem adquirido com juramento falso precisa ser devolvido. Além disso, o

---

193. Sobre a relação dos dois textos, cf. MILGROM, *Two pericopes*; e também KELLERMANN, *Sündopfergesetz*.
194. Sobre isso, cf. a seguir p. 434ss.
195. SPIRO, *Law*, quer relacionar os v. 2-5 com o caso do v. 1.
196. Um caso-limite também poderia ser o de manter relações sexuais com uma escrava já noiva. Segundo Lv 19,20-22, tal caso deveria ser expiado com um sacrifício pela culpa. Pelo menos não é dito que seu estado civil era desconhecido ao transgressor. Sobre isso, cf. MILGROM, *Betrothed slave-girl*; • SCHWARTZ, *Slave-girl pericope*.
197. Foi bem evidenciado por MILGROM, *Cult and conscience*, p. 94ss.; cf. id., *Missing thief*, que aqui não se trata de delitos contra a propriedade, mas sempre de um juramento relacionado com isso (razão pela qual não se menciona exatamente o roubo).
198. Cf. acima p. 232s.

prejudicado recebe uma indenização de 20% do valor do objeto do litígio. Isto é bem menos do que o previsto nas passagens paralelas no Código da Aliança[199]. Isso, porém, mostra que, de acordo com o Documento Sacerdotal, o acerto legal do caso pela devolução e pagamento de compensação do ato expiatório cultual e, com isso, do perdão divino, precisa acontecer antes.

Um ulterior passo importante, além dos textos mencionados até aqui, são as formulações de Nm 5,6s. Aqui, o tema também é a expiação e um sacrifício correspondente[200]:

> Nm 5,6 *Se um homem ou uma mulher cometer algum pecado humano*[201]*, e assim comete uma infidelidade a Yhwh, essa pessoa se torna culpada.*
> ⁷ *Confessará o pecado cometido e restituirá o valor de que é devedor, acrescido de um quinto. Restituirá àquele a quem prejudicou.*

Seguem instruções para o caso de não haver mais parentes vivos do prejudicado, sendo que o valor passa para Deus, na pessoa do sacerdote (v. 8). Este texto geralmente é considerado um paralelo bem próximo de Lv 5,20ss., que é simplesmente completado. De fato, um peso importante é a outra formulação do início. A menção da mulher junto com o homem mostra claramente que, em todos os casos em que estão em questão sacrifícios pelos pecados e pela culpa correspondentes, sempre as mulheres são incluídas. Nestas questões, portanto, elas têm capacidade plena de prestar culto[202]. Além disto, é inquestionável que se trata de delitos contra pessoas, que, como tais, também são considerados ao mesmo tempo como dirigidos contra Deus. Na minha opinião, porém, pouca coisa favorece a tese de que se trata dos mesmos casos como em Lv 5,20ss.[203] Um juramento que castigasse diretamente a relação com Deus não é mencionado com nenhuma palavra em Nm 5,6s. Ele também não pode ser deduzido do conceito

---

199. Para uma comparação detalhada, cf. MARX, *Sacrifice de réparation*.
200. Isto aparece claramente pela menção de um carneiro expiatório no v. 8.
201. Literalmente: "o pecado do/no ser humano" (*ḥaṭṭā't hā'ādām*). A interpretação como *genitivus subjectivus* é amplamente aceita (cf. os comentários de Keil, Gray, Dillmann, Baentsch, Holzinger, Noth, sobre a passagem), e tem a seu favor o uso comum da linguagem. Um *genitivus objectivus* é defendido com ênfase por Milgrom, *Cult and conscience*, p. 105 nota 388; cf. id., *Repentance*, 53 nota 18, e também já EHRLICH, *Randglossen*, p. 123s.; cf. STURDY, *Numbers*, 42. Neste caso teríamos uma constatação fundamental de que todos os delitos contra pessoas são ao mesmo tempo infidelidade contra Deus.
202. Cf. acima p. 348ss.
203. Nisso são quase unânimes os comentários de Keil, Baentsch, Dillmann, Holzinger e outros. NOTH, *Numeri*, p. 43ss., fundamenta isso com uma relação estreita com Lv 5,20ss.

de "infidelidade" (*ma'al*) contra Yhwh[204]. Pelo contrário, trata-se de todos os casos de prejuízo à propriedade, que precisam ser consertados legalmente pela devolução e compensação adicional. Em termos teológicos, certamente é significativo que todos juntos sejam considerados infidelidade contra Deus. Infelizmente, é possível apenas em termos hipotéticos incluir na regulamentação de Nm 5,6s. também casos como ferimentos corporais, para os quais, de acordo com Lv 24,19s., se aplica a fórmula de talião, já que nos faltam indicações explícitas.

Tentando resumir estas constatações, podemos dizer que o israelita individual obtém expiação e perdão em casos de transgressões sagradas que comete inadvertidamente, bem como em casos de forma alguma inadvertidos de delitos contra a propriedade, quando uma devolução correspondente e uma indenização do sacrifício são possíveis e a antecedem[205].

Para se obter um quadro geral de como o Documento Sacerdotal lida com os pecados de pessoas individuais, será preciso fazer referência ainda à longa lista de sacrilégios cultuais, para a qual está previsto o castigo de ser "cortado fora" (*krt* nif.) do povo e da parentela[206]. Isso vale para os tabus sexuais de Lv 18, aos quais se refere o v. 29. Em Lv 20, está prevista a pena de morte para estes casos; o mesmo vale também para os sacrifícios a Moloc (20,2-5), a consulta aos mortos (20,6), para a violação da Páscoa (Nm 9,13; Ex 12,15.19), do sábado (Ex 31,14), do dia da expiação (Lv 23,29s.), da circuncisão (Gn 17,14), para a ingestão de sangue (Lv 7,27; 17,10.24) ou a apresentação de sacrifícios ilegítimos (Lv 17,4.9). A isso se somam transgressões de outras regras cultuais (Ex 30,33.38; Lv 7,18.20s.25; 19,8; 22,3.9; Nm 4,18; 19,13.20 e 15,30s.). A própria formulação fala da ação de Deus, e por isso a princípio está em aberto se isso inclui a pena de morte executada por meio de pessoas[207]. Importante para esta questão deve ser especialmente a formulação de Lv 20,4s. Se no caso de um sacrifício a Moloc o *'am hā'āres* não aplicar a pena de morte, o próprio Deus tomará providências para que isso aconteça. Pelo menos para os casos imediatamente subsequentes de consulta dos mortos (20,6) e

---

204. Como faz MILGROM, *Cult and conscience*, p. 106; sua maneira de entender o conceito está ibidem, p. 16ss. Entretanto, a palavra ou conceito sacerdotal dificilmente pode ser entendido de modo tão estrito; cf. Knierim, art. *m'l*; sobre o problema, cf. esp. também JACKSON, *Theft*, p. 66, 174.
205. Nisso podemos deixar totalmente de lado os muitos outros motivos para estes sacrifícios expiatórios. Cf. p. ex. Ex 29; 30; Lv 8; 12; 14; 15; Nm 6; 8.
206. Sobre isso, cf. WOLD, *Kareth*.
207. Sobre isso, cf. tb. as considerações de HASEL, art. *kārat*, p. 362ss.

transgressões sexuais que incorrem na pena de morte (20,10ss.) esta formulação também pode reivindicar validade. Como se dá este "cortar fora" mostra de modo muito drástico as histórias exemplares do uso errado do nome divino (Lv 24,10ss.) e da profanação do sábado (Nm 15,32ss.).

O propósito do Documento Sacerdotal com este afastamento do culpado da comunidade do povo é formulado em Nm 16,22: "Ó Deus, Deus dos espíritos que vivificam toda carne, irritar-te-ias contra toda a comunidade quando um só pecou?" Coré e seus adeptos, a quem se refere a petição da oração, é engolido pela terra por causa disso, e já antes a comunidade deve afastar-se dele (v. 24). A separação de todos que cometem transgressão intencional ou consciente contra a presença de Deus e seus mandamentos é tão indispensável para a vida na presença do santo como a sua disposição de perdoar. As duas coisas estão lado a lado nos textos sacerdotais e se complementam. Como os pecados dos indivíduos tocam a comunidade como um todo, já que a culpa e impureza dela, não por último, consistem na soma dos pecados dos indivíduos, o castigo divino para os sacrílegos intencionais e a expiação pelo povo no dia da reconciliação não são algo que esteja em contradição direta.

Por outro lado, chama a atenção que o princípio fundamental de Nm 15,30s., em que a expiação é concedida apenas para pecados não intencionais, é quebrado pelo menos através dos casos de Lv 5,20ss., e talvez também pelos de 5,1; 19,20ss. e Nm 5,6s. Milgrom, não por último, quer deduzir disso a tese de que, por princípio, também os pecados cometidos intencionalmente podem obter expiação e perdão[208]. A interpretação posterior do judaísmo[209] tomou como base depois a autocompreensão dos textos sacerdotais. Milgrom ressalta, nesse sentido, a importância da confissão da culpa, especialmente nos casos de pecados intencionais (Lv 5,1-4; 16,21; 26,40; Nm 5,6s.)[210]. Ao arrependimento e à confissão da culpa, no entanto, precisa anteceder o "sentir-se culpado". Milgrom não quer atribuir este sentido ao importante verbo ’šm[211]. Os pecados cometidos "com mão levantada" de Nm 15,30s., então, devem ser entendidos como pecados "não lamentados". Todas as outras transgressões, também as conscientes, mas depois lamentadas e

---

208. Cf. esp. MILGROM, *Cult and conscience*, p. 104ss.
209. Sobre isso, cf. a seguir p. 440s.
210. MILGROM, *Cult and conscience*, p. 108ss.
211. Ibid., p. 3ss.

confessadas, estariam assim incluídas nas formulações gerais de Lv 16. O dia da reconciliação se referiria também aos pecados dos indivíduos.

Dificilmente, porém, haverá probabilidade de esta interpretação realmente acertar a autocompreensão dos textos sacerdotais. O debatido verbo ’šm dificilmente pode assumir a carga de sentido que lhe cabe neste caso. Além disso, no fundo, Milgrom tornou os casos de Lv 5,20ss. e Nm 5,6s., onde se trata de transgressões intencionais, exemplos-padrão para muitos outros casos. Acontece que a quebra da regra fundamental de Nm 15,30s., de que apenas os pecados cometidos por engano podem beneficiar-se da expiação, nos casos de Lv 5,20ss. e Nm 5,6s. tem motivos bem evidentes. Em primeiro lugar, oferece-se a possibilidade de reverter casos de perjúrio no procedimento sacro, que de outra forma dificilmente seriam esclarecidos[212]. Muita importância deve ter a oportunidade, dada nestes casos, de fazer restituição completa e compensar os prejuízos do outro. O fato de estes casos serem detalhados de tal forma mostra que eles não podem ser simplesmente generalizados. Para transgressões mais graves da ordem cultual fundamental, especificamente em casos que incorrem na pena de eliminação, não se encontra nem um exemplo de que também eles são incluídos no perdão geral do dia da reconciliação, mesmo havendo arrependimento e confissão.

Isto posto, toda a probabilidade exegética favorece a conclusão de que o Documento Sacerdotal, tendo em vista a preservação do povo, só conhece a expiação em favor de indivíduos que se tornaram culpados em casos de pecados involuntários. Além disso, conhece algumas poucas outras transgressões, em especial delitos contra a propriedade cabíveis de restituição. No caso de transgressões intencionais e conscientes dos mandamentos, espera-se a condenação do indivíduo, que, no fim das contas, é executada pelo próprio Deus.

c) Convicção de culpa: a abertura da interioridade

Uma prontidão de Deus em perdoar, portanto, como formulada, por exemplo, em Ez 18,21ss., que permite ao indivíduo o retorno a qualquer momento, mesmo depois das maiores transgressões intencionais, não é formulada no Do-

---

212. Assim, PHILLIPS, Undetectable offender. Ele, porém, precisa pressupor que em Nm 5,6s. também se trata de um juramento sacro falso.

cumento Sacerdotal. Será que, então, é certo dizer que "o perdão como justificação do ímpio [...] ainda era desconhecido também no tempo pós-exílico"[213], e que, portanto, a Torá carece da complementação do seu conteúdo pelo testemunho cristão? Em vista de textos como Ez 18 e Sl 103, esta constatação naturalmente nem pode ser discutida assim diretamente. A única pergunta que se pode levantar é se e como a disposição de Deus em perdoar o indivíduo culpado toma forma nas declarações cultuais e jurídicas concretas da Torá.

Para chegar aqui a um entendimento adequado, primeiro devemos analisar o significado da distinção sacerdotal entre pecados intencionais e inadvertidos. Esta diferenciação aparece no pensamento do Documento Sacerdotal de modo bem óbvio em uma passagem em que colidem dois dos seus conceitos teológicos fundamentais. Um é o lado por assim dizer objetivo da presença do santo e da necessidade subsequente de seguir as regras de Deus para evitar grandes perigos. O outro é a noção de que este Deus vive no meio de Israel expiando e perdoando, e cuja presença direta, por isso, é representada pelo "sinal da expiação" no lugar santo. Desta tensão emerge a distinção entre a ação intencionalmente planejada e a ação inadvertidamente acontecida e a sua transferência do campo dos delitos de morte para todas as outras áreas de conduta. Isso não pode ser descartado por causa da sua importância histórico-jurídica e teológica. Essa distinção e transferência brotam praticamente do caráter objetivamente sempre ameaçador da presença de Deus. Somente porque pelo menos as transgressões não intencionais, portanto, *inevitáveis* por princípio, recebem expiação e perdão ilimitados, a proximidade duradoura com Deus é possível.

O que exatamente o Documento Sacerdotal tem em mente com os termos usados nesta distinção? Em termos gerais, ele introduz uma conceituação bem clara se comparado com tentativas anteriores. A distinção básica de ações intencionais e inadvertidas[214] foi desenvolvida a princípio no campo dos delitos de morte, e vimos como as primeiras tentativas foram cautelosas, como as definições dos conceitos ainda eram inseguras e como predominavam os exemplos isolados[215]. No Documento Sacerdotal, também chama a atenção o fato de for-

---

213. Assim KOCH, *Sühne und Sündenvergebung*, p. 232.
214. Para a abundância do respectivo material bíblico, cf. DAUBE, *Error and accident*; • id., *Sin, ignorance and forgiveness*. Infelizmente, Daube quase não se aprofunda nos conceitos sacerdotais específicos.
215. Sobre isto cf. acima p. 247ss.

mulações diferentes, parafraseando e explicando os conceitos, serem inseridas ao seu lado ou no seu lugar[216]. Não por último, o fato de que, em Nm 35,11.15 e Js 20,3.9, o termo $š^e gāgāh$ é usado pelo Documento Sacerdotal exatamente em delitos de morte, usando assim um novo termo para a distinção mais antiga, mostra que, em princípio, trata-se de uma distinção correspondente. A palavra decisiva $š^e gāgāh$ está ligada ao verbo $šgg$, cujo sentido fundamental pode ser facilmente entendido[217]. Ele designa, por exemplo, o fato de um rebanho "se perder" (Ez 34,6), ou de um cego se "desencaminhar" (hif. Dt 27,18; cf. Jó 12,16; Pr 28,10), mas é usado também para aberrações erótico-sexuais (Pr 5,19s.23). Fala-se, portanto, de pecados cometidos por engano ou por ignorância. O contrário disso, segundo Nm 15,30s., são ações "com braço/mão levantada" ($b^e yād rāmāh$). Em outros contextos, esta expressão é encontrada apenas ainda em Ex 14,8 (P) e – provavelmente dependente disso – em Nm 33,3. Nestas passagens, os israelitas saem do Egito com braço levantado. É, de certa forma, um gesto de obstinação, talvez até de ameaça. Pode-se pensar na posição típica de muitas estátuas de deuses, representados com o braço levantado[218].

Tentativas de ir além desta interpretação aproximada e definir com mais precisão o sentido dos termos encontram dificuldades. Assim, dificilmente se poderá aceitar que o transgressor apenas não tinha ciência das *consequências* do seu ato, mas que ele sabia muito bem o que estava fazendo[219]. A expressão obviamente não se refere diretamente à condição subjetiva da pessoa, mas quer registrar os fatos totalmente objetivos, jurídicos, como se dava com as regulamentações correspondentes de casos de delitos com morte[220]. As tentativas de definir a intenção com a maior precisão possível são limitadas por uma problemática metodológica básica. Assim como em outros casos, aqui se trata de investigar uma distinção que para nós é corrente, mas que foi formulada muito antes na história. Importa entender conceitos ainda não bem diferenciados, e por isso – no julgamento posterior – ainda não totalmente precisos. A distinção do Documento Sacerdotal possibilitou e até motivou diferenciações posteriores, porém não pode ser julga-

---

216. Lv 4,13; 5,2.3.4; esp. v. 5.17s.; Nm 15,24; 35,16ss.
217. Cf. KNIERIM, art. *šgg*.
218. Assim LABUSCHAGNE, $b^e yād rāmā$; Firmage e outros, art. *rûm*, p. 427s.
219. Assim MILGROM, Cultic $š^e gāgah$.
220. Assim, como crítica de Milgrom, com ênfase Knierim, art. *šgg*, 871; também Rendtorff, *Leviticus*, p. 149s.

da por elas. Por exemplo, é evidente que casos como impurezas totalmente inevitáveis[221], enganos quanto a proibições, desconhecimento de regras, descontroles[222] etc. não são distinguidos. Talvez expressões típicas da linguagem infantil como "foi sem querer" e "não tive a intenção" podem servir de paralelo. Outros conceitos centrais também continuam controvertidos em seu âmago, como o importante verbo 'šm, que é traduzido por "ser ou tornar-se culpado ou imputável"[223] ou por "sentir-se culpado"[224], ou até por "tornar-se ciente da sua culpa"[225].

É claro e importante o fato de o Documento Sacerdotal não aproveitar outros conceitos da sua própria época, semelhantes em vários sentidos. Podemos lembrar, por exemplo, o papel que o "coração" tem na teologia deuteronômica e deuteronomista. Os mandamentos de Deus, especialmente o primeiro, devem ser obedecidos "com todo o teu coração, com toda a tua alma e com toda a tua força" (Dt 6,5 par.; talvez também 30,14), exige-se a "circuncisão do coração" (Dt 10,16; 30,6). Jeremias promete a transferência da Torá para o interior das pessoas (Jr 31,33). Todas estas expressões e muitas outras[226] referem-se à interiorização das normas da Torá; ela deve ser praticada a partir do interior das pessoas. Por trás disso está a reflexão sobre a validade de normas, que certamente foi radicalizada pela experiência do fracasso no exílio. Neste sentido, as formulações do Documento Sacerdotal são bem mais objetivas. Elas têm em vista o questionamento, desenvolvido no âmbito do direito, diante da presença objetiva do santo. Assim, para elas, o sujeito não entra em cena na pergunta por validade e obrigação, mas apenas na experiência de que o fracasso é inevitável. Esta maneira de ver o processo de tornar-se culpado, porém, torna inevitável uma reflexão sobre as circunstâncias subjetivas da ação, mesmo se a princípio só se trata de uma situação objetiva. É bem óbvio que o Documento Sacerdotal não apenas não formulou pessoalmente as consequências amplas deste passo, razão pela qual é exegeticamente errado atribuir-lhe isso, mas também ainda não conseguiu começar a

---

221. Por exemplo, pode-se pensar na impureza adquirida com o parto em Lv 12.
222. Cf. p. ex. Lv 5,4.
223. Assim p. ex. ELLIGER, Leviticus, p. 77s.; • KELLERMANN, art. 'āšām; • JANOWSKI, Sühne, p. 256s.; • GESENIUS, 18. ed., p. 108.
224. MILGROM, Cult and conscience, p. 7ss.
225. KIUCHI, Purification offering, p. 31ss.; • RENDTORFF, Leviticus, p. 152s.
226. Pode-se pensar no conceito-chave da "conversão"/meia-volta (šūb) e sua importância para o indivíduo em Ez 18. Pelo fato de P, por exemplo, em Lv 5,20ss., não falar de conversão, MILGROM, Repentance, quer deduzir uma idade maior de P em relação aos textos proféticos correspondentes. P, porém, importa-se com aspectos visivelmente diferentes; reconhecer um erro não é o mesmo que voltar atrás.

discerni-las. Com a distinção sacerdotal entre pecados premeditados e não deliberados, porém, lançam-se as bases para reflexões mais amplas, até hoje não concluídas, sobre a consciência de culpa e a questão sobre o que realmente é a culpa. Ainda que resumidamente, queremos referir-nos a alguns destes aspectos.

— Já apenas no âmbito do Documento Sacerdotal, é quase inevitável que aspectos subjetivos, perguntas do consciente do transgressor, entrem em cena. O problema de se e quando uma ação aconteceu *bišᵉ gāgāh* e quando não, necessariamente deve ter contribuído para a descoberta – quando não para a formação – de muitos degraus intermediários do consciente. É só lembrar que a regulamentação se refere aos mandamentos dados por Deus (Lv 4,2 e outros). Será que o desconhecimento total ou parcial da tradição faz com que um ato seja por engano? E, acima de tudo, quando é que temos uma ação "com braço levantado"? Será que a pessoa, diante das consequências que se tornam visíveis, realmente alguma vez quis fazer o que fez? A interpretação de Milgrom de que a consciência de culpa e o arrependimento transformam ações intencionais em não intencionais[227], provavelmente não corresponde àquilo que os autores dos textos sacerdotais quiseram expressar. A tensão entre o engano e o corte mortal da comunhão em que o indivíduo incorre, no entanto, é tão grande que tudo leva nesta direção.

— O mais tardar no momento em que as leis sacerdotais formaram um único texto junto com os demais textos legais do AT, esta distinção foi necessariamente acrescida de dimensões totalmente novas. Seja qual for o sentido original dos mandamentos de Yhwh em Lv 4,2, a expressão passa a abranger inegavelmente todo o conjunto da Torá, incluindo o Código da Aliança e o Deuteronômio. Ali constam não só as exigências de obediência com todo o coração e toda a alma, mas também, por exemplo, as determinações legais que resultam na pena de morte. É um efeito inevitável da Torá como um todo o fato de, pela tradição rabínica posterior, uma sentença de morte requerer a comprovação de uma ação conscientemente planejada, que, por sua vez, pressupõe uma advertência explícita feita pouco antes da ação, com indicação das consequências[228]. A propósito, a pena de morte, desta forma, é possível apenas em casos excepcionais muito raros, ou totalmente impossível.

— Talvez não apenas a partir do texto da própria Torá, mas com certeza da co-existência da Torá com os escritos proféticos (por exemplo, Ez 18) em um cânon

---

227. MILGROM, *Cult and conscience*, p. 123.
228. Em mSan 5,1; tSan 11,1; bSan 40b etc.

maior, a interpretação dada aos textos pelo judaísmo rabínico era inevitável. De acordo com ela, há uma graduação quádrupla[229]: quando alguém transgride um mandamento positivo e se arrepende é perdoado na hora. Quando alguém transgride um mandamento e se arrepende, o arrependimento suspende o castigo, e o dia da reconciliação opera a expiação. Quando alguém comete um pecado que precisa ser castigado com eliminação ou morte pelo tribunal, e se arrepende, o arrependimento e o dia da reconciliação adiam o castigo, e o sofrimento completa a expiação. Por fim, em caso de profanação intencional do nome divino, o arrependimento e o dia da reconciliação realizam um terço da expiação, o sofrimento mais um terço, e a dor e a morte completam-na.

— O trato jurídico dos problemas da convicção de culpa, até as perguntas jurídicas de hoje sobre imputabilidade, tem suas raízes, aqui como em toda a tradição cristã, na reflexão sobre culpa e arrependimento. Quando, só para dar um exemplo, Paulo formula em Rm 7 que o ser humano não faz o bem que quer, mas o mal que não quer, de forma alguma se trata em primeiro lugar de um rompimento entre os mandamentos divinos da Torá e o poder do pecado, como aparece no ser humano, mas há uma meditação que se move totalmente no âmbito da Torá sobre a relação entre ações intencionadas conscientemente e não intencionais em relação aos mandamentos. O mal que o ser humano faz sem querer é, segundo a Torá, exatamente aquele para o qual Deus concede expiação e perdão.

6. O amor ao próximo e seu contexto: um resumo

a) O contexto imediato: o amor como soma e meta

É a lei sacerdotal que formula o mandamento do amor ao próximo em Lv 19,18. Os exegetas cristãos se esforçaram muito para diminuir sua importância em relação à recepção neotestamentária e provar que ele é "restrito"[230]. Para o

---

229. Cf. tYom 4(5),6-8; jYom 8,1,45b; jSan 10,1,27c; jShevu 1,9(6),33b; bYom 86a; Mekh. Jithro. O resumo a seguir se baseia em SAFRAI, *Versöhnungstag*, p. 43ss. (textos tb. p. ex. em BILLERBECK I, p. 636); cf. ainda PETUCHOWSKI, *Dialektik*; MAGONET, *Versöhnungstag*.

230. Cf. p. ex. STADE, *Geschichte*, p. 510 nota 3; • BERTHOLET, *Leviticus*, p. 67s.; • ELLIGER, *Leviticus*, p. 259; à sua maneira também MAASS, *Selbstliebe*. Estas conclusões da "ciência" adotam nisto um elemento padrão de antissemitismo (cf. LEHR, *Antisemitismus*, p. 29s.). Com ele já COHEN, *Nächstenliebe*, p. ex., se ocupou em um parecer jurídico. Para a apologia judaica cf. tb. KOHLER, *Näschstenliebe*; • MAYBAUM, *Erklärung*; • JACOB, *Auge um Auge*, p. 133ss.

próprio NT, porém, o amor ao próximo, junto com o amor a Deus, é a essência de toda a lei; enfim, o amor é seu alvo e cumprimento (Mc 12,28ss. par.; Rm 13,8ss.). Esta noção de soma das exigências éticas já encontra apoio no contexto imediato de Lv 19,18[231]. Isto porque em Lv 19,11-18 temos uma unidade bem construída, no fim da qual tudo o que antecede é resumido e superado pelo mandamento do amor ao próximo:

Lv 19,11 Não furtareis.
    Não enganareis.
    Não iludais, cada um a seu compatriota[232].
[12] Não jurareis falsamente pelo meu nome,
    pois profanarias o nome do teu Deus.
    Eu sou Yhwh.
[13] Não oprimirás o teu próximo.
Não roubarás.
Não reterás o salário do operário até a
    manhã seguinte.
[14] Não amaldiçoarás um surdo
e não porás obstáculo diante de um cego,
    mas temerás o teu Deus.
    Eu sou Yhwh.
[15] Não cometereis injustiça no julgamento.
Não levantarás o rosto de um fraco.
Nem glorificarás o rosto de um grande:
    segundo a justiça julgarás o teu compatriota.
[16] Não serás um divulgador de maledicências a respeito dos teus.
Não atentarás contra o sangue do teu próximo.
    Eu sou Yhwh.
[17] Não terás no teu coração ódio pelo teu irmão.
    Deves repreender o teu compatriota.
E assim não amontoarás transgressões para ti.
[18] Não te vingarás.

---

231. Para o que segue cf. sempre MATHYS, *Liebe*, p. 58ss.
232. Esta tradução de *'āmît* segue BUBER, *Weisung*, p. 326.

> E não guardarás rancor contra os filhos do teu povo.
> Amarás o teu próximo como a ti mesmo.
> Eu sou Yhwh.

Pelas quatro vezes em que se repete "eu sou Yhwh" (*'anī yhwh*) obtêm-se quatro estrofes, das quais a primeira tem cinco linhas e as demais seis. A maioria das frases consiste em proibições, porém as poucas declarações positivas exercem um papel especial. Na primeira estrofe, falta a declaração positiva; só a última linha do v. 12, "pois profanarias o nome do teu Deus", não contém um "não" (*lō'*)[233]. As segunda e terceira estrofes, por sua vez, têm cada qual um verso positivo, que evidentemente destaca aquilo que importa[234]. A última estrofe tem dois versos desse tipo.

Em termos de conteúdo, as estrofes apresentam uma intensificação evidente. No v. 11, trata-se de transgressões graves e conhecidas contra o patrimônio; trata-se de roubar, enganar, iludir. A advertência contra o perjúrio (v. 12), que desonraria o nome de Deus, tem relação com este tema, mesmo que não exclusivamente, porque especificamente nos conflitos por causa de propriedades o juramento no procedimento legal sacro tem um papel importante (Ex 22,7ss.; Lv 5,20ss.). Na segunda parte do v. 13, trata-se de determinações protetoras para deficientes físicos como cegos e surdos[235]. Também se tematiza o salário do diarista. Também as expressões do começo têm a ver com a maneira de tratar as pessoas economicamente mais fracas, que podem ser oprimidas e exploradas (Mq 2,1s.; Jr 21,12; 22,3 e outros). A terceira estrofe, nos v. 15s., trata da postura no tribunal, onde deve ser praticada não a injustiça, mas a justiça para todos[236]. Nesta instituição, todos têm poder em potencial sobre os outros. Pela difamação de outras pessoas certamente existem possibilidades legais, ou com aparência legal, de levá-las à morte.

---

233. Mathys quer entender também esta frase como "generalização" do v. 12a (*Liebe*, 59).
234. MATHYS, *Liebe*, p. 70, considera todas como complementos, que "convertem os mandamentos precedentes no que é fundamental, geral". Mas será que existem realmente razões convincentes para dizer que elas foram acrescentadas a uma estrutura literária que já existia? É verdade que a unidade que temos, composta com riqueza de componentes, deve ter absorvido tradições mais antigas, mas que as formas anteriores podem ser reconstruídas de modo convincente deve ser questionado incisivamente.
235. Sobre isso, GEWALT, *Taube und Blinde*.
236. Com SCHWARZ, "*Begünstige nicht*", levantar o rosto pode significar para os fracos a proibição de prejudicá-los (e não em primeiro lugar de favorecê-los).

Na última estrofe, v. 17s., trata-se de conflitos do interpelado com outras pessoas. A perspectiva não é tanto o trato com o próximo que se tornou culpado[237], mas, como diz o primeiro verso, as reações "no coração", ou, como diríamos nós, na cabeça e nas emoções. O ódio dissimulado deve ser substituído pela repreensão franca (Pr 28,23 e outros)[238]. Seguem as possibilidades de, pela ira e pelo ódio, amontoar culpas para si mesmo[239], ou prejudicar o outro por meio de vingança ou rancor guardado por muito tempo[240]. Se no fim se recomenda a prática do amor, trata-se, na verdade, "originalmente de amor aos inimigos"[241]. A formulação positiva, porém, não tem relação apenas com os temas que a precedem de imediato. A formulação final abrange também a postura exigida diante de pessoas dependentes em termos econômicos ou sociais, bem como no tribunal.

O que o contexto deixa transparecer confirma, assim, o que se pode entender do significado de "amar"[242]. A palavra pode a princípio designar, exatamente como seu correspondente em português, coisas bem diferentes, como *eros* e *agape*. Ela nunca significa apenas sentimentos interiores, mas sempre também a ação determinada por eles. É importante o fato de a palavra aparecer nos tratados assírios com outros governos. Por exemplo, em um contrato de Asaradon (680-669 aC), vassalos dependentes são constrangidos a "amar Asaradon [...] como (amam) a [própria] alma"[243]. O contexto de um tratado mostra como se pensa pouco em um sentimento nestes casos, e muito mais em uma conduta que pode ser constatada e verificada: lealdade, como a que se pratica normalmente consigo mesmo. A construção também rara no hebraico, em que consta não um acusativo, mas – como apenas em 1Rs 5,15 e 2Cr 19,2 – um dativo (l^e), não tem somente o sentido de "amar"; ela nunca é usada para o relacionamento com Deus,

---

237. Assim MATHYS, Liebe, p. 63-67.
238. Para a história da aceitação dentro da Bíblia cf. KUGEL, Hidden hatred.
239. Com Lv 22,9; Nm 18,32, a expressão deve ser entendida na linha da tradução dada; cf. tb. MATHYS, Liebe, 65, contra p. ex. NOTH, Leviticus, 118, "não o culpar de uma transgressão".
240. O termo *nṭr* é usado apenas ainda em Jr 3,5.12; Na 1,2; Sl 103,9, e em relação a Deus. É evidente que se trata de rancor guardado por muito tempo.
241. MATHYS, Liebe, p. 81. Ele vê apenas na extensão aos estrangeiros no v. 34 a formação do mandamento geral do amor ao próximo. Na minha opinião, porém, a estrutura geral dos v. 11-18 é concebida como uma unidade, de tal maneira que impede que se restrinja o "amor" aos problemas da última estrofe.
242. MATHYS, Liebe, p. 12s.
243. TUAT I 166; MATHYS, Liebe, 26. Para outros exemplos deste uso político dentro e fora do AT cf. MATHYS, Liebe, p. 20ss.

com homens, mulheres ou crianças, mas transmite a ideia de "ajuda carinhosa"[244]. O sentido é que se faça ao próximo todo o bem que se faz a si próprio[245].

A suposta limitação do mandamento do AT é vista principalmente na relação com o "próximo"[246], que deve ser um "compatriota"[247]. De fato, a palavra "próximo" (*rēʿa*) está em paralelo com "irmão" (*ʾāḥ*, v. 17), "compatriota" (*ʿāmīt*, v. 11.15.17), e os "filhos do seu povo" (*bᵉnē ʿammekā*, v. 18). Todo o trecho dos v. 11-18 indica o dia a dia, o relacionamento com as pessoas com quem se vive junto no mesmo lugar. E ele formula regras especificamente para o trato com aqueles em relação aos quais a pessoa acalenta sentimentos de ódio e rancor. Será que o sentido do amor ao inimigo no NT é muito diferente disso? Depois ainda temos os v. 33s. Como se os autores sacerdotais já tivessem suspeitado da futura ação de criadores cristãos de restrições, o mandamento é ali expressamente estendido ao estrangeiro (*gēr*). Para resguardar a distância para com a versão cristã, afirma-se[248] que isso "obviamente se aplica àqueles que já foram integrados no povo de Deus". Mas isso não resolve a assimilação legal completa de todos os estrangeiros dentro do povo de Israel, que já era conhecida dos textos sacerdotais. Antes, esta é uma consequência importante da própria proximidade com Deus[249].

b) O contexto mais amplo: o amor como parte e aspecto

Se Lv 19,11-18 realmente vai em direção do mandamento do amor e aparece como soma da atitude em relação ao próximo, uma investigação do contexto maior mostra que e por que a concentração da vontade de Deus no mandamento duplo do amor põe a perder elementos insubstituíveis, que infelizmente agora faltam à ética cristã.

Enquanto o vínculo com o precedente confirma a valorização tradicional do mandamento do amor, com o que segue não parece haver qualquer relação de conteúdo:

---

244. Agora esp. MALAMAT, "*You shall love your neighbour*"; cf. tb. RÜCKER, *Warum*; para teses semelhantes na bibliografia mais antiga, cf. MATHYS, *Liebe*, p. 4ss.
245. A interpretação e tradução conhecida de Buber, "ele é como tu" (*Weisung*, p. 326; cf. id., *Zwei Glaubensweisen*, p. 701; para precursores, MATHYS, *Liebe*, p. 6s.), é improvável em termos filológicos, cf. VRIEZEN, *Bubers Auslegung*.
246. Cf. acima nota 230.
247. Assim de fato ELLIGER, *Leviticus*, p. 259.
248. ELLIGER, *Leviticus*, p. 259.
249. Cf. acima p. 454.

19,18   Amarás o teu próximo como a ti mesmo.
         Eu sou Yhwh.
         [19] Guardareis os meus estatutos.
         Não acasalarás dois animais de espécie diferente no teu rebanho;
         não semearás no teu campo duas espécies diferentes de sementes
         e não usarás veste de duas espécies de tecido.

A ruptura dificilmente poderia ser maior – na nossa impressão. Um é o ponto culminante da ética bíblica e da concentração teológica, até hoje não sobrepujado. O outro é um costume estranho, incompreensível[250], em todo caso judaico, se não tivermos de aceitar até sua origem do mais profundo paganismo[251]. Em todos os casos, o v. 19 não parece ter qualquer relevância para a teologia cristã ou para a ética moderna.

A transição do v. 18 para o v. 19 é apenas a mais abrupta neste capítulo, cujos numerosos temas parecem "estar misturados de modo bem irregular"[252]. Sempre de novo os pesquisadores constatam que não conseguem encontrar um tema unificador, que a multiplicidade não se deixa "colocar em certa ordem a não ser à força"[253]. Isso incentivou a busca de sentido na reconstrução de fontes mais antigas, que estivessem claras[254]. As tentativas de encontrar os Decálogos que teriam servido de base ao texto[255], e que depois são catalogados como teologicamente importantes, foram, sem dúvida, o ponto alto não apenas de um procedimento questionável, em que as observações da história da forma se tornaram o (praticamente único) princípio da crítica literária, mas também para além disso do malogro quase que metódico-sistematizado de encontrar o sentido do texto.

---

250. Infelizmente, não há nem aqui nem no paralelo de Dt 22,9ss. qualquer indicação dos motivos ou significados a eles relacionados. Um dos termos decisivos deve ser um estrangeirismo egípcio (šaʿaṭnēz, cf. GÖRG, Textilbezeichnung; KBL 3. ed., 1487). Naturalmente, esta distinção ou este deixar separado se aproxima basicamente do pensamento sacerdotal, e indicações das espécies da criação de Gn 1 estão em vista; cf. esp. HOUTMAN, Forbidden mixtures. Todavia, será que isto basta para explicar o costume? Bastante fantasiosa é a relação feita por CARMICHAEL, Forbidden mixtures, com Gn 49,8ss. Com MILGROM, Consecration, p. 284s., deve-se notar que o tecido proibido aqui é usado na cortina diante do lugar santo (Ex 26,1.31), na veste do sumo sacerdote (28,6) e no cinto dos sacerdotes (39,29). Evidentemente, portanto, trata-se de algo sagrado, que ao israelita comum só é permitido simbolicamente (Nm 15,38).
251. Assim ELLIGER, Leviticus, p. 259.
252. NOTH, Leviticus, p. 119.
253. Assim até HOFFMANN, Leviticus II, 27. Mathys, p. ex., diz que Lv 19 é uma das "partes mais obscuras" do AT (Liebe, p. 71), e usa termos como "perplexidade" e "confusão" (72).
254. Para modelos de pesquisa, cf. MATHYS, Liebe, p. 73ss.
255. Esp. ELLIGER, Leviticus, p. 245ss.; e anteriormente também MORGENSTERN, Decalogue; • MOWINCKEL, Geschichte. Antecessores já existem também na exegese rabínica; sobre isso, cf. HOFFMANN, Leviticus II, p. 28.

O que, pelo amor de Deus, levou redatores a criar com base nas fontes tão bem reconstruídas esta confusão insolúvel, seja em um ou em muitos passos? O que une este texto é obviamente a ideia de santidade, com a qual condiz o conjunto dos temas e cujo sentido, por isso, jamais, nem de longe, pode ser descoberto buscando-se o que está por trás do texto[256].

Com isso temos uma estrutura e organização bem clara do material[257]. Para isso devemos relembrar rapidamente antes a estrutura geral do Código da Santidade. Nas indicações de destinatários dos títulos, ele distingue três grupos de leis: aquelas que se aplicam aos israelitas (Lv 18,1s.; 19,1s.; 20,1s.; 23,1s.9s.33s.; 24,1s.; 25,1s.), ou seja, a todo o povo; as que se aplicam a Aarão e seus filhos (21,1.16s.; 22,1s.), isto é, aos sacerdotes; e as que são dirigidas aos dois grupos juntos (17,1s.; 22,17s.). Estes dois textos citados por último emolduram três blocos dirigidos ao povo (18; 19; 20) e três aos sacerdotes (21,1-15.16-24; 22,1-16). Neste quadro temos em Lv 17 a oferta de sacrifícios e seu local, e, em 22,17-33, a espécie de animais a serem sacrificados. Também os capítulos dirigidos a Israel, isto é, Lv 18–20, têm uma moldura. Em Lv 18, estão em evidência relacionamentos sexuais proibidos, em especial com parentes femininos, e, em Lv 20, as determinações de pena de morte, sendo retomada boa parte dos temas do capítulo 18.

Uma estrutura concêntrica no essencial organiza também os temas múltiplos do capítulo 19. Temos correspondências quiásticas claras: atitude em relação aos pais e anciãos, incluindo a questão dos espíritos (dos ancestrais), nos v. 3a.31s.; o sábado nos v. 3b.30; a relação com outros deuses nos v. 4.26b-29; os sacrifícios de animais nos v. 5-8.26a; por fim, as regras para semeadura e colheita nos v. 9s.23-25. O conjunto é emoldurado pela recordação da santidade de Deus e da sua ação no êxodo, e destas duas coisas segue a exigência de que Israel se conduza de acordo (v. 1s.36b.37). Se vemos que o tema do v. 19 – que já se apresenta como centro especialmente destacado pela introdução importante "guardareis os meus estatutos"[258] – está ligado às declarações sobre semeadura e colheita nos

---

256. Cf. mesmo assim JAGERSMA, *Leviticus* 19, e, apoiando-se nele, MATHYS, *Liebe*, p. 79, com a advertência expressa de não jogar os temas uns contra os outros ou até de separá-los.
257. O que segue retoma observações de Andreas Ruwe, que ele comprovará detalhadamente na dissertação que planeja fazer sobre o Código da Santidade.
258. Assim com ELLIGER, *Leviticus*, p. 244, que, porém, não tira conclusões deste fato.

v. 9s.23-25 (mas, pela menção dos animais, também aos v. 5-8.26a, que tratam dos sacrifícios de animais), o capítulo aparece como um conjunto bem organizado.

Com essa estrutura, as determinações dos v. 11-18, com suas instruções éticas que convergem no amor ao próximo e com a declaração legal dos v. 20-22, devem ser consideradas correlatas. Neste caso final, trata-se do detalhe bastante complicado[259] de uma escrava, portanto sujeita ao seu senhor, mas que ao mesmo tempo está noiva, e por direito já pertence como esposa a outro homem. Se a mulher fosse livre, a consequência do ato seria a pena de morte para ambos (Lv 20,10). Naturalmente, o caso é visto apenas da perspectiva sacerdotal ou do direito sacro. Trata-se de um pecado que precisa ser expiado por um sacrifício pela culpa. Para esta mulher pelo menos, que ficou presa entre duas pretensões, evita-se a pena de morte. Este caso mostra que o procedimento de extrair jurisprudência nova de casos precedentes singulares, já observado no Código da Aliança e no Deuteronômio, continua no Documento Sacerdotal. A relação entre os v. 11-18 e v. 20-22 reflete deste modo a coexistência de declarações legais casuísticas que, pelo menos em parte, provêm de decisões sobre precedentes, e de instruções éticas não relacionadas a casos específicos e que, exatamente nesta relação, recebem o caráter de princípios legais fundamentais[260].

Lv 19, portanto, contém em sua multiplicidade exatamente a amplitude que caracteriza os livros legais do AT desde a formação do Código da Aliança. Disso faz parte a relação com a terra, suas plantas e animais, e com outros deuses, bem como o amor ao próximo e ao estrangeiro, mas também a regulamentação legal detalhada, afirmativa, de casos de natureza altamente complexa. Somente tudo isso junto constitui uma atitude apropriada à santidade de Deus. A redução da ética bíblica ao mandamento duplo do amor fica aquém do trato com o mundo em toda sua amplitude formulado na gênese da Torá. Quando hoje a possibilidade de misturar as espécies – naquela época bastante inofensiva, embora proibida em Lv 19,19 – assume proporções ameaçadoras com a moderna tecnologia biológica e genética, a teologia cristã descobre também como o amor ao próximo carece indispensavelmente deste contexto.

---

259. Sobre isso, cf. MILGROM, *Slave-girl*; • SCHWARTZ, *Slave-girl pericope*.
260. Cf. acima p. 274s.

VIII
O PENTATEUCO COMO TORÁ: O CAMINHO COMO PARTE DA META

> Ouviu-se então uma voz de revelação, que disse:
> Estas e aquelas são palavras do Deus vivo.
> Talmude babilônico, Erubin 13b[1]

1. O Pentateuco como produto da época persa

a) Pressupostos literários e termos usados para a autodefinição

Os corpos legais que se seguem na história estão lado a lado no Pentateuco, como partes da única lei de Moisés. Códigos que criticaram seus antecessores e queriam substituí-los são encaixados como uma unidade. A sequência se torna um conjunto, a oposição se torna uma coexistência de desacordos. O caminho para a meta torna-se parte da meta, e acaba sendo no fundo a própria meta, pois, em termos de conteúdo, pouca coisa se acrescenta.

É surpreendente como as apresentações da história legal israelita tantas vezes deixam de prestar atenção a este processo, terminando sempre com a camada que consideram a última[2]. Porém, é só com este passo que se forma *a* Torá que é a base de toda a história legal judaica subsequente. E somente quando este processo for compreendido, terá sido entendido objetivamente *aquele* texto que é o único ponto de partida de todas as reconstruções da história que o precedeu. Este

---

1. Cf. tb. jBer 1,7,3b,72-74; trad. alemã em Kuhn, *Bat Qol*, 20. Em vista está a disputa entre as escolas de Shammai e Hillel. As duas acepções são palavra de Deus; mesmo assim, a Halachá, isto é, a prática que deve ser seguida, decidirá em favor do ensino de Hillel. Sobre o fenômeno da voz de revelação (*bat qol*), cf. KUHN, *Offenbarungsstimme*.
2. Cf. p. ex. NOTH, *Gesetze*; • BOECKER, *Recht*; • PATRICK, *Law*; • MARTIN-ACHARD, *Loi*. Não é atípico que Noth não toma por base do seu entendimento da lei como "grandeza absoluta dos últimos tempos" (*Gesetze*, p. 112ss.) o Pentateuco, que contém *todos* os textos e valores teológicos que Noth destaca de modo tão positivo, mas uma grandeza bastante vaga.

449

processo de formação do Pentateuco como um todo, porém, obviamente está sujeito a leis diferentes das que atuaram na gênese dos textos legais mais antigos. Todos eles assumiram e deram continuidade a decisões e conteúdos importantes dos seus antecessores, e também adotaram e reelaboraram fontes mais ou menos bem reconhecíveis. No entanto, como nos corpos de leis em geral, disso resultou uma concepção em termos gerais harmonizada, e nisso estava sua resposta ao desafio histórico daquele momento. Agora, porém, repetições e contradições importantes ficam ostensivamente em aberto. Isso até parece ser um princípio da composição do Pentateuco.

A seguir, investigaremos as circunstâncias históricas e o plano teológico, os meios literários e o sentido jurídico deste processo e do seu resultado. As pressuposições literárias mais importantes em que este estudo se baseia serão mencionadas a seguir, resumidamente, a título de introdução.

É decisiva nisso tudo a constatação de que a forma geral do Pentateuco e sua redação ou redações finais podem ser claramente distinguidas do Documento Sacerdotal. Teses como a que diz que devemos considerar "a formação da composição sacerdotal principal [...] como o passo formativo decisivo em direção à Torá canônica"[3], à qual seguiram apenas algumas poucas revisões secundárias, devem ser contraditas claramente sob a perspectiva que nos orienta no presente estudo. Importância especial têm nisso as seguintes razões:

– Seja como for a estrutura literária e o escopo do Documento Sacerdotal ou de uma composição sacerdotal que se queira analisar, ela não abrange o Deuteronômio. Está fora de discussão que este grande corpo literário foi englobado pelo Documento Sacerdotal e de alguma forma integrado. Apenas o fato, porém, de estarem lado a lado estes corpos de leis que, pelo seu tamanho e relevância, são os mais importantes, constitui a tensão interior e, com isso, também o que se poderia chamar de "natureza" do Pentateuco. Sua forma surge desta soma.

– Por outro lado, o Pentateuco pressupõe a separação dos livros de Moisés do livro de Josué e dos livros de Juízes, Samuel e Reis, ligados a este. Vários indícios, porém, estendem o Pentateuco pelo menos até Js 24 e deixam entrever vínculos

---

3. Assim BLUM, *Pentateuch*, p. 361; isso caracteriza todo o seu ponto de vista. Cf. p. ex. tb. LOHFINK, *Priesterschrift*, que acha que a pergunta pela autocompreensão própria do Pentateuco é idêntica à pergunta pela de P.

mais antigos[4]. Além disso, provavelmente não se poderá negar a participação ou aproveitamento de textos sacerdotais em Josué[5]. Somente a separação do livro de Josué torna o Pentateuco uma grandeza em si, o livro da Torá[6].

O que pode ser considerado certo para o Deuteronômio, também é provável para o Código da Aliança e para o Decálogo. Aqui pode e deve ficar totalmente em aberto se a camada sacerdotal integrou textos narrativos mais antigos e lhes deu nova forma literária, e quais foram estes textos. Ela, certamente, pressupunha uma perícope do Sinai ampla, com teofania e firmação da aliança, com Código da Aliança e Decálogo. Isso já se evidenciou ser altamente improvável[7]. Somente com a concepção sacerdotal o Sinai se tornou o lugar central da manifestação da vontade divina. A estrutura de forte coloração deuteronomista da perícope do Sinai em Ex 19–24 acolhe corpos de leis pré-sacerdotais, mas como um todo é uma unidade de texto posterior ao Documento Sacerdotal, que está próxima da ou já integra a redação final.

No que veremos a seguir em relação à forma final do Pentateuco, trata-se, portanto, acima de tudo de uma nova reunião de material mais antigo. Deixando de lado a questão das narrativas, um novo material legal que complementa os corpos estudados até aqui só entra no livro dos Números. No caminho pelo deserto, surpreendentemente, é promulgada uma série de novas leis, com um claro caráter posterior ao Documento Sacerdotal. Suas inovações de conteúdo, porém, nem de longe podem ser comparadas com o que significaram as recodificações descritas até aqui, e evidentemente estão em outro nível[8]. Nem aqui nem no âmbito da perícope do Sinai, que não é sacerdotal, a intenção é reconstruir o crescimento literário. Isso só encontraria as dificuldades conhecidas das duas áreas. No entanto, fica claro que se deve contar com uma prolongada coexistência e oposição de camadas sacerdotais e deuteronomistas, e dos respectivos grupos.

---

4. Cf. apenas a relação entre Gn 33,19; 50,25s.; Ex 13,19; Js 24,32ss.; tb. Gn 35,1ss. tem ligações com Js 24 e outros. Sobre isso, cf. BLUM, *Vätergeschichte*, 40ss.; id., *Pentateuch*, p. 363s.
5. Contra a opinião amplamente aceita de NOTH, *Studien*, p. 182ss. (cf. WELLHAUSEN, *Prolegomena*, p. 356s.), por último, esp. LOHFINK, *Priesterschrift*, p. 222ss. (esp. nota 30) e BLUM, *Pentateuch*, p. 224ss., chamaram a atenção, com ênfase, novamente para estas relações; cf. tb. MOWINCKEL, *Tetrateuch*; • PETERSEN, *Priestly material*; • BLENKINSOPP, *Structure*; • CORTESE, *Joshua 13–21* e outros; para uma visão geral da pesquisa, cf. AULD, *Joshua*.
6. Sobre isto cf. FREEDMAN, *Formation of the canon*.
7. Cf. acima p. 77ss.
8. Cf. a seguir p. 479ss., esp. 487ss.

Sugere-se a ideia de começar com a investigação da denominação e, com isso, do conceito próprio deste conjunto[9]. Até aqui trabalhei com o conceito de "Torá" para todo o conjunto. Até que ponto isto é justificado? A pergunta inclui a antiga controvérsia se o Pentateuco como um todo deve ser considerado mais uma narrativa do que uma lei. Isso está ligado a "diferenças profundas de conceito", não por último entre cristianismo e judaísmo[10]. Em termos quantitativos, ambos os gêneros têm partes aproximadamente iguais na obra final[11]. Talvez esta alternativa, porém, já impede em parte o acesso ao próprio conceito, pois envolve conceitos que desta forma não existiam naquele tempo, e se sabe que *tōrāh* significa não apenas algo diferente de história, mas também diferente de lei. Será que o conceito ou um conceito de Torá só mais tarde se tornou o nome do todo, ou já o acompanha desde a formação? Vários aspectos precisam ser considerados para se chegar a uma resposta.

A meu ver, que o Pentateuco como um todo, portanto, também incluindo as partes narrativas, seja chamado de Torá pode ser comprovado apenas a partir do século II aC. Em Jub 30,12, por exemplo, a narrativa de Gn 34 é considerada parte da "lei". E a lei é citada como primeira parte do cânon no prólogo a Jesus Sirac. Para a época anterior a esta, para as últimas camadas do próprio AT, em especial para a avaliação dos livros das Crônicas, Esdras e Neemias[12], continua valendo a formulação de O. Eissfeldt: "Não é possível verificar com certeza se este uso geral da palavra já ocorre no AT, uma vez que as passagens que entram em cogitação podem ser todas entendidas apenas como partes legais (Esd 10,3; 2Cr 30,16; Ne 8,3; 2Rs 14,6)"[13]. O mesmo pode ser dito de expressões próximas, como "livro de Moisés".

É sabido que *tōrāh*, no contexto dos significados mais antigos e especialmente do seu uso como termo técnico para a instrução sacerdotal, tornou-se o termo mais importante para designar o Deuteronômio e a vontade de Deus for-

---

9. Para o que segue, cf. CRÜSEMANN, *Pentateuch als Tora*.
10. Cf. LOHFINK, *Priesterschrift*, p. 213; • cf. DE PURY & RÖMER, *Pentateuque*, p. 67ss.; • AMSLER, *Les documents*, p. 235ss.; para o problema geral também CAZELLES, *Pentateuque*.
11. Contando por capítulos (um procedimento certamente *grosso modo*), existem perto de 97 capítulos predominantemente de narrativa e 90 de leis, sendo que especialmente em Nm (cf. Nm 1–3 e outros) a decisão muitas vezes é bastante arbitrária.
12. Sobre isto cf. a seguir p. 456ss.
13. EISSFELDT, *Einleitung*, p. 206.

mulada nele (Dt 4,8.44 etc.)[14]. Também este "livro da Torá" naturalmente já continha, em muitas passagens, referências à história, em especial do êxodo, que aparece na fundamentação de muitas leis. Torá é, mais tarde, o termo mais importante para a lei de Esdras, na qual, contudo, é impossível decidir que forma ela tinha[15]. Quando se pergunta se a palavra *tōrāh* também podia designar conjuntos de narrativas, é preciso referir-se principalmente a dois textos; ambos procedem do âmbito da teologia deuteronômica e deuteronomista.

Um deles é o Sl 78, onde o poeta descreve a princípio no v. 1, em linguagem de sabedoria, o que segue como "minha Torá" (*tōrātī*). Esta consiste, entretanto, em seu corpo a partir do v. 12, em uma ampla narrativa histórica. A história de Israel é, aqui, parte da instrução de sabedoria. É interessante que isso também se aplica de certo modo à Torá de Yhwh, mencionada nos v. 5 e 10. "Testemunho e instrução" (*tōrāh, 'ēdūt*) que Deus instituiu em Israel (v. 5) devem ser transmitidos pelos pais aos filhos (v. 5s.), com o objetivo de que ponham sua confiança (*kesel*) em Deus. Depois seguem em paralelo as recordações dos atos de julgamento (*ma'alˁlē-'ēl*) e a obediência aos mandamentos (*miṣwōt*, v. 7). No v. 10, estão lado a lado aliança (*bᵉrīt*) e *tōrāh*, e em paralelo fala-se de feitos e maravilhas (v. 11). Se tomamos a descrição histórica que segue a partir do v. 12, na qual falta a entrega da lei no Sinai – como em quase todos os resumos históricos –, como concretização e execução do que foi dito nos v. 5 e 10, então a proclamação e transmissão da Torá englobam a descrição histórica, de modo que não se pode separar as duas coisas[16].

Está bem claro que *tōrāh* se tornou descrição histórica em Dt 1,5: "No outro lado do Jordão, na terra de Moab, Moisés começou a expor esta Torá nos seguintes termos". Com a última palavra (*lē'emōr*) se designa o discurso que começa no v. 6 como o início da Torá. Com isso, a retrospectiva histórica que começa ali e abrange os primeiros três capítulos da Torá é claramente parte da própria Torá. Isso vale para o texto atual, independentemente de como se explica sua forma-

---

14. Sobre o termo, LIEDKE & PETERS, art. *tōrāh*, e acima p. 11s.
15. Cf. acima p. 156s. e a seguir p. 460ss.
16. Cf. KRAUS, *Psalmen* II, p. 706s.

ção, supondo-se, como geralmente se faz, um acréscimo posterior[17] ou não, e também independentemente do significado do verbo (*b'r*)[18].

A partir destas constatações, portanto, não é possível verificar com certeza absoluta se *tōrāh* era o termo que identificava o Pentateuco já desde a sua formação, ou se a identificação do Deuteronômio mais antigo, ampliado de forma deuteronomista para suas porções narrativas, tornou-se apenas mais tarde o nome do todo. Está claro, porém, que a palavra *tōrāh* também pode denotar partes narrativas e, o que é ainda mais importante, não há outro termo para a autocompreensão desta obra gigantesca[19]. Pode-se resumir os resultados da investigação dizendo que não se pode descartar a ideia de que a redação e canonização do Pentateuco aconteceram sem um nome e um termo para o todo. Isso, porém, não pode ser considerado muito provável.

b) O quadro temporal e histórico

Desde quando, então, existe o Pentateuco em sua forma atual? Isso porque sem dúvida é preciso contar com demorados processos literários. Estes já devem ser pressupostos para o crescimento dentro dos textos sacerdotais, e são prováveis na justaposição de camadas sacerdotais e deuteronomistas[20]. Sob a perspectiva que seguimos aqui, importa por um lado identificar a época em que os grandes textos legais – Código da Aliança, Deuteronômio e Documento Sacerdotal – foram compilados em um documento literário. Por outro lado, importa identificar a época em que, em termos literários, o trabalho produtivo no Pentateuco chegou ao fim. A distinção entre as duas perguntas é quase impossível de ser feita, em vista das condições das fontes.

O Pentateuco deve ter surgido entre o exílio e o início da época helenista, ou seja, no período persa. Nisso, o *terminus post quem* pode ser determinado com segurança. Uma obra como esta ainda não existia durante o exílio. Isso é *communis opinio* dos estudiosos. Aí temos as últimas referências históricas claras, especialmen-

---

17. Assim NOTH, *Studien*, p. 28 nota 1; • MITTMANN, *Deuteronomium*, p. 13ss.; • PREUSS, *Deuteronomium*, p. 84.
18. MITTMANN, *Deuteronomium*, p. 14s., gostaria de atribuir ao verbo *b'r* o sentido de "escrever, anotar por escrito", com base em Dt 27,8 e Hab 2,2; porém, cf. AMSLER, *Loi orale*, p. 52 nota 4; • PERLITT, *Deuteronomium*, p. 22s.
19. Sobre *dāt* cf. a seguir p. 461s.
20. Cf. acima p. 78ss., 388ss. e a seguir p. 476ss. etc.

te nos capítulos das maldições no Deuteronômio e no Código da Santidade sacerdotal[21]. De acordo com uma interpretação bastante convincente, neste período surgiu a Obra Histórica Deuteronomista, em que o Deuteronômio formou uma unidade literária com os livros de Josué até 2Rs[22]. E já com o surgimento do Documento Sacerdotal na forma existente, é preciso avançar até a época pós-exílica[23].

Muito mais difícil de determinar, e muito mais controvertida, é a época do término do trabalho literário produtivo nele. A separação dos samaritanos, que têm apenas o Pentateuco como escrito canônico, durante muito tempo considerada determinante, não serve mais de prova[24]. Pode-se contar adiante com o estabelecimento do templo samaritano sobre o Garizim por volta do início da era helenista[25], mas isso ainda não significa uma separação definitiva do judaísmo. Esta separação acontece somente na época da destruição do templo por João Hircano em 129/128 aC.[26] Apesar da longa história comum dos textos e de outros argumentos[27], permanece, todavia, a pergunta se é provável que a adoção de um livro canônico tenha surgido por causa do cisma do culto com a construção de um templo próprio. É bem mais provável que desde então tenha havido uma história comum dos textos, bem como outras formas de influência mútua sobre uma base comum do que postular a adoção posterior de um escrito surgido após a separação[28].

Outros aspectos, no entanto, são mais importantes. Assim, hoje é considerado seguro que a tradução grega do Pentateuco foi feita até meados do século III aC no Egito[29]. Em todo caso, neste sentido deve-se dar razão ao Pseudo-Aristeias. Tal tradução, contudo, pressupõe o fechamento e a validade canônica do Pentateuco[30]. Na mesma direção indica o fato de que no Pentateuco não pode ser encon-

---

21. P. ex. Dt 28,36.68; Lv 26,33ss.41ss.
22. Para a situação da discussão KAISER, Einleitung, p. 172ss.
23. Cf. acima p. 390ss.
24. Sobre isto esp. PURVIS, Samaritan Pentateuch; COGGINS, Samaritans.
25. Cf. KIPPENBERG, Garizim, p. 48ss.; MOR, Samaritan history, p. 5ss.
26. Ibid., p. 16.
27. Esp. PURVIS, Samaritan Pentateuch, p. 98ss.; cf. tb. TOV, Proto-Samaritan texts, p. 398s.
28. Com todo cuidado também TOV, Proto-Samaritan texts, p. 399.
29. Cf. JELLICOE, Septuagint, p. 55; • BROCK, art. Bibelübersetzungen, p. 163; • HANHART, Septuagintforschung, p. 4s.; • id., Bedeutung, 67; • DORIVAL, Septante, p. 56ss.; • TOV, Bibelübersetzungen, p. 134s.
30. Cf. p. ex. HANHART, Bedeutung, p. 71ss.

trada qualquer influência do helenismo ou dos confrontos com ele[31]. Tudo isso favorece a ideia de que, com grande probabilidade, o Pentateuco estava terminado no início da era helenista, ou seja, no último terço do século IV. A ampla mudança da situação política mundial ocorrida com Alexandre Magno e suas consequências imprevisíveis para a Judeia e o judaísmo como um todo podem ter feito – o mais tardar – concluir o trabalho de redação.

c) A lei de Esdras e a autorização imperial

A tradição rabínica já considera Esdras como o segundo Moisés[32]. Desde os primórdios da investigação histórico-crítica com Spinoza[33], a relação entre o Pentateuco e a lei de Esdras é uma questão-chave para esclarecer a formação da Torá. Com as reflexões abaixo tentaremos extrair aquilo que pode valer como cerne sustentável, apesar das muitas incertezas que cercam o Esdras histórico.

Tudo o que concerne à figura de Esdras é há muito debatido intensamente pelos pesquisadores[34]. Não se pode falar de consenso em quase nenhum ponto, começando com as datas. A única informação disponível fala do sétimo ano de Artaxerxes (Esd 7,7s.), mas ela não está livre de controvérsias nem é inequívoca[35]. Se a relacionarmos com Artaxerxes II, chegamos ao ano 458; se a referência é ao terceiro rei com este nome, o ano é 398 aC. Com isso, porém, a relação tão importante com Neemias – que chegou em Jerusalém em 445 aC – e com sua

---

31. Para a possível exceção em Nm 24,24 cf. a seguir p. 473s.
32. Cf. KRAFT, *"Ezra" materials*; para o quadro rabínico, cf. MUNK, *Esra*, e p. 156s. acima.
33. SPINOZA, *Traktat*, 149ss. e outros; sobre isso, cf. KRAUS, *Geschichte*, p. 61ss.
34. Uma visão geral da história e das posições da pesquisa é dada por LEBRAM, *Esragestalt*; um esboço breve dos problemas encontra-se p. ex. em WILLIAMSON, *Ezra*. Uma visão geral de todo o período da "restauração", em WIDENGREN, *Persian period*; • DONNER, *Geschichte* II, p. 416ss.; • MEIER, *Zwischen den Testamenten*; • STERN, *Persian empire*; cf. ainda KOCH, *Ezra*; • CROSS, *Reconstruction*. Para os problemas de método levantados pela situação das fontes, cf. ACKROYD, *Problems*. Ele recorre a um jogo de xadrez a título de comparação: "*The movements of a limited number of pieces, themselves restricted as to mobility, are not unlike the moving to and from the pieces in the Achaemenid period for Judah. But checkmate eludes us*" (54). [Os movimentos de um número limitado de peças, elas mesmas restringidas em termos de mobilidade, não são diferentes dos movimentos para lá e para cá do período aquemênida para Judá. Mas o xeque-mate nos engana.]
35. Para uma visão geral, cf. KELLERMANN, *Esradatierung*. Fundamentalmente questionáveis em termos de método são especialmente as tentativas de corrigir o número em Esd 7,7 por meio de emendas; sobre isso, cf. EMERTON, *Did Ezra go*, 1ss.; • WILLIAMSON, *Ezra*, p. 56. Quem considera o número puramente uma construção teológica e, por isso, sem qualquer valor histórico é p. ex. GUNNEWEG, *Esra*, p. 126ss.

obra é posta em dúvida[36]. É especialmente duvidoso se temos uma fonte confiável em Esd 7—10 e Ne 8—10. Isso se agrava após as evidências de que a atual composição dos livros de Esdras e Neemias de forma alguma apresenta uma estrutura secundária e ocasional, mas parece antes conscientemente organizada em todos os aspectos, especialmente em termos teológicos[37]. Com isso, uma fonte de Esdras anterior ao cronista[38] ficou ainda mais improvável[39].

Assim, "como em Meyer e Schaeder, a questão ainda é a avaliação"[40] da carta em aramaico de Artaxerxes em Esd 7,11-26. Nela, Esdras é encarregado pelo imperador de ir a Jerusalém com um grupo de emigrantes "para vigiares sobre Judá e Jerusalém, segundo a Lei do teu Deus, que está em tuas mãos" (v. 14). Às doações generosas da corte e da diáspora para o serviço no templo se acrescenta o direito de obter ajuda dos tesoureiros do governo na satrapia da Transeufratênia (v. 2ss.). As pessoas vinculadas ao templo também são declaradas isentas de pagar impostos (v. 24). As frases decisivas estão (além do v. 14), nos v. 25s.:

> Esd 7,25 *E tu, Esdras, segundo a sabedoria de teu Deus, que tens em mãos, estabelecerás escribas e juízes que administrem a justiça para todo o povo da Transeufratênia, a saber, para todos os que conhecem a Lei de teu Deus. E devereis ensiná-la a quem não a conhece.* [26]*Porém, todo aquele que não observar exatamente a Lei de teu Deus e a Lei do rei será levado ao tribunal e castigado seja com a morte ou com o desterro ou com a prisão*[41].

---

36. Uma visão geral da discussão da relação dos dois está em YAMAUCHI, *Reverse order*; • CLINES, *Ezra*, p. 15ss. Para dúvidas quanto à data tradicional de NEEMIAS, cf. Saley, *Date*.

37. Assim esp. GUNNEWEG, *Interpretation*; • id., *Esra*, p. 28ss.; • ESKENAZI, *Age of prose*; • id., *Structure*. Cf. tb. a discussão entre ESKENAZI, *Ezra-Nehemia*, e CLINES, *Force of the text*.

38. Aqui pode ficar em aberto a questão muito debatida se Esd/Ne foi concebido como uma única obra literária junto com 1/2Cr, ou que outra relação pode ter havido entre as duas grandezas (JAPHET, *Common authorship*; • WILLIAMSON, *Israel*; • THRONTVEIT, *Linguistic analysis*; • TALSHIR, *Reinvestigation*; • ACKROYD, *Concept of a unity* e outros). Certo é que se trata de um autor ou círculo de autores estreitamente relacionado com Crônicas, mas que também há diferenças bem claras (por último, cf. TALMON, *Esra-Nehemia*).

39. Cf. já a crítica mais antiga por TORREY, *Ezra studies*; • HÖLSCHER, *Esra und Nehemia*; esp. KAPELRUD, *Question of authorship*; cf. tb. NOTH, *Studien*, p. 145ss.; in DER SMITTEN, *Esra*. A tese de uma fonte de Esdras anterior a Crônicas (p. ex. AHLEMANN, *Esra-Quelle*; • MOWINCKEL, *Studien III*; • RUDOLPH, *Esra und Nehemia*, XXIV; por último, com cautela WILLIAMSON, *Ezra/Nehemia*, XXVIIIss. bem como Daniels, *Composition*) dificilmente pode ser tornada provável.

40. LEBRAM, *Esragestalt*, p. 117, referindo-se a MEYER, *Entstehung*, e SCHAEDER, *Esra*, que contam ambos com a autenticidade dos documentos aramaicos.

41. Tradução seguindo Gunneweg, *Esra*, p. 128.

Será que aqui se trata de um decreto persa autêntico, que subjaz a toda a história de Esdras?[42] Ou se trata de uma obra do cronista?[43] O texto não é uniforme[44], e é inquestionável que foi escrito desde uma perspectiva judaica[45]. Submetendo toda a satrapia da Transeufratênia[46] à lei de Israel, ele contém um traço que não é historicamente provável nem é concretizado na narrativa que segue. A suposição de que Esdras ou a diáspora judaica tenham redigido o documento para depois submetê-lo à assinatura do rei[47] dificilmente pode ser provada. De modo geral predominam hoje em dia os argumentos contrários à autenticidade, mas, em termos negativos, também não se pode ter certeza.

É verdade que há indícios importantes e quase inquestionáveis de que o texto pressupõe *aquelas* realidades históricas a cuja concretização ele quer chegar. Por esta razão, também os críticos que consideram o texto uma invenção saída do judaísmo, talvez do cronista, precisam ao mesmo tempo pressupor que seu cerne objetivo preserva material histórico correto[48]. Assim, Kaiser diz, por um lado: "Temos que nos conformar com o fato de que no livro de Esdras temos diante de nós uma narração inspirativa"[49], razão pela qual "é melhor desistir de uma avaliação histórica destes textos"[50]. O mesmo autor, porém, por outro lado, vê-se for-

---

42. Assim MEYER, Entstehung, p. 60ss.; • NOTH, Studien, p. 145ss.; • GALLING, Bagoas, p. 165ss.; • CAZELLES, Mission; • KELLERMANN, Nehemia, p. 60ss.; in DEN SMITTEN, Esra, p. 11ss.; • CLINES, Ezra, p. 102ss.; • WILLIAMSON, Ezra/Nehemia, p. 98ss.; • DONNER, Geschichte II, p. 426ss.; • BLENKINSOPP, Ezra, p. 146s.. Quanto às perguntas sobre quais partes são autênticas, onde foi feita a revisão literária etc., só podemos dar indicações.

43. Cf. por último GUNNEWEG, Esra, p. 129ss.; • LEBRAM, Esragestalt, p. 117ss.; • BECKER, Esra/Nehemia, p. 43ss.

44. Cf. esp. os outros destinatários nos v. 21-24; aqui como em outras passagens, os pesquisadores contam com revisões literárias.

45. Esp. GUNNEWEG, Esra, p. 129ss.; • LEBRAM, Esragestalt, p. 117ss.

46. Sobre esta grande 5ª satrapia, cf. p. ex. DONNER, Geschichte II, p. 297ss.; • DANDAMAEV & LUKONIN, Ancient Iran, p. 98ss.; e esp. RAINEY, Satrapy.

47. Já MEYER, Entstehung, p. 65.

48. Uma exceção é esp. Lebram, que considera toda a camada de Esdras nos livros de Esdras e Neemias uma obra da época posterior a 180 aC (Esragestalt, 126ss.). Tratar-se-ia da "crítica de um grupo radicalmente fiel à lei e à teocracia do templo dos asmoneus" (131); por trás estaria "a exigência farisaica de reconhecer a Lei de Moisés como constituição de Jerusalém" (132). O Esdras histórico, de acordo com Ne 12,1.13 e 4Esd, talvez deva ser visto como um personagem da época do exílio. Uma data tão tardia para textos que são claramente do cronista é improvável; a data habitual entre 400 e 200 dificilmente pode ser contradita. Lebram, no fundo, baseia-se unicamente no fato de que Jesus Sirac silencia em relação a Esdras, ao contrário de Neemias (49,13), entendendo que o personagem ainda era desconhecido. No entanto, a circunstância, realmente estranha, certamente pode ser explicada de outra forma, p. ex. pelo interesse de Jesus Sirac por construções (assim BEGG, Non-mention; cf. tb. p. ex. HÖFFKEN, Warum schweigt).

49. KAISER, Einleitung, p. 181.

50. Ibid. p. 181s.; a frase se refere sobretudo ao material das listas do livro de Esdras.

çado a dizer: "Quer se considere o valor histórico da narrativa de Esdras mais ou menos fidedigno, e, assim, veja-se Esdras como o homem que trouxe o Pentateuco de Babilônia para Jerusalém, ou não, [...] mesmo assim precisa ser dito que o Pentateuco, já antes da virada do século V para o IV, estava concluído no essencial, e obteve no curso do século seguinte sua dignidade incomparável. Somente em vista desta condição pode ser compreendido o surgimento da própria história de Esdras"[51]. Até mesmo uma etiologia não histórica pode provar a realidade daquilo de que se fala!

Semelhante é o julgamento de Gunneweg em seu comentário ao livro de Esdras. Também ele, depois de analisar cuidadosamente os argumentos, chegou à conclusão de que em Esd 7,12-26 não temos um documento original da administração persa, mas um "texto judaico que faz parte da narrativa do cronista". Mesmo assim, segundo Gunneweg, não há motivos para duvidar do âmago histórico da coisa: "Histórica no sentido de fatos verídicos [...] é a situação legal da comunidade judaica pós-exílica em Judá e Jerusalém e também fora da pátria em termos estritos. Ela é caracterizada pelo reconhecimento da lei ancestral pelos persas, mas também pela sua proclamação como obrigatória"[52]. A concepção a princípio puramente teológica do decreto de Artaxerxes "evidencia-se como etiologia da comunidade judaica autônoma em torno do templo e da sinagoga, com base na lei e na jurisdição da sinagoga"[53]. Como isso tem validade, pode-se dizer também: "E se o cronista vê o reconhecimento persa da Torá ligado à pessoa de Esdras, a obra de Esdras deve ser realmente localizada neste âmbito"[54].

Portanto, mesmo sendo muito cético em relação à autenticidade do decreto de Artaxerxes, em termos históricos, é preciso contar com o fato de que a frase decisiva de Esd 7,25, que equipara a lei do Deus de Israel e a do rei persa quanto à obrigatoriedade jurídica e ao efeito legal, acerta em cheio. Por trás disso está a política do Império Persa, hoje conhecida por uma série de exemplos, de sancionar oficialmente o direito local e reconhecê-lo como obrigatório[55]. O exemplo

---

51. KAISER, *Einleitung*, p. 407, resumindo os argumentos das p. 179-183.
52. GUNNEWEG, *Esra*, p. 140.
53. Ibid., 139.
54. Ibid., 141.
55. Cf. esp. FREI, *Zentralgewalt*. Para a chamada política persa de tolerância e a multiplicidade religiosa e legal no império persa, cf. p. ex. DONNER, *Geschichte* II, p. 392ss.; • DANDAMAEV & LUKONIN, *Ancient Iran*, p. 116ss.; • BRIANT, *Pouvoir central*, 3ss.; • id., *Polythéismes*. KOCH, *Weltordnung*, tentou explanar os motivos histórico-religiosos para tal abertura.

mais conhecido é a compilação e codificação do direito egípcio da época, feitas sob Dario I[56]. Outro exemplo importante é o conjunto das determinações da comunidade de Xantos, acerca do culto dos deuses cários, preservadas na chamada Trilíngue de Letoon[57]. P. Frei analisou todos os textos importantes e chamou "de autorização imperial o processo de reconhecimento das normas locais por instâncias do império"[58]. Substancialmente devemos aceitar isso também para Israel: o direito israelita, isto é, o direito tradicional do Deus de Israel, passou a vigorar ao mesmo tempo como direito imperial persa para os judeus. Segundo Esd 7,25, esse direito valia para todos que moravam na satrapia da Síria[59]. Tal condição de reconhecimento das próprias leis escritas pelo Império Persa, de acordo com os traços conhecidos da política persa, portanto, é muito provável. De acordo com as fontes do AT e especialmente da história subsequente na época helenista, isso deve ser pressuposto[60], e a história de Esdras, com o edito de Artaxerxes como centro, é sua etiologia. Detalhes históricos não podem ser esclarecidos, mas este evento está ligado ao nome de Esdras, como sugere toda a probabilidade histórica.

Resta naturalmente a pergunta principal acerca da relação desta lei que entra em vigor com o Pentateuco. Na discussão pela identificação da lei de Esdras, todas as possibilidades imagináveis foram aventadas, e pensou-se no Pentateuco, no Documento Sacerdotal ou no Código da Santidade, ou no Deuteronômio[61]. Contudo, evidências realmente convincentes naturalmente não há como obter. É verdade que se diz expressamente que não se trata de uma lei nova e que os moradores já a conheciam em princípio (Esd 7,25), e isso também faz sentido com a autorização imperial. Além disso, os editores cronistas devem estar pensando no Pentateuco[62] – só que eles escrevem em uma época bastante posterior. Portanto, se, à luz das fontes existentes, a lei de Esdras não pode ser claramente identifica-

---

56. SPIEGELBERG, Chronik; além disso, cf. REICH, Codification; • DANDAMAEV & LUKONIN, Ancient Iran, p. 125.
57. METZGER e outros, Fouilles de Xanthos; além disso, cf. FREI, Zentralgewalt, p. 12ss.
58. FREI, Zentralgewalt, p. 13. Cf. agora KIPPENBERG, Erlösungsreligionen, p. 181s., que prefere falar de "sanção imperial".
59. Sobre isso, cf. BLUM, Pentateuch, p. 345ss.
60. Sobre isso, cf. agora esp. KIPPENBERG, Erlösungsreligionen, p. 183ss.
61. Uma visão geral está em KELLERMANN, Esragesetz. Ele mesmo, pressupondo uma data para Esdras anterior a Neemias, chega à conclusão de que se tratava do Deuteronômio (381ss.), e à tese de que o documento continha apenas textos legais. Isto foi adotado agora por KIPPENBERG, Erlösungsreligionen, p. 127ss. Um dos problemas relacionados com isso, e não é o menor, é a questão de como disso podia resultar o Pentateuco inteiro; isso dependeria de uma alteração substancial da situação.
62. Sobre isto cf. a seguir p. 465ss.

da, então exatamente nesta encruzilhada decisiva não deveríamos fazer especulações, mas deixar a questão intencionalmente em aberto.

Será que podemos pressupor uma relação, qualquer que seja, entre a lei de Esdras e o Pentateuco? Isto foi questionado especialmente por R. Rendtorff[63]. Ele indicou as diferenças fundamentais que há entre a lei designada em Esd 7 com uma palavra emprestada da língua persa (*dāt*) e a que é chamada de *tōrāh* em Ne 8. Ele chega à conclusão de que, em princípio, devemos manter as duas separadas. Em Esd 7, trataria-se de uma lei com um "significado puramente jurídico"[64]. Em Ne 8, ao contrário, a ação de Esdras é descrita totalmente na forma de uma "leitura da Torá no culto"[65]. Ele é "o primeiro que estudou e ensinou a *tōrāh*, como se afirma"[66]. As duas coisas só teriam sido juntadas em processos redatoriais posteriores, especialmente em Esd 7,6. Certamente devemos dar razão a Rendtorff, para quem, em Esd 7,12ss. e Ne 8, temos linguagens diferentes, perspectivas diferentes e talvez até documentos literários diferentes, que somente mais tarde foram unidos. Mesmo assim, se eu entendo corretamente, eles estão unidos também para Rendtorff no quadro que agora temos, determinado por exemplo por Esd 7,6[67]. Contudo, as explanações de Rendtorff sobre a palavra *dāt* não convencem em nenhum sentido[68]. Por um lado, *dāt* não é "um termo específico para a religião judaica ou a 'lei' judaica"[69]. Por outro, não há como negar que a palavra, em passagens importantes, tornou-se exatamente isso. Quando se diz de Israel, em Est 3,8: "Suas leis (*dātēhem*) não se parecem com as de nenhum outro povo e as leis reais (*dātē hammelek*) são para eles letra morta", o termo *dātēhem* só pode ser uma referência à lei de Israel, a Torá, estando em questão exatamente a identidade da lei de Deus e da lei do rei, como em Esd 7. E em Dn 6,6, com a expressão "lei de Deus" (*dāt 'elāhēh*), também só se pode ter em vista a Torá. Além disso, é necessário perguntar qual palavra aramaica, melhor do que

---

63. Também HOUTMAN, *Ezra*, duvida que haja alguma relação entre a lei de Esdras e o Pentateuco, pois algumas leis mencionadas em Esd/Ne não têm correspondentes no Pentateuco. Para a crítica, cf. p. ex. WILLIAMSON, *Ezra*, p. 93. Ele mostra quais métodos de interpretação estão por trás das variantes (94ss.); para o texto de Ne 10, que é central nisso, cf. a seguir p. 465ss.
64. RENDTORFF, *Esra*, p. 183, resumindo os argumentos de 169-173.
65. Sobre isso, cf. agora também WAHL, *Grundelemente*.
66. RENDTORFF, *Esra*, p. 183.
67. Ibid.
68. Para a crítica a seguir cf. tb. WILLIAMSON, *Ezra*, p. 92s.; • KRATZ, *Translatio imperii*, p. 228ss.
69. RENDTORFF, *Esra*, p. 188.

dāt, entraria em cogitação como equivalente para *tōrah*. Só *dīn* poderia ser considerada[70]. Na linguagem jurídica posterior, tanto *dāt* quanto *dīn* são usadas em expressões aramaicas para "lei de Moisés e de Israel" em contratos de casamento[71]. Portanto, do lado linguístico nada impede que *dāt*, em Esd 7,12ss., seja uma referência à Torá.

Os casos análogos de autorização imperial no Império Persa, porém, de forma alguma estão ligados a procedimentos jurídicos em um sentido mais estrito. Pelo menos é evidente que questões cultuais, ou seja, religiosas, fazem parte. Seja o que for que se queira considerar como sendo a lei de Esdras, como se trata de direito israelita mais antigo, já tradicional – e este é um dos poucos pontos que não são questionáveis – ela *não pode* ter incluído apenas material jurídico em sentido estrito. Já no Código da Aliança temos, ao lado de frases legais propriamente ditas, exigências cultuais, religiosas, teológicas e éticas, junto com sua justificativa. Isso vale ainda mais para livros de direito israelitas posteriores, até para o Pentateuco. Seria contrário a toda a história do direito israelita pressupor por trás da lei de Esdras um documento organizado, por exemplo, a modo dos livros legais do Antigo Oriente. No próprio decreto de Artaxerxes em Esd 7, no centro está a preocupação com o templo e o culto em Jerusalém, um tema que, portanto, com certeza tinha relação com o conteúdo da *dāt*.

De tudo isso conclui-se: por um lado, em função da situação das fontes é preciso deixar em aberto a forma concreta da lei de Esdras, que não pode ser definida, bem como a data da atuação de Esdras e, portanto, o início de sua vigência. Por outro lado – qualquer que tenha sido a aparência desta lei e sua proximidade com o Pentateuco pronto – desta lei veio a formar-se, até o fim do período persa, aquilo que conhecemos como Pentateuco. Este e já suas possíveis formas preliminares tinham sido colocados em vigor pelo rei persa ao mesmo tempo como lei do Deus de Israel. "O que é direito divino em termos materiais e legais [...] vale, em termos jurídico-formais, também como lei do estado"[72]. Sem tomar uma decisão nas muitas questões polêmicas que cercam Esdras e sua lei, na mi-

---

70. A palavra *'ōrāyetā*, comum no Targum (entre outros, cf. JASTROW, Dictionary, p. 34), só é encontrada muito mais tarde.
71. Para *dāt* cf. tKet 4,9; cf. BEYER, Die aramäischen Texte, p. 325; para *dīn* cf. o contrato de casamento de Wadi Murabbaʻat, BEYER, p. 309.
72. GUNNEWEG, Esra, p. 138. Sobre este primeiro passo da formação do cânon cf. tb. KRATZ, Translatio imperii, p. 233ss.; • STECK, Kanon, p. 236ss.; • id., Abschluss der Prophetie, p. 13ss.

nha opinião, pode-se ter neste lugar um ponto de apoio praticamente inquestionável para a compreensão da Torá. Dele importa tirar conclusões para a interpretação subsequente do Pentateuco como um todo.

2. O Pentateuco no campo de forças político-social: grupos de suporte e tendências

A seguir, tentaremos captar o contexto social em que o Pentateuco recebeu sua forma definitiva. Já pelo conhecimento limitado dos contextos históricos será preciso que sejam acima de tudo observações e reflexões elementares sobre sua função no campo de forças político-social do período persa. Estas observações querem complementar o que foi dito sobre Moisés e sua importância[73]. Quanto ao método, relacionaremos a forma final do Pentateuco com as principais instâncias políticas e sociais que podem ser discernidas claramente. Ao contrário do caso dos eventos históricos, temos à disposição para isso uma fonte expressamente confiável: o memorial de Neemias. Em Ne 1,1–7,5ab(.12*.13* temos, na opinião praticamente não questionada dos pesquisadores, um relato autêntico de Neemias[74]. Certamente, a princípio, o texto apenas faz uma descrição momentânea do fim do segundo terço do século V e, por sua natureza, apenas de uma perspectiva subjetiva[75]. Mesmo assim podemos deduzir daqui uma situação histórica básica que não se alterou dramaticamente antes da virada para o helenismo.

a) Endividados e sacerdotes: a coalizão social

De acordo com as anotações de Neemias e outras fontes contemporâneas como o livro de Malaquias, é possível observar no seio da população da pequena

---

73. Cf. acima p. 152ss.
74. Sobre isto cf. esp. KELLERMANN, Nehemia, que entende que 1,1–7,5ab(; 12,27a(.31s.37-40; 13,4.5a (.6a.7ab(.8-10b(.11-21.22b.23a.24a.25-31 fazem parte do escrito original de Neemias (resumo p. 55s.). A discussão subsequente baseou-se nisto e em boa parte criticou apenas os detalhes, cf. p. ex. WILLIAMSON, Ezra/Nehemiah XXIVss.; • BLENKINSOPP, Ezra, p. 46 e outros; cf. tb. KAISER, Einleitung, p. 182 nota 15 (como uma "análise fina" praticamente insustentável em termos de método). Também Gunneweg fala de "anotações originais inquestionáveis de Neemias" (Nehemia, p. 176), cuja forma básica, porém, não se pode mais determinar em detalhe (178s.) por causa da revisão do Cronista. Em vista desta situação da discussão, a tese absoluta de que o texto de forma alguma é autêntico e procede em tudo do próprio Cronista (BECKER, Esra/Nehemia, p. 8) dificilmente pode ser tornada provável.
75. CLINES, Nehemiah memoir, chama expressamente a atenção para isso ("Nehemiah is a liar", 125).

província de Judá, que era uma unidade menor da satrapia da Transeufratênia[76], especialmente dois conflitos básicos. Um é o contraste, comum na época antiga e já importante antes do exílio, entre pequenos agricultores muito endividados e seus credores ricos. Em Ne 5, em vista da construção acelerada dos muros, os contrastes aparecem de modo intenso e aberto[77]. Neemias consegue fazer com que se conceda um perdão das dívidas, inicialmente único. Pode-se ver claramente que foram necessárias circunstâncias especiais como a obrigação política de terminar a construção dos muros, a pressão da grande multidão com sua greve, bem como sua influência como governador persa (*peḥāh*) para comover os importantes/nobres a dar um passo como este.

Por outro lado, há os interesses muito diversos de leigos, em especial da população rural comum, e do pessoal do culto, composto de sacerdotes e levitas no templo em Jerusalém. Sua base material, que dependia principalmente da entrega do dízimo, sempre de novo corria grave perigo (Ne 13,10ss.; Ml 3,8). O mesmo vale para a manutenção regular de todo o culto no templo e para a despesa necessária para isso. A falta de lenha para manter o fogo contínuo do sacrifício (Lv 6,5) serve de exemplo das dificuldades evidentes (Ne 10,35; 13,31). A província inegavelmente pobre, com seus graves problemas econômicos, estava, com isso, no limite do realizável.

Em vista destes dois conflitos básicos, o Pentateuco e suas leis têm uma tendência bem clara e inquestionável. Por um lado, há a grande quantidade de leis sacerdotais, que tornam obrigatório todo o culto no templo, incluindo a entrega dos dízimos regulares a sacerdotes e leigos (Nm 18), mas também a entrega de primogênitos, primícias etc., o que valia para todos os israelitas. Por outro lado, há as leis sociais do Código da Aliança e do Deuteronômio, como a proibição de cobrar juros (Ex 22,24; Dt 23,20; cf. Lv 25,36ss.), o perdão regular das dívidas (Dt 15,1ss.), a libertação dos escravos (Ex 21,2ss.; Dt 15,12ss.), o asilo para escravos (Dt 23,16s.), a proteção das pessoas socialmente fracas em geral. Especificamente a ligação das leis pré-exílicas, mais antigas, com as leis sacerdotais possibilita a relação evidente com a situação social da província de Judá na época persa. Neste período não dominam apenas as leis sacerdotais, como os seguido-

---

76. Para limites e história, cf. a seguir p. 474s.
77. Cf. esp. KIPPENBERG, *Religion und Klassenbildung*, p. 55ss.

res de Wellhausen durante muito tempo acharam. A importância da coexistência e conjunção das várias tradições fica evidente exatamente nisso.

Há um documento que destaca claramente esta tendência. Trata-se do compromisso assumido com uma série de leis de importância contemporânea da Torá, que encontramos em Ne 10. Segundo esse documento, assume-se o compromisso por escrito (10,1) de se obedecer às seguintes dez exigências da lei:

1) Não realizar casamentos mistos (v. 31);

2) Guardar o sábado (v. 32a);

3) Guardar o ano sabático, com o perdão das dívidas (v. 32b);

4) Contribuir com um terço de um siclo anualmente como imposto para o templo, para manter os pães da proposição, bem como os sacrifícios coletivos públicos, inclusive os sacrifícios pelos pecados (*haṭṭā'ōt*) do povo (v. 33-34);

5) Abastecer o templo regularmente de lenha (v. 35);

6) Entregar as primícias (v. 36);

7) Entregar os primogênitos (v. 37);

8) Ofertar cereal, frutas, vinho e azeite, por parte dos sacerdotes (v. 38a);

9) Dar o dízimo (v. 38b-40a);

10) Cuidar do templo (v 40b).

Temos aqui o mais antigo documento conservado de uma interpretação detalhada da Torá. Muitas coisas falam a favor de sua proveniência de uma época em que o texto do Pentateuco ainda não recebera sua forma canônica definitiva. Por exemplo, a exigência de um imposto regular para o templo, sob a forma de um terço de siclo, é atestada somente aqui. Em Ex 30,11ss.; 38,25s., fala-se de meio siclo. É nesta referência a uma contribuição a princípio única que se apoia o imposto do templo judaico posterior[78]. Considerações gerais recomendam que o imposto maior representa a redação posterior[79]. Os pesquisadores não estão de acordo se Ne 10 é um documento anterior ao Cronista, talvez da época

---

78. Cf. LIVER, *Ransom*; para a prática judaica posterior, cf. p. ex. tb. SAFRAI, *Wallfahrt*, p. 70s. e outros.

79. Assim BLENKINSOPP, *Ezra*, p. 76. • RUDOLPH, *Esra*, p. 178, leva em consideração uma possível mudança no sistema de medidas. WILLIAMSON, *Ezra/Nehemiah*, p. 325s., pressupõe (com CLINES, *Nehemiah*, p. 10) a dependência em relação às passagens de Êxodo.

de Neemias[80], ou não[81]. Como o texto tem ligações evidentes com problemas do texto memorial de Neemias, especificamente com Ne 13, mas também inclui outros temas[82], muitos o consideram um documento posterior[83]. A menção do perdão das dívidas no sétimo ano (10,32b) é referida em Neemias apenas em Ne 5, mas prevê um perdão regular e não único das dívidas. Chama especialmente a atenção a forma do compromisso pessoal por escrito, de modo solene (10,1.13)[84], que corresponde ao estilo do texto na primeira pessoa do plural. Enquanto não apenas a autoridade de Deus, mas também a do rei persa estava por trás da obediência às leis, isso é estranho. Será que isso reflete, como imagina Gunneweg[85], a transição para a época helenista? Todavia, a questão da data pode e deve ficar em aberto a esta altura.

Independentemente da data que lhe atribuímos, este texto é o texto mais antigo fora do Pentateuco que comprova que todos os grandes documentos legais *juntos* formam a lei de Deus. A aceitação de textos sacerdotais importantes como a lei dos dízimos de Nm 18 e os conceitos sacerdotais de sacrifícios (sacrifícios pelos pecados) são inquestionáveis. A obrigação de perdoar as dívidas no sétimo ano em Ne 10,32b, no entanto, contradiz claramente as ideias de Lv 25 e retoma Dt 15,1ss. A renúncia simultânea à colheita deste ano, todavia, não está em Dt 15 e provém, como mostra o termo usado "abrir mão, deixar entregue a si mesmo" (*nṭš*), não de Lv 25,1-7, mas de Ex 23,11, ou seja, do Código da Aliança. E a questão dos casamentos mistos, tão debatida na época de Esdras-Neemias, que forma o ponto central do acordo no v. 31, é uma atualização de Ex 34,16 e Dt 7,3[86]. Essa atualização se tornou necessária com o exílio e, com essa radicalidade,

---

80. Assim p. ex. BERTHOLET, *Esra*, p. 76; • RUDOLPH, *Esra*, p. 172ss.; • GALLING, *Chronik*, p. 242; • JEPSEN, *Neh 10*, p. 98ss.; • WILLIAMSON, *Ezra*, p. 27ss. Uma visão geral da discussão é dada por KELLERMANN, *Nehemia*, p. 37ss. (cf. tb. 100ss.), que pessoalmente deixa em aberto a pergunta se se trata de ficção literária ou de um documento de proveniência posterior a Neemias.
81. Assim p. ex. HÖLSCHER, *Esra*, p. 545; • GUNNEWEG, *Nehemia*, p. 131s., 135ss.
82. Pelo menos seis temas aparecem em Ne 13 (dízimo 13,10ss.; manutenção do templo 13,11; sábado 13,15ss.; casamentos 13,23ss.; lenha 13,31; primícias 13,31), o perdão das dívidas pode ser comparado com Ne 5. Ali faltam totalmente o imposto do templo, os primogênitos e as contribuições dos sacerdotes.
83. Cf. as considerações de KELLERMANN, *Nehemia*, p. 39ss.; mas cf. tb. WILLIAMSON, *Ezra/Nehemiah*, p. 330s.
84. A longa lista de nomes interrompe a frase completa dos v. 1.30b e, por isso, deve ser considerada uma inserção (com muitos outros, WILLIAMSON, *Ezra*, p. 27). A questão da sua procedência (p. ex. JEPSEN, *Nehemia 10*) pode ficar totalmente em aberto aqui.
85. GUNNEWEG, *Nehemia*, p. 131s.
86. Cf. acima p. 184ss.

não tem base nos textos sacerdotais[87]. Código da Aliança, Deuteronômio e Documento Sacerdotal: todos os três grandes códigos formam a base de Ne 10. Com isso, o lado jurídico de todo o Pentateuco está plenamente representado.

Ne 10 é, ao mesmo tempo, uma evidência importante dos primórdios da interpretação das leis. Clines mostrou isto muito bem[88]. A maneira como textos bíblicos são retomados e utilizados corresponde, na aplicação dos princípios metódicos, à interpretação rabínica posterior. Assim, a norma legal em si é em parte substituída por um procedimento da sua prática, por exemplo, quando a exigência de um fogo permanente para o sacrifício (Lv 6,5) é possibilitada pela obrigação de dispor de lenha para isso. Ou quando a entrega dos dízimos, que muitas vezes não funciona (Ne 13,10ss.; Ml 3,8), é garantida pela permissão de que os que vivem deles, os levitas, coletem-nos pessoalmente – mesmo que sob a supervisão de um sacerdote (v. 38bs). Aquilo que depois o comentário da Mishná Abot chama de fazer uma "cerca em volta da Torá" (Abot 1,1)[89] e se vincula com os homens da grande assembleia, isto é, com a época posterior a Esdras, é praticado aqui.

Ne 10 comprova o que é mesmo evidente: com a formação do Pentateuco, sua interpretação se faz necessária. Quais leis devem ter validade na prática, como as diferentes formulações se combinam na unidade da ação, tudo isso necessita não só ser interpretado pela prática e na prática, como em qualquer direito. O fato de o Pentateuco se compor de corpos de leis diferentes e não harmonizados torna a sua interpretação totalmente indispensável.

A junção de leis com interesses sociais completamente diferentes e a maneira como são organizadas especialmente em Ne 10, como já em Neemias, permite uma conclusão bastante segura quanto às forças que estão por trás da sua formação, ou pelo menos por trás da sua aplicação na província de Judá. É decisiva a união dos interesses dos agricultores livres com os do pessoal do culto[90]. O gran-

---

87. Sobre isto cf. acima p. 407ss.
88. CLINES, Nehemiah, p. 10.
89. Sobre isso, cf. ZEITLIN, Halaka, p. 17; • PATTE, Early Jewish Hermeneutics, p. 107ss.
90. BLUM, Pentateuch, p. 359, critica minhas formulações anteriores (Perserzeit, p. 214s.) sobre "compromisso" e "coalizão". O primeiro conceito pode realmente ser mal-entendido (apesar de a tradição sacerdotal não exigir, como acha Blum, perdão de dívidas e libertação de escravos na mesma medida da deuteronomista), pois não capta o procedimento dos acréscimos extensos. E que Ne 5 não representa uma "prova direta" de uma coalizão de sacerdotes e agricultores livres (como também SCHMITT, Plagenerzählung, p. 200s., esp. nota 28), é uma crítica justificada. O "como" histórico da composição fica de fato na penumbra, e também o documento memorial de Neemias só deixa transparecer o contexto vagamente. Como, porém, os interesses de outros grupos, especialmente da aristocracia, que são percebidos claramente, não conseguem espaço, continua justificado e até inevitável falar de algo como uma coalizão social.

de peso do tema das dívidas em todas as sociedades antigas comparáveis dá à imposição de Dt 15,1ss. uma importância que, na perspectiva dos participantes[91], certamente mantém o equilíbrio com as muitas contribuições cultuais. Esta "coalizão" se destaca claramente em relação a outros grupos sociais de Judá da época, por exemplo, das tendências aristocratas, sapienciais e escatológico-proféticas. Tanto em termos sociais quanto literários, é evidente que elas ficam de lado na Torá[92]. Ao mesmo tempo, quase não se precisa de indicações de que da perspectiva dos interesses materiais aqui mencionados destacam-se os dois grandes ramos ou escolas teológicas, que, também por um sem-número de outras razões, estão por trás da composição geral do Pentateuco, às vezes juntos, às vezes em oposição[93]. A nova junção, ocorrida com a composição do Pentateuco, de direito social (deuteronomista) e direito cultual (sacerdotal) duplica em um novo nível o princípio básico da Torá que surgiu com o Código da Aliança e que marcou, mesmo que de maneira diferenciada, todos os corpos de leis pré-canônicos.

b) Judá e a diáspora: a unidade do povo

O mais tardar desde o início do exílio babilônico, Israel vive disperso. O recomeço do culto no templo depois do exílio e o ressurgimento de Judá como província autônoma também não levaram o povo de volta a uma unidade fechada de povoação[94]. Uma constituição fundamental do judaísmo reconhecida como lei imperial persa precisava garantir também a relação entre Judá e a diáspora mundial. O Pentateuco somente pôde obter aceitação canônica por cumprir esta função. Sua estrutura básica corresponde exatamente a esta tarefa. Ao retomar e ampliar a respectiva base que o Documento Sacerdotal criara[95], ele desenvolve, especialmente nas histórias dos patriarcas, o quadro de uma vida com o Deus de Israel que era diretamente relevante e aplicável na diáspora. Aqui se abre

---

91. Cf. sobre isso agora esp. KIPPENBERG, Erlösungsreligionen, que apoia sua reconstrução da história da religião em grande parte exatamente na maneira de solucionar os problemas das dívidas.
92. Sobre isso, cf. CRÜSEMANN, Perserzeit, p. 218ss.
93. Cf. acima p. 78s. e a seguir p. 486s.
94. Aqui somente podemos fazer breve referência à oposição entre retornados e moradores antigos da Judeia, sobrecarregada especialmente no início pelos conflitos sociais fundamentais mencionados acima, p. 464s. Ela marca a história da província de modo decisivo; cf. SCHULTZ, Political tensions.
95. Sobre isto cf. acima p. 399ss. Como não se acrescenta muita coisa fundamentalmente nova à redação do documento sacerdotal na composição geral, a descrição a seguir pode ser bastante breve.

a possibilidade de uma existência com e diante de Deus, também sem autoridade jurídica e sem as condições para prestar culto. Naturalmente teremos de fazer diferença clara entre a diáspora oriental e a egípcia.

Em termos históricos, a influência da diáspora oriental[96] na época persa é evidente e dificilmente recebe suficiente atenção. Daí vêm os personagens que dão os impulsos decisivos para a nova formação, no começo Sasabassar e Zorobabel, depois Neemias e Esdras. E eles vêm da proximidade direta com o grande rei, suas medidas obviamente estão bem acordadas com as do governo imperial. É muito sugestivo concluir daí que a lei de Esdras ou o Pentateuco tenham sido organizados e redigidos nesse contexto. Por falta de fontes decisivas, porém, esta pergunta terá de ficar completamente em aberto. A missão da lei de Esdras, em todos os casos, como destaca Esd 7,25, era bem conhecida. Sobre a vida da diáspora oriental temos boas informações a partir de documentos de comércio[97], porém infelizmente quase nada temos sobre sua vida religiosa[98]. De modo algum, no entanto, podemos supor que esta vida fosse análoga à do judaísmo judaico posterior, por exemplo, da época romana. Para isso faltam todas as bases, que começam a se desenvolver apenas neste período. Isto vale em especial para a instituição da sinagoga[99], que de forma alguma pode ser pressuposta já nesta época. De todo modo, somente o farisaísmo com sua nova interpretação da Torá deve ter permeado a vida diária dos leigos com os mandamentos da Torá, independente do local de culto. Abstraindo das regras sacerdotais básicas para toda diáspora[100] – proibição de ingerir sangue, circuncisão, Páscoa, sábado e prevenção da endogamia – não há como comprovar a vida religiosa.

O conjunto das histórias dos patriarcas, entretanto, traça um quadro muito plástico da vida no vaivém da diáspora oriental e na Judeia. Isto vale para a forma final do Gênesis, totalmente independente da idade das passagens em questão e

---

96. Cf. BICKERMANN, *Captivity*; para o problema mencionado da diáspora na época persa, cf. COGGINS, *Origins*.
97. Cf. esp. ZADOK, *Jews in Babylonia*; • id., *Some Jews* e outros; além dele WALLIS, *Soziale Situation*; • COOGAN, *Life in the Diaspora*; de modo geral também EPH'AL, *Western minorities*.
98. Com EPH'AL, *Western minorities*, p. 88.
99. A descrição em Ne 8 praticamente já tem os traços dos cultos posteriores nas sinagogas; cf. esp. RENDTORFF, *Esra*, p. 178ss.; e já ELBOGEN, *Gottesdienst*, p. 157; cf. tb. WAHL, *Grundelemente*. Para o surgimento da sinagoga, cf. LEVINE, *Formative years*; também HRUBY, *Synagoge*; • SAFRAI, *Synagoge*; • GUTMANN, *Origins* (bem como outras contribuições nesta coletânea); • GRIFFITHS, *Egypt*.
100. Cf. acima p. 399ss.

dos processos literários e redacionais. Na Babilônia central, os patriarcas têm sua pátria original. Abraão parte de Ur dos Caldeus (Gn 11,28.31) e avança em etapas em direção à Palestina. Sempre de novo retoma-se o contato com a terra de origem, especialmente na forma de casamentos[101]. Gn 24 conta como se vai em busca de uma esposa para Isaac na terra de origem, como Jacó foge de Esaú para essa terra e obtém com Labão suas esposas e sua riqueza. Conflitos com algum tipo de autoridade inexistem ali: totalmente ao contrário do Egito. Quando surgem problemas, eles são com os próprios parentes, como entre Jacó e Labão. É verdade que Abraão deve sair da Mesopotâmia e ir até a terra prometida para ser abençoado (Gn 12,1-3), e isso deve valer também para todos os seus descendentes, mas outros parentes ficam para trás e obtêm as bases para a riqueza do povo.

Enquanto o centro do império estava no Oriente, o Egito, na época persa, era uma região constantemente abalada por revoltas desde a conquista por Cambises (525 aC; especialmente 486-484; 460-454; 405 aC), até finalmente conseguir tornar-se novamente independente (401); apenas em 342 ele foi conquistado novamente[102]. Esta história teve grande importância não somente para a província fronteiriça da Judeia[103], mas também deve ter marcado os destinos da diáspora judaica. Infelizmente, sabemos muito pouco sobre ela[104]. Na verdade, são só os documentos sobre a colônia militar judaica em Elefantina que lançam uma luz isolada sobre os acontecimentos[105]. Muito disso, porém, como o fato de que no templo local evidentemente eram adorados outras divindades ao lado do Deus israelita, como uma deusa chamada Anat, corresponde às informações sobre o seu início (esp. Jr 44). Essas informações, porém, são bastante inseguras em termos históricos.

Em todo o caso, o quadro que o Pentateuco traça do Egito e das relações de Israel com este país é marcado por uma profunda ambivalência. Por um lado, trata-se de uma terra em que se pode encontrar refúgio, especialmente em períodos de fome. Isto vale já para Abraão (Gn 12,16ss.), e naturalmente mais ainda

---

101. Para o que segue, cf. DIEBNER & SCHULT, *Ehen der Erzväter*. As conclusões tiradas a partir disso quanto à idade dos textos dificilmente são tão prescritivas como são apresentadas; para um quadro diferenciado, cf. BLUM, *Vätergeschichte*.
102. Cf. DANDAMAEV, *Political history* (às p. 351ss. traz um panorama cronológico); esp. SALMON, *Les relations*; Ray, *Egypt*.
103. Sobre isto p. ex. KAISER, *Zwischen den Fronten*.
104. Cf. PORTEN, *Jews in Egypt*.
105. Cf. p. ex. PORTEN, *Archives*.

para os eventos da história de José. Mas no lugar do primeiro faraó entra logo um outro (Ex 1,8). Além disso, especialmente a tradição do êxodo marca o quadro. O fato de todo o poder de Deus ter que ser aplicado para vencer o faraó e seu poder após um longo duelo (Ex 5–14) não tem paralelo no poder oriental, que é o mais importante e forte na época da redação final. Considerando que, além da tradição antiga, também influi a recepção da linguagem e noções proféticas, não é de menos importância que a potência opressora que aqui é derrotada e à qual Israel se subtrai era, para o imperador persa, perigosa e considerada em frequente rebelião[106].

c) O governo persa: a diferença com relação à profecia

Como relatam os textos, tanto Neemias quanto Esdras vêm com um encargo direto e pessoal do rei da Pérsia. A autonomia relativa da província de Judá, implementada plenamente pela atuação deles[107], faz parte da política persa. O momento da atuação de Neemias pouco depois do levante de Megabizos[108], assim como talvez o de Esdras[109], estão relacionados diretamente com um grande interesse dos persas em acalmar esta região do império. A "tolerância" concedida certamente tem seus limites onde os interesses dos persas são ameaçados, ou seja, na manutenção do poder e na coleta dos impostos exigidos[110]. Por isso, podemos concluir que nos documentos legais autorizados oficialmente não consta nada que pudesse prejudicar esses interesses.

Já a crônica aramaica do livro de Esdras adverte quanto à revitalização das antigas tradições israelitas e especialmente jerusalemitas quanto à independência

---

106. SCHMITT, *Plagenerzählung*, certamente tem razão ao ver tradições proféticas em ação nestes textos. Esta relação, contudo, precisa ser bem observada para avaliar corretamente o que aqui é chamado de profecia no Pentateuco; cf. ainda a seguir p. 473.
107. Desde que ALT, *Rolle Samarias*, defendeu a tese de que Judá ascendeu à condição de província separada apenas com a missão de Neemias, sendo antes parte da Samaria, foram descobertas várias novas fontes esclarecedoras (esp. SIEGEL, *Münzen* etc.). A pergunta sobre a partir de quando houve uma província de Judá separada ainda não foi respondida satisfatoriamente, porém o estudo geral e profundo feito por WILLIAMSON, *Governors*, de todas as questões relacionadas mostrou que é altamente provável que já Sasabassar e Zorobabel (que têm o mesmo título *peḥāh* como Neemias) presidiram uma província autônoma.
108. Cf. DANDAMAEV, *Political history*, p. 244ss.; p. ex. também ACKROYD, *Jewish community*, p. 154.
109. Seguindo a datação mais antiga, cf. p. ex. MARGALITH, *Political role*. Numa datação mais recente de Esdras em 398 aC, teríamos uma relação com a independência política renovada por volta de 401 aC.
110. Cf. p. ex. DONNER, *Geschichte* II, p. 393s. Para o sistema de impostos persa cf. esp. TUPLIN, *Administration*, p. 137ss.

nacional (Esd 4,12s.15.19s.). A obra de Neemias é ameaçada quando ele é acusado falsamente de querer formar um reino próprio (Ne 6,6; cf. já 2,19). É interessante como os profetas têm um papel nisso, podendo proclamá-lo rei se Neemias os subornasse (6,7). Assim, provavelmente, também deve ser entendido o desejo de Neemias contra a profetisa Noadias e outros profetas (6,14). A conexão de realeza e profecia sugere a ideia da proclamação de um messias. A profecia que conhecemos desta época é dominada em boa parte por ideias escatológicas e pré-apocalípticas. Nela, o fim de todo domínio estrangeiro é um tema recorrente. Desde a palavra de Ageu sobre Zorobabel (Ag 2,22s.) não podemos deixar de ver que, em termos concretos, obviamente se trata sempre da libertação do domínio persa. Para os persas é totalmente secundário se se faz menção a um tribunal de destruição (p. ex. Is 63,3ss.; Jl 4) ou a uma peregrinação pacífica dos povos até Sião para trazer seus tesouros (Is 60) ou receber instrução (Is 2,2ss./Mq 4,1ss.).

Nesse contexto, a identificação de Moisés no fim do Pentateuco, em Dt 34, recebe uma importância que dificilmente pode receber atenção suficiente. Ao contrário, por exemplo, do Código Deuteronômico sobre os profetas com sua promessa de haver sempre um profeta como Moisés (Dt 18,15ss.), nesta passagem-chave, ele é exaltado para a compreensão de toda a obra sobre profecia. "Em Israel, nunca mais surgiu um profeta como Moisés – a quem Yhwh conhecia face a face –, seja por todos os sinais e prodígios que Yhwh o mandou realizar na terra do Egito..." (Dt 34,10s.). Moisés e, com ele, também sua Torá, são fundamentalmente superiores a toda a profecia posterior[111].

Se analisamos o Pentateuco desta perspectiva, conscientes da grande importância da escatologia e da apocalíptica inicial nesta época, então esta obra gigantesca precisa ser considerada definitivamente não profética e não escatológica, até antiescatológica em sua origem. Esta descrição naturalmente de modo algum pode excluir a possibilidade de que em muitos lugares foram assumidas tradições proféticas que, assim, continuam sua influência. Isto é evidente não apenas no caso da tradição jurídica mais antiga, mas também provável para muitos con-

---

111. Com BLENKINSOPP, *Prophecy and Canon*, p. 80ss. Que, com isto, os redatores do Pentateuco encaram "a profecia de modo certamente positivo", como acha SCHMITT, *Plagenerzählung*, p. 200 nota 24 (cf. tb. BLUM, *Pentateuch* p. 88, 359), é pouco convincente. A colocação de Moisés acima de toda profecia é ao mesmo tempo uma crítica clara da profecia. Uma relação "complementar" entre lei e profecia, como formula Schmitt com referência a PERLITT, *Mose*, p. 591s., naturalmente com isto é possível, só que significaria exatamente que o próprio Pentateuco não é profético e em princípio não se submeterá a qualquer profecia; a história do cânon confirmou isto.

textos e formulações de narrativas[112]. A pergunta, no entanto, é se esta origem dá ao texto atual algo como traços proféticos[113], ou se não se dá exatamente o contrário[114]. Quando, por exemplo, na história das pragas são assumidos traços proféticos com o endurecimento do faraó, esse fato não diz se e como esses eventos tinham influência na época da redação final[115]. Em todo caso, de nenhum modo isso alcança a força crítica da profecia contemporânea. Esta é permeada de expectativas escatológicas e pré-apocalípticas, segundo as quais se dá um fim ao domínio de outros povos sobre Israel. Este horizonte de expectativas não é encontrado em nenhum lugar no Pentateuco. É verdade que há sempre de novo as grandes promessas aos patriarcas, mas elas se referem a um território delimitado com exatidão, ao qual não transcendem. Ao lado destas, só há muito poucas passagens nas quais, mesmo sendo generoso na interpretação, se possa ver um sentido escatológico. Em várias, como no protoevangelho (Gn 3,15) e na referência a Siló (Gn 49,10s.), uma interpretação nesta direção vai contra o sentido claro dos textos. Talvez haja apenas duas passagens, em todos estes capítulos, que falam de uma mudança de poder em escala mundial realizada por Deus: o quarto cântico de Balaão e o fim do cântico de Moisés. As duas passagens são obscuras e de interpretação discutida. Aqui não podemos discutir com exatidão do que é que se trata em Nm 24,24, e quem é visado com a referência às naus de Cetim[116]. De fato, também pode ser uma referência codificada a Alexandre Magno e ao fim do domínio persa. E em Dt 32,43 há grandes diferenças textuais entre TM, Q e LXX, de

---

112. Cf. p. ex. SCHMIDT, W.H. *Nachwirkungen*; • SMEND, *Ende*; • SCHMITT, H.-C. *Redaktion* e outros.
113. Esta é evidentemente a opinião de SCHMITT, *Plagenerzählung*, p. 199s., em sua crítica às minhas teses (*Perserzeit*). Ele entende que há "a participação de grupos proféticos na formação do Pentateuco" (201). Todavia, nem a recensão de tradições proféticas, que é inegável, nem a indicação de que "a obra imponente dos livros proféticos" surgiu nesta época (201) podem negar o fato de que o traço decisivo da profecia contemporânea e das redações proféticas, que é a orientação escatológica, não existe no Pentateuco. Não é a esperança de uma interferência de Deus que abale o mundo, mas a prática presente da Torá e a abertura política de um espaço para esta possibilidade que caracterizam figuras como Esdras e Neemias, bem como as doutrinas centrais do Pentateuco. Na época da formação, isto é um contraste (e ainda o era p. ex. para os saduceus). Está certo que não se trata de um contraste absoluto, mas que possibilita a complementaridade; em termos de história do cânon permanece o predomínio da Torá. Para a relação, cf. p. ex. tb. SCHMIDT, W.H. *Pentateuch und Prophetie*. Com a crítica às teses de Plöger (*Theokratie*, 129ss.; para o debate SCHMITT, *Plagenerzählung*, p. 202), minha intenção é destacar que no judaísmo pós-exílico há claramente pelo menos três orientações principais (e a suposição de que havia "formas intermediárias" dificilmente faz justiça aos fatos, contra Schmitt, 202 nota 35); as tentativas de reduzi-las a duas são a causa de muitas confusões na discussão.
114. Para a ambivalência do papel do Egito neste contexto, cf. acima p. 470s.
115. Contra SCHMITT, *Plagenerzählung*, só isso pode ser decisivo, em termos de história da tradição, e não a origem de linguagem, motivações etc.
116. As interpretações do verso obscuro vão desde os povos do mar (VETTER, *Seherspruch*, p. 55s.) até o reino dos Selêucidas (NOTH, *Numeri*, p. 169).

modo que é quase impossível determinar o texto original com alguma segurança[117]. Além destas duas passagens marginais, o Pentateuco não contém nada que possa ser entendido como ameaça ao poder persa.

d) As províncias vizinhas: a promessa em aberto

Neemias, e talvez também Esdras[118], atuaram como governadores (*peḥāh*) da província de Judá, que era parte autônoma da satrapia e independente da Samaria[119]. Judá[120] é um território pequeno. De Betsur até Betel são apenas mais ou menos 50 km na direção norte-sul. Em Neemias, pode-se ver claramente que as províncias vizinhas querem a todo custo impedir a construção dos muros (Ne 2,19s.; 3,33ss. etc.), o que também já pode ser visto na crônica aramaica (Esd 4,8ss.). Os conflitos chegam à beira de atritos militares (Ne 4,1ss.; esp. v. 10).

Para descobrir uma indicação importante do Pentateuco quanto à época em que ele recebeu sua forma definitiva, é só comparar um mapa da província de Judá com suas regiões vizinhas Samaria, Asdod, Idumeia, Moab e Amon[121], com os lugares e regiões sempre de novo prometidos aos patriarcas. Eles são mencionados pela primeira vez em Gn 12, na viagem de Abraão pela terra prometida. Ele chega primeiro a Siquém e recebe a promessa: "Darei à tua descendência esta terra", e constrói um altar (12,6s.). Depois ele acampa entre Betel e Hai, constrói um altar, e finalmente migra até o Negueb (v. 8s.). A mesma coisa continua, desde este início, passando pelos tantos textos de promessa, até a grande conclusão de Dt 34. Nela, Yhwh mostra a Moisés, antes da sua morte, do monte Nebo, toda a terra, que é descrita com exatidão: "Toda a terra, de Galaad até Dã, todo o Neftali, a terra de Efraim e Manassés e toda a terra de Judá até ao mar ocidental, o Negueb, o distrito da planície de Jericó, cidade das palmeiras, até Segor" (34,1-3). Tudo isso "é a terra que, sob juramento, prometi a Abraão, a Isaac e Jacó, dizendo: 'Eu a darei à tua descendência'" (v. 4).

---

117. Cf. p. ex. BOGAERT, *Trois Rédactions*; Luyten, *Overtones*.
118. Assim p. ex. MARGALITH, *Political role*.
119. Para a questão da época do início desta independência, cf. acima nota 107.
120. Para as questões da província de Judá, cf. STERN, *Province*; • McEVENUE, *Political structure*; cf. tb. BETLYON, *Provincial government*.
121. Cf. p. ex. ALT, *Judas Nachbarn*, e agora esp. LEMAIRE, *Populations et territoires* (mapa p. 74).

Moisés não tem permissão para entrar nela, mas também o judaísmo da época persa só possuía uma pequena parte dela. Da longa lista de nomes em Dt 34, especificamente Judá, mas não até o mar ocidental, e a região de Jericó estão em posse dos judeus. Tudo o mais que foi prometido e jurado está nas províncias vizinhas tão hostis. Os lugares importantes das promessas e das tradições dos patriarcas, como Bersabeia, Hebron, Mambré, Siquém, Maanaim e outros, estão inalcançáveis. Betel e Hai são lugares fronteiriços disputados[122]. Portanto, só uma pequena parte das promessas está cumprida, para o restante é preciso continuar esperando. Assim como os conflitos descritos por Neemias entre as províncias da região sob domínio persa eram possíveis, evidentemente era possível manter a reivindicação de grandes trechos das províncias vizinhas como promessas do próprio Deus.

Mas a coisa tem de ficar como promessa. O mesmo não vale para a conquista da terra nas campanhas militares de Josué e sua partilha entre as tribos de Israel. A Torá termina em Dt 34 com a morte de Moisés e a renovação da promessa. Em muitos lugares tem-se descoberto ou suspeitado fios literários que partindo do Pentateuco chegam ao livro de Josué ou até além. Existe a ideia de um Hexateuco original, existem as conexões entre o Deuteronômio e a Obra Histórica Deuteronomista, e muitas outras coisas poderiam ser mencionadas. A questão tanto debatida, por que o Pentateuco como entidade própria foi separado de todos os outros escritos com os quais ele ou partes dele podem ter estado ligados, é um daqueles problemas literários que não podem ser solucionados apenas com métodos histórico-literários. A chave da explicação está no valor do Pentateuco como Torá de Israel, que recebeu reconhecimento como direito oficial persa. Dentro de um documento de tal validade legal, sob nenhuma circunstância poderia constar um relato de conquista violenta das mais importantes províncias vizinhas e da sua partilha para Israel. Isto vale ainda mais para as tradições dos livros de Samuel, que têm em vista um estado nacional próprio. Somente em outra época, e daí também com dignidade menor, estes profetas mais antigos puderam se tornar parte do cânon junto com os profetas posteriores[123].

---

122. WELTEN, *Geschichte*, p. 123ss., esp. p. 128.
123. Para o cânon dos profetas cf. agora STECK, *Kanon*; • id., *Abschluss der Prophetie*.

3. Aspectos da composição e sua teologia

a) Um princípio de direito persa como contexto histórico?

A tentativa a seguir de investigar o sentido teológico interno da composição do Pentateuco precisa se restringir a alguns poucos elementos importantes e destacados. Isso não apenas porque uma composição tão grande e complexa de qualquer modo torna difícil a pergunta pelo seu sentido histórico. Algumas características da sua estrutura nem permitem uma conclusão evidente; antes, deixam seu sentido transparecer como em aberto. Disso faz parte a compilação de narrativas e leis[124], e também o traço característico de reunir várias leis contraditórias e de épocas diferentes em uma unidade. Em termos de história do direito, isso é muito surpreendente. E não deve ter contribuído pouco para a Torá poder permitir que se façam inferências sempre novas e atuais dela.

Da perspectiva da autorização imperial, deve ter havido certa necessidade de apresentar uma única lei, um único documento como o direito divino do Deus próprio ao qual Israel se sabia submisso, e que pretendia estar em vigor como lei do rei. A compilação de textos diferentes e contraditórios devia estar excluída pela natureza da questão. Mas isso de forma alguma explica por que na Torá os códigos legais mais antigos de Israel estão lado a lado de forma tão irregular. Em princípio, teria sido fácil fazer deles um quadro uniforme, mais ou menos harmonioso, da vontade de Deus encontrada na tradição. Exatamente isso cada interpretação com força legal tinha de fazer no momento da implementação. A mesma coisa pode ser observada em cada obra legal mais antiga, no Documento Sacerdotal ainda até na época pós-exílica. Se nossas análises literárias fazem uma avaliação correta, cada um deles acolheu materiais mais antigos, pequenas coleções precedentes de declarações legais, criando delas uma nova unidade relativamente homogênea. Por que, agora, não se fez a mesma coisa? Por que se optou em vez disso por um princípio de adição, que levou a tantas repetições e contradições que ficaram tanto em aberto?

Uma referência à dignidade intocável dos textos mais antigos não pode bastar a título de explicação. A questão é exatamente como e por que, no tempo relativamente curto desde o exílio ou a formação do Documento Sacerdotal, a atitu-

---

[124]. Sobre isto cf. p. ex. NASUTI, *Identity*.

de em relação à tradição própria mudou tanto. Por que estes textos agora têm valor mais ou menos sacrossanto, literalmente, de modo que coisas obviamente não praticáveis não podem ser cortadas e coisas diferentes podem ou têm de ser colocadas lado a lado?

Para um conceito como este, de impossibilidade de alteração da lei escrita, só há um paralelo no Antigo Testamento, e eu proponho que recorramos a ele para tentar chegar a uma explicação. Em Est 8, Ester pede que o rei revogue os decretos por escrito que ele enviara com a ordem de extermínio dos judeus a todas as províncias (v. 5). O rei, que mudou totalmente de ideia, responde: "Escrevei, pois, a respeito dos judeus o que bem vos parecer, em nome do rei, e selai-o com o anel do rei. Porém[125] todo edito redigido em nome do rei e selado com seu anel é irrevogável" (v. 8). Os novos decretos, portanto, servem ao propósito de impedir o que os antigos ordenaram. De fato, eles revogam o efeito daqueles ao criar uma nova situação que permite defesa e vingança (v. 11). Um caminho tão difícil é necessário porque, como diz o v. 8, nem o próprio rei pode revogar determinações que foram divulgadas por escrito. É possível colocar um direito novo, até contraditório, ao lado do antigo, mas sem anulá-lo formalmente.

Os pesquisadores não estão de acordo se a referência é realmente a um princípio legal persa[126]. Em todo caso, não há outra evidência direta de tal costume[127]. Isso foi considerado um princípio legal em Israel, como mostra o livro de Ester. Isso também é um fato influente, mesmo se não for verídico em termos históricos. Entretanto, há algumas outras passagens em que as leis escritas dos medos e persas prometem validade por tempo indeterminado (Est 1,19; Dn 6,9.13.16). Por si sós estas formulações mostram apenas que a ordem em questão tem validade permanente. No contexto de Est 8,8, elas também podem ser entendidas no sentido do princípio ali referido.

Para Frei, a validade por tempo indeterminado tem relação direta com o registro por escrito das determinações[128]. O que foi promulgado por escrito tem

---

125. A palavra *kī* dificilmente pode ter aqui o sentido de justificativa; antes, a partir de seu significado original dêitico, tem aqui um sentido concessivo. Cf. MEYER, *Hebräische Grammatik* III, p. 104s.
126. Cf. por último, p. ex., DANDAMAEV & LUKONIN, *Institutions*, p. 117, onde este princípio é descrito como a "*primitive law*" própria dos persas; infelizmente, não há evidências. Para as evidências do AT, cf. ibid., p. 118.
127. A referência ocasional (p. ex. PORTEOUS, *Daniel*, p. 72s.) a Diodorus Siculus XVII 30 não se aplica. Ali a questão é que o assassinato acontecido é irrevogável (cf. FREI, *Zentralgewalt*, p. 36 nota 64).
128. FREI, *Zentralgewalt*, p. 23ss.

validade permanente. Ele chama a atenção para o fato de que, na Trilíngue de Letoon, o processo de autorização decisivo ocorre por escrito, de modo que a colocação por escrito e a validade estão relacionadas[129]. Além disso, Frei até pensa poder reconhecer nesta prática "a origem da autorização imperial"[130]. No momento em que determinadas normas são, por exemplo, trazidas por instituições locais para os órgãos imperiais e acatadas por escrito por estes, elas adquirem validade legal permanente.

Quero agora colocar em discussão se não podemos e devemos reconhecer uma relação entre este princípio do direito persa e as mencionadas características da Torá[131]. Quando Esdras ou outros antes ou depois dele no Império Persa recorriam a um direito escrito próprio mais antigo para conseguir a autorização imperial, era natural e talvez inevitável entender também a tradição própria de modo análogo, ou seja, a atuação de Yhwh de modo análogo à do imperador. Aquilo que existia em Israel em termos de direito escrito mais antigo e fora promulgado em nome de Deus tinha duração permanente e não podia ser revogado. Por existir por escrito, tinha validade duradoura. Outras coisas, até contraditórias, podiam e até tinham de ser colocadas ao seu lado, sem harmonização. A obrigação de fazer a harmonização objetiva, a decisão sobre como era necessário agir em cada ocasião real, era transferida para os eruditos da Escritura e do direito.

Deste processo, cuja lógica interna não pode ser derivada da história legal anterior de Israel, resultou algo fundamental para o cânon bíblico. A apresentação conjunta e paralela de textos que se contradizem em pontos não pouco importantes, como partes de um documento canônico, leva a algo como "tolerância". A vontade de Deus não é um sistema mais ou menos fechado e nem é o princípio da integração de muitas verdades em uma unidade. Ela engloba o que é mutuamente excludente. Não se trata de paralelos da época presente, mas nela tem validade ao mesmo tempo aquilo que provém de períodos e épocas bem diferentes. O cânon

---

129. Na linha 19 da inscrição consta: "esta lei ele escreveu" (*dth dk ktb*), o que se refere à decisão da população de Xanthos (linha 6s.); cf. DUPONT-SOMMER em METZGER, *Xanthos* VI, p. 136s. Infelizmente, a continuação, decisiva para a compreensão exata, está prejudicada. O texto quase ininteligível (*mhṣsn*) talvez deva ser alterado acompanhando Dupont-Sommer (*mhḥsn*). Frei interpreta assim este texto, seguindo uma possibilidade de tradução aventada por Dupont-Sommer: "para que se observe" (*Zentralgewalt*, p. 24s., esp. nota 73), de modo que a validade legal depende especificamente do fato do registro por escrito.
130. FREI, *Zentralgewalt*, p. 25.
131. Cf. com outra ênfase BARDTKE, *Esther*, p. 368 nota 3, que compara esta "crueldade de leis humanas rígidas e irrevogáveis" com características supostamente correspondentes da lei judaica.

que surge com a Torá funciona através das épocas diferentes somente como base permanente porque esclarece e ajuda a interpretar sempre de novo situações e desafios diferentes. Esta característica, porém, está relacionada com a estrutura interna do próprio texto canônico e lhe corresponde. É esta característica da composição do Pentateuco que acrescenta o que é realmente novo aos corpos de leis precedentes. Sua força, na verdade, apenas se mostra na história total da recepção. Aqui só podemos chamar a atenção para algumas características desta Torá.

b) "Não nos fale Yhwh" (Ex 20,19): o papel do Decálogo

Na composição do Pentateuco, o Decálogo (Ex 20; Dt 5) tem um papel quase insuperável. Como introdução da lei do Sinai, em Ex 20, que tem posição central, ele se destaca do restante de leis pelo fato de somente ele proceder como palavra direta de Deus ao povo. Moisés se torna mediador somente depois da reação apavorada do povo, que não consegue suportar a fala direta de Deus (Ex 20,19). A função literária de ligação deste texto fica clara de modo exemplar no fato de a justificativa do mandamento do sábado em Ex 20,11 – divergente de Dt 5 – retomar Gn 2,1-3, indicando assim o início da gigantesca obra. Por outro lado, o Decálogo e seu anúncio são repetidos em Dt 5, de modo que ele se torna um meio de ligação entre o Deuteronômio e o Tetrateuco, que, em si, é tão diferente. A esta função literária de referência corresponde a posição do Decálogo na história da tradição. Em termos gerais, ele está muito próximo do Deuteronômio e sua teologia, mas a versão em Ex 20 foi claramente complementada e elaborada pelo Documento Sacerdotal. A unidade da perícope do Sinai, composta de materiais diferentes, recebe a sua forma através dele.

Esta posição especial do Decálogo na unidade da composição da lei do Antigo Testamento precisa ser abordada a seguir[132]. Em sua forma atual, esta posição

---

132. Sobre o Decálogo em si, cf. CRÜSEMANN, Dekalog. Tudo indica que ele faz parte da esfera do Deuteronômio e, com isto, já é dependente das estruturas decisivas da Torá que surgiram com o Código da Aliança, ou as torna prenhes do termo. Sua contribuição à história do direito no AT está, antes e ao lado da sua função na composição da lei, mais na clareza e na didática do que no conteúdo em si. Isto só seria diferente se, em termos históricos, ele devesse ser colocado *antes* do Código da Aliança. Mas também LOHFINK, Unterschied, p. 77ss., que continua achando uma data mais antiga possível e provável, precisa concordar que não se pode vislumbrar razões para isso. Quando VINCENT, Dekalogforschung, quer fixar as normas nele formuladas antes das crises do século VIII, quando elas aparecem na profecia (e no Código da Aliança), exatamente isso é difícil de ser concebido. A explicação e a formulação precisam de motivos, e no Decálogo temos redações posteriores e amadurecidas destas normas.

central deriva das últimas fases da história da redação. Ex 20 tem, nesse contexto, seu modelo direto na apresentação muito mais compacta de Dt 5[133]. O que significa a posição destacada deste texto em relação ao restante da Torá?

Em termos teológicos, esta questão se refere precisamente à elevada posição do Decálogo na teologia cristã, à sua ética e, especificamente, à sua catequese. Desde a Igreja primitiva, o Decálogo teve nela um papel especial, fortemente destacado do restante da Torá[134]. Ele é considerado um resumo atemporal da vontade divina, a essência do direito natural e da ética bíblica. Enquanto de todo o restante da Torá só poucos conteúdos foram extraídos de modo aleatório e eclético e tiveram influência no cristianismo, para o Decálogo isto é bem diferente. A exegese e a tradição judaica viram esta posição especial de modo muito crítico e tentou impedi-la em seu próprio campo[135]. Olhando com mais atenção, logo fica evidente que este papel destacado não pode ser fundamentado em seu conteúdo. O Decálogo não pode ser considerado um resumo ou essência da Torá, e obviamente nunca quis ser isto. Muitos temas centrais faltam completamente e, como mostra a história da hermenêutica, só podem ser interpretados para dentro dele com maior ou menor grau de arbitrariedade[136].

Na pergunta pela importância, papel e função da posição destacada do Decálogo na forma canônica do Pentateuco e da perícope do Sinai importa, portanto, verificar se este papel especial tradicional pode ser legitimado em termos exegéticos. Ele quer e deve sobrepujar de alguma forma a Torá restante e ser considerado a somatória e resumo da vontade divina? A negligência da Torá na tradição e na ética cristãs pode ser justificada com ele?

Na pesquisa sobre o Antigo Testamento, depois de vários precursores, o papel canônico especial foi delineado por último de modo grandioso por Norbert Lohfink[137]. Ele o faz de uma maneira nova, depois de ter rejeitado convincente-

---

133. Isso dificilmente ainda pode ser questionado depois dos trabalhos de PERLITT, *Bundestheologie*, p. 77ss.; • HOSSFELD, *Dekalog*; • NICHOLSON, *Decalogue*. Cf. agora também LOHFINK, *Unterschied*, p. 76s. Com isso, naturalmente, nada está decidido quanto à condição da redação dos textos em si; cf. por último GRAUPNER, *Dekalogfassungen*; • HOSSFELD, *Dekalogfassungen*; • LOHFINK, *Unterschied*, p. 75. Aqui, isso precisa ficar completamente em aberto.
134. Cf. BOURGEAULT, *Décalogue*; • RÖTHLISBERGER, *Kirche am Sinai*.
135. Por último STEMBERGER, *Dekalog*, p. 99ss.; • cf. tb. VERMES, *Decalogue*; • VOKES, *Ten Commandments*; SCHREINER, *Dekalog*.
136. Para isso, cf. CRÜSEMANN, *Dekalog*, p. 3ss.
137. LOHFINK, *Unterschied*.

mente tentativas anteriores no exemplo da conceituação de Claus Westermann[138]. Westermann acreditava poder constatar uma diferença fundamental entre mandamento e lei, que teria importância até na teologia paulina da lei, apoiando-se para isso na terminologia jurídica hebraica, na idade e na origem das tradições aceitas por Albrecht Alt. Tudo isso não pode ser mantido diante da condição do texto e da discussão científica mais recente. Em especial, enfatiza Lohfink, o Decálogo não é discurso de Deus de forma diferente que o restante da Torá, razão pela qual não pode ser destacado dela.

A posição teológica especial do Decálogo, que no fundo é idêntica à opinião de Westermann e da teologia cristã em geral[139], de acordo com Lohfink, pode ser derivada unicamente da função que a atual composição canônica confere ao texto. Tanto a apresentação mais antiga em Dt 5 quanto a de Ex 20 deixam entrever uma "diferença" de importância fundamental entre o Decálogo e o restante da Torá, que seria de grande relevância para todo o Antigo Testamento, e na qual não haveria como voltar atrás[140]. Por sua posição na composição canônica, lhe caberia uma "posição mais elevada" em relação ao restante da lei, que "apenas" poderia ser entendida como "desenvolvimento das bases lançadas no Decálogo"[141]. Este "de alguma maneira precede qualquer outra vontade de Deus"[142], ocupando uma "posição-chave" para a compreensão desta[143]. Esta separação sobretudo formal do Decálogo do restante da Torá é então preenchida por Lohfink com a ideia de que, por trás da posição de destaque, já em Dt 5, havia uma "teoria" sobre as partes da lei[144], especificamente a "relatividade histórica de todas as demais tradições legais em Israel"[145]. Seria decisiva a diferenciação entre normas limitadas no tempo e que vão mudando, e as permanentes, que não podem ser contraditas. Ao destacar o Decálogo, portanto, os redatores teriam em mente "a diferença, feita no Antigo Testamento, entre o que permanece e o que muda na

---

138. LOHFINK, Unterschied, p. 65-74.
139. Assim no fim LOHFINK, Unterschied, p. 89.
140. LOHFINK, Unterschied, p. 80ss.
141. Ibid., p. 80.
142. Ibid., p. 84.
143. Ibid., p. 64.
144. Ibid., p. 80.
145. Ibid., p. 81.

vontade de Deus"[146]. Deste modo, coloca-se à frente da lei concreta e em constante mudança o âmago imutável no Decálogo, na prática colocando-o acima dela.

A base tradicional da recepção cristã da Torá, ou seja, a posição de destaque do Decálogo, foi fundamentada aqui de modo novo e marcante na história do cânon e da composição. A crítica a seguir não pretende questionar a diferenciação da maneira de pensar de Lohfink. Não se pretende diminuir o valor da necessidade de tornar as leis individuais sempre de novo concretas, o que faz com que se tornem passageiras em termos temporais, nem fazer do Decálogo a somatória da lei em termos de conteúdo, nem ainda destacá-lo do restante do discurso de Deus a Moisés em termos de autoridade, nem subtraí-lo à crítica paulina à lei. Contudo, com toda diferenciação, no fundo, o papel tradicional do Decálogo inquestionavelmente é fundamentado de modo novo como expressão atemporal da lei dos costumes e do direito natural. Em termos exegéticos, isso se dá de uma maneira certamente impressionante para um exegeta deste porte. Isso porque a ideia decisiva com que a posição especial do Decálogo é interpretada, sua alegada condição desvinculada do tempo, não submetida às mudanças históricas e sociais, em nenhum lugar é fundamentada em termos exegéticos e de conteúdo, antes aparece de modo bem surpreendente como pressuposição não comprovada da leitura de Lohfink[147]. O simples fato de a posição destacada ser algo como uma "teoria" que "de alguma forma" se refere ao conteúdo do Decálogo não recebe fundamentação exegética.

O sentido dos próprios textos bíblicos, porém, e isso nas duas passagens de Ex 20 e Dt 5, aponta em outra direção. A diferença entre o Decálogo e o que lhe segue está unicamente *na fala direta de Deus*. Está no *modus*, não no conteúdo. Em nenhum lugar se indica que desta maneira é dito algo diferente e especial em relação ao restante da Torá, quanto ao seu conteúdo. E para cada uma das leis do Decálogo sabe-se que há correspondências mais ou menos exatas em outras passagens da Torá. Suas formulações são bastante mais gerais, cobrindo mais possibilidades de transgressão[148]. Tudo isso, porém, não tem nada a ver com atemporalidade. É inegável que a introdução de uma coletânea de leis formula algo impor-

---

146. LOHFINK, *Unterschied*, p. 89.
147. Ibid., p. 81.
148. Cf. esp. SCHMIDT, *Erwägungen*.

tante para este texto. Isso se vê no começo de todas as coletâneas legais bíblicas, bem como no começo do próprio Decálogo. Mesmo assim, em nenhum lugar se sugere que o cabeçalho de um discurso poderia resumir todo o restante, ter posição mais elevada em relação a ele, ou que tudo o mais seria apenas seu desenvolvimento. Especificamente, a ideia de que as coletâneas isoladas e concretas de leis – o Código da Aliança, o Deuteronômio e o Documento Sacerdotal – enquanto detalhadas e concretas, estariam presas ao tempo, ou seja, que a vontade de Deus formulada nelas mudaria com as circunstâncias e que até poderia caducar inteiramente, em termos históricos de forma alguma pode ser pressuposta nos redatores. Será que esta suposição, afinal, não é um produto da consciência histórica moderna, que até o século XVIII era impensável? Exatamente o processo de integração de leis de idade bem diferente com regulamentações de detalhes bem diferentes na mesma Torá dá a entender claramente algo bem distinto. O mesmo ocorre depois com toda a história do direito judaico. É verdade que novas situações podem tornar leis antigas inaplicáveis em parte ou no todo, o que pode ser comprovado na lei do rei, nas leis dos sacrifícios e em muitas leis sociais. Mesmo assim, a vontade de Deus formulada nelas permanece, e de forma alguma é relativizada em termos históricos. Por outro lado, nem se precisa enfatizar que, para a consciência histórica moderna, naturalmente também o Decálogo está sujeito à mutabilidade de tudo o que é humano.

Não, o texto de Ex 20, assim como o de Dt 5, diz sobre a posição especial do Decálogo algo bem diferente do que Lohfink quer. E é isso o que temos que investigar agora. Não é o conteúdo que origina a posição especial, mas apenas o modo do discurso direto de Deus. Trata-se de um problema de comunicação. A interrupção, desejada pelo povo depois desta introdução, da fala direta de Deus com ele, é a etiologia da posição de Moisés como mediador em todo o restante da transmissão da mensagem de Deus. Naturalmente, há exemplos de crítica da autoridade mosaica. Em Nm 12,2, Maria e Aarão perguntam: "Falou porventura Yhwh somente a Moisés? Não falou também a nós?" (cf. tb. Nm 16s.). Em Ex 20 e Dt 5, porém, não se trata de tal questionamento da autoridade de Moisés. Não entra em questão a alternativa a ele, e Dt 5, que é o modelo determinante, faz tudo aparecer como uma recapitulação no discurso de Moisés, formulado por ele mesmo. Por trás disso, não há um questionamento de Moisés.

Para descobrir o significado deste destaque, devemos partir de Dt 5 como fonte de Ex 20. "Já que ele constava de Dt 5, posteriormente a redação do Pentateuco teve de inseri-lo também na perícope do Sinai, no livro do Êxodo" – concordamos inteiramente com essa posição de Lohfink[149]. Só assim a ligação literária do Tetrateuco com o Deuteronômio foi possível. Aqui temos de recordar os seguintes pontos:[150]

– Em Dt 5 se trata de uma nova versão da tradição das tábuas de Ex 34 onde, em uma mudança crítica, no lugar do texto cultual de Ex 34,11ss., é colocado o Decálogo com influência deuteronômica;

– Isto provavelmente já foi uma reação à inserção de Ex 32–34 no Documento Sacerdotal;

– Assim, o Código Deuteronômico, de modo indireto, também é vinculado ao Sinai, isto é, ao lugar que cada vez mais recebe importância como local onde a lei foi dada (Dt 5,31).

Em resumo, a complementação do Código Deuteronômico mais antigo com Dt 5 e o Decálogo citado nele tem especialmente a função de ligar a lei anunciada em Moab ao novo local onde a lei foi dada. Aquilo que inicialmente foi pensado como esboço oposto à concepção sacerdotal se firma e aumenta em importância com a formação do Pentateuco canônico. Se Ex 20 foi moldado conforme o exemplo de Dt 5, e ao mesmo tempo é expressão de que camadas deuteronomistas e sacerdotais estavam juntas, daí se pode concluir a importância da posição especial do Decálogo.

A revelação de Deus no Sinai começa com o Decálogo, concentrado e formulado de modo a causar impressão. Ele é a introdução importante, mas de forma alguma a somatória do que segue. Como o povo não suporta o discurso direto de Deus, Moisés entra na função de mediador. Todas as outras leis são dadas na comunhão entre Moisés e Deus no monte, sendo transmitidas ao povo mais tarde. Com isso, porém, todas ficam com a mesma importância, e nenhuma tem prerrogativas sobre as outras. O Documento Sacerdotal é dado como discurso de Deus a Moisés no monte. De modo estereotipado, suas leis são introduzidas com variações da frase: "Yhwh disse a Moisés: Dize aos israelitas..." A execução da or-

---

149. LOHFINK, *Unterschied*, p. 76; cf. acima nota 133.
150. Cf. acima p. 78ss., 90ss.

dem em si e seus efeitos é narrada apenas em poucos casos[151]. De modo inverso, o Código Deuteronômico é transmitido verbalmente por Moisés ao povo em Moab, em frente a Jericó. Não ficamos sabendo em nenhum lugar quando, onde e como Deus o transmitiu a ele; para isso só temos a expressão resumida de Dt 5,31. Ambas as leis procedem, como o Código da Aliança, da comunhão de Deus com Moisés no Sinai. Assim, o Deuteronômio não é uma "segunda lei", e o Documento Sacerdotal não pode derivar superioridade da sua procedência sinaítica.

Nisso, então, está o resultado da posição especial do Decálogo ou, mais exatamente, da interrupção desejada pelo povo desta introdução da transmissão da lei e da inserção da função de mediador de Moisés: ela obtém a igualdade de posição de todas as leis que juntas formam o Pentateuco, em termos fundamentais, teológicos e objetivos. Portanto, posso concordar seguramente com a formulação de Lohfink de que, com o Decálogo e sua posição, "foi alcançada uma relatividade histórica de todas as demais tradições legais em Israel"[152]. Só que eu a entenderia de modo diferente do que ele a entendeu. O Decálogo não reivindica nenhuma posição superior às outras leis, em nenhum lugar existe sequer o menor indício desta ideia. Tudo é discurso de Deus e tudo é sua vontade permanente. Contudo, como o restante é comunicado apenas a Moisés, as distinções entre as leis são relativizadas, e não faz diferença se foram formuladas como discurso de Deus no Sinai ou como discurso de Moisés em Moab.

A posição especial do Decálogo que predominou até aqui na ética cristã precisa ser entendida como um caminho exegético errado. Não há como fundamentá-la nem na exegese do Decálogo nem na das outras leis nem na da narrativa das diferenças em sua transmissão. O Decálogo, de acordo com o texto canônico do Antigo Testamento, não é vontade de Deus em sentido diferente que o restante da Torá. Ele não é o resumo dela, nem de seus princípios atemporais. As muitas tentativas de obter apenas do Decálogo a única vontade de Deus que abrange tudo terminaram em reduções problemáticas e têm relação visível com graves desvios teológicos e de conduta cristã na história da Igreja. A diferença com o restante da Torá está unicamente no modo de transmissão, e o significado disso descobre-se na história da composição. O Decálogo, ou melhor, a alteração do

---

151. As instruções de Ex 25ss. são executadas em 35ss., Aarão é ordenado sacerdote etc., mas especialmente os mandamentos a partir de Lv 11 são apenas discurso de Deus, sem que se relate a transmissão ao povo.
152. LOHFINK, Unterschied, p. 81.

meio de comunicação que lhe segue funciona como juízo de igualdade para os corpos de leis tão diferentes que estão juntos na perícope canônica do Sinai e no Deuteronômio. Todas são Palavras de Deus de peso igual. As tentativas teimosas de destacar o Decálogo em termos de conteúdo do restante e torná-lo sozinho a base da ética cristã acabaram secionando o cristianismo da Torá de Israel. Elas são exegeticamente indefensáveis e teologicamente não devem ser levadas adiante.

c) "Toda a comunidade é santa" (Nm 16,3): o conflito aberto

Para o olho treinado por duzentos anos de crítica do Pentateuco, a obra gigantesca parece desfazer-se em uma multiplicidade de materiais, camadas e blocos díspares. Entretanto, a maioria das supostas oposições e tensões muitas vezes nem chamou a atenção de muitas gerações de leitores da Bíblia, que de forma alguma não eram críticos. E não poucas delas, de uma perspectiva científica um pouco alterada, evidenciam ser apenas pequenas rachaduras como as que se pode encontrar em quadros antigos: fixar-se nelas pode fazer com que não se veja o quadro inteiro, que tem um sentido geral. Em muitas seções, talvez na maioria, de tradições e textos certamente diferentes formaram-se unidades surpreendentemente concisas e com certeza não ocasionais ou simplórias, mas formadas de modo consciente e objetivo.

Isso vale em termos gerais também para a perícope do Sinai e os textos legais ancorados nela. O texto resultante se apresenta com pleno sentido e força de expressão especialmente quando o levamos a sério em termos literários e teológicos. Nem os contrastes evidentes entre os corpos de leis evidentemente constituíam um problema para a história da interpretação iniciada com a canonização. Muitos podiam ser harmonizados simplesmente pelo princípio da adição de determinações concorrentes, como mostram, por exemplo, as leis sobre o dízimo[153]. Neste contexto, porém, tornam-se tanto mais importantes *aqueles* casos em que esta harmonização não só não foi buscada pelas redações decisivas, mas até as contradições estão expostas claramente, repetidas vezes, com franqueza quase brutal. O campo temático mais importante em questão talvez seja ao mesmo tempo aquele em que residiam os contrastes mais insuperáveis entre as duas cor-

---

[153]. Cf. acima p. 310s.

rentes teológicas que formaram juntas o Pentateuco. É a disputa pela compreensão da santidade do povo, ou dos privilégios da classe sacerdotal. Aqui não há nenhum consenso, ou, melhor, o consenso consiste obviamente em não fazer nenhuma tentativa de encobrir as contradições.

Para expor este conflito, o melhor é começar com a narrativa sacerdotal de Nm 16, que gira totalmente em torno desta questão. O texto retoma claramente material mais antigo e provavelmente deixa transparecer várias camadas, também sacerdotais[154]. Mesmo assim, não é apenas possível, mas também metódica e objetivamente apropriado, lê-lo como uma unidade intencional[155]. O capítulo começa com Coré, Datã e Abiram, além de 250 representantes destacados do povo, levantando acusações pesadas contra Moisés e Aarão: "Basta! Pois toda a comunidade e todos os seus membros são santos, e Yhwh está no meio deles. Por que, então, vos exaltais acima da assembleia de Yhwh?" (v. 3). O relato muito complexo que segue deixa entrever que grupos diferentes com pretensões ou acusações diferentes são aqui englobados. Eles também encontram um fim diferente. De um lado há Datã e Abiram, que questionam diretamente os direitos de liderança de Moisés, e se recusam a segui-lo e levantam muitas acusações (v. 12-14). Eles serão engolidos pela terra (v. 31-34). Com eles é engolido Coré, que aparece como líder de um grupo de levitas que reivindicam a dignidade sacerdotal que lhes foi vedada (esp. v. 8-11). Evidentemente, eles colocam em dúvida a diferença entre sacerdotes e levitas, fundamental para a teologia sacerdotal. Por fim, há os 250 leigos, que são descritos como líderes destacados do povo (v. 2). Eles exigem que, com base na santidade do povo todo, sejam canceladas as prerrogativas de Moisés e Aarão e, com isso, o sacerdócio (v. 3; cf. v. 5). Como castigo, eles são mortos por um fogo que sai do santuário (v. 35). A resposta sacerdotal a todos estes questionamentos é um ordálio apresentado por Moisés (v.

---

154. Com apenas pequenas discordâncias entre os pesquisadores, o episódio de Datã e Abiram nos v. 12-15.25-34 é considerado um texto pré-sacerdotal (sendo que glosas etc. aqui não são consideradas); cf. p. ex. NOTH, *Pentateuch*, p. 34; • id., *NUMERI*, p. 108; • FRITZ, *Wüste*, p. 24ss.; • COATS, *Rebellion*, p. 158ss.; • AHUIS, *Autorität* (que, no mais, conta com uma ampla camada deuteronômica); por último SCHART, *Konflikt*, p. 220; cf. tb. MILGROM, *Rebellion*, p. 135s. Este núcleo mais antigo encontra-se inserido em um cerne-P que, porém, geralmente não é considerado parte do texto básico P (NOTH, *Pentateuch*, p. 19 nota 59; bem como, sem justificativa, p. ex. ELLIGER, *Sinn*, p. 175; • LOHFINK, *Priesterschrift*, p. 222s. nota 29; • SCHART, *Konflikt*, p. 137 nota 1). Por outro lado, o padrão das narrativas sacerdotais do deserto, desenhado por WESTERMANN, *Herrlichkeit Gottes*, p. 128ss., aplica-se exatamente também a Nm 16 (cf. BLUM, *Pentateuch*, p. 267). O fato de a camada-P neste capítulo não ser uniforme, mas unir várias pretensões concorrentes, é bem mostrado por BLUM, *Pentateuch*, p. 265s.
155. Cf. MAGONET, *Korah Rebellion*, bem como BLUM, *Pentateuch*, p. 263ss.

5.7.16-18). Deus usará a apresentação de uma oferta de perfumes, restrita aos sacerdotes, por pessoas não autorizadas para mostrar quem na sua opinião é santo.

Para o narrador sacerdotal trata-se nestes grupos tão diferentes obviamente de um mal com uma raiz comum. Ela está na pretensão formulada no começo, no v. 3, em conjunto por todos os líderes. A santidade de toda a comunidade não admite uma posição especial para Moisés e Aarão. A proximidade com Deus de todos os israelitas – "Yhwh está no meio deles" (v. 3) – não combina com privilégios e grupos de santidade especial. Para os autores sacerdotais, as pretensões dos levitas ao sacerdócio e dos leigos à santidade são, em seu âmago, iguais para todos. Elas questionam fundamentalmente a santidade que permeia toda a obra sacerdotal. Vemos o quanto necessária e sadia é esta posição sacerdotal de proximidade especial com Deus na narrativa pelo fato de apenas a intercessão dos privilegiados salvar todo o povo do extermínio, segundo os v. 20ss. E a história seguinte, em Nm 17, sublinha mais uma vez esta função destacada.

Por trás deste ataque, cujo fracasso Nm 16 narra de modo tão impressionante, está exatamente *aquele* conceito de santidade trazido pelo Deuteronômio e pelos textos que lhe estão próximos. Os pesquisadores viram isto claramente[156]. A tese dos rebeldes de Nm 16,3 corresponde àquilo que é formulado com palavras muito parecidas em Dt 7,6 e 14,2 (cf. tb. Ex 19,7). É claro que também para os textos sacerdotais *todo* o povo é santificado pelo êxodo, e por isso pode estar na proximidade de Deus[157]. Diretamente antes do conflito de Nm 16 isso fora formulado mais uma vez expressamente em Nm 15,40[158]. Ali se entreveem ênfases importantes especialmente do Código da Santidade: "para que sejam santos para o vosso Deus" (cf. Lv 19,20 etc.). Na verdade, em discussão nem está a santidade do povo, mas a consequência disso. Na compreensão sacerdotal, a santidade do povo não exclui a santidade especial dos levitas e sacerdotes, antes a pressupõe como meio que a possibilita. Só porque Aarão e seus descendentes sacerdotais reconhecem vicariamente os problemas específicos da presença direta de Deus Israel pode existir como povo santo de Deus. Os ritos de expiação são o exemplo mais evidente. O Deuteronômio, porém, equipara expressamente levitas e sacer-

---

156. Cf. já BENTZEN, *Priesterschaft*, p. 281s., bem como esp. WEINFELD, *Deuteronomy*, p. 228ss.; • FRIEDMAN, *Exile*, p. 69s.; • KRAUS, *Heiliges Volk*, p. 41s.; • BLUM, *Pentateuch*, p. 270s., 334s.
157. Sobre isso, cf. acima p. 414ss.
158. Para isso aponta BLUM, *Pentateuch*, p. 335 nota 5.

dotes em Dt 18,6ss., e concede a cada levita os direitos sacerdotais plenos; confere-lhes claramente menos privilégios materiais na partilha dos sacrifícios e dízimos, e os submete totalmente ao controle do povo e seus representantes. A consequência é que só lhes cabe uma participação secundária na administração do direito. A santidade do povo é concretizada, em oposição ao pensamento hierárquico sacerdotal, por meio de instituições praticamente democráticas.

Nm 16, como parte de um Documento Sacerdotal que não abrange o Deuteronômio, é uma rejeição forte do pensamento deuteronômico e da teologia deuteronomista. Ele faz parte de uma ampla "discussão da identidade de Israel como povo de Yhwh e dos 'interesses contraditórios' concretos conexos a ela"[159], existente entre grupos sacerdotais e deuteronomistas, mas também entre grupos sacerdotais e levíticos. Pelo fato, porém, de o Deuteronômio tornar-se parte da mesma Torá à qual também pertencem Nm 16 e os textos sacerdotais fundamentais em que as estruturas aqui defendidas são desenvolvidas (Nm 3; 18 etc.), conceitos que claramente se excluem mutuamente e são até hostis formam uma unidade.

De modo claro, o mesmo contraste aparece nas passagens narrativas da perícope do Sinai. Aqui somente precisamos recordar o fato de, especialmente nos textos com forte influência deuteronômica de Ex 19 e 24, sempre de novo rupturas e contradições abertas interromperem cada fio da meada, e também de no próprio texto quase não haver possibilidades de entender o sentido destas rupturas[160]. A separação dos vários fios literários, que notoriamente não foi conseguida exatamente nestes textos, não é decisiva, mas apenas a pergunta sobre o que na verdade os mantém unidos. Nisso o problema dos privilégios sacerdotais e do direito de acesso à proximidade direta com Deus não é o único conflito, mas o mais evidente e manifesto.

À frente de toda a narrativa do Sinai, no texto citado, destaca-se a promessa de Ex 19,3ss.[161] Como um prenúncio, ela traz uma interpretação anteposta do que segue[162]. Deus trouxe o povo a si mesmo, como diz a primeira palavra a Moisés no monte (v. 4). Se o povo ouvir sua voz e mantiver a aliança, será sua proprie-

---

159. BLUM, Pentateuch, p. 335.
160. Cf. acima p. 50ss.
161. Para a posição no contexto, cf. BLUM, Pentateuch, p. 47ss., bem como RENDTORFF, Text in seiner Endgestalt.
162. Sobre isto cf. DOZEMAN, Spatial form.

dade ($s^e gull\bar{a}h$, v. 5) e se tornará um reino de sacerdotes (*mamleket kōhanīm*) e um povo santo (*gōy qādōš*, v. 6). A proximidade com Deus conseguida no êxodo se manifesta na santidade e na condição de sacerdotes de todo o povo[163]. Este texto é inegavelmente deuteronomista[164], e esta recepção deuteronomista do conceito sacerdotal de santidade é de importância especial. No Documento Sacerdotal, o conceito de santidade se tornara também juridicamente um conceito-chave, com o qual a tradição legal na situação do exílio pôde tomar nova forma[165]. Este pensamento fundamental é retomado aqui de modo deuteronomista e colocado à frente de todas as leis sinaíticas como sinal indicativo.

Junto com a recepção, porém, a formulação contém ao mesmo tempo a crítica do conceito sacerdotal. O povo se torna um "reino de sacerdotes" (*mamleket kōhanīm*, v. 6). A expressão tem em vista uma comunidade política ou um estado[166] composto de sacerdotes. Uma ideia semelhante encontra-se na época pós-exílica em Is 61,6. A expressão indica evidentemente que todos os israelitas se tornam sacerdotes e exercem funções sacerdotais. A diferenciação dentro de Israel quanto ao relacionamento com Deus, e com efeitos jurídicos tão fundamentais como os conhecidos pelos textos sacerdotais, é questionada desta forma nos primórdios. A posição como introdução aos acontecimentos no Sinai mostra o peso que esta questão tem. Em Ex 24, aquilo que é formulado em 19,6 é concretizado na narrativa: o rito realizado pelos jovens do povo como cerimônia da aliança corresponde ao da consagração dos sacerdotes (Ex 29,20; Lv 8,24.30). O povo como um todo é consagrado como sacerdotes; os sacerdotes em si não têm nenhum papel[167].

A mesma questão fundamental – até que ponto o povo como um todo pode aproximar-se de Deus, se existem ou devem existir instâncias intermediárias e quais são – permeia agora também as narrativas de Ex 19 e 24. Segundo Ex 19,10, o povo deve preparar-se para a chegada de Deus ao monte, purifican-

---

163. Dentre o amplo debate sobre o sentido dos termos usados indique-se DILLMANN, *Exodus*, p. 214; • SCOTT, *Kingdom*; • MARTIN-ACHARD, *Israël*; • COPPENS, *Royaume*; • SCHÜSSLER FIORENZA, *Priester*, p. 131ss. • BLUM, *Pentateuch*, p. 51 nota 22, critica com razão as várias interpretações que entendem o sentido de modo menos concreto e mais metafórico e geral, por último p. ex. FUHS, *Heiliges Volk*, p. 158; MOSIS, *Aufbau*.
164. Sobre isso, cf. PERLITT, *Bundestheologie*, p. 167ss.
165. Cf. acima p. 420ss.
166. Mamleket significa "reino", "governo", exatamente no sentido de "instituição" (SEYBOLD, art. *Melek*, p. 941).
167. Isso foi mostrado de modo convincente por RUPRECHT, *Exodus 24*, p. 167; • cf. BLUM, *Pentateuch*, p. 51s.

do-se de modo cultual. Os v. 12.13a concretizam isso a princípio, fazendo erguer um limite estreito para o povo. A montanha santificada pela presença de Deus, correspondendo em muitos sentidos a um santuário que conta com a presença de Deus, não deve ser tocada, sob ameaça de morte (v. 13a). Todavia, mal foi traçado este limite tão absoluto para o povo, o v. 13b diz exatamente o contrário: "Quando soar o chifre de carneiro, então subirão à montanha". Com isso, a proximidade de Deus está claramente aberta ao povo. Quando, então, Deus desce sobre a montanha com todos os sinais que fazem parte de uma teofania (v. 20), o povo é advertido que não se aproxime (v. 21). Ver Deus seria um perigo mortal. Mesmo os sacerdotes, que por força do cargo se movimentam na proximidade de Deus, só podem fazê-lo com a devida pureza cultual (v. 22). Por outro lado, segundo o v. 24, os sacerdotes são excluídos explicitamente desta proximidade, apenas Moisés e Aarão devem aproximar-se. Este conflito continua no capítulo 24. Ali, no v. 1, Moisés e Aarão, Nadab e Abiú, bem como 70 anciãos recebem a ordem de subir à montanha. Os primeiros são representantes dos sacerdotes, os outros de todo o povo. Depois, porém, eles devem adorar de longe (v. 1b), e apenas Moisés deve aproximar-se; tanto os representantes quanto o povo devem manter distância (v. 2). Quando, porém, isso é concluído na narrativa, depois da cerimônia da aliança dos v. 3-8, em que os sacerdotes não têm função e acontece algo como uma consagração sacerdotal de todo o povo, todos sobem a montanha – Moisés e Aarão, Nadab e Abiú e também os 70 anciãos – onde "veem o Deus de Israel" e celebram uma refeição em sua presença direta.

É difícil encontrar coisas mutuamente excludentes colocadas tão imediata e diretamente lado a lado. Este seria o lugar em que a crítica literária se faz mais necessária, mas exatamente nestes textos ela não produziu nenhuma explicação convincente. Não aparecem camadas evidentes, nem ficaria explicado com isso de alguma maneira por que não ocorreram tentativas redacionais de harmonizar e esclarecer o que aconteceu. O texto não se explica em termos literários, apenas como fixação intencional de um dissenso entre duas conceituações totalmente diferentes. Aqui não se harmoniza nada, porque é evidente que nada havia para harmonizar. Um meio-termo não é imaginável. Para a compreensão adequada, tanto da formação quanto do significado teológico do Pentateuco, esta característica deve ser especialmente importante. Em comparação com outras orientações ou grupos da época da formação, que podem ser reconhecidos por um lado nos círculos profético-escatológicos e por outro nos círculos sapiencial-aristocráticos[168], parece que aqueles que formaram o Pentateuco em conjunto tinham tanto em comum que mesmo estes contrastes não tiveram efeito explosivo.

Um texto sagrado que apresenta uma contradição profunda de maneira tão aberta poderia ser marcado de modo especial por isso. As comunidades que têm relação com o núcleo do cânon que surgiu aqui viveram e puderam viver desde então com contrastes estruturais semelhantes. Saduceus e fariseus, Igreja oriental e ocidental, protestantismo e catolicismo, e talvez ainda bem outros puderam experimentar esta vivência. O sacerdócio universal dos crentes é fundamentado no mesmo texto maior como a dignidade do sacerdócio. Aqui pode ficar em aberto se as outras partes do cânon, em especial o cânon dos profetas, mudaram algo fundamental nisso.

d) "E daí em diante, por todas as gerações" (Nm 15,23): *apontando o caminho para o futuro*

Depois de uma permanência de mais de dois anos no Sinai, Israel parte dali para seguir até a terra prometida (Nm 10,11ss.). No Sinai, eles ouviram o Decálogo e retrocederam apavorados; aí Moisés recebeu o Código da Aliança e Israel se comprometeu observá-lo; aí foram dadas as instruções para a confecção e construção do santuário; aí ele foi erguido, os sacerdotes foram consagrados e o culto iniciado. Ali aconteceu a confecção do bezerro e afinal a renovação da promessa de Deus. Ali Israel recebeu as tábuas de pedra e Moisés finalmente ouviu também *aqueles* mandamentos que ele transmitiria ao povo apenas no fim da caminhada pelo deserto. A versão definitiva da Torá dá a entender que Israel recebeu todo o seu direito neste lugar.

Mas quando o povo parte e entra rapidamente em conflitos interiores cada vez mais profundos (Nm 11–14), de repente, sem intermediários e de modo inesperado, Deus fala: "E Yhwh falou a Moisés e disse: Fala aos filhos de Israel; tu lhes dirás..." (Nm 15,1s.), e seguem leis como se Israel ainda estivesse no Sinai. Depois da rebelião e do extermínio de Coré e seus adeptos (Nm 16s.), Deus fala com Aarão (Nm 18) e novamente com Moisés e Aarão juntos, dando-lhes man-

---

168. Sobre isto CRÜSEMANN, *Perserzeit*.

damentos para o povo (Nm 19). Isso continua principalmente na última parte do livro de Números. As filhas de Salfaad exigem o direito de herança para si e o obtêm por instrução de Deus (Nm 27); encontramos aí o calendário de culto mais vasto do Antigo Testamento (28s.); aí temos regras para os juramentos (Nm 30) e a indicação de locais de asilo (Nm 35); por último, o assunto é mais uma vez o direito de herança das mulheres (Nm 36). São leis como as do Sinai, mas dadas no caminho pelo deserto. E em nenhum lugar se indica, como em Dt 5, que elas na verdade procedem do Sinai[169].

Estes textos, segundo a opinião não questionada, fazem parte das últimas passagens do Pentateuco[170] e, o que é fundamental para sua compreensão, estão fora do Documento Sacerdotal propriamente dito[171]. Por outro lado, tanto em termos de assunto quanto de linguagem, não poucos destes textos estão ambientados no pensamento sacerdotal. Assim, Nm 18, com a destinação do dízimo para o sustento de levitas e sacerdotes, lança talvez a base material mais importante para todo o pessoal do culto. Também outros textos são uma continuação ou complementação clara do sistema sacerdotal. As determinações sobre os sacrifícios em Nm 15 introduzem, assim, a oferta de líquidos, desconhecida em outras passagens, ou completam detalhes da lei do sacrifício pelos pecados. Também Nm 19, com suas instruções sobre o preparo de uma água especial de purificação com as cinzas da vaca vermelha, faz parte deste grupo. Contudo, também se pode reconhecer tensões claras com os textos do Documento Sacerdotal. É importante acima de tudo que estas leis são difíceis de ligar aos princípios sacerdotais básicos e centrais. É verdade que o Documento Sacerdotal localizou uma grande quantidade de leis *antes* do Sinai, dando assim à situação de diáspora, pela primeira vez, uma base sacerdotal-teológica[172]. Agora, no livro dos Números, porém, não se tem um padrão para isso. Isso pode ser visto principalmente no fato de que, na transmissão dos mandamentos, não tem nenhum papel *aquela* instituição que o Documento Sacerdotal escolhera expressamente para isso. Com o

---

169. Para a interpretação rabínica, cf. BAMBERGER, *Torah after Sinai*.

170. Para isso, cf. NOTH, *Studien*, p. 190ss. com o esboço da conclusão p. 217; tb. id., *Numeri*, em cada passagem. Por último, esp. SCHART, *Konflikt*, p. 55ss., localiza estes textos legais fora da composição do "texto final" (!) de Nm 10–21 descrita por ele.

171. Isso vale em todo caso para os pesquisadores que tentam chegar a um texto básico (p. ex. ELLIGER, *Sinn*, p. 174s.; • LOHFINK, *Priesterschrift*, p. 222ss. e outros).

172. Cf. acima p. 399ss.

utensílio de expiação (*kappōret*) no santo dos santos, ele criara um lugar do qual se diz logo na primeira menção: "Falarei contigo acerca de tudo o que eu te ordenar para os filhos de Israel" (Ex 25,22). Isso se repete pouco antes da partida do Sinai (Nm 7,89). A presença de Deus com seu povo, que acontece com a entrada da glória de Deus (*kābōd*) no santo dos santos, fizera surgir algo como um Sinai itinerante. De acordo com Lv 1,1, Deus pronuncia todas as leis dos sacrifícios (Lv 1–7) a partir desta tenda (cf. Ex 40,34-38)[173]. Em Nm 10–36, porém, isso não ocorre em nenhum lugar. É verdade que encontramos tradições sacerdotais certamente importantes, em que a "glória" aparece e Deus age a partir do santuário. Este é o caso em Nm 14,10; 16,19; 17,7, bem como 20,6. A cada vez a "solução" decisiva dos conflitos apresentados segue a intervenção do Deus presente no santuário da tenda[174]. Mas em nenhum lugar a transmissão de leis parte deste lugar. Ela não se encaixa na concepção sacerdotal na questão decisiva da autoridade e da fonte das demais leis. E isso certamente não aconteceu por acaso, especialmente nos relatos de exemplos (Nm 15,32ss.; 27,1ss.; 36,1ss.), mas está relacionado a questões amplas da diferença entre "Moisés", Aarão e os outros representantes cultuais[175]. Aqui temos, portanto, textos que ajudam a marcar a redação ou as redações finais. Vários deles estão próximos ao Documento Sacerdotal, mas uma análise mais atenta provavelmente conseguiria descobrir traços típicos do deuteronomismo. Os últimos textos pelo menos, a partir de Nm 25,1, estão localizados explicitamente já no lugar onde Moisés irá proclamar o Código Deuteronômico, em Moab, em frente a Jericó (esp. Nm 35,1). Obviamente, eles já estão no âmbito da junção do Tetrateuco com o Deuteronômio, bem como da separação do Pentateuco do livro de Josué.

Para compreender o sentido e o propósito destas leis pós-sinaíticas, precisamos inserir uma visão geral da composição de Nm 10–36[176]. Logo depois da partida, Israel é envolvido em conflitos graves e até em conflitos mortais internos. Em Nm 11, há um desejo de carne e de voltar para a escravidão no Egito. Em Nm 12, consta a rebelião de Maria e até de Aarão contra Moisés. Por fim, o questionamento do alvo de toda a caminhada pelo deserto na história dos espias em Nm

---

173. Para o contexto, também sintático, cf. RENDTORFF, *Leviticus*, p. 22s.
174. Sobre isso, cf. WESTERMANN, *Herrlichkeit Gottes*, p. 128ss.; também já RENDTORFF, *Offenbarungsvorstellungen*, p. 48.
175. Cf. acima p. 152ss.
176. Para o que segue, cf. OLSON, *Death of the Old*, esp. p. 83ss., 165ss.

13s. Este conflito termina com a determinação divina de que nenhuma pessoa da geração antiga do Sinai deverá ver a terra (Nm 14,28ss.). Só que diretamente após o anúncio desta ruptura de gerações vem, em Nm 15, o primeiro bloco de leis posterior ao Sinai. O próximo corte profundo é representado pela segunda contagem do povo em Nm 26. No seu término, está a constatação de que a geração da primeira contagem em Nm 1 não vive mais (Nm 26,64s.). Portanto, com isso, uma geração totalmente nova entrou em cena. Com ela, em Nm 27, passa para o centro logo a questão do direito à herança para as mulheres. Com certeza, não é sem importância que este tema seja retomado no último capítulo, em Nm 36, configurando assim *toda* a parte do livro dos Números que trata da nova geração e da sua caminhada pelo deserto.

O contexto deixa entrever a intenção teológica: nestes textos não está em questão a localização dos mandamentos relacionados objetivamente com o êxodo, como é o caso na multiplicidade das tradições deuteronomistas sobre os vários lugares em que a lei foi dada[177]. Antes, trata-se de como ouvir a nova instrução de Deus em circunstâncias alteradas e em gerações totalmente novas. O término da revelação no Sinai não pode ser também o encerramento da revelação de Deus. No seu caminho entre o Sinai e a terra prometida, Israel recebe instruções novas, a cada vez que delas necessita. Quanto ao conteúdo, verificam-se continuação, atualização, narração, complementação de temas e questões que foram regulamentadas na revelação do Sinai, como, por exemplo, sacrifícios, sábado, sacerdotes, pureza, festas, locais de asilo. Mas também aparecem temas que não foram abordados lá, como regras sobre vestimentas (Nm 15,37ss.), juramentos (Nm 30) e o tema fundamental do direito à herança e, portanto, da posição legal das mulheres (Nm 27; 36). Especialmente os relatos de exemplos, que começam no Sinai (Lv 24,10ss.; Nm 9,6ss.) e continuam no deserto (Nm 15,32ss.; 27; 36), mostram que o que importa é a reação necessária a problemas novos e atuais, não esclarecidos na Torá sinaítica. E a retomada do tema de Nm 27 em 36 mostra como os problemas se desenvolvem adiante no transcurso dos acontecimentos, tornando necessárias regulamentações jurídicas sempre novas.

A fixação da vontade divina em forma escrita no formato de um livro precisa ser complementada pelo discurso inovador continuado de Deus para não levar

---

[177] Cf. acima p. 65ss.

ao endurecimento. O cânon e a *viva vox* precisam andar juntos. A história da formação do cânon mostra[178] como, passo a passo, os dois se completam e se condicionam mutuamente. No centro do centro – no Deuteronômio – houve a instituição do tribunal central, bem como de um profeta como Moisés, que falam ambos permanentemente com a autoridade de Moisés, sendo as duas instituições historicamente de importância superior: a um se refere o Sinédrio, o outro acaba produzindo a segunda parte do cânon da profecia. No Documento Sacerdotal está o lugar do qual Deus falará no futuro, no centro do santuário em torno do qual tudo gira. E a redação final, com suas revelações modelares de leis na caminhada pelo deserto, em meio às ameaças mortais a Israel, tanto de dentro quanto de fora, criou mais um modelo.

A princípio, de fato, tudo continua no mundo narrado. Apenas em uma passagem poderia haver uma abertura para o mundo dos narradores e leitores. Em Nm 15,22s., na introdução à lei ampliada do sacrifício pelos pecados, afirma-se que Deus fala por Moisés "desde o dia em que Yhwh ordenou todas essas coisas, e daí em diante, por todas as vossas gerações" (v. 23b). Em termos linguísticos não está claro se esta frase se refere ao anúncio divino[179] – Deus fala por meio de Moisés por todas as gerações – ou às transgressões dos israelitas[180]. Contudo, o sentido mencionado por último, que pelo menos podemos ler e ouvir junto, como faz a interpretação rabínica posterior, corresponde exatamente àquilo que depois a revelação escrita do Sinai complementa como concepção de uma Torá oral (*tōrāh šel peh*)[181]. Também ela se entende como procedente do Sinai e de Moisés. Este conceito não aparece em nenhum lugar mais claramente do que na lenda talmúdica em que o próprio Moisés entra na casa de ensino do rabino Akiba, senta-se na oitava fileira e – não entende nada. E exatamente esta era uma "halachá de Moisés do Sinai" (bMenahot 29b). Este conceito de uma revelação

---

178. CRÜSEMANN, *Vaterland*.
179. Assim esp. BRIN, *Numbers XV*, apoiando-se em Sifre § 111, bem como RASHI; cf. tb. TOEG, *Halachic Midrash*.
180. OLSON, *Death of the Old*, p. 168 nota 13. Ele rejeita a tese de Brin, indicando a estrutura sintática e seus paralelos em 1Sm 18,9; Ez 39,22. Ele mesmo, porém, mostra a ênfase dada em Nm 15 pelas cinco (!) repetições de "pelas vossas gerações (futuras)" (*ledōrōtēkem*) nos v. 14.15.21.23.38. Especificamente no caso do homem que recolheu lenha no sábado tratar-se-ia de modo modelar de "the aplication of a law to a new situation which requires a divine judgement" (172) [aplicação de uma lei a uma situação nova que requer um julgamento divino]. A ênfase que o próprio Olson dá a partir da composição do livro de Números às leis nele espalhadas corresponde exatamente àquela da declaração entendida em 15,23 pela tradição rabínica.
181. Cf. SCHÄFER, *Dogma*.

que continua, mas está e permanece ligada fundamentalmente à do Sinai, talvez já esteja servindo de base à transmissão de novos mandamentos relatada em Números, na longa caminhada pelo deserto.

O princípio escrito e a *viva vox* precisam ser inseparáveis, e com a formação da primeira parte do cânon também surge esta tensão. Uma coisa passa a depender da outra. Ao lado da Torá, surgem o cânon dos profetas e a esperança de uma revelação escatológica da Torá[182]. Sem esta voz viva, a ameaça é de endurecimento. Não menos problemático, porém, é o que aconteceu em grande parte com a Igreja cristã em relação ao fundamento do cânon bíblico. Com a nova revelação, ela esqueceu a base indispensável, a Torá de Israel. Os problemas com os quais vivemos não por último são resultado deste processo, que também distorceu a voz viva de Deus. Porque a Palavra de Deus continua ligada à sua Torá.

4. A unidade de Deus e a da Torá: sobre o ponto de partida de uma recepção cristã da Torá

Como constatamos no início[183], a teologia cristã sempre fez uma diferenciação na Torá, separando o que ainda vale do que não tem mais validade. Uma justificativa é que a distância histórica e, com ela, a alteração da realidade força tal processo. Isso também se aplica ao judaísmo ortodoxo, exige uma hermenêutica sempre criativa e desautoriza todo fundamentalismo cego. Esta diferenciação, contudo, parece ser teologicamente inevitável em um sentido muito mais fundamental, se os cristãos não quiserem se tornar judeus. Todas estas distinções, porém, seja entre o Decálogo e os demais mandamentos, entre o primeiro mandamento e a circuncisão, entre lei ritual e moral, entre a perspectiva dos judeus e a verdadeira lei natural, entre as tradições da justiça social e a hostilidade patriarcal em relação às mulheres – todas elas dissolvem aquilo que perfaz a natureza e o cerne da Torá.

No que ambos consistem pode ser descrito de modo mais preciso no fim da gênese da Torá que aqui foi traçada. Muitas observações podem ser resumidas na tese segundo a qual os passos na formação da Torá são parte inseparável do caminho em que Israel formulou a unidade de Deus de maneira cada vez mais clara.

---

[182]. Is 42,1ss.; 2,1ss. etc. Sobre isto DAVIES, *Torah*; • JERVELL, *Tora*; • SCHÄFER, *Torah*.
[183]. Cf. acima p. 15s.

Queremos recordar apenas ainda alguns pontos. No início da história do direito escrito em Israel há dois documentos, elaborados provavelmente no século IX aC. Um documento (Ex 34,11ss.) compila regras para a adoração estrita e exclusiva do único Deus, no contexto de um mundo de vida agrícola na Idade do Ferro. O outro documento (Ex 21s.) é uma coletânea legal que se situa na tradição do Antigo Oriente, na qual os conflitos sociais básicos da época são submetidos a uma regulamentação jurídica, na busca do equilíbrio. Como verdadeira certidão de nascimento da estrutura da Torá pode ser considerada a junção destes dois textos no Código da Aliança com princípios para proteção dos grupos economica e juridicamente mais fracos na sociedade. Desta forma, fazem parte da adoração exclusiva um determinado direito e uma justiça que lhe é anteposta. O Código Deuteronômico amplia consideravelmente as áreas assim visadas. Acima de tudo, são incluídos os grandes campos das instituições políticas e públicas, da família e do trato com animais e do meio ambiente. Todas as esferas da vida são assim abrangidas introdutoriamente pela instrução de Deus. Com as experiências do exílio, no entanto, o Documento Sacerdotal faz mais uma vez um trabalho amplo, superando especialmente as bases do direito vigente até então – o culto em funcionamento, a posse da terra, a liberdade efetiva. Independentemente de todas as pressuposições sociais, Israel é aqui sujeito, no contexto amplo da criação, ao mandamento divino: o fato de agora estar à frente a criação do mundo e não a lei do altar evidencia poderosamente a mudança. Além disso, com a culpa e o perdão, inclui-se novamente um campo de experiência totalmente novo. A composição geral da Torá, por fim, une todos estes passos em um único documento.

 O que acontece aqui nesta história apenas esboçada é nada menos que um processo em que toda a realidade daquela época, todas as áreas da vida e da experiência humana são colocadas dentro da luz do Deus israelita. É que o caminho da adoração exclusiva e em princípio até algo como o monoteísmo fundamental só poderia ser trilhado se todas as muitas realidades permeadas e dominadas por divindades politeístas fossem redescobertas de modo totalmente novo. A unidade de Deus precisava tomar forma na revisão de toda a realidade e na redefinição de tudo o que existe. De outro modo ficaria em impulsos isolados, por exemplo, proféticos. A partir das experiências fundamentais com o Deus de Israel, também precisavam ser abrangidas aquelas áreas, em que sempre apenas outras divindades podiam ser experimentadas. A gênese da Torá, com sua inclusão paulatina de novas áreas da realidade, representa exatamente este processo. A Torá tornou-se o meio no qual a unidade de Deus e a multiplicidade dos campos de experiência e realidade são unidas. Por isso, a identidade do Deus bíblico depende da ligação com sua Torá.

Tudo isso pode significar apenas que, sem prejuízo da distância histórica, somente a Torá pode servir de base para uma ética cristã de orientação bíblica. No entanto, ela não foi formulada para a humanidade, apenas para Israel. A única vontade do único Deus tem de modo inseparável Israel como parceiro humano. Uma eliminação de Israel da Torá não é possível, nem pode a cristandade colocar-se no lugar de Israel. O dilema resultante disso pode encontrar sua solução apenas em uma recensão cristã da Torá, que se abre para a Torá compilada não para a Igreja, mas para Israel, ou seja, que torna a unidade de Deus, Torá e Israel, a base da qual parte toda interpretação concreta. Para tal recepção era preciso criar as bases históricas. Ela mesma é muito mais do que uma tarefa exegética.

Se, portanto, perguntamos, a título de conclusão, qual o ponto de partida de tal hermenêutica, talvez devamos responder que ele não está formulado em nenhum lugar de modo mais claro e preciso do que em Dt 4,5-8[184]. Uma recepção da Torá que não desfaça sua unidade e não se coloque no lugar de Israel começará sempre de novo com o espanto que aqui é relatado a respeito dos povos (*'ammīm*, v. 6). Para este espanto há uma razão dupla: o caráter único da proximidade de Israel com Deus (v. 7) e o conteúdo da própria Torá, ou seja, aquilo de que quisemos falar neste livro: "Qual a grande nação que tenha estatutos e normas tão justas como toda esta Torá?" (v. 8).

---

184. Sobre isso, cf. BRAULIK, *Weisheit, Gottesnähe und Gesetz*; além disso, cf. LEVENSON, *Theologies of commandment*, p. 25ss.

REFERÊNCIAS

(Abreviações segundo: SCHWERTNER, S. *Theologische Realenzyklopädie. Abkürzungs-verzeichnis*. Berlim/Nova York, 1976[1]. Os títulos de um mesmo autor estão em ordem alfabética).

AARTUN, K. Studien zum Gesetz über den grossen Versöhnungstag Lv 16 mit Varianten, *StTh* 34, 1980, p. 73-109.

ABBA, R. "Priests and Levites in Deuteronomy". *VT* 27, 1977, p. 257-267.

ABEL, R.L. Theories of Litigation in Society – "Modern" Dispute Institutions in "Tribal" Society and "Tribal" Dispute Institutions in "Modern" Society as Alternative Legal Forms. In: *Alternative Rechtsformen und Alternativen zum Recht, Jahrbuch für Rechtssoziologie und Rechtstheorie* 6. Opladen, 1980, p. 165-191.

ABRAMSKY, S. "The House of Rechab – Genealogy and Military League". *EI* 8, 1967, p. 255-226.

ACKROYD, P.R. "Chronicles – Ezra – Nehemia: The Concept of Unity". *ZAW*.S 100, 1988, p. 189-201.

_____. Problems in the Handling of Biblical and Related Sources in the Achaemenid Period. In: KUHRT, A. & SANCISI-WEERDENBURG, H. (orgs.). *Achaemenid History III. Method and Theory*. Leiden 1988, p. 33-54.

_____. The Jewish community in Palestine in the Persian period. In: *The Cambridge History of Judaism*, vol. 1. Introduction; The Persian Period. Cambridge e o. 1984, p. 130-161.

_____. *I & II Chronicles, Ezra, Nehemiah* (TBC), 1973.

_____. *Israel under Babylon and Persia* (NCB.OT 4). Londres, 1970.

_____. *Exile and Restoration. A Study of Hebrew Thought of the Sixth Century B.C.* Filadélfia, 1968.

AHARONI, Y. *Arad Inscriptions*, trad. ingl. Jerusalém, 1981.

_____. "The Horned Altar of Beer-Sheba". *BA* 37, 1974, p. 2-6.

AHLEMANN, F. "Zur Esraquelle". *ZAW* 59, 1942/1943, p. 77-98.

---

1. Foram, além disso, usadas as seguintes abreviações: BN = Biblische Notizen; JBTh = Jahrbuch für Biblische Theologie; JSOT = Journal for the Study of the Old Testament; NBL = Neues Bibel-Lexikon; NEB = Die Neue Echter Bibel; SBAB = Stuttgarter Biblische Aufsatzbände; TUAT = O. Kaiser (org.), Texte aus der Umwelt des Alten Testaments, 1982ss.

AHUIS, F. *Autorität im Umbruch. Ein formgeschichtlicher Beitrag zur Klärung der literarischen Schichtung und der zeitgeschichtlichen Bezüge von Num 16 und 17. Mit einem Ausblick auf die Diskussion um die Ämter der Kirche* (CThM 13), 1983.

AISTLEITNER, J. *Die mythologischen und die kultischen Texte aus Ras Shamra* (Bibliotheca Orientalis Hungarica VII). Budapest, 1964.

ALBERTZ, R. Die Religionsgeschichte Israels in vorexilischer Zeit. In: *Die Bibel. Das Alte Testament in Bildern erzählt von E. Lessing*. Munique, 1987, p. 285-360.

_____. "Das Überleben der Familie sichern. Die Aussagen über Ehe und Sexualität sind zeitbedingt". LM 25, 1986, p. 401-405.

_____. "Hintergrund und Bedeutung des Elterngebots im Dekalog". ZAW 90, 1978, p. 348-374.

_____. "Ihr seid Fremdlinge in Ägyptenland gewesen" – Fremden im Alten Testament. In: id., *Der Mensch als Hüter seiner Welt. Alttestamentliche Bibelarbeiten zu den Themen des konziliaren Prozesses* (Calwer Taschenbibliothek 16). Stuttgart, 1990, p. 61-72.

ALBRIGHT, W.F. The Judicial Reform of Jehoshaphat. In: *Alexander Marx Volume*, LIEBERMAN, S. (org.). Nova York, 1950, p. 61-82.

ALEXY, R. *Theorie der Grundrechte* (1985) (stw 582), 1986.

ALLEGRO, J.M. "Uses of the Semitic Demonstrative Element in Hebrew". VT 5, 1955, p. 309-312.

ALT, A. Die Heimat des Deuteronomiums (1953). In: id., *Kleine Schriften II*, 1953, p. 250-275.

_____. Die Rolle Samarias bei der Entstehung des Judentums (1934). 3. ed. In: id., *Kleine Schriften II*, 1964, p. 316-337.

_____. Die territorialgeschichtliche Bedeutung von Sanheribs Eingriff in Palästina (1930). In: id., *Kleine Schriften II*, 1953, p. 242-249.

_____. Die Ursprünge des israelitischen Rechts (1934). In: id., *Kleine Schriften I*, 1953, p. 278-332.

_____. Judas Nachbarn zur Zeit Nehemias (1931). 3. ed. In: id., *Kleine Schriften II*, 1964, p. 338-345.

_____. Zur Talionsformel (1934). In: id., *Kleine Schriften I*, 1953, p. 341-344.

ALTER, R. "A New Theory of Kashrut". Commentary 68, 1979, p. 46-52.

ALTNER, G. *Naturvergessenheit* – Grundfragen einer umfassenden Bioethik. Darmstadt, 1991.

AMIT, Y. "Hidden polemic in the conquest of Dan: Judges xvii-xviii". VT 40, 1990, p. 4-20.

AMRAM, J.W. "Retaliation and Compensation". JQR 2, 1911/1912, p. 191-211.

AMSLER, S. Les documents de la loi et la formation du Pentateuque. In: DE PURY, A. (org.). *Le Pentateuque en Question*. 2. ed. Genebra, 1991, p. 235-257 [em português: *O Pentateuco em questão*. Petrópolis: Vozes, 1996].

_____. Loi oracle et loi écrite dans le Deutéronome. In: LOHFINK, N. (org.). *Das Deuteronomium* (BEThL LXVIII). Lovaina, 1985, p. 51-54.

ANDERSEN, F.I. & FREEDMAN, D.N. *Hosea* – A New Translation with Introduction and Commentary (AncB 24), 1980.

ANDREADES, A.M. *Geschichte der griechischen Staatswirtschaft* — Von der Heroenzeit bis zur Schlacht bei Claironeia, trad. al. Munique 1931, reimpr. Hildesheim, 1965.

ARCHI, A. La formazione del diritto nell' Anatolia ittita. In: THEODORIDES, A. e o., *La formazione del diritto nel Vicino Oriente Antico*. Nápoles/Roma, 1988, p. 61-75.

ASMUSSEN, J.P. & LAESSO, J. (org.). *Handbuch der Religionsgeschichte*. 3 vols. Göttingen, 1971ss.

ASSMANN, J. *Ma'at. Gerechtigkeit und Unsterblichkeit im Alten Ägypten*. Munique, 1990.

ASSMANN, A. e J. (org.). *Kanon und Zensur. Archäologie der literarischen Kommunikation II*. Munique, 1987.

ASSMANN, A. e J. & HARDMEIER, C. (orgs.). *Schrift und Gedächtnis. Archäologie der literarischen Kommunikation I*. Munique, 1983.

Assyrian Dictionary of the Oriental Institute of the University of Chicago, edit. por J.J. Gelb e o. Chicago e o., 1965ss.

AUERBACH, E. "Die Feste im alten Israel". *VT* 8, 1958, p. 1-18.

AULD, A.G. *Joshua, Moses and the Land*. Tetrateuch — Pentateuch — Hexateuch in a generation since 1938. Edimburgo, 1980.

_____. "Cities of Refuge in Israelite Tradition". *JSOT* 10, 1978, p. 26-40.

AURELIUS, E. "Der Fürbitter Israels. Eine Studie zum Mosebild im Alten Testament". CB 27, 1988.

AVIGAD, N. "A Note on an Impression from a Woman's Seal". *IEJ* 37, 1987, p. 18s.

_____. "On the Identification of Persons mentioned in hebrew Epigraphic sources (hebr.)". *ErIs* 19, 1987, p. 233s.

_____. The Contribution of Hebrew Seals to an Understanding of Israelite Religion and Society. In: *Ancient Israelite Religion*, FS F.M. Cross. Filadélfia, 1987, p. 195-208.

_____. *Hebrew Bullae From the Time of Jeremiah* — Remnants of a Burnt Archive. Jerusalém, 1986.

_____. *Discovering Jerusalem*. Nashville e o., 1980.

_____. "The Chief of the Corvée". *IEJ* 30, 1980, p. 170-173.

AXELSSON, L.E. *The Lord Rose up from Seir* — Studies in the History and Traditions of the Negeb and Southern Judah (CB.OT 25), 1987.

BAENTSCH, B. *Exodus — Leviticus — Numeri* (HK I/2), 1903.

_____. *Das Bundesbuch Ex. XX 22 — XXIII 33. Seine ursprüngliche Gestalt, sein Verhältnis zu den es umgebenden Quellenschriften und seine Stellung in der alttestamentlichen Gesetzgebung*. Halle, 1892.

BAL, M. (org.). *Anti-Covenant. Counter-Reading Women's Lives in the Hebrew Bible* (Bible and Literature Series 22). Sheffield, 1989.

BAMBERGER, B.J. "Revelations of Torah after Sinai". *HUCA* 14, 1941, p. 97-113.

BARAG, D. "A Silver Coin of Yohanan the High Priest (hebr.)". *Qad.* 17, 1984, p. 59-61.

BARBIERO, G. *L'asino del nemico*: Non violenza e amore del nemico nella legislazione dell'Antico Testamento (Es 23,4-5; Dt 22,1-14; Lv 19,18) (AnBib 128), 1991.

BARDTKE, H. *Das Buch Esther* (KAT XVII,5). Gütersloh, 1963.

BARKUN, M. *Law without Sanctions – Order in Primitive Societies and the World Community*. New Haven/Londres, 1968.

BARR, J. Biblical Law and the Question of Natural Theology. In: T. Veijola (org.). *The Law in the Bible and in its Environment* (Publications of the Finnish Exegetical Society 51). Helsinki/Göttingen, 1990, p. 1-22.

BARTELMUS, R. "Mk 2,27 und die ältesten Fassungen des Arbeitsruhegebotes im AT. Biblisch-theologische Beobachtungen zur Sabbatfrage". BN 41, 1988, p. 41-64.

_____. "Die Tierwelt in der Bibel. Exegetische Beobachtungen zu einem Teilaspekt der Diskussion um eine Theologie der Natur". BN 37, 1987, p. 11-37.

BARTH, H. *Die Jesaja-Worte in der Josiazeit – Israel und Assur als Thema einer produktiven Neuinterpretation der Jesajaüberlieferung* (WMANT 48). Neukirchen, 1977.

BARTH, H.-M. art. "Gesetz und Evangelium I. Systematisch-theologisch". In: TRE XIII, 1984, p. 126-142.

BARTH, K. *Evangelium und Gesetz*, 3. ed. (TEH 32), 1935 (= TEH 50, 1961).

BARTLETT, J.R. "The Use of the Word *rōš* as a Title in the Old Testament". VT 19, 1969, p. 1-10.

BASKIN, D.R. *Pharaoh's Counsellors. Job, Jethro, and Balaam in Rabbinic and Patristic Tradition* (Program in Judaic Studies 47), 1983.

BAUMGARTEN, A. "The Torah as a public document in Judaism". SR 14, 1985, p. 17-24.

BAUMGARTEN, J.M. "On the Non-Literal Use of *ma'ăśēr/dekatē*". JBL 103, 1984, p. 245-251.

BAUMGARTNER, W. "Zum Problem des "Jahweengels". SThU 14, 1944, p. 97-102 = id., *Zum Alten Testament und seiner Umwelt – Ausgewählte Aufsätze*. Leiden, 1959, p. 240-246.

BECHMANN, U. *Das Deboralied zwischen Geschichte und Fiktion – Eine exegetische Untersuchung zu Richter 5*. St. Ottilien, 1989.

BECKER, J. *Esra/Nehemia* (NEB Liefg. 25). Würzburg, 1990.

_____. *2 Chronik* (NEB Liefg. 20). Würzburg, 1988.

BECKER, U. *Richterzeit und Königtum – Redaktionsgeschichtliche Studien zum Richterbuch* (BZAW 192), 1990.

BEER, G./(Galling, K.). *Exodus* (HAT I/3), 1939.

BEGG, C. "Ben Sirach's Nonmention of Ezra". BN 42, 1988, p. 14-18.

BELLEFONTAINE, E. "Customary Law and Chieftainship: Judicial Aspects of 2 Samuel 14.4-21". JSOT 38, 1987, p. 47-72.

_____. "Deuteronomy 21,18-21: Reviewing The Case of the Rebellious Son". JSOT 13, 1979, p. 13-31.

BEN-BARAK, Z. The Appeal to the Kings as The Highest Authority for Justice. In: AUGUSTIN, M. & SCHUNCK, K.-D. (orgs.). *"Wünschet Jerusalem Frieden"*. Frankfurt/M. e o. 1988, p. 169-177.

BEN-DOV, M. "A Fragment of a Hebrew Inscription from First Temple Times Found on the Ophel". *Qad.* 17, 1984, p. 109-111.

BENOÎT, P.;MILIK, J.T. & DE VAUX, R. (orgs.). *Discoveries in the Judaean Desert II* – Les Grottes de Murabba'At. Oxford, 1961.

BENTZEN, A. "Priesterschaft und Laien in der jüdischen Geschichte des 5. Jahrhunderts". *AfO* 6, 1930/1931, p. 280-286.

_____. Die Josianische Reform und ihre Voraussetzungen. Copenhagen, 1926.

BERGREN, R.V. *The Prophets and the Law* (MHUC 4), 1974.

BERGSTRÄSSER, G. Hebraische Grammatik (1918), reimpr. Hildesheim, 1962.

BERNHARDT, K.-H.: art. *āwen*, ThWAT I, 1973, p. 151-159.

BERTHOLET, A. *Die Bücher Esra und Nehemia* (KHC XIX), 1902.

_____. *Leviticus* (KHC III), 1901.

_____. *Deuteronomium* (KHC V), 1899.

_____. *Die Stellung der Israeliten und der Juden zu den Fremden.* Friburgo/Leipzig, 1896.

BETLYON, J.W. "The Provincial Government of Perisan Period Judea and the Yehud Coins". *JBL* 105, 1986, p. 633-642.

BETTENZOLI, G. "I Leviti e la riforma deuteronomica". *RSLR* 22, 1986, p. 3-25.

BEUKEN, W.A.M. "Exodus 16.5,23: A Rule Regarding the Keeping of the Sabbath?" *JSOT* 32, 1985, p. 3-14.

BEYER, K. *Die aramäischen Texte vom Toten Meer.* Göttingen, 1984.

BEYERLIN, W. Die Paränese im Bundesbuch und ihre Herkunft. In: *Gottes Wort und Gottes Land, FS W. Hertzberg.* Göttingen, 1965, p. 2-29.

_____. *Die Rettung der Bedrängten in den Feindpsalmen der Einzelnen auf institutionelle Zusammenhänge untersucht* (FRLANT 99), 1970.

_____. Gattung und Herkunft des Rahmens im Richterbuch. In: *Tradition und Situation, FS A. Weiser.* Göttingen, 1963, p. 1-29.

_____. *Weisheitlich-kultische Heilsordnung. Studien zum 15. Psalm* (Biblisch-Theologische Studien 9). Neukirchen-Vluyn, 1985.

_____. (org.). *Religionsgeschichtliches Textbuch zum Alten Testament* (GAT 1), 1975.

BIALOBLOCKI, S. *Die Beziehungen des Judentums zu Proselyten und Proselytentum.* Berlim, 1930.

BIANCHI, H. *Alternativen zur Strafjustiz. Biblische Gerechtigkeit. Freistätten. Täter-Opfer-Ausgleich.* Munique/Mainz, 1988.

_____. Das Tsedeka-Modell als Alternative zum konventionellen Strafrecht, ZEE 18, 1974, p. 89-110.

BICKERMAN, E.J. The Babylonian Captivity. In: *The Cambridge History of Judaism*. Vol. I. Introduction; *The Persian Period*. Cambridge e o., 1984, p. 342-357.

BICKERT, R. "Die List Joabs und der Sinneswandel Davids. Eine dtr bearbeitete Einschaltung in die Thronfolgeerzählung: 2 Sam xiv 2-22". *VT.S* 30, 1979, p. 30-51.

BIETENHARD, H. (org.). *Der tannaitische Midrasch Sifre Deuteronomium* (Judaica et Christiana 8). Berna e o., 1984.

BIGGER, S.F. "The Family Laws of Leviticus 18 in their Setting". *JBL* 98, 1979, p. 187-203.

BILLERBECK, P. & STRACK, H.L. *Kommentar zum Neuen Testament am Talmud und Midrasch*, 7. ed. I-V. Munique, 1922ss., reimpr. 1978.

BIRD, Ph.A. "Translating Sexist Language as a Theological and Cultural Problem". *Union Theological Seminary Quarterly Review* 42, 1988, p. 89-95.

_____. The Place of Women in the Israelite Cultus. In: MILLER, P.D. e o. (orgs.). *Ancient Israelite Religion*, FS F.M. Filadélfia, 1987, p. 397-419.

BIRKELAND, H. "Hebrew *zae* and Arabic *dū*'", *StTh* 2, 1949/1950, p. 201s.

BLACK, M. *Die Muttersprache Jesu* (BWANT 115), 1982.

BLACKSTONE, W. *Commentaries on the Laws of England*. 18. ed. Vol. 1. Londres, 1821.

BLAU, J. "Short Philological Notes on the Inscription of Meša'". *Maarav* 2, 1979/1980, p. 143-153.

_____. "Über homonyme und angeblich homonyme Wurzeln". *VT* 6, 1956, p. 242-248.

BLENKINSOPP, J. *Ezra – Nehemia. A Commentary*. Londres, 1989.

_____. *Prophecy and Canon – A contribution to the study of Jewish origin*. Notre Dame/Ind., 1977.

_____. "The Structure of P", *CBQ* 38, 1976, p. 275-292.

BLOCH, E. *Naturrecht und menschliche Würde* (Gesamtausgabe Bd. 6). Frankfurt/M., 1961.

BLOME, F. "Die Opfermaterie in Babylonien und Israel". *SSAOI* 4, 1934.

BLOSSER, D. "The Sabbath Year Cycle in Josephus". *HUCA* 52, 1981, p. 129-139.

BLUM, E. *Die Komposition der Vätergeschichte* (WMANT 57), 1984.

_____. Psalm 2,7c – eine performative Aussage. In: *Sefer* Rendtorff, FS R. Rendtorff (DBAT Beih. 1). Dielheim, 1975, p. 4-8.

_____. *Studien zur Kompositon des Pentateuch* (BZAW 189), 1990.

BLUMENFELD, D.L. *The Terminology of Imprisonment and Forced Detention in the Bible*. Ph.D.diss. Nova York, 1977.

BLUMENTHAL, E. *Altägyptische Reiseerzählungen: Die Lebensgeschichte des Sinuhe. Der Reisebericht des Wen-Amun*. Leipzig, 1982.

BOECKER, H.J. *Klagelieder* (ZBK 21), 1985.

_____. *Recht und Gesetz im Alten Testament und im Alten Orient*. 2. ed. Neukirchen-Vluyn, 1984.

_____. *Die Beurteilung der Anfänge des Königtums in den deuteronomistischen Abschnitten des 1. Samuelbuches – Ein Beitrag zum Problem des "Deuteronomistischen Geschichtswerks"* (WMANT 31), 1969.

_____. Redeformen des Rechtslebens im Alten Testament (WMANT 14), 1964.

BOER, P.A.H. de. Quelques remarques sur l'arc dans la Nuée (Gen 9,8-17). 2. ed. In: BREKELMANS, C. (org.). Questions disputées d'Ancient Testament (BEThL 33), 1989, p. 105-114.

_____. Some Remarks on Exodus xxi 7-11. The Hebrew Female Slave (Orientalia Neerlandica). Leiden, 1948, p. 162-166.

BOGAERT, P.-M. Les trois Rédactions conservées et la forme originale de l'envoi du Cantique de Moïse (DT 32,43). In: LOHFINK, N. (org.). Das Deuteronomium (BEThL LXVIII), 1985, p. 329-340.

BOHANNAN, P. Justice and Judgement among the Tiv. 2. ed. Londres e o., 1968.

BOOIJ, Th. "Mountain and Theophany in the Sinai Narrative". Bib. 65, 1984, p. 1-26.

_____. "The Background of the Oracle in Psalm 81". Bib. 65, 1984, p. 465-475.

BOORER, S. "The Kerygmatic Intention of the Priestly Document". ABR 25, 1976, p. 12-20.

BORGER, R. "Akkadische Rechtsbücher", TUAT I/1, 1982, p. 32-95.

BORNKAMM, G. art. πρέσβυς κτλ., ThWNT VI, 1959, p. 651-683.

BORNKAMM, H. Luther und das Alte Testament. Tübingen, 1948.

BOROWSKI, O. Agriculture in Iron Age Israel. Winona Lake/Ind., 1987.

BOTTERO, J. Le "Code" de Hammurabi, Scuola Normale Superiore (Pisa). Annali della Scuola Superiore di Pisa, 3. Ser., 12, Florença, 1982, p. 409-444.

BOURGEAULT, G. Décalogue et morale chrétienne. Enquête patristique sur l'utilisation et l'interprétation chrétienne du décalogue de ca. 60 à ca. 220. Paris e o. 1971.

BOVATI, P. Ristabilire la giustizia (AnBib 110). Roma, 1986.

BRAULIK, G. Die deuteronomischen Gesetze und der Dekalog. Studien zum Aufbau von Deuteronomium 12-26 (SBS 145), 1991.

_____. Die Funktion von Siebenergruppierungen im Endtext des Deuteronomiums. In: REITERER, F.V. (org.), Ein Gott – eine Offenbarung, FS N. Füglister. Würzburg, 1991, p. 37-50.

_____. Haben in Israel auch Frauen geopfert? Beobachtungen am Deuteronomium. In: Zur Aktualität des Alten Testaments, FS G. Sauer. Frankfurt/M., 1991, p. 19-28.

_____. Die Abfolge der Gesetze in Dtn 12-26 und der Dekalog. In: LOHFINK, N. (org.), Das Deuteronomium. Entstehung, Gestalt und Botschaft (BEThL 68), 1988, p. 252-272 = id., Studien (SBA 2), 1988, p. 231-255.

_____. "Die Ausdrücke für "Gesetz" im Buch Deuteronomium". Bib. 51, 1970, p. 39-66 = id., Studien zur Theologie des Deuteronomiums (SBA 2), 1988, p. 11-38.

_____. Die Freude des Festes. Das Kultverständnis des Deuteronomiums – die älteste biblische Festtheorie. In: Theologisches Jahrbuch 1983, p. 13-54 = id., Studien (SBA 2), 1988, p. 161-218.

_____. "Gesetz als Evangelium. Rechtfertigung und Begnadigung nach der deuteronomischen Tora". ZThK 79, 1982, p. 127-160 = id., Studien (SBA 2), 1988, p. 123-160.

_____. Weisheit, Gottesnähe und Gesetz. Zum Kerygma von Deuteronomium 4,5-8. In: Studien zum Pentateuch, FS W. Kornfeld. Viena, 1977, p. 165-195 = id., Studien zur Theologie des Deuteronomiums (SBA 2), 1988, p. 53-93.

_____. "Zur Abfolge der Gesetze in Deuteronomium 16,18–21,23. Weitere Beobachtungen". Bib. 69, 1988, p. 63-92.

_____. *Deuteronomium 1 – 16,7* (NEB Liefg. 15). Würzburg, 1986.

_____. Das Deuteronomium und die Geburt des Monotheismus. In: HAAG, E. (org.). *Gott der einzige. Zur Entstehung des Monotheismus in Israel* (QD 104), 1985, p. 115-159 = id., *Studien* (SBA 2), 1988, p. 257-300.

BREKELMANS, C. Deuteronomy 5: Its Place and Function. In: LOHFINK, N. (org.). *Das Deuteronomium. Entstehung, Gestalt und Botschaft* (BEThL 68), 1985, p. 164-173.

BRENNER, A. *The Israelite Woman. Social Role and Literary Type in Biblical Narrative.* Sheffield, 1985.

BRIANT, P. Polythéismes et empire unitaire (Remarques sur la politique religieuse des Achéménides). In: *Les grandes figures religieuses. Fonctionnement, pratique et symbolique dans l'Antiquité* (Centre de Recherches d'Histoire Ancienne 68). Paris, 1986, p. 425-438.

_____. Pouvoir central et polycentrisme culturel dans l'empire Achéménide. Quelques réflections et suggestions. In: SANCISI-WEERDENBURG, H. (orgs.). *Achaemenid History I, Sources, Structures and Synthesis.* Leiden, 1987, p. 1-31.

BRICHTO, H.C. "The Worship of the Golden Calf: A Literary Analysis of a Fable on Idolatry". HUCA 54, 1983, p. 1-44.

_____. "On Slaughter and Sacrifice, Blood and Atonement". HUCA 47, 1976, p. 19-55.

BRIGHT, J. *Jeremiah*, 2. ed. (AncB 21),1984.

BRIN, G. "Numbers xv 22-23 and the Question of the Composition of the Pentateuch". VT 30, 1980, p. 351-354.

BROCK, S.P. "Bibelübersetzungen I,2. Die Übersetzungen des Alten Testaments im Griechischen". TRE VI, 1980, p. 163-172.

BROCKELMANN, C. *Hebräische Syntax.* Neukirchen, 1956.

BRONGERS, H.A. "Der Eifer des Herrn Zebaoth". VT 13, 1963, p. 269-284.

BROSHI, M. "La population de l'ancienne Jérusalem". RB 82, 1975, p. 5-14.

_____. "The Expansion of Jerusalem in the Reigns of Hezekiah and Manasseh". IEJ 24, 1974, p. 21-26.

BRUEGGEMANN, W. "The Kerygma of the Priestly Writers". ZAW 84, 1972, p. 397-414.

BRUNNER, R. (org.). *Gesetz und Gnade im Alten Testament und im jüdischen Denken.* Zurique, 1969.

BUBER, M. *Zwei Glaubensweisen* (1950) (*Werke I. Schriften zur Philosophie*). Heidelberg, 1962, p. 651-782.

BUBER, M. & ROSENZWEIG, F. *Bücher der Geschichte*, trad. al. Colônia/Olten, 1966.

_____. *Die fünf Bücher der Weisung*, trad. al. Colônia/Olten, 1954.

BUCHHOLZ, J. *Die Ältesten Israels im Deuteronomium* (GTA 36), 1988.

BUDD, P.J. Holiness and Cult. In: CLEMENTS, R.E. (org.). *The World of Ancient Israel. Sociological, Anthropological and Political Perspectives.* Cambridge, 1989, p. 275-298.

_____. "Priestly Instruction in Pre-Exilic Israel". VT 23, 1973, p. 1-14.

BUDDE, K. *Der Segen Mose's.* Dt 33. Tübingen, 1922.

BURROWS, M. "The Complaint of Laban's Daughters". *JAOS* 57, 1937, p. 259-276.

CAILLOIS, R. *Der Mensch und das Heilige*, trad. al. Munique, 1988.

CAMPBELL Jr. & RUTH, E.F. (AncB 7), 1975.

CAQUOT, A. "Les bénédictions de Moïse (Deutéronome 33,6-25). I Ruben, Juda, Levi, Benjamin". *Sem.* 32, 1982, p. 67-81.

CARDASCIA, G. La formazione del diritto in Assiria. In: THEODORIDES, A. e o., *La formazione del diritto nel Vicino Oriente Antico.* Nápoles/Roma, 1988, p. 51-60.

_____. La Place du talion dans l'histoire du droit pénal à la lumière des droits du Proche-Orient ancien. In: *Mélanges Jean Dauvillier.* Toulouse, 1979, p. 169-183.

_____. Le Statut de l'Étranger dans la Mésopotamie Ancienne. In: *L'Étranger* (Recueil de la Société Jean Bodin 9), 1958, p. 105-117.

CARDELLINI, I. *Die biblischen "Sklaven"-Gesetze im Lichte des keilschriftlichen Sklavenrechts. Ein Beitrag zur Tradition und Redaktion der alttestamentlichen Rechtstexte* (BBB 55). Königstein/Bonnm, 1981.

CARDENAL, E. *Das Evangelium der Bauern von Solentiname* – Gespräche über das Leben Jesu in Lateinamerika. 3. ed. 4 vols. Gütersloh, 1980.

CARLSON, R.A. "Élie à l'Horeb". *VT* 19, 1969, p. 416-439.

CARMICHAEL, C.M. "A Ceremonial Crux: Removing a Man's Sandal as a Female Gesture of Contempt". *JBL* 96, 1977, p. 321-336.

_____. "Forbidden Mixtures". *VT* 32, 1982, p. 394-415.

_____. *Law and Narrative in the Bible* – The Evidence of the Deuteronomic Laws and the Decalogue. Ithaca, N.Y./Londres, 1985.

_____. "On Separating Life and Death: An Explanation of Some Biblical Laws". *HThR* 69, 1976, p. 1-7.

CARROLL, R.P. *Jeremia* – A Commentary. Londres, 1986.

CASSUTO, U. *A Commentary on the Book of Exodus*, 3.ed. (hebr. 1951), tradução ingl. Jerusalém, 1983.

CAVALETTI, S. "Il significato di mashsheh yad in Deut". 15,2, *Antonianum* 31, 1956, p. 301-304.

CAZELLES, H. Le Pentateuque comme Torah. In: id. *Autour de L'Exode (Études).* Paris, 1987, p. 9-52.

_____. Torah et Loi, préalables à l'étude historique d'une notion juive. In: id. *Autour de L'Éxode (Études).* Paris, 1987, p. 131-141.

_____. L'Alliance du Sinai en Ex 34,10-27. In: CAQUOT, A. e o. (orgs.). *Mélanges bibliques et orientaux en l'honneur de M.M. Delcor* (AOAT 215), 1985, p. 57-68 = id., *Autour de l'Exode (Études).* Paris, 1987, p. 175-185.

_____. Impur et sacré à Ugarit. In: *Al-Bahit, FS J. Henninger*, 1976, p. 37-47.

_____. "Pur et impur aux origines de l'Hébreu et à Ugarit". *MUSJ* 49, 1975/1976, p. 443-449.

_____. "Institution et Terminologie en Deut I 6-17". *VT.S* XV, 1966, p. 97-112.

_____. "La mission d'Esdras". *VT* 4, 1954, p. 113-140.

_____. Jérémie et le Deutéronome, RSR 38, 1951, p. 5-36, inglês.: Jeremiah and Deuteronomy. In: PERDUE, L.G. & KOVACS, B.W. (orgs.). *A Prophet to the Nations. Essays in Jeremiah Studies.* Winona Lake, 1984, p. 89-111.

_____. *Études sur le Code de L'Alliance.* Paris, 1946.

_____. "L'auteur du code de l'alliance". RB 52, 1945, p. 173-191.

CELAN, P. *Zeitgehöft. Späte Gedichte aus dem Nachlass.* Frankfurt/M., 1976.

CHAMBERLAIN, G.A. *Ex 21-23 and Dt 12-26: A Form-Critical Study.* Diss. Boston Univ. Graduate School, 1977.

CHAN, K.-K. "You Shall Not Eat These Abominable Things: An Examination of Different Interpretations of Deuteronomy 14:3-20". EAJT 3, 1985, p. 88-106.

CHIESA, B. "La promessa di un profeta (Deut., 18,15-20)". BeO 15, 1973, p. 17-26.

CHILDS, B.S. *Introduction to the Old Testament as Scripture.* Filadélfia, 1979.

_____. *The Book of Exodus – A Critical Theological Commentary* (OTL), 1974.

CHOLEWINSKI, A. *Heiligkeitsgesetz und Deuteronomium. Eine vergleichende Studie* (AnBib 66), 1976.

CHRISTENSEN, D.L. "Prose and Poetry in the Bible. The Narrative Poetics of Deuteronomy 1,9-18". ZAW 97, 1985, p. 179-189.

CLABURN, W.E. "The Fiscal Basis of Josiah's Reforms". JBL 92, 1973, p. 11-22.

CLEMENTS, R.E. *Deuteronomy.* Sheffield, 1989.

CLINES, D.J.A. *Ezra, Nehemia, Esther, New Century Bible Commentary.* Grand Rapids, 1984.

_____. "Nehemiah 10 as an Example of Early Jewish Biblical Exegesis". JSOT 21, 1981, p. 111-117.

_____. The Force of the Text. A Response to Tamara C. Eskenazi's "Ezra-Nehemia: From Text to Actuality". In: J.C. Exum (org.). *Signs and Wonders. Biblical Texts in Literary Focus.* Atlanta, 1989, p. 199-215.

_____. The Nehemiah Memoir: The Perils of Autobiography. In: *What Does Eve Do to Help? and Other Readerly Questions to the Old Testament* (JSOT.S 94), 1990, p. 124-164.

COATS, G.W. *Rebellion in the Wilderness. The murmuring motif in the wilderness traditions of the Old Testament.* Nashville/Nova York, 1968.

_____. The King's Loyal Opposition: Obedience and Authority in Exodus 32-34. In: *Canon and Authority,* FS W. Zimmerli. Filadélfia, 1977, p. 91-109.

CODY, A. *A History of O.T. Priesthood* (AnBib 35). Roma, 1969.

COGAN, M. & TADMOR, H. *II Kings. A New Translation with Introduction and Commentary* (AncB 11). Roma, 1988.

COGGINS, R.J. *Samaritans and Jews – The Origin of Samaritanism reconsidered.* Atlanta, 1975.

_____. *The First and Second Books of the Chronicles* (CBC O.T. 11), 1976.

_____. The origins of the Jewish diaspora. In: CLEMENTS, R.E. (org.). *The World of Ancient Israel. Sociological, Anthropological and Political Perspectives.* Cambridge, 1989, p. 163-181.

COHEN, B. *Jewish and Roman Law. A Comparative Study.* 2 vols. Nova York, 1966.

COHEN, D. "Greek Law: Problems and Methods". ZSRG.R 106, 1989, p. 81-105.

COHEN, H. Die Nächstenliebe im Talmud. Als ein Gutachten dem königlichen Landgerichte zu Marburg erstattet (1888). In: id., *Der Nächste. Vier Abhandlungen über das Verhalten von Mensch zu Mensch und der Lehre des Judentums.* Berlim, 1935, p. 29-52.

_____. *Religion der Vernunft aus den Quellen des Judentums – Eine jüdische Religions-philosophie.* Reimpr., Wiesbaden, 1978.

COHEN, M. Le "'Ger' biblique et son statut socio-religieux". RHR 207, 1990, p. 131-158.

COHEN, M.L. "Backgrounds of the Biblical Law Against Usury". CSSH 6, 1964, p. 250-267.

COLPE, C. Sakralisierung von Texten und Filiationen von Kanons. In: ASSMANN, A. e J. (orgs.). *Kanon und Zensur. Archäologie der literarischen Kommunikation II.* Munique 1987, p. 80-92.

_____. (org.). *Die Diskussion um das "Heilige"* (WdF 305), 1977.

CONRAD, D. Einige (archäologische). Miszellen zur Kultgeschichte Judas in der Königszeit. In: GUNNEWEG, A. & KAISER, O. (orgs.). *Textgemäss, FS E. Würthwein.* Göttingen 1979, p. 28-32.

_____. *Studien zum Altargesetz. Ex 20:24-26.* Diss. Marburg, 1968.

CONRAD, J. art. *zāqen* κτλ., ThWAT II, 1977, p. 639-650.

CONROY, C. Reflections on the Exegetical Task. Apropos of Recent Studies on 2 Kg 22-23. In: BREKELMANS, C. & LUST, J. (orgs.). *Pentateuchal and Deuteronomistic Studies. Papers read at the XIIIth IOSOT Congress Leuven 1989* (BEThL 94), 1990, p. 255-268.

COOGAN, M.D. "Life in the Diaspora. Jews at Nippur in the Fifth Century B.C.". BA 37, 1974, p. 6-12.

COOPER, A. "The Plain Sense of Exodus 23:5". HUCA 59, 1988, p. 1-22.

COOTE, R.B. Yahwe Recalls Elijah. In: HALPERN, B. & LEVENSON, J.D. (orgs.). *Traditions in Transformation, FS F.M. Cross.* Winona Lake/Ind. 1981, p. 115-120.

COPPENS, J. "Exode XIX$_6$: Un royaume ou une royauté des prêtres?". EThL 53, 1977, p. 185s.

CORNILL, C.H. *Das Buch Jeremia.* Leipzig, 1905.

CORTESE, E. *Josua 13-21. Ein priesterschriftlicher Abschnitt im deuteronomistischen Geschichtswerk* (OBO 94), 1990.

_____. "L'esegesi di H (Lev. 17-26)". RivBib 29, 1981, p. 129-146.

COWLEY, A. (org.). *Aramaic Papyri of the Fifth Century B.C.* Oxford, 1923, reimpr. Osnabrück, 1967.

CROSS, F.M. "A Reconstruction of the Judaean Restoration". JBL 94, 1975, p. 4-18.

_____. *Canaanite Myth and Hebrew Epic. Essays in the History of the Religion of Israel.* Cambridge/Mass., 1973.

CROSS, F.M. & FREEDMAN, D.N. *Studies in Ancient Yahwistic Poetry* (SBLDS 21). Missoula, 1975.

_____. "The Blessing of Moses". *JBL* 67, 1948, p. 190-210.

CRÜSEMANN, F. "'Auge um Auge...' (Ex 21,24f). Zum sozialgeschichtlichen Sinn des Talionsgesetzes im Bundesbuch". *EvTh* 47, 1987, p. 411-426.

_____. "...damit er dich segne in allem Tun deiner Hand..." (Dtn 14,29). Die Produktionsverhältnisse der späten Königszeit, dargestellt am Ostrakon von *Meṣad* Hashavjahu, und die Sozialgesetzgebung des Deuteronomiums. In: SCHOTTROFF, L. e W. (orgs.). *Mitarbeiter der Schöpfung. Bibel und Arbeitswelt*. Munique, 1983, p. 72-103.

_____. "...er aber soll dein Herr sein" (Gen 3,16). Die Frau in der patriarchalischen Welt des Alten Testaments. In: CRÜSEMANN, F. & THYEN, H. *Als Mann und Frau geschaffen. Exegetische Studien zur Rolle der Frau* (Kennzeichen vol. 2). Gelnhausen e o., 1978, p. 13-106.

_____. "...wie wir vergeben unseren Schuldigern". Schulden und Schuld in der biblischen Tradition. In: *Impulse*. FS A. Jäger. Bielefeld, 1991 (impr. priv.), p. 131-141 = M. Crüsemann/W. Schottroff (orgs.). *Schuld und Schulden. Biblische Traditionen in gegenwärtigen Konflikten*. Munique 1992.

_____. "5. Mose 6,4-6". *JK* 51, 1990, p. 303-307.

_____. *Bewahrung der Freiheit. Das Thema des Dekalogs in sozialgeschichtlicher Perspektive* (KT 78). 1983 (= em português: *Preservação da liberdade: O Decálogo numa perspectiva histórico-social*. Trad. de Haroldo Reimer. São Leopoldo, 1996).

_____. Das "portative Vaterland". Struktur und Genese des alttestamentlichen Kanons. In: A. e J. Assmann (org.). *Kanon und Zensur. Archäologie der literarischen Kom- munikation II*. Munique 1987, p. 63-79.

_____. Das Bundesbuch – Historischer Ort und institutioneller Hintergrund, *VT.S* 40, 1988, p. 27-41.

_____. Der Exodus als Heiligung. In: BLUM, E. e o. (orgs.). *Die Hebräische Bibel und ihre zweifache Nachgeschichte*. FS R. Rendtorff. Neukirchen 1990, p. 117-129.

_____. "Der Pentateuch als Tora. Prolegomena zur Interpretation seiner Endgestalt". *EvTh* 49, 1989, p. 250-267.

_____. *Der Widerstand gegen das Königtum. Die antiköniglichen Texte des Alten Testamentes und der Kampf um den frühen israelitischen Staat* (WMANT 49), 1978.

_____. "Der Zehnte der israelitischen Königszeit". *WuD* 18, 1985, p. 21-47.

_____. Die Eigenständigkeit der Urgeschichte. Ein Beitrag zur Diskussion um den "Jahwisten". In: JEREMIAS, J. & PERLITT, L. (orgs.). *Die Botschaft und die Boten*, FS H.W. Wolff. Neukirchen-Vluyn, 1981, p. 11-29.

_____. "Ein israelitisches Ritualbad aus vorexilischer Zeit". *ZDPV* 94, 1978, p. 68-75.

_____. "Fremdenliebe und Identitätssicherung. Zum Verständnis der "Fremden"-Gesetze im Alten Testament". *WuD* 19, 1987, p. 11-24.

_____. Israel in der Perserzeit. Eine Skizze in Auseinandersetzung mit Max Weber. In: SCHLUCHTER, W. (org.). *Max Webers Sicht des antiken Christentums. Interpretation und Kritik* (stw 548), 1985, p. 205-232.

_____. Recht und Theologie im Alten Testament. In: SCHLAICH, K. (org.). Studien zu Kirchenrecht und Theologie I (Texte u. Materialien der FEST A 26). Heidelberg, 1987, p. 11-81.

_____. "Tendenzen der alttestamentlichen Wissenschaft zwischen 1933 und 1945". WuD 20, 1989, p. 79-103.

_____. Tora und christliche Ethik. In: RENDTORFF, R. & STEGEMANN, E. (orgs.). Auschwitz – Krise der christlichen Theologie. Munique, 1980, p. 159-177.

CURTIS, E.L. The Books of Chronicles, 2. ed. (ICC). Edimburgo, 1910, 1952.

DALMAN, G. Arbeit und Sitte in Palästina, I – VII. Gütersloh, 1928, reimpr. 1964.

_____. Die Worte Jesu, 2. ed. Leipzig, 1930.

DANDAMAEV, M.A. A Political History of the Achaemenid Empire, trad. ingl. Leiden e o., 1989.

_____. Der Tempelzehnte in Babylonien während des 6.-4. Jh.v.u.Z. In: Beiträge zur Alten Geschichte und deren Nachleben I, FS F. Altheim. Berlim, 1969, p. 82-90.

_____. Politische und wirtschaftliche Geschichte. In: G. Walser (org.). Beiträge zur Achämenidengeschichte (Historia, Einzelschrift 18). Wiesbaden, 1972, p. 15-58.

DANDAMAEV, M.A. & LUKONIN, V.G. The Culture and Social Institutions of Ancient Iran. Cambridge e o., 1989.

DANIELS, D.R. Hosea and Salvation History (BZAW 191), 1990.

_____. The Composition of the Ezra-Nehemiah Narrative. In: D.R. Daniels e o. (orgs.). Ernten, was man sät, FS K. Koch. Neukirchen, 1991, p. 311-328.

_____. The creed of Deuteronomy xxvi revisited. In: EMERTON, J.A. (org.). Studies in the Pentateuch (VT.S 41), 1990, p. 231-242.

DARLING, A.S. The Levitical Code: Hygiene or Holiness. In: PALMER, B. (org.). Medicine and the Bible. Exeter, 1986, p. 85-99.

DAUBE, D. "Biblical Landmarks in the Struggle for Women's Rights". Juridicial Review 90, 1978, p. 177-197.

_____. "Das Selbstverständliche in der Rechtsgeschichte". ZSRG.R 90, 1973, p. 1-13.

_____. "Direct and Indirect Causation in Biblical Law". VT 11, 1961, p. 246-269.

_____. "Error and Accident in the Bible". RIDA 2, 1949, p. 189-213.

_____. "Law in the Narratives. In: id." Studies in Biblical Law. Cambridge, 1947, p. 1-73.

_____. "Lex Talionis. In: id." Studies in Biblical Law. Cambridge, 1947, p. 102-153.

_____. Rechtsgedanken in den Erzählungen des Pentateuchs. In: Von Ugarit nach Qumran (BZAW 77), 1958, p. 38-41.

_____. Sin, Ignorance and Forgiveness in the Bible. Londres, 1960.

_____. Studies in Biblical Law. Cambridge, 1947.

_____. "The Culture of Deuteronomy". Orita 3, 1969, p. 27-52.

_____. Witnesses in Bible and Talmud. In: DAUBE, D. & CARMICHAEL, C. Biblical Laws of Talion. Oxford, 1986, p. 3-20.

DAVIES, D.R. "Rebellion, Presence, and Covenant: A Study in Exodus 32-34". *WThJ* 44, 1982, p. 71-87.

DAVIES, E.W. "Inheritance Rights and the Hebrew Levirate Marriage". *VT* 31, 1981, p. 138-144, 257-268.

DAVIES, W.D. *Torah in the Messianic Age and/or the Age to Come*. Filadélfia, 1952.

DEIANA, G. Azazel in Lv. 16, *Lat.* 54, 1988, p. 16-33.

DEISSLER, A. *Zwölf Propheten: Hosea, Joël, Amos*, 2. ed. (NEB Liefg. 4). Würzburg, 1985.

DELCOR, M. Astarté et la fécondité des troupeaux en Deut. 7,13 et parallèles, *UF* 6, 1974, p. 7-14.

DELEKAT, L. *Asylie und Schutzorakel am Zionsheiligtum*. Leiden, 1967.

DEMARE, S. "La valeur de la loi dans les droits cunéiformes". *APD* 32, 1987, p. 335-346.

DEMOSTHENES, Oratio XXIV. Gegen Timokrates, 3. ed. In: *Werke* III, trad. de J.H. Vince (The Loeb Classical Literary), 1964, p. 372-511.

DEQUEKER, L. Noah and Israel. The everlasting divine covenant with mankind. In: BREKELMANS, C. (org.). *Questions disputées d'Ancien Testament* (BEThL 33), 1974, p. 115-129.

DIAMOND, A.S. *Primitive Law, Past and Present*. Londres, 1971.

DIEBNER, B.J. "Exodus 15,22-27 und der Beginn der Wüstenzeit 'Israels'". *DBAT* 20, 1984, p. 122-159.

_____. "Gen 34 und Dinas Rolle bei der Definition 'Israels'". *DBAT* 19, 1984, p. 59-75.

DIEBNER, B.J. & SCHULT, H. "Das Problem der Todesstrafe an Tier und Mensch in Genesis 9,5-6". *DBAT* 6, 1974, p. 2-5.

_____. "Die Ehen der Erzväter". *DBAT* 8, 1975, p. 2-10.

DIESTEL, L. *Geschichte des Alten Testamentes in der christlichen Kirche*. Jena, 1869.

DIETRICH, M. & LORETZ, O. "'DB und 'DB im Ugaritischen". *UF* 17, 1986, p. 105-116.

_____. Ug. *bṣql 'rgz* und he. *b ṣqlnw* (2 Reg 4,42), *gwz*, *UF* 18, 1986, p. 115-120.

_____. "Ugaritische Rituale und Beschwörungen". *TUAT* II, 1988, p. 300-357.

DIETRICH, M.; LORETZ, O. & SANMARTIN, J. (orgs.). *Die keilalphabetischen Texte aus Ugarit*, (AOAT 24), 1976.

DIETRICH, W. *Jesaja und die Politik* (BEvTh 74), 1976.

DIJK, J.v. "Neusumerische Gerichtsurkunden in Baghdad". *ZA* 55, 1963, p. 70-90.

DILLMANN, A. *Die Bücher Exodus und Leviticus*, 3. ed. (org. por V. Ryssel) (KEH 12). Leipzig, 1897.

_____. *Numeri, Deuteronomium und Josua*, 2. ed. (KEH 3), 1886.

DION, P.-E. "Tu feras disparaître le Mal du Milieu de toi". *RB* 87, 1980, p. 321-349.

_____. "Deutéronome 21,1-9: Miroir du dévelopement légal et religieux d'Israël". *SR* 11, 1982, p. 13-22.

DOHMEN, C. art. *massēkāh*, *ThWAT* IV, 1984, p. 1.009-1.015.

_____. *Das Bilderverbot. Seine Entstehung und seine Entwicklung im Alten Testament*, 2. ed. (BBB 62), 1987.

_____. "Dekalogexegese und kanonische Literatur. Zu einem fragwürdigen Beitrag C. Levins". *VT* 37, 1987, p. 81-85.

_____. "Eifersüchtiger ist sein Name" (Ex 34,14). Ursprung und Bedeutung der alttestamentlichen Rede von Gottes Eifersucht, *ThZ* 46, 1990, p. 289-304.

_____. Was stand auf den Tafeln vom Sinai und was auf denen vom Horeb? Geschichte und Theologie eines Offenbarungsrequisits. In: HOSSFELD, F.-L. (org.). *Vom Sinai zum Horeb. Stationen alttestamentlicher Glaubensgeschichte.* Würzburg, 1989, p. 9-50.

DOHMEN, D. "Ein kanaanäischer Schmiedeterminus (NSK)". UF 15, 1983, p. 39-42.

DÖLLER, J. *Die Reinheits – und Speisegesetze des Alten Testaments in religionsge-schichtlicher Beleuchtung.* Münster, 1917.

DOMAR, E.D. "The Causes of Slavery or Serfdom: A Hypothesis". JEconHist 30, 1970, p. 18-32.

DOMMERSHAUSEN, W. "Heiligkeit, ein alttestamentliches Sozialprinzip?". *ThQ* 148, 1968, p. 153-166.

DONNER, H. *Die Verwerfung des Königs Saul* (SbWGF XIX/5), 1983.

_____. *Geschichte des Volkes Israel und seiner Nachbarn in Grundzügen* (GAT 4). 2 vols. 1984 e 1986 (= História de Israel e dos povos vizinhos. Petrópolis/São Leopoldo, 1997).

DONNER, H. & RÖLLIG, W. *Kanaanäische und aramäische Inschriften.* 3. ed. 3 vols. (1964). Wiesbaden, 1979.

DORIVAL, G. Les origines de la Septante: la traduction en grec des cinq livres de la Torah. In: id./M. Harl/O. Munnich, *La Bible grecque des Septante.* Paris, 1988, p. 39-82.

DORON, P. "A New Look at an Old Lex". Journal of the Ancient Near Eastern Society of the Columbia University 1, 1969, n. 2, p. 21-27.

DOUGLAS, M. *Reinheit und Gefährdung. Eine Studie zu Vorstellungen von Verunreinigung und Tabu*, trad. al. (stw 712), 1985.

DOZEMAN, T. "Spatial Form in Exod. 19:1-8a and the Larger Sinai Narrative". *Semeia* 46, 1989, p. 87-101.

DRAFFKORN, A.E. "Ilani/Elohim". JBL 76, 1957, p. 216-224.

DREIER, R. "Der Begriff des Rechts". *Neue Juristische Wochenzeitschrift* 39, 1986, p. 890-896 = in: id., Recht – Staat – Vernunft. Studien zur Rechtstheorie 2 (stw 954), 1991, p. 95-119.

_____. "Göttliches und menschliches Recht". ZEvKR 32, 1987, p. 289-316.

DREWERMANN, E. *Der tödliche Fortschritt – Von der Zerstörung der Erde und des Menschen im Erbe des Christentums.* 3. ed. Regensburg, 1981.

DRIVER, G.R. & MILES, J.C. The *Assyrian Laws.* Oxford, 1935, reimpr. 1975.

_____. The *Babylonian Laws.* 2 vols. Oxford (1955), 1968.

DUHM, B. *Das Buch Jeremia* (KHC XI), 1901.

_____. *Das Buch Jesaja,* 4. ed. (HK 3/1), 1922, reimpr. 1968.

DÜLL, R. Das Zwölftafelgesetz. Munique, 1976.

DUMBRELL, W.J. "In those days there was no king in Israel; every man did what was right in his own eyes". JSOT 25, 1983, p. 23-33.

DUX, G. Rechtssoziologie. Eine Einführung (UTB 241), 1978.

DWORKIN, R. Bürgerrechte ernstgenommen, trad. al. Frankfurt/M., 1990.

EBACH, J. Bild Gottes und Schrecken der Tiere. Zur Anthropologie der priesterlichen Urgeschichte. In: id. Ursprung und Ziel. Erinnerte Zukunft und erhoffte Vergangenheit. Neukirchen, 1986, p. 16-47.

EDER, W. The Political Significance of the Codification of Law in Archaic Societies. In: RAAFLAUB, K. (org.). Social Struggles in Archaic Rome. New Perspectives on the Conflict of the Orders. Berkeley 1986, p. 262-300.

EHRLICH, E.L. "Tora im Judentum". EvTh 37, 1977, p. 536-549.

EISING, H. art. zākar e o., ThWAT II, 1977, p. 571-593.

_____. Formgeschichtliche Untersuchung zur Jakobserzählung der Genesis. Emsdetten, 1940.

EISSFELDT, O. Einleitung in das Alte Testament. 3. ed. Tübingen, 1964.

_____. Erstlinge und Zehnten im Alten Testament (BWANT 22), 1917.

_____. "Goethes Beurteilung des kultischen Dekalogs von Ex 34 im Lichte der Pentateuchkritik". ZThK 63, 1966, p. 135-144 = id., Kleine Schriften, vol. IV. Tübingen, 1968, p. 221-230.

_____. Zum Zehnten bei den Babyloniern (1918). In: id., Kleine Schriften. Vol. I, 1962, p. 13-22.

EITZ, A. Studien zum Verhältnis von Priesterschrift und Deuterojesaja. Diss. Heidelberg, 1969.

ELBOGEN, I. Der jüdische Gottesdienst in seiner geschichtlichen Entwicklung. 3. ed. Frankfurt/M. 1931, reimpr. 1962.

ELHORST, H.J. "Eine verkannte Zauberhandlung (Dtn 21,1-9)". ZAW 39, 1921, p. 58-67.

ELIADE, M. Das Heilige und das Profane. Hamburgo, 1984.

_____. Die Religionen und das Heilige. Salzburg, 1954.

ELLIGER, K. "Das Gesetz Leviticus 18*". ZAW 67, 1955, 1-25 = id., Kleine Schriften zum Alten Testament (ThB 32), 1966, p. 232-259.

_____. Leviticus (HAT I/4), 1966.

_____. "Sinn und Ursprung der priesterlichen Geschichtserzählung". ZThK 49, 1952, p. 121-143 = id., Kleine Schriften zum Alten Testament (ThB 32), 1966, p. 174-198.

_____. Zur Analyse des Sündopfergesetzes. In: Verbannung und Heimkehr, FS W. Rudolph. Tübingen 1961, p. 39-50.

EMERTON, J.A. "Did Ezra go to Jerusalem 428 B.C.?". JThS NS 17, 1966, p. 1-19.

_____. "Priests and Levites in Deuteronomy". VT 12, 1962, p. 129-138.

_____. "The Priestly Writer in Genesis". JThS NS 39, 1988, p. 381-400.

EMMERSON, G.I. *Hosea. An Israelite Prophet in Judean Perspective* (JSOT.S 28), 1984.

_____. Women in Ancient Israel. In: CLEMENTS, R.E. (org.). *The World of Ancient Israel. Sociological, Anthropological and Political Perspectives.* Cambridge 1989, p. 371-394.

ENGELKEN, K. *Frauen im Alten Israel. Eine begriffsgeschichtliche Studie zur Stellung der Frau im Alten Testament* (BWANT 7/10 [130]), 1990.

EPH'Al, I. The Western Minorities in Babylonia in the 6th – 5th Centuries B.C.: Maintenance and Cohesion, Orientalia 47, 1978, p. 74-90.

EPSZTEIN, L. *La justice sociale dans le Proche-Orient Ancien et le peuple de la Bible.* Paris, 1983.

ERNST, A. "Wer Menschenblut vergiesst ...". Zur Übersetzung von *beadām* in Gen 9,6, ZAW 102, 1990, p. 252-253.

ESKENAZI, T.C. Ezra-Nehemia: From Text to Actuality. In: EXUM, J.C. (org.). *Signs and Wonders. Biblical Texts an Literary Focus.* Atlanta 1989, p. 165-197.

_____. *In an Age of Prose. A Literary Approach to Ezra-Nehemia* (SBLMS 36), 1988.

_____. "The Structure of Ezra-Nehemiah and the Integrity of the Book". JBL 107, 1988, p. 641-656.

ESLINGER, L. "More Drafting Techniques in Deuteronomic Laws". VT 34, 1984, p. 221-226.

EVANS, C.D. Judah's Foreign Policy from Hezekiah zu Josiah. In: Id. e o. (orgs.). *Scripture in Context. Essays on the Comparative Method* (Pittsburgh Theol. Monogr. Ser. 34), 1980, p. 157-178.

EVERS, T. (org.). *Schöpfung als Rechtssubjekt?* (8. Theologen-Juristen-Gespräch, Hofgeismarer Protokolle 269), 1990.

FABRY, H.-J. art. *ammû*, ThWAT VI, 1989, p. 204-209.

_____. art. *dal* κτλ, ThWAT II, 1977, p. 221-244.

_____. Noch ein Dekalog! Die Thora des lebendigen Gottes in ihrer Wirkungsgeschichte. Ein Versuch zu Deuteronomium 27. In: BÖHNKE, M. & HEINZ, H. *Im Gespräch mit dem dreieinigen Gott*, FS W. Breunig. Düsseldorf, 1985, p. 75-96.

FALK, Z.W. "Exodus 21,6". VT 9, 1959, p. 86-88.

_____. *Hebrew Law in Biblical Times.* Jerusalém, 1964.

_____. "Hebrew Legal Terms (I)". JSS 5, 1960, p. 350-354; (II), JSS 12, 1967, p. 241-244; (III), JSS 14, 1969, p. 39-44.

FANTAR, M.H. "À propos d'Ashtart en Méditerranée Occidentale". RSFen 1, 1973, p. 19-29.

FELDMAN, D.M. *Birth Control in Jewish Law – Marital Relations, Contraception, and Abortion as set Forth in the Classic Texts of Jewish Law.* Nova York, 1968.

FENDLER, M. "Zur Sozialkritik des Amos. Versuch einer wirtschafts- und sozialgeschichtlichen Interpretation alttestamentlicher Texte". EvTh 33, 1973, p. 32-53.

FENSHAM, F.C. "Das Nicht-Haftbar-Sein im Bundesbuch im Lichte der altorientalischen Rechtstexte". INWSL 8, 1990, p. 17-34.

_____. "Liability of Animals in Biblical and Ancient Near Eastern Law". *JNWSL* 14, 1988, p. 85-90.

_____. "New Light on Ex 21_6 and 22_7 from the Laws of Eshnunna". *JBL* 78, 1959, p. 160-161.

_____. "The Legal Background of Mt vi 12". *NT* 4, 1960, p. 1s.

_____. "The Rôle of the Lord in the Legal Sections of the Covenant Code". *VT* 26, 1976, p. 262-274.

_____. "Widow, Orphan and the Poor in Ancient Near Eastern Legal and Wisdom Literature". *JNES* 21, 1962, p. 129-139.

FEUCHT, C. *Untersuchungen zum Heiligkeitsgesetz* (ThA 20), 1964.

FINKELSTEIN, I. *The Archaeology of the Israelite Settlement.* Jerusalém, 1988.

FINKELSTEIN, J.J. "Ammi-Saduqa's Edict and Babylonian 'Law Codes'". *JCS* 15, 1961, p. 91-104.

_____. "The Ox That Gored". *TAPhS* 71/72, 1981, p. 1-89.

FINKELSTEIN, L. "An Eye for an Eye". *The Menorah Journal* 24, 1936, p. 207-218.

_____. The Men of the Great Synagogue (circa 400-170 B.C.E.). In: *The Cambridge History of Judaism. II The Hellenistic Age.* Cambridge, 1989, p. 229-244.

_____. (org). *Siphre ad Deuteronomium*, 2. ed. (1939). Nova York, 1969.

FINLEY, M.I. *Antike und moderne Demokratie* (1973), trad. al. Stuttgart, 1987.

_____. *Die antike Wirtschaft* (1973), trad. al. Viena, 1977.

_____. Die Schuldknechtschaft (1965), trad. al. In: KIPPENBERG, H.G. (org.). *Seminar: Die Entstehung der antiken Klassengesellschaft* (stw 130), 1977, p. 173-204.

FIRMAGE, E. The biblical dietary laws and the concept of holiness. In: EMERTON, J.A. (org.). *Studies in the Pentateuch* (VT.S 41), 1990, p. 177-208.

FIRMAGE, E.B.; MILGROM J. & DAHMEN, U. "rûm". *ThWAT* VII, 1990, p. 425-434.

FISCH, H. "Eldad and Medad are Prophesying in the Camp" – Structuralist Analysis of Numbers XI (hebr.). In: *Studies in Bible and Exegesis II. FS Y. Elitzur.* Ramat-Gan 1986, p. 45-55.

FISCHER, G. *Jahwe unser Gott. Sprache, Aufbau und Erzähltechnik in der Berufung des Mose (Ex. 3-4)* (OBO 91), 1989.

FISHBANE, M. *Biblical Interpretation in Ancient Israel.* Oxford, 1985.

FLANAGAN, J. "Chiefs in Israel". *JSOT* 20, 1981, p. 47-73.

FLEISCHER, G. *Von Menschenverkäufern, Baschankühen und Rechtsverkehrern. Die Sozialkritik des Amosbuches in historischkritischer, sozialgeschichtlicher und archäologischer Perspektive* (BBB 74), 1989.

FLUSSER, D. & SAFRAI, S. Das Apostelddekret und die Noachitischen Gebote. In: *FS H. Kremers.* Neukirchen, 1986, p. 173-192.

FOHRER, G. *Einleitung in das Alte Testament.* 12. ed. Heidelberg, 1979.

_____. *Geschichte Israels. Von den Anfängen bis zur Gegenwart*, 3. ed. (UTB 708), 1982.

FONTALA, C.A. "La esclavitud a través de la Biblia". EstB 43, 1985, p. 89-124.

FORESTI, F. "Storia della redazione di Dtn. 16,18 – 18,22 e le sue connessioni con l'opera storica deuteronomistica". Teresianum 39, 1988, p. 1-199.

FOUCAULT, M. Überwachen und Strafen. Die Geburt des Gefängnisses, trad. al. (stw 184), 1977 (orig. francês 1975; em port.: Vigiar e punir. 22. ed. Petrópolis, Vozes, 2000).

FREEDMAN, D.N. The Formation of the Canon of the Old Testament: The Selection and the Identification of the Torah as the Supreme Authority of the Postexilic Community. In: E.B. Firmage e.o. (orgs.). Religion and Law. Biblical-Judaic and Islamic Perspectives. Winona Lake 1990, p. 315-331.

FREEDMAN, D.N. & WILLOUGHBY, B.E. art. 'ibri, ThWAT V, 1986, p. 1.039-1.056.

_____. art. *mal āk*, ThWAT IV, 1984, p. 887-904.

_____. art. *nā ap*, ThWAT V, 1986, p. 123-129.

FREEHOF, S.B. *The Book of Jeremiah* (The Jewish Commentary for Bible Readers). Nova York, 1977.

FREI, P. Zentralgewalt und Lokalautonomie im Achämenidenreich. In: FREI, P. & KOCH, K. Reichsidee und Reichsorganisation im Perserreich (OBO 55), 1984, p. 7-43.

FRICK, F.S. The Rechabites Reconsidered, JBL 90, 1971, p. 279-287.

FRIEDMAN, R.E. *The Exile and Biblical Narrative. The Formation of the Deuteronomistic and Priestly Works* (HSM 22), 1981.

FRITZ, V. Das Geschichtsverständnis der Priesterschrift, ZThK 84, 1987, p. 426-439.

_____. *Einführung in die Archäologie.* Darmstadt, 1985.

_____. *Israel in der Wüste. Traditionsgeschichtliche Untersuchung des Wüstenüberlieferung des Jahwisten* (MThSt 7), 1970.

_____. *Tempel und Zelt. Studien zu dem Tempelbau in Israel und zu dem Zeltheiligtum der Priesterschrift* (WMANT 47), 1977.

FRYMER-KENSKY, T.S. Law and Philosophy: The Case of Sex in the Bible, *Semeia* 45, 1989, p. 89-102.

_____. Pollution, Purification, and Purgation in Biblical Israel. In: MEYERS, C.L. & O'CONNOR, M. *The Word of the Lord Shall Go Forth*, FS D.N. Freedman. Winona Lake, 1983, p. 399-414.

_____. *The Judicial Ordeal in the Ancient Near East.* 2 vols. Diss. Yale, 1977.

_____. Tit for Tat. The Principle of Equal Retribution in Near Eastern and Biblical Law, BA 43, 1980, p. 230-234.

FUCHS, E. "For I Have the Way of Women": Deception, Gender, and Ideology in Biblical Narrative, *Semeia* 42, 1988, p. 68-83.

FÜGLISTER, N. *Die Heilsbedeutung des Pascha* (StANT 8), 1963.

_____. Sühne durch Blut – Zur Bedeutung von Leviticus 17,11. In: BRAULIK, G. Studien zum Pentateuch, FS W. Kornfeld. Viena e o. 1977, p. 143-164.

FUHS, H.F. Heiliges Volk Gottes. In: SCHREINER, J. (org.). *Unterwegs zur Kirche. Alttestamentliche Konzeptionen* (QD 110), 1987, p. 143-167.

GABEL, J.B. & WHEELER, C.B. The Redactor's Hand in the Blashemy Pericope of Leviticus XXIV, *VT* 30, 1980, p. 227-229.

GADEGAARD, N.H. "On the So-Called Burnt Offering Altar in the Old Testament". *PEQ* 110, 1978, p. 35-45.

GAGARIN, M. *Drakon and the Early Athenian Homicide Law.* New Haven/Londres, 1981.

_____. *Early Greek Law.* Berkeley e o., 1986.

GALLING, K. Bagoas und Esra. In: id. Studien zur Geschichte Israels im persischen Zeitalter. Tübingen, 1964, p. 149-184.

_____. "Das Königsgesetz im Deuteronomium". *ThLZ* 76, 1951, p. 133-138.

_____. *Die Bücher der Chronik, Esra, Nehemia* (ATD 12), 1954.

_____. "Goethe als theologischer Schriftsteller". *EvTh* 8, 1948/1949, p. 529-545.

_____. (org.). *Textbuch zur Geschichte Israels.* 3. ed. Tübingen, 1979.

GAMBERONI, J. "*māqōm*". *ThWAT* IV, 1984, p. 1.113-1.124.

_____. "... o, wenn doch das ganze Volk Jahwes Propheten wären...!" (Num 11,29b), *ThGl* 67, 1977, p. 113-126.

GAMORAN, H. "Talmudic Usury Laws and Business Loans". *JSJ* 7, 1976, p. 129-142.

_____. "The Biblical Law against Loans on Interest". *JNES* 30, 1971, p. 127-134.

_____. "The Talmudic Law of Mortgages in View of the Prohibition Against Lending on Interest". *HUCA* 52, 1981, p. 153-162.

GANDZ, S. The Calendar of Ancient Israel. In: *FS* M. *Vallicrosa.* Vol. I. Barcelona, 1954, p. 623-646.

GARBINI, G. "Il cantico di Debora". *ParPass* 33, 1978, p. 5-31.

GARCÍA LÓPEZ, F. "Analyse littéraire de Deutéronome, V-XI". *RB* 84, 1977, p. 481-522; p. 85, 1978, p. 5-49.

_____. Le Roi d'Israël: Dtn 17,14-20. In: N. Lohfink (org.). *Das Deuteronomium. Entstehung, Gestalt und Botschaft* (BEThL 68). Leuven, 1985, p. 277-297.

_____. Un profeta como Moisés. Estudio crítico de Dt 18,9-22. In: *Simposio Bíblico Español,* Madri, 1984, p. 289-308.

GARFINKEL, Y. "The Eliakim Na'ar Yokan Seal Impressions. Sixty Years of Confusion in Biblical Archaeological Research". *BA* 53, 1990, p. 74-79.

GEIGER, Th. *Vorstudien zu einer Soziologie des Rechts.* 2. ed. Neuwied/Berlim, 1970.

GEMSER, B. *The Importance of the Motive Clause in Old Testament Law* (VT.S 1), 1953, p. 50-66.

GERLEMAN, G. *Ruth. Das Hohe Lied.* 2. ed. (BK VIII), 1981.

GERSTENBERGER, E. "*āza* κτλ". *ThWAT* V, 1986, P. 1.200-1.208.

_____. *Wesen und Herkunft des "apodiktischen Rechts"* (WMANT 20), 1965.

GERSTENBERGER, E. & SCHRAGE, W. *Frau und Mann, Biblische Konfrontationen.* Stuttgart e o., 1980.

GESE, H. "B emerkungen zur Sinaitradition". ZAW 79, 1967, p. 137-154 = id., Vom Sinai zum Zion. Alttestamentliche Beiträge zur biblischen Theologie (BEvTh 64), 1974, p. 31-48.

_____. Das Gesetz. In: id. Zur biblischen Theologie. Alttestamentliche Vorträge. 3. ed. (1977). Tübingen,1989, p. 55-84.

_____. Die Religionen Altsyriens. In: id. HÖFNER, M. & RUDOLPH, K. (orgs.). Die Religionen Altsyriens, Altarabiens und der Mandäer (Die Religionen der Menschheit 10,2). Stuttgart, 1970, p. 3-232.

_____. Die Sühne. In: id. Zur biblischen Theologie. Alttestamentliche Vorträge. 3. ed. (1977). Tübingen,1989, p. 85-106.

GESENIUS, W. & BUHL, F. Hebräisches und aramäisches Handwörterbuch über das Alte Testament. 17. ed. Berlim,1915, reimpr. 1962.

GESENIUS, W. & KAUTZSCH, E. Hebräische Grammatik. Hildesheim, 1962 (reimpr. da 28. ed. 1909).

GESENIUS, W.; MEYER, R. & DONNER, H. Hebräisches und aramäisches Wörterbuch über das Alte Testament, 18. ed.1ª parte. Berlim e o., 1987.

GEWALT, D. "Taube und Blinde nach Leviticus 19,14". DBAT 22, 1985/1986, p. 119-139.

GIBLIN, C.H. "Structural Patterns in Jos 24,1-15". CBQ 26, 1964, p. 50-69.

GILBERT, M. Jérémie en conflit avec les sages? In: BOGAERT, P.-M. (org.). Le livre de Jérémie. Le Prophète et son milieu, les oracles et leurs transmission (BEThL 54), 1981, p. 105-118.

_____. Le sacré dans l'Ancien Testament. In: L. Ries e o. (orgs.). L'expression du sacré dans les grandes religions. Louvain-la-Neuve, 1978, p. 205-289.

GILULA, M. "An Offering of 'First Fruits' in Ancient Egypt". Tel Aviv 1, 1974, p. 43s.

GINSBERG, H.L. "Notes on 'The Birth of the Gracious an Beautiful Gods'". JRAS 67, 1935, p. 45-72.

GLASSNER, J.J. "L'hospitalité en Mésopotamie ancienne: aspect de la question de l'étranger". ZA 80, 1990, p. 60-75.

GLOBE, A. "The Text and Literary Structure of Judges 5,4-5"., Bib. 55, 1974, p. 168-178.

GLUCKMAN, M. Politics, Law and Ritual in Tribe Society. Oxford, 1965.

_____. Reasonableness and Responsibility in the Law of Segmentary Societies. In: KUPER, H. & KUPER, L. (orgs). African Law: Adaptation and Development. Berkeley/L.A. 1965, p. 120-146.

GNUSE, R. "Calf, Cult, and King: The Unity of Hosea 8,1-13". BZ NF 26, 1982, p. 83-92.

GÖBEL, Ch. "Denn bei dir ist die Vergebung...". slḥ im Alten Testament, Theologische Versuche 8, 1977, p. 21-33.

GOETHE, J.W.v. Weissagungen des Bakis (1798-1800). Vorspruch (1814) (Poetische Werke). Edição integral vol. 1. Stuttgart [s.d.], p. 241-248.

_____. Zwo wichtige bisher unerörterte biblische Fragen zum erstenmal gründlich beantwortet von einem Landgeistlichen in Schwaben, Lindau a. Bodensee 1773 (Schriften zu Literatur und Theater, edição integral vol. 15). Stuttgart, [s.d.], p. 46-55.

GOLDSCHMIDT, L. (org.). *Der Babylonische Talmud mit Einschluss der vollständigen Mishnah*, ed. bil. 9 vols., reimpr. Haag, 1933-1935.

GOLDSTEIN, A.S. Conversion to Judaism in Bible Times. In: EICHHORN, D.M. (org.), Conversion to Judaism, 1965, p. 9-32.

GOODMAN, L.E. "The Biblical Laws of Diet and Sex". *Jewish Law Association Studies II*. Atlanta, 1986, p. 17-57.

GORDON, C.H. "An Akkadian Parallel to Deuteronomy 21,1ff". *RA* 33, 1936, p. 1-6.

GÖRG, M. "*zāhar*, κτλ". *ThWAT* II, 1977, p. 544-550.

_____. "Beobachtungen zum sogenannten Azazel-Ritus". *BN* 33, 1986, p. 10-16.

_____. Der Altar — Theologische Dimensionen im Alten Testament. In: SCHREINER, J. *Freude am Gottesdienst. FS J.G. Plöger*. Stuttgart, 1983, p. 291-306.

_____. "Der 'Fremde' (*gēr*): ein Fremdwort im Alten Testament?". *BN* 25, 1984, p.10-13.

_____. "Eine rätselhafte Textilbezeichnung im Alten Testament". *BN* 12, 1980, p. 13-17.

_____. "Zur Identität der 'Seir-Länder'". *BN* 46, 1989, p. 7-12.

GOTTWALD, N.K. *The Tribes of Yahweh. A Sociology of the Religion of Liberated Israel 1250-1050 B.C.E.* Nova York, 1979 [trad. port.: *As tribos de Iahweh...* São Paulo, 1986].

GRAF, K.H. *Der Prophet Jeremia*. Leipzig, 1862.

GRAUPNER, A. "Zum Verhältnis der beiden Dekalogfassungen Ex 20 und Dtn 5. Ein Gespräch mit Frank-Lothar Hossfeld". *ZAW* 99, 1987, p. 308-329.

GRAY, G.B. *A Critical and Exegetical Commentary on Numbers*, 3. ed. (ICC 4), 1903, 1956.

GRAY, J. *I & II Kings. A Commentary*, 3. ed. Londres, 1970.

_____. *The Legacy of Canaan* (VT.S 5), 1957.

GREEN, A.R.W. *The Role of Human Sacrifice in the Ancient Near East*, American School of Oriental Research (Diss.Ser. 1). Ann Arbor, 1975.

GREENBERG, M. "Another Look at Rachel's Theft of the Teraphim". *JBL* 81, 1962, p. 239-248.

_____. *Ezekiel, 1-20. A new translation with introduction and commentary* (AncB 22), 1983.

_____. More Reflections on Biblical Law. In: JAPHET, Sara (org.). *Studies in Bible*. Jerusalém, 1986, p. 1-17.

_____. Some Postulates of Biblical Criminal Law. In: *Jehezkel Kaufmann Jubilee Volume*. 2. ed. Jerusalém, 1960, p. 5-27 = in: GOLDIN, J. (org.). *The Jewish Expression*. New Haven/Londres, 1976, p. 18-37.

_____. "The Biblical Conception of Asylum". *JBL* 78, 1959, p. 125-132.

GREIDANUS, S. "The universal dimension of law in the Hebrew scriptures". *SR* 14, 1985, p. 39-51.

GRESSMANN, H. (org.). *Altorientalische Bilder zum Alten Testament*. 2. ed. Berlim/Leipzig, 1927.

GRIFFITHS, J.G. "Egypt and the Rise of the Synagogue". *JThS* N.S. 38, 1987, p. 1-15.

GRIMME, H. *Das israelitische Pfingstfest und der Plejadenkult*. Paderborn, 1907.

GRINTZ, J.M. "Do not eat on the Blood". Reconsiderations in setting and Dating of the Priestly Code, *ASTI* 8, 1970/1971, p. 78-105.

GROSS, H. *Klagelieder* – Schreiner, J. *Baruch* (NEB Liefg. 14). Würzburg, 1986.

_____. "Tora und Gnade im Alten Testament". *Kairos* 14, 1972, p. 220-231.

GRUBER, M. "The Source of the Biblical Sabbath". *JANES* I/2, 1969, p. 14-20.

GUGGISBERG, F. *Die Gestalt des Mal 'ak Jahwe im Alten Testament*. Diss. Neuenburg, 1979.

GUILDING, A.E. "Notes on the Hebrew Law Codes". *JThS* 49, 1948, p. 43-52.

GUNKEL, H. "Elia, Jahve und Baal". *RV* II/8, 1906, p. 1-76.

_____. *Genesis*. 6. ed. (HK I/1), 1964.

GUNNEWEG, A.H.J. "Das Gesetz und die Propheten. Eine Auslegung von Ex 33,7-11; Num 11,4-12,8; Dtn 31,14f; 34,10". *ZAW* 102, 1990, p. 169-180.

_____. *Esra* (KAT XIX,1), 1985.

_____. *Leviten und Priester. Hauptlinien der Traditionsbildung und Geschichte des israelitischjüdischen Kultpersonals* (FRLANT 89), 1965.

_____. Mose in Midian (1964). In: id., *Sola Scriptura. Beiträge zu Exegese und Hermeneutik des Alten Testaments*. Göttingen 1983, p. 36-44.

_____. *Nehemia* (KAT XIX,2), 1987.

_____. Zur Interpretation der Bücher Esra-Nehemia. Zugleich ein Beitrag zur Methode der Exegese. In: *Congress Volume Vienna 1980* (VT.S 32), 1981, p. 146-161.

_____. 'am hā'āreṣ – A Semantic Revolution, *ZAW* 95, 1983, p. 437-440.

GUREWICZ, S.B. "The Deuteronomic Provisions for Exemption from Military Service". *ABR* 6, 1958, p. 111-121.

GUTMANN, J. The Origin of the Synagogue: The Current State of Research. In: id. (org.). *The Synagogue: Studies in Origins, Archaeology and Architecture*. Nova York, 1975, p. 72-76.

HAAG, E. (org.). Gott, der einzige (QD 104), 1985.

HAAG, H. "*bēn*". *ThWAT* I, 1973, p. 668-682.

_____. *Vom alten zum neuen Pascha. Geschichte und Theologie des Osterfestes* (SBS 49), 1971.

HAAS, P. "'Die He Shall Surely Die': The Structure of Homicide in Biblical Law". *Semeia* 45, 1989, p. 67-87.

HAASE, R. *Die keilschriftlichen Rechtssammlungen in deutscher Übersetzung*. 2. ed. Wiesbaden, 1979.

_____. Einführung in das Studium keilschriftlicher Rechtsquellen. Wiesbaden, 1965.

HABEL, N.C. "Deuteronomy 18 – God's chosen Prophet". *CTM* 35, 1964, p. 575-582.

HACKLETT, J. & HUEHNERGARD, J. "On Breaking Teeth". *HThR* 77, 1984, p. 259-275.

HAHN, J. *Das "Goldene Kalb". Die Jahwe-Verehrung bei Stierbildern in der Geschichte Israel* (EHS.T 154). Frankfurt/M./Berna, 1981.

HALBE, J. *Das Privilegrecht Jahwes Ex 34,10-28* (FRLANT 114), 1975.

_____. "Die Reihe der Inzestverbote Lev 18,7-18. Entstehung und Gestaltstufen". *ZAW* 92, 1980, p. 60-88.

_____. "Erwägungen zu Ursprung und Wesen des Massotfestes". *ZAW* 87, 1975, p. 324-346.

_____. "Gemeinschaft, die Welt unterbricht". Grundfragen und -inhalte deuteronomischer Theologie und Überlieferungsbildung im Lichte der Ursprungsbedingungen alttestamentlichen Rechts. In: LOHFINK, N. (org.). *Das Deuteronomium* (BEThL 68), 1985, p. 55-75.

HALLO, W.W. "New Moons and Sabbaths: A Casestudy in the Contrastive Approach". *HUCA* 48, 1977, p. 1-18.

HAMMER, R. (org.). *Sifre. A Tannaitic Commentary of the Book of Deuteronomy* (Yale Judaica Ser. 24). New Haven/Londres, 1986.

HAMP, V. & BOTTERWECK, G.J. "*dn*". *ThWAT* II, 1977, p. 200-207.

HANHART, R. "Die Bedeutung der Septuaginta für die Definition des 'hellenistischen Judentums'". *VT.S* 40, 1988, p. 67-80.

_____. Zum gegenwärtigen Stand der Septuagintaforschung. In: PIETERSMA, A. & COX, C. *De Septuaginta, FS J.W. Wevers.* Missisauga/Ont., 1984, p. 3-18.

HARAN, M. "Das Böcklein in der Milch seiner Mutter und das säugende Muttertier". *ThZ* 41, 1985, p. 135-159.

_____. *Temples and Temple-Services in Ancient Israel. An Inquiry into the Character of Cult Phenomena and the Historical Setting of the Priestly School.* Oxford, 1978.

HARDMEIER, C. Die Propheten Micha und Jesaja im Spiegel von Jeremia XXVI und 2 Regum XVIII-XX. Zur Prophetie-Rezeption in der nachjoschijanischen Zeit. In: *Congress Volume Leiden 1989* (VT.S 43), 1991, p. 172-189.

_____. Jer 29,24-32 – "eine geradezu unüberbietbare Konfusion"? Vorurteil und Methode in der exegetischen Forschung. In: BLUM, E. (org.). *Die hebräische Bibel und ihre zweifache Nachgeschichte, FS R. Rendtorff.* Neukirchen, 1990, p. 301-317.

_____. "Jesajaforschung im Umbruch". *VuF* 31, 1986, p. 3-31.

_____. *Prophetie im Streit vor dem Untergang Judas. Erzählkommunikative Studien zur Entstehungssituation der Jesaja-und Jeremiaerzählungen in II Reg 18-20 und Jer 37-40* (BZAW 187), 1989.

_____. *Texttheorie und biblische Exegese. Zur rhetorischen Funktion der Trauermetaphorik in der Prophetie* (BEvTh 79), 1978.

HASEL, G.F. "*nāgî*". *ThWAT* V, 1986, p. 203-219.

_____. "*kāra*". *ThWAT* IV, 1984, p. 355-367.

_____. "New Moon and Sabbath" in Eight Century Israelite Prophetic Writings (Isa 1,13; Hos 2,13; Amos 8,5). In: AUGUSTIN, M./SCHUNCK, K.D. (orgs.). *"Wuenschet Jerusalem Frieden".* Frankfurt e o., 1988, p. 37-64.

HÄUSLER, E. *Sklaven und Personen minderen Rechts im Alten Testament.* Diss. dat. Colônia, 1956.

HEHN, J. Siebenzahl und Sabbath bei den Babyloniern und im Alten Testament. Leipzig, 1907.

HEICHELHEIM, F.M. Wirtschaftsgeschichte des Altertums (1938), reimpr. Leiden, 1979.

HEINEN, K. Die Last gemeinsam tragen. Mitverantwortung in Num 11. In: COURTH, F. & WEISER, A. (orgs.). Mitverantwortung aller in der Kirche. Limburg, 1985, p. 106-117.

HEINISCH, P. "Das Sklavenrecht in Israel und im Alten Orient". StC 11, 1934/1935, p. 201-219, 276-290.

HEISTER, M.-S. Frauen in der biblischen Glaubengeschichte. 2. ed. Göttingen, 1986.

HEJCL. Das alttestamentliche Zinsverbot im Lichte der ethnologischen Jurisprudenz sowie des altorientalischen Zinswesens (BSt XII/4). Friburgo, 1907.

HELCK, W. "Die Ägypter und die Fremden". Saeculum 15, 1964, p. 103-114.

_____. Maat – Ideologie und Machtwerkzeug. In: DANIELS, D.R. e o. (orgs.). Ernten, was man saet, F.S. K. Koch. Neukirchen, 1991, p. 11-19.

HELLER, J. "*Sjema*' als fundament van 'monotheisme'"?. Amsterdamse cahiers voor exegese en Bijbelse theologie 10, 1989, p. 37-44.

HELLWIG, A. Das Asylrecht der Naturvolker (Berliner Juristische Beitraege I), 1903.

HELTZER, M. "On the Tithe paid in Grain in Ugarit". IEJ 25, 1975, p. 124-128.

_____. The Internal Organization of the Kingdom of Ugarit (Royal servicesystem, taxes, royal economy, army and administration). Wiesbaden, 1982.

_____. The Rural Community of Ancient Ugarit. Wiesbaden, 1976.

HEMPEL, J. Die Schichten des Deuteronomiums. Leipzig, 1914.

HENDEL, R.S. "Images of God in Ancient Israel". Bulletin of the Anglo-Israel Archaeological Society 8, 1988/1989, p. 81-82.

HENGEL, M. Judentum und Hellenismus. 3. ed. Tübingen 1969, 1988.

HENGEL, M. & NEUSNER, J. e o. (orgs.). Ubersetzung des Talmud Yerushalmi. Tübingen, 1975s.

HENNINGER, I. "Pureté et impureté. L'histoire des religions". DBS 9, 1979, p. 339-430.

HENRY, L.-L. Das Tier im religiösen Bewusstsein des alttestamentlichen Menschen. Tübingen, 1958.

HENTIG, H. von. Die Strafe. 2 vols. Berlim e o., 1954, 1955.

HENTSCHEL, G. 2 Könige (NEB Liefg. 11). Würzburg, 1985.

_____. Die Elijaerzählungen. Zum Verhältnis von historischem Geschehen und geschichtlicher Erfahrung (EThSt 33), 1977.

HENTSCHKE, R. Satzung und Setzender. Ein Beitrag zur israelitischen Rechtsterminologie (BWANT 5,3), 1963.

HERMISSON, H.-J. Sprache und Ritus im altisraelitischen Kult. Zur "Spiritualisierung" der Kultbegriffe im Alten Testament (WMANT 19), 1965.

HERRMANN, S. Die konstruktive Restauration. Das Deuteronomium als Mitte biblischer Theologie, in: Probleme biblischer Theologie, FS G. v. Rad. Munique, 1971, p. 155-170 = id., Gesammelte Studien zu Geschichte und Theologie des AT (ThB 75), 1986, p. 163-178.

_____. *Jeremia* (BK XII, Liefg. 1ss.), 1986ss.

HERZOG, Z. *Das Stadttor in Israel und in den Nachbarländern*. Mainz, 1986.

_____. (org.). *Beer-Sheba II. The Early Iron Age Settlements*. Tel Aviv, 1984.

HESCHEL, A.J. *Der Sabbat. Seine Bedeutung für den heutigen Menschen*, trad. al. Neukirchen, 1990.

HINKELAMMERT, F. Der Schuldenautomatismus. Wirtschaftspolitische und wirtschaftstheoretische Zugänge zur Verschuldung Lateinamerikas (espanh. 1988). In: FÜSSEL, K. e o. (orgs.). *"... in euren Häusern liegt das geraubte Gut der Armen". Ökonomisch-theologische Beiträge zur Verschuldungskrise*. Friburgo/Brisg., 1989, p. 79-190.

HIRTH, V. "Gottes Boten im Alten Testament. Die alttestamentliche Mal'ak-Vorstellung unter besonderer Berücksichtigung des Mal'ak-Jahwe-Problems". ThA 32, 1975.

HITZIG, F. *Der Prophet Jeremia*. Leipzig, 1841.

HOEBEL, E.A. *Das Recht der Naturvölker. Eine vergleichende Untersuchung rechtlicher Abläufe* (1954), trad. al. Olten/Friburgo, 1968.

HOEGENHAVEN, J. *Gott und Volk bei Jesaja. Eine Untersuchung zur biblischen Theologie* (AThD 24), 1988.

HÖFFKEN, P. "Eine Bemerkung zum religionsgeschichtlichen Hintergrund von Dtn 6,4". BZ NF 28, 1984, p. 88-93.

_____. "Warum schweigt Jesus Sirach über Esra?". ZAW 87, 1975, p. 184-202.

HOFFNER, H.A. Incest, Sodomy, and Bestality in the Ancient Near East. In: *Orient and Occident*, FS C.H. Gordon (AOAT 22), 1973, p. 81-90.

HOFFMANN, D. *Das Buch Leviticus*. 2 vols. Berlim, 1905/1906.

_____. *Das Buch Deuteronomium*. 2 vols. Berlim, 1913 e 1922.

HOFFMANN, H.-D. *Reform und Reformen. Untersuchungen zu einem Grundthema der deuteronomistischen Geschichtsschreibung* (AThANT 66), 1980.

HOFTIJZER, J. "David and the Tekoite Woman". VT 20, 1970, p. 419-444.

_____. "Ex. xxi 8". VT 7, 1957, p. 388-391.

HOHEISEL, K. *Das antike Judentum in christlicher Sicht* (Studies in Oriental Religion 2). Wiesbaden, 1978.

HOLLADAY, W.L. *Jeremiah 1. A Commentary on the Book of the Prophet Jeremiah. Chapters 1-25*. Filadélfia, 1986.

_____. *The Architecture of Jeremiah 1-20*. Londres, 1976.

HÖLSCHER, G. *Die Bücher Esra und Nehemia*, 4. ed. (HSAT II), 1923, p. 491-562.

_____. "Komposition und Ursprung des Deuteronomiums". ZAW 40, 1922, p. 161-255.

HOLZINGER, H. *Exodus* (KHC II), 1900.

_____. *Numeri* (KHC IV), 1903.

HOPPE, L. "Elders and Deuteronomy. A proposal". EeT(O) 14, 1983, p. 259-272.

_____. "The Levitical Origins of Deuteronomy Reconsidered". BR 28, 1983, p. 27-36.

HORNUNG, E. "Maat – Gerechtigkeit für alle? Zur altägyptischen Ethik". ErJb 56, 1987, p. 385-427.

HOROVITZ, J. Auge um Auge, Zahn um Zahn. In: FS H. Cohen. Berlim, 1912, p. 609-658.

HORST, F. *Das Privilegrecht Jahwes* (1930) = id., *Gottes Recht. Studien zum Alten Testament* (ThB 12), 1961, p. 17-154.

_____. "Der Eid im Alten Testament". EvTh 17, 1957, p. 366-384 = id., *Gottes Recht. Studien zum Recht im Alten Testament* (ThB 12), 1961, p. 292-314.

_____. Recht und Religion im Bereich des Alten Testaments (1956). In: id., *Gottes Recht. Studien zum Alten Testament* (ThB 12), 1961, p. 260-291.

HOSSFELD, F.-L. *Der Dekalog. Seine späten Fassungen, die originale Komposition und seine Vorstufen* (OBO 45), 1982.

_____. "Du sollst dir kein Bild machen! Die Funktion des alttestamentlichen Bilderverbots". TThZ 98, 1989, p. 81-94.

_____. Einheit und Einzigkeit Gottes im frühen Jahwismus. In: BÖHNKE, M. & HEINZ, H. (orgs.). *Im Gespräch mit dem dreieinen Gott. FS W. Breunig*. Düsseldorf, 1985, p. 57-74.

_____. Nachlese zu neueren Studien der Einsetzungsliturgie von Ps 15. In: ZMIJEWSKI, J. (org.). *Die alttestamentliche Botschaft als Wegweisung, FS H. Reinelt*. Stuttgart, 1990, p. 135-156.

_____. Zum synoptischen Vergleich der Dekalogfassungen. Eine Fortführung des begonnenen Gesprächs. In: id. (org.). *Vom Sinai zum Horeb, FS E. Zenger*. Würzburg, 1989, p. 73-117.

HOSSFELD, F.-L. & KALTHOFF, B. "*nṣl*". ThWAT V, 1986, p. 570-577.

HOSSFELD, F.-L. & MEYER, J. *Prophet gegen Prophet. Eine Analyse der alttestamentlichen Texte zum Thema: Wahre und falsche Propheten* (BiBe 9), 1973.

HOSSFELD, F.-L. & REUTER, E. "*nāśā* II". ThWAT V, 1986, p. 658-663.

HOUTMAN, C. "Another Look at Forbidden Mixtures". VT 34, 1984, p. 226-228.

_____. Ezra and the Law. In: *Remembering all the Way...* (OTS XXI), 1981, p. 91-115.

HRUBY, K. *Die Synagoge. Geschichtliche Entwicklung einer Institution*. Zurique, 1971.

HUBER, W. & TÖDT, H.-E. *Menschenrechte – Perspektiven einer menschlichen Welt*. Stuttgart e o., 1977.

HUFFMON, H.B. Ex 23,4-5. A Comparative Study. In: BREAM, H.N. e o. (orgs.). *Old Testament Studies, FS J.M. Myers*. Filadélfia, 1974, p. 271-278.

_____. Priestly Divination in Israel. In: MEYERS, C.L. & O'CONNOR, M. (orgs.). *The Word of the Lord Shall Go Forth. FS D.N. Freedman*. Winona Lake, 1983, p. 355-359.

HUROVITZ, V. Isaiah's Impure Lips and Their Purification in Light of Akkadian Sources, HUCA 60, 1989, p. 39-89.

HURVITZ, A. *A Linguistic Study of the Relationship between the Priestly Source and the Book of Ezekiel – A New Approach to an Old Problem* (Cahiers de la RB 20). Paris, 1982.

_____. "Dating the Priestly Source in Light of the Historical Study of Biblical Hebrew A Century after Wellhausen". ZAW.S 100, 1988, p. 88-100.

HÜTTENMEISTER, F. & REEG, G. *Die antiken Synagogen in Israel*. 2 vols. (Beihefte zum Tübinger Atlas des Vorderen Orients). Wiesbaden, 1977.

HUTTER, M. Das Werden des Monotheismus im alten Israel. Bemerkungen zur neueren Diskussion. In: BROX, N. (org.). *Anfänge der Theologie, FS J.B. Bauer*. Graz, 1987, p. 25-39.

_____. *Hiskija. König von Juda* – Ein Beitrag zur judäischen Geschichte in assyrischer Zeit (Grazer Theologische Studien 6). Graz, 1982.

HYATT, J.P. Jeremiah and Deuteronomy, JNES 1, 1942, p. 156-173 = L.G. Perdue/B.W. Kovacs (orgs.). *A Prophet to the Nations. Essays in Jeremiah Studies*. Winona Lake, 1984, p. 113-127.

Inscriptions Reveal. Documents from the Time of the Bible, the Mishna and the Talmud (Israel Museum Cat.No. 100). Jerusalém, 1973.

ISHIDA, T. "'The People of the Land' and the Political Crises in Judah". *AJBI* 1, 1975, p. 23-38.

_____. "The Structure and Historical Implications of the Lists of Pre-Israelite Nations". Bib. 60, 1979, p. 461-490.

ISSER, S. "Two Traditions: The Law of Exodus 21:22-23 Revisited", CBQ 52, 1990, p. 30-45.

JACKSON, B.S. Biblical laws of Slavery: A Comparative Approach. In: ARCHER, L.J. (org.). *Slavery and Other Forms of Unfree Labour*. Londres, 1988, p. 86-101.

_____. *Essays in Jewish and Comparative Legal History* (SJLA 10), 1975.

_____. History, Dogmatics and Halakhah. In: *The Jewish Law Annual*. Suppl. 2: *Jewish Law in Legal History and the modern World*. Leiden, 1980, p. 1-25.

_____. Ideas of law and legal administration. A semiotic approach. In: CLEMENTS, R.E. (org.). *The World of Ancient Israel. Sociological, Anthropological and Political Perspectives*. Cambridge, 1989, p. 185-202.

_____. Legalism and Spirituality: Historical, Philosophical, and Semiotic Notes on Legislators, Adjuctors, and Subjects. In: FIRMAGE, E.B. e o. (orgs.). *Religion and Law, Biblical-Judaic and Islamic Perspectives*. Winona Lake, 1990, p. 243-261.

_____. Reflections on Biblical Criminal Law (1973). In: id., *Essays*, 1975, p. 25-63.

_____. Some Literary Features of the Mishpatim. In: AUGUSTIN, M & SCHUNCK, K.-D. (orgs.). *"Wünschet Jerusalem Frieden"*. Frankfurt e o., 1988, p. 235-242.

_____. Some Semiotic Questions for Biblical Law. In: FUSS, A.M. (org.). *The Oxford Conference Volume* (Jewish Law Association Studies III). Atlanta, 1987, p. 1-25.

_____. *Theft in Early Jewish Law*. Oxford, 1972.

_____. The Goring Ox (1974). In: id., *Essays*, 1975, p. 108-152.

_____. The Problem of Exod. XXI, 22-5 (Ius Talionis) (1973). In: id.. *Essays*, p. 75-107.

JACOB, B. *Auge um Auge. Eine Untersuchung zum Alten und Neuen Testament*. Berlim, 1929.

JACOB, E. *Esaïe 1-12* (Commentaire de l'Ancien Testament VIIIa). Genebra, 1987.

_____. "Variations et constantes dans la figure de l'Ange de YHWH". RHPhR 68, 1988, p. 405-414.

JAGERSMA, H. *Leviticus 19. Identiteit -Bevrijding – Gemeenschap* (SSN 14), 1972.

_____. The Tithes in the Old Testament. In: *Remembering all the way...* (OTS XXI), 1981, p. 116-128.

JANOWSKI, B. "Auslösung des verwirkten Lebens. Zur Geschichte und Struktur der biblischen Lösegeldvorstellung". ZThK 79, 1982, p. 25-59.

_____. Azazel – biblisches Gegenstück zum ägyptischen Seth? Zur Religionsgeschichte von Lev 16,10.21f. In: BLUM, E. e o. (orgs.). *Die Hebräische Bibel und ihre zweifache Nachgeschichte, FS R. Rendtorff*. Neukirchen, 1990, p. 97-110.

_____. "Erwägungen zur Vorgeschichte des israelitischen $š^e lamîm$-Opfers". UF 12, 1980, p. 231-259.

_____. "'Ich will in eurer Mitte wohnen'. Struktur und Genese der exilischen Schekina-Theologie". JBTh 2, 1987, p. 165-193.

_____. "Tempel und Schöpfung. Schöpfungstheologische Aspekte der priesterschriftlichen Heiligtumskonzeption". JBTh 5, 1990, p. 37-69.

_____. *Sühne als Heilsgeschehen – Studien zur Sühnetheologie der Priesterschrift und zur Wurzel KPR im Alten Orient und im Alten Testament* (WMANT 55), 1982.

JANSSEN, E. *Juda in der Exilszeit. Ein Beitrag zur Frage der Entstehung des Judentums* (FRLANT 51), 1956.

JANZEN, J.G. "On the Most Important Word in the Schema (Deuteronomy VI 4-5)". VT 37, 1987, p. 280-300.

JAPHET, S. "Historical Reliability of Chronicles". JSOT 33, 1985, p. 83-107.

_____. The Relationship between the Legal Corpora in the Pentateuch in Light of Manumission Laws. In: id. (org.). *Studies in Bible*. Jerusalém, 1986, p. 63-89.

_____. "The Supposed Common Authorship of Chronicles and Ezra-Nehemia Investigated Anew". VT 18, 1968, p. 330-371.

JASTROW, M. *A Dictionary of the Targumim, the Talmud Babli and Yerushalmi, and the Midrashic Literature*. Nova York, 1950.

JELLICOE, S. *The Septuagint and Modern Study*. Oxford, 1968.

JENNI, E. *Das hebräische Pi'el. Systematischsemasiologische Untersuchung einer Verbalform im Alten Testament*. Zurique, 1968.

JENTZSCH, B. (org.). *Ich sah das Dunkel schon von Ferne kommen – Erniedrigung und Vertreibung in poetischen Zeugnissen*. Munique, 1979.

JEPSEN, A. "Nehemia 10". ZAW 66, 1954, p. 87-106.

_____. *Untersuchungen zum Bundesbuch* (BWANT III/5), 1927.

JEREMIAS, Joachim. "Sabbatjahr und neutestamentliche Chronologie". ZNW 27, 1928, p. 98-103 = id., *Abba. Studien zur neutestamentlichen Theologie und Zeitgeschichte*. Göttingen, 1966, p. 233-238.

JEREMIAS, Jörg. "*nāb* Prophet". THAT II, 1976, p. 7-26.

_____. *Das Königtum Gottes in den Psalmen* – Israels Begegnung mit dem kanaanäischen Mythos in den Jahwe-König-Psalmen (FRLANT 141), 1987.

_____. *Der Prophet Hosea* (ATD 24/1), 1983.

_____. *Kultprophetie und Gerichtsverkündigung in der späten Königszeit* (WMANT 35), 1970.

_____. *Theophanie. Die Geschichte einer alttestamentlichen Gottesvorstellung*, 2. ed. (WMANT 10), 1977.

JERVELL, J. "Die offenbarte und die verborgene Tora. Zur Vorstellung über die neue Tora im Rabbinismus". StTh 25, 1971, p. 90-108.

JOBLING, D. *The Sense of Biblical Narrative. Three Structural Analyses in the Old Testament (I Samuel 13-31, Numbers 11-12, I Kings 17-18)* (JSOT.S 7). 2. ed. Sheffield, 1986.

JOHNSON, B. "*mišpāṭ* κτλ". ThWAT V, 1986, p. 93-107.

JOHNSTONE, W. "The Decalogue and the Redaction of the Sinai Pericope in Exodus". ZAW 100, 1988, p. 361-385.

JOSEPHUS, Fl. *Antiquitates Judaicae*, com trad. inglesa. 6 vols. (org. por H.S.J. Thackeray e o.), The Loeb Classical Library (1930-62). Londres, 1967-1969.

_____. *Contra Apionem*, com trad. inglesa, org. por v. H.S.J. Thackeray, The Loeb Classical Library (1926). Londres, 1976.

JOÜON, P. *Grammaire de l'Hébreu Biblique*. Roma, 1923, reimpr. 1965.

JUNGE, E. *Der Wiederaufbau des Heerwesens des Reiches Juda unter Josia* (BWANT IV/23[75]), 1937.

JÜNGLING, H.-W. "'Auge für Auge, Zahn für Zahn'. Bemerkungen zu Sinn und Geltung der alttestamentlichen Talionsformeln". ThPh 59, 1984, p. 1-38.

_____. "Richter 19 – Ein Plädoyer für das Königtum. Stilistische Analyse der Tendenzerzählung Ri 19,1-30a; 21,25". AnBib 84, 1981.

KAATZ, S. "Maimonides und das Talionsprinzip". Jesch. 13, 1926, p. 43-50.

KAHANA, Y.; MUNK, N. & SLAE, M. Estimating Bodily Damages According to Jewish Law: A Comparative Study. In: JACKSON, B.S. (org.). *Jewish Law Association Studies II, The Jerusalem Conference Volume*. Atlanta, 1986, p. 103-142.

KAHLE, P.E. *Die Kairoer Genisa*, trad. al. Berlim, 1962.

KAISER, O. "Beobachtungen zur sogenannten Thronnachfolgeerzählung Davids". EThL 64, 1988, p. 5-20.

_____. *Das Buch des Propheten Jesaja Kapitel*, 5. ed. 1-12 (ATD 17), 1981.

_____. Den Erstgeborenen deiner Söhne sollst du mir geben. Erwägungen zum Kinderopfer im Alten Testament (1976). In: id. *Von der Gegenwartsbedeutung des Alten Testaments. Gesammelte Studien zur Hermeneutik und zur Redaktionsgeschichte* (org. por V. Fritz e o.). Göttingen 1984, p. 142-166.

_____. *Einleitung in das Alte Testament*, 5. ed. Gütersloh, 1984.

_____. *Klagelieder*, 3. ed. (ATD 16/2), 1981.

_____. Zwischen den Fronten. Palästina in den Auseinandersetzungen zwischen dem Perserreich und Ägypten in der ersten Hälfte des 4. Jahrhunderts (1972) = in: id., *Von der*

Gegenwartsbedeutung des Alten Testaments. Gesammelte Studien (org. por V. Fritz e o.). Göttingen 1984, p. 189-198.

_____. (org.): *Texte aus der Umwelt des Alten Testaments*. Vol. I: *Rechts- und Wirtschaftsurkunden. Historischchronologische Texte*. Gütersloh (1982-)1985. Vol. II: *Orakel; Rituale, Bann-und Votivschriften, Lieder und Gebete*. Gütersloh, (1986-)1991.

KAPELRUD, A.S. *The Question of Authority in the Ezra-Narratives. A Lexical Investigation* (SNVAO.HF 1944/1), 1944.

KAUFMAN, S.A. A Reconstruction of the Social Welfare System of Ancient Israel. In: BARRICK, W.B. & SPENCER, J.R. (orgs.). *In the Shelter of Elyon, FS G.W. Ahlström* (JSOT.S 31), 1984, p. 277-286.

_____. Deuteronomy 15 and Recent Research on the Dating of P. In: LOHFINK, N. (org.). *Das Deuteronomium* (BEThL 68), 1985, p. 273-276.

_____. "The Structure of the Deuteronomic Law". *Maarav* 1, 1978/1979, p. 105-158.

KAUFMANN, Y. *The Religion of Israel*, 2. ed. Nova York, 1972.

KEDAR-KOPFSTEIN, B. & BOTTERWECK, G.J. "*ḥag* κτλ". *ThWAT* II, 1977, p. 730-744.

KEEL, O. *Das Böcklein in der Milch seiner Mutter und Verwandtes. Im Lichte eines altorientalischen Bildmotivs* (OBO 33), 1980.

_____. "Der Bogen als Herrschaftssymbol". *ZDPV* 93, 1977, p. 141-177.

_____. (org.). *Monotheismus im alten Israel und seiner Umwelt* (BiBe 14), 1980.

KEGLER, J. Prophetisches Reden und politische Praxis Jeremias. Beobachtungen zu Jer 26 und 36. In: SCHOTTROFF, W. & STEGEMANN, W. (orgs.). *Der Gott der kleinen Leute. Sozialgeschichtliche Auslegungen*, vol. 1. Munique/Gelnhausen, 1979, p. 67-79.

KEIL, C.F. *Biblischer Commentar über den Propheten Jeremia und die Klagelieder* (BC III/2), 1872.

_____. *Biblischer Commentar über die Bücher Mose's*. 2. ed. vol. II: *Leviticus, Numeri und Deuteronomium*. Leipzig,1870, reimpr. Giessen/Basileia, 1987.

KELLERMANN, D. art. *maṣṣāh* e o., *ThWAT* IV, 1984, p. 1.074-1.081.

_____. "*'āšām*". *ThWAT* I, 1973, p. 463-472.

_____. "*ḥmṣ*". *ThWAT* II, 1977, p. 1.061-1.068.

_____. "*gūr*". *ThWAT* I, 1973, p. 979-991.

_____. Bemerkungen zum Sündopfergesetz in Num 15,22ff. In: GESE, H. & RÜGER, H.P. (orgs.). *Wort und Geschichte, FS K. Elliger* (AOAT 18), 1973, p. 107-113.

KELLERMANN, U. "Anmerkungen zum Verständnis der Tora in den chronistischen Schriften". *BN* 42, 1988, p. 49-92.

_____. "Erwägungen zum Esragesetz". *ZAW* 80, 1968, p. 373-385.

_____. "Erwägungen zum Problem der Esradatierung". *ZAW* 80, 1968, p. 55-87.

_____. "Nehemia. Quellen, Überlieferung und Geschichte". *BZAW* 102, 1967.

KENNEDY, J. "The Social Background of Early Israel's Rejection of Cultic Images". *BTB* 17, 1987, p. 138-144.

KERTELGE, K. (org.). *Das Gesetz im Neuen Testament* (QD 108). Friburgo, 1986.

KESSLER, R. "Das hebräische Schuldenwesen. Terminologie und Metaphorik". WuD NF 20, 1989, p.181-195.

_____. *Die Querverweise im Pentateuch. Überlieferungsgeschichtliche Untersuchung der expliziten Querverbindungen innerhalb des vorpiesterlichen Pentateuchs.* Diss.theol. Heidelberg, 1972.

_____. Die Rolle des Armen für Gerechtigkeit und Sünde des Reichen. Hintergrund und Bedeutung von Dtn 15,9; 24,13.15. In: CRÜSEMANN, F. e o. (orgs.). *Was ist der Mensch...? Beiträge zur Anthropologie des Alten Testaments, FS H.W. Wolff.* Munique, 1992, p. 153-163.

_____. "'Ich weiss, dass mein Erlöser lebt'. Sozialgeschichtlicher Hintergrund und theologische Bedeutung der Löser-Vorstellung in Hiob 19,25". ZThK 89, 1992.

_____. *Staat und Gesellschaft im vorexilischen Juda.* Diss. habil. Bethel, 1990.

KEVERS, P. "Étude littéraire de Genèse XXXIV". RB 87, 1980, p. 38-86.

_____. Les 'fils de Jacob' à Sichem. In: BREKELMANS & LUST, J. (orgs.). *Pentateuchal and Deuteronomistic Studies. Papers read at the XIIIth IOSOT Congress Leuven 1989*, 1990, p. 41-46.

KILIAN, R. *Jesaja 1-12* (NEB Liefg.17). Würzburg, 1986.

_____. *Literarkritische und formgeschichtliche Untersuchungen des Heiligkeitsgesetzes* (BBB 19), 1963.

KINDER, E. & HAENDLER, K. (org.). *Gesetz und Evangelium — Beiträge zur gegenwärtigen theologischen Diskussion* (WdF CXLII), 1968.

KIPPENBERG, H.G. "Heilig und profan". 1. Religionswissenschaftlich/biblisch. 3. ed. EKL II,1989, p. 432-436.

_____. Die Entlassung aus Schuldknechtschaft im antiken Judäa: Eine Legitimitätsvorstellung von Verwandtschaftsgruppen. In: KEHRER, G. (org.). *"Vor Gott sind alle gleich". Soziale Gleichheit, soziale Ungleichheit und die Religion.* Düsseldorf, 1983, p. 74-104.

_____. Die Typik antiker Entwicklung. In: id. (org.). *Seminar: Die Entstehung der antiken Klassengesellschaft* (stw 130), 1977, p. 9-62.

_____. *Die vorderasiatischen Erlösungsreligionen in ihrem Zusammenhang mit der antiken Stadtherrschaft, Heidelberger Max-Weber-Vorlesungen 1988* (stw 917), 1991.

_____. *Garizim und Synagoge* (RVV 30), 1971.

_____. *Religion und Klassenbildung im antiken Judäa. Eine religionssoziologische Studie zum Verhältnis von Tradition und gesellschaftlicher Entwicklung.* 2. ed. (StUNT 14),1982.

KIPPENBERG, H.G. & WEWERS, G.A. (orgs.). *Textbuch zur neutestamentlichen Zeitgeschichte* (GNT 8), 1979.

KIRCHENAMT der EKD (org.). *Strafe: Tor zur Versöhnung? Eine Denkschrift der Evangelischen Kirche in Deutschland zum Strafvollzug.* Gütersloh, 1990.

KITTEL, H.-J. *Die Stammessprüche Israels. Genesis 49 und Deuteronomium 33 traditionsgeschichtlich untersucht.* Diss. Berlim (Kirchl. Hochsch.), 1959.

KITTEL, R. *Die Bücher der Chronik* (HK I/6), 1902.

KIUCHI, N. *The Purification Offering in the Priestly Literature. Its Meaning and Function* (JSOT Suppl. Ser. 56), 1987.

KLEIN, R.W. The Message of P. In: JEREMIAS, J. & PERLITT, L. (orgs.). *Die Botschaft und die Boten*, FS H.W. Wolff. Neukirchen, 1981, p. 57-66.

KLENGEL, H. Die Rolle der "Ältesten" ($LÚ^{MEŠ}$ ŠU.GI) im Kleinasien der Hethiterzeit, ZA 23, 1965, 223-236.

KLÍMA, J. Die juristischen Gegebenheiten in den Prologen und Epilogen der mesopotamischen Gesetzeswerke. In: *Travels in the World of the Old Testament*, FS M.A. Beek. Assen 1974, p. 146-169.

_____. "L'apport des scribes mésopotamiens à la formation de la jurisprudence". FolOr 21, 1980, p. 211-220.

_____. "La perspective historique des lois Hammourabiennes". CRRAI, 1972, p. 297-317.

KLINE, M.G. "Lex Talionis and the Human Fetus". JETS 20, 1977, p. 193-201.

KLINGENBERG, E. *Das israelitische Zinsverbot in Torah, Mishnah und Talmud*. Mainz/Wiesbaden, 1977.

KLOPFENSTEIN, M.A. "*šqr* täuschen". ThHAT II, 1976, p. 1.010-1.019.

_____. Das Gesetz bei den Propheten. In: *Mitte der Schrift? Ein jüdischchristliches Gespräch* (Judaica et Christiana 11). Berna e o., 1987, p. 283-297.

KLOSTERMANN, A. "Ezechiel und das Heiligkeitsgesetz". ZLThK 38, 1877, p. 401-445 = id., *Der Pentateuch. Beiträge zu seinem Verständnis und seiner Entstehungsgeschichte*. Leipzig, 1893, p. 368-418.

KNAPP, D. *Deuteronomium 4. Literarische Analyse und theologische Interpretation* (GTA 35), 1987.

KNAUF, E.A. Zur Herkunft und Sozialgeschichte Israels. "Das Böcklein in der Milch seiner Mutter", Bib. 69, 1988, p. 153-169.

KNIERIM, R. "*awen* Unheil". THAT I, 1971, p. 81-84.

_____. "*šgg* sich versehen". THAT II, 1976, p. 869-872.

_____. "*m'l* treulos sein". THAT I, 1971, p. 920-922.

_____. "Exodus 18 und die Neuordnung der mosaischen Gerichtsbarkeit". ZAW 73, 1961, p. 146-171.

KNIERIM, R.P. Customs, Judges and Legislators in Ancient Israel. In: EVANS, C.A. & STINESPRING, W.F. (orgs.). *Early Jewish and Christian Exegesis. Studies in memory of W.H. Brownlee*. Atlanta, 1987, p. 3-15.

_____. "The Problem of Ancient Israel's Prescriptive Legal Traditions". Semeia 45, 1989, p. 7-25.

KNOBEL, A. *Der Prophet Jesaja*. 2. ed. (KEH),1854.

KNOHL, I. "The Priestly Torah Versus the Holiness School: Sabbath and the Festivals". HUCA 58, 1987, p. 65-117.

KOCH, E. "Vom Versuch, die Frage 'ob die Weiber Menschen seien, oder nicht', an den Digesten zu beantworten". *Rechtshistorisches Journal* 1, 1982, p. 171-179.

KOCH, H. *Jenseits der Strafe – Überlegungen zur Kriminalitätsbewältigung*. Tübingen, 1988.

KOCH, K. "mô'ed". ThWAT IV, 1984, p. 744-750.

_____. "kûn". ThWAT IV, 1984, p. 95-107.

_____. "Die Eigenart der priesterlichen Sinaigesetzgebung". ZThK 55, 1958, p. 36-51.

_____. "Die Hebräer vom Auszug aus Ägypten bis zum Grossreich Davids". VT 19, 1969, p. 37-81.

_____. Die israelitische Sühneanschauung und ihre historischen Wandlungen. Diss. habil. Erlangen, 1956.

_____. Die Priesterschrift von Ex 25 – Lev 16. Eine überlieferungsgeschichtliche und literarkritische Untersuchung (FRLANT 71), 1959.

_____. "Ezra and the Origin of Judaism". JSS 19, 1974, p. 173-197.

_____. Gestaltet die Erde, doch heget das Leben! Einige Klarstellungen zum dominium terrae in Genesis 1. In: H.-G. Geyer e o. (orgs.)., Wenn nicht jetzt, wann dann? FS H.-J. Kraus. Neukirchen, 1983, p. 23-36 = id., Spuren des hebräischen Denkens, p. 223-237.

_____. "P – kein Redaktor! Erinnerung an zwei Eckdaten der Quellenscheidung". VT 37, 1987, p. 446-467.

_____. "Sühne und Sündenvergebung um die Wende von der exilischen zur vorexilischen Zeit". EvTh 26, 1966, p. 217-239 = id., Spuren hebräischen Denkens, p. 184-205.

_____. Spuren hebräischen Denkens. Gesammelte Aufsätze. Vol. 1 (org. por B. Janowski e M. Krause). Neukirchen, 1991.

_____. Tempeleinlassliturgien und Dekaloge. Studien zur Theologie der alttestamentlichen Überlieferungen. In: KOCH, K. & RENDTORFF, R. (orgs.), FS G. v. Rad, 1971, 45-60 = id., Spuren hebräischen Denkens, p. 169-183.

_____. Weltordnung und Reichsidee im alten Iran. In: FREI, P. & KOCH, K. Reichsidee und Reichsorganisation im Perserreich (OBO 55), 1984, p. 45-116.

KÖCKERT, M. "Das nahe Wort. Zum entscheidenden Wandel des Gesetzesverständnisses im Alten Testament". ThPh 60, 1985, p. 496-519.

_____. "Leben in Gottes Gegenwart. Zum Verständnis des Gesetzes in der priesterlichen Literatur". JBTh 4, 1989, p. 29-61.

_____. Vätergott und Väterverheissungen – Eine Auseinandersetzung mit Albrecht Alt und seinen Erben (FRLANT 142), 1988.

KOFFMAHN, E. "Sind die altisraelitischen Monatsbezeichnungen mit den kanaanäisch-phönikischen identisch?" BZ 10, 1966, p. 197-219.

KOHATA, F. Jahwist und Priesterschrift in Exodus 3-14 (BZAW 166), 1986.

KOHLER, K. Die Nächstenliebe im Judentum. In: FS H. Cohen. Berlin, 1912, p. 469-480.

KÖHLER, L. Die hebräische Rechtsgemeinde (1931). In: id., Der hebräische Mensch. Tübingenk, 1953, p. 143-171.

_____. Theologie des Alten Testaments. 4. ed. Tübingen, 1966.

KÖHLER, L. & BAUMGARTNER, W. Lexicon in Veteris Testamenti Libros. Leiden, 1958 (KBL).

KÖHLER, L.; BAUMGARTNER, W. & STAMM, J.J. Hebräisches und aramäisches Lexikon zum Alten Testament. Leiden e o. 1967-1990 (HAL).

KOOPMANS, W.T. *Joshua 24 as Poetic Narrative* (JSOT.S 93), 1990.

KORNFELD, W. QDŠ und Gottesrecht im Alten Testament. In: *Congress Volume Vienna 1980* (VT.S 32), 1981, p. 1-9.

_____. "Reine und unreine Tiere im Alten Testament". *Kairos* 7, 1965, p. 134-147.

KORNFELD, W. & RINGGREN, H. "*qdš*". *ThWAT* VI, 1989, p. 1.179-1.204.

KOROŠEC, V. Keilschriftrecht. In: HO I. Abt., Erg.Bd. 3: *Orientalisches Recht*, 1964, p. 49-219.

KOSCHAKER, P. *Neue keilschriftliche Rechtsurkunden aus der El-Amarna-Zeit*. Leipzig, 1928.

KOTTJE, R. *Studien zum Einfluss des Alten Testamentes auf Recht und Liturgie des frühen Mittelalters (6.-8. Jahrhundert)* (BHF 23), 1964.

KRAFT, R.A. "Ezra" Materials in Judaism and Christianity In: *ANRW* II, 19/1, 1979, p. 119-136.

KRATZ, R.G. *Translatio imperii. Untersuchungen zu den aramäischen Danielerzählungen und ihrem theologiegeschichtlichen Umfeld* (WMANT 63), 1991.

KRAUS, F.R. "Ein zentrales Problem des altmesopotamischen Rechts: Was ist der Codex Hammurabi?" *Genava* NS 8, 1960, p. 283-296.

_____. *Königliche Verfügungen in altbabylonischer Zeit*. Leiden, 1984.

KRAUS, H.-J. Das Alte Testament in der "Bekennenden Kirche", *KuI* 1, 1986, p. 26-46 = id., *Rückkehr zu Israel. Beiträge zum christlich-jüdischen Dialog*. Neukirchen, 1991, p. 237-258.

_____. Das heilige Volk. In: *Freude am Evangelium. FS A. de Quervain*. Munique, 1966, p. 50-61 = id., *Biblischtheologische Aufsätze*. Neukirchen, 1972, p. 37-49.

_____. "Das Telos der Tora. Biblischtheologische Meditationen". *JBTh* 3, 1988, p. 55-82 = id., *Rückkehr zu Israel. Beiträge zum christlich-jüdischen Dialog*. Neukirchen, 1991, p. 93-120.

_____. "Die prophetische Verkündigung des Rechts in Israel". *ThSt* 51, 1957.

_____. *Geschichte der historisch-kritischen Erforschung des Alten Testaments*. 4. ed. Neukirchen, 1988.

_____. *Gottesdienst in Israel. Grundriss einer alttestamentlichen Kultgeschichte*. 2. ed. Munique, 1962.

_____. *Klagelieder*. 3. ed. (Threni) (BK XX), 1968.

_____. *Psalmen*. 7 ed. (BK XV), 3 vols., 1989.

_____. *Reich Gottes: Reich der Freiheit. Grundriss systematischer Theologie*. Neukirchen, 1975.

_____. *Systematische Theologie im Kontext biblischer Geschichte und Eschatologie*. Neukirchen, 1983.

_____. Tora und "Volksnomos". In: BLUM, E. e o. (orgs.). *Die Hebräische Bibel und ihre zweifache Nachgeschichte, FS R. Rendtorff*. Neukirchen, 1990, p. 641-655 = id., *Rückkehr zu Israel. Beiträge zum christlich-jüdischen Dialog*. Neukirchen, 1991, p. 223-236.

KRAUSS, S. Sanhedrin-Makkot. In: BEER, G. e o. (orgs.). *Die Mischna. Text, Übersetzung und ausführliche Einleitung*. Vol. IV/4.5. Giessen, 1933.

KRECHER, J. Das Rechtsleben und die Auffassung vom Recht in Babylonien. In: FIKENTSCHER, W. e o. (org.). *Entstehung und Wandel rechtlicher Traditionen*. Friburgo/Munique, 1980, p. 325-354.

KREUZER, S. Die Frühgeschichte Israels in Bekenntnis und Verkündigung des Alten Testaments (BZAW 178), 1989.

KRÜCKMANN, O. "Beamter. b) Die Beamten zur Zeit der ersten Dynastie von Babylon". RLA I (1932 =) 1981, p. 449-451.

KRÜGER, T. Geschichtskonzepte im Ezechielbuch (BZAW 180), 1989.

KÜCHLER, F. Das Heiligkeitsgesetz Lev 17-26. Eine literarkritische Untersuchung. Königsberg, 1929.

KUENEN, A. Historisch-kritische Einleitung in die Bücher des Alten Testamentes hinsichtlich ihrer Entstehung und Sammlung. Vol. I,1. Leipzig, 1887.

KUGEL, J. "On Hidden Hatred and Open Reproach: Early Exegesis of Leviticus 19:17". HThR 80, 1987, p. 43-61.

KUGELMASS, H. Lex Talionis in the Old Testament. Diss. de doutorado, University of Montreal, 1982.

KUHN, P. Bat Qol. Die Offenbarungsstimme in der rabbinischen Literatur. Sammlung, Übersetzung und Kurzkommentierung der Texte (Eichstätter Materialien 13 – Abt. Philosophie und Theologie 5). Regensburg, 1989.

_____. Die Offenbarungsstimme im Antiken Judentum (TSAJ 20). Tübingen, 1989.

KÜMMEL, H.M. Bestechung im Alten Orient. In: SCHULLER, W. (org.). Korruption im Altertum. Munique/Viena, 1982, p. 55-64.

KUSCHKE, A. "Die Lagervorstellung der priesterschriftlichen Erzählung". ZAW 63, 1951, p. 74-105.

KUTSCH, E. "$b^e rt$ Verpflichtung". THAT I, 1971, p. 339-352.

_____. Der Sabbat – ursprünglich Vollmondtag? (1984). In: id., Kleine Schriften zum Alten Testament (BZAW 168), 1986, p. 71-77.

_____. "'Ich will euer Gott sein'. $b^e rt$ in der Priesterschrift", ZThK 71, 1974, p. 361-388.

_____. Menschliche Weisung – Gesetz Gottes. Beobachtungen zu einem aktuellen Thema. In: HEINE & HEINTEL, E. (orgs.). Gott ohne Eigenschaften? Viena, 1983, p. 77-106 = id., Kleine Schriften zum Alten Testament (BZAW 168), 1986, p. 247-273.

_____. Verheissung und Gesetz. Untersuchungen zum sogenannten "Bund" im Alten Testament (BZAW 131), 1973.

L'HEUREUX, C.E. The Redactional History of Isaiah 5.1 – 10.4. In: BARRICK, W.B. & SPENCER, J. (orgs.). In The Shelter of Elyon, FS G.W. Ahlström (JSOT.S 31), 1984, p. 99-119.

LAAF, P. Die Pascha-Feier Israels. Eine literarkritische und überlieferungsge-schichtliche Studie (BBB 36), 1970.

_____. hag šebu'ot, das Wochenfest. In: Bausteine biblischer Theologie, FS G.J. Botterweck (BBB 50), 1970, p. 169-183.

LABUSCHAGNE, C.J. The Meaning of $b^e yād rāmā$ in the Old Testament. In: DELSMAN, W.C. e o. (orgs.), FS J.P.M. van der Ploeg (AOAT 211), 1982, p. 143-148.

LANDERSDORFER, S. "Keilschriftliche Parallelen zum biblischen Sündenbock (Lev 16)". BZ 19, 1931, p. 20-28.

LANDMANN, M. *Das Tier in der jüdischen Weisung*. Heidelberg, 1959.

LANG, B. "*nkr*". ThWAT V, 1986, p. 454-462.

_____. "*kipper*". ThWAT IV, 1984, p. 303-318.

_____. Die Jahwe-allein-Bewegung. In: id. (org.). *Der einzige Gott*. Munique, 1981, p. 47-83.

_____. (org.). *Der einzige Gott. Die Geburt des biblischen Monotheismus*, Munique, 1981.

LANGLAMET, F. Israël et "l'habitant du pays". Vocabulaire et formules d'Ex., xxxiv, 11-16, RB 76, 1969, p. 321-350, 481-507.

LATTE, K. "Mord (griechisch)". PRE 31, 1933, p. 278-289.

LAUTERBACH, J.Z. (org.). *Mekilta des Rabbi Ishmael*, 3. ed. com trad. ingl., 2 vols. (1933). Filadélfia, 1976.

LEBRAM, J.C.H. Die Traditionsgeschichte der Esragestalt und die Frage nach dem historischen Esra. In: SANCISI-WEERDENBURG, H. (org.). *Achaemenid History I. Sources, Structures and Synthesis*. Leiden, 1987, p. 103-138.

LEEMANS, W.F. kidinnu, un symbole de droit divin babylonien. In: *Symbolae ad ius et historiam antiquitatis pertinentes, FS J.C. van Oven*. Leiden, 1946, p. 36-61.

LEGGETT, D.A. *The Levirate and Goel Institutions in the Old Testament. With Special Attention to the Book of Ruth*. Cherry Hill, 1974.

LEHMING, S. "Versuch zu Ex 32". VT 10, 1960, p. 16-50.

_____. "Zur Überlieferungsgeschichte von Gen 34". ZAW 70, 1958, p. 228-250.

LEHR, S. *Antisemitismus – religiöse Motive im sozialen Vorurteil* (Abhandlungen zum christlich-jüdischen Dialog 5), 1974.

LEMAIRE, A. "Le Sabbat à l'Époque Royale Israélite". RB 80, 1973, p. 111-185.

_____. "Les ostraca paleo-hebreux des fouilles de l'Ophel". *Levant* 10, 1978, p. 156-161.

_____. "Populations et territoires de la Palestine à l'époque perse". *Transeuphratene* 3, 1990, p. 31-74.

_____. Vengeance et justice dans l'Ancien Israël. In: VERDIERS, R. & POLY, J.-P. (orgs.). *La vengeance*. Vol. 3: *Vengeance, pouvoirs et idéologies dans quelques civilisations de l'Antiquité*. Paris 1984, p. 13-33.

LEMCHE, N.P. "Andurarum and Mišarum: Comments on the Problems of Social Edicts and their Application in the Ancient Near East". JNES 38, 1979, p. 11-22.

_____. "The 'Hebrew Slave'. Comments on the Slave Law Ex. xxi 2-11". VT 25, 1975, p. 129-144.

_____. "The Manumission of Slaves – the Fallow Year – the Sabbatical Year – the Jobel". Year, VT 26, 1976, p. 38-59.

LEVENSON, J.D. "Poverty and the State in Biblical Thought". *Judaism* 25, 1976, p. 230-241.

_____. "The Theologies of Commandment in Biblical Israel". HThR 73, 1980, p. 17-33.

LEVIN, C. "Der Dekalog am Sinai". VT 35, 1985, p. 165-191.

_____. *Die Verheissung des neuen Bundes in ihrem theologiegeschichtlichen Zusam-menhang ausgelegt* (FRLANT 137), 1985.

LÉVINAS, E. Namenlos. In: id., *Eigennamen. Meditationen über Sprache und Literatur*, trad. al. Munique/Viena, 1988, p. 101-106.

LEVINE, B.A. *In the Presence of the Lord. A Study of Cult and some Cultic Terms in Ancient Israel* (SJLA 5), 1974.

LEVINE, L.J. The Second Temple Synagogue: The Formative Years. In: id. (org.). *The Synagogue in Late Antiquity*. Filadélfia, 1987, p. 7-31.

LEVY, Y.; MILGROM, J.; RINGGREN, H. & FABRY, H.-J. "'edah". ThWAT V, 1986, p.1.079-1.093.

LIEBESCHÜTZ, H. *Das Judentum im deutschen Geschichtsbild von Hegel bis Max Weber*. Tübingen, 1967.

LIEDKE, G. "'Tier-Ethik' — Biblische Perspektiven". ZEE 29, 1985, p. 160-173.

_____. "*dîn* richten". THAT I, 1971, p. 445-448.

_____. "*ykḥ* hi. feststellen, was recht ist". THAT I, 1971, p. 730-732.

_____. "*šp* richten". THAT II, 1973, p. 999-1009.

_____. "*rb* streiten". THAT II, 1976, p. 771-777.

_____. "*ḥqq* einritzen, festsetzen". THAT I, 1971, p. 626-633.

_____. *Gestalt und Bezeichnung alttestamentlicher Rechtssätze. Eine formgeschichtlich-terminologische Studie* (WMANT 39). Neukirchen, 1971.

LIEDKE, G. & PETERSEN, C. "*tôrâ* Weisung". THAT II, 1976, p. 1.032-1.043.

LIENEMANN, W. (org.). *Die Finanzen der Kirche. Studien zu Struktur, Geschichte und Legitimation kirchlicher Ökonomie*. Munique, 1989.

LIERMANN, H. "Abgaben". TRE I, 1977, p. 329-347.

LINDARS, B. Torah in Deuteronomy. In: *Words and Meanings*, FS D.W. Thomas. Cambridge, 1968, p. 117-130.

LINDBLOM, J. "Erwägungen zur Herkunft der josianischen Tempelurkunde". SMHVL 1970-1971:3, Lund 1971.

_____. "Theophanies in Holy Places in Hebrew Religion". HUCA 22, 1961, p. 91-106.

LIPINSKI, E. "*nāqam*". ThWAT V, 1986, p. 602-612.

_____. "*mkr*". ThWAT IV, 1983, p. 869-875.

_____. "Juges 5,4-5 et Psaume 68,1-11". Bib. 48, 1967, p. 185-206.

_____. "L' 'esclave hébreu'", VT 26, 1976, p. 120-124.

_____. *Nešek* and *tarbīt* in the Light of Epigraphic Evidence. OLoP 10, 1979, p. 133-141.

_____. "Sale, Transfer and Delivery in Ancient Semitic Terminology". SGKAO 15, 1982, p. 173-185.

_____. (org.). *State and Temple Economy in the Ancient Near East*. 2 vols. (OLA 5.6), 1979.

LISOWSKY, G. Dtn 25,4 *Lo-taḥsōm šōr bᵉdišō*. Du sollst dem Rinde bei seinem Dreschen nicht das Maul verbinden. In: *Das ferne und das nahe Wort, FS L. Rost* (BZAW 105), 1967, p. 144-152.

LIVER, J. "The Half-Shekel Offering in Biblical and Post-Biblical Literature". HThR 56, 1963, p. 173-198.

LIVERANI, M. "Communautés de village et palais royal dans la Syrie du IIème millé-naire". JESHO 18, 1975, p. 146-164.

_____. La Royauté syrienne de l'âge du bronze récent. In: GARELLI, P. (org.). *Le Palais et la Royauté* (CRAI xix). Paris, 1974, p. 329-356.

LIVINGSTON, D.H. "The crime of Leviticus xxiv 11". VT 36, 1986, p. 352-354.

LIWAK, R. Überlieferungsgeschichtliche Probleme des Ezechielbuches. Eine Studie zu postezechielischen Interpretationen und Kompositionen. Diss. Bochum, 1976.

LJUNG, I. *Silence or Suppression. Attitudes towards women in the Old Testament*. Uppsala, 1989.

LOCHER, C. *Die Ehre einer Frau in Israel. Exegetische und rechtsvergleichende Studien zu Deuteronomium 22, p. 13-21* (OBO 70), 1986.

_____. Dtn 22,13-21. Vom Prozessprotokoll zum kasuistischen Gesetz. In: LOHFINK, N. (org.). *Das Deuteronomium* (BEThL 68), 1985, p. 298-303.

LOERSCH, S. *Das Deuteronomium und seine Deutungen* (SBS 22), 1967.

LÖW, A. Thierschutz im Judenthume nach Bibel und Talmud. 2. ed. Brünn,1891.

LOEWENSTAMM, S.E. Exodus xxi 22-25, *VT* 27, 1977, p. 352-360 = id., *Comparative Studies in Biblical and Ancient Oriental Literatures* (AOAT 204), 1980, p. 517-525.

_____. The Seven-Day-Unit in Ugaritic Epic Literature. In: id., *Comparative Studies in Biblical and Ancient Oriental Literatures* (AOAT 204), 1980, p. 192-209.

_____. "*nšq* and *m/tarbīt*". JBL 88, 1969, p. 78-80.

LOHFINK, N. "Gewalt" als Thema alttestamentlicher Forschung. In: id. (org.). *Gewalt und Gewaltlosigkeit im Alten Testament* (QD 96), 1983, p. 15-50.

_____. "Ich bin Jahwe, dein Arzt" (Ex 15,26). Gott, Gesellschaft und menschliche Gesundheit in der Theologie einer nachexilischen Pentateuchbearbeitung (Ex 15,25b.26). In: *"Ich will euer Gott werden". Beispiele biblischen Redens von Gott*. 2. ed. (SBS 100), 1982, 11-73 = id., *Studien zum Pentateuch* (SBA 4), 1988, p. 91-155.

_____. "2 Kön 23,3 und Dtn 6,17". Bib. 71, 1990, p. 34-42.

_____. "Deuteronomium". NBL Liefg. 3, 1990, p. 414-418.

_____. "*ḥāram* e o.". ThWAT III, 1982, p. 192-213.

_____. "*yāraš*". ThWAT III, 1982, p. 953-985.

_____. "Besprechung von Knapp, Dtn 4". ThR 84, 1988, p. 279-281.

_____. Bundestheologie im Alten Testament. Zum gleichnamigen Buch von Lothar Perlitt. In: id., *Studien zum Deuteronomium und zur deuteronomistischen Literatur I* (SBA 8), 1990, p. 325-361.

_____. Darstellungskunst und Theologie in Dtn 1,6 – 3,29, Bib. 41, 1960, p. 105-134 = id., Studien zum Deuteronomium und zur deuteronomistischen Literatur I (SBA 8), 1990, p. 15-44.

_____. "Das deuteronomische Gesetz in der Endgestalt – Entwurf einer Gesellschaft ohne marginale Gruppen". BN 51, 1990, p. 25-40.

_____. "Das Deuteronomium: Jahwegesetz oder Mosegesetz? Die Subjektzuordnung bei Wörtern wie 'Gesetz' im Deuteronomium und der deuteronomistischen Literatur", ThPh 65, 1990, p. 387-391.

_____. *Das Hauptgebot. Eine Untersuchung literarischer Einleitungsfragen zu Dtn 5-11* (AnBib 20), 1963.

_____. "Der Begriff 'Bund' in der biblischen Theologie". ThPh 66, 1991, p. 161-176.

_____. Die Abänderung der Theologie des priesterlichen Geschichtswerks im Segen des Heiligkeitsgesetzes. Zu Lev 26,9.11-13. In: GESE, H. & RÜGER, H.P. (orgs.). *Wort und Geschichte*, FS K. Elliger (AOAT 18), 1973, p. 129-136 = id., Studien zum Pentateuch (SBA 4), 1988, p. 157-168.

_____. "Die Bedeutung von hebr. *jrš qal und hif*". BZ 27, 1981, p. 14-33.

_____. Die Gattung der "Historischen Kurzgeschichte" in den letzten Jahren von Juda und in der Zeit des babylonischen Exils, ZAW 90, 1978, p. 319-347 = id., Studien zum Deuteronomium und zur deuteronomistischen Literatur II (SBA 12), 1991, p. 55-86.

_____. Die *huqqîm ûmišpātîm* im Buch Deuteronomium und ihre Neubegrenzung durch Dtn 12,1, Bibl. 70, 1989, p. 1-29 = id., Studien zum Deuteronomium und zur deuteronomistischen Literatur II (SBA 12), 1991, p. 229-256.

_____. Die Priesterschrift und die Geschichte. In: *Congress Volume Göttingen 1977* (VT.S 29), 1978, p. 169-225 = id., Studien zum Pentateuch (SBA 4), 1988, p. 213-254.

_____. Die Schichten des Pentateuch und der Krieg. In: id. (org.). *Gewalt und Gewalt- losigkeit im Alten Testament* (QD 96), 1983, p. 51-110 = id., Studien zum Pentateuch (SBA 4), 1988, p. 255-315.

_____. Die Sicherung der Wirksamkeit des Gotteswortes durch das Prinzip der Schriftlichkeit der Tora und durch das Prinzip der Gewaltenteilung nach den Ämtergesetzen des Buches Deuteronomium (Dtn 16,18 – 18,21). In: *Testimonium Veritati. FS W. Kempf* (FTS 7), 1971, p. 143-155 = id., Studien zum Deuteronomium und zur deuteronomistischen Literatur I (SBA 8), 1990, p. 305-323.

_____. "Dt 26,17-19 und die 'Bundesformel'". ZKTh 91, 1969, p. 517-553 = id., Studien zum Deuteronomium und zur deuteronomistischen Literatur I (SBA 8), 1990, p. 211-261.

_____. Gibt es eine deuteronomistische Bearbeitung im Bundesbuch? In: BREKEL-MANS, C. & LUST, J. (orgs.), *Pentateuchal and Deuteronomistic Studies. Papers read at the XIIIth IOSOT Congress Leuven 1989* (BEThL 94), 1990, p. 191-113.

_____. Gott, auf der Seite der Armen. Zur 'Option für die Armen' im Alten Orient und in der Bibel. In: id., *Das Jüdische am Christentum*. Friburgo e o. 1987, p. 122-143.

_____. Hos. XI 5 als Bezugstext von Dtn. XVII 16, VT 31, 1981, p. 226-228 = id., Studien zum Deuteronomium und zur deuteronomistischen Literatur II (SBA 12), 1991, p. 143-156.

_____. Kennt das Alte Testament einen Unterschied von "Gebot" und "Gesetz"? Zur bibeltheologischen Einstufung des Dekalogs, JBTh 4, 1989, p. 63-89.

_____. Kerygmata des Deuteronomistischen Geschichtswerks. In: JEREMIAS, J. & PERLITT, L. (orgs.). Die Botschaft und die Boten, FS H.W. Wolff. Neukirchen-Vluyn 1981, p. 87-100 = id., Studien zum Deuteronomium und zur deuteronomistischen Literatur II (SBA 12), 1991, p. 125-142.

_____. "Rec. U. Rüterswörden, Von der politischen Gemeinschaft zur Gemeinde. Studien zu Dt 16,18 – 18,22 (BBB 65, 1987)". ThLZ 113, 1988, p. 425-430.

_____. The Cult Reform of Josiah of Judah: II Kings 22-23 as a Source for the History of Israelite Religion. In: HANSON, P.D. e o. (orgs.). Ancient Israelite Religion FS F.M. Cross. Filadélfia, 1987, p. 459-475 = id., Die Kultreform Joschijas von Juda. 2 Kön 22-23 als religionsgeschichtliche Quelle. In: Studien zum Deuteronomium und zur deuteronomistischen Literatur II (SBA 12), 1991, p. 209-255.

_____. Zum rabbinischen Verständnis von Dtn 12,1. In: ZMIJEWSKI, J. (org.). Die alttestamentliche Botschaft als Wegweisung, FS H. Reinelt. Stuttgart 1990, p. 157-162 = id., Studien zum Deuteronomium und zur deuteronomistischen Literatur II (SBA 12), 1991, p. 287-292.

_____. "Zur deuteronomischen Zentralisationsformel". Bib. 65, 1984, p. 297-329 = id., Studien zum Deuteronomium und zur deuteronomistischen Literatur II (SBAB 12), 1991, p. 147-178.

_____. Zur Geschichte der Diskussion über den Monotheismus im Alten Israel. In: HAAG, E. (org.). Gott, der einzige (QD 104), 1985, p. 9-25.

_____. Zur neueren Diskussion über 2 Kön 22-23. In: id. (org.). Das Deuteronomium (BEThL 68), 1985, p. 24-48 = id., Studien zum Deuteronomium und zur deuteronomistischen Literatur II (SBA 12), 1991, p. 179-208.

LÖHR, M. Das Asylwesen im Alten Testament (SKG.G 7/3), 1930.

LOHSE, E. "συνέδριον". ThWNT V II, 1964, p. 858-869.

LONG, V.P. The Reign and Rejection of King Saul – A Case for Literary and Theological Coherence (SBLDS 118). Atlanta, 1989.

LORETZ, O. "Die steinernen Gesetzestafeln in der Lade. Probleme der Deuteronomium-Forschung zwischen Geschichte und Utopie". UF 9, 1977, p. 159-161.

_____. "Ex 21,6; 22,8 und angebliche Nuzi-Parallelen". Bib. 41, 1960, p. 167-175.

_____. Habiru – Hebräer. Eine sozio-linguistische Studie über die Herkunft des Gentiliziums 'ibrī vom Appellativum ḥabiru (BZAW 160), 1984.

_____. Leberschau, Sündenbock, Asasel in Ugarit und Israel (Ugar.-Bibl. Literatur 3), Altenberge, 1985.

_____. "Vom kanaanäischen Totenkult zur jüdischen Patriarchen-und Elternehrung". JARG 3, 1978, p. 149-204.

LUBSCZYK, H. Der Auszug Israels aus Ägypten (EThSt 11), 1963.

_____. Die Bundesurkunde. Ursprung und Wirkungsgeschichte des Deuteronomiums. In: BREKELMANS, C. & LUST, J. (orgs.). Pentateuchal and Deuteronomistic Studies. Papers read at the XIIIth IOSOT Congress Leuven 1989 (BEThL 94), 1990, p. 161-177.

LUCKENBILL, D.D. The Annals of Sennacherib. Chicago, 1924.

LUHMANN, N. *Rechtssoziologie*. 2 vols. Hamburgo, 1972.

LUST, J. Ez., XX,4-26. Une parodie de l'histoire religieuse d'Israel. In: *De Mari à Qumran*, FS J. Coppens. Vol. I, 1969, p. 127-166.

LUXEMBURG, R. *Die russische Revolution. Politische Schriften* III, 3. ed. por FLECHTHEIM, O.K. Frankfurt/Viena,1971, p. 106-141.

LUYTEN, J. Primeval and Eschatological Overtones in the Song of Mose (Dt 32,1-43). In: LOHFINK, N. (org.). *Das Deuteronomium* (BEThL LXVIII), 1985, p. 341-347.

MAASS, F. Selbstliebe nach Leviticus 19,18. In: *FS F. Baumgärtel*. Erlangen, 1959, p. 109-113.

MABEE, C. "Jacob and Laban. The Structure of Judicial Proceedings (Genesis xxxi 25-42)". *VT* 30, 1980, p. 192-207.

_____. *The Problem of Setting in Hebrew Royal Judicial Narratives*. Diss. Claremont, 1977.

MACE, D.R. *Hebrew Marriage. A sociological Study*. Londres, 1953.

MACHOLZ, G.Ch. Das "'Passivum Divinum', seine Anfänge im Alten Testament und der 'Hofstil'". *ZNW* 81, 1990, p. 247-253.

_____. "Die Stellung des Königs in der israelitischen Gerichtsverfassung". *ZAW* 84, 1972, p. 157-182.

_____. Psalm 29 und 1 Könige 19. In: ALBERTZ, R. e o. (orgs.). *Werden und Wirken des Alten Testaments*, FS C. *Westermann*. Göttingen/Neukirchen, 1980, p. 325-333.

_____. "Zur Geschichte der Justizorganisation in Juda". *ZAW* 84, 1972, p. 314-340.

MAGONET, J. Der Versöhnungstag in der jüdischen Liturgie. In: HEINZ, H. e o. (orgs.). *Versöhnung in der jüdischen und christlichen Liturgie* (QD 124), 1990, p. 133-154.

_____. "The Korah Rebellion". *JSOT* 24, 1982, p. 3-25.

MAIBERGER, P. *Das Manna* – Eine literarische, etymologische und naturkundliche Untersuchung (Ägypten und Altes Testament 6). Wiesbaden, 1983.

MAIER, J. Torah und Pentateuch, Gesetz und Moral. Beobachtungen zum jüdisch und christlich-theologischen Befund. In: VIVIAN, A. (org.). *Biblische und Judaistische Studien*, FS P. Sacchi (Judentum und Umwelt 29). Frankfurt/M. e o., 1990, p. 1-54.

_____. "Urim und Tummim". *Kairos* 11, 1969, p. 22-38.

_____. *Zwischen den Testamenten. Geschichte und Religion in der Zeit des zweiten Tempels* (NEB Erg.Bd. 3). Würzburg, 1990.

MALAMAT, A. "The Historical Background of the Assassination of Amon, King of Judah". *IEJ* 3, 1953, p. 26-29.

_____. "You Shall Love Your Neighbor and Yourself". A Case of Misinterpretation? In: BLUM, E. (org.). *Die Hebräische Bibel und ihre zweifache Nachgeschichte*, FS R. Rendtorff. Neukirchen 1990, p. 111-115.

MALONEY, R.P. "Usury and Restriction on Interest-Taking in the ancient Near East". *CBQ* 36, 1974, p. 1-20.

_____. "Usury in greek, roman and rabbinic thought". *Traditio* 27, 1971, p. 79-109.

MALUL, M. The Comparative Method in Ancient Near Eastern and Biblical Legal Studies (AOAT 227), 1990.

MANN, Th. Das Gesetz. In: id. Die Erzählungen. Vol. 2. Frankfurt/M. 1975, p. 621-672.

MANTEL, H. Studies in the History of the Sanhedrin. Cambridge, 1961.

_____. "The Nature of the Great Synagogue". HThR 60, 1967, p. 69-91.

MARBÖCK, J. "*nāāl*". ThWAT V, 1986, p. 171-185.

MARCUS, M. Prolegomena zu einer jüdischen Umweltethik. In: Israel und Kirche heute. Beiträge zum christlich-jüdischen Dialog, FS E.L. Ehrlich. Friburgo e o., 1991, p. 376-385.

MARGALIOT, M. Marah (Exod. 15:22-27) and its Position between Exodus and the Sinai Covenant, Shnaton 4, 1980, p. 129-150.

MARGALITH, O. "The Political Role of Ezra as Persian Governor". ZAW 98, 1986, p. 110-112.

MARQUARDT, F.-W. Zur Reintegration der Tora in eine Evangelische Theologie. In: BLUM, E. e o. (orgs.). Die Hebräische Bibel und ihre zweifache Nachgeschichte, FS R. Rendtorff. Neukirchen, 1990, p. 657-676.

MARTIN-ACHARD, R. "*nēkār* Fremder". THAT II, 1976, p. 66-68.

_____. "*gūr* als Fremdling weilen". ThWAT I, 1971, p. 409-412.

_____. "Israël, peuple sacerdotal". VC 18, 1964, p. 11-28 = id., Permanence de l'Ancien Testament. Recherches d'Exégèse et de Théologie (Cahiers de la RThPh 11), 1984, p. 129-146.

_____. La Loi, don de Dieu – Aux sources de l'Ancien Testament. Aubonne, 1987.

_____. "Récents travaux sur la loi du talion selon l'Ancien Testament". RHPhR 69, 1989, p. 173-188.

MARX, A. "Sacrifice de Réparation et Rites de Levée de Sanction". ZAW 100, 1988, p. 183-198.

MATHIAS, D. "'Levitische Predigt' und Deuteronomismus". ZAW 96, 1984, p. 23-49.

MATHYS, H.-P. Liebe deinen Nächsten wie dich selbst. Untersuchungen zum alttestamentlichen Gebot der Nächstenliebe (Lev 19,18) (OBO 71), 1986.

MATTHES, J.C. "Der Sühnegedanke bei den Sündopfern". ZAW 23, 1903, p. 97-119.

MAUER, G. "Die 'Gesetze' von Eshnunna – eine Schreiberübung". BN 42, 1988, p. 36-43.

MAYBAUM, S. Erklärung einiger biblischer Stellen. In: FS H. Cohen. Berlim, 1912, p. 405-410.

MAYER, G. "*ykḥ* e o.". ThWAT III, 1982, p. 620-628.

MAYES, A.D.H. Deuteronomy (NCeB). Londres, 1979.

MAYS, J.L. Hosea. A Commentary. Londres, 1969.

MAZAR, A. "Giloh: An Early Israelite Settlement Site Near Jerusalem". IEJ 31, 1981, p. 1-36.

McBRIDE, S.D. "Deuteronomium e o.". TRE VIII, 1981, p. 530-543.

McCONVILLE, J.G. *Law and Theology in Deuteronomy* (JSOT.S 33), 1984.

McDANIEL, Th.F. *Deborah Never Sang* – A Philological Study of Deborah (Judges Chapter V). Jerusalém, 1983.

McEVENUE, S.E. *The Narrative Style of the Priestly Writer* (AnBib 50), 1971.

_____. "The Political Structure in Judah from Cyrus to Nehemiah". CBQ 43, 1981, p. 353-364.

McKANE, W. *A Critical and Exegetical Commentary on Jeremiah*. Vol. I: Introduction and Commentary on Jeremiah I-XXV. Edimburgo, 1986.

_____. *Prophets and Wise Men* (SBT 44), 1965.

McKAY, J.W. "Exodus XXIII 1-3.6-8: A Decalogue for the Administration of Justice in the City Gate". VT 21, 1971, p. 311-325.

McKEATING, H. "Sanctions against Adultery in Ancient Israelite Society, with some Reflections on Methodology in the Study of Old Testament Ethics". JSOT 11, 1979, p. 57-72.

_____. "The development of the Law of Homicide in Ancient Israel". VT 25, 1975, p. 46-68.

McKENZIE, D.A. "Judicial Procedure at the Town Gate". VT 14, 1964, p. 100-104.

McKENZIE, J.L. The "People of the Land" in the Old Testament. In: *Akten des 24. internationalen Orientalisten-Kongresses München 1957*. Wiesbaden, 1959, p. 206-208.

_____. "The Elders in the Old Testament". Bibl. 40, 1959, p. 522-540.

_____. The Historical Prologue of Deuteronomy. In: *Fourth World Congress of Jewish Studies* I, 1967, p. 95-101.

MEIER, C. *Die Entstehung des Politischen bei den Griechen* (stw 427), 1983.

MEIER, W. "... Fremdlinge, die aus Israel gekommen waren..." Eine Notiz zu 2 Chronik 30,25f. aus der Sicht der Ausgrabungen im Jüdischen Viertel der Altstadt von Jerusalém, BN 15, 1981, p. 40-43.

MEINHOLD, J. *Sabbat und Woche im Alten Testament* (FRLANT 5), 1905.

MEISSNER, B. *Babylonien und Assyrien*. Vol. I e II. Heidelberg, 1920.

MENDELSOHN, I. *Slavery in the Ancient Near East*. Nova York, 1949.

_____. "The Conditional Sale into Slavery of Free-Born Daughters in Nuzi and the Law of Ex 21,7-11". JAOS 55, 1935, p. 190-195.

_____. "The Family in the Ancient Near East". BA XI, 1948/2, p. 24-40.

MENES, A. *Die vorexilischen Gesetze Israels im Zusammenhang seiner kultur-geschichtlichen Entwicklung* (BZAW 50), 1928.

MERENDINO, R.P. *Das deuteronomische Gesetz* (BBB 31), 1969.

MERZ, E. *Die Blutrache bei den Israeliten* (BWANT 20), 1916.

MESHEL, Z. *Kuntillet 'Ajrud. A Religious Centre from the Time of the Judaean Monarchy on the Border of Sinai* (Israel Museum Catalogue 175). Jerusalém, 1978.

METTINGER, T.N.D. *Solomonic State Officials* – A Study of the Civil Government Officials of the Israelite Monarchy (CB.OT 5), 1971.

METZGER, H. e o. *Feuilles de Xanthos* — Tome VI. La stèle trilingue du Létôon. Paris, 1979.

MEYER, E. *Die Entstehung des Judentums*. Halle 1896, reimpr. Hildesheim, 1987.

_____. *Geschichte des Altertums* II/2, 4. ed., 1965.

MEYER, R. *Hebräische Grammatik*, I-IV, 3. ed. revista e ampliada. Berlim, 1966-1972.

MEYERS, C. *Discovering Eve. Ancient Israelite Women in Context*. Oxford/Nova York, 1988.

_____. "Procreation, production, and Protection: Male-Female Balance in Early Israel". *JAAR* 51, 1983, p. 569-593.

MICHAELI, F. *Les livres des Chroniques, d'Esdras et Néhémie* (CAT 16), 1967.

MICHAELIS, W. "κρατος κτλ". *ThWNT* III, 1938, p. 905-914.

MICHEL, D. *Grundlegung einer hebräischen Syntax* 1. Neukirchen, 1977.

MIKLISZANSKI, J.K. "The Law of Retaliation and the Pentateuch". *JBL* 66, 1947, p. 295-303.

MILDENBERG, L. Yehud-Münzen. In: WEIPPERT, H. (org.). *Palästina in vorhellenistischer Zeit. Handbuch der Archäologie in Vorderasien* II/1. Munique, 1988, p. 719-728.

MILGROM, J. "A Prolegomenon to Leviticus 17:11". *JBL* 90, 1971, p. 149-156 = id., *Studies in Cultic Theology and Terminology* (SJLA 36), 1983, p. 96-103.

_____. "First-born". *IDB Suppl.*, 8. ed. Nashville (1962), 1988, p. 337s.

_____. *Cult and Conscience* — The Asham and the Priestly Doctrine of Repentance (SJLA 18), 1976.

_____. Ethics and Ritual: The Foundations of the Biblical Dietary Laws. In: FIRMAGE, E.B. (org.). *Religion and Law. Biblical-Judaic and Islamic Perspectives*. Winona Lake, 1990, p. 159-191.

_____. Israel's Sanctuary: The Priestly "Picture of Dorian Gray" (1976). In: id., *Studies in Cultic Theology and Terminology*, p. 75-84.

_____. Korah's rebellion: A Study in Redaction. In: CARREZ, M. (org.). *De la Tôrah au Messie, Mélanges H. Cazelles*. Paris, 1981, p. 135-146.

_____. "Rationale for Cultic Law: The Case of Impurity". *Semeia* 45, 1989, p. 103-109.

_____. Sancta Contagion and Altar/City Asylum (VT.S 32), 1981, p. 278-310.

_____. *Studies in Cultic Theology and Terminology* (SJLA 36), 1983.

_____. "The Betrothed Slave-girl, Lev 19,20-22". *ZAW* 89, 1977, p. 43-50.

_____. The Biblical Diet Laws as an Ethical System. In: id., *Studies in Cultic Theology and Terminology*, p. 104-118.

_____. The Consecration of the Priests. A Literary Comparison of Leviticus 8 and Exodus 29. In: DANIELS, D.R. e o. (orgs.). *Ernten, was man sät, FS K. Koch*. Neukirchen, 1991, p. 273-286.

_____. "The Cultic $Š^eg\bar{a}gah$ and Its Influence in Psalms and Job". *JQR* 58, 1967, p. 115-125 = id., *Studies in Cultic Theology and Terminology* (SJLA 36), 1983, p. 122-132.

_____. "The Graduated Hatta't of Leviticus 5:1-13". *JAOS* 103, 1983, p. 249-254.

_____. "The Modus Operandi of the Hatta't. A Rejoinder". *JBL* 109, 1990, p. 111-113.

_____. "The Priestly Doctrine of Repentance". RB 82, 1975, p. 186-205 = id., *Studies in Cultic Theology and Terminology* (SJLA 36), 1983, p. 47-66.

_____. The Priestly Impurity System. In: *Proceedings of the Ninth World Congress of Jewish Studies*. Jerusalém, 1986, p. 121-127 (sic!).

_____. The Two Pericopes on the Purification Offering. In: MEYERS, C.L. & O'CONNOR, M. (orgs.). *The Word of the Lord Shall Go Forth, FS D.N. Freedman*. Winona Lake, 1983, p. 211-215.

_____. "You Shall Not Boil a Kid in Its Mother's Milk. An Archaeological Myth Destroyed". *Bible Review* 1/3, 1985, p. 48-55.

MILLARD, M. *Die noachidischen Gebote. Zur Endgestalt der Bibel, ihrer inner- und nachbiblischen Auslegung*. Diss. de mestrado na Hochschule für Jüdische Studien, Heidelberg, 1989.

MINETTE de Tillesse, C. "A reforma de Josias". *Revista bíblica brasileira* 6, 1989, p. 41-61.

MINOKAMI, Y. *Die Revolution des Jehu* (GThA 38), 1989.

MITTELMANN, J.M. *Das altisraelitische Levirat – Eine rechtshistorische Studie*. Leipzig, 1934.

MITTMANN, S. *Deuteronomium 1_1-6_3 literarkritisch und traditionsgeschichtlich untersucht* (BZAW 139), 1975.

MOBERLY, R.W.L. *At the Mountain of God. Story and Theology in Exodus 32-34* (JSOT.S 22), 1983.

_____. "Yahweh is one": The Translation of the Shema. In: *Studies in the Pentateuch* (VT.S 41), 1990, p. 209-215.

MÖLLE, H. *Der sogenannte Landtag zu Sichem* (fzb 42), 1980.

MOMMER, P. *Samuel. Geschichte und Überlieferung* (WMANT 65), 1991.

MOOR, J.C. de. *The Rise of Yahwism – The Roots of Israelite Monotheism* (BEThL 101), 1990.

MOR, M. Samaritan History. 1. The Persian, Hellenistic and Hasmonaean Period. In: CROWN, A.D. (org.). *The Samaritans*. Tübingen 1989, p. 1-18.

MORALDI, L. *Espiazone sacrificale e riti espiatori nell'ambiente biblico e nell'Antico Testamento* (AnBib 5), 1956.

MORGAN, D.F. *The So-Called Cultic Calendars in the Pentateuch: A Morphological and Typological Study*. Diss. Claremont, 1974.

MORGENSTERN, J. "The Decalogue of the Holiness Code". *HUCA* 26, 1955, p. 1-27.

MOSIS, R. "Ex 19,5b.6a: Syntaktischer Aufbau und lexikalische Semantik". *BZ NF* 22, 1978, p. 1-25.

_____. *Untersuchungen zur Theologie des chronistischen Geschichtswerks*. Friburgo e o., 1973.

MOWINCKEL, S. *Studien zu dem Buche Ezra-Nehemia, III – Die Esrageschichte und das Gesetz Moses* (SNVAO HF, nova série 7), 1965.

_____. *Tetrateuch-Pentateuch-Hexateuch* (BZAW 90), 1964.

_____. "Zur Geschichte der Dekaloge". *ZAW* 55, 1937, p. 218-235.

_____. Zur Komposition des Buches Jeremia. Kristiania, 1914.

MÜHL, M. Die Gesetze des Zaleukos und Charondas. Leipzig, 1929 = Klio 22, 1929, p. 105-124, 432-463.

_____. Untersuchungen zur altorientalischen und althellenischen Gesetzgebung (Klio. Beiheft 29 [N.F. 16]), 1933.

MÜLLER, A.R. "Der Text als russische Puppe? Zu P. Weimars 'Die Berufung des Mose'". BN 17, 1982, p. 56-72.

_____. "2 Kön 23,3 deuteronomistisch?" BN 35, 1986, p. 26-29.

MÜLLER, H.-P. "nāî". THAT V, 1986, p. 140-163.

_____. "'štrt e o.". ThWAT VI, 1989, p. 453-463.

MÜLLER, K. Tora für die Völker – Die noachidischen Gebote im Beziehungsfeld zwischen Judentum und Christentum. Diss. theol. Heidelberg, 1991.

MUNK, M. "Esra Hasofer nach Talmud und Midrasch". JJLG 21, 1930, p. 129-198 (reimpr. 1975).

MURRAY, R. "New Wine in Old Wineskins. XII Firstfruits". ET 86, 1974/1975, p. 164-168.

MYERS, J.M. II Chronicles. Introduction, Translation and Notes (AncB 13), 1965.

NA'AMAN, N. "Canaanites and Perizzites". BN 45, 1988, p. 42-47.

NASUTI, H. "Identity, Identification, and Imitation: The Narrative Hermeneutics of Biblical Law". Journal of Law and Religion 4, 1986, p. 9-23.

NAVEH, J. "A Fragment of an Ancient Hebrew Inscription from the Ophel". IEJ 32, 1982, p. 195-198.

NEEF, H.-D. "Der Sieg Deboras und Baraks über Sisera. Exegetische Beobachtungen zum Aufbau und Werden von Jdc 4,1-24". ZAW 101, 1989, p. 28-49.

_____. Die Heilstraditionen Israels in der Verkündigung des Propheten Hosea (BZAW 169), 1987.

NELSON, B. The Idea of Usury. 2. ed. (1950). Chicago, 1969.

NEMBACH, U. "Ehescheidung nach alttestamentlichem und jüdischem Recht". ThZ 26, 1970, p. 161-171.

NEU, R. Von der Anarchie zum Staat – Entwicklungsgeschichte Israels vom Noma-dentum zur Monarchie. Neukirchen, 1992.

NEUFELD, E. "The Prohibitions against Loans at Interest in Ancient Hebrew Laws". HUCA 26, 1955, p. 355-412.

NEUSNER, J. Rabbinic Traditions about the Pharisees before 70. 3 vols. Leiden, 1971.

NEWMAN, K.S. Law and economic organization – A comparative study of preindus-trial societies. Cambridge, 1988.

NICHOLSON, E.W. The Book of the Prophet Jeremiah, Chapters 1-25 (CBC), 1973.

_____. "The Decalogue as the Direct Address of God". VT 27, 1977, p. 422-433.

_____. The Meaning of the Expression 'am hāāreṣ in the OT, JSS 10, 1965, p. 59-66.

NICOLAISEN, C. *Die Auseinandersetzung um das Alte Testament im Kirchenkampf*. Diss. Hamburgo, 1966.

NICOLSKY, N.M. "Das Asylrecht in Israel". ZAW 48, 1930, p. 146-175.

NIEHR, H. *Der höchste Gott. Alttestamentlicher YHWH-Glaube im Kontext syrischkanaanäischer Religion des 1. Jahrtausends v.Chr.* (BZAW 190), 1990.

_____. "Grundzüge der Forschung zur Gerichtsorganisation Israels". BZ NF 31, 1987, p. 206-227.

_____. *Herrschen und Richten – Die Wurzel šp im Alten Orient und im Alten Testament* (fzb 54), 1986.

_____. *Rechtsprechung in Israel – Untersuchungen zur Geschichte der Gerichtsorganisation im Alten Testament* (SBS 130), 1987.

NIELSEN, E. *Die Zehn Gebote – Eine traditionsgeschichtliche Skizze* (AThD 8), 1965.

_____. "Moses and the Law". *VT* 32, 1982, p. 87-98 = id., *Law, History and Tradition. Selected Essays*. Copenhagen, 1983, p. 119-128.

_____. *Shechem – A Traditio-Historical Investigation*. 2. ed. Copenhagen, 1959.

_____. "Weil Jahwe unser Gott ein Jahwe ist" (Dtn 6,4f) (1977). In: *Beiträge zur alttestamentlichen Theologie, FS W. Zimmerli*. Göttingen 1977, p. 288-301 = id., *Law, History and Tradition*. Copenhagen, 1983, p. 106-118.

_____. "You shall not muzzle an Ox while it is treading out the Corn", Dt 25,4 (1975). In: id., *Law, History and Tradition*. Copenhagen, 1983, p. 94-105.

NIEMANN, H.M. *Die Daniten – Studien zur Geschichte eines altisraelitischen Stammes* (FRLANT 135), 1985.

NIETZSCHE, F. *Jenseits von Gut und Böse*. In: *Werke II*, organization por SCHLECHTA, K. Munique, 1966, p. 563-759.

NOLL, P. *Diktate über Sterben & Tod*. Zurique, 1984.

NOONAN, J.T. "The Muzzled Ox". JQR 70, 1979/1980, p. 172-175.

NORDEN J. *Auge um Auge – Zahn um Zahn*. Berlim, 1926.

NORDHEIM, E. v. "Ein Prophet kündigt sein Amt auf (Elia am Horeb)". Bib. 59, 1978, p. 153-173.

NORTH, R. "Flesh, Covering, and Response Ex. xxi 10". *VT* 5, 1955, p. 204-206.

_____. "Maccabean Sabbath Years". Bib. 34, 1953, p. 501-515.

NOTH, M. Das Amt des "Richters Israel". In: *FS Bertholet*. Tübingen, 1950, p. 414-417 = id., *Gesammelte Studien zum Alten Testament II* (ThB 39), 1969, p. 71-85.

_____. *Das Buch Josua* (HAT I/7), 2. ed., 1953.

_____. *Das dritte Buch Mose – Leviticus* (ATD 6), 1962.

_____. *Das zweite Buch Mose – Exodus* (ATD 5), 1959.

_____. *Das vierte Buch Mose – Numeri* (ATD 7), 1966.

_____. *Die Gesetze im Pentateuch* (SKG.G 17,2), 2. ed. 1940 = id., *Gesammelte Studien zum Alten Testament* (ThB 6), 1960, p. 9-141.

_____. Überlieferungsgeschichte des Pentateuch, 2. ed. (1948). Darmstadt,1964.

_____. Überlieferungsgeschichtliche Studien – Die sammelnden und bearbeitenden Geschichtswerke im Alten Testament, 3. ed. (1943). Darmstadt,1967.

NOVAK, D. The Image of the Non-Jew in Judaism – A Historical and Constructive Study of the Noachide Laws (Toronto Studies in Theology 14), 1983.

NOWACK, N. Das Bundesbuch. In: Beiträge zur alttestamentlichen Wissenschaft, FS K. Budde (BZAW 34), 1920, p. 132-140.

NYBERG, H.S. "Das textkritische Problem des Alten Testaments am Hoseabuche demonstriert". ZAW 52, 1934, p. 241-254.

_____. Studien zum Hoseabuche – Zugleich ein Beitrag zur Klärung des Problems der alttestamentlichen Textkritik (UUA 1935:6), 1935.

OAKMAN, D.E. Jesus and the economic Questions of his Day (Studies in the Bible and Early Christianity 8). Lewiston/Queenston, 1986.

ODED, B. Judah and the Exile. In: HAYES, J.H. & MILLER, M. (orgs.). Israelite and Judaean History. Londres, 1977, p. 435-488.

ODEN, R. "Taxation in Biblical Israel". JRE 12, 1984, p. 162-181.

OLIVIER, H. "The Effectiveness of the Old Babylonian Mesharum Decree". JNSL 12, 1984, p. 107-113.

_____. The Periodicity of the *MEŠARUM* again. In: Text and Context, FS F.C. Fensham. Sheffield ,1988, p. 227-235.

OLSON, D.T. The Death of the Old and the Birth of the New: The Framework of the Book of Numbers and the Pentateuch (Brown Judaic Studies 71), 1985.

OLYAN, S. "*Hăšālôm*: Some Literary Considerations of 2 Kings 9". CBQ 46, 1984, p. 652-668.

OPPENHEIMER, A. The 'Am Ha-Aretz – A Study in the Social History of Jewish People in the Hellenistic-Roman Period (ALGHL 8), 1977.

ORLINSKY, H.M. (org.). Notes on the New Translation of the Torah. Filadélfia, 1969.

OSTEN-SACKEN, P. v.d. Befreiung durch das Gesetz. In: BAUDIS, A. e o. (orgs.). Richte unsere Füsse auf den Weg des Friedens, FS H. Gollwitzer. Munique, 1979, p. 349-360 = id., Evangelium und Tora. Aufsätze zu Paulus (ThB 77), 1987, p. 197-209.

_____. Die Heiligkeit der Tora – Studien zum Gesetz bei Paulus. Neukirchen, 1989.

_____. Evangelium und Tora – Aufsätze zu Paulus (ThB 77), 1987.

OSUMI, Y. Die Kompositionsgeschichte des Bundesbuches Ex 20,22b–23,33 (OBO 105), 1991.

OSSWALD, E. Das Bild des Mose in der alttestamentlichen Wissenschaft seit J. Wellhausen (ThA 18), 1962.

OTTO, E. "*pāsaḥ*". ThWAT VI, 1989, p. 659-682.

_____. "Feste und Feiertage. II. Altes Testament". TRE XI, 1983, p. 96-106.

_____. Das Mazzotfest in Gilgal (BWANT VI/7 [107]), 1975.

_____. Die Geschichte der Talion im Alten Orient und Israel. In: DANIELS, D.R. e o. (orgs.). Ernten, was man sät, FS K. Koch. Neukirchen, 1991, p. 101-130.

_____. Die rechthistorische Entwicklung des Depositenrechts in altorientalischen und altiraelitischen Rechtskorpora". Zeitschrift der Savigny-Stiftung für Rechtsgeschichte 105, 1988, p. 1-31.

_____. "Interdependenzen zwischen Geschichte und Rechtsgeschichte des antiken Israel". Rechtshistorisches Journal 7, 1988, p. 347-368.

_____. Jakob in Sichem – Überlieferungsgeschichtliche, archäologische und territorialgeschichtliche Studien zur Entstehungsgeschichte Israels (BWANT VI/10), 1979.

_____. Jerusalem – Die Geschichte der Heiligen Stadt. Von den Anfängen bis zur Kreuzfahrerzeit. Stuttgart e o., 1980.

_____. Körperverletzungen in den Keilschriftrechten und im Alten Testament – Studien zum Rechtstransfer im Alten Testament (AOAT 226), 1991.

_____. "Kultus und Ethos in Jerusalemer Theologie. Ein Beitrag zur theologischen Begründung der Ethik im Alten Testament". ZAW 98, 1986, p. 161-179.

_____. Rechtsgeschichte der Redaktionen im Kodex Eshnuna und im "Bundesbuch" – Eine redaktionsgeschichtliche und rechtsvergleichende Studie zu altbabylonischen und altisraelitischen Rechtsüberlieferunge (OBO 85), 1989.

_____. Rechtssystematik im altbabylonischen "Codex Eshnuna" und im altisraelitischen "Bundesbuch". Eine redaktionsgeschichtliche und rechtsvergleichende Analyse von CE §§ 17; 18; 22-28 und Ex 21,18-32; 22,6-14; 23,1-3.6-8, UF 19, 1987, p. 175-197.

_____. "Sozial- und rechtshistorische Aspekte in der Ausdifferenzierung eines altisraelitischen Ethos aus dem Recht". Osnabrücker Hochschulschr., Schriftenreihe d. FB III,9, 1987, p. 135-161.

_____. Wandel der Rechtsbegründungen in der Gesellschaftsgeschichte des antiken Israel– Eine Rechtsgeschichte des "Bundesbuchs" Ex XX 22 – XXIII 13 (Studia Biblica III). Leiden e o., 1988.

OTTO, R. Das Heilige. 8. ed. (1917). Breslau,1922.

OTZEN, B. "'āmāl e o.". ThWAT VI, 1987, p. 213-220.

_____. "badāl". ThWAT I, 1973, p. 518-523.

OUAKNIN, M.-A. Das verbrannte Buch – Den Talmud lesen, trad. al. Weinheim/Berlin, 1990.

OVERHOLT, Th.W. The Threat of Falsehood – A Study in the Theology of the Book of Jeremiah (SBT 2/16). Londres, 1970.

PANGRITZ, W. Das Tier in der Bibel. Munique/Basileia, 1963.

PASCHEN, W. Rein und unrein – Untersuchungen zur biblischen Wortgeschichte (StANT 24), 1970.

PATRICK, D. Old Testament Law. Atlanta, 1985.

PATTE, D. Early Jewish Hermeneutics in Palestine. Missoula, 1975.

PATTERSON, R.B. "The Widow, the Orphan and the Poor in the OT and the Extra-Biblical Literature". BS 139, 1973, p. 223-234.

PAUL, M.J. Het Achimedisch punt van de Pentateuchkritiek: Een historisch en exegetisch onderzoek naar de verhouding van Deuteronomium en de reformatie von koning Josia (2 Kon 22-23). 'S-Gravenhage, 1988.

_____. King Josiah's Renewal of the Covenant (2 Kings 22-23). In: BREKELMANS, C. & LUST, J. (orgs.). Pentateuchal and Deuteronomistic Studies. Papers read at the XIIIth IOSOT Congress Leuven 1989 (BEThL 94), 1990, p. 269-276.

PAUL, S.M. Biblical Analogues to Middle Assyrian Law. In: FIRMAGE, E.B. e o. (orgs.). Religion and Law. Biblical-Judaic and Islamic perspective. Winona Lake, 1990, p. 333-350.

_____. Studies in the Book of the Covenant in the Light of Cuneiform and Biblical Law (VT.S 18), 1970.

PECKHAM, B. The Composition of Deuteronomy 5-11. In: MEYERS, C.L. & O'CONNOR, M. (orgs.). The Word of the Lord Shall Go Forth, FS D.N. Freedman. Winona Lake, 1983, p. 217-240.

PERLITT, L. "Anklage und Freispruch Gottes. Theologische Motive in der Zeit des Exils". ZThK 69, 1972, p. 290-303.

_____. Bundestheologie im Alten Testament (WMANT 36), 1969.

_____. Dtn 1-3 im Streit der exegetischen Methoden. In: LOHFINK, N. (org.). Das Deuteronomium. Entstehung, Gestalt und Botschaft (BEThL 68), 1985, p. 149-163.

_____. Deuteronomium (BK 5 Liefg. 1.2), 1990/1991.

_____. Deuteronomium 6,20-25: Eine Ermutigung zu Bekenntnis und Lehre. In: Glaube — Bekenntnis — Kirchenrecht, FS Ph. Meyer, 1989, p. 222-234.

_____. "Ein einzig Volk von Brüdern". Zur deuteronomischen Herkunft der biblischen Bezeichnung "Bruder". In: LÜHRMANN, D. & STRECKER, G. (orgs.). Kirche, FS G. Bornkamm, 1980, p. 27-52.

_____. 'Evangelium' und Gesetz im Deuteronomium. In: VEIJOLA, T. (org.). The Law in the Bible and in its Environment (Publications of the Finnish Exegetical Society 51). Helsinki/Göttingen, 1990, p. 23-38.

_____. "Mose als Prophet". EvTh 31, 1971, p. 588-608.

_____. "Priesterschrift im Deuteronomium?" ZAW.S 100, 1988, p. 65-88.

_____. Vatke und Wellhausen (BZAW 94), 1965.

PERLMAN, A.L. Asherah and Astarte in the Old Testament and Ugaritic Literatures. Ph.D.diss. Graduate Theol. Union, 1978.

PESCH, O.H. "Begriff und Bedeutung des Gesetzes in der katholischen Theologie". JBTh 4, 1989. p. 171-213.

PESCH, R. Die Apostelgeschichte. 2. Teilband. Apg 13-28 (EKK V/2), 1986.

PETERSEN, J.E. "Priestly Material in Joshua 13-22: A Return to the Hexateuch?" Hebrew Annual Review 4, 1980, p. 131-146.

PETSCHOW, H. Zur "Systematik" in den Gesetzen von Eschnunna. In: Symbolae iuridicae et historicae M. David dedicatae II. Leiden 1968, p. 131-143.

_____. "Zur Systematik und Gesetzestechnik im Codex Hammurabi". ZA 57, 1965, p. 146-172.

_____. "Beiträge zu Codex Hammurapi". ZA 76, 1986, p. 17-75.

_____. "Die §§ 45 und 46 des Codex Hammurapi. Ein Beitrag zum altbabylonischen Bodenrecht und zum Problem: Was ist der Codex Hammurapi?" ZA 74, 1984, p. 181-212.

PETUCHOWSKI, J.J. "Die 'Bräuche der Völker'". Judaica 38, 1982, p. 141-149.

_____. Zur Dialektik der Kappara. Einführung in das jüdische Verständnis von Umkehr und Versöhnung. In: HEINZ, H. e o. (orgs.). Versöhnung in der jüdischen und christlichen Liturgie (QD 124), 1990, p. 184-196.

PFEIFFER, R.H. "The Transmission of the Book of the Covenant". HThR 24, 1931, p. 99-109.

PHILLIPS, A. "A Fresh Look at the Sinai Pericope". VT 34, 1984, p. 39-52, p. 282-294.

_____. Ancient Israel's Criminal Law – A New Approach to the Decalogue. Oxford, 1970.

_____. "Another Look at Adultery". JSOT 20, 1981, p. 3-25.

_____. "Another Look at Murder". JJS 28, 1977, p. 105-126.

_____. "NEBALAH – A term for serious disorderly and unruly conduct". VT 25, 1975, p. 237-242.

_____. "Some Aspects of Family Law in Pre-exilic Israel". VT 23, 1973, p. 349-361.

_____. "The case of the wood-gatherer reconsidered". VT 19, 1969, p. 125-128.

_____. "The Law of Slavery: Exodus 21,2-11". JSOT 30, 1984, p. 51-66.

_____. "The Undetectable Offender and the Priestly Legislators". JThSt N.S. 36, 1985, p. 146-150.

PHILO, De Decalogo. In: Opera quae supersunt. Vol. IV. Berlin, 1902, p. 269-307.

PHILO von ALEXANDRIEN, Ueber die zehn Worte, die der Hauptbegriff der Gesetze sind. 2. ed. In: COHN, L. (org.). Die Werke in deutscher Übersetzung. Vol. 1. Breslau, 1912, p. 371-409.

PIATTELLI, D. "The Enfranchisement Document on Behalf of the Fugitive Slave". Jewish Law Association Studies III. Atlanta, 1987, p. 59-85.

PIRENNE, J. Le Statut de l'Étranger dans l'Ancienne Egypte. In: L'Étranger (Recueils de la Societé Jean Bodin 9), 1958, p. 93-103.

PLOEG, J.M. v.d. Les anciens dans l'Ancien Testament. In: Lex tua Veritas, FS H. Junker. Trier 1961, p. 175-191.

_____. "Slavery in the OT". VT.S 22, 1972, p. 72-87.

PLÖGER, J.G. Literarkritische, formgeschichtliche und stilkritische Untersuchungen zum Deuteronomium (BBB 26), 1967.

PONS, J. Le vocabulaire d'Ézéchiel 20: Le prophète s'oppose à la vision deutéronomiste de l'histoire. In: LUST, J. (org.). Ezekiel and his Book (BEThL 74), 1986, p. 214-233.

PORATH, R. Die Sozialkritik im Jesajabuch – Redaktionsgeschichtliche Analyse. Diss. theol. Munique, 1986.

PORTEN, B. Archives from Elephantine – The Life of an Ancient Jewish Military Colony. Berkeley e o., 1968.

_____. The Jews in Egypt. In: *The Cambridge History of Judaism*. I. Introduction; The Persian Period. Cambridge, e o., 1984, p. 372-400.

PORTEOUS, N.W. *Das Buch Daniel*, 2. ed. (ATD 23),1968.

PORTER, P.A. *Moses and Monarchy* – A Study in the Biblical Tradition of Moses. Oxford, 1963.

POSPISHIL, L. *Anthropologie des Rechts* – Recht und Gesellschaft in archaischen und modernen Kulturen, trad. al. Munique, 1982.

PREISER, W. Zur rechtlichen Natur der altorientalischen "Gesetze". In: *FS Karl Engisch*. Frankfurt/M. 1969, p. 17-36.

PRESS, R. "Das Ordal im alten Israel". *ZAW* 51, 1933, p. 121-140, 227-255.

PREUSS, H.D. "Heiligkeitsgesetz". *TRE* XIV, 1985, p. 713-718.

_____. *Deuteronomium* (EdF 164), 1982.

PRITCHARD, J.B. (org.). *Ancient Near Eastern Texts Relating to the Old Testament*. 3. ed. Princeton, 1969.

PROCKSCH, O. *Die Genesis* (KAT I), $^{2/3}$1924.

_____. *Jesaia I (Jes 1-39)* (KAT IX), 1930.

PURVIS, J.D. *The Samaritan Pentateuch and the Origin of the Samaritan Sect* (HSM 2), 1968.

PURY, A. de (org.). *Le Pentateuque en Question. Les origines et la compositon des cinq premiers livres de la Bible à la lumière des recherches récentes*, 2. ed. (Le Monde de la Bible). Genebra,1991 (em port.: *O pentateuco em questão*. Petrópolis: Vozes, 1996).

PURY, A. de & RÖMER, Th. Le Pentateuque en question: position du problème et brève histoire de la recherche. 2. ed. In: DE PURY, A. (org.). *Le Pentateuque en question*. Genebra,1991, p. 9-80.

PUSCH, L.F. *Alle Menschen werden Schwestern. Feministische Sprachkritik* (edition suhrkamp 1165), 1990.

RAAFLAUB, K. "Die Anfänge des politischen Denkens bei den Griechen". *HZ* 248, 1989, p. 1-32.

_____. *Die Entdeckung der Freiheit*. Munique, 1975.

RAD, G. v. Beobachtungen an der Moseerzählung Exodus 1-14 (1971). In: id., *Gesammelte Studien II* (ThB 48), 1973, p. 189-198.

_____. *Das erste Buch Mose*, 9. ed. (ATD 2-4), 1972.

_____. *Das fünfte Buch Mose, Deuteronomium* (ATD 8), 1964.

_____. Das formgeschichtliche Problem des Hexateuch, 4. ed. (1938). In: id., *Gesammelte Studien zum Alten Testament* (I) (ThB 8),1971, p. 9-86.

_____. Das Gottesvolk im Deuteronomium (1929). In: id., *Gesammelte Studien zum Alten Testament II* (ThB 48), 1973, p. 9-108.

_____. Deuteronomium Studien (1947). In: id., *Gesammelte Studien II* (ThB 48), 1973, p. 109-153.

_____. Die Predigt des Deuteronomiums und unsere Predigt (1961). In: *Gesammelte Studien* II (ThB 48), 1973, p. 154-164.

_____. *Die Priesterschrift im Hexateuch* – Literarisch untersucht und theologisch gewertet (BWANT 65), 1934.

_____. *Theologie des Alten Testaments.* 9. ed. Vol. I, 1987. Vol. II, 1987.

RADJAWANEH, A.N. *Israel zwischen Wüste und Land. Studien zur Theologie von Deuteronomium 1-3.* Diss. theol. Mainz, 1972.

RAINEY, A.F. "The Satrapy 'Beyond the River'". *AJBA* 1, 1969, p. 51-79.

RATNER, R. & ZUCKERMANN, B. "'A Kid in Milk'?: New Photographs of KTU 1.23, Line 14". *HUCA* 57, 1986, p. 15-60.

RAY, J.D. Egypt: Dependance and Independance (425-343 B.C.) In: SANCISI-WEERDENBURG, H. (orgs.). *Achaemenid History I, Sources, Structures and Synthesis.* Leiden 1987, p. 79-95.

REICH, N.I. The Codification of the Egyptian Laws by Darius and the origin of the "Demotic Chronicle". In: *Mizraim* I, 1933, p. 178-185.

REICHERT, A. "Altar". 2. ed. BRL, 1977, p. 5-10.

REIMER, D.J. Concerning Return to Egypt: Deuteronomy XVII 16 and XXVIII 68 reconsidered. In: *Studies in the Pentateuch* (VT.S 41), 1990, p. 217-229.

REIMER, H. *Ein "totales Ende"? Studien zum Inhalt der Anklagen und zur sozialen Identität der vom Unheil Bedrohten in der radikalen Prophetie des Amos anhand der "frühesten Kompositionen" im Amosbuch.* Diss. Kirchl. Hochschule Bethel 1990 = *Richtet auf das Recht. Studien zur Botschaft des Amos* (SBS 149). Stuttgart, 1993.

RENAUD, B. *Je suis un Dieu jaloux.* Paris, 1963.

_____. *La Théophanie du Sinai Ex 19-24* – Exégèse et théologie (Cahiers de la Revue Biblique). Paris, 1991.

RENDTORFF, R. *Das überlieferungsgeschichtliche Problem des Pentateuch* (BZAW 147), 1977.

_____. Der Text in seiner Endgestalt. Überlegungen zu Exodus 19. In: DANIELS, D.R. e o. (orgs.), *Ernten, was man sät, FS K. Koch.* Neukirchen, 1991, p. 459-470.

_____. Die Bedeutung der Tora für die Christen. In: RÜBENACH, B. (ed.). *Begegnungen mit dem Judentum.* Stuttgart, 1981, p. 213-221.

_____. Die Erwählung Israels als Thema der deuteronomischen Theologie. In: JEREMIAS, J. & PERLITT, L. (orgs.). *Die Botschaft und die Boten, FS H.W. Wolff.* Neukirchen, 1981, p. 75-86.

_____. *Die Gesetze der Priesterschrift* – Eine gattungsgeschichtliche Untersuchung (FRLANT 44), 1954.

_____. Die Offenbarungsvorstellungen im Alten Israel. In: PANNENBERG, W. (org.), *Offenbarung als Geschichte* (KuD Beih.1), 1961, p. 21-44 = id., *Gesammelte Studien zum Alten Testament* (ThB 57), 1975, p. 39-59.

_____. "Esra und das 'Gesetz'". *ZAW* 96, 1984, p. 165-184.

_____. *Leviticus* (BK III Liefg. 1/2), 1985/1990.

_____. *Studien zur Geschichte des Opfers im Alten Israel* (WMANT 24), 1967.

RENDTORFF, R. & HENRIX, H.H. (orgs.). *Die Kirchen und das Judentum* – Dokumente 1945 bis 1985. Paderborn/Munique, 1988.

RENGER, I. "Hammurapis Stele 'König der Gerechtigkeit'. Zur Frage von Recht und Gesetz in der altbabylonischen Zeit". *WO* 8, 1976, p. 228-235.

RENOV, I. "The Seat of Moses". *IEJ* 5, 1955, p. 262-267.

REUSS, E. *Die Geschichte der Heiligen Schrift des Alten Testaments*. 2. ed. Braunschweig,1890.

REUTER, E. *"qn'"*. *ThWAT* VII, 1990, p. 51-62.

REVENTLOW, H. Graf. *Das Heiligkeitsgesetz formgeschichtlich untersucht* (WMANT 6), 1961.

REVIV, H. *The Elders in Ancient Israel* – A Study of a Biblical Institution (hebr.). Jerusalém, 1983.

_____. "The Traditions Concerning the Inception of the Legal System in Israel: Significance and Dating". *ZAW* 94, 1982, p. 566-575.

RICHTER, W. *Die Bearbeitungen des "Retterbuches" in der deuteronomischen Epoche* (BBB 21), 1964.

_____. "Zu den 'Richtern Israel". *ZAW* 77, 1965, p. 40-72.

RIES, G. *Prolog und Epilog in Gesetzen des Altertums* (MBPF 76), 1983.

RIESENER, I. *Der Stamm 'bd im Alten Testament* – Eine Wortuntersuchung unter Berücksichtigung neuerer sprachwissenschaftlicher Methoden (BZAW 149), 1979.

RINGGREN, H. *"'wd"*. *ThWAT* V, 1986, p. 1.107-1.130.

_____. *"mā 'al"*. *ThWAT* IV, 1984, p. 1.038-1.042.

_____. *"ḥāqaq"*. *ThWAT* III, 1982, p. 149-157.

_____. *"yāqaš"*. *ThWAT* III, 1982, p. 866-868.

_____. *"gāraš"*. *ThWAT* II, 1977, p. 72-74.

_____. Israelite prophecy: fact or fiction? In: *Congress Volume Jerusalem 1986* (VT.S XL), 1988, p. 204-210.

_____. *The Prophetical Conception of Holiness* (UUA 1948:12), 1948.

ROBERTS, S. *Ordnung und Konflikt* – Eine Einführung in die Rechtsethnologie. Stuttgart, 1981.

ROBINSON, B.P. "Symbolism in Exod. 15:22-27". *RB* 94, 1987, p. 376-388.

ROBINSON, G. A New Economic Order: The Challenge of the Biblical Jubilee. In: AMIRTHAN, S. (org.). *A Vision for Man*, FS J.R. Chandran. Madras s.d., p. 363-379.

_____. Das Jobel-Jahr. Die Lösung einer sozialökonomischen Krise des Volkes Gottes. In: DANIELS, D.R. e o. (orgs.). *Ernten, was man sät*, FS K. Koch. Neukirchen, 1991, p. 471-494.

_____. *The Origin and Development of the Old Testament Sabbath* – A Comprehensive Exegetical Approach (BET 21), 1988.

_____. "The Prohibition of Strange Fire in Ancient Israel". *VT* 28, 1978, p. 301-317.

ROBINSON, Th.H. & HORST, F. *Die Zwölf Kleinen Propheten*, 3. ed. (HAT I/14). Tübingen, 1964.

ROEROE, W.A. *Das Ältestenamt im Alten Testament*. Diss. theol. Mainz, 1976.

ROFÉ, A. "Family and Sex Laws in Deuteronomy and the Book of Covenant". *Henoch* 9, 1987, p. 131-159.

_____. Introduction to Deuteronomy. 2. ed. Part I (hebr.). Jerusalém, 1977.

_____. Joshua 20: Historico-Literary Criticism Illustrated. In: TIGAY, J.H. (org.). *Empirical Model for the Development of the Hebrew Bible*. Filadélfia, 1985, p. 131-147.

_____. Methodological Aspects of the Study of Biblical Law. In: JACKSON, B.S. (org.). *The Jerusalem Conference Volume* (Jewish Law Association Studies II). Atlanta, 1986, p. 1-16.

_____. "The Arrangement of the Laws in Deuteronomy". EThL 64, 1988, p. 265-287.

_____. The History of the Cities of Refuge in Biblical Law. In: JAPHET, S. (org.). *Studies in Bible*. Jerusalém, 1986, p. 205-239.

_____. "The Law about the Organisation of Justice in Dt (16,18-20; 17,8-13) (hebr.)". Beth Miqra 21, 1975/76, p. 199-210, 318.

_____. "The Laws of Warfare in the Book of Deuteronomy: Their Origins, Intent and Positivity". JSOT 32, 1985, p. 23-44.

ROSE, M. *Der Ausschliesslichkeitsanspruch Jahwes* – Deuteronomische Schultheologie und die Volksfrömmigkeit in der späten Königszeit (BWANT 106), 1975.

_____. *Deuteronomist und Jahwist* – Untersuchungen zu den Berührungspunkten beider Literaturwerke (AThANT 67), 1981.

ROSENBLOOM, J.R. *Conversion to Judaism: From the Biblical Period to the Present*. Cincinnati, 1978.

ROST, L. Das kleine geschichtliche Credo. In: id., *Das kleine Credo und andere Studien zum Alten Testament*. Heidelberg, 1965, p. 11-25.

_____. Die Gerichtshoheit am Heiligtum. In: KUSCHKE, A. & ROST, L. (orgs.). *Archäologie und Altes Testament*, FS K. Galling. Tübingen, 1970, p. 225-231.

_____. *Die Überlieferung von der Thronnachfolge Davids* (BWANT 3/6 [42]), 1926 = in: id., *Das kleine Credo und andere Studien zum Alten Testament*. Heidelberg, 1965, p. 119-253.

_____. *Die Vorstufen von Kirche und Synagoge im Alten Testament* – Eine wortgeschichtliche Untersuchung (BWANT 4/24), 1938, reimpr. Darmstadt, 1967.

ROTH, M.T. *Scholastic Tradition and Mesopotamian Law: A Study of FLP 1287. A Prism in the Collection of the Free Library of Filadélfia*. Ph.D.diss. University of Pennsylvania, 1979.

ROTHKOFF, A. "Prosbul". EJ 13, 1971, p. 1181s.

RÖTHLISBERGER, H. *Kirche am Sinai* – Die Zehn Gebote der christlichen Unterweisung (SDGSTh 19), 1965.

RÖTTGER, H. *Mal'ak Jahwe* – Bote von Gott. Die Vorstellung von Gottes Boten im hebräischen Alten Testament. Frankfurt/M. e o., 1978.

ROWLEY, H.H. The Prophet Jeremiah and the Book of Deuteronomy. In: *Studies in Old Testament Prophecy*, FS Th.H. Robinson. Edimburgo, 1950, p. 157-174.

RUBIN, S. "Der 'nasciturus' als Rechtssubjekt im talmudischen und römischen Rechte". Zeitschr. für vergleichende Rechtswissenschaft XX, 1907, p. 119-156.

RÜCKER, H. *Die Begründungen der Weisungen Jahwes im Pentateuch* (EThSt 30), 1973.

_____. Warum wird' *āhab* (lieben) im Alten Testament selten zur Bezeichnung für Nächstenliebe gebraucht? In: I. Reindl (org.). *Dein Wort beachten*. Leipzig, 1981, p. 9-15.

RUDOLPH, W. Chronikbücher (HAT I/21), 1955.

_____. Das Buch Ruth. Das Hohe Lied – Die Klagelieder (KAT XVII, 1-3), 1962.

_____. Esra und Nehemia, samt 3. Esra (HAT I/20), 1949.

_____. Hosea (KAT XIII/1), 1966.

_____. Jeremiah, 3. ed. (HAT I/12),1968.

RÜGER, H.-P. "Mit welchem Mass ihr messt, wird euch gemessen werden". ZNW 60, 1969, p. 174-182.

RUPPERT, L. Der Umgang mit dem Volksangehörigen und mit dem Fremden im alttestamentlichen Gottesvolk. In: HORSTMANN, J. (org.). Und wer ist mein Nächster? Reflektionen über Nächsten-, Bruder- und Feindesliebe (Kath. Akad. Dokumentationen 5). Schwerte 1982, p. 1-36.

RUPRECHT, E. Exodus 24,9-11 als Beispiel lebendiger Erzähltradition aus der Zeit des babylonischen Exils. In: ALBERTZ, R. e o. (orgs.). Werden und Wirken des Alten Testaments. FS C. Westermann. Göttingen/Neukirchen, 1980, p. 138-173.

_____. "Stellung und Bedeutung der Erzählung vom Mannawunder (Ex 16) im Aufbau der Priesterschrift". ZAW 86, 1974, p. 269-307.

RUSCHENBUSCH, E. ΣΟΛΩΝΟΣ ΝΟΜΟΙ (Historia Einzelschriften Heft 9). Wiesbaden (1966), 1983.

_____. "ΦΟΝΟΣ. Zum Recht Drakons und seiner Bedeutung für das Werden des Athenischen Staates". Hist 9, 1960, p. 129-154.

RÜTERSWÖRDEN, U. Die Beamten der israelitischen Königszeit – Eine Studie zu s'r und vergleichbaren Begriffen (BWANT VI/17 = 117), 1985.

_____. Von der politischen Gemeinschaft zur Gemeinde – Studien zu Dt 16,18 – 18,22 (BBB 65), 1987.

SAEBO, M. Priestertheologie und Priesterschrift. Zur Eigenart der priesterlichen Schicht im Pentateuch. In: Congress Volume Vienna 1980 (VT.S 32), 1981, p. 357-374.

SAFRAI, S. Das jüdische Volk im Zeitalter des Zweiten Tempels. Neukirchen-Vluyn, 1978.

_____. Der Versöhnungstag in Tempel und Synagoge. In: HEINZ, H. e o. (orgs.). Versöhnung in der jüdischen und christlichen Liturgie (QD 124), 1990, p. 32-55.

_____. Die Wallfahrt im Zeitalter des zweiten Tempels (Forschungen zum jüdischchristlichen Dialog 3). Neukirchen, 1981.

_____. Jewish Self-Government. In: SAFRAI, S. & STERN, M. (orgs.). The Jewish People in the First Century. Vol. I. Assen 1974, p. 377-419.

_____. The Practical Implementation of the Sabbatical Year after the Destruction of the Second Temple (hebr.). Tarbiz 95, 1965/1966, p. 304-328; 96, 1966/1967, p. 1-21.

_____. The Synagogue. In: SAFRAI, S. & STERN, M. (orgs.). The Jewish People in the First Century. Vol. II. Assen, 1976, p. 908-944.

SALEY, R.J. The Date of Nehemiah Reconsidered. In: TUTTLE, G.A. (org.). Biblical and Near Eastern Studies, FS La Sor. Grand Rapids, 1978, p. 151-165.

SALMON, P. Les relations entre la Perse et l'Égypte de VIe au IVe siècle av. J.-C. In: LIPINSKI, E. (org.). The Land of Israel: Cross-Roads of Civilizations (Orientalia Lovaniensa Analecta 19), 1985, p. 147-168.

SALOMON, R. Le prêt à intérêt en législation juive. Paris, 1932.

SALONEN, E. Über den Zehnten im alten Mesopotamien — Ein Beitrag zur Geschichte der Besteuerung (StOr XLIII 4), 1972.

SAUER, G. "qin'āh Eifer". ThHAT II, 1976, p. 647-650.

SAUREN, H. "Aufbau und Anordnung der babylonischen Kodizes". ZSRG.R 106, 1989, p. 1-55.

_____. "Sennachérib, les Arabes, les déportés Juifs". WO 16, 1985, p. 80-99.

SCHAEDER, H.H. Esra der Schreiber (BHTh 5), 1930.

SCHÄFER, P. Das "Dogma" von der mündlichen Tora im rabbinischen Judentum. In: id., Studien zu Geschichte und Theologie des rabbinischen Judentums (AGJU 15), 1978, p. 153-197.

_____. "Die Torah der messianischen Zeit". ZNW 65, 1974, p. 27-42 = id., Studien zur Geschichte und Theologie des rabbinischen Judentums (AGJU 15), 1978, p. 198-213.

SCHÄFER-LICHTENBERGER, C. "Exodus 18 — Zur Begründung königlicher Gerichtsbarkeit in Israel-Juda". DBAT 21, 1985, p. 61-85.

_____. Göttliche und menschliche Autorität im Deuteronomium. In: BREKELMANS, C. & LUST, J. (orgs.). Pentateuchal and Deuteronomistic Studies — Papers read at the XIIIth IOSOT Congress Leuven 1989 (BEThL 94), 1990, p. 125-142.

_____. Stadt und Eidgenossenschaft im Alten Testament — Eine Auseinandersetzung mit Max Webers Studie "Das antike Judentum" (BZAW 156), 1983.

SCHARBERT, J. "zūd". ThWAT II, 1977, p. 550-556.

_____. Exodus (NEB Liefg. 42). Würzburg, 1989.

_____. Genesis 12-50 (NEB Liefg. 16). Würzburg, 1986, p. 121-307.

_____. Jeremia und die Reform des Joschija. In: BOGAERT, P.-M. (org.). Le livre de Jérémie (BEThL LIV), 1981, p. 40-57.

SCHART, A. Mose und Israel im Konflikt — Eine redaktionsgeschichtliche Studie zu den Wüstenerzählungen (OBO 98), 1990.

SCHEDL, C. "Prosa und Dichtung in der Bibel. Logotechnische Analyse von Dtn 1,9-18". ZAW 98, 1986, p. 271-275.

SCHENKER, A. "Affranchissement d'un esclave selon Ex 21,7-11". Bib. 69, 1988, p. 547-556 = id., Text und Sinn im Alten Testament. Textgeschichtliche und bibeltheologische Studien (OBO 103), 1991, p. 207-216.

_____. "Das Zeichen des Blutes und die Gewissheit der Vergebung im Alten Testament. Die sühnende Funktion des Blutes auf dem Altar nach Lev 17.10-12". MThZ 34, 1983, p. 195-213 = id., Text und Sinn im Alten Testament. Textgeschichtliche und bibeltheologische Studien (OBO 103), 1991, p.167-185.

_____. Der Unterschied zwischen Sündopfer Chattat und Schuldopfer *Ascham* im Licht von Lv 5,17-19 und 5,1-6. In: BREKELMANS, C. & LUST, J. (orgs.). *Pentateuchal and Deuteronomistic Studies. Papers read at the XIIIth IOSOT Congress Leuven 1989* (BEThL 94), 1990, p. 115-123.

_____. *Versöhnung und Widerstand* – Bibeltheologische Untersuchung zum Strafen Gottes und der Menschen, besonders im Lichte von Exodus 21-22 (SBS 139), 1990.

_____. "Zeuge, Bürge, Garant des Rechts. Die drei Funktionen des 'Zeugen' im Alten Testament". BZ NF 34, 1990, p. 87-90.

SCHILLING, O. *Das Heilige und das Gute im Alten Testament*. Mainz, 1957.

SCHLESINGER, A.C. "Draco in the Hearts of his Countrymen". CP 19, 1924, p. 370-373.

SCHLESINGER, E. *Die griechische Asylie*. Giessen, 1933, reimpr. Nova York, 1979.

SCHMID, H. *Die Gestalt des Mose. Probleme alttestamentlicher Forschung unter Berücksichtigung der Pentateuchkrise* (EdF 237), 1986.

SCHMID, H.H. *Der sogenannte Jahwist* – Beobachtungen und Fragen zur Pentateuchforschung. Zurique, 1976.

_____. Ich will euer Gott sein, und ihr sollt mein Volk sein. Die sogenannte Bundesformel und die Frage nach der Mitte des Alten Testaments. In: *Kirche, FS G. Bornkamm*. Tübingen 1980, p. 1-25.

SCHMIDT, H. *Das Gebet der Angeklagten im AT* (BZAW 49), 1928, reimpr. In: NEUMANN, P. (org.). *Zur neueren Psalmenforschung* (WdF 192), 1976, p. 156-167.

SCHMIDT, K.L. "Israels Stellung zu den Fremdlingen und Beisassen und Israels Wissen um seine Fremdlings-und Beisassenschaft". Judaica I, 1945, p. 269-296.

SCHMIDT, W.H. *Alttestamentlicher Glaube in seiner Geschichte*. 6. ed. Neukirchen, 1987.

_____. *Die Schöpfungsgeschichte der Priesterschrift* – Zur Überlieferungsgeschichte von Genesis 1,1 – 2,4a (WMANT 17), 1964.

_____. *Exodus* (BK AT II/1), 1988.

_____. *Exodus, Sinai und Mose* (EdF 191), 1983.

_____. "Jahwe und..." Anmerkungen zur sog. Monotheismusdebatte. In: BLUM, E. e o. (orgs.). *Die Hebräische Bibel und ihre zweifache Nachgeschichte. FS R. Rendtorff*. Neukirchen, 1990, p. 435-447.

_____. Nachwirkungen prophetischer Botschaft in der Priesterschrift. In: CAQUOT, A. (org.). *Mélanges bibliques et orientaux, FS M.M. Delcor* (AOAT 215), 1985, p. 369-377.

_____. Pentateuch und Prophetie. Eine Skizze zu Verschiedenartigkeit und Einheit alttestamentlicher Theologie. In: *Prophet und Prophetenbuch, FS O. Kaiser* (BZAW 185), 1989, p. 181-195.

_____. "Überlieferungsgeschichtliche Erwägungen zur Komposition des Dekalogs". VT.S 22, 1972, p. 201-220.

_____. "Wo hat die Aussage: Jahwe 'der Heilige' ihren Ursprung?" ZAW 74, 1962, p. 62-66.

SCHMITT, G. Der Landtag von Sichem (AzTh I/15), 1964.

_____. Du sollst keinen Frieden schliessen mit den Bewohnern des Landes – Die Weisungen gegen die Kanaanäer in Israels Geschichte und Geschichtsschreibung (BWANT 91), 1970.

_____. Ex 21,18f und das rabbinische Recht. In: FS K.H.Rengstorf, Theokratia II. Leiden, 1973, p. 7-15.

SCHMITT, H.-C. Elisa. Traditionsgeschichtliche Untersuchungen zur vorklassischen nordisraelitischen Prophetie. Gütersloh, 1972.

_____. "Redaktion des Pentateuch im Geiste der Prophetie". VT 32, 1982, p. 170-189.

_____. Tradition der Prophetenbücher in den Schichten der Plagenerzählung Ex 7,1-11,10. In: Prophet und Prophetenbuch, FS O. Kaiser (BZAW 185), 1989, p. 196-216.

SCHMITT, R. Exodus und Passa. Ihr Zusammenhang im Alten Testament, 2. ed. (OBO 7),1982.

SCHMOLDT, H. "Elijahs Begegnung mit Jahwä (1 Kön 19,9-14)". BN 43, 1988, p. 19-26.

SCHNEIDER, T. "Azariahu Son of Hilkiahu (High Priest?) on a City of David Bulla". IEJ 38, 1988, p.139-141.

SCHÖKEL, A.L. "David y la mujer de Tecua: 2 Sm 14 como modelo hermenéutico". Bib. 57, 1976, p. 192-205.

SCHÖTZ, D. Schuld-und Sündopfer im Alten Testament (BSHT 18), 1930.

SCHOPENHAUER, A. Parerga und Paralipomena – Kleine philosophische Schriften II. 2. ed. (Sämtliche Werke, org. por W. Frhr. v. Löhneysen). Vol. V. Darmstadt, 1968.

_____. Preisschrift über die Grundlagen der Moral. 2. ed. (Sämtliche Werke, org. por W. Frhr. v. Löhneysen). Vol. III. Darmstadt,1962, p. 629-813.

SCHOTTROFF, W. Die Armut der Witwen. In: CRÜSEMANN, M. & SCHOTTROFF, W. (orgs.). Schuld und Schulden – Biblische Traditionen in gegenwärtigen Konflikten. Munique, 1992.

_____. "Gedenken" im Alten Orient und im Alten Testament – Die Wurzel zākar im semitischen Sprachkreis (WMANT 15), 1964.

_____. "Goethe als Bibelwissenschaftler". EvTh 44, 1984, p. 463-485.

_____. Kirche als unantastbarer Raum für Flüchtlinge. Biblische und aktuelle theologische Aspekte des Asylrechts. In: SCHOTTROFF, L.W. (orgs.). Die Macht der Auferstehung. Sozialgeschichtliche Bibelauslegungen. Munique, 1988, p. 89-109.

_____. Psalm 23. Zur Methode sozialgeschichtlicher Bibelauslegung. In: Traditionen der Befreiung I. Methodische Zugänge. Munique e o. 1980, p. 78-113.

SCHREINER, J. "Gastfreundschaft im Zeugnis der Bibel". ThZ 89, 1980, p. 50-60.

_____. Jeremia I 1-25,14, 2. ed. (NEB Liefg. 3). Würzburg,1985.

SCHREINER, S. "Der Dekalog in der jüdischen Tradition und im Koran". Kairos NF 23, 1981, p. 17-30.

SCHROER, S. In Israel gab es Bilder – Nachrichten von darstellender Kunst im Alten Testament (OBO 74), 1987.

SCHULTZ, C. The Political Tensions Reflected in Ezra-Nehemiah. In: EVANS, C.D. e o. (orgs.). *Scripture in Context. Essays on the Comparative Method* (Pittsburgh Theol. Monogr. Ser. 34), 1980, p. 221-244.

SCHULTZ, F.W. *Das Deuteronomium*. Berlin, 1895.

SCHULZ, H. *Das Todesrecht im Alten Testament* – Studien zur Rechtsform der Mot-Jumat-Sätze (BZAW 114), 1969.

_____. *Leviten im vorstaatlichen Israel und im Mittleren Osten*. Munique, 1987.

SCHÜRER, E. *The History of the Jewish People in the Age of Jesus Christ* (175 B.C. – A.D. 135), A New English Version revised and edited by G. Vermes e o. Vol. II. Edimburgo, 1979.

SCHÜSSLER FIORENZA, E. *Brot statt Steine* – Die Herausforderung einer feministischen Interpretation der Bibel. Friburgo/Suíça, 1988.

_____. *Priester für Gott. Studien zum Herrschafts-und Priestermotiv in der Apokalypse* (NTA 7), 1972.

SCHWANTES, M. *Das Recht der Armen* (Beiträge zur biblischen Exegese und Theologie 4). Frankfurt, 1977.

SCHWARTZ, B.J. "A Literary Study of the Slave-girl Pericope – Leviticus 19,20-22. In: JAPHET, S. (org.)". *Studies in Bible*. Jerusalém, 1986, p. 241-255.

SCHWARZ, G. "Begünstige nicht..."? (Leviticus 19,15b), BZ NF 19, 1975, p. 100.

_____. "Und Jesus sprach" – Untersuchungen zur aramäischen Urgestalt der Worte Jesu (BWANT 118), 1985.

SCHWEITZER, A. Kultur und Ethik (1923). In: id., *Gesammelte Werke in fünf Bänden.*, Vol. 2. Munique e o., 1974, p. 95-420.

SCHWERTNER, S. "'*āmāl* Mühsal". THAT II, 1973, p. 332-335.

SCHWIENHORST-SCHÖNBERGER, L. "'Auge um Auge, Zahn um Zahn'. Zu einem antijüdischen Klischee". BiLi 63, 1990, p. 163-175.

_____. *Das Bundesbuch* (Ex 20,22 – 23,33) – Studien zu seiner Entstehung und Theologie (BZAW 188), 1990.

_____. "'... denn Fremde seid ihr gewesen im Lande Ägypten'. Zur sozialen und rechtlichen Stellung von Fremden und Ausländern im alten Israel". BiLi 63, 1990, p. 108-117.

_____. "Dies sind die Rechtsvorschriften, die du ihnen vorlegen sollst". Zur Struktur und Entstehung des Bundesbuches. In: HOSSFELD, F,-L. (org.). *Vom Sinai zum Horeb. Stationen alttestamentlicher Glaubensgeschichte*. Würzburg, 1989, p. 119-143.

SCOTT, R.B.Y. "A Kingdom of Priests (Exodus xix 6)". OTS 8, 1950, p. 213-219.

SEDLMEIER, F. *Studien zu Komposition und Theologie von Ezechiel 20* (SBB 21), 1990.

SEEBASS, H. "*nepeš*". ThWAT V, 1986, p. 531-555.

_____. "Elia I. Altes Testament". TRE IX, 1982, p. 498-502.

_____. "Num. XI, XII und die Hypothese des Jahwisten". VT 28, 1978, p. 214-223.

_____. "Vorschlag zur Vereinfachung literarischer Analysen im dtn Gesetz". BN 58, 1991, p. 83-98.

SEELIGMANN, I.L. "A Psalm from Pre-regal Times". *VT* 14, 1964, p. 75-92.

_____. "Zur Terminologie für das Gerichtsverfahren im Wortschatz des biblischen Hebräisch". *VT.S* 16, 1967, p. 251-278.

SEITZ, G. *Redaktionsgeschichtliche Studien zum Deuteronomium* (BWANT 93), 1971.

SEKINE, M. "Elias Verzweiflung. Erwägungen in 1 Kön XIX". *AJBI* 3, 1977, p. 52-68.

SELMS, A.v. "The Goring Ox in Babylonian and Biblical Law". *ArOr* 18, 1950, p. 321-330.

SETERS, J.v. *Abraham in History and Tradition*. New Haven/Londres, 1975.

_____. *In Search of History* – Historiography in the Ancient World and the Origins of Biblical History. New Haven/Londres, 1983.

_____. Joshua 24 and the Problem of Tradition in the Old Testament. In: BARRICK, W.B. & SPENCER, J. (orgs.). *In the Shelter of Elyon, FS G.W. Ahlström* (JSOT.S 31), 1984, p. 139-158.

SEYBOLD, K. "Elia am Gottesberg. Vorstellungen prophetischen Wirkens nach 1. Könige 19". *EvTh* 33, 1973, p. 3-18.

SEYBOLD, K.; RINGGREN, H. & FABRY, K.-J. "*melek* e o.". *ThWAT* IV, 1984, p. 926-957.

SHAVER, J. *Torah and the Chronicler's History Work*: An Inquiry into Chronicler's References to Laws, Festivals and Cultic Institutions in Relation to Penta-teuchal Legislation. Ph.D.diss. Notre Dame, 1983.

SHERWOOD, S.K. "*Had God Not Been on My Side*" – An Examination of the Narrative Technique of the Story of Jacob and Laban Genesis 29,1-32,2 (EHS.T 400), 1990.

SHILOH, Y. "A Group of Hebrew Bullae from the City of David". *IEJ* 36, 1986, p. 16-38.

_____. "Elements in the Development of Town Planning in the Israelite City". *IEJ* 28, 1978, p. 36-51.

SICK, U. *Die Tötung eines Menschen und ihre Ahndung in den keilschriftlichen Rechtssammlungen unter Berücksichtigung rechtsvergleichender Aspekte*. 2 vols. Diss. Tübingen, 1984.

SIECKMANN, J.-R. *Regelmodelle und Prinzipienmodelle des Rechtssystems* (Studien zur Rechtsphilosophie und Rechtstheorie 1). Baden-Baden, 1990.

SIEGWALT, G. *La loi, chemin du salut. Étude sur la signification de la loi de L'Ancien Testament* (Bibliothèque Théologique). Neuchâtel, 1971.

SIGAL, Ph. *Judentum*, trad. al. Stuttgart e o., 1986.

SIGRIST, C. & NEU, R. (org.). *Ethnologische Texte zum Alten Testament*. Vol. 1. *Vor- und Frühgeschichte Israels*. Neukirchen, 1989.

SIMON, M. Sur les débuts du prosélytisme juif. In: *FS A. Dupont-Sommer*, 1971, p. 509-520.

_____. The Apostolic Decree and its Setting in the Ancient Church. In: id., *Le Christianisme antique et son context religieux, Scripta Varia II* (WUNT 23), 1981, p. 414-437.

SKA, J.-L. "Les plaies d'Égypte dans le récit sacerdotal (Pg)". *Bib.* 60, 1979, p. 23-35.

SKLBA, R.J. *The Teaching Function of the Pre-exilic Israelite Priesthood*. Roma, 1965.

SKWERES, D.E. Die Rückverweise im Buch Deuteronomium (AnBib 79), 1979.

SMELIK, K.A.D. Historische Dokumente aus dem alten Israel. Göttingen, 1987.

SMEND, R. "Das Ende ist gekommen". Ein Amoswort in der Priesterschrift (1981). In: id., Die Mitte des Alten Testaments. Gesammelte Studien I (BEvTh 99), 1986, p. 154-159.

_____. Das Mosebild von Heinrich Ewald bis Martin Noth (BGBE 3), 1959.

_____. Das Wort Jahwes an Elia. Erwägungen zur Komposition von 1 Kön 17-19 (1975). In: id., Die Mitte des Alten Testaments. Gesammelte Studien I (BEvTh 99), 1986, p. 138-153.

_____. Deutsche Alttestamentler in drei Jahrhunderten. Göttingen, 1989.

_____. "Die Bundesformel". ThSt 68, 1963 = id., Die Mitte des Alten Testaments. Gesammelte Studien I (BEvTh 99), 1986, p. 11-39.

_____. Die Entstehung des Alten Testaments. 4. ed. Stuttgart, 1989.

_____. Theologie im Alten Testament. In: Verifikationen, FS G. Ebeling. Tübingen, 1982, p. 11-26 = id., Die Mitte des Alten Testaments. Gesammelte Studien. Vol. 1. Munique, 1986, p. 104-117.

_____. Wilhelm Martin Leberecht de Wettes Arbeit am Alten und Neuen Testament. Basileia, 1958.

SMITH, M. Palestinian Parties and Politics that Shaped the Old Testament. Nova York/Londres, 1971.

SMITTEN, W.Th. in der. Esra. Quelle, Überlieferung und Geschichte. Assen, 1973.

SNAITH, N.H. "Ex 23,18 and 34,25". JThS 20, 1969, p. 533-534.

_____. "The Daughters of Zelophehad (Num 36)". VT 16, 1966, p. 124-127.

_____. "The Sin-Offering and the Guilt-Offering". VT 15, 1965, p. 73-80.

_____. "The Verbs ZĀBAH and ŠĀḤAT". VT 25, 1975, p. 242-246.

SNIJDERS, L.A. "zûr/zār". ThWAT II, 1977, p. 556-564.

_____. "The Meaning of zr in the Old Testament. An Exegetical Study". OTS 10, 1954, p. 1-154.

SODEN, W. v. Einführung in die Altorientalistik. Darmstadt, 1985.

_____. "Zum hebräischen Wörterbuch". UF 13, 1981, p. 157-164 = id., Bibel und Alter Orient (BZAW 162), 1985, p. 195-205.

SOETE, A. Ethos der Rettung — Ethos der Gerechtigkeit: Studien zur Struktur von Normbegründung und Urteilsfindung im Alten Testament und ihre Relevanz für die ethische Diskussion der Gegenwart. Würzburg, 1987.

SOGGIN, J.A. "Ancient Israelite poetry and ancient 'codes' of law, and the sources 'J' and 'E' of the Pentateuch". VT.S. 28, 1975, p. 185-195.

_____. "Bemerkungen zum Deboralied, Richter Kap. 5. Versuch einer neuen Übersetzung und eines Vorstosses in die älteste Geschichte Israels". ThLZ 106, 1981, p. 625-639.

_____. "Der judäische 'am-haareṣ und das Königtum in Juda. Ein Beitrag zum Studium der deuteronomistischen Geschichtsschreibung". VT 13, 1963, p. 187-195.

_____. Judges — A Commentary, 2. ed. (OTL). Londres, 1987.

SOLER, J. "The Dietary Prohibitions of the Hebrews". *The New York Review of Books* 26.10, 14. June, 1979, p. 24-30.

SONSINO, R. "Characteristics of Biblical Law". *Judaism* 33, 1984, p. 202-209.

_____. *Motive clauses in Hebrew law* – Biblical forms and Near Eastern parallels. (SBLDS 45), 1980.

SPERLING, S.D. "Joshua 24 Re-examined". *HUCA* 58, 1987, p. 119-136.

SPIECKERMANN, H. *Juda unter Assur in der Sargonidenzeit* (FRLANT 129), 1982.

SPIEGELBERG, W. *Die sogenannte demotische Chronik des Pap. 215 der Bibliothèque Nationale zu Paris.* Leipzig, 1914.

SPIER, E. *Der Sabbat.* Berlim, 1989.

SPINA, A.F. Israelites as *gērîm*, "Sojourners", in Social and Historical Context. In: MEYERS, C. & O'CONNOR, M. (orgs.). *The Word of the Lord Shall Go Forth*, FS D.N. Freedman. Winona Lake, 1983, p. 321-335.

SPINOZA, B. *Theologisch-politischer Traktat* (org. por G. Gawlick, PhB 93), 1976.

SPIRO, A. "A Law on the sharing of information". *Proceedings of the American Academy for Jewish Research* 28, 1959, p. 95-101.

SPITTELER, G. Konfliktaustragung in akephalen Gesellschaften: Selbsthilfe und Verhandlung. In: *Alternative Rechtsformen und Alternativen zum Recht, Jahrbuch für Rechtssoziologie und Rechtstheorie* 6, Opladen, 1980, p. 142-164.

STACHOWIAK, L. Der Sinn der sogenannten Noachitischen Gebote (Genesis IX 1-7). In: *Congress Volume Vienna*, 1980 (VT.S 32), 1981, p. 395-404.

STADE, B. *Biblische Theologie des Alten Testaments* I. Tübingen, 1905.

_____. *Geschichte des Volkes Israel.* 2 vols. Berlim, 1887/1888.

STÄHLI, H.-P. "'zb verlassen". *THAT* II, 1979, p. 249-252.

_____. *Knabe – Jüngling – Knecht – Untersuchungen zum Begriff na'ar im Alten Testament* (Beiträge zur biblischen Exegese und Theologie 7), 1978.

STAMM, J.J. Elia am Horeb. In: *Studia Biblica et Semitica*, FS Th.C. Vriezen. Wageningen, 1966, p. 327-334.

_____. Fremde, Flüchtlinge und ihr Schutz im Alten Testament und in seiner Umwelt. In: MERCIER, A. (org.). *Der Flüchtling in der Weltgeschichte.* Berna, 1974, p. 31-66.

_____. "Zum Altargesetz des Bundesbuches". *ThZ* 1, 1945, p. 304-306.

STECK, O.H. *Der Abschluss der Prophetie im Alten Testament – Ein Versuch zur Frage der Vorgeschichte des Kanon* (Biblisch-theologische Studien 17). Neukirchen, 1991.

_____. Der Kanon des hebräischen Alten Testaments. Historische Materialien für eine ökumenische Perspektive. In: *Vernunft des Glaubens*, FS W. Pannenberg. Göttingen, 1988, p. 231-252.

_____. *Der Schöpfungsbericht der Priesterschrift – Studien zur literarkritischen und überlieferungsgeschichtlichen Problematik von Genesis 1,1 – 2,4a*, 2. ed. (FRLANT 115), 1981.

_____. *Überlieferung und Zeitgeschichte in den Elia-Erzählungen* (WMANT 26), 1968.

STEGEMANN, E. *Der eine Gott und die eine Menschheit* — Israels Erwählung und die Erlösung von Juden und Heiden nach dem Römerbrief. Habil.Schr. Heidelberg, 1981.

_____. "Die umgekehrte Tora. Zum Gesetzesverständnis des Paulus". *Judaica* 43, 1987, p. 4-20.

STEIN, G. "Das Tier in der Bibel. Der jüdische Mensch und sein Verhältnis zum Tier". *Judaica* 36, 1980, p. 14-26, p. 57-72.

STEINGRIMSSON, S.Ö. "*zmm*". ThWAT II, 1977, p. 599-603.

_____. *Tor der Gerechtigkeit* — Eine literaturwissenschaftliche Untersuchung der sogenannten Einzugsliturgien im AT: Ps 15; 24,3-5 und Jes 33,14-16 (Arbeiten zu Text und Sprache im Alten Testament 22). St. Ottilien, 1984.

STEINS, G. "Sie sollen mir ein Heiligtum machen". Zur Struktur und Entstehung von Ex 24,12 – 31,18. In: HOSSFELD, F.-L. (org.). *Vom Sinai zum Horeb. Stationen alttestamentlicher Glaubensgeschichte.* Würzburg, 1988, p. 145-167.

STEMBERGER, G. Der Dekalog im frühen Judentum. In: *"Gesetz" als Thema Biblischer Theologie* (JBTh 4), 1989, p. 91-103.

STENDEBACH, F.J. "Altarformen im kanaanäisch-israelitischen Raum". BZ NF 20, 1976, p. 180-196.

_____. "*ānāh*". ThWAT VI, 1989, p. 233-247.

STERN, E. The Archaeology of Persian Palestine. In: *The Cambridge History of Judaism* I, 1984, p. 88-114.

_____. The Persian Empire and the political and social history of Palestine in the Persian Period. In: *The Cambridge History of Judaism I. Introduction; The Persian Period.* Cambridge e o., 1984, p. 70-87.

_____. "The Province of Yehud: the Vision and Reality". *The Jerusalem Cathedra* 1, 1981, p. 9-21.

STERN, M. Aspects of Jewish Society: The Priesthood and other Classes. In: SAFRAI, S & STERN, M. (orgs.). *The Jewish People in the First Century.* Vol. II. Assen, 1976, p. 561-630.

STEUERNAGEL, C. Bemerkungen zu Genesis 17. In: MARTI, K. (org.). *Beiträge zur alttestamentlichen Wissenschaft, FS K. Budde* (BZAW 34), 1920, p. 172-179.

_____. *Das Deuteronomium.* 2. ed. (HK I/3/1), 1923.

STIER, F. *Gott und seine Engel im Alten Testament* (ATA XII,2), 1934.

STOEBE, H.-J. *Das erste Buch Samuelis* (KAT VIII,1), 1973.

STOHLMANN, S. The Judaean Exile after 701 B.C.E. In: HALLO, W.W. e o, (orgs.), *Scripture in Context II.* Winona Lake, 1983, p. 147-175.

STOLZ, F. "Exegetische Anmerkungen zum Aufsatz von H. Bianchi: 'Das Tsedeka-Modell als Alternative zum konventionellen Strafrecht'". (ZEE 1974, S.89ff). ZEE 18, 1974, p. 246-247.

STROBEL, A. "Das jerusalemische Sündenbock-Ritual. Topographische und landeskundliche Erwägungen zur Überlieferungsgeschichte von Lev 16,10.21f". ZDPV 103, 1987, p. 141-168.

STROUD, R.S. *Drakon's Law on Homicide.* Berkeley, 1968.

STRUPPE, U. *Die Herrlichkeit Jahwes in der Priesterschrift* — Eine semantische Studie zu k^ebod *YHWH* (Österreichische Biblische Studien 9). Klosterneuburg, 1988.

STURDY, J. *Numbers.* Cambridge e o., 1976.

SUKENIK, E.L. *Ancient Synagogues in Palestine and Greece.* Londres, 1934.

SUZUKI, Y. "Deut. 6,4-5. Perspectives as a Statement of Nationalism and of Identity of Confession". *AJBI* 9, 1983, p. 65-87.

_____. "Deuteronomic Reformation in View of the Centralization of the Administration of Justice". *AJBI* 13, 1987, p. 22-58.

SZEGEDY-MASZAK, A. Legends of the Greek Lawgivers. In: *Greek, Roman and Byzantine Studies* 19, 1978, p. 199-209.

SZLECHTER, E. "L'affranchissement en droit suméro-akkadien". *AHDO-RIDA* 1, 1952, p. 125-195.

_____. "Le statut de l'esclave aux époques sumérienne et paléo-babylonienne". *Studi Biscardi.* Milão, 1982, p. 311-326.

TAGLIACARNE, P. *"Keiner war wie er". Untersuchung zur Struktur von 2 Könige 22-23.* (Münchener Universitätsschriften Philosophische Fakultät Altertumskunde und Kulturwissenschaft, Arbeiten zu Text und Sprache im Alten Testament 31), 1989.

TALMON, Sh. Der judäische *'am hā'āreṣ* in historischer Perspektive (1967). In: id., *Gesellschaft und Literatur in der Hebräischen Bibel. Gesammelte Aufsätze.* Vol. 1 (Information Judentum 8), 1988, p. 80-91.

_____. Esra-Nehemia: Historiographie oder Theologie? In: DANIELS, D.R. e o. (orgs.), *Ernten, was man sät, FS K. Koch.* Neukirchen, 1991, p. 329-356.

_____. The Gezer Calendar and the Seasonal Cycle of Ancient Canaan (1963). In: id., *King, Cult and Calendar in Ancient Israel.* Jerusalém 1986, p. 89-112.

Talmud Jeruschalmi, Krotoschin, 1866.

TALSHIR, D. "A Reinvestigation of the Linguistic Relationship Between Chronicles and Ezra-Nehemia". *VT* 38, 1988, p. 165-193.

TARRAGON, J.-M. d. "La kapporet est-elle une fiction ou un élément du culte tardif?" *RB* 88, 1981, p. 5-12.

_____. *Le Culte à Ugarit d'après les textes de la Pratique en cunéiformes alphabétiques* (CRB 19). Paris, 1980.

TAWIL, H. "Azazel The Prince of the Steepe: A Comparative Study". *ZAW* 92, 1980, p. 43-59.

TERRIEN, S. "The Numinous, the Sacred and the Holy in Scripture". *BTB* 12, 1982, p. 99-108.

_____. *Till the Heart Sings: A Biblical Theology of Manhood and Womanhood.* Filadélfia, 1985.

THEISSEN, G. *Der Schatten des Galiläers* – Historische Jesusforschung in erzählender Form, 3. ed. Munique, 1987 (em port.: *A sombra do Galileu*. Petrópolis: Vozes, 1989).

THEODORIDES, A. La formation du droit dans l'Égypte pharaonique. In: id./e o., *La formazione del diritto nel Vicino Oriente Antico*. Nápoles/Roma, 1988, p. 13-33.

THIEL, W. *Die deuteronomistische Redaktion von Jeremia 1-25* (WMANT 41), 1973.

_____. *Die deuteronomistische Redaktion von Jeremia 26-45* (WMANT 52), 1981.

_____. *Die soziale Entwicklung Israels in vorstaatlicher Zeit*. 2. ed. Berlim, 1985.

THOMPSON, R.J. *Mose and the Law in a Century of Criticism since Graf* (VT.S 19), 1970.

THRONTVEIT, M.A. "Linguistic Analysis and the Question of Authorship in Chronicles, Ezra and Nehemiah". *VT* 32, 1982, p. 201-216.

TIGAY, J.H. "An Empirical Basis for the Documentary Hypothesis". *JBL* 94, 1975, p. 329-342.

TIMM, S. *Die Dynastie Omri* – Quellen und Untersuchungen zur Geschichte Israels im 9. Jahrhundert vor Christus (FRLANT 124), 1982.

TIMPE, D. "Moses als Gesetzgeber". *Saeculum* 31, 1980, p. 66-77.

TOEG, A. "A Halakhic Midrash in Num XV 22-31". *Tarbiz* 1973/1974, p. 1-20 (hebr.).

_____. "Does Deuteronomy XXIV,1-4 incorporate a General Law on Divorce?" *Dine Israel* II, Tel Aviv, 1970, English Section, V-XXIV.

_____. *Lawgiving at Sinai* – The course of development of the traditions bearing on the lawgiving at Sinai within the Pentateuch, with a special emphasis on the emergence of the literary complex in Exodus xix-xxiv. Jerusalém, 1977 (hebr.).

TOORN, K. v.d. "La pureté rituelle au Proche-Orient Ancien". *RHR* 206, 1989, p. 339-356.

TORREY, C.C. *Ezra Studies*, 2. ed. (1910). Nova York, 1970.

TOV, E. "Die griechischen Bibelübersetzungen". *ANRW* II, 20/1, 1987, p. 121-189.

_____. Proto-Samaritan Texts and the Samaritan Pentateuch. In: CROWN, A.D. (org.). *The Samaritans*. Tübingen, 1989, p. 397-412.

TREBOLLE-BARRERA, J.C. *Jehú y Joás. Texto y composición literaria de 2 Reyes 9-11*. Valencia, 1984.

TRIBLE, Ph. *God and the Rhetoric of Sexuality*. 3. ed. Filadélfia, 1983.

_____. *Texts of Terror* – Literary-Feminist Readings of Biblical Narratives. 3. ed. Filadélfia, 1984 (= trad. al.: *Mein Gott, warum hast du mich verlassen? Frauenschicksale im Alten Testament*. Gütersloh, 1990).

TSEVAT, M. "$b^e k\bar{o}r$ e o.". *ThWAT* I, 1973, p. 643-650.

_____. The Prohibition of Divine Images According to the Old Testament. In: AUGUSTIN, M & SCHUNCK, K.-D. (orgs.). *"Wünschet Jerusalem Frieden"*. Frankfurt/M. e o., 1988, p. 211-220.

TULLOCK, J.H. *Blood Vengeance among the Israelites in the Light of its New Eastern Background*. Diss. Vanderbilt, 1966.

TUPLIN, Ch. The Administration of the Achaemenid Empire. In: CARRADICE, I. (org.), *Coinage and Administration in the Athenian and the Persian Empires* (British Archaeological Reports, Intern. Series 343). Oxford, 1987, p. 109-166.

UNNA, I. *Tierschutz im Judentum*. Frankfurt/M., 1928.

URBACH, E.E. *The Laws Regarding Slavery As a Source for Social History of the Period of the Second Temple, the Mishnah and Talmud* (Papers of the Institute of Jewish Studies. Vol. 1). Londres/Jerusalém, 1964, p. 1-94.

URQUIZA, J. *Jahwe und sein Mal'akh*. Diss. Viena, 1972.

UTZSCHNEIDER, H. *Das Heiligtum und das Gesetz* (OBO 77), 1988.

_____. *Hosea – Prophet vor dem Ende – Zum Verhältnis von Geschichte und Institution in der alttestamentlichen Prophetie* (OBO 31), 1980.

VALENTIN, H. *Aaron. Eine Studie zur vor-priesterschriftlichen Aaron-Überlieferung* (OBO 18), 1978.

VANNOY, R.J. The Use of the word *hā'ᵉlohîm* in Exodus 21:6 and 22:7,8. In: SKILTON, J.H. e o. (orgs.). *The Law and the Prophets, FS O.T. Allis*, 1974, p. 225-241.

VATTIONI, F. "I sigilli ebraici". *Bib*. 50, 1969, p. 357-388.

_____. "I sigilli ebraici II". *Augustinianum* 11, 1971, p. 447-454.

_____. "Sigilli ebraici III". *AION* 38, 1978, p. 228-254.

VAULX, J. d. "Refuge (Droit d'asile et villes de refuge dans l'Ancien Testament)". *DBS* 9, 1979, p. 1.480-1.510.

VAUX, R.D. *Das Alte Testament und seine Lebensordnungen*. 2 vols. Friburgo e o. (trad. al.), 1966.

_____. "Le sens de l'expression 'Peuple du pays' dans l'Ancien Testament et le rôle politique du peuple en Israël". *RA* 58, 1964, p. 167-172.

VEIJOLA, T. *Das Königtum in der Beurteilung der deuteronomistischen Historiographie* (STAT 198), 1977.

_____. Die Propheten und das Alter des Sabbatgebots. In: *Prophet und Prophetenbuch, FS O. Kaiser* (BZAW 185), 1989, p. 246-264.

_____. *Verheissung in der Krise. Studien zur Literatur und Theologie der Exilszeit anhand des 89. Psalms* (AASF 220), 1982.

VELDE, H. "Erntezeremonie". *LÄ* II, 1977, col. 1-4.

VERME, M. Del. "La 'Prima decima' nel Giudaismo del secondo tempio". *Henoch* 9, 1987, p. 5-38.

VERMES, G. The Decalogue and the Minim. In: *In Memoriam Paul Kahle* (BZAW 103), 1968, p. 232-240 = id., *Post-Biblical Jewish Studies* (SJLA 8), 1975, p. 169-177.

VERMEYLEN, J. *Du prophète Isaie à l'apocalyptique – Isaie, I-XXXV, miroir d'un demi-millénaire d'expérience religieuse en Israël*. Tome I. Paris, 1977.

_____. "L'affaire du veau d'or (Ex 32-34). Une clé pur la 'question deutéronomiste'?" *ZAW* 97, 1985, p. 1-23.

_____. Les sections narratives de Deut 5-11 et leur relation à Ex 19-34. In: LOHFINK, N. (org.). *Das Deuteronomium. Entstehung, Gestalt und Botschaft* (BEThL 68), 1985, p. 174-207.

VERVENNE, M. The 'P' Tradition in the Pentateuch: Document and/or Redaction? The 'Sea Narrative' (Ex 13,17-14,31) as a Test Case. In: BREKELMANS, C. & LUST, J. (orgs.). *Pentateuchal and Deuteronomistic Studies* – Papers read at the XIIIth IOSOT Congress Leuven 1989 (BEThL 94), 1990, p. 67-90.

VETTER, D. *Seherspruch und Segensschilderung. Ausdrucksabsichten und sprachliche Verwirklichungen in den Bileam-Sprüchen von Numeri 23 und 24* (CThM 4), 1974.

VINCENT, J. "Neuere Aspekte der Dekalogforschung". BN 32, 1986, p. 83-104.

VISCHER, L. "Die Zehntforderung in der Alten Kirche". ZKG 70, 1959, 201-217 = in: id., *Ökumenische Skizzen*. Frankfurt/M., 1972, p. 88-108.

VISHATICKI, K. *Die Reform des Josija und die religiöse Heterodoxie in Israel* (Diss.Theol. Reihe 21). St. Ottilien, 1987.

VOKES, F.E. "The Ten Commandments in the New Testament and in First Century Judaism". StEv 5, 1968, p. 146-154.

VOLLMER, J. "*h* machen, tun". THAT II, 1976, p. 359-370.

_____. *Geschichtliche Rückblicke und Motive in der Prophetie des Amos, Hosea und Jesaja* (BZAW 119), 1971.

VOLZ, P. *Der Prophet Jeremia*. 2. ed. (KAT X), 1928.

VRIEZEN, T.C. "Bubers Auslegung des Liebesgebots, Lev 19,18b". ThZ 22, 1966, p. 1-11.

_____. "Das Hiphil von '*amar* in Deut. 26,17.18". JEOL 17, 1964, p. 207-210.

WACHOLDER, B.Z. "The Calendar of Sabbath Years During the Second Temple Era. A Response". HUCA 54, 1983, p. 123-133.

_____. "The Calendar of Sabbatical Cycles during the Second Temple and the Early Rabbinic Period". HUCA 44, 1973, p. 153-196 = id., *Essays on Jewish Chronology and Chronography*. Nova York, 1976, p. 1-44.

WACKER, M.-T. *Gefährliche Erinnerungen. Feministische Blicke auf die hebräische Bibel*. In: id. (org.). *Theologie feministisch. Disziplinen, Schwerpunkte, Richtungen*. Düsseldorf 1988, p. 14-58.

WAGNER, V. *Rechtssätze in gebundener Sprache und Rechtssatzreihen im israelitischen Recht* (BZAW 127), 1972.

_____. "Zur Existenz des sogenannten 'Heiligkeitsgesetzes'". ZAW 86, 1974, p. 307-316.

_____. "Zur Systematik in dem Codex Ex $21_2 - 22_{16}$". ZAW 81, 1969, p. 176-182.

WAHL, O. *Grundelemente eines festlichen Wortgottesdienstes nach Neh 8,1-12*. In: *Die Freude an Gott – unsere Kraft*, FS O.B. Knoch. Stuttgart, 1991, p. 47-59.

WALKENHORST, K.-H. "Hochwertung der Namenserkenntnis und Gottverbundenheit in der Höhenlinie der priesterlichen Geschichtserzählung". AJBI 6, 1980, p. 3-28.

_____. "Neueste Deuteronomiumsforschung in Japan". BZ 33, 1989, p. 81-92.

_____. "Warum beeilte sich Mose niederzufallen? Zur literarischen Einheit von Ex 34,8f". BZ NF 28, 1984, p. 185-213.

WALLIS, G. "Das Jobeljahr-Gesetz, eine Novelle zum Sabbath-Gesetz". MIOF 15, 1969, p. 337-345.

_____. Die soziale Situation der Juden in Babylonien zur Achämenidenzeit auf Grund von fünfzig ausgewählten babylonischen Urkunden. Diss. Berlim, 1952.

WALTHER, A. Das altbabylonische Gerichtswesen. Leipzig, 1917, reimpr. Leipzig, 1968.

WAMBACQ, B.N. "Les Maṣṣôt". Bib. 61, 1980, p. 31-54.

WANKE, G. "Bundesbuch". TRE VII, 1981, p. 412-415.

WARD, E.F. d. "Superstition and Judgment. Archaic Methods of Finding a Verdict". ZAW 89, 1977, p. 1-19.

WARMUTH, G. "hādār". ThWAT II, 1977, p. 357-363.

WATERMAN, L. "Pre-Israelite Laws in the Book of the Covenant". AJSL 38, 1921, p. 36-54.

WEBER, M. Das antike Judentum. Gesammelte Aufsätze zur Religionssoziologie III. Tübingen, 1921.

WEFING, S. Untersuchungen zum Entsühnungsritual am grossen Versöhnungstag (Lev. 16). Diss. Bonn, 1979.

WEILER, G. Jewish Theocracy. Leiden e o., 1988.

WEILER, I. "Zum Schicksal der Witwen und Waisen bei den Völkern der Alten Welt". Saec. 31, 1980, p. 157-193.

WEIMAR, P. "Das Goldene Kalb. Redaktionskritische Erwägungen zu Ex 32". BN 38/39, 1987, p. 117-160.

_____. Die Berufung des Mose – Literaturwissenschaftliche Analyse von Exodus 2,23–5,5 (OBO 32), 1980.

_____. "Gen 17 und die priesterschriftliche Abrahamsgeschichte". ZAW 100, 1988, p. 22-60.

_____. "Sinai und Schöpfung. Komposition und Theologie der priesterlichen Sinaigeschichte". RB 95, 1988, p. 337-385.

_____. "Struktur und Komposition der priesterschriftlichen Geschichtsdarstellung". BN 23, 1984, p. 81-134.

WEINFELD, M. "Tithes". EJ 15, 1971, p. 1.156-1.162.

_____. "b^{e}rît". ThWAT 1, 1973, p. 781-808.

_____. Deuteronomy and the Deuteronomic School. Oxford, 1972.

_____. "Judge and Officer in Ancient Israel and in the Ancient Near East". Israel Oriental Studies 7, 1977, p. 65-88.

_____. Justice and Righteousness in Israel and the Nations – Equality and freedom in Ancient Israel in light of social justice in the Ancient Near East. Jerusalém, 1985 (hebr.).

_____. Sabbatical Year and Jubilee in the Pentateuchal Laws and their ancient Near Eastern Background. In: VEIJOLA, T. (org.). The Law in the Bible and in its Emvironment (Publications of the Finnish Exegetical Society 51). Helsinki/ Göttingen, 1990, p. 39-62.

_____. "The Ban of the Canaanites and its Development in Israelite Law". Zion 53, 1988, p. 135-147.

_____. The Decalogue: Its Significance, Uniqueness, and Place in Israel's Tradition. In: FIRMAGE, E.B. (org.). *Religion and Law. Biblical-Judaic and Islamic Perspectives*. Winona Lake, 1990, p. 3-47.

_____. "The Origin of Humanism in Deuteronomy". JBL 80, 1961, p. 241-247.

_____. "The Royal and Sacred Aspects of the Tithe in the O.T. (hebr.)". *Beer Sheva* 1, Jerusalém, 1973, p. 122-131.

_____. The Tribal League at Sinai. In: MILLER, P. (org.). *Ancient Israelite Religion, Essays in Honour of F.M. Cross*. Filadélfia, 1987, p. 303-314.

WEINGORT, A. *Intérêt et crédit dans le droit talmudique*. Paris, 1979.

WEINGORT-BOCZKO, A. "L'interdiction des intérêts en droit français et étranger". RHDF 57, 1979, p. 235-245.

WEINGREEN, J. "The Case of the Blasphemer (Leviticus XXIV 10ff)". VT 22, 1972, p. 118-123.

_____. "The Case of the Daughters of Zelophchad". VT 16, 1966, p. 518-522.

_____. "The Case of the Woodgatherer (Num XV 32-36)". VT 16, 1966, p. 361-364.

_____. "The Concepts of Retaliation and Compensation in Biblical Law". JSOT 2, 1977, p. 75.

WEIPPERT, H. *Palästina in vorhellenistischer Zeit* — Handbuch der Archäologie. Vorderasien II/1. Munique, 1988.

WEIPPERT, M. Die Petition eines Erntearbeiters aus Metsad Hashavyahu und die Syntax althebräischer erzählerischer Prosa. In: BLUM, E. (org.). *Die Hebräische Bibel und ihre zweifache Nachgeschichte, FS R. Rendtorff*. Neukirchen, 1990, p. 449-466.

WEISER, A. *Das Buch des Propheten Jeremia*, 6. ed. (ATD 20/21), 1969.

WEISMAN, Z. "The Personal Spirit as Imparting Authority". ZAW 93, 1981, p. 225-234.

WELKER, M. "Erbarmen und soziale Identität". EK 19, 1986, p. 39-42.

_____. "Erwartungssicherheit und Freiheit. Zur Neuformulierung der Lehre von Gesetz und Evangelium". EK 18, 1985, p. 680-683.

_____. "Gesetz und Geist". JBTh 4, 1989, p. 215-229.

_____. "Über Gottes Engel. Systematisch-theologische Überlegungen im Anschluss an Claus Westermann und Hartmut Gese". JBTh 2, 1987, p. 194-209.

WELLHAUSEN, J. *Die Composition des Hexateuchs und der Historischen Bücher des Alten Testaments*, 4. ed. (1866). Berlim, 1963.

_____. *Prolegomena zur Geschichte Israels*, 6. ed. (1878). Berlim, 1927.

WELTEN, P. "Bann I". TRE V, 1980, p. 159-161.

_____. "Die Vernichtung des Todes und die Königsherrschaft Gottes. Eine traditions-geschichtliche Studie zu Jes 25,6-8; 24,21-23 und Ex 24,9-11". ThZ 38, 1982, p. 129-146.

_____. *Geschichte und Geschichtsdarstellung in den Chronikbüchern* (WMANT 42), 1973.

WENHAM, G.J. "The Restoration of Marriage Reconsidered". JJS 30, 1979, p. 36-40.

WERBLOWSKY, R.J.Z. "Tora als Gnade". *Kairos* 15, 1973, p. 156-163.

WESTBROOK, R. "Biblical and Cuneiform Lawcodes". *RB* 92, 1985, p. 247-264.

_____. "Cuneiform Law Codes and the Origins of Legislation". *ZA* 79, 1989, p. 201-222.

_____. "Lex talionis and Exodus 21,22-25". *RB* 93, 1986, p. 52-69.

_____. *Studies in Biblical and Cuneiform Law*. Paris, 1988.

_____. "The Law of the Biblical Levirate". *RIDA* 24, 1977, p. 65-87.

_____. The Prohibition on Restoration of Marriage in Deuteronomy 24:1-4. In: JAPHET, S. (org.). *Studies in Bible*. Jerusalém, 1986, p. 387-405.

WESTERMANN, C. "Die Begriffe für Fragen und Suchen im Alten Testament". *KuD* 6, 1960, p. 2-30 = id., *Forschung am Alten Testament. Gesammelte Studien II* (ThB 55), 1974, p. 162-190.

_____. Die Herrlichkeit Gottes in der Priesterschrift. In: *Wort – Gebot – Glaube, FS W. Eichrodt*. Zürich 1971, p. 227-249 = id., *Forschung am Alten Testament. Gesam-melte Studien II* (ThB 55), 1974, p. 115-137.

_____. *Genesis* (BK I/1 ³1983; I/2 ²1989; I/3 1982).

_____. "Genesis 17 und die Bedeutung von berit". *ThLZ* 101, 1976, 161-170 = id., *Erträge der Forschung am Alten Testament. Gesammelte Studien III*, org. por R. Albertz (ThB 73), 1984, p. 66-78.

_____. Mensch, Tier und Pflanze in der Bibel. In: BURCHARD, C. & THEISSEN, G. (orgs.). *Lese-zeichen für Anneliese Findeiss* (DBAT Beih. 3), 1984, p. 89-102.

WETTE, W.M.L. de. *Dissertatio critico-exegetica qua Deuteronomium a prioribus Pentateuchis libri diversum, alius cuiusdam recentioris auctoris opus esse monstratur*. Jena, 1805.

WHITELAM, K.W. *The Just King: Monarchical Judicial Authority in Ancient Israel* (JSOT.S 12), 1979.

WHYBRAY, R.N. *The Intellectual Tradition* (BZAW 135), 1974.

_____. *The Making of the Pentateuch – A Methodological Study* (JSOT.S 53), 1987.

WIDENGREN, G. *Religionsphänomenologie*. Berlim, 1969.

_____. The Persian Period. In: HAYES, J.H. & MILLER, M. (orgs.). *Israelite and Judaean History*. Londres, 1977, p. 489-538.

WIESNET, E. *Die verratene Versöhnung – Zum Verhältnis von Christentum und Strafen*. Düsseldorf, 1980.

WIGAND, K. "Die altisraelitische Vorstellung von unreinen Tieren". *ARW* 17, 1914, p. 413-436.

WILDBERGER, H. *Jesaja* (BK X/1, ²1980; X/2 1978; X/3 1982).

Willets, R.F. *The Law Code of Gortyn*. Ed. with Introduction, Translation and Commentary (Kadmos-Suppl. I). Berlim, 1967.

WILLI, T. "Thora in den biblischen Chronikbüchern". *Judaica* 36, 1980, p. 102-105, 148-151.

WILLIAMS, W.C. An Examination of the Relationship between Solidarity and Adultery in Ancient Israel. Diss. New York University, 1975.

WILLIAMSON, H.G.M. 1 and 2 Chronicles (NCeB), 1982.

_____. "A Reconsideration of 'zb II in Biblical Hebrew". ZAW 97, 1985, p. 74-85.

_____. Ezra and Nehemiah. Sheffield, 1987.

_____. Ezra, Nehemiah (Word Biblical Commentary 16). Waco/Texas, 1985.

_____. Israel in the Books of Chronicles. Cambridge, 1977.

_____. "The Governors of Judah under the Persians". TynB 39, 1988, p. 59-82.

WILLI-PLEIN, I. Das Buch vom Auszug. 2. Mose. Neukirchen, 1988.

WILMS, F.-E. Das jahwistische Bundesbuch in Exodus 34 (StANT 32), 1973.

WILSON, R.R. Enforcing the Covenant: The Mechanisms of Judicial Authority in Early Israel. In: HUFFMON, H.B. (org.). The Quest for the Kingdom of God, FS G.E. Mendenhall. Winona Lake, 1983, p. 59-75.

_____. "Israel's Judicial System in the Preexilic Period". JQR 74, 1983/1984, p. 229-248.

WINTER, J. & WÜNSCHE, A. Mechiltha, ein tannaitischer Midrasch zu Exodus. Leipzig, 1909.

WINTER, U. Frau und Göttin – Exegetische und ikonographische Studien zum weiblichen Gottesbild im Alten Israel und in dessen Umwelt (OBO 53), 1983.

Wir und die Juden – Israel und die Kirche. Leitsätze in der Begegnung von Juden und Christen. Text und Dokumentation, org. por Moderamen des Reformierten Bundes. Bad Bentheim s.d. (1990).

WISSMANN, H. "Asylrecht I. Religionsgeschichtlich". TRE IV, 1979, p. 315-318.

WOESS, F. v. Das Asylwesen Ägyptens in der Ptolemäerzeit und die spätere Entwicklung (MBPF 5), 1923.

WOLD, D.J. The Kareth Penalty in P: Rationale and Cases. In: ACHTEMEIER, P.J. (org.), SBL Sem. Papers 1979. Vol. 1. Missoula 1979, p. 1-46.

WOLFF, H.W. Dodekapropheton 1. Hosea, 3. ed. (BK XIV/1), 1976.

_____. Dodekapropheton 2. Joel und Amos, 2. ed. (BK XIV/2), 1975.

_____. Dodekapropheton 4. Micha (BK XIV/4), 1982.

_____. "Hoseas geistige Heimat". ThLZ 81, 1956, p. 83-94 = id., Gesammelte Studien, 2. ed. (ThB 22), 1973, p. 232-250.

_____. "'Wissen um Gott' bei Hosea als Urform von Theologie". EvTh 12, 1952/1953, p. 533-554 = id., Gesammelte Studien zum Alten Testament, 2. ed. (ThB 22), 1973, p. 182-205.

WOLTER, M. "'οφειλέτης κτλ. Schuldner/Sünder". EWNT II, Stuttgart 1981, p. 1.344-1.347.

WRIGHT, D.P. "Deuteronomy 21:1-9 as a Rite of Elimination". CBQ 49, 1987, p. 375-386.

_____. The Disposal of Impurity – Elimination Rites in the Bible and in Hittite and Mesopotamian Literature (SBLDS 101), 1987.

_____. Two Types of Impurity in the Priestly Writings of the Bible. In: LEIBOWITZ, J.O. (org.). *Proceedings of the Third International Symposium on Medicine in Bible and Talmud*. Jerusalém, 1988, p. 180-193.

WRIGHT, G.E. "The Levites in Deuteronomy". VT 4, 1954, p. 325-330.

WÜNSCHE, A. Der Midrasch Kohelet. In: id., *Bibliotheca Rabbinica. Eine Sammlung alter Midraschim*. Vol. I (1880), reimpr. Hildesheim, 1967.

_____. *Der Prophet Hosea übersetzt und erklärt mit Benutzung der Targumim, der jüdischen Ausleger Raschi, Aben Ezra und David Kimchi*. Leipzig, 1868.

WÜRTHWEIN, E. *Die Bücher der Könige. 1. Kön 17 – 2. Kön 25* (ATD 11/2), 1984.

_____. *Der 'am hāārez im Alten Testament* (BWANT 69), 1936.

_____. *Die Erzählung von der Thronfolge Davids – Theologische oder politische Geschichts-schreibung* (ThSt 115), 1974.

_____. "Die Josianische Reform und das Deuteronomium". ZThK 73, 1976, p. 395-423.

_____. "Ruth, Das Hohe Lied, Esther. In: id. e o.". *Die Fünf Megilloth* (HAT I, 18), 1969.

WUNENBERGER, J.J. *Le sacré*. Paris, 1981.

WYATT, N. "Atonement Theology in Ugarit and Israel". UF 8, 1976, p. 415-430.

XELLA, P. *I testi rituali di Ugarit I*. Roma, 1981.

_____. *Qdš*. Semantica del "sacro" ad Ugarit. In: S. Ribichini (org.). Materiali lessicali ed epigrafi I. Roma, 1982, p. 9-17.

YAMAUCHI, E.M. "The Reverse Order of Ezra/Nehemiah Reconsidered". *Themelios* 5, 1980, p. 7-18.

YARON, R. Biblical Law: Prolegomena. In: JACKSON, B.S. (org.). *Jewish law in legal history and the modern world* (Jewish Law Annual Suppl.). Leiden, 1980, p. 27-45.

_____. "On Divorce in Old Testament Times". RIDA 3. Séries 4, 1957, p. 217-228.

_____. The Evolution of Biblical Law. In: THEODORIDES, A. e.o., *La formazione del diritto nel Vicino Oriente Antico*. Nápoles/Roma, 1988, p. 77-108.

_____. *The Laws of Eshnunna*, 2. ed. (1969). Jerusalém/Leiden, 1988.

_____. The Goring Ox in Near Eastern Laws. In: COHN, H.H. (org.). *Jewish Law in Ancient and Modern Israel*. Nova York, 1971, p. 50-60.

_____. "The Restoration of Marriage". JJS 17, 1966, p. 1-11.

YEIVIN, S. "Families and Parties in the Kingdom of Judah (hebr.)". *Tarbiz* 12, 1941/1942, p. 241-267.

YERKES, R.K. "The Unclean Animals of Leviticus 11 and Deuteronomy 14". JQR 14, 1923/1924, p. 1-29.

ZACCAGNINI, C. La formazione del diritto in Mesopotamia. Codificazioni regie e consuetudine nel II millenio a.C. In: THEODORIDES, A. e.o. *La formazione del diritto nel Vicino Oriente Antico*. Nápoles/Roma, 1988, p. 35-50.

ZADOK, R. "Some Jews in Babylonian Documents". JQR 74, 1983/1984, p. 294-297.

_____. *The Jews in Babylonia during the Chaldean and Achaemenian Periods according to the Babylonian Sources* (Studies in the History of the Jewish People and the Land of Israel, Monogr. Ser. III). Haifa, 1979.

ZAKOVITCH, Y. "The Woman's Rights in the Biblical Law of Divorce". *JLA* 4, 1981, p. 28-46.

ZEITLIN, S. Proselytes and Proselytism during the second Commonwealth and Early Tannaitic Period. In: FS H.A. *Wolfsson*. Vol. II. Jerusalém, 1965, p. 871-881.

_____. "The Halaka. Introduction to Tannaitic Jurisprudence". *JQR* 39, 1948/1949, p. 1-40.

ZENGER, E. *Das Buch Ruth* (ZBK AT 8), 1986.

_____. *Die Sinaitheophanie* – Untersuchungen zum jahwistischen und elohistischen Geschichtswerk (FzB 3), 1971.

_____. *Gottes Bogen in den Wolken* – Untersuchungen zu Komposition und Theologie der priesterschriftlichen Urgeschichte (SBS 112), 1983.

_____. *Israel am Sinai. Analysen und Interpretationen zu Ex 17-34.* 2. ed. Altenberge, 1985.

_____. *Psalm 87,6 und die Tafeln vom Sinai.* In: SCHREINER, J. (org.). *Wort, Lied und Gottesspruch. Beiträge zu Psalmen und Propheten*, FS J. Ziegler. Vol. 2 (FzB 2), 1972, p. 97-103.

ZEVIT, Z. "Converging Lines of Evidence Bearing on the Date of P". *ZAW* 94, 1982, p. 481-511.

_____. "The 'Egla Ritual of Deuteronomy 21,1-9". *JBL* 95, 1976, p. 377-390.

ZIEGLER, J. (org.). *Duodecim Prophetae.* 2. ed. Septuaginta Bd. XIII. Göttingen, 1967.

ZIMMERLI, W. Das Gesetz im Alten Testament (1960). In: id., *Gottes Offenbarung. Gesammelte Aufsätze* (ThB 19), 1963, p. 249-276.

_____. Das Gottesrecht bei den Propheten Amos, Hosea und Jesaja. In: ALBERTZ, R. e.o. (org.). *Werden und Wirken des Alten Testaments*, FS C. Westermann. Göttingen/Neukirchen-Vluyn, 1980, p. 216-235.

_____. *Ezechiel* (BK XIII, 2 vols.), 1969.

_____. "'Heiligkeit' nach dem sogenannten Heiligkeitsgesetz". *VT* 30, 1980, p. 493-512.

_____. "Sinaibund und Abrahambund". *ThZ* 16, 1960, p. 268-280 = id., *Gottes Offenbarung* (ThB 19), 1963, p. 205-216.

ZIMMERMANN, G. *Die Antwort der Reformatoren auf die Zehntenfrage* (Europäische Hochschulschriften III/164), 1982.

ZOHAR, N. "Repentance and Purification: The Significance and Semantics of *hatā't* in the Pentateuch". *JBL* 107, 1988, p. 609-618.

ZUCKER, H. *Studien zur jüdischen Selbstverwaltung im Altertum.* Berlim, 1936.

ZUCKERMANDEL, M.C. (org.). *Tosephta.* Based on the Erfurt and Vienna Codices, with Parallels and Variants, nova ed. Jerusalém, 1970.

ÍNDICE DAS PASSAGENS BÍBLICAS

(O leitor encontrará em itálico uma apresentação mais minuciosa de um texto; só em casos excepcionais são citadas partes de textos ou versículos isolados)

Gênesis		15,10	376
1s.	386	15,17	376
1	388s., 411, 446	17	400, 405-407, 408, 419
1,20.26	401	17,1	401, 412ss.
1,28s.	401	17,7	414
1,31	402	17,12s.	389, 411
2,1ss.	389	17,12	259
2,1-3	479	17,14	389, 434
2,2s.	411	18,8	200
2,3	413	20,9	115
3,15	473	21,11ss.	253
4,26	184	22	387
6,9	401	22,11	253
6,11-13	401	24	470
9	15, 66, 385s., 389, 393, 404, 408, 419	26,3	259
		26,5	66
9,1-17	401	26,34s.	407
9,1-7	14	27	407
9,2-7	401-404	27,46–28,9	386, 389, 407s.
9,4	18	28,10ss.	245
9,5	364	28,22	304
9,6	140	29,18	222
9,8-17	401	29,26	114s
9,9s.12s.	401	29,27	222
9,12ss.	401	30,30	45
9,17	401	31	104-106, 111s.
9,21ss.	184	31,11ss.	253
9,25s.	184	31,15	259
10,15s.	184	31,32.37	99
11,28.31	470	32,33	387
12,1-3	470	33,19	451
12,6-9	474	34	106s., 111s., 356, 452
12,10	259	34,7	114s.
12,16ss.	470	34,9	106
13	104	35,1ss.	451
13,3s.	254	38,8ss.	354
13,7	184	38,24	356
13,14-17	254	42,4	229
14	106, 304	42,37	353
14,20	304	42,38	229

44,29	229	15,25s.	67, 412
47,4	259	15,25b.26	66, 71
49,8ss.	446	15,25b	78
49,10s.	473	16	66, 78, 172, 386, 389, 411-413
50,11	184		
50,25s.	451	16,4s.	66, 78
		16,10	412s.
Êxodo		16,15	11
1,8	471	16,28	78
1,11	419	16,28s.	66
2,11	419	17,2-7	71
2,22	95	18	19, 50, 54, 75s., 78s., 90, 126-136, 139, 141, 144s., 150s., 153, 157, 374, 388
3s.	54, 63s., 130		
3	63, 90		
3,1-4,18	63	18,2-6	95
3,2ss.	253	18,15	145
3,8	254	18,20	138
3,12	64, 75s., 90	19—24	51, 54, 77ss., 91, 451
3,17	254	19ss.	61, 64, 79, 90
4,13-16	63	19	19, 50, 52, 75, 78, 80, 281, 489, 491
4,20	95		
4,24s.	387	19,1s.	50s., 79
5—14	471	19,2s.	79
5	131	19,3ss.	77, 490
5,4s.	419	19,3-6	490
5,6ss.	333	19,4ss.	52
6	419	19,5s.	380
6,2s.	412	19,6	394
6,2-12	414	19,7	488
6,6s.	414, 419	19,10ss.	491
6,8	414	19,24s.	51
6,19	96	20	19, 50, 81, 84, 168, 171s., 479-486
11—13	408		
12	386, 400, 408-411	20,1ss.	51
12s.	171s.	20,11	479
12,10	199	20,18-21	19, 51
12,15.19	434	20,19	479
12,43ss.	425	20,22—23,33	19, 51, 159
12,47ss.	262	20,22ss.	160
12,49	424	20,22-26	165
13	172	20,22s.	159
13,19	451	20,22	171, 280, 281s.
14,4	412	20,23	160, 172, 188, 280-282
14,8	438	20,24ss.	241, 278, 285, 384, 386, 398
14,10	412		
14,13	330	20,24-26	242, 243-247
14,17	412	20,24s.	21, 23
14,19	256	20,24	243, 244, 251s., 255s., 282, 312
15	55, 67		
15,22-27	65s.	20,25	160

21–23	50	21,22	209, 212, 214, 230, 236, 238
21s.	206, 498		
21,1–22,19	206, 214, 257	21,23s.	209
21,1–22,16	166, 206-216	21,23	160, 207s., 213
21,1	160, 166, 207s., 211	21,24-27	213
21,2–22,26	165, 210s., 215	21,24s.	160, 207s., 211-214, 216, 226, 241s., 277
21,2-11	21, 165, 207, 209s., 214ss., 257, 271	21,25	209, 226, 231
21,2ss.	207, 210s., 272, 384, 393, 417, 464	21,26s.	209s., 212, 214, 216, 220, 225
21,2-6	221-223	21,26	238
21,2	207, 210s., 218	21,28-32	216, 229
21,4	225	21,28s.	209
21,6	160	21,28	238
21,7-11	222, 223-226	21,29s.	230
21,7	218, 238	21,29	212, 238
21,11	236	21,30	209, 230, 236
21,12–22,18	164, 166	21,31	209
21,12ss.	211	21,32	209s., 216, 236
21,12-36	208s., 213s.	21,33–22,14	207s., 215
21,12-32	216	21,33-36	209
21,12-17	165, 207, 215, 237, 257s.	21,33	209, 238
21,12	160, 208s., 214s., 219, 227, 229, 237s., 243, 247, 349s., 386, 402	21,34	209, 236
		21,35	236, 238
		21,36	209
21,13-17	209	21,37–22,16	209, 214, 232-235
21,13s.	141, 207, 213s., 241s., 243, 247-252, 256, 277	21,37–22,14	290
		21,37–22,8	209
21,13	208, 211, 228, 252, 255	21,37–22,3	207, 209, 232, 233s.
		21,37	209, 222, 238
21,14	160, 238, 250	22s.	172
21,15-17	160, 215, 247	22,1s.	207, 209
21,15	147, 214, 237, 353s.	22,2	232-235
21,16	214, 216, 237s.	22,3	209
21,17	147, 237, 353s.	22,4-8	209
21,18ss.	160, 208, 214, 216, 248, 364	22,4	238
		22,4s.	209, 232
21,18-37	349	22,6ss.	232, 234
21,18-36	208	22,6-8	209
21,18-32	207, 215, 227, 229s.	22,6	235s., 238
21,18-21	212	22,6-18	209
21,18s.	23, 25, 209, 212, 216, 219s., 227-231, 236	22,7ss.	432, 443
		22,7s.	160
21,18	238, 361	22,7	232
21,19	227s., 230, 236s.	22,8	145, 207ss., 211, 232, 250
21,20s.	25, 209s., 212, 219s., 225	22,9-14	209
21,20	230, 238	22,9-12	232, 234
21,21	214, 216, 220, 236	22,9s.	209
21,22s.	211, 216, 227-231, 236, 349s.	22,9	238
		22,10	232

577

22,11	209	23,10-12	165, 202, 257, 285
22,13s.	234	23,10s.	320, 384
22,13	209, 238	23,10	160
22,14	209, 236	23,11	466
22,15s.	107, 207, 209, 232, 285, 347	23,12	171, 202, 386
		13,13-19	165
22,15	238	23,13	159s., 166, 188, 243, 245, 257
22,16	211, 236		
22,17-19	165, 207, 215, 237, 257s.	23,14ss.	202, 384
		23,14	160
22,17	207, 237	23,15ss.	21
22,18	237, 361	23,15s.	169
22,19	160, 164, 188, 211, 237, 257	23,15	172
		23,16-19	171
22,20–23,12	257	23,18s.	21
22,20–23,9	164	23,18	177, 199
22,20-26	210s., 215, 258, 271	23,20ss.	21, 70, 180, 185, 243, 252-257, 277, 280, 282, 284, 384
22,20ss.	209s., 242		
22,20s.	241		
22,20	159, 165, 257-261, 279, 291, 308, 416	23,20-33	185-188, 252, 254
		23,20-23	171
22,21ss.	279	23,20	243, 251s.
22,21	160, 258s.	23,21	282
22,22	258-261	23,23ss.	398
22,23	160, 259	23,23	185
22,24ss.	259, 272, 279	23,24	160
22,24-26	263-265	23,25-27	167
22,24s.	160, 241	23,25	167, 183, 282
22,24	21, 159, 226, 280, 464	23,28-31	281s.
22,26	257, 268, 271, 384	23,29-31	183
22,27	162, 241, 268	23,31	167, 282
22,27s.	160	23,32s.	160
22,28–23,12	165	23,33	167, 187
22,28s.	202	24	19, 50, 73, 75, 78, 80, 381, 489s., 491s.
22,28	160, 197		
22,30	21, 160, 281, 364, 386, 394, 402, 417	24,1s.	52
		24,1	51, 135
23	339	24,3ss.	82
23,1ss.	125, 333	24,3-8	52, 77
23,1-8	241, 258s., 265-270	24,7	19
23,1-3	272	24,9-11	52, 75
23, 3.6	264	24,9	135
23,4s.	266, 271, 364	24,10	75
23,5	23, 266	24,12ss.	86
23,6-8	272	24,12	88
23,7	271	24,15b-17	51
23,9	159, 165, 241, 257, 258-261, 279, 291, 308, 416	24,16s.	412
		25–40	385
		25–31	19, 50s., 79, 91, 386, 388, 421, 485
23,10ss.	202, 210s., 241		

25,22	426, 494	34,14	170, 172
25,33	259	34,15	170, 172s., 183, 205
26,1.31	446	34,16	407, 466
28,6	446	34,17	174s., 280
29	80, 419, 434	34,18-26	173, 189-196, 201
29,14	404	34,19s.	197s.
29,20	490	34,21	190-194, 203, 205,
29,43ss.	414		285s., 386,
29,45s.	414s.	34,22	205
30	434	34,23	205
30,11ss.	465	34,24	170, 194, 255,
30,33	259, 434	34,25	199s.
30,38	434	34,26-28	84
31,12ss.	386, 412	34,26	170, 200s.
31,13	413	34,28	89, 169
31,14	148, 434	34,29ss.	172
31,18	86	35ss.	79, 91, 485
31,42-46	421s.	35—40	19, 51, 386, 388
32—34	19, 50s., 54, 61, 77-80,	35,2	148
	82-90, 90s., 172, 174s.,	38,25s.	465
	186, 203, 205, 388, 484	39,29	446
32	50, 52, 80, 82	40,34ss.	80, 385
32,4	85, 174	40,34-38	494
32,7-14	82, 85	40,34s.	412
32,8	174		
32,16s.	35	**Levítico**	
32,16	31	1ss.	19
33	61, 80, 256	1—10	385
33,2s.	256	1—7	385s., 494
34	35, 52, 70, 165s., 172,	1	51
	180, 185-189, 202,	1,1	494
	216, 255, 257, 339,	1,5	95
	484	2,11	199
34,1	31	4s.	428-436
34,9s.	171	4,2	429, 431s., 440
34,10ss.	20, 28, 78, 166	4,3-21	428s.
34,10	52, 406	4,12	404
34,11ss.	20, 50, 52, 54, 80, 83,	4,13	431, 438
	86, 89, 91, 101, 165s.,	4,20	429
	167-178, 180, 203-206,	4,21	404
	241, 246, 256, 261,	4,27-35	431s.
	305, 344, 364, 394,	5	431s.
	484, 498	5,1-4	436
34,11-26	86, 167-178	5,1	435
34,11-16	171, 184-184	5,2-5	438
34,11	183s., 197	5,4	439
34,12-16	172, 178-183	5,11-13	428
34,12ss.	181	5,17s.	438
34,12	253	5,20ss.	432-436, 439, 443
34,13	178, 183, 185	6,2	390

6,4	404	17,7	180
6,5	464, 467	17,8	262, 424
6,7	390	17,9	434
6,10	199	17,10ss.	24
6,18	390	17,10	434
6,23.30	428	17,11	365, 402, 410, 427s.
7,1.11	390	17,13	365
7,18.20s.	434	17,14	402
7,25.27	434	17,24	434
7,37	390	18–26	19
8s.	385	18–20	447
8	434	18	361s., 384, 408, 415, 434, 447
8,17	404		
8,24.30	490	18,1s.	447
9,11	404	18,1	146, 385
9,22ss.	385	18,3s.	416
10,4s.	404	18,3	361s., 416
10,10s.	413, 415, 422	18,5	362
10,11	153	18,6ss.	361
10,26	365	18,19.20.22.23	361
11ss.	485	18,25	419, 427
11–26	385	18,26	262, 424
11–15	385, 422s., 430	18,27	361
11	386, 403s.	18,28ss.	361
11,1	146, 385	18,28	419, 427
11,44s.	415	18,29	434
12	434, 439	19	446ss.
12,1	146, 385	19,1s.	447
13,1	146	19,1	146, 385
13,46	403	19,2	383
14	434	19,4	174, 280
14,1	146	19,8	434
14,3	403	19,11-18	442-448
14,40s.	404	19,15	269
14,45.53	404	19,17s.	24
15	434	19,18s.	446s.
15,1	146, 385	19,18	16, 24, 262, 441-448
16	385, 430s.	19,19	368, 446ss.
16,1	146, 385	19,20-22	432s., 435
16,2ss.	422	19,20	488
16,21	436	19,32	269
16,27	404	19,33s.	262
17–26	19, 383s., 385s., 430	19,34	16, 24, 416
17	384ss., 389, 394, 403s., 447, 409, 416	19,36	416
		20	361, 384, 408, 415, 434, 447
17,1s.	447		
17,1	146, 385	20,1s.	447
17,3ss.	21	20,1	146, 385
17,3s.	403s.	20,2ss.	361
17,4	434	20,2-5	434

20,2	424	25	321, 384, 389, 391-393, 416s., 466
20,4s.	362, 435	25,1ss.	320
20,5s.	180	25,1-7	466
20,6	434s.	25,1s.	417, 447
20,10ss.	435	25,1	146, 385
20,22	419, 424, 427	25,2-7	321, 391
20,23	362, 415	25,8ss.	321
20,24ss.	415	25,23	418
21,1-15	447	25,35ss.	384
21,1	146, 385, 447	25,35-38	416
21,7.14	183	25,36ss.	464
21,16-24	447	25,36s.	21, 265, 280
21,16s.	447	25,39ss.	384, 417
21,16	146, 385	25,39-42	417s.
22	21, 24, 386	25,39s.	21, 227
22,1-16	447	25,42.55	416
22,1s.	447	26	21, 384, 391, 417, 418s., 436
22,1	146, 385	26,1	280
22,3	434	26,13	416, 419
22,9	434, 444	26,33ss.	455
22,13	183	26,34s.	427
22,17ss.	403	26,40	436
22,17-33	447	26,41ss.	419, 455
22,17-30	415	26,44s.	420
22,17s.	447	26,45	416
22,17	146, 385	26,46	384, 390, 418
22,18	262, 424	27	386
22,26	385	27,1	385
22,31-33	415	27,32s.	310s.
23	21, 202, 384, 410		
23,1s.	447	**Números**	
23,1	146, 361, 385	1ss.	422
23,3	202	1–10	385
23,9s.	447	1–3	452
23,9	146	1,1	385
23,23.26	146	1,2s.	153
23,29s.	434	2,1	385
23,33s.	447	3	489
23,33	146, 385	4,1	385
24	150	4,2ss.	375
24,1s.	447	4,18	434
24,1	146, 385	5	386
24,10ss.	128s., 146, 262, 435, 495	5,1	385
24,10-23	146-150	5,3s.	403
24,12	129	5,6s.	433ss., 436
24,14	403	5,6	350s.
24,17ss.	213	5,8	351, 433
24,19s.	434	6	434
24,22	262, 410s., 424		
24,23	403		

7,89	494	16,22	435
8	434	16,24	435
8,24	375	17	151, 488
9	153, 410	17,7	494
9,6-14	148-150, 410	18	386, 464, 466, 489, 493
9,6ss.	129, 495	18,32	444
9,8	129	18,8-32	310
9,13	434	19	493
9,14	262, 424s.	19,3	404
10–36	494	19,9	404
10–21	493	19,13.20	434
10	19, 389	20	151
10,11ss.	492	20,6	494
11–14	492	21	88
11	126, 132, 135, 153, 157, 494	21,1-3	186
		24,18	58
11,4-35	134-136	24,24	455, 473
11,29	136	25	181
12	495	25,1-5	181
12,2	484	25,1	494
12,14s.	403	26	495
13s.	495	26,64s.	495
13,29	184	27	149s., 151, 153, 493, 495
14	151	27,1ss.	494
14,10	494	27,5	129
14,28ss.	495	28s.	202, 493
15	151, 153, 493, 495s.	30	493, 495
15,1s.	492	30,10	183
15,14ss.	262	31,19	403
15,14	496	32	152
15,15s.	410s.	32,1	254
15,15	424, 496	33,3	438
15,21	496	35	152, 251, 260, 493
15,22-31	362, 432	35,1	494
15,22s.	496s.	35,11	438
15,23	492, 496	35,12	250
15,24	438	35,15	260, 438
15,28s.	432	35,16ss.	438
15,30s.	432, 435s., 438	35,19	219
15,32ss.	129, 435, 494s.	35,24	152
15,32-36	148-150	35,31s.	252
15,34	129	36	149s., 151, 493, 495
15,35s.	403	36,1ss.	129, 494
15,37ss.	495		
15,38	446, 496	**Deuteronômio**	
15,40	488	1–5	399
16s.	484, 493	1–3	73, 81, 132s., 287, 388
16	78, 151, 487ss.	1	126, 134ss., 153
16,3	486ss.	1,1-5	73
16,19	494	1,3	388

1,5	12, 390, 453	7,8	286, 308
1,6	453	7,13	198
1,9ss.	54, 157	7,16	187
1,9-18	132-134, 134s., 153	7,17	189
4s.	73, 81	7,25s.	188
4	73, 81, 288, 388	8,7	294
4,5-8	499	9	89
4,8	453	9s	73, 81, 89, 91, 288, 388, 399
4,16	361		
4,26	366, 378	9,7–10,11	73s.
4,40	366	9,10	31, 35
4,44s.	12, 295	9,12	175
4,44	74, 295, 453	10,4	35
4,45	295	10,16	439
5–11	288	10,17ss.	261
5	73s., 81, 91, 202, 288, 297, 336, 388, 479-486 493	10,19	261, 416
		11,9	366
		11,29.31	294
5,12ss.	202, 285	12–26	19, 188, 283, 287-289, 296, 302, 309
5,16	366		
5,22	74, 77	12s.	289
5,28ss.	73	12	21, 188, 284s., 291, 296, 300, 311-314, 332, 334, 364-366, 384, 386, 398, 402s.
5,31	19, 73, 484s.		
5,32	145, 334		
5,33	366		
6ss.	380	12,1	296, 379
6–11	286	12,2–26,15	378
6	56	12,2–14,21	291
6,2	366	12,2–13,9	289
6,4ss.	188, 286, 297, 307	12,6s.	305
6,4	309, 312s., 379	12,7	316
6,5	439	12,8	108
6,10	294	12,11s.	305
6,17	377	12,12	308, 326, 350
6,20ss.	286, 307	12,13-19	306, 312
6,20-24	55, 57, 307s.	12,15s.	403
6,20	57	12,17	306
6,25	333	12,17s.	305
7	70, 106, 178, 180, 185-188, 253, 282, 308, 339, 380	12,18	326, 350
		12,20-22	403
		12,20	301s
7,1	294	12,23s.	403
7,2.26	186	12,23	402
7,3	180, 407, 466	12,29s.	296
7,4	188	12,29	294, 308
7,5	183	13	291, 314, 332, 338, 353
7,6ss.	286	13,2s.	337
7,6	308, 372, 380, 394, 417, 488	13,6	145, 308, 334
		13,7	350
7,7	286	13,11	308

583

13,12	309	16,10s.	305
14	314, 364, 366, 380, 386, 404	16,10	316
		16,11	261, 308, 326, 350
14,1-21	289, 291	16,12	308
14,2	372, 380, 394, 417, 488	16,14	261, 305, 308, 326,350
14,3-21	365	16,15	315
14,4	367	16,18—20,20	285
14,21	200s., 262, 364, 380, 394, 417	16,18—18,22	143, 288s., 291, 293
		16,18ss.	24, 123
14,22—26,15	291	16,18-20	332s.
14,22—16,17	289	16,18	123, 125, 139, 154, 308, 314, 396
14,22ss.	290, 323		
14,22-29	302-307, 314s.	16,19s.	284, 333
14,24-26	313	16,21s.	332
14,24	316, 367	17	150s., 157, 236s.
14,27	309	17,1	367
14,28s.	261, 326	17,2ss.	332
14,29	290, 315	17,2	309, 350
15,1—16,17	291	17,6s.	332, 334
15	315, 391, 466	17,6	360
15,1ss.	291, 317-322, 324, 384, 393, 464, 466ss.	17,7	145, 334
		17,8ss.	123, 126, 137, 139, 154, 333, 374
15,1-11	314		
15,2	318	17,8-13	143-146, 334
15,4-6	316	17,8	141, 154, 237
15,4	323	17,12	309
15,9	327	17,14ss.	16, 24, 125, 308
15,10	315	17,14-20	292, 328-332
15,11	323	17,14	294, 308
15,12ss.	69, 226, 284, 308, 384, 393, 464	17,14s.	295
		17,16	310, 314
15,12-18	21, 314, 324	17,18s.	331
15,12	309, 324	17,18	373, 377s.
15,13s.	324	17,20	334, 366
15,14ss.	417	18,1ss.	154, 308-310, 372
15,14	316	18,1	309
15,15	308s.	18,3	367
15,16	325	18,6ss.	489
15,18	221, 315	18,6	309
15,19ss.	21, 303, 364, 367	18,9-22	335-338, 372
15,19-22	315	18,9s.	296
16—18	139	18,9	294, 308
16	21, 202, 284, 314, 384, 411	18,10-14	296
		18,15ss.	472
16,1-8	199	18,15	335
16,1	308	18,21s.	337s.
16,3	308	19	251
16,4	199	19,1—21,23	289s.
16,6	308	19,1—21,9	291
16,9s.	192	19,1ss.	123, 334

19,1-13	334	22,23ss.	356
19,1	294, 308	22,25ss.	356
19,3	255	22,28s.	107
19,5	248	22,29	355
19,6	250	23,1	361
19,8	302	23,10ss.	291
19,12	174, 251	23,10-15	368s.
19,13	309	23,16–25,19	291
19,15ss.	290, 334, 360	23,16–24,7	289s.
19,15	356	23,16s.	227, 291, 324s., 464
19,18s.	356	23,20ss.	265, 380
19,19s.	334	23,20s.	21, 323, 384
19,19	145, 213, 234	23,20	464
19,21	213	23,21	315
20	187, 292, 330, 338-342	23,25s.	326
20,1-14	187	23,25	367
20,1	308	24,1ss.	285, 358
20,2-9	340	24,1-4	357s.
20,3	309	24,5	339, 341
20,5ss.	333	24,6	265, 324
20,10-14	341s.	24,7	145, 290, 334
20,15ss.	187	24,8–25,4	289s.
20,19	342	24,10s.	265, 323
21ss.	384	24,12s.	323
21–25	358	24,13	316s., 333
21,1ss.	123	24,14s.	326s.
21,1-9	154	24,15s.	309
21,5	154	24,15	317
21,8	309	24,17s.	265, 323, 416
21,10–23,15	291	24,17	261
21,10ss.	291	24,18	308
21,10-21	358	24,19ss.	326
21,15-17	357	24,19	261, 315
21,18ss.	123, 290, 360	24,21	261
21,18-21	352-354, 360	24,22	308, 416
21,21	145, 309, 334	25,1ss.	123
22,1ss.	367	25,1-3	334
22,1-4	364	25,4	364, 367s.
22,1s.	284	25,5ss.	123
22,4	266	25,5-12	289s., 358
22,6s.	364, 366s.	25,5-10	354s.
22,9ss.	446	25,6s.10	309
22,9-11	368	25,13-16	289s.
22,13–23,15	289s.	25,15	366
22,13ss.	123, 285, 358, 360	26	56
22,13-21	355s.	26,1ss.	308, 364
22,13-29	358	26,1	294, 308
22,21s.	145, 334	26,5b-9	55s.
22,21	115, 309	26,12ss.	290, 303-305, 326
22,22	309, 356s.	26,12-15	302s.

26,12	303, 311	8,32	35
26,12s.	261	8,33.35	260
26,15	290, 309, 316	15s.	139
26,19	394, 417	20	251
26,16-19	375, 378-381	20,3	250, 438
26,17ss.	380	20,4	251
27s.	21, 284, 378, 384, 398	20,6	152
27	361	20,9	260, 438
27,2	299	22	104
27,4	35	23,6	93
27,8	454	24	56, 67, 70, 294, 381, 451
27,18	438	24,2b-13	55
27,19	261	24,8	184
27,20-23	361	24,25s.	67s.
28	316	24,25	66s., 381
28,4	198	24,26	93
28,9	394, 417	24,32ss.	451
28,14	145, 334		
28,18	198	**Juízes**	
28,30	341	1,17.21	184
28,36	455	2,1ss.	70
28,51	198	2,1-5	69, 256
28,68	330, 455	2,17	180
29s.	288	3,5s.	180
29,28	335	4,4s.	100s.
30s.	286	5	57-59, 64, 87
30,6	439	5,4s.	57-59, 62, 90
30,10	12	5,17	260
30,14	439	6,7-10	69, 70
31,9	12, 31, 35, 331, 373, 377	6,11	218
31,10ss.	377	6,17ss.	253
31,16	180	6,27	217
32,43	474	8,27	180
32,48-52	388	8,33	180
33	64	9,4	171, 218
33,2	57-59	9,46	171
33,2-5	59	10,1-5	100
33,8ss.	154	11,3	218
33,9b.10	153	12,8-15	100
33,26-29	59	13,12	101
34	472, 474s.	14,3.7	108
34,1-4	475	17s.	107s.
34,1	388	17,5	171
34,7-9	388	17,6	107
34,10s.	472	17,7-9	260
		17,7	259
Josué		18	96, 111s.
5,10ss.	196	18,1	107
7,15	115	18,2.8	108
8,31	93	18,10	254

18,11	108	13,19	110
18,30	95s.	14	109s., 111s., 117s., 120
18,31	171	14,1ss.	129
19–21	107-109	20,24	314
19s.	111s.		
19	260	**1 Reis**	
19,1	107, 260	1,50ss.	250
19,16	260	2,28ss.	250
19,23s.	114s.	3,1	331
19,30	114	4,6	314
20s.	108, 112	4,7ss.	304
20	104, 111	5,15	444
20,6	114s.	5,28	314
20,10	114s.	5,32	255
21,15	107	6,19	255
		8,41	259
1 Samuel		10,24	213
1,7	171	11,1ss.	331
5,2	171	12	131
7,15s.	100	12,4ss.	304, 314
8,1-3	100	12,26	304
8,10ss.	129	12,28	85, 87, 205
8,15	304	17s.	60
8,16	217s.	18,8.18	135
8,17	218, 304	19	60-63, 64, 87, 90, 181
10,5s.10	135	19,10	181
11,5	218	19,14	181
14,32-35	364	20,35	95
18,9	496	20,38ss.	118
18,20.26	108	20,39	213
19,20ss.	135	21	118, 120s., 124, 140
22,2	218		
24,12	248	**2 Reis**	
25	198, 217	2,1	196
25,10	210	2,15	135
25,21	47	3,19.25	342
30,21ss.	129	4,1ss.	222, 263s.
30,13	217	4,1-7	218
30,25	42, 66, 118	4,38	196
31,10	171	4,42-44	196
		6,1ss.	234
2 Samuel		6,24ss.	118
1,13	260	8,1ss.	118
4,3	259s.	8,1	259
5,6	184	8,7-15	61
9,10s.	217	8,12	341
12,3	234	9s.	182, 195
12,5s.	129	9,1-6	61
13,12	114s.	9,10-13	61
13,16	107	9,22	181

587

10,15ss.	195	1,21	270
10,16	181s.	1,21-26	122
11,14	299, 376	1,23	41, 232, 269s.
11,18	299	1,26	270
14,6	452	2,1ss.	497
15,16	341	2,2ss.	472
17,16	175	2,3	12
18,3	88	2,7ss.	330
18,4ss.	278	2,7s.	280
21,19	299	2,20	280
21,23	298, 329	3,2s.	41, 122
21,24	289, 300, 329	3,14	41, 123
22s.	20, 44, 292s., 297, 369, 375-378	3,15	231
		5,1–10,4	39
22	331	5,3	376
22,1	299	5,7	270
22,3-20	297	5,8-24	40
22,3	371	5,25	39
22,4ss.	293, 370	6,5s.	423
22,8ss.	375	6,6s.	426
22,8-10	371	8,16.20	12
22,11	369, 375	9,9	244
22,12ss.	375	9,11.16	39
22,12	371	9,20	39
22,13ss.	369	10,1-4	39, 237s.
22,14	371	10,1-4a	39ss.
22,15.20	332	10,1s.	35, 39-44, 141, 223, 226, 239, 269, 275
23,1-3	297, 331, 369, 375-378, 380		
		10,2	224
23,4ss.	294, 297, 369, 375	11,2	135
23,4.5.8.10.12.15	294	13,16	341
23,21-23	297	14,1	259
23,30	299, 329	14,21	255
23,31ss.	332	16,4	259
23,31	299	22,20-23	371
23,34	330	28ss.	279
23,35	300, 330	30,9	12
23,36	299	30,11	43
24,8ss.	332	30,16	330
24,14	397	31,1	330
25	121	31,7	280
25,12	397	31,12	43
25,18ss.	370	34,12	121
25,22-25	371	40,20	255
25,26	397	42,1ss.	497
		42,4	12
Isaías		44,26	253
1,7	259	45,8ss.	338
1,10	41	49,13	265
1,13	193	55	295

57,20	183	23,29	357
58,4	231	26	123, 337s.
58,6	419	26,4	47
58,7	264	26,20ss.	337
58,9	419	26,20	135
60	472	26,24	371
61,6	490	27s.	337
63,3ss.	472	27,2	419
65,8	303	27,20	121
		28,10.12s.	419

Jeremias

1,1	371	29,1	396
1,4ss.	337	29,3	359, 371
1,10	378	29,23	359
3,5.12	444	29,33	115
3,17	180	31,31ss.	338, 399
4,10	48	31,32	68s.
5,7	359	31,33	439
7,4	48	32,6ss.	393
7,6	260	32,23	47
7,9	359	33,9	380
7,11	250	34,13s.	68s.
7,22ss.	68s.	34,18s.	376
7,25	69	35	195
8,4–9,26	46	35,7	196
8,8s.	44-48	36	337s.
8,8	35, 47, 295, 297, 331, 372	36,10	371
8,10s.	46	36,11	371
9,1	359	36,12	371
9,12	47	36,13	371
11	286	36,19	338
11,3ss.	68s.	36,25	371
11,7	69	36,26	370
12,14-17	180	37,15	231
13,11	380	39,6	121
13,27	359	39,10	397
14,8	260	39,14	371
14,14	135	40,4	378
16,11	47	40,5-9	371
17,9ss.	203	40,7	397
18,7-10	180	40,11-16	371
18,18	12, 390	41,1s.	371
20,2	231	44	395, 470
21,12	443	44,10.23	47
22,3	260, 443	52,15s.	397
22,4	295		
22,13ss.	299, 314, 330	## Ezequiel	
22,15	299	1,26ss.	75
23	337	4,3	255
23,10.14	359	7,26	12
		8,1	396

589

8,2s.	75	11,5	330
8,11	371	13	174s.
10,1	75	13,1-3	175
14,1	396	13,2	85, 174s.
14,7	260	14,1	341
18	437, 441	14,3	330
18,6	359		
18,7	264, 327	**Joel**	
18,8	281	3,1	136
18,15	359	4	472
18,16	264, 327		
18,21ss.	437	**Amós**	
20	72, 91	1,13	341
20,1s.	396	2,6	218, 221s., 234
21,35	254	2,7	122, 224, 231, 269
22,7	260	2,8	232
22,10s.	359	3,5	178
22,12	281	3,10	122
22,29	260	4,4	304
23,36ss.	152	4,5	199
30,9	253	5,10s.	122
34,6	438	5,10	122, 269
36,5	183	5,11	119, 244
37,10	135	5,12	122, 232
39,22	496	5,15.24	122
39,29	136	6,1ss.	122
40ss.	295	7,13	171, 304
44,22	183	8,5	193
44,24	154	8,6	218, 221
47,22s.	260, 425	8,14	312

Oseias		**Jonas**	
4,2	38	4,11	36
4,4ss.	142		
4,6	38, 46, 204	**Miqueias**	
4,7s.	182	2,1s.	443
5,1	121, 142	2,1	43
5,2	121	3,1	122
5,7	38	3,2s.	231
6,4	38	3,9	122
8,1-14	36-39	3,10	314
8,4ss.	85	4,1ss.	472
8,7	37	4,2	12
8,12	35, 36-39, 50, 90, 203	5,9	330
9,2	303		
9,10	181	**Naum**	
10,5s.	85	1,2	444
10,14	341	3,10	341

Habacuc
2,2	454
2,12	314
3,3	58

Sofonias
1,4	376
1,7	255

Ageu
1,13	253
2,3	88
2,4	45
2,10ss.	390
2,22s.	472

Zacarias
13,3	353

Malaquias
2,6s	253
2,10ss.	425
3,8	311, 464, 467
3,10	311

Salmos
1,5	152
2	131
2,7	328, 378
2,8s.	328
3,8	231
15	423
15,5	281
20,8	330
23	252
23,5	252
24	423
29	62
36,7	270
37,26	264
42,1	95
43,4	243
50	282
58,7	231
68,8s.	57, 59
68,10	59
68,18	36
72	131, 328
76,3.9	281
78	55
78,1ss.	453
78,1	12
78,5	12
78,10	12
81	70s., 282, 379
81,5	66
81,6	71
81,7-12	71s
95	282
95,7	379
103	437
103,9	444
105	55
106	55
106,19ss.	55
110	131
112,5	264
124,7	178
135	55
136	55
137,8s.	341

Jó
9,33	105
12,16	438
16,10	230
22,6	264
23,14	42
24,4	43
24,7.10	264
29,17	231
31,21	230
40,24	178

Provérbios
1,8	12
4,1s.	12
5,14	152
5,19s.23	438
6,20	12
6,32-35	357
7,2	12
12,10	270
13,8	231
13,14	12
16,10.33	101
17,10.26	231
19,17	264

19,25	231
19,26	253
20,29	269
20,30	231
21,25	45
22,7	263
26,26	152
27,2	259
28,10	438
28,23	444
28,24	353
29,19	220, 230
30,10	325
30,17	353
31,13	45
31,16	351
31,26	12

Lamentações

2,10	396
3,34	396
3,35s.	396
4,18	248
5,2	397
5,8	396
5,12	269
5,14	396

Eclesiastes

4,17ss.	253
10,17	121

Rute

1,1	259
4	99, 103, 152

Ester

1,19	478
3,8	461
7,8	401
8,5	477
8,8	477s.
8,11	477

Daniel

6,6	462
6,9	478
6,13	478
6,16	478

Esdras

1–6	81
2,62	136
4,8ss.	474
4,12s.	472
4,15	472
4,19s.	472
7–10	456
7	156, 461s.
7,1-5	156
7,1	370
7,6	156, 461
7,7s	456
7,10	66
7,11-26	457-462
7,25s.	457s.
7,25	459s., 469
9s.	425
10,3	452
10,7ss.	152
10,14	152

Neemias

1,1–7,5	463
2,16	121
2,19s.	474
2,19	472
3,8	95
3,33ss.	474
4,1ss.	474
4,8	121
4,10	474
4,13	121
5	155, 464, 466
5,2	222
5,4	311
5,5	222, 224
5,7	121
6,6	472
6,7	121, 472
6,14	472
7,5	121
7,66	36
7,70s.	36
8–10	456
8	461, 469
8,1	12, 156
8,3	452
9	82

9,3	93	30,16	452
9,13ss.	56	32,30	137
10	461, 465, 467	33,19	254
10,1	465s.	35,12	93
10,13	466	35,20	254
10,31-40	465ss.	36,15s.	253
10,31	425, 465		
10,32	317, 321, 393, 465s.	**Eclesiástico**	
10,35	464s.	7,7	152
10,38	311, 467	15,13	248
12	463	28,2	322
12,1	158	49,13	458
12,13	458		
12,44.47	311	**1 Macabeus**	
13	463, 466	6,49.53	321
13,5ss.	203		
13,5	311	Tobias	
13,10ss.	464, 466s.	1,6-8	311
13,11	466		
13,12	311	**Livro dos Jubileus**	
13,15ss.	466	30,12	452
13,17	121	32,9ss.	311
13,23ss.	425, 466		
13,28s.	408	**4 Esdras**	
13,31	464, 466	14,21ss.	156
1 Crônicas		**Mateus**	
5,39s.	370	5,17ss.	15
9,11	138	5,17	322
15,1.3	254	6,12	322
16,40	93	18	322
		19,19	16
2 Crônicas		23,2	15, 95, 153, 156, 322
3,1	254		
11,5ss.	137	**Marcos**	
17	138	12,28ss.	442
17,7-9	138		
19	126, 129, 139, 144s., 150s., 236s.	**Atos dos Apóstolos**	
		15,20.29	15
19,2	444		
19,4	138s.	**Romanos**	
19,5ss.	137-143	3,31	15
19,10	138, 144, 237	7	441
19,11-13	145	7,12	15
19,30	138	13,8ss.	442
23,18	93	13,10	15
26,6	137		
28,7	138	**1 Coríntios**	
31,13	138	9,9s.	363, 367
32	138		

ÍNDICE

Sumário, 5

Prefácio, 7

Prefácio à tradução brasileira, 9

I. A TORÁ NO PENTATEUCO: DESAFIO E QUESTIONAMENTO, 11

    1. Torá e teologia cristã, 11

    2. A Torá una e os muitos códigos legais, 18

    3. A cultura legal do Antigo Oriente e a fé israelita, 23

    4. História jurídica e história social, 29

II. O QUADRO HISTÓRICO: CRÍTICA PROFÉTICA DO DIREITO CODIFICADO POR ESCRITO, 35

    1. Prescrições cultuais escritas pelo próprio Deus no Reino do Norte (Os 8,12), 36

    2. Leis contra as pessoas mais fracas em Judá no século VIII (Is 10,1s.), 39

    3. A Torá de Yhwh e os escribas do século VII (Jr 8,8s.), 44

III. MONTE DE DEUS E DIREITO DIVINO: O CAMINHO DA TORÁ NO SINAI, 49

    1. O problema literário da perícope do Sinai, 50

    2. O monte da salvação: a tradição do Sinai mais antiga, 55

    3. Entre Mara e Siquém: afirmações deuteronomistas sobre a dádiva da Torá, 65

4. Teses sobre a formação da perícope do Sinai, 75

5. Palavra em pedra ao invés de imagem de bezerro: sobre a origem da lei do Sinai, 82

6. Resumo: como e quando a Torá chegou ao Sinai, 90

IV. MOISÉS COMO INSTITUIÇÃO?: A FORMA DE ORGANIZAÇÃO DO DIREITO ISRAELITA, 93

   1. A pergunta por Moisés como pergunta pela organização do direito, 93

   2. Direito sem Porta: as origens em período pré-estatal, 98

      a) Sobre a crítica da pesquisa feita até agora, 98

      b) Fontes e método, 101

      c) Autoajuda e negociação, 111

      d) Evidência de norma em vez de direito divino, 114

   3. A ambivalência do sistema de direito do tempo da monarquia, 116

      a) O problema: sobre o estado da pesquisa, 116

      b) O tribunal dos anciãos na Porta: uma instância jurídica estatal, 119

      c) Ex 18 e a questão de uma instituição mosaica, 126

      d) O supremo tribunal de Jerusalém e sua importância, 136

   4. Tradição e autonomia: sobre o sistema jurídico pós-exílico, 146

      a) Vestígios de uma jurisdição "mosaica", 146

      b) "Moisés" no direito pós-exílico, 152

V. O CÓDIGO DA ALIANÇA: FUNDAMENTOS, 159

   1. Introdução: o estado da pesquisa, 159

      a) Lugar histórico, 161

      b) Composição e camadas literárias, 163

   2. As fontes: o duplo início do direito escrito, 167

      A. A PRÁTICA DA ADORAÇÃO EXCLUSIVA (EX 34,11-26), 167

         a) Estrutura e camadas, 167

  b) A proibição de alianças, 178

    α. Separação na vizinhança, 178

    β. Yhwh e os povos cananeus, 183

    γ. Retrospecto: radicalização, historização, marginalização, 184

  c) Culto a Yhwh e trabalho camponês, 189

    α. Estrutura de tempo e primeiros frutos, 189

    β. Primogênitos e sacrifício de animais, 196

    γ. Retrospecto: a estrutura de tempo da fé bíblica, 202

  d) Lugar histórico e contexto social, 203

 B. O CÓDIGO DE JERUSALÉM: OS MISHPATIM (EX 21–22), 206

  a) Arquitetura do texto e camadas literárias, 206

  b) Estrutura legal e influência social, 216

    α. "Dinheiro seu" (Ex 21,21): o direito dos escravos, 216

    β. "Será absolvido aquele que o feriu" (Ex 21,19): homicídio e lesão, 227

    γ. "Se não tiver com que pagar" (Ex 22,2): delitos contra a propriedade, 232

  c) Lugar, significado e caráter, 235

3. Direito divino: a concepção de Torá do Código da Aliança, 241

  a) Linhas fundamentais e acentos principais, 241

  b) O "lugar" de Deus: o Código da Aliança como discurso divino, 242

    α. O "lugar" de Deus como elemento de composição, 242

    β. Presença (Ex 20,24-26), 243

    γ. Asilo (Ex 21,13s.), 247

    δ. Companhia (Ex 23,20ss.), 252

  c) "Eu sou misericordioso" (Ex 22,26): o direito da misericórdia, 257

    α. Estrangeiros: moldura literária e critério de conteúdo, 258

    β. Pobres: o início do direito econômico, 262

γ. Jurisprudência e misericórdia (Ex 23,1-8), 265

   δ. Direito ou ética?: Acerca do caráter jurídico dos mandamentos sociais, 270

  4. Digerir a catástrofe: o surgimento do Código da Aliança, 276

     a) *O evento da codificação*, 276

     b) *Historização cultual: a reinterpretação*, 279

VI. DEUTERONÔMIO: A FORMULAÇÃO MAIS INFLUENTE, 283

  1. Continuidade e novo começo: a localização histórica, 283

     a) *Ampliação, complementação, explicação: a relação com o Código da Aliança*, 284

     b) *Traços fundamentais das camadas e da composição*, 287

     c) *Argumentação em favor de uma datação pré-exílica*, 292

     d) *A dominação do 'am hā'āreṣ judaico como motivo da nova codificação*, 298

  2. Liberdade e solidariedade: a lógica teológica, 302

     a) *O dízimo e o seu papel-chave*, 302

     b) *O Deuteronômio como direito de proprietários de terra livres*, 307

     c) *O centro sem poder*, 311

     d) *A rede social: a legislação social*, 314

        α. Solidariedade e bênção, 314

        β. O perdão das dívidas no ano sabático, 317

        γ. O sistema de segurança social, 322

  3. A autoridade de Moisés e a soberania do povo: a constituição política, 327

     a) *O Estado sob a Torá: a lei do rei*, 328

     b) *Autonomia do direito e palavra de Moisés: a organização jurídica*, 332

     c) *Autoridade comprovável: a lei dos profetas*, 335

     d) *O direito na guerra: a lei da guerra*, 338

     e) *Teocracia como democracia: o projeto de constituição*, 342

4. Patriarcado e poder público: as leis da família, 347

    a) *A posição jurídica da mulher: ou o problema da linguagem inclusiva,* 348

    b) *As famílias diante do tribunal: exemplos,* 352

    c) *O contexto histórico-social,* 358

    d) *Palavra final: radicalização e descumprimento,* 361

5. Dessacralização e segurança jurídica: proteção da natureza e dos animais, 363
6. Liberdade política e obrigação canônica: o passo para a "Escritura", 369

    a) *A pressuposição: o movimento deuteronômico,* 370

    b) *A fundação da liberdade como origem do cânon,* 373

VII. O DOCUMENTO SACERDOTAL: A TRANSFORMAÇÃO NECESSÁRIA, 383

1. Estrutura literária e localização histórica, 383

    a) *O Código da Santidade como parte do Documento Sacerdotal,* 383

    b) *Planejamentos do futuro no exílio e arquétipos sacerdotais,* 390

2. O desafio histórico-jurídico do exílio, 395
3. Rituais da diáspora, 399

    a) *Direito de matar e consumir sangue,* 401

    b) *Aliança e circuncisão,* 405

    c) *Endogamia,* 407

    d) *A Páscoa,* 408

    e) *O sábado,* 411

    f) *Resumo,* 413

4. Santidade como forma da liberdade, 414

    a) *O êxodo como santificação,* 414

    b) *Santidade como princípio jurídico,* 420

5. A vida com a culpa: expiação e perdão, 425

    a) *Sacrifícios pelos pecados e dia da reconciliação: o povo liberto da culpa,* 427

    b) *Entre eliminação e perdão: o indivíduo culpado,* 431

    c) *Convicção de culpa: a abertura da interioridade,* 436

6. O amor ao próximo e seu contexto: um resumo, 441

    a) O contexto imediato: o amor como soma e meta, 441

    b) O contexto mais amplo: o amor como parte e aspecto, 445

VIII. O PENTATEUCO COMO TORÁ: O CAMINHO COMO PARTE DA META, 449

1. O Pentateuco como produto da época persa, 449

    a) Pressupostos literários e termos usados para a autodefinição, 449

    b) O quadro temporal e histórico, 454

    c) A lei de Esdras e a autorização imperial, 456

2. O Pentateuco no campo de forças político-social: grupos de suporte e tendências, 463

    a) Endividados e sacerdotes: a coalizão social, 463

    b) Judá e a diáspora: a unidade do povo, 468

    c) O governo persa: a diferença com relação à profecia, 471

    d) As províncias vizinhas: a promessa em aberto, 474

3. Aspectos da composição e sua teologia, 476

    a) Um princípio de direito persa como contexto histórico?, 476

    b) "Não nos fale Yhwh" (Ex 20,19): o papel do Decálogo, 479

    c) "Toda a comunidade é santa" (Nm 16,3): o conflito aberto, 486

    d) "E daí em diante, por todas as gerações" (Nm 15,23): apontando o caminho para o futuro, 492

4. A unidade de Deus e a da Torá: sobre o ponto de partida de uma recepção cristã da Torá, 497

Referências, 500

Índice das passagens bíblicas, 575

CULTURAL
Administração
Antropologia
Biografias
Comunicação
Dinâmicas e Jogos
Ecologia e Meio Ambiente
Educação e Pedagogia
Filosofia
História
Letras e Literatura
Obras de referência
Política
Psicologia
Saúde e Nutrição
Serviço Social e Trabalho
Sociologia

CATEQUÉTICO PASTORAL
Catequese
Geral
Crisma
Primeira Eucaristia

Pastoral
Geral
Sacramental
Familiar
Social
Ensino Religioso Escolar

TEOLÓGICO ESPIRITUAL
Biografias
Devocionários
Espiritualidade e Mística
Espiritualidade Mariana
Franciscanismo
Autoconhecimento
Liturgia
Obras de referência
Sagrada Escritura e Livros Apócrifos

Teologia
Bíblica
Histórica
Prática
Sistemática

REVISTAS
Concilium
Estudos Bíblicos
Grande Sinal
REB (Revista Eclesiástica Brasileira)

VOZES NOBILIS
Uma linha editorial especial, com importantes autores, alto valor agregado e qualidade superior.

VOZES DE BOLSO
Obras clássicas de Ciências Humanas em formato de bolso.

CADASTRE-SE
www.vozes.com.br

PRODUTOS SAZONAIS
Folhinha do Sagrado Coração de Jesus
Calendário de mesa do Sagrado Coração de Jesus
Almanaque Santo Antônio
Agendinha
Diário Vozes
Meditações para o dia a dia
Encontro diário com Deus
Guia Litúrgico

EDITORA VOZES LTDA.
Rua Frei Luís, 100 – Centro – Cep 25689-900 – Petrópolis, RJ
Tel.: (24) 2233-9000 – Fax: (24) 2231-4676 – E-mail: vendas@vozes.com.br

UNIDADES NO BRASIL: Belo Horizonte, MG – Brasília, DF – Campinas, SP – Cuiabá, MT
Curitiba, PR – Fortaleza, CE – Juiz de Fora, MG – Petrópolis, RJ – Recife, PE – São Paulo, SP